INFER Research Edition Vol. 7

Autonome Besteuerungsrechte für Gliedstaaten und Gemeinden in ausgewählten föderativen Finanzverfassungen

Elmar Döhler

Berlin

Autor: Dr. Elmar Döhler, Taunusstr. 29, 55118 Mainz; Elmar.Doehler@gmx.de

INFER Research Edition werden herausgegeben von:

INFER: International Network for Economic Research

Vorstand:

Vorstandsvorsitzender:
Dr. Michael H. Stierle, Dipl.-Volkswirt, 256, Jean Van Horenbeeck, B - 1160 Bruxelles

1. Stellvertreter:
Marc S. Resinek, Dipl.-Volkswirt, Konrad-Broßwitz-Str. 16, 60487 Frankfurt am Main

2. Stellvertreter:
Clemens Esser, Dipl.-Volkswirt, Mechenstr. 15, 53129 Bonn

Dissertation, Deutsche Hochschule für Verwaltungswissenschaften Speyer 2001

Diese Arbeit entstand im Rahmen eines Forschungsprojektes
am **FORSCHUNGSINSTITUT FÜR ÖFFENTLICHE VERWALTUNG**
bei der Deutschen Hochschule für Verwaltungswissenschaften Speyer.

Bibligrafische Information der Deutschen Bibliothek:
Die Deutsche Bibliothek verzeichnet diese Publikation in derDeutschen Nationalbibliographie; detaillierte bibliografische Daten sind im Internet über http://dnb.ddb.de abrufbar

© **VWF**
Verlag für Wissenschaft und Forschung GmbH, Postfach 304051, D-10725 Berlin, **www.vwf.de**
1. Auflage 2002

Das Werk ist urheberrechtlich geschützt. Jede Verwertung außerhalb des Urheberrechts ist ohne Genehmigung des Verlages strafbar.
Die Wiedergabe von Gebrauchsnamen, Handelsnamen, Warenbezeichnungen usw. in diesem Werk berechtigt auch ohne besondere Kennzeichnung nicht zu der Annahme, daß solche Namen im Sinne der Warenzeichen- und Markenschutz-Gesetzgebung als frei zu betrachten sind und daher von jedermann benutzt werden dürfen.

ISBN 3-89700-173-X

VORWORT

Die vorliegende Dissertation entstand in den Jahren 1998 bis 2001 am Forschungsinstitut für öffentliche Verwaltung in Speyer. Das zugrundeliegende Forschungsprojekt wurde betreut von Frau Prof. Dr. Gisela Färber, welche dankenswerterweise auch das Erstgutachten im Rahmen des Promotionsverfahrens im Jahre 2001 an der Deutschen Hochschule für Verwaltungswissenschaften Speyer übernommen hat.

Den beiden Direktoren des Forschungsinstitutes während meiner Speyerer Zeit danke ich ebenfalls für ihre Beteiligung an meinem Promotionsverfahren: Herrn Prof. Dr. Karl-Peter Sommermann für die Erstellung des Zweitgutachtens und seine Mitwirkung an der mündlichen Prüfung sowie Herrn Prof. Dr. Dr. Klaus König für die Übernahme des Vorsitzes der Prüfungskommission.

Mein herzlicher Dank gilt ferner allen, die mich bei meinem Promotionsvorhaben beständig gefördert und ermuntert oder mir bei meiner Arbeit in irgendeiner Weise geholfen haben.

Ich widme dieses Buch meinen Eltern als Dank für ihre tatkräftige Unterstützung.

Elmar Döhler

INHALTSÜBERSICHT

VORWORT I

INHALTSÜBERSICHT III

INHALTSVERZEICHNIS V

ABKÜRZUNGSVERZEICHNIS XII

1 Einleitung 1

2 Anforderungen an ein föderatives Steuersystem 7

2.1 Staatstheoretische Grundlagen einer föderativen Finanzverfassung 8

2.2 Steuererhebung und Steuersystem 47

2.3 Anforderungen an ein 'optimales' föderatives Steuersystem 60

2.4 Die 'optimale' föderale Verteilung der Besteuerungskompetenzen 83

2.5 Kriterien zur Beurteilung empirischer föderativer Steuersysteme 98

3 Darstellung und Bewertung der untersuchten föderativen Steuersysteme 100

3.1 Einführung in die Länderanalyse 100

3.2 Australien 118

3.3 Deutschland 205

3.4 Kanada 299

3.5 Ländervergleich 382

4 Zusammenfassung und Fazit 396

ANHANG 404

LITERATURVERZEICHNIS 414

INHALTSVERZEICHNIS

1 Einleitung 1

1.1 Problemstellung 1

1.2 Ziel der Untersuchung 3

1.3 Gang der Untersuchung 5

2 Anforderungen an ein föderatives Steuersystem 7

2.1 Staatstheoretische Grundlagen einer föderativen Finanzverfassung 8
  2.1.1 Grundstrukturen einer föderalen Staatsorganisation 8
    2.1.1.1 Autonomie dezentraler Körperschaften als Charakteristikum des Bundesstaates ... 11
    2.1.1.2 Bedeutung der Finanzverfassung für die Funktionsfähigkeit föderativer Staaten ... 14
    2.1.1.3 Der föderale Staat als Organisation 17
      2.1.1.3.1 Zentrale und dezentrale Ausrichtung föderaler Systeme 17
      2.1.1.3.2 Modelle der Aufteilung staatlicher Zuständigkeiten 18
      2.1.1.3.3 Gliederung des Staates in Regierungs- und Verwaltungsebenen 19
  2.1.2 Demokratietheoretische Aspekte der föderativen Zuordnung
     steuerpolitischer Kompetenzen 21
    2.1.2.1 Legitimität der Glieder eines föderalen Staates 21
    2.1.2.2 Demokratische Repräsentation und parlamentarische Verantwortung 23
    2.1.2.3 Steuer- und Ausgabenpolitik aus politökonomischer Sicht 25
  2.1.3 Dezentrale Besteuerungsautonomie als Mittel zur Verwirklichung der Ziele
     und Aufgaben einer föderativen Staatsstruktur 26
    2.1.3.1 Föderalismus als Gewähr der Gewaltenteilung 27
    2.1.3.2 Optimale Allokation der Ressourcen im Staatssektor 30
      2.1.3.2.1 Optimierung der Ressourcenallokation durch Dezentralisierung 30
      2.1.3.2.2 Steigerung der Allokationseffizienz durch innerstaatlichen Wettbewerb ... 32
        2.1.3.2.2.1 Ziele und Wirkungen des innerstaatlichen Wettbewerbs 33
        2.1.3.2.2.2 Gegenstand und Mittel des horizontalen innerstaatlichen Wettbewerbs ... 35
  2.1.4 Konkurrenz und Zusammenarbeit im Bundesstaat 38
    2.1.4.1 Unterschiedliche Leitbilder für interne Beziehungen im föderalen Staat 39

2.1.4.2 Kooperation und Selbstkoordinierung als Formen bundesstaatlicher Zusammenarbeit 40

2.1.4.3 Grenzen föderativer Unabhängigkeit und Konkurrenz 42

2.1.4.4 Allgemeine Bedingungen für einen 'fairen' Wettbewerb in föderativen Staaten 44

2.1.5 Zwischenergebnis 46

2.2 Steuererhebung und Steuersystem 47

2.2.1 Steuern als Finanzierungsquelle des Staates 48

2.2.1.1 Anforderungen allgemeiner finanzpolitischer Ziele an die Besteuerung 49

2.2.1.2 Prinzipien der Abgabenerhebung und Lastenverteilung 50

2.2.2 Wichtige rechtsstaatliche Anforderungen an die Erhebung von Steuern 51

2.2.3 Ausgestaltung eines Steuersystems aus Sicht der Finanzwissenschaft 53

2.2.3.1 Allgemeine Besteuerungsgrundsätze 54

2.2.3.2 Die Konzeption eines 'rationalen' Steuersystems 56

2.2.4 Zwischenergebnis 59

2.3 Anforderungen an ein 'optimales' föderatives Steuersystem 60

2.3.1 Ökonomische Ziele und Gestaltungsmaximen für ein föderales Steuersystem ... 61

2.3.1.1 Der Steuer-Ausgaben-Mechanismus 62

2.3.1.2 Die Prinzipien der Autonomie, der Konnexität und der fiskalischen Äquivalenz ... 64

2.3.2 Verfassungsrechtliche Grenzen subnationaler Steuerautonomie 65

2.3.2.1 Zum Verhältnis von regionaler bzw. lokaler Steuerautonomie und dem Ziel der Herstellung gleichwertiger Lebensbedingungen im Bundesstaat 66

2.3.2.2 Vereinbarkeit von Steuerautonomie und steuerlicher Gleichbehandlung 69

2.3.2.3 Steuerautonomie und Besteuerung nach dem Leistungsfähigkeitsprinzip 70

2.3.3 Grundtypen föderaler Steuersysteme 70

2.3.3.1 Trennsysteme 71

2.3.3.2 Verbundsysteme 73

2.3.3.3 Mischsysteme 74

2.3.4 Normative Grundlagen eines 'fairen' Steuerwettbewerbs zwischen Gliedstaaten ... 74

2.3.5 Zum Verhältnis von regionaler bzw. lokaler Steuerautonomie und Finanzausgleich .. 77

2.3.6 Zwischenergebnis 82

2.4 Die 'optimale' föderale Verteilung der Besteuerungskompetenzen 83

2.4.1 Maßstäbe für eine 'optimale' Verteilung des Steueraufkommens 83

2.4.2 Maßgaben aus Sicht politischer Willensbildung, Verantwortlichkeit und Kontrolle ... 86

2.4.3 Anforderungen an ein föderatives Steuersystem als Gesamtheit 87

2.4.4 Kriterien für den 'optimalen' Zentralisierungsgrad der Besteuerungskompetenzen 90

2.4.5 Der Einfluß landestypischer Besonderheiten auf diese Maßstäbe 95

2.4.6 Schlußfolgerungen 96

2.5 Kriterien zur Beurteilung empirischer föderativer Steuersysteme 98

3 Darstellung und Bewertung der untersuchten föderativen Steuersysteme .. 100

3.1 Einführung in die Länderanalyse 100

3.1.1 Allgemeiner Überblick über die Vergleichsländer 100

3.1.1.1 Australien 100

3.1.1.2 Deutschland 103

3.1.1.3 Kanada 107

3.1.1.4 Ländervergleich 110

3.1.2 Vorgehensweise im Rahmen der Länderanalyse 115

3.2 Australien 118

3.2.1 Die föderative Verteilung der Besteuerungskompetenzen in der Verfassung 118

3.2.2 Die historische Entwicklung des föderativen Steuersystems 121

3.2.3 Die Reform des Steuersystems ab dem Jahr 2000 125

3.2.4 Die Einnahmensituation der einzelnen föderalen Ebenen im Überblick 132

3.2.4.1 Die Finanzausstattung des Commonwealth 133

3.2.4.2 Die Finanzausstattung der Staaten und Territorien 134

3.2.4.3 Die Finanzausstattung der Gemeinden 140

3.2.5 Die Auswirkungen des Steuersystems auf regionaler Ebene 144

3.2.5.1 Verteilung und Anspannung der wichtigsten regionalen Steuerquellen 144

3.2.5.1.1 Payroll Tax (Lohnsummensteuer) 144

3.2.5.1.2 Land Tax (Bodensteuer) 149

3.2.5.1.3 Conveyance Duty (Grunderwerbsteuer) 153

3.2.5.1.4	Insurance Taxation (Versicherungsteuern)	156
3.2.5.1.5	Stamp Duty on Motor Vehicles (Kraftfahrzeug-Zulassungsteuer)	158
3.2.5.1.6	Motor Taxes (Kraftfahrzeugsteuern)	161
3.2.5.1.7	Financial Transaction Taxes (Besteuerung des Finanzsektors)	163
3.2.5.1.8	Gambling Taxation (Steuern auf Glücksspiel)	166
3.2.5.2	Gesamtes regionales Besteuerungspotential (Gesamtsteuerkraft)	167
3.2.5.3	Sonstiges regionales Einnahmenpotential	169
3.2.5.4	Gesamtes regionales Einnahmenpotential	171
3.2.5.5	Zwischenergebnis	173
3.2.6	Der Finanzausgleich i.e.S. zwischen Commonwealth und Gliedstaaten	174
3.2.6.1	Zielsetzung und Konzeption des Finanzausgleichs	174
3.2.6.2	Die Konstruktion des Finanzausgleichs	178
3.2.6.3	Die Verteilungswirkung des Finanzausgleichs	181
3.2.7	Bewertung des föderativen Steuersystems in Australien	186
3.2.7.1	Finanzpolitische Unabhängigkeit aller föderalen Ebenen	186
3.2.7.2	Hinreichende und aufgabengerechte Finanzausstattung aller Gebietskörperschaften	188
3.2.7.3	Ausreichende vertikale Flexibilität des Einnahmensystems	192
3.2.7.4	Fiskalische Beweglichkeit aller Gebietskörperschaften	193
3.2.7.5	Sachgerechte Auswahl und Zuordnung der subnationalen Besteuerungsrechte	195
3.2.7.6	Weitere Voraussetzungen für einen fairen Steuerwettbewerb	198
3.2.7.7	Konsistenz, Transparenz und Neutralität des Gesamtsystems	199
3.2.7.8	Gewährleistung allgemeiner und gleicher Besteuerung	200
3.2.7.9	Erhebungs- und Entrichtungsbilligkeit der Besteuerung	201
3.2.7.10	Durchführung eines sachgerechten Finanzausgleichs	202
3.2.7.11	Zwischenergebnis	204
3.3	**Deutschland**	**205**
3.3.1	Das bundesstaatliche Steuersystem vor 1945	205
3.3.2	Die Entwicklung der Finanzverfassung des Grundgesetzes	212
3.3.3	Die Finanzausstattung der einzelnen föderalen Ebenen	216
3.3.3.1	Die föderative Verteilung der Steuerquellen in der Finanzverfassung	216
3.3.3.1.1	Die vertikale Verteilung der Steuergesetzgebungskompetenzen	217
3.3.3.1.2	Die föderative Verteilung des Steueraufkommens	218

3.3.3.2 Die aktuelle Einnahmensituation von Bund und Ländern 223

3.3.3.3 Die Finanzausstattung der Kommunen 225

3.3.4 Die Auswirkungen des Steuersystems auf regionaler Ebene 232

   3.3.4.1 Das regionale Aufkommen der Steuern vom Einkommen 232

      3.3.4.1.1 Veranlagte Einkommensteuer 234

      3.3.4.1.2 Lohnsteuer 235

      3.3.4.1.3 Kapitalertragsteuer 237

      3.3.4.1.4 Körperschaftsteuer 238

   3.3.4.2 Das regionale Aufkommen der reinen Landessteuern 241

      3.3.4.2.1 Kraftfahrzeugsteuer 241

      3.3.4.2.2 Grunderwerbsteuer 242

      3.3.4.2.3 Erbschaft- und Schenkungsteuer 243

      3.3.4.2.4 Rennwett- und Lotteriesteuer 244

      3.3.4.2.5 Biersteuer 245

      3.3.4.2.6 Vermögensteuer 246

   3.3.4.3 Die Gesamtsteuerkraft der Länder 248

   3.3.4.4 Das regionale Aufkommen der wichtigsten kommunalen Steuern 250

      3.3.4.4.1 Gewerbesteuer 250

      3.3.4.4.2 Grundsteuer 252

   3.3.4.5 Die kommunale Steuerkraft insgesamt 253

   3.3.4.6 Die Anspannung der kommunalen Realsteuerhebesätze 255

   3.3.4.7 Zwischenergebnis 261

3.3.5 Der Finanzausgleich i.e.S. 262

   3.3.5.1 Das Leitbild des deutschen Finanzausgleichs 262

   3.3.5.2 Die Konzeption der Ausgleichszahlungen 263

   3.3.5.3 Die Konstruktion des Finanzausgleichs i.e.S. 264

      3.3.5.3.1 Die Umsatzsteuerverteilung 265

      3.3.5.3.2 Der Länderfinanzausgleich i.e.S. 265

      3.3.5.3.3 Die Bundesergänzungszuweisungen (BEZ) 267

   3.3.5.4 Die Verteilungswirkung des Finanzausgleichs 269

      3.3.5.4.1 Die Zahlungsströme im Rahmen des Finanzausgleichs im Verhältnis zu den Steuereinnahmen der Länder 269

      3.3.5.4.2 Das Ausmaß der Umverteilung nach dem Finanzausgleichstarif 272

      3.3.5.4.3 Die 'effektive' Verteilungswirkung des Finanzausgleichs 275

      3.3.5.4.4 Zwischenergebnis 278

3.3.6 Bewertung der deutschen Finanzverfassung 280

3.3.6.1 Finanzpolitische Unabhängigkeit von Bund, Ländern und Gemeinden 280

3.3.6.2 Hinreichende Finanzausstattung aller Gebietskörperschaften 281

3.3.6.3 Ausreichende vertikale Flexibilität des Einnahmensystems 283

3.3.6.4 Fiskalische Beweglichkeit aller Gebietskörperschaften 284

3.3.6.5 Sachgerechte Auswahl und Zuordnung der subnationalen Besteuerungsrechte ... 287

3.3.6.6 Weitere Voraussetzungen für einen fairen Steuerwettbewerb 290

3.3.6.7 Konsistenz, Transparenz und Neutralität des Gesamtsystems 291

3.3.6.8 Gewährleistung allgemeiner und gleicher Besteuerung 293

3.3.6.9 Erhebungs- und Entrichtungsbilligkeit der Besteuerung 293

3.3.6.10 Durchführung eines sachgerechten Finanzausgleichs 294

3.3.6.11 Zwischenergebnis 297

3.4 Kanada 299

3.4.1 Die föderative Verteilung der Besteuerungskompetenzen in der Verfassung 299

3.4.2 Die historische Entwicklung des föderativen Steuersystems 300

3.4.3 Die Finanzausstattung der verschiedenen föderalen Ebenen 305

3.4.3.1 Die Einnahmensituation des Bundes (Federal Government) 307

3.4.3.2 Die Finanzausstattung der Provinzen und Territorien 308

3.4.3.2.1 Die Einnahmensituation der Gliedstaaten 308

3.4.3.2.2 Die Neuordnung der Einkommensbesteuerung ab 2001 310

3.4.3.3 Die Finanzausstattung der Kommunen (Local Governments) 312

3.4.3.4 Die langfristige Entwicklung der Einnahmen der einzelnen Staatsebenen 316

3.4.4 Die Auswirkungen des Steuersystems auf regionaler Ebene 321

3.4.4.1 Verteilung und Anspannung der wichtigsten subnationalen Steuerquellen 321

3.4.4.1.1 Personal Income Tax (Einkommensteuer) 322

3.4.4.1.2 Corporation Taxation (Unternehmensbesteuerung) 327

3.4.4.1.3 Payroll Tax (Lohnsummensteuer) 331

3.4.4.1.4 Sales Tax (Einzelhandelsumsatzsteuer) 332

3.4.4.1.5 Insurance Tax (Versicherungsteuer) 334

3.4.4.1.6 Verbrauchsteuern (Steuern auf Tabak und Kraftstoffe) 336

3.4.4.1.7 Vehicles Licences Revenues (Kraftfahrzeugsteuer) 338

3.4.4.1.8 Erträge der Monopolgesellschaften für Branntwein und Glücksspiel 340

3.4.4.1.9 Natural Resources Revenues (Abgaben auf Bergbautätigkeiten und die Nutzung natürlicher Ressourcen) 342
3.4.4.1.10 Property Tax (Grundvermögensteuer) 344
3.4.4.1.11 Sonstiges Abgabenpotential der Provinzen und Gemeinden 347
3.4.4.2 Steuerkraft und Steueranspannung der Provinzen und Gemeinden insgesamt 347
3.4.4.3 Die regionale Steuerbelastung 351
3.4.4.4 Zwischenergebnis 354
3.4.5 Der Finanzausgleich i.e.S. zwischen Bund und Provinzen 355
3.4.5.1 Zielsetzung und Bedeutung des Finanzausgleichs 355
3.4.5.2 Die Konzeption der Ausgleichszahlungen 356
3.4.5.3 Die Konstruktion des Finanzausgleichs 359
3.4.5.4 Die Verteilungswirkung des Finanzausgleichs 363
3.4.6 Bewertung des kanadischen Steuersystems 366
3.4.6.1 Finanzpolitische Unabhängigkeit aller föderalen Ebenen 366
3.4.6.2 Hinreichende und aufgabengerechte Finanzausstattung aller Gebietskörperschaften 368
3.4.6.3 Ausreichende vertikale Flexibilität des Einnahmensystems 370
3.4.6.4 Fiskalische Beweglichkeit aller Gebietskörperschaften 371
3.4.6.5 Sachgerechte Auswahl und Zuordnung der subnationalen Besteuerungsrechte 372
3.4.6.6 Weitere Voraussetzungen für einen fairen Steuerwettbewerb 374
3.4.6.7 Konsistenz, Transparenz und Neutralität des Gesamtsystems 375
3.4.6.8 Gewährleistung allgemeiner und gleicher Besteuerung 376
3.4.6.9 Erhebungs- und Entrichtungsbilligkeit der Besteuerung 377
3.4.6.10 Durchführung eines sachgerechten Finanzausgleichs 379
3.4.6.11 Zwischenergebnis 381

3.5 Ländervergleich 382
3.5.1 Vergleich der Finanzverfassungen 382
3.5.2 Vergleich der Einnahmesituation der föderativen Ebenen 387
3.5.3 Vergleich der regionalen Wirkungen der Steuersysteme 389
3.5.4 Vergleich der Finanzausgleichssysteme 392

4 Zusammenfassung und Fazit 396

ABKÜRZUNGSVERZEICHNIS

Abs.	Absatz
ACT	Australian Capital Territory
Alb.	Alberta
AO	Abgabenordnung
Art.	Artikel
BAD	Bank Account Debits
Bay	Bayern
BBA	Budget Balancing Assistance
B.C.	British Columbia
Ber	Berlin
BEZ	Bundesergänzungszuweisungen
BGBl.	Bundesgesetzblatt
BIP	Bruttoinlandsprodukt
BMF	Bundesministerium der Finanzen
Bra	Brandenburg
Bre	Bremen
BVerfGE	Entscheidungssammlung des Bundesverfassungsgerichtes
BW	Baden-Württemberg
CAP	Canada Assistance Plan
CGC	Commonwealth Grants Commission
CHST	Canada Health and Social Transfer
CITCAs	Comprehensive Integrated Tax Coordination Agreements
CPP	Canada Pension Plan
CCRA	Canada Customs and Revenue Agency
EPF	Established Programs Financing
ESt	Einkommensteuer
EStG	Einkommensteuergesetz
EU	Europäische Union
FA	Finanzausgleich
FAG	Finanzausgleichsgesetz
FAGs	Financial Assistance Grants
FDE	Fonds Deutsche Einheit
FID	Financial Institutions Duty
GewStG	Gewerbesteuergesetz
GG	Grundgesetz
GMA	Guaranteed Minimum Account
GrdStG	Grundsteuergesetz
GRV	Gesetzliche Rentenversicherung
GST	Goods and Services Tax
Hbg	Hamburg
HCGs	Health Care Grants
Hes	Hessen
Hs.	Halbsatz
HST	Harmonized Sales Tax
IGA	Intergovernmental Agreement

KSt	Körperschaftsteuer
KraftStG	Kraftfahrzeugsteuergesetz
LFA	Länderfinanzausgleich
LSA	Sachsen-Anhalt
Man.	Manitoba
MV	Mecklenburg-Vorpommern
N.B.	New Brunswick
Nds	Niedersachsen
Nfld.	Newfoundland
NRW	Nordrhein-Westfalen
N.S.	Nova Scotia
NSW	New South Wales
NT	Northern Territory
Nun.	Nunavut
Nw.T.	Northwest Territories
ÖPNV	Öffentlicher Personennahverkehr
Ont.	Ontario
P.E.I.	Prince Edward Island
QLD	Queensland
Que.	Quebec
QST	Quebec Sales Tax
RennwLottG	Rennwett- und Lotteriesteuergesetz
RFPS	Representative Five-Province Standard
RNAS	Representative National Average Standard
RPL	Rheinland-Pfalz
RRPs	Revenue Replacement Payments
S.	Satz / Seite
SA	South Australia
Saar	Saarland
Sac	Sachsen
Sask.	Saskatchewan
Sec.	Section
SH	Schleswig-Holstein
SPPs	Specific Purpose Payments
TAS	Tasmania
TCAs	Tax Collection Agreements
TFF	Territorial Formula Financing
Thü	Thüringen
USt	Umsatzsteuer
UStG	Umsatzsteuergesetz
VIC	Victoria
WA	Western Australia
WRV	Weimarer Reichsverfassung
Yuk.	Yukon
ZerlegungsG	Zerlegungsgesetz

1 Einleitung

1.1 Problemstellung

Die Gestaltung der zuletzt 1969 grundlegend reformierten deutschen Finanzverfassung ist bereits seit langer Zeit Gegenstand intensiver Diskussion. Ein Kernproblem stellt die auf Länderebene völlig fehlende und auf Gemeindeebene mit Abschaffung der Gewerbekapitalsteuer zum 1.1.1998 weiter eingeschränkte Steuerautonomie dar: Angesichts des hohen Zentralisierungsgrades wichtiger steuerpolitischer Entscheidungskompetenzen ist die verfassungsrechtlich garantierte Finanzautonomie der Länder und Gemeinden nur unvollständig in tatsächliche Befugnisse umgesetzt worden.

Aus der mangelnden Einnahmenautonomie resultiert u.a. eine eingeschränkte Verantwortlichkeit für die eigenständigen Ausgabenentscheidungen auf Landes- und Gemeindeebene, da die zuständigen Entscheidungsträger keine Verantwortung für die Finanzierung tragen. Dies kann dazu führen, daß Politiker die Steuereinnahmen 'ihrer' Gebietskörperschaft eher als abstrakte Vermögenszuflüsse, die in vollem Umfang auszugeben sind, denn als konkrete Finanzierungsbeiträge der Steuerzahler für die Erfüllung öffentlicher Aufgaben ansehen, deren Erhebung genauso wie deren Verwendung demokratischen Kontrollen unterliegt.

Zu den zentralen Vorschlägen für eine Reform der deutschen Finanzverfassung gehört daher auch die Einräumung bzw. Ausweitung von Steuerautonomie auf Ebene der Länder und Gemeinden.[1] Mehr Autonomie auf der Einnahmenseite der subnationalen Gebietskörperschaften ist aus Effizienzgesichtspunkten erforderlich, um die bundesstaatliche Kompetenzverteilung stärker am Prinzip der fiskalischen Äquivalenz zu orientieren und einen Zusammenhang zwischen dem Angebot an öffentlichen Gütern und Dienstleistungen und der Zahlungsbereitschaft der regionalen bzw. lokalen Steuerzahler zu generieren.

Autonome Besteuerungsrechte von Gliedstaaten und Gemeinden sind in anderen föderativen Staaten durchaus üblich (ebenso wie früher in Deutschland). Die Reichweite der subnationa-

---

[1] Vgl. etwa *Gisela Färber*: Regionen in der Finanzverfassung der Europäischen Union – Probleme und Reformvorschläge; in Steuer und Wirtschaft 1996, S. 379ff.; *Thomas Lenk/Friedrich Schneider*: Zurück zu mehr Föderalismus: Ein Vorschlag zur Neugestaltung des Finanzausgleichs in der Bundesrepublik Deutschland unter besonderer Berücksichtigung der neuen Bundesländer; Leipzig 1998; *Rolf Peffekoven*: Deutsche Einheit und Finanzausgleich, in: Staatswissenschaften und Staatspraxis 1990, S. 485ff.; *Reformkommission Soziale Marktwirtschaft* (der Bertelsmann-, Heinz Nixdorf- und Ludwig-Erhard-Stiftung): Reform der Finanzverfassung; Gütersloh 1998; *Wissenschaftlicher Beirat beim Bundesministerium der Finanzen*: Gutachten zum Länderfinanzausgleich in der Bundesrepublik Deutschland; Bonn 1992.

len Steuerautonomie und ihre konkrete Ausgestaltung variiert jedoch stark zwischen den verschiedenen Nationen.

Mit der Einräumung von Steuerautonomie ist die Entstehung von Steuerwettbewerb zwischen den Gebietskörperschaften einer Ebene verbunden. Dies kann aber nicht nur Chancen eröffnen, sondern auch Probleme mit sich bringen. Zu nennen ist hier die Gefahr eines destruktiven Steuerwettbewerbs im Sinne eines Wettlaufs um niedrigere Steuersätze ('Race to the Bottom') durch gegenseitiges Unterbieten.

Zahlreiche Untersuchungen haben sich in den letzten Jahren vom theoretischen Standpunkt aus mit dem Problem des Steuerwettbewerbs befaßt.[2] Welche sinnvollen und realistischen Gestaltungsspielräume bei der Konzeption einer modernen, mit kompetitiven Elementen und dezentralen steuerpolitischen Entscheidungskompetenzen versehenen Finanzverfassung bestehen und welche praktische Bedeutung die Einräumung bzw. Ausweitung der Steuerautonomie von Gliedstaaten und Gemeinden dabei haben kann und sollte, ist bislang aber weitgehend unerforscht.

Von Interesse ist in diesem Zusammenhang, wie sich der Umgang mit Steuerautonomie im Rahmen eines föderalen Steuersystems mit dezentralen Besteuerungsrechten in der Praxis darstellt und wie sich die vertikale Verteilung autonomer Besteuerungskompetenzen in einem Bundesstaat auf die Funktionsfähigkeit des föderativen Systems in seiner Gesamtheit tatsächlich auswirkt. Dabei geht es nicht nur um die Auswirkungen von Steuerautonomie und innerstaatlichem Steuerwettbewerb, die lediglich hinsichtlich einzelner Steuern auftreten, sondern gerade auch um die Konsequenzen, die im Hinblick auf das föderative Steuersystem im ganzen festzustellen sind.

Fraglich ist deshalb, ob und wie die Gebietskörperschaften ihre autonomen Einnahmenspielräume ausnutzen (bzw. überhaupt ausnutzen können) und ob auf Ebene der Gliedstaaten und Gemeinden im Rahmen der bestehenden Steuersysteme Steuerwettbewerb und wenn ja, in welchem Umfang, stattfindet. Hierfür wäre zu klären,

- welche Steuern sich als Einnahmequellen für die verschiedenen föderalen Ebenen eignen und wie ein föderatives Steuersystem gestaltet sein sollte,
- welche ökonomischen Grundlagen für die Nutzung von Steuerautonomie in den einzelnen Gebietskörperschaften vorhanden sind, d.h., welches Besteuerungspotential dort aufgrund

---

[2] Eine Übersicht hierzu gibt *Lars P. Feld*: Steuerwettbewerb und seine Auswirkungen auf Allokation und Distribution: Eine empirische Analyse für die Schweiz; Diss., St. Gallen 1999, S. 20f.

der vertikalen und regionalen Verteilung von Steuerquellen und Bemessungsgrundlagen für eine eigenständige Steuerpolitik verfügbar ist,

- welche Unterschiede in den Steuerhaushalten der Gebietskörperschaften auf einer föderalen Ebene bestehen, d.h., ob bestimmte Steuerquellen schwerpunktmäßig genutzt werden und im Gegenzug auf die Ausschöpfung einzelner Steuerquellen verzichtet wird sowie in welchem Umfang dies ggf. geschieht,
- ob die Gebietskörperschaften im Bereich der Steuerpolitik eher kooperieren oder stärker miteinander konkurrieren, wieweit die innerstaatliche Konkurrenz reicht und ob evtl. sogar ein 'Race to the Bottom' bezüglich der Steuersätze feststellbar ist,
- welche Auswirkungen der fiskalische Wettbewerb auf die Finanzausstattung der Gliedstaaten und Gemeinden hat und welche Rahmenbedingungen deshalb für den innerstaatlichen Steuerwettbewerb notwendig sind sowie
- ob der fiskalische Wettbewerb Spannungen im Steuersystem hervorbringt und inwiefern die empirisch vorfindbaren föderativen Steuersysteme die theoretischen Anforderungen an ein 'rationales Steuersystem' erfüllen.

1.2 Ziel der Untersuchung

Vor diesem Hintergrund soll in der vorliegenden Arbeit analysiert werden, welche Möglichkeiten und Grenzen von Steuerautonomie auf der Ebene von Gliedstaaten und Gemeinden existieren. Zielsetzung ist daher einerseits die Auseinandersetzung mit den ökonomischen und verfassungsrechtlichen Anforderungen an ein föderatives Steuersystem sowie die Analyse und Bewertung empirischer Systeme andererseits.

Ein föderatives Steuersystem wird durch die vertikale Verteilung von Steuerquellen in der Finanzverfassung gebildet. Die Besteuerungskompetenzen der einzelnen Ebenen wiederum können in einzelne Bestandteile zerlegt sein. Zu differenzieren ist jeweils nach der Erhebungs-, Ertrags- sowie der Verwaltungskompetenz einer Steuer, wobei vor allem die Verteilung der Gesetzgebungs- und Ertragshoheit den materiellen Gehalt des Gesamtsystems maßgeblich bestimmt.[3] Der Begriff 'Steuersystem' soll deshalb im folgenden weit verstanden werden: Er umfaßt nicht nur die konkret bestehenden Steuern von Bund, Gliedstaaten und Gemeinden, sondern darüber hinaus auch die primäre Zuordnung originärer Steuer- und ähn-

---

[3] Vgl. etwa *Horst Zimmermann*: Allgemeine Probleme und Methoden des Finanzausgleichs; in: Fritz Neumark/Norbert Andel/Heinz Haller (Hrsg.): Handbuch der Finanzwissenschaft, Band 4; 3. Aufl., Tübingen 1983, S. 3 (38f.).

licher Abgabenquellen hinsichtlich Gestaltungskompetenzen und Ertragsaufteilung auf die verschiedenen föderativen Ebenen in der Finanzverfassung.

Die Untersuchung intendiert zum einen die Entwicklung einer theoretischen Konzeption für ein 'optimales' föderales Steuersystem, aus der wiederum operationalisierbare Kriterien für die Beurteilung empirischer föderativer Finanzverfassungen abgeleitet werden. Im Mittelpunkt stehen dabei die normativen Anforderungen an Steuerautonomie für Gliedstaaten und Gemeinden innerhalb eines Bundesstaates. Schwerpunktmäßig sollen herausgearbeitet werden:

- die theoretische Rechtfertigung und die notwendigen Bedingungen für subnationale Steuerautonomie und innerstaatlichen (fiskalischen) Wettbewerb,

- die rechtlichen und ökonomischen Grundlagen für eine an 'rationalen' Kriterien ausgerichtete Konzeption eines Steuersystems allgemein,

- die verfassungsrechtlichen und finanzwissenschaftlichen Grenzen und Anforderungen an die Gestaltung eines föderativen Steuersystems einschließlich der Voraussetzungen eines 'fairen' Steuerwettbewerbs im Bundesstaat sowie

- die Maßstäbe für eine sachgerechte vertikale Zuordnung von Steuerquellen und Besteuerungsrechten.

Um einschätzen zu können, wie Steuerautonomie 'funktioniert' und welche Rahmenbedingungen für die Zuordnung autonomer Besteuerungsrechte auf Gliedstaaten bzw. Gemeinden notwendig sind, sollen die Auswirkungen von Steuerautonomie, vor allem die damit verbundenen Implikationen für die regionale Steuerverteilung, in verschiedenen existierenden föderalen Steuersystemen vergleichend analysiert und bewertet werden. Dabei werden die föderativen Steuersysteme zweier anderer Bundesstaaten mit den deutschen Gegebenheiten auf der Grundlage der zuvor entwickelten theoretischen Anforderungen an ein föderatives Steuersystem mit Steuerautonomie auf subnationaler Ebene verglichen. Mit Hilfe dieser vergleichenden empirischen Analyse soll vor allem herausgefunden werden,

- welche Steuerquellen und Besteuerungskompetenzen den einzelnen föderalen Ebenen zugeordnet werden und welche Rahmenbedingungen hierbei existieren,

- an welchen Gestaltungsparametern sich die Steuersysteme in anderen Ländern orientieren und welche davon sich bewährt haben,

- welche regionalen Auswirkungen die Dezentralisierung von Besteuerungsrechten auf die Finanzausstattung von Gliedstaaten und Gemeinden hat (insbesondere, welche finanziellen Auswirkungen aus der regionalen Verteilung von autonom auszuschöpfenden steuerlichen Bemessungsgrundlagen resultieren),

- ob und in welchem Umfang die Steuerautonomie von den Gliedstaaten und Gemeinden tatsächlich genutzt wird und wie die Steueranspannung variiert,
- wie die jeweiligen Finanzausgleichssysteme konzipiert sind und in welchem Ausmaß sie die regionalen Unterschiede in der Steuerkraft korrigieren sowie
- ob und inwieweit die untersuchten föderativen Finanzverfassungen und Steuersysteme insgesamt von den theoretischen Konzepten abweichen und was mögliche Gründe hierfür sind.

Die internationale Perspektive ermöglicht ferner die Feststellung, welche Entwicklungen die bislang recht eigenständigen, historisch gewachsenen Steuersysteme in anderen Bundesstaaten nehmen, ob es etwa zu einer gegenseitigen Anpassung der föderativen Steuersysteme kommt. Von Interesse ist auch, ob die einzelnen Länder in jüngster Zeit tendenziell eine Zentralisierung, Harmonisierung oder Koordinierung des föderalen Steuersystems verzeichnen können oder aber Dezentralisierungstendenzen, durch die der Grad der regionalen bzw. lokalen Unabhängigkeit erhöht wird, überwiegen.

Untersucht wird ebenfalls, ob und ggf. welche Zielkonflikte im Hinblick auf das föderative Steuersystem in den betrachteten Ländern zu verzeichnen sind und wie diese in der Praxis bewältigt werden. Ein solches Konfliktpotential kann zwischen den Anforderungen an ein modernes Steuersystem einerseits, der fiskalischen Funktion der Steuern als Instrument der autonomen Einnahmenbeschaffung einer Gebietskörperschaft und den politischen und verfassungsrechtlichen Vorgaben an regionale Steuerverteilung und Finanzausgleich auf der anderen Seite bestehen.

1.3 Gang der Untersuchung

Für die Analyse und Bewertung bestehender föderativer Finanzverfassungen und Steuersysteme im Rahmen des angewandten international komparativen Forschungsansatzes war die Auswahl von Vergleichsobjekten erforderlich. Für den Vergleich mit dem föderativen Steuersystem in Deutschland wurden die Länder Australien und Kanada ausgewählt. Beide Bundesstaaten lassen sowohl im Hinblick auf ihre Finanzverfassungen bzw. Steuersysteme als auch auf die Existenz interregionaler ökonomischer Disparitäten einerseits zwar deutliche Unterschiede, aber auch einige Gemeinsamkeiten mit der deutschen Situation erkennen.

Die Untersuchung gliedert sich – neben Einleitung (Kapitel 1) und Schlußbetrachtung (Kapitel 4) – im wesentlichen in zwei Teile:

Im zweiten Kapitel erfolgt die Darlegung der theoretischen Anforderungen an ein föderatives Steuersystem. In diesem Rahmen werden zunächst die konzeptionellen Grundlagen für die Ausgestaltung einer bundesstaatlichen Finanzverfassung erarbeitet. In vier thematisch abgestuften Unterkapiteln sollen Fragen der vertikalen Kompetenzverteilung im Hinblick auf Steuerautonomie subnationaler Gebietskörperschaften, des 'rationalen' Aufbaus eines Steuersystems allgemein und eines föderativen Steuersystems im besonderen sowie der Zuordnung von Steuerquellen und Besteuerungsrechten analysiert und hieraus schließlich in einem fünften Schritt Kriterien für die Beurteilung empirisch vorfindbarer föderaler Steuersysteme abgeleitet werden.

In Kapitel 3 werden die föderative Verteilung der Besteuerungsrechte sowie die Steuersysteme der untersuchten Bundesstaaten Australien, Deutschland und Kanada dargestellt, bewertet und miteinander verglichen: Das erste Unterkapitel enthält einen Überblick über die Föderalismus- und Verfassungstypen der drei Länder sowie grundlegende wirtschaftgeographische Daten. Der Ablauf der weiteren Untersuchung vollzieht sich anfangs nach Ländern getrennt, dabei aber weitgehend parallel. Das letzte Unterkapitel ist dann dem bewertenden Ländervergleich gewidmet.

Die Untersuchung endet mit einer Zusammenfassung der Ergebnisse und daran anknüpfenden Schlußfolgerungen. Vor dem Hintergrund der theoretischen Überlegungen und empirischen Befunde sollen im Rahmen der Schlußbetrachtung auch Bedingungen für eine Reform der deutschen Finanzverfassung und mögliche Optionen kurz diskutiert werden.

2 Anforderungen an ein föderatives Steuersystem

Die Erhebung von Steuern hat nicht nur eine fiskalische und finanzpolitische Dimension, sondern auch eine rechts- und sozialstaatliche sowie eine demokratische.[1] Für die Konzeption eines Steuersystems ist es daher erforderlich, auch die nicht-ökonomischen Anforderungen an dessen Ausgestaltung im Blick zu haben: "Ein 'gutes Steuersystem' kann nur ein interdisziplinär durchdachtes sein."[2]

Aus diesem Grund sollen im Rahmen dieser Untersuchung die Grundlagen eines föderativen Steuersystems sowohl aus finanzwissenschaftlicher als auch aus rechtswissenschaftlicher und demokratietheoretischer Sicht betrachtet werden. Den Schwerpunkt bildet dabei die Entwicklung von Kriterien für die Verteilung der Besteuerungskompetenzen auf Bund, Gliedstaaten und Gemeinden als besondere organisationstheoretische Problematik des Bundesstaates.

In Unterkapitel 2.1 werden jeweils mit Blick auf die 'optimale' Ausgestaltung einer föderalen Finanzverfassung und die Erhebung von Steuern im Bundesstaat die Grundzüge einer föderativen Staatsstruktur, die Argumente für autonome Handlungs- und Entscheidungsspielräumen dezentraler Gebietskörperschaften sowie die aus einer Dezentralisierung von Entscheidungszuständigkeiten resultierenden Konsequenzen für einen Bundesstaat und das Verhältnis seiner Glieder untereinander erörtert.

Das zweite Unterkapitel (2.2) enthält elementare rechtliche und ökonomische Maßstäbe für die Erhebung von Steuern und die Konzeption eines 'rationalen' Steuersystems.

Im dritten Unterkapitel (2.3) wird analysiert, welche verfassungsrechtlichen und finanzwissenschaftlichen Möglichkeiten, Grenzen und Anforderungen bezüglich der Gestaltung eines *föderalen* Steuersystems bestehen, und zwar insbesondere, welche Rahmenbedingungen für die Einräumung subnationaler Steuerautonomie notwendig sind.

In Unterkapitel 2.4 werden Prinzipien für eine sachgerechte vertikale Zuweisung von Steuerquellen und Besteuerungskompetenzen systematisch aufgearbeitet.

Anschließend erfolgt in einem letzten Schritt (2.5) die Ableitung von Kriterien für die Beurteilung bestehender föderaler Steuersysteme.

---

[1] Vgl. *Hartmut Maurer*: Staatsrecht; München 1999, § 21, Rdnr. 4.
[2] *Klaus Tipke/Joachim Lang*: Steuerrecht; 16. Aufl., Köln 1998, § 8, Rdnr. 1.

2.1 Staatstheoretische Grundlagen einer föderativen Finanzverfassung

Elementare Maßstäbe für die 'optimale' Gestaltung einer föderativen Finanzverfassung lassen sich bereits aus dem Wesen des Bundesstaates selbst ableiten, weswegen zunächst dessen allgemeine Grundlagen analysiert werden sollen. Primär stellt sich die Frage, wie ein föderativer Staatsaufbau charakterisiert werden kann und welche prinzipiellen Gestaltungsparameter sich daraus für eine föderative Kompetenzverteilung ergeben, speziell für die Ausstattung subnationaler Gebietskörperschaften mit finanzwirtschaftlichen Selbstentscheidungsrechten.

Die Notwendigkeit autonomer Handlungsspielräume bzw. Besteuerungsrechte für Gliedstaaten und Gemeinden kann sich auch aus demokratietheoretischen Erwägungen ergeben. Zentraler Aspekt hierbei ist die vollständige politische Verantwortlichkeit der gewählten Entscheidungsträger für die Aufgabenwahrnehmung und deren Finanzierung. Daneben ist zu ergründen, inwieweit Besteuerungsrechte dezentraler Einheiten als Mittel zur Verwirklichung der Ziele und Aufgaben föderativer Staatsstrukturen dienen.

Die Nutzung autonomer Entscheidungsspielräume kann dazu führen, daß in den Gebietskörperschaften einer Ebene unterschiedliche Konzepte bzgl. der Erfüllung öffentlicher Aufgaben und ihrer Finanzierung zur Anwendung gelangen, woraus möglicherweise ein innerstaatliches Konkurrenzverhältnis resultiert. Infolgedessen sind im Hinblick auf weitreichende Steuerautonomie auch Fragen des Wettbewerbs und der Zusammenarbeit im Bundesstaat zu untersuchen.

2.1.1 Grundstrukturen einer föderalen Staatsorganisation

Föderalismus ist eine Form staatlicher Gemeinschaftsbildung. Der Begriff bezeichnet ein organisatorisches Strukturprinzip für ein gegliedertes Gemeinwesen, in dem sich eine übergreifende politische Gesamtheit aus mehreren rechtlich eigenständigen und grundsätzlich gleichberechtigten staatlichen Gemeinschaften zusammensetzt.[3] Es handelt sich dabei um ein staatliches System mit mehreren weitgehend selbständigen Mitgliedern, bei dem die Kompetenzen zur Erfüllung öffentlicher Aufgaben vertikal auf verschiedene Staatsebenen verteilt sind. Hauptzweck des föderativen Staates ist, regionale soziokulturelle Vielfalt und gesamtstaatliche Einheit miteinander in Einklang zu bringen.[4] Föderalismus ermöglicht die Integration

---

[3] Vgl. *Wolfgang Reichardt*: Föderalismus; in: Dieter Nohlen (Hrsg.): Lexikon der Politik, Band 1: Politische Theorien (hrsg. von Dieter Nohlen/Rainer-Olaf Schultze); München 1995, S. 102 (102).

[4] Außerdem können geographische Gegebenheiten wie ein weitläufiges Staatsterritorium bzw. die schlechte Erreichbarkeit abgelegener Landesteile föderative Strukturen verlangen.

heterogener Gesellschaften[5], da selbständige Teilstaaten regionale kulturelle Differenzierungen und Eigenständigkeiten zulassen, während der Gesamtstaat eine politische, rechtliche und wirtschaftliche Verbindung schafft.[6] Das Entstehen föderaler Strukturen läßt sich deshalb auch primär historisch als Instrument zur Schaffung eines Nationalstaates erklären.[7] Dies bewahrte den künftigen Gliedstaaten eine gewisse politische und gesellschaftliche Autonomie.

Föderationen existieren in den drei Erscheinungsformen Staatenbund, Staatenverbund sowie Bundesstaat: Ein *Staatenbund* ist selbst kein Staat, sondern eine völkerrechtliche Verbindung souveräner Staaten, die zwar miteinander keinen Gesamtstaat bilden, aber bestimmte staatliche Aufgaben auf gemeinsame Institutionen übertragen[8]. Ein gegenüber dem Staatenbund engerer Zusammenhalt kennzeichnet den in der Rechtsprechung des Bundesverfassungsgerichts zur Charakterisierung der Europäischen Union entworfenen *Staatenverbund*[9], dessen Verbindung aber immer noch nicht als Staat zu qualifizieren ist. Ein *Bundesstaat* schließlich ist eine staatsrechtliche Verbindung mehrerer selbständiger Einzelstaaten, denen ebenso wie dem übergreifenden Gesamtstaat (Bund) eigene Staatsqualität zukommt.[10] Der Bundesstaat, dessen Aspekte im folgenden ausschließlich diskutiert werden sollen, ist abzugrenzen vom *Einheitsstaat*, der entweder über (beschränkt) autonome regionale oder kommunale Gebiets-

---

[5] Föderative Staaten mit verschiedenen heterogenen ethnischen Gruppen, die jeweils zahlenmäßig recht stark sind und über relativ homogene Siedlungsräume verfügen, sind z.B. Indien, Kanada und die Schweiz. Vgl. auch *Heinz Laufer/Ursula Münch*: Das föderative System der Bundesrepublik Deutschland; Bonn 1997, S. 23.

[6] Föderalismus ist somit "das gegebene Organisationsprinzip für heterogene, räumlich stark segmentierte Gesellschaften." (*Heidrun Abromeit/Felix W. Wurm*: Der bundesdeutsche Föderalismus – Entwicklung und neue Herausforderungen; in: Uwe Andersen (Hrsg.): Föderalismus in Deutschland; Schwalbach/Ts. 1996, S. 10 (10)). Eine Föderalisierung oder Regionalisierung dient etwa in Belgien, Spanien, Italien und Indonesien den dauerhaften Zusammenhalt einer Nation. Vgl. auch die Lage in Kanada (Separatistische Bewegungen in Quebec).

[7] Ein föderaler Staatsaufbau soll die dauernde Vereinigung der Gliedstaaten zur Verwirklichung definierter gemeinsamer Ziele bewirken, deren übergreifende Interessen über eine gemeinsame Erfüllung bestimmter öffentlicher Aufgaben absichern und hierzu institutionell ihre dauernde Integration gewährleisten, zugleich aber auch die Existenz, die historische und gesellschaftliche Identität sowie die politische und rechtliche Autonomie ihrer Glieder als selbständiger Staaten nicht nur ermöglichen, sondern auch konstitutionell dauerhaft verbürgen. Vgl. *Katharina Heckel*: Der Föderalismus als Prinzip überstaatlicher Gemeinschaftsbildung; Berlin 1998, S. 12f.

[8] Vgl. *Klaus Stern*: Das Staatsrecht der Bundesrepublik Deutschland, Band I: Grundbegriffe und Grundlagen des Staatsrechts, Strukturprinzipien der Verfassung; 2. Aufl., München 1984, S. 654.

[9] Siehe BVerfGE 89, S. 155 (184).

[10] Dazu *Jörn Ipsen*: Staatsrecht, Band 1: Staatsorganisationsrecht; 10. Aufl., Neuwied, Kriftel 1998; Rdnr. 496ff.; *Roman Herzog*: Kommentierung zu Art. 20 GG; in: Theodor Maunz/Günter Dürig u.a.: Grundgesetz (Kommentar), Band 2: Art. 12a-37; 35. Ergänzungslieferung, München 1999, Kap. IV; *Ingo von Münch*: Staatsrecht, Band 1; 5. Aufl., Stuttgart 1993, S. 196; *Hans Jochen Vogel*: Die bundesstaatliche Ordnung des Grundgesetzes; in: Ernst Benda/Hans Jochen Vogel/Werner Maihofer (Hrsg.): Handbuch des Verfassungsrechts; 2. Aufl., Berlin, New York 1994, S. 1041ff.

körperschaften verfügt (dezentralisierter Einheitsstaat) oder vollständig zentral gesteuert ist (zentralisierter Einheitsstaat).[11]

Bei der Beschreibung eines Bundesstaates setzen die verschiedenen Wissenschaftsdisziplinen unterschiedliche Schwerpunkte: Aus Sicht der Politikwissenschaft[12] sind die wesentlichen Eigenschaften eines föderal aufgebauten Staates die Gliederung des Gesamtstaates in eigenständige territoriale Einheiten bei Implementierung einer übergreifenden zentralen Ebene (Zentralstaat bzw. Bund), die Aufteilung und Abgrenzung der legislativen, exekutiven sowie judikativen Kompetenzen zwischen Zentralstaat und Gliedstaaten mit jeweils autonomen Entscheidungsrechten, eine verfassungsrechtlich institutionalisierte Vertretung der Gliedstaaten zur Mitwirkung bei der politischen Willensbildung des Zentralstaates (Bundesrat oder Senat)[13] sowie gesamtstaatliche Regelungen für Entscheidungsfindungsprozesse im Bundesstaat und zur Lösung horizontaler bzw. vertikaler Konflikte (z.B. Konsensregeln und Verfassungsgericht).

Konstitutives Element des Bundesstaates aus staatsrechtlicher Perspektive[14] ist die vertikale Gliederung des politischen Systems (d.h die Verteilung der Zuständigkeiten zur Wahrnehmung öffentlicher Aufgaben) in staatliche Ebenen, davon eine (nationale) gesamtstaatliche Ebene sowie mindestens eine (regionale) gliedstaatliche Ebene mit horizontaler Untergliederung. Bei den Gliedstaaten handelt es sich nicht um "hochpotenzierte Selbstverwaltungskörper"[15], sondern um eigenständige Staatswesen, deren Staatsgewalt originär, also nicht vom Bund abgeleitet ist.[16] Damit stehen sich mehrere Ebenen autonomer Entscheidungsgewalt gegenüber, die jeweils über originäre politische Gestaltungsspielräume und Verantwortungs-

---

[11] Vgl. *Renate Mayntz*: Soziologie der öffentlichen Verwaltung; 3. Aufl., Heidelberg 1985, S. 26; *Karl-Peter Sommermann*: Kommentierung zu Art. 20 GG; in: Hermann von Mangoldt/Friedrich Klein: Das Bonner Grundgesetz (hrsg. von Christian Starck), Band 2: Art. 20 bis 78; 4. Aufl., München 2000, Rdnr. 22. Der Unterschied zwischen Bundesstaat und dezentralisiertem Einheitsstaat besteht darin, daß die Gliedstaaten nicht lediglich über gewisse Autonomierechte verfügen, sondern Träger unabgeleiteter Staatsgewalt sind.

[12] Vgl. *Rainer-Olaf Schultze*: Föderalismus; in: Dieter Nohlen (Hrsg.): Lexikon der Politik, Band 3: Die westlichen Länder (hrsg. von Manfred G. Schmidt); München 1992, S. 95 (97).

[13] Zur (annähernd) gleichberechtigten Repräsentation kleinerer subnationaler Einheiten existiert entweder ein Bundesrat als Vertretungskörperschaft der Landesregierungen oder ein (in der Regel direktgewählter) Senat.

[14] Vgl. *Josef Isensee*: Idee und Gestalt des Föderalismus im Grundgesetz; in: Handbuch des Staatsrechts der Bundesrepublik Deutschland, Band 4: Finanzverfassung – Bundesstaatliche Ordnung; 2. Aufl., Heidelberg 1999, S. 517ff., Rdnr. 64ff.; *Otto Kimminich*: Der Bundesstaat; in: Josef Isensee/Paul Kirchhof (Hrsg.): Handbuch des Staatsrechts, Band 1: Grundlagen von Staat und Verfassung; Heidelberg 1987, S. 1113ff., Rdnr. 5ff.

[15] *Karl M. Hettlage*: Die Finanzverfassung im Rahmen der Staatsverfassung; in: Veröffentlichungen der Vereinigung der Deutschen Staatsrechtslehrer 14; Berlin u.a. 1956; S. 2 (15).

[16] Um den Teilstaaten Staatsqualität attestieren zu können, bedarf es der klassischen Eigenschaften eines Staates im Sinne der '3-Elemente-Lehre' (vgl. *Georg Jellinek*: Allgemeine Staatslehre; 3. Aufl., Berlin 1914, S. 394ff.) und des Vorhandenseins von Legislative, Exekutive und Judikative auf der subnationalen Ebene.

bereiche verfügen.[17] Dies setzt im Verhältnis zueinander abgegrenzte Kompetenzen mit jeweils autonomen Entscheidungsrechten voraus.[18] Zugleich muß aber auch ein Organ gemeinsamer Willensbildung existieren.[19]

Der föderative Charakter einer Staatsordnung läßt sich nach ökonomischen Kriterien[20] dagegen weniger an der Staatsqualität der staatlichen Gliederungen als vielmehr an der Existenz umfangreicher dezentraler politischer Entscheidungsbefugnisse im Gesamtstaat erkennen. Maßgeblich ist die effektive materielle Kompetenzverteilung zwischen Zentralstaat und dezentralen Gebietskörperschaften, also die vertikale und horizontale Aufteilung der öffentlichen Aufgaben, Ausgaben und Einnahmen auf verschiedene staatliche Ebenen und Einheiten.[21]

Allen Ansätzen ist gemein, daß die Verteilung autonomer Entscheidungskompetenzen auf selbständige Gebietskörperschaften ein wesentliches Charakteristikum des Bundesstaates darstellt. Da Existenz, politische Handlungsfähigkeit und gesellschaftliche Identität eines Gemeinwesens stark von dem Grad der Selbstbestimmung bei der Wahrnehmung eigener Aufgaben abhängen, ist die Autonomie dezentraler Körperschaften zugleich elementares Merkmal föderaler Strukturen und wesentliche Bedingung bei der föderativen Zuordnung von Aufgaben.

2.1.1.1 Autonomie dezentraler Körperschaften als Charakteristikum des Bundesstaates

Um die Freiheitssphäre und Individualität der Gliedstaaten zu sichern, hat die bundesstaatliche Verfassung eine angemessene Machtbalance zwischen den föderalen Ebenen herzustellen: Die subnationalen Einheiten müssen daher mit ausreichenden Kompetenzen ausgestattet sein, um ihre Existenz als eigenständige Staatsebene(n) neben dem Bund rechtfertigen zu können. Das föderative System wird deswegen vor allem durch die Autonomie der Einzelstaaten gegenüber ihren horizontalen und vertikalen Partnern konstituiert. Kennzeichnend für die Selb-

---

[17] Zu einem Mindestbestand an grundlegenden Entscheidungskompetenzen gehören die Verfassungsgebung, die Materien Organisation, Personal und Finanzen sowie einen Kreis zu erfüllender (Sach-) Aufgaben (vgl. BVerfGE 34, S. 9 (20)). Die erstgenannten Bereiche bilden dabei die unverzichtbare organisatorische Grundlage, um die zugewiesenen materiellen Politikfelder unabhängig und eigenverantwortlich gestalten zu können.

[18] Vgl. *Josef Isensee*: Idee und Gestalt ..., Rdnr. 114ff.

[19] Vgl. *Konrad Hesse*: Grundzüge des Verfassungsrechts der Bundesrepublik Deutschland; 20. Auflage, Heidelberg 1995, Rdnr. 217; *Otto Kimminich*, Rdnr. 5.

[20] Vgl. *Wallace E. Oates*: Fiscal Federalism; New York 1972; *Rolf Peffekoven*: Finanzausgleich I: Wirtschaftstheoretische Grundlagen; in: Willi Albers u.a. (Hrsg.): Handwörterbuch der Wirtschaftswissenschaft, Band 2; Stuttgart u.a. 1980, S. 608 (608ff.); *Horst Zimmermann*: Allgemeine Probleme ..., S. 7f.

[21] Vgl. *Dieter Brümmerhoff*: Finanzwissenschaft; 8. Aufl., München, Wien 2001, S. 623.

ständigkeit einer bundesstaatlichen Körperschaft sind die verfassungsmäßig abzusichernde Gestaltungsfreiheit hinsichtlich der von ihr zu erfüllenden öffentlichen Aufgaben sowie ihre Finanzautonomie.

Die finanzielle Unabhängig- und Selbständigkeit eines Gemeinwesens (Finanzautonomie) ist eine grundlegende Bedingung eigenständiger Aufgabenerfüllung.[22] Die zur Verfügung stehenden Finanzmittel haben eine entscheidende Bedeutung für die Nutzung aller anderen verfassungsmäßigen Kompetenzen. Ohne finanzwirtschaftliche Abstützung werden die Möglichkeiten eigenverantwortlicher Politikgestaltung ausgehöhlt.[23] Die Finanzautonomie einer Gebietskörperschaft bildet eine Entsprechung zur politischen Handlungsautonomie[24] und wahrt ihre politikfeldbezogenen Entscheidungsrechte, vor allem auch im Verhältnis der Mitglieder eines Bundesstaates untereinander. Die Finanzautonomie bietet den subnationalen Einheiten die Freiheit, ein untereinander abweichendes Angebot an öffentlichen Gütern bereitzustellen, also den Wählern auf Landesebene hinsichtlich Umfang und Struktur unterschiedliche öffentliche Leistungen zu offerieren.[25] Erst damit läßt sich 'Vielfalt in Einheit' vollständig verwirklichen.

Die finanzpolitische Souveränität eines Gemeinwesens äußert sich demzufolge im Ausmaß ihrer Teilhabe an der gesamtstaatlichen Finanzgewalt. Als wesentliche Bestandteile des verfassungsrechtlich verankerten Grundsatzes der bundesstaatlichen Finanzautonomie lassen sich eine hinreichende Finanzausstattung, ein eigener finanzpolitischer Verantwortungsbereich sowie die Ausgaben- und Einnahmenautonomie von Bund und Ländern unterscheiden:

---

[22] Die Staatslehre betonte bereits am Anfang des 20. Jahrhunderts die Notwendigkeit bundesstaatlicher Finanzautonomie: *Laband* folgerte "aus dem Wesen des Bundesstaates, daß sowohl der Bund wie die Bundesglieder eine eigene Finanzwirtschaft und Finanzgewalt haben müssen, wenn sie überhaupt bestehen sollen" (*Paul Laband*: Direkte Reichssteuern: Ein Beitrag zum Staatsrecht des Deutschen Reiches; Berlin 1908, S. 5). *Von Fries* forderte die Verbindung politischer Selbstbestimmung mit der Verantwortung für die Mittelbeschaffung: Jede Körperschaft müsse ihre Aufgaben mit Einnahmen bestreiten können, die ihrer Gestaltungskompetenz unterliegen: "Prinzip der ausreichenden Steuerzuständigkeit" (*Wolf von Fries*: Finanzielle Wechselbeziehungen zwischen Unterstaaten und oberstaatlichem Verband in Staatenverbindungen; Langensalza 1910, S. 87). *Lassar* befand, daß staatliche "Zuständigkeiten, die nicht in einer selbstverantwortlichen Verfügung über Einnahmen und Ausgaben ihre Ergänzung finden, [...] in Wirklichkeit inhaltsleere Daseinsformen" seien (*Gerhard Lassar*: Gegenwärtiger Stand der Ausgabenverteilung zwischen Reich und Ländern; in: Gerhard Anschütz/Richard Thoma (Hrsg.): Handbuch des Deutschen Staatsrechts, Band 1; Tübingen 1930, S. 312 (317)).

[23] Vgl. *Rudolf Wendt*: Finanzhoheit und Finanzausgleich; in: Handbuch des Staatsrechts, Band 4, S. 1021ff., Rdnr. 1.

[24] So schon *Karl M. Hettlage*: Die Finanzverfassung ..., S. 14.

[25] Entsprechend der Funktion autonomer Gemeinwesen steht diesen das Recht zu, innerhalb der verfassungsrechtlichen Aufgabenverteilung eigene politische Gewichtungen vorzunehmen und unterschiedliche, von den Gebietskörperschaften mit gleichem Aufgabenbestand abweichende Ziele zu verfolgen. Vgl. *Peter-Christian Witt*: Finanzen und Politik im Bundesstaat – Deutschland 1871-1933; in: Jochen Huhn/Peter-Christian Witt (Hrsg.): Föderalismus in Deutschland; Baden-Baden 1992, S. 75 (76f.).

- Finanzielle Selbständigkeit bedeutet zunächst, daß eine Gebietskörperschaft in der Lage sein muß, ihre Aufgaben erfüllen zu können, indem sie die damit verbundenen Ausgaben aus eigenen Mitteln zu bestreiten vermag (Garantie einer *hinreichenden Finanzausstattung*).[26] Die Zuweisung aufgabenadäquater Finanzierungsquellen ist notwendig, um die politische Handlungsfähigkeit auch finanziell abzusichern. Hier zeigt sich die Funktion der Finanzautonomie als ein Äquivalent zur materiellen (aufgabenbezogenen) Handlungsautonomie: Autonom getroffene Entscheidungen können nur dann eigenständig umgesetzt werden, wenn nicht finanzielle Hilfen Dritter in Anspruch genommen werden müssen. Die bundesstaatliche Finanzordnung muß deshalb dafür Sorge tragen, daß allen föderalen Einheiten eine ausreichende Finanzmasse zur Deckung ihres Ausgabenbedarfs sowie frei disponible Finanzierungsinstrumente bereitstehen und eine sog. 'Kostgängerschaft' einer föderalen Ebene vermieden wird.

- Mit der föderalen Finanzautonomie ist ferner die Gewährleistung der *finanzpolitischen Unabhängigkeit* jedes Bundesmitglieds verbunden. Dazu zählt die Verhinderung der Zugriffe Dritter auf den finanzpolitischen Verantwortungsbereich eines autonomen Gemeinwesens, um eine Einschränkung der Dispositions- und Entscheidungsfreiheit sowie der Eigenverantwortung hinsichtlich der positiven und negativen Wirkungen sach- und fiskalpolitischer Entscheidungen zu vermeiden.[27] Die Höhe der Einnahmen darf daher zwar von ökonomischen Faktoren, nicht aber von Beschlüssen anderer politischer Entscheidungsträger beeinflußbar sein.[28] Daraus folgt das Verbot der Abhängigkeit einer föderativen Ebene von ermessensabhängigen oder zweckgebundenen Finanztransfers, denn derartige Finanzierungsinstrumente erlauben es, mittels Verwendungsauflagen, Ausweitung oder Reduzierung der Zuweisungen Umfang und Struktur der Aufgabenerfüllung von außen zu bestimmen.[29]

- Finanzielle Selbständigkeit bedeutet auch Handlungs- und Entscheidungsfreiheit auf der Einnahmen- und Ausgabenseite[30]: Die *Ausgabenautonomie* der jeweiligen Aufgabenträger beinhaltet das Recht, die Einnahmen gemäß eigener Zielsetzungen zu verwenden. Dies umfaßt die Bestimmung der Höhe, Art und Struktur der Ausgaben sowie der konkreten

---

26 Vgl. BVerfGE 34, S. 9 (20); *Irene Kesper*: Bundesstaatliche Finanzordnung; Baden-Baden 1998, S. 52f.; *Stefan Korioth*: Der Finanzausgleich zwischen Bund und Ländern; Tübingen 1997, S. 99ff.

27 Vgl. *Jürgen W. Hidien*: Der bundesstaatliche Finanzausgleich in Deutschland: Geschichtliche und Staatsrechtliche Grundlagen; Baden-Baden 1999, S. 689ff.; *Irene Kesper*, S. 52.

28 Vgl. *Rolf Peffekoven*: Finanzausgleich I, S. 618.

29 Vgl. *Rolf Peffekoven*: ebd., S. 623; *Horst Zimmermann*: Allgemeine Probleme ..., S. 50.

30 Vgl. *Irene Kesper*, S. 52f.; *Stefan Korioth*, S. 106.

Zwecke, für die sie genutzt werden sollen. Unter *Einnahmenautonomie* ist die eigenverantwortliche Aufbringung der zur Aufgabenerfüllung und Ausgabendeckung notwendigen Finanzmittel zu verstehen. Da zum politischen Kernbereich jeder Gebietskörperschaft die Gestaltungsfreiheit bei der Aufgabenerfüllung gehört und eigenständige politische Akzente nicht nur die öffentlichen Leistungen, sondern auch die den Bürgern auferlegten Finanzierungslasten variieren lassen, muß sie ihre finanziellen Dispositionsspielräume selbständig erweitern können. Folglich müssen jeder politischen Entscheidungsebene Einnahmequellen zustehen, die ausschließlich der Beschlußfassung ihrer zuständigen Organe unterliegen.[31]

Weil die Einnahmenbeschaffung im modernen Staat vornehmlich vermöge der Ausschöpfung von Steuerquellen erfolgt, ist bei der föderalen Aufteilung der Entscheidungskompetenzen zu beachten, daß den einzelnen Gebietskörperschaften jeweils eigene Besteuerungsrechte zugeordnet werden.

Die vorangegangenen Erwägungen zeigen die Bedeutung der Finanzautonomie für die Existenz prinzipiell gleichwertiger föderaler Partner sowie ihr bundesstaatliches Verhältnis untereinander. Sie können aber nicht nur für die Gliedstaaten, sondern müssen als allgemeiner föderativer Grundsatz auch analog für die autonomen Handlungsspielräume der Kommunen gelten.

2.1.1.2 Bedeutung der Finanzverfassung für die Funktionsfähigkeit föderativer Staaten

Die sach- und aufgabengerechte Finanzausstattung aller föderativen Gebietskörperschaften und die Gewährleistung ihrer finanzwirtschaftlichen Eigenständigkeit ist Aufgabe der Finanzverfassung. Der Begriff 'Finanzverfassung' bezieht sich auf die konstitutionelle Verankerung der öffentlichen Finanzwirtschaft, also die Festlegungen der gesamten Einnahmen- und Ausgabenseite des Staatsbudgets.[32] Dies betrifft die Ordnung der Gesetzgebungs-, Ertrags- und Verwaltungshoheit im Bereich der Steuern und die sonstigen Finanzierungsquellen sowie Fragen der Haushaltsgesetzgebung und der Mittelverwendung.[33]

---

31 Vgl. *Stefan Korioth*, S. 106; *Peter-Christian Witt*, S. 78.

32 Vgl. *Franz Klein*: Bund und Länder nach der Finanzverfassung des Grundgesetzes; in: Handbuch des Verfassungsrechts, S. 1103ff., Rdnr. 1; *Karl Justus Bernhard Neumärker*: Finanzverfassung und Staatsgewalt in der Demokratie. Ein Beitrag zur konstitutionellen Finanztheorie; Frankfurt/M. u.a. 1995, S. 15; *Günther Schmölders*: Finanzpolitik; 3. Aufl., Berlin, Heidelberg, New York 1970; S. 16; *Klaus Stern*: Das Staatsrecht der Bundesrepublik Deutschland, Band II: Staatsorgane, Staatsfunktionen, Finanz- und Haushaltsverfassung, Notstandsverfassung; München 1980, S. 1060f. In früheren Jahren war strittig, ob die Finanzverfassung über die grundgesetzliche Einnahmen- und Ausgabenverteilung hinausgeht. Dazu etwa *Georg Strickrodt*: Finanzverfassung als selbständiges Normensystem; in: Juristenzeitung 1955, S. 129ff.; *Klaus Ulsenheimer*: Untersuchungen zum Begriff "Finanzverfassung"; Bonn 1967.

33 Der Begriff 'Finanzverfassung' kann in weiter Abgrenzung auch die Zuordnung öffentlicher Aufgaben (= Finanzausgleich i.w.S., vgl. *Ulrich Häde*: Finanzausgleich; Tübingen 1996, S. 4) oder sogar alle Verfas-

Im Bundesstaat erhält die Finanzverfassung eine zusätzliche Funktion: die Regelung der finanziellen Beziehungen von Bund, Gliedstaaten und Gemeinden. Hierzu gehört die Abgrenzung der jeweiligen Verantwortungsbereiche im Finanzwesen, die Zuordnung der Kompetenzen hinsichtlich Steuergesetzgebung und –verwaltung sowie die Aufteilung des Steueraufkommens auf die föderativen Ebenen und die einzelnen Hoheitsträger.[34] Die Finanzverfassung bildet damit einen Schwerpunkt der Verfassungsregeln über die bundesstaatliche Ordnung, da sie die finanzrechtlichen Voraussetzungen für die Nutzung formeller Kompetenzen und föderativer Freiheiten sowie die Gestaltung materieller Politikfelder schafft.[35] Durch ihre Ausgestaltung werden "die Ernsthaftigkeit und Realisierbarkeit wesentlicher Teile des übrigen Verfassungswerkes auf die Probe gestellt"[36]. In ihr kommt der Ausgleich der Spannungslage zwischen den unitarischen und föderativen Tendenzen im Bundesstaat besonders deutlich zum Ausdruck.[37]

Zur Verwirklichung einer aufgabenadäquaten Finanzausstattung aller Gebietskörperschaften ist es notwendig, eine "Kongruenz zwischen Aufgaben, Ausgaben und Finanzmitteln"[38] aller föderalen Einheiten herzustellen und so die Rahmenbedingungen für eine eigenverantwortliche Finanzwirtschaft zu setzen.[39] Über die Zuweisung hinreichender eigener Finanzmittel, deren Höhe von Ermessensentscheidungen anderer Staatsglieder unabhängig ist, sichert die

---

sungsregeln, welche die Budgetentscheidungen beeinflussen können (z.B. Abstimmungsmechanismen), umfassen (vgl. *Geoffrey Brennan*: Constitutional Constraints; in: Richard B. McKenzie (Hrsg.): Constitutional Economics. Constraining the Economic Powers of Government; Lexington, Toronto 1984, S. 115 (122ff.)).

34 Dazu etwa *Rudolf Wendt*: Finanzhoheit ..., Rdnr. 1. Die primäre (oder originäre) Einnahmenverteilung ordnet dabei die staatlichen Einnahmequellen den verschiedenen Gebietskörperschaftsebenen zu, insofern findet eine rein vertikale Zuweisung von Finanzierungsmöglichkeiten statt.

35 Vgl. *Wilhelm Gerloff*: Die Finanzgewalt im Bundesstaat; Frankfurt/M. 1948, S. 28; *Rudolf Wendt*: Finanzverfassung und Art. 7 Einigungsvertrag; in: Klaus Stern (Hrsg.): Deutsche Wiedervereinigung: Die Rechtseinheit, Band I: Eigentum – neue Verfassung – Finanzverfassung; Köln u.a. 1991, S. 213 (213). Bereits 1919 bezeichnete *Weber* die föderativen Finanzverhältnisse als "das, was die wirkliche Struktur [des Bundesstaates] am entschiedensten bestimmt." (*Max Weber*: Deutschlands künftige Staatsform; Frankfurt/M. 1919, S. 37.

36 *Karl M. Hettlage*: Die Finanzverfassung ..., S. 6.

37 Vgl. *Herbert Fischer-Menshausen*: Vorbemerkungen zu den Art. 104a-109 GG; in: Ingo von Münch (Hrsg.): Grundgesetzkommentar, Band 3: Art. 70-146; 2. Aufl., München 1983, Rdnr. 5f.; *Hans Pagenkopf*: Der Finanzausgleich im Bundesstaat: Theorie und Praxis; Stuttgart u.a. 1981, S. 43.

38 *Ferdinand Kirchhof*: Grundsätze der Finanzverfassung des vereinten Deutschlands; in: Veröffentlichungen der Vereinigung der Deutschen Staatsrechtslehrer 52; Berlin u.a. 1993, S. 71 (94).

39 "Die finanzverfassungsrechtlichen Normen [...] sollen insgesamt eine Finanzordnung sicherstellen, die Bund und Länder am Finanzaufkommen sachgerecht beteiligt und finanziell in die Lage versetzt, die ihnen verfassungsrechtlich zukommenden Aufgaben auch wahrzunehmen. [...] Ihr Sinn und Zweck ist nicht allein, eine geordnete öffentliche Finanzwirtschaft der verschiedenen staatlichen Aufgabenträger zu ermöglichen, sondern ebenso, die Voraussetzungen dafür zu schaffen, daß die staatliche Selbständigkeit von Bund und Ländern real werden, ihre politische Autonomie sich in der Eigenständigkeit und Eigenverantwortlichkeit der Aufgabenwahrnehmung und der Haushaltswirtschaft [...] entfalten [...] kann." (BVerfGE 86, S. 148 (264). Siehe auch BVerfGE 55, S. 274 (300); BVerfGE 72, S. 330 (388)).

Finanzverfassung den Bestand der föderalen Ordnung, die Autonomie der einzelnen Gebietskörperschaften und ihre Dispositionsspielräume ab, stabilisiert auf diese Weise den Bundesstaat und beeinflußt maßgeblich die Verteilung der politischen Kräfte innerhalb des Gesamtstaates.[40]

Ein funktionsfähiges föderales Finanzsystem muß die Möglichkeit dafür bieten, in dezentralen Gebietskörperschaften räumlich verschiedene individuelle Präferenzen für das jeweilige Niveau der öffentlichen Aktivitäten umzusetzen. Da dies eine unterschiedliche Höhe der zur Finanzierung erforderlichen Abgaben impliziert, müssen die Entscheidungsträger entsprechende Handlungsautonomie besitzen. Die Finanzierungsfunktion einer Finanzverfassung bemißt sich demnach letztlich an dem Grad der autonomen Spielräume der einzelnen Einheiten.[41]

Im Bundesstaat obliegt der Finanzverfassung die Versorgung einer Vielzahl eigenständiger Gebietskörperschaften, die nicht nur unterschiedliche Größe, Struktur und Leistungsfähigkeit aufweisen, sondern auch verschiedene Aufgaben zu erfüllen haben, mit ausreichenden finanziellen Mitteln. Damit das Steueraufkommen mit einem "Höchstmaß an finanzwirtschaftlicher Zweckmäßigkeit"[42] eingesetzt wird, muß die föderative Finanzordnung sowohl die Bewegungsfreiheit für eine effiziente, rationelle und flexible Budgetpolitik als auch die Voraussetzungen für ein Versorgungsniveau mit öffentlichen Leistungen innerhalb einer Gebietskörperschaft entsprechend der jeweiligen Präferenzen der Bevölkerung schaffen.

Eine weitere Anforderung an die Finanzverfassung ist die dauerhafte Verwirklichung der Übereinstimmung zwischen dem Umfang der Aufgaben, Ausgaben und Einnahmen: Da die Änderung von Verfassungsrecht wegen besonderer Zustimmungsregeln stets erheblichen Erschwernissen unterliegt, sich die Aufgaben der einzelnen Staatsebenen und die Höhe der für ihre Wahrnehmung nötigen Finanzmittel aber verändern können, kann im Laufe der Zeit eine Spannungslage zwischen den in der Finanzverfassung implementierten Normen und den wirtschaftlichen Grundlagen des Finanzwesens entstehen. Die Finanzordnung muß deshalb eine gewisse Offenheit gegenüber Modifikationen aufweisen, um die Finanzausstattung einer

---

[40] Vgl. *Ferdinand Kirchhof*: Grundsätze der Finanzverfassung, S. 80f.; *Konrad Littmann*: Über einige Untiefen der Finanzverfassung; in: Staatswissenschaften und Staatspraxis 1991, S. 31 (34); *Wolfgang Renzsch*: Finanzverfassung und Finanzausgleich: Die Auseinandersetzungen um ihre politische Gestaltung in der Bundesrepublik Deutschland zwischen Währungsreform und deutscher Vereinigung (1948 bis 1990); Bonn 1991; S. 12; *Rudolf Wendt*: Finanzhoheit ..., Rdnr. 1.

[41] Vgl. *Gunnar Folke Schuppert*: Finanzbeziehungen im Föderalismus als Problem des Regierens; in: Hans-Hermann Hartwich/Göttrik Wewer (Hrsg.): Regieren in der Bundesrepublik, Band 5: Souveränität, Integration, Interdependenz – Staatliches Handeln in der Außen- und Europapolitik; Opladen 1993, S. 263 (263ff.).

[42] *Herbert Fischer-Menshausen*: Vorbemerkungen zu den Art. 104a-109 GG, Rdnr. 4.

Staatsebene oder einzelner Hoheitsträger ggf. sich verändernden ökonomischen Gegebenheiten anpassen zu können. Hinsichtlich ihrer Regelungsdichte und Festlegungsintensität vollzieht die Finanzverfassung daher eine Gratwanderung zwischen konstanter normativer Bindung und erforderlicher Flexibilität.[43]

2.1.1.3 Der föderale Staat als Organisation

Die Finanzverfassung ist zwar ein wesentlicher Kern der föderalen Staatsorganisation. Aus ihrer Funktion, die staatliche Aufgabenerfüllung finanziell abzusichern, folgt aber, daß sie der staatlichen Gliederung sowie der verfassungsrechtlichen Zuordnung der öffentlichen Aufgaben strukturell zu entsprechen und somit bei der Verteilung der Ausgaben und Finanzmittel die logisch vorrangige Konzeption der grundlegenden Organisations- und Aufgabennormen zu beachten hat. Sie ist insofern ein "Spiegelbild der Staatsverfassung"[44] bzw. "Folgeverfassung"[45].

Elementar für einen föderativen Staatsaufbau, vor allem für die innerstaatliche Machtbalance und das Maß an Konkurrenz oder Zusammenwirken der Gebietskörperschaften, ist die Art und Weise der Aufgabenverteilung und der Zuordnung von Entscheidungsbefugnissen auf die verschiedenen Ebenen. Mit Bezug hierauf werden im folgenden Modelle der politisch-gesellschaftlichen Ausrichtung föderativer Systeme, der grundsätzlichen Kompetenzverteilung innerhalb des Bundesstaates sowie die einzelnen organisatorischen Einheiten dargestellt.

2.1.1.3.1 *Zentrale und dezentrale Ausrichtung föderaler Systeme*

Je nach vorherrschender gesellschaftlicher Zielvorstellung kann zwischen einem zentrifugalen (dezentral orientierten) und zentripetalen (unitarischen) Föderalismus differenziert werden, da in einem föderativ aufgebauten Staat die politischen Gewichte unterschiedlich verteilt sein können: Ein *zentrifugal* orientiertes föderales System betont die Eigenständigkeit und Vielfalt der Gliedstaaten sowie ihre jeweilige gewachsene Identität. Um diese Ziele zu verwirklichen, müssen die Kompetenzen des Bundes möglichst gering gehalten und die der subnationalen Hoheitsträger gestärkt werden; der Schwerpunkt staatlicher Entscheidungsgewalt ist dementsprechend auf der Ebene der Gliedstaaten angesiedelt. Im Gegensatz dazu ist ein *zentripetaler* Föderalismus auf gesamtstaatliche Integration und Gleichheit der Lebensbedingungen ausge-

---

[43] Vgl. *Ferdinand Kirchhof*: Empfehlen sich Maßnahmen, um in der Finanzverfassung Aufgaben- und Ausgabenverantwortung von Bund, Ländern und Gemeinden stärker zusammenzuführen?; München 1996, S. D 51.

[44] *Günther Schmölders*: Finanzpolitik, S. 21.

[45] *Ferdinand Kirchhof*: Grundsätze der Finanzverfassung, S. 80. Vgl. auch *Gunnar Folke Schuppert*: Finanzbeziehungen im Föderalismus, S. 265.

richtet. Das Streben nach gesellschaftlicher Einheit bedingt eine stärkere Identifizierung mit dem Gesamtstaat und ein Übergewicht des unitarischen Faktors, so daß im Zweifel einer zentralen oder koordinierten Aufgabenwahrnehmung Vorrang vor eigenständigen regionalen Lösungen zukommt.[46]

2.1.1.3.2 Modelle der Aufteilung staatlicher Zuständigkeiten

Die Zuordnung der Entscheidungs- und Handlungsbefugnisse in einem Bundestaat kann grundsätzlich zwei verschiedenen Entwürfen folgen, je nachdem, ob ein mehr oder minder ausgeprägtes Zusammenwirken der zuständigen Einheit bei der Aufgabenerledigung mit anderen Körperschaften oder ein unabhängiges Vorgehen intendiert ist:

Bei einem *Verbundmodell* (intrastaatlicher Föderalismus) erfolgt die Zuweisung der Kompetenzen auf Zentralstaat und Gliedstaaten nach Funktionen, wie z.B. Gesetzgebung und –vollzug.[47] Mit einer funktionalen Aufteilung der Staatsgewalt ist ein Zwang zu bundesstaatlicher Kooperation und dadurch eine unitarisierende Tendenz verbunden.

Das Gegenstück zum Verbundföderalismus bildet das sog. *Trennmodell* (interstaatlicher Föderalismus), bei dem die Verfassung eine Aufgabenverteilung nach Politikfeldern und Sachgebieten vornimmt. Da dann i.d.R. die Verantwortung für die Gesetzgebung und ihre verwaltungsmäßige Umsetzung zusammenfallen, ist keine Staatsebene unmittelbar auf die Zusammenarbeit mit einer anderen angewiesen.[48]

Der Modus der Aufgabenverteilung hat erhebliche Auswirkungen auf die Handlungsspielräume einer Gebietskörperschaft. So ist die Möglichkeit, selbständig und unabhängig Art und Umfang der Aufgabenwahrnehmung zu bestimmen, in einem Trennmodell viel stärker ausgeprägt, der Grad an Autonomie innerhalb der Föderation mithin um so höher. Die Möglichkeiten zur Entfaltung der Eigenständigkeit eines Gemeinwesens manifestieren sich zwar letztlich erst in den Regeln der Finanzverfassung (s.o.). Die konstitutionelle Konzeption der Aufgabenverteilung legt aber bereits die Basis für die Gestaltung der Ausgabenverantwortung und der Finanzausstattung.

---

[46] Vgl. *Guy Kirsch*: Über zentrifugale und zentripetale Kräfte im Föderalismus; in: Kurt Schmidt (Hrsg.): Beiträge zu ökonomischen Problemen des Föderalismus; Berlin 1987, S. 13 (20ff.); *Rainer-Olaf Schultze*: Das politische System Kanadas im Strukturvergleich; Bochum 1985, S. 65; *Ders.*: Föderalismus, S. 96.

[47] Vgl. *Heinz Laufer/Ursula Münch*, S. 20 sowie *Rainer-Olaf Schultze*: Föderalismus, S. 95ff. Folge einer funktionalen Aufgabenverteilung ist eine sich überschneidende oder gemeinsame Zuständigkeit für ein Politikfeld, wobei Regelsetzung (Legislativfunktion) und Gesetzesausführung (Exekutivfunktion) verschiedene Aspekte einer Materie betreffen und mithin eine klare Funktionsabgrenzung möglich ist.

[48] Vgl. *Heinz Laufer/Ursula Münch*, S. 21

2.1.1.3.3 Gliederung des Staates in Regierungs- und Verwaltungsebenen

Die Grundstrukturen einer föderativen Staatsorganisation, also die Existenz mehrerer abgestufter Körperschaftsebenen, ihre funktionsorientierte Ausstattung mit Entscheidungskompetenzen sowie ihr Verhältnis und Zusammenwirken untereinander, bilden den Rahmen für die Gestaltung der Finanzverfassung. Ein Bundesstaat ist in mehrere Regierungs- und Verwaltungsebenen gegliedert, die jeweils bestimmte Entscheidungsbefugnisse besitzen. Für die Einstufung einer subnationalen staatlichen Ebene als föderativ kann das Kriterium der Staatsqualität einer Gebietskörperschaft (s.o.) nicht maßgebend sein, weil autonome Entscheidungsrechte auch staatlichen Untergliederungen zugewiesen sein können. Ein föderatives System muß nicht notwendigerweise bis in seine letzten Verzweigungen aus qualitativ gleichartigen Elementen bestehen. Vielmehr sind verschiedene Abstufungen von Autonomie und Eigenständigkeit denkbar.[49]

Für die Einordnung als föderative Ebene ist deshalb der Grad der Eigenständig- und Unabhängigkeit einer subnationalen Einheit im Sinne einer Dezentralisierung der Entscheidungszuständigkeiten, folglich der Umfang der effektiven Entscheidungskompetenzen entscheidend.[50] Die meisten föderalen Staaten basieren auf einer dreistufigen Gliederung[51] des Gesamtstaates in Zentralstaat, Gliedstaaten und Kommunen als funktional voneinander abgegrenzte föderale Ebenen mit jeweils ungebundenen Entscheidungsbefugnissen im Rahmen ihres Aufgabenkreises. Hinzutreten kann noch ein supranationaler Kompetenzträger als vierte föderative Ebene:

- Die oberste innerstaatliche Ebene ist der das gesamte Gebiet des Nationalstaates umfassende *Zentralstaat* (Bund). Seine Verfassung nimmt regelmäßig die vertikalen Kompe-

---

49 Vgl. *Eberhard Schmidt-Aßmann*: Thesen zum föderativen System der Bundesrepublik Deutschland; in: Juristische Ausbildung 1987, S. 449 (449).

50 Vgl. *Thomas Döring/Dieter Stahl*: Räumliche Aspekte der föderalen Aufgabenverteilung, der Finanzverfassung und der Subventionspolitik in der Bundesrepublik Deutschland; Marburg 1999 (Gutachten), S. 19. Um etwa die lokalen Gebietskörperschaften als eigene föderative Ebene qualifizieren zu können, müssen sie folglich mit eigenen Kompetenzen und entsprechenden Finanzmitteln ausgestattet sein. Somit reicht eine gewisse Autonomie der kommunalen Gebietskörperschaften, auch wenn diese keine Staatsqualität aufweisen, sondern organisatorisch zum Bereich der Landesverwaltung gehören und überwiegend zugewiesene Aufgaben wahrnehmen. Vgl. *Eberhard Schmidt-Aßmann*, S. 449.

51 Bundesstaaten bestehen regelmäßig zwar nur aus zwei staatlichen Ebenen (Bund und Teilstaaten), jedoch aus mindestens drei Verwaltungsebenen, wenn und soweit die Kommunen oder andere subnationale Handlungseinheiten eigenständige politische Entscheidungsspielräume besitzen. Das deutsche Grundgesetz etwa gewährleistet die föderative Staatsstruktur nicht nur in der Festlegung einer bundesstaatlichen Ordnung (Gliederung in Bund und Länder, Art. 20 Abs. 1), sondern in Art. 28 Abs. 2 auch als Garantie der Selbstverwaltung der Gemeinden und Gemeindeverbände. Das föderative Prinzip erfaßt damit auch die Kommunen als Verwaltungskörperschaften. Vgl. *Arthur Benz*: Föderalismus als dynamisches System; Opladen 1985, S. 56; *Wolfgang Rudzio*: Das politische System der Bundesrepublik Deutschland; 3. Aufl., Opladen 1991, S. 361ff.

tenzabgrenzungen innerhalb des Staates vor und konstituiert damit die Föderation insgesamt. Der Bundesebene sind Aufgaben von gesamtstaatlicher Bedeutung und die gemeinsamen Außenbeziehungen zugewiesen, wie z.b. das Währungswesen, die Landesverteidigung, die Sicherung der Wirtschaftseinheit sowie national bedeutsame Infrastrukturmaßnahmen.

- Auf regionaler Ebene besteht ein föderaler Staat aus mehreren *Gliedstaaten*. Die Staatsqualität dieser subnationalen Gebietskörperschaften gründet auf originären Legislativ- und Exekutivkompetenzen, die prinzipiell vom Einfluß der Bundesebene unabhängig sind. Sie nehmen Aufgaben wahr, bei deren Erfüllung regionale Erwägungen größere Bedeutung erlangen. Typischerweise gehören hierzu Bildungspolitik, Gesundheitsversorgung und Justiz.

- Zu den *Kommunen*[52] zählen die Gemeinden als eigenständige lokale Gebietskörperschaften und ggf. die Gemeindeverbände als Zusammenschlüsse kommunaler Körperschaften auf überörtlicher Ebene. Die Kommunen besitzen Entscheidungskompetenzen mit rein lokalen Auswirkungen.[53] Ihre Aufgaben liegen im Bereich der örtlichen Daseinsvorsorge, insbesondere der Versorgung der Bevölkerung mit lokalen öffentlichen Gütern und Dienstleistungen.

- Oberhalb der nationalstaatlichen Föderation können *supranationale Kompetenzträger* ohne Staatsqualität existieren, die Befugnisse von ihren souveränen Mitgliedstaaten übertragen bekommen haben.[54] Bei ausreichender Ausstattung mit Entscheidungsrechten ergänzen sie das nationale 3-Ebenen-Modell um eine weitere föderative Ebene. Die Aufgaben der supranationalen Einheiten liegen im Bereich der überstaatlichen Koordinierung und Harmonisierung. Zudem werden sie zuständig für Politikfelder, die angesichts der globalen Herausforderungen einer rein nationalstaatlichen Lösung nicht mehr zugänglich sind.[55]

---

[52] Nachstehend werden alle kommunalen Körperschaften einheitlich als Kommunen oder Gemeinden bezeichnet.

[53] Zu Funktion und Bedeutung der Kommunen und ihrer Selbstverwaltung im föderativen Staat siehe *Arthur Benz*: Föderalismus als dynamisches System, S. 48ff.

[54] Vgl. *Rudolf Streinz*: Kommentierung zu Art. 23 GG; in: Michael Sachs (Hrsg.): Grundgesetz; 2. Aufl., München 1999, Rdnr. 2; *Hans Bernhard Brockmeyer*: Kommentierung zu Art. 23 GG; in: Bruno Schmidt-Bleibtreu/Franz Klein (Hrsg.): Kommentar zum Grundgesetz; 9. Aufl., Neuwied, Kriftel 1999, Rdnr. 2.

[55] Aufgrund umfangreicher Zuständigkeiten und Entscheidungsbefugnisse sowohl bei der Rechtsetzung als auch bei der Finanzierung öffentlicher Aufgaben nimmt die *Europäische Union* inzwischen unter funktionalen Gesichtspunkten den Status einer eigenständigen vierten föderalen Ebene ein (vgl. *Gisela Färber*: Finanzverfassung, Besteuerungsrechte und Finanzausgleich; in: Hans Herbert von Arnim/Gisela Färber/Stefan Fisch (Hrsg.): Föderalismus: Hält er noch, was er verspricht? Berlin 2000, S. 125 (127); *Wichard Woyke*: Die Politische Union der Europäischen Gemeinschaft; in: Cord Jakobeit/Alparslan Yenal (Hrsg.): Gesamteuropa: Analysen, Probleme und Entwicklungsperspektiven; Opladen 1993, S. 362 (375f.)), während etwa die *NAFTA* noch nicht über den Status einer Zollunion hinaus ist (vgl. www.gabler-online.de/wilex/ daten/308.htm [Stand: 15.10.2000]).

2.1.2 Demokratietheoretische Aspekte der föderativen Zuordnung steuerpolitischer Kompetenzen

Die Dezentralisierung von Entscheidungsbefugnissen stärkt die Partizipation der Bürger an der politischen Willensbildung: Die Entscheidungsfindung bei eher lokal bzw. regional verorteten Fragen auf der dafür zuständigen Ebene führt bei einer angemessenen Kompetenzverteilung zu einer Erhöhung der Bürger- und Sachnähe, zugleich können Minderheiteninteressen eher verwirklicht werden.[56] Eine vertikale Kompetenzverteilung entlastet außerdem die zentralen Entscheidungsinstanzen, da gesellschaftliche Probleme auf verschiedene staatliche Ebenen verteilt und entweder durch übergreifende Konsensbildung oder unmittelbar 'vor Ort' gelöst werden können.[57] Daraus resultieren eine höhere Identifikation mit den politischen Gemeinwesen sowie weniger Anonymität und mehr Transparenz aufgrund räumlicher Nähe zu den Entscheidungsträgern und separate Verantwortlichkeiten. Ein föderatives System fördert ferner insbesondere in eher heterogenen Gesellschaften die politische Stabilität durch interregionalen Interessenausgleich mittels regional begrenzter Lösungen und abweichender Entscheidungen.[58]

Eine bundesstaatliche Struktur erweitert aber auch die demokratischen Kontrollmöglichkeiten. Die Durchsetzung wirksamer Kontrolle erfordert eine adäquate föderative Kompetenzverteilung hinsichtlich Zuständig- und Verantwortlichkeiten der einzelnen Einheiten. Im folgenden sollen die demokratietheoretischen und politökonomischen Ansätze daraufhin untersucht werden, welche Anforderungen an die Legitimität bundesstaatlicher Untergliederungen, die demokratische Repräsentation sowie die parlamentarische Verantwortung abzuleiten sind und welche Konsequenzen sich daraus für die föderale Zuordnung steuerpolitischer Kompetenzen ergeben:

2.1.2.1 Legitimität der Glieder eines föderalen Staates

Die eigenständigen subnationalen Gebietskörperschaften als Glieder eines föderativen Gebildes müssen jeweils für sich dem Anspruch politischer Legitimität gerecht werden. Der Begriff Legitimität bezeichnet die "Anerkennungswürdigkeit" eines Gemeinwesens aufgrund be-

---

[56] Vgl. *Arthur Benz*: Föderalismus als dynamisches System, S. 41; *Gunter Kisker*: Ideologische und theoretische Grundlagen der bundesstaatlichen Ordnung in der Bundesrepublik Deutschland – Zur Rechtfertigung des Föderalismus; in: Ders. (Hrsg.): Probleme des Föderalismus; Tübingen 1985, S. 23 (24); *Martin F. Polaschek*: Föderalismus als Wert?; Graz 1999, S. 154.

[57] Vgl. *Gunter Kisker*: Ideologische und theoretische Grundlagen, S. 25.

[58] Vgl. *Martin F. Polaschek*, S. 155ff.; *Rainer-Olaf Schultze*: Föderalismus, S. 98ff.

stimmter Grundnormen und Verfahren der Entscheidungsbildung.[59] Den materiellen Gehalt der Legitimität bilden die Rechtfertigung, Akzeptanz und Nachvollziehbarkeit staatlicher Entscheidungsfindung, also die Legitimation des politischen Handelns. Zwar ist eine Legitimation (allein) durch Verfahrensregeln[60] ohne expliziten Wertebezug nicht denkbar, die Existenz demokratischer Verfahren wie Wahlen, Gewaltenteilung, Repräsentation sowie die Anwendung von Mehrheitsregeln ist jedoch wegen ihrer inhaltlichen Substanz essentiell für die Legitimität eines Staates.[61]

Da die Legitimität maßgeblich auf demokratischen Entscheidungsprozessen beruht, ergibt sich hieraus gerade für den föderalen Staat ein wichtiger Bezug zur Notwendigkeit von Autonomie und Eigenverantwortung einer staatlichen Einheit. Denn nur bei unbeschränkter Verantwortlichkeit der politischen Entscheidungsträger aller Gebietskörperschaften kann die föderative Staatsorganisation ihre legitimierende Wirkung voll entfalten. Andernfalls gerät jene in Rechtfertigungsnöte, weil die Verantwortlichkeit für Beschlüsse leicht auf die falschen Akteure projiziert wird und damit die erforderliche Transparenz und Nachvollziehbarkeit sowie letztlich auch die Akzeptanz der Entscheidungsvorgänge entfällt. Nur wenn die gesamten Wirkungen eines Beschlusses über die Durchführung einer staatlichen Maßnahme im Verhältnis Staat-Bürger verantwortliche Berücksichtigung finden, kann ein umfassender politischer Entscheidungsprozeß ablaufen und sind die Grundlagen der Anerkennung eines Gemeinwesens restlos gegeben.

Übertragen auf die Zuständigkeit für die Steuerpolitik im demokratischen Bundesstaat bedeutet dies, daß für die *primäre* Zuordnung[62] von Steuererhebungsrechten die vollständige Staatsqualität einer Gebietskörperschaft erforderlich ist, da ansonsten die ausreichende Legitimation dazu fehlt (→ 2.2.2). Umgekehrt besagt dies aber auch, daß eigene Besteuerungskompetenzen für eine ungeschmälerte Legitimität einer dezentralen föderalen Einheit angesichts eines besonderen Akzeptanzproblems des Bundesstaates unabdingbar sein können: Der föderative Gedanke intendiert eine selbstbestimmte Wahrnehmung von Aufgaben, was eine gewisse Uneinheitlichkeit der Lebensbedingungen im Bundesgebiet mit sich bringen kann und möglicherweise zu Unzufriedenheit in den schlechter gestellten Regionen führt.[63]

---

[59] Vgl. *Hella Mandt*: Legitimität; in: Lexikon der Politik, Band 1, S. 284ff. Zur "Sinnfunktion" staatlicher Macht siehe *Hermann Heller*: Staatslehre (hrsg. von Gerhart Niemeyer); Leiden 1934, S. 203.
[60] Dazu etwa *Niklas Luhmann*: Legitimation durch Verfahren; 3. Aufl., Darmstadt 1978.
[61] Vgl. *Hella Mandt*, S. 286f.
[62] Zur Frage der Delegation von Besteuerungskompetenzen (sekundäre Zuordnung) vgl. Abschnitt 2.2.2.
[63] Vgl. *Heinz Laufer/Ursula Münch*, S. 28.

Inwieweit Disparitäten im Bundesstaat von den betroffenen Einwohnern aber gebilligt werden, ist in hohem Maße abhängig von dem materiell-politischen Hintergrund der Leistungs- und Belastungsdifferenzen sowie der Erkennbarkeit eigener Verantwortung für die Situation innerhalb des eigenen dezentralen Gemeinwesens:

"Ist es den Bürgern möglich, föderativ bedingte Unterschiede in einen Zusammenhang mit ihrer eigenen landesspezifischen Steuerbelastung zu setzen und sie als demokratisch legitimierte Politik der von ihnen gewählten Landesinstitutionen zu identifizieren, ist die Bereitschaft, diese Unterschiede zu akzeptieren, vermutlich höher. Beschränkt sich der Föderalismus dagegen allein auf folkloristische Elemente und erscheinen die bundesstaatlichen Strukturen und Prozesse lediglich als Vervielfachung, nicht aber als Vielfalt, dann ist die Bereitschaft, auch die Nachteile einer bundesstaatlichen Ordnung in Kauf zu nehmen, schwach ausgeprägt."[64]

2.1.2.2 Demokratische Repräsentation und parlamentarische Verantwortung

Die Notwendigkeit autonomer Besteuerungsrechte dezentraler Gebietskörperschaften ergibt sich ferner aus dem Blickwinkel einer funktionsfähigen demokratischen Repräsentation und parlamentarischen Verantwortung. Repräsentation ist die rechtlich autorisierte und vom Volk legitimierte Ausübung von Herrschaftsfunktionen im Gesamtinteresse des Volkes durch verfassungsmäßig bestellte Organe des Staates.[65] Die repräsentative Willensbildung sichert den Einfluß der Gesellschaft auf das Handeln des Staates und erfordert beim Erlaß von Gesetzen den Beschluß durch eine Mehrheit, die den Willen der "bürgerlichen Öffentlichkeit"[66] verkörpert.

Repräsentation setzt permanente Diskussion, Begründung und Rechenschaftslegung und somit einen "intensiven Interaktions- und Informationsfluß"[67] voraus. Der Gedanke, daß die jeweils beste politische Lösung in einer rationalen Diskussion gefunden wird, verlangt ein Parlament als Forum des Interessenausgleichs, in dem unterschiedliche Meinungen offen und

---

64 *Heinz Laufer/Ursula Münch*, S. 29.

65 Vgl. *Dieter Nohlen*: Repräsentation; in: Ders. (Hrsg.): Lexikon der Politik, Band 7: Politische Begriffe (hrsg. von Dieter Nohlen); München 1998, S. 556; *Ernst Fraenkel*: Die repräsentative und plebiszitäre Komponente im demokratischen Verfassungsstaat; in: Ders.: Deutschland und die westlichen Demokratien (hrsg. von Alexander von Brünneck); Frankfurt/M. 1991, S. 153 (153).

66 *Jürgen Habermas*: Strukturwandel der Öffentlichkeit. Untersuchungen zu einer Kategorie der bürgerlichen Gesellschaft; Frankfurt 1990, S. 13ff.

67 *Dietrich Herzog*: Was heißt und zu welchem Ende studiert man Repräsentation?; in: Dietrich Herzog/Bernhard Weßels (Hrsg.): Konfliktpotentiale und Konsensstrategien: Beiträge zur politischen Soziologie der Bundesrepublik; Opladen 1989, S. 306 (315).

ungehindert konkurrieren können.[68] Ein wesentliches Prinzip des Parlamentarismus ist die volle Verantwortlichkeit der politischen Repräsentanten.[69] Hierfür hat die Verfassung die institutionellen Voraussetzungen zu schaffen, besonders bei der föderativen Teilung der Kompetenzbereiche: Das Ziel einer verantwortlichen Repräsentation muß daher der Maßstab für die Entscheidungsbefugnisse aller politischen Einheiten sowie deren Aufgaben- und Finanzausstattung sein. Der Repräsentationsgedanke erfordert auch klar abgegrenzte Zuständigkeiten zwischen den föderalen Ebenen und verbietet die Aufteilung zusammengehöriger Materien zur gemeinsamen oder jeweils anteiligen Wahrnehmung, aber auch die finanzielle Abhängigkeit einer Staatsebene von der anderen.[70]

Mit Blick auf die Entscheidung über die Finanzierungsverantwortung für öffentliche Ausgaben stellt sich die Frage, welchen Umfang die Kompetenzen eines Repräsentationsorgans haben müssen, um tatsächlich die Interessen der Wählerschaft in jeder Hinsicht vertreten zu können. Der Schutz der Bürger gegen eine nicht den jeweiligen Präferenzen entsprechende Besteuerung verbietet es, daß repräsentativ legitimierte Entscheidungsträger ohne entsprechende Finanzverantwortung existieren. Genauso wie in einem selbständigen, demokratisch verfaßten Staat keine Besteuerung ohne parlamentarische Repräsentation denkbar ist ("No Taxation without Representation"[71]), darf es deshalb auch keine Repräsentation, die ja schließlich dazu legitimiert, Entscheidungen für die Bürger zu treffen, ohne autonome Besteuerungsrechte geben ("No Representation without Taxation").[72] Denn nur dann ist es den Wählern möglich, eine wirksame Kontrolle über die staatlichen Ausgabenentscheidungen auszuüben, da ein direkter Rechtfertigungsdruck für Ausgabenprogramme und Steuerbelastung besteht.

---

[68] Zu den Voraussetzungen vgl. *Jürgen Habermas*, S. 143ff.; *Fritz W. Scharpf*: Demokratietheorie zwischen Utopie und Anpassung; Kronberg 1975, S. 23.

[69] Vgl. *Rudolf Dolzer*: Das parlamentarische Regierungssystem und der Bundesrat - Entwicklungsstand und Reformbedarf; in: Veröffentlichungen der Vereinigung der Deutschen Staatsrechtslehrer 58; Berlin u.a. 1999; S. 7 (25).

[70] Vgl. *Klaus Rennert*: Der deutsche Föderalismus in der gegenwärtigen Debatte um eine Verfassungsreform; in: Der Staat 32 (1993), S. 269 (276ff.).

[71] Diese Losung der amerikanischen Unabhängigkeitsbewegung setzte auf die Abkehr vom überkommenen Bild der Repräsentation durch bestimmte Bevölkerungsgruppen hin zu einer individuell-pluralistischen Repräsentation, die den auf umfassender Verantwortlichkeit gründenden Parlamentarismus verkörpert. Dazu *Suzanne S. Schüttemeyer*: Repräsentation; in: Lexikon der Politik, Band 1, S. 543 (545). "Taxation without representation is tyranny!" (*Hanna F. Pitkin*: The Concept of Representation; Berkeley, Los Angeles 1967, S. 191).

[72] Vgl. *Cliff Walsh*: Reform of Commonwealth-State Relations: 'No Representation without Taxation'; Canberra 1991, S. 7.

2.1.2.3 Steuer- und Ausgabenpolitik aus politökonomischer Sicht

Auch Erkenntnisse im Rahmen der 'Neue Politische Ökonomie' ('Public Choice') belegen die Notwendigkeit einer regelmäßigen demokratischen Kontrolle der Steuer- und Ausgabenpolitik. Während in der Wohlfahrtsökonomie den politischen Akteuren (Institutionen, Politiker, Wähler und Bürokraten) im Gegensatz zu privaten Akteuren gemeinwohlorientiertes Handeln unterstellt wird[73], zeichnet sich der 'Public Choice'-Ansatz durch eine einheitliche Anwendung der allgemeinen ökonomischen Verhaltensannahme der individuellen Nutzenmaximierung aus: Die Analyse von Willensbildungsprozessen politischer Entscheidungsträger führt zu dem Ergebnis, daß von einer Nutzenmaximierung seitens der Politiker im Rahmen der Konkurrenz um Macht und Ämter auszugehen ist, weil sie das primäre Ziel der Wiederwahl als unmittelbares Eigeninteresse verfolgen und ihr Handeln entsprechend ausrichten.[74]

Aus Sicht der Finanz- und Haushaltspolitik ist dabei die Umsetzung von Wählerpräferenzen in politische Entscheidungen interessant: Um die Wiederwahl zu erreichen, muß sich das Augenmerk eines Politikers auf die Maximierung der Wählerstimmen bei der nächsten Wahl richten.[75] Als Instrumente stehen dafür u.a. Budgetentscheidungen zur Verfügung.[76] Wenn der durch die Ausschöpfung staatlicher Finanzierungsquellen verursachte Stimmenverlust den Stimmengewinn infolge der Ausgabenpolitik ausgleicht, ist das optimale Budgetvolumen erreicht.[77]

Vom Standpunkt aus, der Staat sei kein uneigennütziger Förderer des Gemeinwohls, sondern ein 'Leviathan'[78], dessen Repräsentanten vor allem das Ziel der Maximierung der Staatsein-

---

[73] Die wohlfahrtsökonomische Theorie der Besteuerung geht davon aus, daß die politischen Entscheidungsträger die Steuereinnahmen zur Erhöhung der sozialen Wohlfahrt verwenden. Sie gesteht dem Staat ein umfassendes steuerpolitisches Instrumentarium zu und befaßt sich mit der daran anknüpfenden Frage einer Optimierung der Steuerbelastung. Einzelne Steuerarten sowie ihre Ausgestaltung werden primär nach dem Ausmaß der durch sie verursachten allokativen Verzerrungen beurteilt. Intention ist die Ableitung wohlfahrtsoptimaler Besteuerungsregeln. Vgl. *Charles B. Blankart*: Öffentliche Finanzen in der Demokratie; 3. Aufl., München 1998, S. 204ff.

[74] Dazu *Anthony Downs*: Ökonomische Theorie der Demokratie; Tübingen 1968; *Bruno S. Frey/Gebhard Kirchgässner*: Demokratische Wirtschaftspolitik; 2. Aufl., München 1994, S. 143ff.; *Charles B. Blankart*: Öffentliche Finanzen ..., S. 105ff.

[75] Grundlegend dazu *Anthony Downs*.

[76] Neben der gesellschaftlichen Normsetzung ohne direkte Ausgabenrelevanz (reines Ordnungsrecht).

[77] Vgl. *Anthony Downs*, S. 50; *Horst Zimmermann/Klaus-Dirk Henke*: Finanzwissenschaft; 7. Aufl., München 1994, S. 65.

[78] Die Leviathantheorie der Besteuerung hat eine eigennutzmaximierende Regierung vor Augen, deren steuerpolitische Gestaltungsoptionen beschränkt werden müssen. Im Gegensatz zu einer wohlfahrtsmaximierenden Regierung, welche die Steuern nur soweit anhebt, bis ein optimales Angebot an öffentlichen Gütern erreicht ist, schöpft die Leviathanregierung ihr gesamtes Besteuerungspotential aus, um mit dieser Steuerertragsmaximierung weitergehende Zielsetzungen zu verfolgen und zu finanzieren. Vgl. *Geoffrey Brennan/James M. Buchanan*: The Power to Tax: Analytical Foundation of a Fiscal Constitution; Cambridge u.a. 1980, S. 13ff.; *William A. Niskanen*: Bureaucracy and Representative Government; Chicago, New York 1971, S. 36ff.

nahmen und somit des eigenen Einflusses verfolgen, ist zur Begrenzung eines unkontrollierten Wachstums des Staatssektors und der deshalb drohenden übermäßigen Steuererhebung ein Grundkonsens über Besteuerungsgrundsätze und -regeln auf Verfassungsebene[79] erforderlich, um eine 'Ausbeutung' der Steuerzahler durch den Staat zu vermeiden.[80]

Aber auch aus wohlfahrtsökonomischer Sicht sind angesichts der Erkenntnis über die Wählerstimmenmaximierung durch die politischen Mittler Konsequenzen zu ziehen: In der Finanzverfassung sind Mechanismen zu implementieren, die eine wirksame Kontrolle der Ausgabenpolitik gewährleisten. Ohne autonome Besteuerungsrechte und den damit verbundenen Rechtfertigungsdruck auf allen föderativen Ebenen wird dies jedoch nicht gelingen: Im Falle der Über- oder Unterversorgung mit öffentlichen Gütern müssen die politischen Entscheidungsträger in vollem Umfang für dem Mehrheitswillen widersprechende Entscheidungen verantwortlich zu machen sein, um eine Korrespondenz zwischen Wählerpräferenzen und dem staatlichen Güterangebot herzustellen. Daher benötigt eine Gebietskörperschaft unabhängigen Zugang zu Einnahmequellen in dem Maße, wie es erforderlich ist, um das Leistungsangebot mit dem zugestandenen Finanzierungsrahmen entsprechend den Wählerpräferenzen abzustimmen.[81] Vor dem Hintergrund des Ziels einer effizienten Aufgabenerfüllung ist folglich ein Mindestmaß an autonomen Besteuerungsrechten auf jeder Staatsebene unerläßlich.

2.1.3 Dezentrale Besteuerungsautonomie als Mittel zur Verwirklichung der Ziele und Aufgaben einer föderativen Staatsstruktur

Die Notwendigkeit der Ausstattung aller Staatsebenen mit autonomen Besteuerungsrechten läßt sich auch aus den wichtigsten Zielen und Aufgaben einer föderalen Staatsorganisation ableiten: Die primäre gesellschaftspolitische Funktion der Bundesstaatlichkeit liegt in der Verwirklichung zusätzlicher Gewaltenteilung zur Sicherung von Demokratie und Rechtsstaat. Aus ökonomischer Sicht steht die optimale Allokation der Ressourcen im Staatssektor im

---

[79] So versucht etwa die Theorie der 'Constitutional Economics' (dazu *James M. Buchanan/Gordon Tullock,*: The Calculus of Consent: The Logical Foundations of Constitutional Democracy; Ann Arbor 1962 sowie *Richard B. McKenzie* (Hrsg.): Constitutional Economics), eine möglichst effiziente und gerechte institutionelle Grundlage für ein Gemeinwesen zu konzipieren. Basis dieser Überlegungen ist die Suche nach einem 'Prinzip der gerechten Besteuerung' und das daraus folgende Einstimmigkeitskriterium bei der Verabschiedung von Steuergesetzen (vgl. *Knut Wicksell*: Finanztheoretische Untersuchungen nebst Darstellung und Kritik des Steuerwesens Schwedens; Jena 1896, S. 110ff. sowie *Erik Lindahl*: Die Gerechtigkeit der Besteuerung: Eine Analyse der Steuerprinzipien auf Grundlage der Grenznutzentheorie; Lund 1919, S. 85ff.).

[80] "The role of fiscal rules is to limit and appropriately direct the coercive power of government, as embodied most conspicuosly in ist power to tax." (*Geoffrey Brennan/James M. Buchanan*, S. 8f.).

[81] Vgl. *John G. Head*: Intergovernmental Fiscal Relations in Australia, Canada and the United States since World War II; in: Handbuch der Finanzwissenschaft, Band 4; 3. Aufl., S. 187 (190).

Vordergrund: Dezentrale Gebietskörperschaften sollen dazu beitragen, regional unterschiedliche Präferenzen der Bürger in ein differenziertes staatliches Leistungsangebot und eine dementsprechende Abgabenbelastung umzusetzen. Darüber hinaus entsteht eine innovations- und effizienzsteigernde Wettbewerbssituation im öffentlichen Sektor. Um diese Funktionen bestmöglich zur Geltung zu bringen, ist wiederum eine möglichst umfassende Handlungs- und Finanzautonomie auf dezentraler Ebene erforderlich.[82]

2.1.3.1 Föderalismus als Gewähr der Gewaltenteilung

Gewaltenteilung ist ein Grundprinzip politischer Herrschaftsgestaltung zur institutionellen Sicherung des rechtsstaatlichen Normengefüges durch machtbeschränkende Aufteilung der Entscheidungszuständigkeiten und wechselseitige Kontrolle wesentlicher Kompetenzträger.[83] Weil die der Staatsgewalt inhärente Gefahr des Machtmißbrauchs aus eigennützigen Motiven der gemeinnützigen Aufgabenerfüllung entgegensteht, forderte bereits die klassische bürgerlich-liberale Demokratietheorie[84], gleichzeitig mit der Übertragung staatlicher Macht auch deren Begrenzung sicherzustellen. Der Schutz grundlegender individueller (Freiheits-) Rechte soll durch eine funktionale Aufgliederung der Regierungsgewalt auf mehrere selbständig agierende, miteinander konkurrierende Organe und Institutionen innerhalb des Staatswesens erreicht werden, denen unterschiedliche Kompetenzbereiche übertragen werden.[85]

Die verfassungsmäßige Teilung und Zuordnung der politischen Gewalten auf verschiedene Institutionen gilt heute nach den Erfahrungen mit den Diktaturen des 20. Jahrhunderts, für deren Funktionieren die Aufhebung der Gewaltenteilung unabdingbar war, als unverzichtbarer Bestandteil von Rechtsstaat und freiheitlicher Demokratie.[86] Ihre Substanz bildet weiterhin die Bestrebung, durch die gegenseitige Beschränkung und Kontrolle der verschiedenen

---

[82] Vgl. *Ewald Nowotny*: Der öffentliche Sektor; 4. Aufl., Berlin u.a. 1999, S. 144.

[83] Vgl. *Winfried Steffani*: Gewaltenteilung im demokratisch-pluralistischen Rechtsstaat; in: Heinz Rausch (Hrsg.): Zur heutigen Problematik der Gewaltentrennung; Darmstadt 1969, S. 313 (315f.).

[84] Vgl. *Alexander Schwan*: Politische Theorien des Rationalismus und der Aufklärung; in: Hans-Joachim Lieber (Hrsg.): Politische Theorien von der Antike bis zur Gegenwart; Bonn 1991, S. 157 (199). Bereits bei *Aristoteles* finden sich Hinweise auf die Gewaltenteilung. Vgl. *Karl-Peter Sommermann*: Art. 20 GG, Rdnr. 189ff.

[85] Vgl. *John Locke*: Zwei Abhandlungen über die Regierung (hrsg. von Walter Euchner); Frankfurt/M. 1967, S. 251ff. *De Montesquieu* begründete die Differenzierung in Legislative, Exekutive und Judikative. Außerdem forderte er die Verhinderung einer unkontrollierten Machtkonzentration mittels einer Machtbalance, also durch ein Gegen- und Miteinander der verschiedenen Kompetenzträger neben einer funktionalen Trennung staatlicher Organe (*Charles-Louis de Montesquieu*: Vom Geist der Gesetze (hrsg. von Ernst Forsthoff), Band 1; Tübingen 1951, S. 214ff.).

[86] Vgl. *Hugo J. Hahn*: Gewaltenteilung in der Wertwelt des Grundgesetzes; in: Heinz Rausch (Hrsg.): Zur heutigen Problematik der Gewaltentrennung, S. 438 (456ff.); *Heinrich Oberreuter*: Gewaltenteilung; in: Dieter Nohlen (Hrsg.): Wörterbuch Staat und Politik; München 1991, S. 193 (193).

Träger von Machtbefugnissen eine übermäßige Ausdehnung bzw. einen Mißbrauch staatlicher Herrschaft zu Lasten individueller oder kollektiver Freiheiten zu verhindern.

Eine föderative Gliederung des Staates bewirkt durch die Verbindung mehrerer eigenständiger Gemeinwesen mit Staatsqualität zusätzliche gewaltenteilende Effekte.[87] Die Aufteilung und gegenseitige Verschränkung der Staatsgewalt kann in föderativen Staaten unter verschiedenen Aspekten betrachtet werden. Rein formell läßt sich das Gewaltenteilungsprinzip horizontal und vertikal auffächern[88]: Horizontal erfolgt die Verteilung der Staatsgewalt auf mehrere rechtlich selbständige und von einander unabhängige Teilgewalten einer Ebene mit funktional klar abgegrenztem Aufgabenkreis. Ein föderaler Staatsaufbau begegnet der Gefahr eines Machtmißbrauchs zusätzlich durch die vertikal abgestufte Aufteilung der Staatsgewalt zwischen verschiedenen eigenständigen Staatsebenen, die jeweils über autonome Entscheidungsrechte verfügen.[89] Die Kontrolle, Hemmung und Begrenzung der Gesamtmacht auf der Zentralebene erfolgt mittels Bildung subnationaler Gegengewichte.[90] Eine bundesstaatliche Ordnung besitzt damit schon als solche machtbegrenzende und – balancierende Effekte.[91]

---

[87] Eine Beschreibung der Wirkungen einer Machtbalance aufgrund bundesstaatlicher Dezentralisierung der Zuständigkeiten findet sich erstmals in den empirischen Arbeiten *de Toquevilles* über die Vereinigten Staaten: Das System gegenseitiger 'check and balances' (Aufteilung der Gesetzgebungskompetenz auf zwei Organe, Gegengewicht durch die Staaten und die selbstverwalteten Gemeinden) verhindere eine 'Tyrannei der Mehrheit'. (*Alexis de Toqueville*: Über die Demokratie in Amerika (hrsg. von Jakob P. Mayer/Theodor Eschenburg/Hans Zbinden), Band 1; München 1959, S. 66ff., 284ff. sowie 302ff.).

[88] Vgl. *Karl-Peter Sommermann*: Art. 20 GG, Rdnr. 188.

[89] Die Existenz autonomer subnationaler Gebietskörperschaften gewährleistet eine vertikale Balance zwischen den Staatsgewalten durch ein Gegenüber von Bund und Teilstaaten. Vgl. *Thomas F. W. Schodder*: Föderative Gewaltenteilung in der Bundesrepublik Deutschland. Eine Untersuchung ihrer gegenwärtigen Wirkungen und Probleme; Frankfurt u.a. 1989, S. 9; *Ekkehart Stein*: Staatsrecht; 16. Aufl., Tübingen 1998, S. 118.

[90] Die vertikale Gewaltenteilung unterstützt zudem das Kräftespiel von Regierung und Opposition in einer Demokratie und bietet damit eine zusätzliche Kontrollmöglichkeit gegenüber der Zentralregierung. Dazu etwa *Werner Kaltefleiter*: Die Bedeutung der föderativen Ordnung für das Parteiensystem der Bundesrepublik Deutschland; in: Jürgen Jekewitz/Michael Melzer/Wolfgang Zeh (Hrsg.): Politik als gelebte Verfassung: Aktuelle Probleme des modernen Verfassungsstaates; Opladen 1980, S. 210 (212ff).

[91] Jene kann jedoch qualitativ unterschiedlich ausgestaltet sein: So nimmt z.B. die funktionsorientierte deutsche Staatsorganisation auf der Basis eines Verbundmodells keine klare Trennung der Politikfelder zwischen den föderalen Ebenen vor. Wegen der deshalb nur eingeschränkten materiellen Autonomie der Länder existiert keine voll ausgeprägte Machtbalance zwischen Bundes- und Länderebene (vgl. *Wolf-Rüdiger Schenke*: Föderalismus als Form der Gewaltenteilung; in: Juristische Schulung 1989, S. 698 (699f.)). Die Zentralisierung der Gesetzgebungskompetenzen führt vielmehr zu einer Machtkonzentration beim Bund; durch die Mitwirkung der Länder an der Bundesgesetzgebung im Bundesrat besteht indes ein wirkungsvolles Gegengewicht auf gleicher Ebene (vgl. *Wolf-Rüdiger Schenke*, S. 701). Aufgrund des Wandels vor allem der Verfassungswirklichkeit liegt der Schwerpunkt der föderativen Gewaltenteilung anstelle auf der vertikalen nun auf der horizontalen Dimension (vgl. *Rudolf Dolzer*, S. 22ff.; *Christof Gramm*: Gewaltverschiebungen im Bundesstaat. Zu Möglichkeiten und Grenzen der Verfassungsrechtsdogmatik; in: Archiv des öffentlichen Rechts 124 (1999), S. 212ff.). Das deutsche Föderalismus-Modell begrenzt somit zwar die Machtfülle des Bundes, bewirkt wird dies allerdings nicht durch eigenständige Handlungskompetenzen auf der Landesebene, sondern aufgrund der Beteiligung der Länderregierungen am Gesetzgebungsverfahren des Bundes.

Aus der formellen Verteilung der Staatsgewalt auf verschiedene Institutionen kann indes nicht zwangsläufig darauf geschlossen werden, daß die Herrschaftsverhältnisse im Staat wirksam im Sinne einer Machtbalance austariert sind. Dieser Annahme steht die Staatswirklichkeit in einer modernen Demokratie entgegen, deren Vielzahl interner politisch operierender Ebenen jeweils zahlreiche Verbindungen untereinander, mit anderen Staaten und deren Gliederungen sowie mit inter- und supranationalen Institutionen unterhalten. Nicht nur in Deutschland läßt vor allem die festzustellende "Politikverflechtung"[92] die Grenzen insbesondere zwischen der Exekutiven und der Legislativen, aber auch auf vertikaler Linie undeutlich werden. Daraus folgt, daß eine effektive Begrenzung staatlicher Macht eher mittels einer materiell-politischen Gewaltenteilung als durch eine klassisch-formelle Trennung zwischen unterschiedlichen Institutionen erreicht werden kann, um ein tatsächliches Machtgleichgewicht zu erhalten.

Dies wirft die Frage nach den Voraussetzungen effektiver föderativer Gewaltenteilung auf. Neben der (dem föderalen Staatsaufbau immanenten) funktionellen und organisatorischen Trennung der Gewaltenträger ist entscheidend, daß die einzelnen Staatsebenen in ihrer Machtfülle einander ungefähr gleichwertig sind, um die eigenmächtige Kompetenzerweiterung zu Lasten anderer zu verhindern und das bundesstaatliche Gleichgewicht zu sichern.[93] Erforderlich für eine gegenseitige Hemmung der Kompetenzträger ist, daß diese ihre Aufgaben eigenverantwortlich wahrnehmen können. Eine wirksame materielle Gewaltenteilung verlangt insofern zumindest ein gewisses Maß an Entscheidungs- und Handlungsspielräumen sowie Selbstentscheidungsrechten der maßgeblichen Gebietskörperschaften und ihre Unabhängigkeit voneinander.[94]

Die Glieder des Bundesstaates müssen zudem auch finanziell ausreichend leistungsfähig sein, also über eine geeignete Finanzausstattung und -hoheit verfügen. Bereits aus dem Gewaltenteilungsgrundsatz läßt sich folglich die Notwendigkeit autonomer Entscheidungsrechte auf der Einnahmeseite aller föderativen Ebenen ableiten, da eine effektive Machtbalance einen entsprechenden Zugang zu Besteuerungsrechten (deren Qualität und Zahl noch zu klären ist) voraussetzt.

---

[92] Vgl. *Fritz W. Scharpf/Bernd Reissert/Fritz Schnabel*: Politikverflechtung: Band 1: Theorie und Empirie des kooperativen Föderalismus in der Bundesrepublik Deutschland; Kronberg 1976; *Joachim Jens Hesse*: Politikverflechtung im föderativen Staat: Studien zum Planungs- und Finanzierungsverbund zwischen Bund, Ländern und Gemeinden; Baden-Baden 1978; *Gerhard Lehmbruch*: Parteienwettbewerb im Bundesstaat; 2. Aufl., Opladen 1998, S. 90ff.

[93] Vgl. *Joachim Bischoff/Eberhard Haug-Adrion/Klaus Dehner*: Staatsrecht und Steuerrecht; 5. Aufl., Stuttgart 1998, S. 71f.

[94] Notwendig können aber auch gegenseitige Zuständigkeitsüberschneidungen und Mitwirkungsrechte in bestimmten Politikfeldern sein, durch welche die verschiedenen Kompetenzträger einander zugeordnet werden und sich gegenseitig kontrollieren. Vgl. *Thomas F. W. Schodder*, S. 3f.

2.1.3.2 Optimale Allokation der Ressourcen im Staatssektor

Eine optimale Allokation der Ressourcen im Staatssektor wird einerseits durch die Verlagerung von Entscheidungskompetenzen auf untere staatliche Ebenen (Dezentralisierung) und andererseits durch effizienzsteigernden Wettbewerb zwischen den einzelnen Gebietskörperschaften einer föderativen Ebene erreicht:

2.1.3.2.1 Optimierung der Ressourcenallokation durch Dezentralisierung

Die Ökonomische Theorie des Föderalismus rechtfertigt eine dezentralisierte Erstellung öffentlicher Güter[95] mit dem Ziel einer optimalen Allokation der staatlichen Ressourcen. Da der Staat eine möglichst weitgehende Befriedigung der Bedürfnisse seiner Einwohner und Wirtschaftssubjekte sicherzustellen hat, muß sich der Ressourceneinsatz am Ziel der Wohlfahrtsmaximierung und somit an der bestmöglichen Versorgung mit öffentlichen Gütern und Leistungen gemäß der individuellen Präferenzen innerhalb eines Gemeinwesens orientieren.[96] Eine Vielzahl dezentraler, räumlich begrenzter Körperschaften sorgt für eine Steigerung der Allokationseffizienz durch die bessere Berücksichtigung unterschiedlicher Präferenzen ihrer Einwohner, da sie ein nach Art und Umfang regional oder lokal differenziertes Angebot an öffentlichen Gütern anbieten können.[97]

Unterstützend wirkt sich aus, daß die Dezentralisierung von Entscheidungskompetenzen eine Informationsbeschaffung auf kurzem Wege ermöglicht, weil der Einfluß der Wähler auf die Politikgestaltung mit abnehmender Größe des Gemeinwesens wächst.[98] Gerade in einer komplexen modernen Gesellschaft, deren Funktionieren von qualitativ hochwertigen Informationen abhängig ist, bedarf der Staat dezentraler politischer Handlungsebenen, um überhaupt problemlösungsfähig zu bleiben.[99] Dezentrale Entscheidungsspielräume verbessern infolge-

---

[95] Vgl. *Paul A. Samuelson*: The Pure Theory of Public Expenditures; in: The Review of Economics and Statistics, Vol. 36 (1954), S. 387ff.; *Richard A. Musgrave*: A Theory of Public Finance; New York u.a. 1959, S. 42ff.

[96] Vgl. *Norbert Andel*: Finanzwissenschaft; 4. Aufl., Tübingen 1998, S. 504f.; *Dieter Brümmerhoff*, S. 623f.; *Rolf Peffekoven*: Finanzausgleich I, S. 611ff.

[97] Vgl. *Wallace E. Oates*: Fiscal Federalism, S. 11f.; *Charles M. Tiebout*: A Pure Theory of Local Expenditures; in: Journal of Political Economy 1956, S. 416ff.; *Horst Zimmermann*: Allgemeine Probleme ..., S. 11ff. Die Gefahr einer Mißachtung der individuellen Präferenzen räumlich konzentrierter Minderheiten ist bei dezentraler Entscheidungsfindung tendenziell geringer als bei zentraler. Jedoch können größere Einheiten differenziertere Leistungen bereitstellen und somit die Bedürfnisse verstreuter Minderheiten eventuell besser berücksichtigen. Vgl. *Wissenschaftlicher Beirat beim Bundesministerium der Finanzen*: Gutachten zum Länderfinanzausgleich, S. 42.

[98] Vgl. *Karl Weber*: Kriterien des Bundesstaates: Eine systematische, historische und rechtsvergleichende Untersuchung der Bundesstaatlichkeit der Schweiz, der Bundesrepublik Deutschland und Österreichs; Wien 1980, S. 36f.

[99] Vgl. *Ulrich Beck*: Risikogesellschaft: Auf dem Weg in eine andere Moderne; Frankfurt/M. 1986, S. 311ff.

dessen die Effizienz des staatlichen Gesamtsystems in bezug auf die Bereitstellung öffentlicher Güter.[100]

Die Erreichung einer optimalen Versorgung mit öffentlichen Gütern ist von der vertikalen Kompetenzzuordnung abhängig. Entscheidend ist daher, welches Gut auf welcher Ebene bereitgestellt wird.[101] Ein öffentliches Gut, dessen Nutzen über die Grenzen einer Gebietskörperschaft hinausgeht, wird von dieser auf einem ineffizient niedrigen Niveau angeboten. Insofern ist das staatliche Leistungsangebot vertikal entsprechend seiner räumlichen Wirksamkeit auszurichten.[102] Nach der Logik des Fiskalföderalismus ist hierfür zunächst eine sachgerechte Aufgabenverteilung zwischen den einzelnen Ebenen vorzunehmen und anschließend eine angemessene Zuordnung der Ausgabenverantwortung sowie der erforderlichen Einnahmequellen zu suchen. Funktionale Kriterien für eine optimale vertikale Kompetenzverteilung zwischen Bund, Gliedstaaten und Gemeinden lassen sich aus der ökonomischen Föderalismustheorie herleiten.[103] Bei isolierter Betrachtung der jeweiligen Aufgabenerfüllung wäre es aus allokativer Sicht zweckmäßig, für jede staatliche Leistung einen Aufgabenträger mit eigenem räumlichen Zuschnitt ausschließlich in Hinblick auf diese Materie zu schaffen, da die optimale Gebietskörperschaftsgröße bei jeder staatlichen Aufgabe auf einem anderen Niveau liegt.[104] Um die Verwaltungsstruktur überschaubar zu halten, werden Aufgaben einem nähe-

---

[100] Vgl. *Norbert Andel*, S. 504ff.; *Thomas Döring/Dieter Stahl*, S. 24f.; *Renate Mayntz*: Föderalismus und die Gesellschaft der Gegenwart; in: Archiv des öffentlichen Rechts 115 (1990), S. 232 (235ff.); *Wallace E. Oates*: Fiscal Federalism, insbes. S. 35; *Charles M. Tiebout*: Eine ökonomische Theorie fiskalischer Dezentralisierung; in: Guy Kirsch (Hrsg.): Föderalismus; Stuttgart, New York 1977, S. 36ff.

[101] Vgl. *Wallace E. Oates*: Fiscal Federalism; S. 31ff.; *Mancur Olson*: The Principle of "Fiscal Equivalence": The Division of Responsibilities among different Levels of Government; in: The American Economic Review, Vol. LIX (1969), S. 479ff.; *Erich Thöni*: Politökonomische Theorie des Föderalismus; Baden-Baden 1986 S. 36ff.

[102] Vgl. *Richard A. Musgrave*: A Theory of Public Finance, S. 179ff.; *Paul A. Samuelson*: The Pure Theory of Public Expenditures. Eine empirisch auffindbare 'optimale', einheitlich gestaltete Aufgabenzuordnung für föderative Staaten kann es nicht geben. Die konkreten Kompetenzverteilungen sind nie Produkt theoretischer Konzeptionen, sondern resultieren stets aus spezifischen historischen, politischen und ökonomischen Entwicklungen unter Beachtung gesellschaftlicher, geographischer und verfassungsrechtlicher Gegebenheiten. Der empirische Befund fördert zwar bestimmte Übereinstimmungen (siehe 2.1.1.3.3) zutage, die aber mit den typischen Umständen der Bereitstellung lokaler, regionaler und nationaler öffentlicher Güter zu erklären sind. Vgl. *Gisela Färber*: Finanzverfassung, Besteuerungsrechte und Finanzausgleich, S. 128.

[103] Dazu etwa *Norbert Andel*, S. 504ff.; *Bruno S. Frey/Gebhard Kirchgässner*, S. 59ff.; *René L. Frey*: Zwischen Föderalismus und Zentralismus; Bern, Frankfurt 1977; *Wallace E. Oates*: Fiscal Federalism; *Rolf Peffekoven*: Finanzausgleich I, S. 608ff.; *Erich Thöni*.

[104] "(...) there is a need for a seperate governmental institution for every collectiv good with a unique boundary, so that there can be a match between those who receive the benefits of a collective good and those who pay for it. This match we define as 'fiscal equivalence'." (*Mancur Olson*: The Principle of "Fiscal Equivalence", S. 483). Vgl. auch *Norbert Andel*, S. 506; *Wallace E. Oates*: Fiscal Federalism, S. 33ff. Grundlegend hierfür ist die Erkenntnis, daß es ein breites Spektrum öffentlicher Güter gibt, deren Nutzen unterschiedlich weit (lokal, regional, national oder international) streut. Vgl. *Richard A. Musgrave/Peggy B. Musgrave/Lore Kullmer*: Die öffentlichen Finanzen in Theorie und Praxis, 3. Band; 4. Aufl., Tübingen 1992, S. 19f.

rungsweise 'optimal' geeigneten Verwaltungsträger mit Zuständigkeit für ein abgegrenztes Territorium zur Erledigung überwiesen.[105]

Allerdings bleibt bei der gebündelten Zuordnung von Aufgaben auf eine beschränkte Zahl an Verwaltungsebenen wegen der notwendigen räumlichen Grenzziehung zwischen untergeordneten Einheiten die Entstehung regionaler oder lokaler externer Effekte (Spillovers) unabwendbar. Durch die Inanspruchnahme von Leistungen einer anderen Gebietskörperschaft als der, in der die Nutznießer ihre Steuern entrichten, entstehen sowohl externe Nutzen als auch externe Kosten[106], welche negative ökonomische Wirkungen entfalten und zu einer Unterversorgung mit öffentlichen Gütern führen können.[107] Soweit der Kreis der Steuerzahler nicht mit dem der Nutzenempfänger identisch ist, werden infolgedessen die Entscheidungen über Umfang und Struktur des öffentlichen Güterangebots verzerrt. Bei der Gestaltung einer föderativen Verfassung sind demzufolge die Ursachen für die Entstehung räumlicher Externalitäten zu minimieren oder geeignete Instrumente zur Internalisierung der unvermeidlich auftretenden Spillovers zu integrieren.[108]

2.1.3.2.2 Steigerung der Allokationseffizienz durch innerstaatlichen Wettbewerb

Aus der räumlich aufgeteilten Aufgabenwahrnehmung auf dezentraler Ebene und die Nutzung autonomer Handlungsspielräume aller Entscheidungsträger resultiert ein horizontaler Wettbewerb innerhalb des Staatssektors.[109] Diese Konkurrenzsituation eröffnet den Bürgern die

---

[105] Vgl. *Peter Bohley*: Über die Voraussetzungen von Föderalismus und die Bedeutung kollektiver Identität; in: Paul Kirchhof/Klaus Offerhaus/Horst Schöberle (Hrsg.): Steuerrecht - Verfassungsrecht – Finanzpolitik; Köln 1994, S. 541 (545); *Friedo Wagener/Willi Blümel*: Staatsaufbau und Verwaltungsterritorien; in: Klaus König/Heinrich Siedentopf (Hrsg.): Öffentliche Verwaltung in Deutschland, 2. Aufl., Baden-Baden 1997, S. 109 (114); *Horst Zimmermann/Klaus-Dirk Henke*, S. 176f.

[106] Ein Nutzen-Spillover entsteht durch die Nutzung öffentlicher Angebote benachbarter Einheiten, weil dann kein Finanzierungsbeitrag durch eigene Steuerzahlung erfolgt. Umgekehrt mindern negative Spillovers die verfügbaren Finanzmittel einer Gebietskörperschaft, da sie sich bei Dritten als Kostenfaktor niederschlagen.

[107] Vgl. *Harvey S. Rosen/Rupert Windisch*: Finanzwissenschaft I; München, Wien 1992, S. 221ff.

[108] Um externe Effekte zu internalisieren oder ihre Folgen abzumildern, ist in der Regel die Implementierung eines vertikalen und horizontalen Finanzausgleichssystems erforderlich. Vgl. *Gisela Färber*: Finanzverfassung; in: Bundesrat (Hrsg.): 50 Jahre Herrenchiemseer Verfassungskonvent; Bonn 1999, S. 89 (92).

[109] Innerhalb eines föderativen Staates ist neben dem horizontalen ('Interjurisdictional Competition') auch ein vertikaler Wettbewerb ('Intergovernmental Competition') denkbar. Gegenstand des *vertikalen* innerstaatlichen Wettbewerbs, der sich durch die Konkurrenz um die Zuordnung von Ressourcen und Verantwortlichkeiten auszeichnet, können Bestrebungen sein, den eigenen Anteil an der Ausschöpfung einer gemeinsamen Steuerquelle zu erhöhen, oder aber auch, Ausgabenverpflichtungen (z.B. für soziale Lasten) auf eine andere Staatsebene abzuwälzen. Vgl. *Ronald C. Fisher*: Interjurisdictional Competition: A Summary Perspective and Agenda for Research; in: Daphne A. Kenyon/John Kincaid (Hrsg.): Competition among States and Local Governments: Efficiency and Equity in American Federalism; Washington 1991, S. 261 (261ff.); *John Kincaid*: The Competitive Challenge to Cooperative Federalism: A Theory of Federal Democracy; in: Daphne A. Kenyon/John Kincaid (Hrsg.): Competition ..., S. 87 (89ff.); *John Douglas Wilson*: Theories of Tax Competition; in: National Tax Journal 1999, S. 269 (289ff.). Im folgenden wird der vertikale Wettbewerb nicht weiter berücksichtigt.

Wahl zwischen dem öffentlichen Güterangebot und der Abgabenbelastung verschiedener gleichgelagerter Gebietskörperschaften, sie können die Leistungen der jeweiligen politischen Entscheidungsträger miteinander vergleichen und darauf reagieren.[110] Im folgenden werden zunächst der Versuch einer Definition und inhaltlichen Eingrenzung des horizontalen innerstaatlichen Wettbewerbs unternommen und anschließend seine Ziele und positiven Wirkungen dargelegt.

2.1.3.2.2.1 Ziele und Wirkungen des innerstaatlichen Wettbewerbs

Allgemein ist unter Wettbewerb die Rivalität mehrerer Akteure um Personen oder Sachen zu verstehen, wobei der höhere Zielerreichungsgrad des einen Teilnehmers in der Regel einen niedrigeren Zielerreichungsgrad des oder der anderen mit sich bringt.[111] Wettbewerb ist demnach grundsätzlich auf das Ergebnis einer Differenzierung der Akteure und der positiven bzw. negativen Sanktionierung ihrer Entscheidungen oder Leistungen ausgelegt.

Die Übertragung der marktwirtschaftlichen Wettbewerbsterminologie auf die Konkurrenzsituation zwischen den Gebietskörperschaften einer Ebene ist durchaus möglich, da bei diesem Wettbewerb eine marktähnliche Struktur von Anbietern (Gebietskörperschaften) und Nachfragern (private Wirtschaftssubjekte) besteht, die Nachfrager grundsätzlich die Wahl zwischen verschiedenen Angeboten haben und die Anbieter eigenverantwortlich über die ihnen zur Verfügung stehenden Ressourcen disponieren können.[112]

Innerhalb des Staatssektors intendiert der Wettbewerb wie in der Marktwirtschaft als 'Verfahren zur Entscheidungsfindung'[113] einen optimalen Ressourceneinsatz. Ziel ist ein Bündel regionaler und lokaler öffentlicher Güter und Dienstleistungen, welches nach Struktur und Umfang den Präferenzen der Einwohner der jeweiligen Gebietskörperschaft entspricht[114] und

---

[110] Vgl. *Reiner Eichenberger*: Föderalismus: Eine politisch-ökonomische Analyse der Vorteile, Widerstände und Erfolgsbedingungen; in: Verwaltung und Management 2000, S. 18 (19).

[111] Vgl. *Ingo Schmidt*: Wettbewerbstheorie; in: Gabler Wirtschaftslexikon, Band 4; 14. Aufl., Wiesbaden 1997, S. 4369 (4369).

[112] Vgl. zur Wettbewerbsterminologie etwa *Hartmut Berg*: Wettbewerbspolitik; in: Vahlens Kompendium der Wirtschaftstheorie und Wirtschaftspolitik, Band 2; 7. Aufl., München 1999, S. 299 (301); *Klaus Herdzina*: Wettbewerbspolitik; 5. Aufl., Stuttgart 1999, S. 7ff.; *Ingo Schmidt*: Wettbewerbstheorie, S. 4369ff.

[113] Vgl. *Hartmut Berg*, S. 301.

[114] Öffentliche Güter werden von Bürgern und Unternehmen in Anspruch genommen. Das staatliche Leistungsangebot benötigt daher eine entsprechende Ausrichtung, was eine gewisse Differenzierung der regionalen öffentlichen Produktionsfaktoren mit sich bringt. Während z.B. die Infrastruktur eher der Güterproduktion somit dem Faktor Kapital dient, orientiert sich das Kollektivgut 'Bildung' als Humanressource eher am Faktor 'Arbeit'. Daher gilt es, die gegenläufigen Nachfragepräferenzen hinsichtlich der gewünschten öffentlichen Leistungen möglichst weitgehend zu befriedigen, indem die richtige Kombination aus konsum- und produktionsorientierten öffentlichen Gütern herausgefunden und das angebotene Güterbündel entsprechend strukturiert wird.

effizient produziert bzw. gewährleistet wird.[115] Um eine Effizienzsteigerung im Staatssektor zu verwirklichen, greift die Struktur föderativer Staaten auf das Mittel des horizontalen Wettbewerbs zwischen Gebietskörperschaften zurück. Dieser bildet eine 'Quasi-Marktlösung' zur Bestimmung eines den individuellen Präferenzen entsprechendes Niveau an öffentlichen Gütern und Abgaben[116] und erfüllt in etwa die gleichen Funktionen wie der marktwirtschaftliche Wettbewerb[117]:

- Die *Allokationsfunktion* steuert die staatlichen Ressourcen als volkswirtschaftliche Produktionsfaktoren in die von den Nachfragern gewünschte Verwendung und hält dazu an, solche Produktionsverfahren anzuwenden, die eine größtmögliche Effizienz des Faktoreinsatzes gewährleisten. Die eigenständigen Entscheidungsmöglichkeiten der Marktteilnehmer bilden letztlich den ausschlaggebenden Optimierungsmechanismus.[118]

- Die *Innovationsfunktion* sorgt für eine stetige Fortentwicklung des Angebotes an öffentlichen Gütern und Dienstleistungen sowie der Produktionsmethoden einschließlich der Anpassung an ökonomische oder gesellschaftliche Veränderungen. Eine föderative Staatsstruktur setzt gegenüber dem Einheitsstaat höhere Anreize zur Einführung innovativer Lösungen, da zusätzliche Lern- und Experimentiermöglichkeiten für institutionelle Neuerungen vorhanden sind.[119] Die Möglichkeit der Abwanderung der Einwohner veranlaßt die politischen Entscheidungsträger nicht nur zu eigenen Innovationen, sondern auch zu interregionalen Vergleichen und Imitation der effizientesten Angebotsformen[120], wobei die Analyse abweichender Lösungsansätze, Methoden, Leistungen und Finanzierungssysteme

---

[115] Nicht zu den Zielen des innerstaatlichen Wettbewerbs gehört hingegen die Verdrängung von Mitbewerbern oder die Erlangung finanzieller oder anderweitiger Vorteile gegenüber den Mitbewerbern, um sie gegen diese zu nutzen (sondern um sie zugunsten der Einwohner der eigenen Gebietskörperschaft einzusetzen). Insofern steht das konstruktive Element im Vordergrund; es geht strenggenommen nicht um ein Gegeneinander bzw. ein (destruktives) Niederkonkurrieren um eigener Vorteile willen, sondern um gegenseitige Anstrengungen für eine Verbesserung der gemeinsamen Situation, weil von Vorteilen jeweils auch andere profitieren können.

[116] Vgl. *Charles M. Tiebout*: A Pure Theory of Local Expenditures, S. 416ff.

[117] Wettbewerb lenkt die Produktionsfaktoren nachfrage- und kostengerecht (Allokationsfunktion), setzt Anreize zur Weiterentwicklung der Produkte und Verfahren (Innovationsfunktion), sorgt für eine leistungsgerechte Einkommensverteilung (Verteilungsfunktion) und begrenzt die Entstehung dauerhafter ökonomischer Machtpositionen (Kontrollfunktion). Vgl. *Ulrich Baßeler/Jürgen Heinrich/Walter A. S. Koch*: Grundlagen und Probleme der Volkswirtschaft; 15. Aufl., Köln 1999, S. 220f.; *Hartmut Berg*, S. 301; *Klaus Herdzina*, S. 16ff.; *Ingo Schmidt*: Wettbewerbsfunktionen; in: Gabler Wirtschaftslexikon, S. 4361.

[118] Vgl. *Charles E. McLure*: Tax Competition: Is What's good for the Private Goose also good for the Public Gander?; in: National Tax Journal 1986, S. 341 (345): If (...) taxpayers are able to vote with their feet, there may be fairly strong pressures for subnational governments to respond to the wishes of the electorate (...).

[119] Vgl. *Norbert Andel*, S. 506; *Wallace E. Oates*: Fiscal Federalism, S. 12f.; *Reformkommission Soziale Marktwirtschaft*, S. 4f.

[120] Da bei Unabhängigkeit der Entscheidungsträger die Suche nach Lösungen für vergleichbare Probleme auf verschiedenen Wegen erfolgen kann, entwickelt sich zwangsläufig Varianten der Aufgabenwahrnehmung.

die zur Optimierung eigener Verfahren verwendbaren Informationen und Erfahrungen liefert.[121] Ein verschiedenartiges Angebot an öffentlichen Gütern kann somit einen konstruktiven Wettbewerb zwischen einzelnen Gebietskörperschaften um möglichst gute Problemlösungen bewirken. Damit verbunden ist auch eine höhere Fähigkeit zur Anpassung an sich ändernde Rahmenbedingungen durch Nutzung der Chance zum internen Lernen, da die Lernprozesse durch Beobachtung vergleichbarer Akteure schneller ablaufen können.[122]

- Die *Verteilungsfunktion* bewirkt optimalerweise eine leistungsgerechte 'Bezahlung' des staatlichen Leistungsangebotes durch sog. 'Steuerpreise'.[123]

- Die *Kontrollfunktion* schränkt wegen der effektiveren Politik- und Ausgabenkontrolle durch die Steuerzahler die Möglichkeit staatlicher Interventionen ein. Die Konkurrenz der Gebietskörperschaften untereinander begrenzt die Gefahr eines übermäßigen Wachstums des öffentlichen Sektors und einer Verschwendung öffentlicher Ressourcen aufgrund eines nicht gemeinwohl-, sondern eigennutzorientierten Verhaltens von Politikern und Bürokraten und schützt so die Steuerzahler vor übermäßiger Belastung.[124] Die Untersuchung der Staatsquote zwischen föderativ und unitarisch organisierten Ländern ergibt signifikante Unterschiede. Danach fällt die Inanspruchnahme der Volkswirtschaft durch den staatlichen Sektor in Einheitsstaaten vergleichsweise höher aus, in föderativen Staaten ist hingegen eine insgesamt geringere Steuerbelastung festzustellen.[125]

2.1.3.2.2.2 Gegenstand und Mittel des horizontalen innerstaatlichen Wettbewerbs

Der *Gegenstand* des innerstaatlichen Wettbewerbs ergibt sich aus dem Umstand, daß zur Fortentwicklung der Wirtschaftsstruktur in einer Gebietskörperschaft die Produktionsfaktoren Arbeit und Kapital benötigt werden (die Angebotsfunktion im Staatssektor zeichnet sich

---

[121] Vgl. *Albert Breton*: Competitive Government: An Economic Theory of Politics and Public Finance; Cambridge 1996, S. 30ff. und S. 37ff.; *Wallace E. Oates*: Ein ökonomischer Ansatz zum Föderalismusproblem; in: Guy Kirsch (Hrsg.): Föderalismus, S. 15 (20ff.).

[122] Vgl. *Reformkommission Soziale Marktwirtschaft*, S. 4f.

[123] Hierfür müssen allerdings einige Voraussetzungen erfüllt sein (siehe 2.3.1.1)!

[124] Vgl. *James M. Buchanan*: Markt, Freiheit und Demokratie; 2. Aufl., St. Augustin 1994; *Geoffrey Brennan/James M. Buchanan*; *William A. Niskanen*.

[125] Vgl. *Gebhard Kirchgässner/Werner W. Pommerehne*: Die Entwicklung der öffentlichen Finanzen in föderativen Staaten: Die Beispiele der Bundesrepublik Deutschland und der Schweiz; in: Dieter Grimm (Hrsg.): Staatsaufgaben; Baden-Baden 1994, S. 149ff.; *Wallace E. Oates*: Fiscal Federalism, S. 209; *Werner W. Pommerehne/Friedrich Schneider*: Unbalanced Growth between Public and Private Sector – An Empirical Examination; in: Robert H. Haveman (Hrsg.): Public Finance and Public Employment; Detroit 1982, S. 309ff. Die geringeren Staatsausgaben in föderativen Ländern sind darauf zurückzuführen, daß entweder die Staatstätigkeit weniger stark ausgeprägt ist oder die Kosten für die Produktion öffentlicher Leistungen niedriger liegen.

durch die Besonderheit aus, daß der Produktionsfaktor Boden vorhanden ist).[126] Die Gebietskörperschaften konkurrieren demzufolge um die Ansiedlung von Arbeitskräften sowie von privatem Kapital.[127]

Als *Instrumente* des innerstaatlichen Wettbewerbs dienen den Gebietskörperschaften auf der Ausgabenseite das bereitgestellte Bündel an öffentlichen Gütern und Dienstleistungen und auf der Einnahmenseite die entsprechende Abgabenbelastung.[128] Die gewünschte Ansiedlung der Produktionsfaktoren findet dort statt, wo das Leistungsbündel den Präferenzen eines Wirtschaftssubjektes möglichst weitgehend entspricht und die beste Relation zwischen der Steuerbelastung und dem staatlichen Leistungsangebot als Nutzenäquivalent gegeben ist.

Als horizontaler Wettbewerb innerhalb des Staatssektors läßt sich folglich die *Konkurrenz um die Produktionsfaktoren Arbeit und Kapital mittels eines unterschiedlichen Angebotes an öffentlichen Gütern und Dienstleistungen sowie der daraus resultierenden Abgabenbelastung* definieren. Diese innerstaatliche Konkurrenz ist ein Angebotswettbewerb in der Form des Leistungswettbewerbs: Ein solcher impliziert eine Steigerung der staatlichen Leistungen aufgrund einer Veränderung der Handlungsparameter der einzelnen Anbieter (= Gebietskörperschaften), welche sich aus Sicht der Nachfrager als eine Verbesserung der Versorgung erweist.[129] Ermöglichen und fördern die Wettbewerbsbedingungen eine solche qualitative Leistungssteigerung bei allen Anbietern, ist der innerstaatliche Wettbewerb in Hinblick auf das öffentliche Güterangebot und den staatlichen Ressourceneinsatz als *konstruktiv* zu bewerten.

Ein höherer Grad an innerstaatlicher Eigenständigkeit und Konkurrenz ermöglicht eine stärkere demokratische Kontrolle der Parlamente und Regierungen über den Vergleich mit dem Leistungs- und Belastungsniveau anderer Gebietskörperschaften, da der föderale Staat gegenüber dem Einheitsstaat zusätzliche Reaktionsmöglichkeiten auf unliebsame Politikentscheidungen bietet. Voraussetzung ist aber die klare Trennung von Verantwortungsbereichen und

---

[126] Arbeitskräfte sind Steuerzahler und Konsumenten, stärken durch ihre Arbeitskraft die wirtschaftlichen Grundlagen und tragen zur Auslastung der Infrastruktur bei (Ziel ist die Attrahierung möglichst qualifizierter Arbeitskräfte, die den Arbeitsmarkt qualitativ stärken und eher geringe öffentliche Aufwendungen erfordern), während das Kapital die Grundlage für Konsum und Investitionen sowie für die Erweiterung der Infrastruktur darstellt.

[127] Vgl. *Peggy B. Musgrave*: Merits and Demerits of Fiscal Competition; in: Rémy Prud´homme (Hrsg.): Public Finance with several Levels of Government; Den Haag, Königstein 1991, S. 281 (287ff.); *Reiner Eichenberger*, S. 19.

[128] Hinzu kommen noch die für das Wirtschaftsleben relevanten rechtlichen Rahmenbedingungen. Vgl. *Ronald C. Fisher*: Interjurisdictional Competition, S. 262.

[129] Vgl. zum Begriff des Leistungswettbewerbs *Franz-Ulrich Willeke*: Wettbewerbspolitik; Tübingen 1980, S. 37.

Kompetenzen, um die Transparenz des Regierungshandelns zu erhöhen. Ein funktionierender föderativer Wettbewerb legt dann die jeweilige politische Verantwortlichkeit frei.[130] Er entfaltet Wirkung als "gesellschaftliches Sanktionsverfahren", wenn die Nachfrager (also die Nutzer öffentlicher Leistungen bzw. die Steuerzahler) bereit sind, auf Leistungsschwächen der Anbieter entsprechend zu reagieren[131]: Im Rahmen der Konkurrenz mehrerer Gebietskörperschaften verfügen die Wirtschaftssubjekte auf der Nachfrageseite grundsätzlich über die beiden Optionen 'Exit' und 'Choice'[132], mit denen sie einem aus ihrer Sicht mangelhaften staatlichem Leistungs- und Belastungsniveau wirksam begegnen und ihre Unzufriedenheit äußern können: Ihnen bietet sich die Möglichkeit der Abwanderung in eine andere Gebietskörperschaft mit einem für sie vorteilhafteren Angebot ('Exit')[133] und die politische Sanktion der Abwahl der bisherigen Regierung ('Choice'), wobei die erste Variante eher in den Bereich der Marktwirtschaft gehört (Wahl eines anderen Anbieters), die zweite Option hingegen ein klassisches Instrument politischer Partizipation darstellt.[134]

Ein wichtiger Teilaspekt des horizontalen innerstaatlichen Wettbewerbs ist der Steuerwettbewerb.[135] Weil sich der Wettbewerb nicht nur auf der Einnahmenseite (durch die Festlegung von Ausmaß und Struktur der Besteuerung), sondern auch auf der Ausgabenseite (durch das Angebot an öffentlichen Gütern) abspielt[136], ist der Begriff 'Steuerwettbewerb' im eigent-

---

130 Dazu *Adrian Ottnad/Edith Linnartz*: Föderaler Wettbewerb statt Verteilungsstreit: Vorschläge zur Neugliederung der Bundesländer und zur Reform des Finanzausgleichs; Frankfurt, New York 1997, S. 167.

131 Vgl. *Hartmut Berg*, S. 303.

132 Vgl. *Albert O. Hirschman*: Exit, Choice and Loyality: Responses to Decline in Firms, Organizations and States; Cambridge 1970.

133 Wähler und Steuerzahler können auf örtlicher und regionaler Ebene auf Unterschiede im Leistungsangebot und in der Abgabenbelastung mit einer 'Abstimmung mit den Füßen' ('voting by feet') reagieren, indem sie die jeweilige Gebietskörperschaft verlassen und unter Nutzung ihrer Mobilität das gewünschte staatliche Angebot auswählen (Vgl. *Charles M. Tiebout*: A Pure Theory of Local Expenditures, S. 416ff.). Über das Ansiedlungsverhalten können auch Erkenntnisse über die Präferenzen für öffentliche Güter gewonnen werden, was dazu beiträgt, das ökonomische Grundproblem der individuellen Präferenzbestimmung zu lösen. Soziale und monetäre Kosten der Wanderungen können indes die Mobilität erheblich einschränken.

134 Vgl. *Albert O. Hirschman*, S. 15f.

135 Vgl. *Rolf Caesar*: Zur Reform des Einnahmensystems der Europäischen Union; in: Gerhard Aschinger/Werner Zolnhöfer (Hrsg.): Europa auf dem Weg zur Politischen Union? Probleme und Perspektiven der europäischen Integration vor "Maastricht II"; Berlin 1996, S. 145 (158). Genau betrachtet besteht der innerstaatliche Wettbewerb aus zwei Komponenten: Dem zeitlich vorgelagerten Standortwettbewerb (Konkurrenz um eine positive Standortentscheidung) und dem nachfolgenden Steuerwettbewerb (Konkurrenz um die Auslastung der Produktionsfaktoren). Vgl. *Eckhard Janeba/Wolfgang Peters*: Implikationen des kommunalen Finanzausgleichs auf das Standort- und Steuerwettbewerbs; in: Michael C. Burda/Helmut Seitz/Gert Wagner (Hrsg.): Europäischer und nationaler Fiskalföderalismus; Berlin 2000, S. 35 (36f.).

136 Vollständige oder partielle Einnahmenautonomie bietet Gliedstaaten und Gemeinden somit den Vorteil, ihre Attraktivität nicht nur über Ausgabenprogramme, sondern auch über Steuersenkungen oder Steuervergünstigungen erhöhen zu können.

lichen Sinn zu eng.[137] Steuerwettbewerb läßt sich demgemäß als die mit fiskalischen Instrumenten ausgetragene Konkurrenz zwischen Gebietskörperschaften einer Ebene um Produktionsfaktoren, ergiebige steuerliche Bemessungsgrundlagen und steuerpflichtige Personen beschreiben.[138]

2.1.4 Konkurrenz und Zusammenarbeit im Bundesstaat

Eine bundesstaatliche Finanzverfassung läßt sich nicht isoliert betrachten. Sie ist Bestandteil des gesamten Staats- und Verfassungssystems und korrespondiert mit dem Föderalismus-Modell einer Nation (s.o.). Wegen der "strukturellen Homogenität"[139] hinsichtlich der Beziehung von Finanz- zu Gesamtverfassung ist bei der Beurteilung einer föderalen Finanzverfassung das Leitbild des bundesstaatlichen Beziehungsgefüges zu berücksichtigen.

Die Diskussion um die internen Beziehungen im Bundesstaat wird oft an den Schlagworten 'kooperativer Föderalismus' und 'kompetitiver Föderalismus' ('Wettbewerbsföderalismus')[140] festgemacht. Dabei handelt es sich aber nicht um unvereinbare Gegensätze. Zum einen zeichnet sich das Verhältnis der subnationalen Gebietskörperschaften untereinander nicht durch vollständigen oder fehlenden, sondern durch mehr oder minder ausgeprägten horizontalen Wettbewerb aus. In allen Bundesstaaten sind überdies neben der Konkurrenzsituation auch Elemente innerstaatlicher Kooperation festzustellen, ohne die ein Bundesstaat gar nicht denkbar wäre[141]. Basis der Ausprägung kooperativer Strukturen ist die Erkenntnis, das ein Zusammenwirken der einzelnen föderalen Einheiten bei der Aufgabenerledigung notwendig ist und aus dem Bundesstaatsprinzip Grenzen föderativer Unabhängigkeit und Konkurrenz resultieren.

---

[137] Vgl. *Thies Büttner*: Nationaler und regionaler Steuerwettbewerb – Problematik und empirische Relevanz; in: Fiskalischer Föderalismus in Europa; Berlin 1999, S. 111 (112ff.).

[138] Vgl. *Walter Müller*: Was ist fairer Steuerwettbewerb und welche Regeln braucht er?; in: Konjunkturpolitik 1998, S. 313 (317). Zur Literatur zum Steuerwettbewerb *John Douglas Wilson*, S. 269ff.

[139] *Herbert Fischer-Menshausen*: Vorbemerkungen zu den Art. 104a-109 GG, Rdnr. 5.

[140] Mehr föderalen Wettbewerb in Deutschland fordern in letzter Zeit etwa *Hartmut Klatt*: Plädoyer für einen Wettbewerbsföderalismus; in: Reinhard C. Meier Walser/Gerhard Hirschler (Hrsg.): Krise und Reform des Föderalismus; München 1999, S. 64ff.; *Thomas Lenk/Friedrich Schneider, Reformkommission Soziale Marktwirtschaft; Edzard Schmidt-Jortzig*: Herausforderungen für den Föderalismus in Deutschland. Plädoyer für einen neuen Wettbewerbsföderalismus; in: Die Öffentliche Verwaltung 1998, S. 746ff. Kritisch zum kooperativen Föderalismus auch *Heidrun Abromeit*: Der verkappte Einheitsstaat; Opladen 1992; *Ute Wachendorfer-Schmidt*: Der Preis des Föderalismus in Deutschland; in: Politische Vierteljahresschrift 1999, S. 3ff.

[141] Vgl. *Karl-Peter Sommermann*: Art. 20 GG, Rdnr. 45 und 55. Die Möglichkeit des Zusammenwirkens wird gerade als Vorteil des Bundesstaates gegenüber dem Einheitsstaat angesehen. Vgl. *Gunter Kisker*: Ideologische und theoretische Grundlagen, S. 24f.; *Heinz Laufer/Ursula Münch*, S. 23ff.; *Rainer-Olaf Schultze*: Föderalismus, S. 95f.

Die Hinwendung zu mehr Wettbewerbsföderalismus hat Konsequenzen für das Verhältnis der Bundesmitglieder untereinander, weil damit die politische und wirtschaftliche Konkurrenz zwischen den einzelnen Gebietskörperschaften betont wird. Die Ausrichtung der föderalen Ordnung an diesem Leitbild beeinflußt daher durchaus auch die Finanzverfassung: In einem eher kompetitiven Föderalismus wird diese anders ausgestaltet sein als in einem eher kooperativen System.[142] Die Finanzverfassung muß vor allem Elemente und Instrumente enthalten, welche einen fairen und konstruktiven (leistungssteigernden) föderativen Wettbewerb sicherstellen.

2.1.4.1 Unterschiedliche Leitbilder für interne Beziehungen im föderalen Staat

Jedes föderative System weist landestypische Besonderheiten hinsichtlich der Kompetenzverteilung, der Art und Weise der Aufgabenwahrnehmung auf subnationaler Ebene sowie der Kräfteverhältnisse seiner Mitglieder untereinander auf. Diese sind auch auf verschiedene Leitbilder für die internen Beziehungen im Bundesstaat zurückzuführen:

Der *kooperative Föderalismus*[143] zielt auf eine gemeinsame Problembewältigung mehrerer grundsätzlich autonomer Körperschaften, um interregionale Strukturgefälle abzubauen und die Effizienz des Staatssektors mittels Koordination der politischen Entscheidungseinheiten zu verbessern.[144] Im Vordergrund steht die kollektive Suche nach der besten Lösung, sie ersetzt die individuelle Innovation und die Imitation der überzeugendsten Antwort durch andere. Die kooperative Ausrichtung der bundesstaatlichen Ordnung ist Ausdruck des bündischen Prinzips und der gemeinschaftlichen Verantwortung für eine abgestimmte Gesamtpolitik im Bundesstaat.[145] Dieser ist immer auch auf gegenseitige Ergänzung und gemeinwohlorientiertes Zusammenwirken im Sinne gemeinsamer Verantwortung für den Gesamtstaat angelegt.[146]

---

[142] Ein weiterer Typ ist der des unitarischen Föderalismus, bei dem sich die Entscheidungsspielräume der Gliedstaaten vom Bund abgeleitet sind. Zu den verschiedenen Föderalismus-Begriffen vgl. *Max Frenkel*: Föderalismus und Bundesstaat, Band 1: Föderalismus; Bern u.a. 1984, S. 113ff.

[143] Vgl. *Gunter Kisker*: Kooperation im Bundesstaat. Eine Untersuchung zum kooperativen Föderalismus in der Bundesrepublik Deutschland; Tübingen 1971; *Kommission für die Finanzreform* (Hrsg.): Gutachten über die Finanzreform in der Bundesrepublik Deutschland; Stuttgart u.a. 1966, S. 10; *Karl-Peter Sommermann*: Art. 20 GG, Rdnr. 44ff. Der kooperative Föderalismus findet sich auch in der politischen Terminologie Australiens und Kanadas. Vgl. *Max Frenkel*, Band 1, S. 121ff.

[144] Vgl. *Ute Wachendorfer-Schmidt*: Gewinner oder Verlierer? Der Föderalismus im vereinten Deutschland; in: Roland Czada/Hellmut Wollmann (Hrsg.): Von der Bonner zur Berliner Republik: 10 Jahre Deutsche Einheit; Wiesbaden 2000, S. 113 (114ff.).

[145] Ausdruck der bundesstaatlichen Autonomie ist hierbei die freie Entscheidung für ein abgestimmtes Handeln. Der kooperative Föderalismus nutzt damit statt der Chance, selbständig zu handeln, die der Zusammenarbeit. Dabei kann im Idealfall auf die gebündelte Fachkompetenz aller Beteiligten zurückgegriffen werden.

[146] Vgl. *Max Frenkel*, Band 1, S. 123ff.; *Konrad Hesse*: Grundzüge ..., Rdnr. 234.

Den *kompetitiven Föderalismus* hingegen kennzeichnet eine Betonung der Wettbewerbsfunktion (s.o.). In einem an internen Wettbewerb orientierten Staat setzen die beteiligten Akteure die ihnen zur Verfügung stehenden Instrumente stärker ein.[147] Individuelle Lösungen durch Nutzung autonomer Gestaltungsspielräume und die Betonung regionaler und lokaler Eigenständigkeit haben dabei Vorrang vor einem abgestimmten Handeln. Das Verständnis des Bundesstaates ist weniger auf die gemeinsame Erfüllung staatlicher Aufgaben als vielmehr auf die unabhängige territoriale Selbstverwaltung im eigentlichen Sinne gemäß regionaler oder lokaler Präferenzen gerichtet. Dies impliziert ein regional bzw. lokal divergierendes Angebot an öffentlichen Leistungen und ein damit zwangsläufig verbundenes unterschiedliches Niveau der Belastung mit Abgaben. Voraussetzung ist eine entsprechende Eigenständigkeit jedes Gemeinwesens hinsichtlich Aufgaben, Ausgaben und Einnahmen: Ein kompetitiver Föderalismus verlangt Gebietskörperschaften, die mit ausreichender Entscheidungs- und Finanzautonomie ausgestattet sind.[148]

2.1.4.2 Kooperation und Selbstkoordinierung als Formen bundesstaatlicher Zusammenarbeit

Mehr föderaler Wettbewerb ist allerdings nicht gleichzusetzen mit reinem Konkurrenzföderalismus. Die vermehrte Implementierung von Wettbewerbselementen ist mit einem primär kooperativ ausgerichteten föderativen System durchaus vereinbar, denn Wettbewerb verbietet nicht jegliche Zusammenarbeit.[149] Vielmehr benötigt jede bundesstaatliche Ordnung die Kooperation ihrer Mitglieder, zumindest um funktionierende Rahmenbedingungen für den öffentlichen Wettbewerb herzustellen, das Vorhandensein fairer Wettbewerbsbedingungen zu sichern sowie die Rechts- und Wirtschaftseinheit zu wahren.

Dementsprechend sind Formen bundesstaatlicher Zusammenarbeit auch in Ländern mit einem kompetitiv ausgerichteten Föderalismus vorhanden: Eine föderale Zusammenarbeit[150] ist ei-

---

[147] Ein Zeichen der Konkurrenz ist, daß in der politischen Diskussion Vergleiche mit anderen Körperschaften einer Ebene eine große Rolle spielen. Vgl. etwa für Australien: *New South Wales Treasury* (Hrsg.): Interstate Comparison of Taxes 1999-2000; Sydney 1999; *Western Australia Treasury Department* (Hrsg.): Overview of State Taxes 1998/99; Perth 1998; für Kanada: *Alberta Treasury* (Hrsg.): Budget 1999; Edmonton 1999, S. 99ff.

[148] Vgl. *Gunnar Folke Schuppert*: Finanzbeziehungen im Föderalismus, S. 265.

[149] Vgl. *Adrian Ottnad/Edith Linnartz*, S. 167.

[150] Die Zusammenarbeit vollzieht sich i.d.R. in verfassungsmäßig nicht vorgesehenen 'Gremien', in denen unter Aufgabe einer klaren Trennung von Aufgaben- und Verantwortungsbereichen die Entscheidungsfindung betrieben wird. Daraus resultieren eine Abnahme der Überschaubarkeit politischer Prozesse sowie nicht mehr eindeutig identifizierbare Verantwortlichkeiten. Vgl. *Hans Herbert von Arnim*: 50 Jahre Föderalismus in Deutschland: Perversion einer Idee; in: Konrad Morath (Hrsg.): Reform des Föderalismus; Bad Homburg 1998, S. 37 (43); *Uwe Leonardy*: Gegenwart und Zukunft der Arbeitsstrukturen des Föderalismus – Status

nerseits zwischen den bundesstaatlichen Ebenen sowie andererseits als Kooperation und Selbstkoordinierung der Gliedstaaten untereinander festzustellen: Das *vertikale* Zusammenwirken mehrerer föderaler Ebenen kann im Rahmen multilateraler Verhandlungen zwischen Bund und der Gesamtheit der Gliedstaaten[151] oder auch bilateral durch Absprachen des Bundes mit einem Teilstaat[152] stattfinden. Die *horizontale* Zusammenarbeit[153] erschöpft sich regelmäßig nicht in der Formulierung gemeinsamer Positionen, mit denen die Teilstaaten in Verhandlungen dem Bund gegenübertreten. Hinzu tritt eine Kooperation bei Sachfragen, die ausschließliche Kompetenzen der Gliedstaaten berühren, in Form einer gemeinsamen Aufgabenerfüllung, einer Selbstkoordinierung der Gliedstaaten[154] oder einer Beteiligung gleichgelagerter Körperschaften bei Maßnahmen mit interregionalen Wirkungen.[155]

Ob solche kooperativen Strukturen überwiegend Vorteile mit sich bringen, ist nicht mit Sicherheit zu sagen.[156] Vermutlich lassen sich aber die Ziele, die mit den Mitteln des Wettbewerbs erreicht werden sollen, genauso gut durch innerstaatliche Zusammenarbeit verwirklichen. Ursache für die Entstehung kooperativ angelegter Systeme ist ja, den "höchsten Wirkungsgrad des öffentlichen Mitteleinsatzes"[157] zu gewährleisten. Insofern ist denkbar, daß der Wettbewerb gerade deshalb beschränkt wird, um eine Steigerung staatlicher Leistungsfähigkeit und Versorgung der Bevölkerung entsprechend ihrer Präferenzen zu erreichen. Diese

---

quo, "Europa der Regionen" und staatliche Einheit Deutschlands; in: Zeitschrift für Parlamentsfragen 1990, S. 180 (186); *Ute Wachendorfer-Schmidt*: Gewinner oder Verlierer?, S. 117.

151 Vgl. z.B. die 'Premier's Minister Conference' in Australien oder die 'Federal-Provincial Conference of Premiers and Prime Ministers' in Kanada. Dazu *Northern Territory Treasury Department* (Hrsg.): Budget 1998-99; Budget Paper No. 3: Issues in Public Finance; Darwin 1998, S. 45ff.; *Max Frenkel*: Föderalismus und Bundesstaat, Band 2: Bundesstaat; Bern u.a. 1986, S. 282; *Peter Ludwig Münch-Heubner*: Dezentralisierung und Verfassungsreform in Kanada und Australien; in: Reinhard C. Meier Walser/Gerhard Hirschler (Hrsg.): Krise und Reform des Föderalismus, S. 183 (195ff.).

152 So werden zur Finanzierung des australischen Gesundheitswesens zweiseitige Abkommen ("Australian Health Care Agreements") zwischen dem Commonwealth und den jeweiligen Staaten geschlossen.

153 Vgl. *Max Frenkel*, Band 2, S. 282f.; *Hartmut Klatt*: Interföderale Beziehungen im kooperativen Bundesstaat: Kooperation und Koordination auf der politischen Leitungsebene; in: Verwaltungsarchiv 78 (1987), S. 186 (188ff.); *Uwe Leonardy*: Gegenwart und Zukunft ..., S. 184.

154 Dabei wird unter Aufgabe differenzierter Lösungen die Sachpolitik aufeinander abgestimmt, gerade auch in Politikfeldern, die zu den Kernkompetenzen der Gliedstaaten zählen. Vgl. *Konrad Hesse*: Der unitarische Bundesstaat; Karlsruhe 1962, S. 14, 19ff.; *Gerd Langguth*: Machtteilung und Machtverschränkung in Deutschland; in: Aus Politik und Zeitgeschichte, B6/2000, S. 3 (5); *Gerhard Lehmbruch*: Parteienwettbewerb, S. 99ff.

155 Zu regionalen Kooperationsformen zwischen benachbarten Gebietskörperschaften vgl. *Arthur Benz*: Neue Formen der Zusammenarbeit zwischen den Ländern; in: Die Öffentliche Verwaltung 1993, S. 85 (87ff.).

156 Vermutlich bewirken eine starke Zusammenarbeit und die Verwischung von Verantwortlichkeiten eine Überversorgung mit staatlichen Leistungen, zu hohe Kosten bei ihrer Erstellung und deshalb ein zu hohes Steuerniveau. Der empirische Nachweis negativer Effekte des kooperativen Föderalismus oder gar ihre genaue Quantifizierung ist jedoch noch nicht gelungen. Vgl. *Martin T. Rosenfeld*: Wo stehen wir mit dem kooperativen Föderalismus in Deutschland?; in: Fiskalischer Föderalismus in Europa; Berlin 1999, S. 55 (66).

157 *Kommission für die Finanzreform* (Hrsg.), S. 20.

Präferenzen werden jedoch nicht die regional oder lokal bestimmten sein.[158] Darum ist horizontale Abstimmung vor allem dann sinnvoll, wenn eine Ausdehnung zentraler Regelungen verhindert werden soll.[159]

2.1.4.3 Grenzen föderativer Unabhängigkeit und Konkurrenz

Die Eigenständigkeit der in einem Bundesstaat zusammengeschlossenen Gebietskörperschaften sowie ihr Wettbewerb untereinander können nicht schrankenlos sein: Eine umfassende Unabhängigkeit aller Hoheitsträger voneinander wäre mit dem Ordnungsprinzip der Bundesstaatlichkeit unvereinbar, das ein gewisses Maß an Einheitlichkeit und Koordination verlangt, weil ein Bundesstaat als mehrstufiges Gemeinwesen mit verteilten Aufgabenkompetenzen organisiert ist, dem eine völlige Autonomie seiner Mitglieder widerspräche.[160] Autonome Handlungsspielräume können daher nur innerhalb des von der Verfassung gezogenen Rahmens bestehen:

Aus dem *bündischen Prinzip* resultiert eine solidargemeinschaftliche Mitverantwortung für den Bestand und die Eigenständigkeit anderer Mitglieder des Bundes.[161] Dies reicht bis hin zu einer Verpflichtung zur finanziellen Unterstützung eines Bundesmitglieds bei Haushaltsnotlagensituationen, um dessen politische Autonomie zu wahren.[162] Das Gebot bündischer Solidarität kann daher eine Einschränkung der finanziellen Unabhängigkeit bewirken.

Die Entscheidungsfreiheit der Akteure des föderativen Wettbewerbs wird außerdem durch den Grundsatz der *Bundestreue* begrenzt.[163] Dieses aus dem bündischen Prinzip abgeleitete Rechtsinstitut zur Absicherung der Funktionsfähigkeit des Bundesstaates soll verhindern, daß durch autonomes Handeln einer oder mehrerer Körperschaften die Handlungsfähigkeit anderer Teile mehr als unvermeidbar eingeschränkt wird. Es widerspräche den Prinzipien des Bundesstaates, wenn einzelne Einheiten die Handlungsfähigkeit anderer Teile gefährden

---

[158] Vgl. *Max Frenkel*, Band 1, S. 127.
[159] Vgl. *Max Frenkel*, Band 1, S. 125.
[160] Vgl. *Paul Kirchhof*: Die kommunale Finanzhoheit; in: Günter Püttner (Hrsg.): Handbuch der kommunalen Wissenschaft und Praxis, Band 6: Kommunale Finanzen; 2. Aufl., Berlin u.a. 1985, S. 3 (12); *Reinhold Zippelius*: Allgemeine Staatslehre; 13. Aufl., München 1999, S. 63f.
[161] Vgl. nur BVerfGE 72, S. 330 (383ff., 398); BVerfGE 86, S. 148 (214f.).
[162] Die Gewährung finanzieller Unterstützung ist Bestandteil der bundesstaatlichen Solidaritätspflicht und Ausdruck des bündischen Einstehens füreinander (vgl. BVerfGE 86, S. 148 (264f.)). Aus diesem Grunde stellt etwa der Finanzausgleich ein "wichtiges und notwendiges Instrument zur Stabilisierung einer bundesstaatlichen Ordnung" (*Peter Bohley*: Chancen und Gefährdungen des Föderalismus; in: Kurt Bohr (Hrsg.): Föderalismus – Demokratische Struktur für Deutschland und Europa; München 1992, S. 31 (42)) dar.
[163] Allgemein zum Grundsatz der Bundestreue vgl. *Hermann-Wilfried Bayer*: Die Bundestreue; Tübingen 1961; *Hartmut Bauer*: Die Bundestreue; Tübingen 1992; *Konrad Hesse*: Grundzüge ..., Rdnr. 268ff.; *Ekkehart Stein*, S. 114ff.

könnten.[164] Bund und Gliedstaaten dürfen von ihren Kompetenzen nicht derart Gebrauch machen, daß das Funktionieren der anderen Teile gefährdet oder ihre Interessen übermäßig beeinträchtigt werden.[165] Der Grundsatz der Bundestreue wirkt so als "Kompetenzausübungsschranke".[166] Er verpflichtet die Mitglieder des Bundesstaates, aufeinander Rücksicht zu nehmen und Entscheidungen untereinander abzustimmen, soweit davon erhebliche Belange des Gesamtstaates oder anderer Körperschaften betroffen sind.

Diese Pflicht zu bundesfreundlichem Verhalten hat eine fundamentale Bedeutung für die bundesstaatliche Ordnung[167], insbesondere dann, wenn die Verfassung - wie das deutsche Grundgesetz - prinzipiell ein Zusammenwirken von Bund und Gliedstaaten bei Regelung und Ausführung vieler Aufgaben voraussetzt. Ein solches System des Miteinanders ist permanent auf die konstruktive Bereitschaft zur Suche nach Einigung und Kompromissen angewiesen. Die Sicherung der Funktionalität des Gesamtstaates verlangt zwangsläufig die Reduktion der Möglichkeit, Positionen (seien sie auch formal rechtmäßig) gegeneinander aufzubauen, um Störungen bei der gesamtstaatlichen Aufgabenerfüllung zu vermeiden. Insofern reagiert das Rechtsinstitut der Bundestreue auf die negativen Auswirkungen der Selbständigkeit föderaler Einheiten.

Das Gebot bundesfreundlichen Verhaltens umfaßt das vertikale Verhältnis zwischen Bund und Gliedstaaten sowie deren horizontale Beziehungen untereinander.[168] Fraglich ist die Erstreckung dieses Grundsatzes auf die Gemeinden.[169] Da es sich aber um ein allgemeines föderatives Prinzip[170] mit grundlegender Bedeutung für das innerstaatliche Verhältnis der einzelnen Entscheidungseinheiten untereinander handelt, müssen sich auch die Kommunen zumindest im Bereich ihrer autonomen Handlungsspielräume gegenüber vertikalen und hori-

---

164 Kein Mitglied des Bundesstaates darf einen Schaden dadurch erleiden, daß ein anderes ausschließlich nach seinen Interessen handelt. Vgl. BVerfGE 43, S. 291 (348); *Klaus Stern*: Staatsrecht, Band I, S. 703.
165 Vgl. *Hartmut Bauer*, S. 355; *Ekkehart Stein*, S. 116.
166 BVerfGE 12, S. 205 (239); *Karl-Peter Sommermann*: Art. 20 GG, Rdnr. 37; *Michael Sachs*: Kommentierung zu Art. 20 GG; in: Ders. (Hrsg.): Grundgesetz, Rdnr. 70.
167 Vgl. BVerfGE 8, S. 122 (140); BVerfGE 86, S. 148 (211ff.) sowie *Konrad Hesse*: Der unitarische Bundesstaat, S. 6ff.; *Klaus Stern*: Staatsrecht, Band I, S. 700 m.w.N.
168 Vgl. *Hermann-Wilfried Bayer*, S. 118ff.; *Hartmut Bauer*, S. 296; *Karl-Peter Sommermann*: Art. 20 GG, Rdnr. 41.
169 Zur Diskussion um die Einschränkung kommunaler Befugnisse wegen Zuständigkeitskonkurrenz zum Bund *Hartmut Bauer*: Die Bundestreue; S. 297ff.; *Klaus Meßerschmidt*: Der Grundsatz der Bundestreue und die Gemeinden – untersucht am Beispiel der kommunalen Außenpolitik; in: Die Verwaltung 1990, S. 425 (444ff.).
170 Vgl. *Hermann-Wilfried Bayer*, S. 45. Zur Geltung der Bundestreue in der Schweiz siehe *Peter Widmer*: Normkonkurrenz und Kompetenzkonkurrenz im schweizerischen Bundesstaatsrecht (Die Bundestreue als Schranke der kantonalen Kompetenzausübung); Zürich 1966, insbes. S. 30ff. Zu weiteren Ländern vgl. *Max Frenkel*, Band 2, S. 116ff.

zontalen Beeinträchtigungen darauf berufen können. Die Bundestreue bildet mithin eine (wenn auch weite) Begrenzung föderativer Entscheidungsautonomie aller Gebietskörperschaften

2.1.4.4 Allgemeine Bedingungen für einen 'fairen' Wettbewerb in föderativen Staaten

Bei der Forderung nach mehr Wettbewerbsföderalismus werden häufig die Grenzen der bestehenden subnationalen Handlungsmöglichkeiten in der Verfassungswirklichkeit verkannt. Aufgrund einer Vielzahl von ihnen nicht beeinflußbarer Umstände kann zwischen Gliedstaaten bzw. Gemeinden kein normales Wettbewerbsverhältnis bestehen. Die politischen Gestaltungsspielräume sind vielmehr durch rechtliche und faktische Umstände sowie die Abhängigkeit im bundesgesetzlichen Normengeflecht teilweise sehr beengt. Hinzu kommt eine Vielzahl politischer, ökonomischer und gesellschaftlicher Parameter, die einem freien föderalen Konkurrenzkampf entgegenstehen.[171] Nun mag zwar der Wettbewerb zwischen den Gebietskörperschaften prinzipiell das "Herz des Föderalismus"[172] darstellen; um jedoch seine Vorteile nutzen zu können, müssen die entsprechenden Rahmenbedingungen, innerhalb derer sich der föderative Wettbewerb vollzieht, vorliegen oder geschaffen werden.

Dazu sind ein Konsens über Art und Ausmaß eines innerstaatlichen Wettbewerbsprozesses, die entsprechenden rechtlich-organisatorischen Voraussetzungen hierfür sowie die ökonomischen Grundlagen für eine 'faire' Wettbewerbssituation herzustellen.[173] Ein *konstruktiver* Wettbewerb (s.o.) gelingt nur unter den Bedingungen, daß einerseits vergleichbare Startbedingungen aus ökonomischer und (verfassungs-) rechtlicher Sicht geschaffen werden und zum anderen auch auf längere Sicht Chancengleichheit herrscht.[174] Insbesondere die wirtschafts- und finanzschwächeren Gliedstaaten müssen tatsächlich in der Lage sein, von den ihnen eingeräumten Befugnissen, ihr Angebot an öffentlichen Leistungen und die Abgabenpolitik eigenständig zu gestalten, auch Gebrauch machen und sich im finanzpolitischen Wettbewerb gegen stärkere Konkurrenz behaupten zu können. Dies meint mithin nicht nur die jeweiligen (punktuellen) Ausgangspositionen, sondern auch die Umstände, unter denen sich der laufende Konkurrenzkampf vollzieht.

---

[171] Vgl. *Hans Peter Bull*: Finanzausgleich im "Wettbewerbsstaat"; in: Die Öffentliche Verwaltung 1999, S. 269 (273ff.).

[172] *Reiner Eichenberger*, S. 19.

[173] Vgl. *Adrian Ottnad/Edith Linnartz*, S. 167.

[174] Vgl. *Heinz Grossekettler*: Die deutsche Finanzverfassung nach der Finanzausgleichsreform: Eine ökonomische Analyse des ab 1995 geltenden Rechts; in: Hamburger Jahrbuch für Wirtschafts- und Gesellschaftspolitik, Band 39; Tübingen 1994, S. 83 (97); *Rolf Peffekoven*: Deutsche Einheit ..., S. 506; *Martin T. Rosenfeld*, S. 76ff., 89.

Eine stark divergierende finanzielle Leistungsfähigkeit der einzelnen Gebietskörperschaften beeinträchtigt die Vergleichbarkeit ihrer Startchancen sowie die Funktionsfähigkeit des Wettbewerbs.[175] Deshalb sollten in einem ökonomischen Angleichungsprozeß zunächst die bestehenden regionalen Disparitäten (in der Wirtschaftskraft sowie der Ausstattung mit öffentlicher Infrastruktur) auf ein vertretbares Maß zurückgeführt bzw. wirtschaftlich 'rückständige' Regionen auch weiterhin gezielt gefördert werden. Mit Hilfen für benachteiligte Regionen im Rahmen eines allgemeinen Wohlstandsausgleichs werden die Voraussetzungen für ihre Wettbewerbsfähigkeit hergestellt.[176] Dies kann auch eine laufende Unterstützung durch vertikale oder horizontale Zahlungen an die Gliedstaaten mit deutlich unterdurchschnittlicher Finanzkraft oder überdurchschnittlichen Belastungen rechtfertigen. Räumlich unterschiedliche Auswirkungen zentral veranlaßter Ausgaben sind ebenfalls bereits 'im Vorfeld' des Wettbewerbs zu kompensieren (→ 2.3.4).

Weiterhin muß der Wettbewerbsprozeß von ordnungspolitischen Maßnahmen flankiert werden, welche die gleichberechtigte Teilnahme sicherstellen und die Diskriminierung aufgrund nicht autonom zu beeinflussender Faktoren (z.B. Gebietsgröße und Topographie) verhindern. Im gesamtstaatlichen Interesse kann es darüber hinaus erforderlich sein, bestimmte Politikfelder und fiskalische Kompetenzen zu harmonisieren bzw. zu koordinieren und damit vom Wettbewerb auszunehmen. In diesem Sinne intendiert Koordination eine Angleichung des Güterangebotes, um den ausgabenseitigen Wettbewerb zu lenken und (ineffiziente) Wanderungen zu vermeiden; sie dient so der Verbesserung der Lebensbedingungen in allen Landesteilen.

Die gemeinsam oder zentral gesetzten Rahmenbedingungen müssen zudem auch 'unfaire' Verhaltensweisen der konkurrierenden Körperschaften untereinander verhindern. Als Instrumente kommen dafür die gesetzliche Verankerung von Wettbewerbsregeln, die Vereinbarung eines Verhaltenskodex[177] oder auch die Schaffung einer Kontrollinstanz in Betracht. Ein 'unfaires' Verhalten einer staatlichen Einheit gegenüber Dritten kann in dem Versuch der Stärkung der eigenen Position zu Lasten anderer Gebietskörperschaften (z.B. durch die 'ungerechtfertigte' Nutzung von Wettbewerbsvorteilen, die Vereinbarung von 'Bündnissen' mit bestimmten Konkurrenten oder sonstige strategische Handlungen, welche den freien Wettbewerb behindern) oder in wirtschafts- und finanzpolitische Entscheidungen, die aus gesamt-

---

175 Vgl. *Heinz Grossekettler*, S. 97.
176 Vgl. *Martin T. Rosenfeld*, S. 77f.
177 Zum Problemkreis 'Verhaltenskodex für die Teilnehmer am Steuerwettbewerb' siehe *Walter Müller*, S. 331.

staatlicher Sicht objektiv 'unvernünftig'[178] sind (z.B. Subventions- oder Unterbietungswettlauf, Steuerdumping), bestehen.

Ein 'fairer' Wettbewerb im Bundesstaat kann folglich erst dann stattfinden, wenn alle Beteiligten eine reale Chance haben, aus eigener Anstrengung heraus durch primär intern wirkende Maßnahmen, welche auf Innovation und Effizienzsteigerung gerichtet sind, die Lebensbedingungen innerhalb ihres Gemeinwesens zu verbessern oder wenigstens zu erhalten. Die ordnungspolitischen Rahmenbedingungen der Finanzverfassung sollten auf jeden Fall dazu beitragen, die Verstärkung bestehender Disparitäten zu verhindern, zumindest soweit die Verschlechterung der ökonomischen Lage einer Gebietskörperschaft auf externen Einflüssen beruht, d.h. von anderen bundesstaatlichen Entscheidungsträgern verursacht wird.

2.1.5 Zwischenergebnis

Eine wirkungsvolle föderale Strukturierung der Staatsgewalt erfordert eine konsequente vertikale Verteilung der Finanzgewalt: Alle Gebietskörperschaften müssen bei der Wahrnehmung ihrer Aufgaben und deren Finanzierung über autonome Handlungs- und Entscheidungsspielräume verfügen, ihre Finanzautonomie muß sich also in gleicher Weise auf die Ausgaben- wie auf die Einnahmenseite erstrecken. Der Finanzverfassung kommt mithin die Aufgabe zu, die politische Unabhängigkeit und Eigenverantwortlichkeit jeder bundesstaatlichen Einheit durch eine hinreichende Finanzausstattung und Finanzautonomie zu gewährleisten.

Auch aus Gründen einer umfassenden politischen Verantwortlichkeit der Entscheidungsträger ist die Ausstattung aller föderativen Ebenen mit autonomen Besteuerungsrechten unerläßlich. Selbständigkeit und Unabhängigkeit innerhalb der vom Bundesstaatsprinzip gezogenen Grenzen sind desgleichen sowohl für eine wirksame materielle Gewaltenteilung im Bundesstaat als auch für die Verwirklichung der ökonomischen Intention föderaler Strukturen, nämlich die an individuellen Präferenzen ausgerichtete, allokationseffiziente öffentliche Aufgabenerfüllung durch ein optimales Angebot an öffentlichen Gütern, unabdingbar.

Hinsichtlich der Konkurrenzsituation im Bundesstaat sind die Grundlagen für einen konstruktiven, auf qualitative Leistungssteigerung im öffentlichen Sektor bezogenen Wettbewerb auf horizontaler Ebene zu schaffen. Nur so können die positiven Effekte des föderativen Wettbewerbs voll zur Geltung kommen und die staatlichen Leistungen nach Umfang und Struktur ökonomisch effizient bereitgestellt werden.

---

[178] Vgl. *Gerold Krause-Junk*: Steuerwettbewerb: Auf der Suche nach dem Offensichtlichen; in: Fiskalischer Föderalismus in Europa; Berlin 1999, S. 143 (146).

2.2 Steuererhebung und Steuersystem

Die Erhebung von Steuern gehört zu denjenigen Tätigkeiten, die den Staat als solchen überhaupt erst definieren und zu den primären Bedingungen seiner Existenz gehören.[179] Die im Laufe der Jahrhunderte fortschreitende Entwicklung wirtschaftlicher Aktivitäten ermöglichte eine regelmäßige Steuereinziehung, wodurch sich die ökonomische Grundlage für die Etablierung eines Verwaltungssystems und die Ausdehnung staatlicher Betätigung und schließlich der moderne Staat entwickelte. Diesen charakterisieren drei Aspekte:

- Eine bis Ende des 20. Jahrhunderts kontinuierliche Zunahme des Aufgabenkreises, dessen Ausgabenintensität erhebliche Finanzmittel erfordert.
- Die Genese des Finanzstaates[180], der seine Aufgaben vorrangig mittels Ausgaben wahrnimmt und deshalb auf eine Finanzierung seiner Betätigung angewiesen ist.
- Die Entstehung des Steuerstaates[181], da Steuern zur vorherrschenden Finanzierungsquelle staatlicher Tätigkeit wurden.[182]

In diesem Zusammenhang entstand eine Vielzahl von Steuern, die innerhalb eines Staates jeweils ein mehr oder minder geordnetes Steuersystem bilden. In Hinblick auf den Entwurf eines 'bestmöglichen' Steuersystems sollen zunächst die allgemeinen Grundlagen der Besteuerung, wie z.B. die verschiedenen Funktionen der Steuern, die prinzipiellen finanzpolitischen Anforderungen an die Ausgestaltung eines Steuersystems sowie die Grundsätze für die Verteilung der Steuerlasten diskutiert werden. Der demokratische Rechtsstaat verlangt darüber hinaus bestimmte Gestaltungsparameter für die Steuererhebung, besonders hinsichtlich der Gleichbehandlung der Steuerpflichtigen, sowie die demokratische Legitimation der Besteuerung. Schließlich hat die Finanzwissenschaft zentrale Vorgaben für die rationale Ausgestaltung einzelner Steuern und gesamter Steuersysteme geliefert.

---

[179] Vgl. *Renate Mayntz*: Soziologie der öffentlichen Verwaltung, S. 45f. Das Finanzministerium zählt zu den (fünf) klassischen Ministerien, vgl. auch die Bezeichnung 'Bundesministerium *der* Finanzen'.

[180] Vgl. *Joseph A. Schumpeter*: Die Krise des Steuerstaates; in: Rudolf Hickel (Hrsg.): Die Finanzkrise des Steuerstaats: Beiträge zur politischen Ökonomie der Staatsfinanzen; Frankfurt/M. 1976, S. 329ff.

[181] Dazu *Josef Isensee*: Steuerstaat als Staatsform; in: Festschrift für Hans Peter Ipsen; Tübingen 1977, S. 409ff.; *Renate Mayntz*: Soziologie der öffentlichen Verwaltung, S. 17f.; *Gunnar Folke Schuppert*: Die Steuerung des Verwaltungshandelns durch Haushaltsrecht und Haushaltskontrolle; in: Veröffentlichungen der Vereinigung der Deutschen Staatsrechtslehrer 42; Berlin u.a. 1984; S. 216 (218f.); *Klaus Vogel*: Der Finanz- und Steuerstaat; in: Handbuch des Staatsrechts, Band 1, S. 1151ff., Rdnr. 51ff.

[182] Die Priorität der Steuerfinanzierung staatlicher Aktivitäten ist auch rechtlich verankert (vgl. BVerfGE 93, S. 319 (342ff.)). Die erwerbswirtschaftliche Betätigung des Staates hat bereits im 19. Jahrhundert erheblich an Bedeutung verloren. Während einige Länder noch über umfangreichen Staatsbesitz verfügen (z.B. Frankreich), trennten sich andere spätestens im 1980er Jahren von einem Großteil ihrer Beteiligungen (Privatisierungswellen gab es in Großbritannien unter *Thatcher* sowie in den 1960er und 1990er Jahren in Deutschland). Vgl. auch *Fritz Neumark*: Grundsätze gerechter und ökonomisch rationaler Steuerpolitik; Tübingen 1970, S. 6f.

2.2.1 Steuern als Finanzierungsquelle des Staates

Steuern sind hoheitlich zur Einnahmenerzielung des Staates auferlegte Geldleistungen ohne Anspruch auf Gegenleistung.[183] Sie dienen zur Finanzierung staatlicher Aufgabenerfüllung, sei es die Bereitstellung öffentlicher Güter oder die Leistung von Transferzahlungen.[184] Für die Steuerpflichtigen dagegen sind Steuern einseitige Zahlungen für die potentielle Inanspruchnahme öffentlicher Leistungen, deren Höhe durch Hoheitsakt einseitig festgesetzt wird.[185]

Hinsichtlich der Zwecke der Steuererhebung ist im Laufe der letzten Jahrhunderte ein deutlicher "Zweck- und Funktionswandel"[186] zu verzeichnen: Eine Steuer dient immer auch fiskalischen Zwecken, also der Deckung des erforderlichen staatlichen Finanzbedarfs für die Wahrnehmung öffentlicher Aufgaben (Finanzierungsfunktion).[187] Aus der klassisch-liberalen Perspektive heraus sollen Steuern auch keine weiteren Aufgaben übernehmen, insbesondere nicht regulierend in den Wirtschaftskreislauf eingreifen.[188] Im 19. Jahrhundert gerieten mit dem Aufkommen sozialpolitischer Erwägungen erstmals eine Instrumentalisierung der Steuern für nichtfiskalische Zwecke in den Blickpunkt der Ökonomen: Ziel war es, mit Hilfe einer neukonzipierten Einkommensteuer eine die Verteilung des Volkseinkommens zu verändern (sozialpolitische Ordnungsfunktion).[189] Inzwischen werden Steuern auch dazu eingesetzt, um

---

[183] Vgl. *Günther Schmölders/Karl-Heinrich Hansmeyer*: Allgemeine Steuerlehre; 5. Aufl., Berlin 1980, S. 64; *Kurt Reding/Walter Müller*: Einführung in die Allgemeine Steuerlehre; München 1999, S. 4. § 3 Abs. 1 AO definiert Steuern als "Geldleistungen, die nicht eine Gegenleistung für eine besondere Leistung darstellen und von einem öffentlich-rechtlichen Gemeinwesen zur Erzielung von Einnahmen allen auferlegt werden, bei denen der Tatbestand zutrifft, an den das Gesetz die Leistungspflicht knüpft; die Erzielung von Einnahmen kann Nebenzweck sein."

[184] Vgl. *Fritz Neumark*: Steuern I: Grundlagen; in: Willi Albers u.a. (Hrsg.): Handwörterbuch der Wirtschaftswissenschaft, Band 7; Stuttgart u.a. 1977, S. 295 (295ff.).

[185] Vgl. *Klaus Tipke/Joachim Lang*, § 3, Rdnr. 9ff.

[186] *Fritz Neumark*: Grundsätze der Steuerpolitik, S. 8. Ausführlich zur Geschichte der Steuern *Heinz Kolms*: Steuern II: Geschichte; in: Willi Albers u.a. (Hrsg.): Handwörterbuch der Wirtschaftswissenschaft, Band 7, S. 310ff.

[187] Zu den Aufgaben der Besteuerung *Günther Schmölders/Karl-Heinrich Hansmeyer*, S. 66ff.

[188] "Leave them as you find them" – nach dieser Regel *David Ricardo's* soll das von der 'Invisible Hand' (*Adam Smith*) geformte Marktgleichgewicht der Interaktion egoistischer Einzelinteressen unangetastet bleiben. Der Staat darf zwar mittels Steuererhebung gesellschaftliche Finanzkraft abschöpfen, aber nicht die von den Marktkräften erreichte Wohlfahrtsmaximierung beeinträchtigen (zitiert nach *Günther Schmölders/Karl-Heinrich Hansmeyer*, S. 49).

[189] Die sozialpolitische Instrumentalisierung der Steuer zur ökonomischen Angleichung der gesellschaftlichen Verhältnisse geht zurück auf *Wagner* (*Adolph Wagner*: Finanzwissenschaft, 2. Teil: Theorie der Besteuerung. Gebührenlehre und allgemeine Steuerlehre; 2. Aufl., Leipzig 1890, S. 207ff.)

ein bestimmtes individuelles oder kollektives Verhalten der Wirtschaftssubjekte zu erreichen (Lenkungsfunktion).[190]

2.2.1.1 Anforderungen allgemeiner finanzpolitischer Ziele an die Besteuerung

Ein Steuersystem besteht nicht losgelöst von den übrigen staatlichen und politischen Handlungsfeldern, sondern ist eingebettet in den jeweiligen wirtschafts- und damit auch finanzpolitischen Kontext. Der Einsatz von Steuern als interventionspolitisches Instrument schafft wechselseitige Abhängigkeiten zwischen allgemeiner Politik und Steuerpolitik, aus denen bestimmte Gestaltungsanforderungen an die Besteuerung und die Finanzverfassung resultieren.

Die Felder staatlicher Interventionspolitik werden im Anschluß an *Musgrave* in Allokations-, Distributions- und Stabilitätspolitik unterteilt.[191] Das Ziel der *Allokationseffizienz* umfaßt die bedarfsoptimierte Bereitstellung öffentlicher Güter sowie die optimale Produktionsstruktur im öffentlichen Sektor. Die *Distributionsfunktion* der Finanzpolitik intendiert eine Beeinflussung der Einkommens- und Vermögensverteilung. Die staatlicherseits vorgenommene Umverteilung soll eine 'gerechte' Veränderung der marktmäßigen (primären) Einkommensverteilung anhand gesellschaftlich akzeptierter Maßstäbe bewirken. Im Rahmen der *Stabilisierungsfunktion* schließlich soll aus gesamtwirtschaftlichen und konjunkturpolitischen Gründen auf das Beschäftigungsniveau, das Wirtschaftswachstum und die Preisentwicklung eingewirkt werden.

Das Steuersystem hat den Kriterien der allokativen, distributiven und stabilitätspolitischen Effizienz gerecht zu werden und diese ggf. miteinander in Einklang[192] zu bringen, um eine wohlfahrtsökonomisch zielgerichtete öffentliche Aufgabenerfüllung zu gewährleisten. In Abschnitt 2.4 wird noch zu zeigen sein, daß mit den jeweiligen Zielsetzungen der Finanzpolitik nicht nur konkrete Folgen hinsichtlich der Struktur bestimmter Steuern, sondern speziell auch für eine föderative Aufteilung einzelner Steuerquellen verbunden sein können.

---

[190] Vgl. *Wolfgang Jakob*: Zwischen Ertragsrelevanz und Lenkung – die Zukunft des Steuerinterventionismus; in: Paul Kirchhof/Wolfgang Jakob/Albert Beermann (Hrsg.): Steuerrechtsprechung – Steuergesetz – Steuerreform; Köln 1999, S. 65ff.; *Fritz Neumark*: Grundsätze und Arten der Haushaltsführung und Finanzbedarfsdeckung; in: Wilhelm Gerloff/Fritz Neumark (Hrsg.): Handbuch der Finanzwissenschaft, Band 1; 2. Aufl., Tübingen 1952, S. 606 (623).

[191] Siehe *Richard A. Musgrave*: A Theory of Public Finance, S. 5ff.

[192] Zwischen den finanzpolitischen Zielen bestehen durchaus Interdependenzen und damit ggf. ein gewisses Spannungsverhältnis, da staatliche Maßnahmen unterschiedliche Auswirkungen auf die einzelnen Interventionsziele haben können. So kann eine Steigerung der Allokationseffizienz durchaus negative Folgen für die Einkommensdistribution mit sich bringen. Vgl. *Norbert Andel*, S. 17f.

2.2.1.2 Prinzipien der Abgabenerhebung und Lastenverteilung

Für die Ausgestaltung staatlicher Einnahmen bezüglich der individuellen Lastenverteilung haben sich in der Finanzwissenschaft zwei Grundprinzipien herausgebildet: das Äquivalenz- und das Leistungsfähigkeitsprinzip[193]: Das *Äquivalenzprinzip* verknüpft die Finanzierungsbeiträge mit der realen oder potentiellen Inanspruchnahme öffentlicher Güter, die Steuer wird demgemäß als Äquivalent für staatliche Leistungen angesehen.[194] Es orientiert sich entweder am Mechanismus marktmäßiger Transaktionen und ordnet die Abgabenhöhe dem individuell empfangenen Nutzen zu (nutzenmäßige Äquivalenz) oder läßt die Steuerzahlung der Verteilung der staatlichen Kosten für öffentliche Leistungen folgen (kostenmäßige Äquivalenz).[195]

Ohne individuell verursachte oder zurechenbare Kosten kann die Äquivalenz nur als Entsprechung von Gesamtsteuerzahlung und Gesamtkosten des staatlichen Leistungsangebotes begriffen werden. Eine solche partielle, gruppenbezogene kostenmäßige Äquivalenz beruht auf Indikatoren, welche die Gruppe der von der Bereitstellung eines öffentlichen Gutes (vermutlich) Begünstigten abzugrenzen und hierüber die dadurch verursachten Kosten umzulegen versuchen.[196] Insbesondere auf regionaler oder lokaler Ebene besteht eher eine räumlich abgegrenzte Äquivalenzbeziehung zwischen der Nutzung öffentlicher Leistungen und ihrer Finanzierung.[197] Deshalb eignet sich das Äquivalenzprinzip besonders für die Gestaltung dezentraler Abgaben.

Mit dem Hervortreten sozialpolitischer Ideale[198] wurde auch das Postulat der Steuergerechtigkeit neu interpretiert. Die Verteilung der Steuerlasten nach dem *Leistungsfähigkeitsprinzip*[199] markiert eine Abkehr von der Idee der Abgeltung eines spezifischen Vorteils im Rahmen einer bilateralen Beziehung ('Leistung für Gegenleistung'), da jeder Steuerpflichtige al-

---

[193] Vgl. *Knut Wicksell*, S. 77; *Heinz Haller*: Die Steuern: Grundlinien eines rationalen Systems öffentlicher Abgaben; 3. Aufl., Tübingen 1981, S. 13ff.

[194] Vgl. *Richard A. Musgrave*: A Theory of Public Finance, S. 61ff.; *Heinz Haller*: Die Steuern, S. 13f.; *Dieter Brümmerhoff*, S. 385ff.

[195] Vgl. *Heinz Haller*: Die Steuern, S. 13f.; *Kurt Reding/Walter Müller*, S. 34ff.

[196] Dazu *Norbert Andel*, S. 291ff.; *Heinz Haller*: Die Steuern, S. 13f.

[197] Vgl. *Mancur Olson*: The Principle of "Fiscal Equivalence", S. 479ff.

[198] Sowie der damit verbundenen Ersetzung der klassisch-individualistischen Staatstheorie durch die kollektivistische. Dazu *Günther Schmölders/Karl-Heinrich Hansmeyer*, S. 51ff.

[199] Vgl. *Richard A. Musgrave*: A Theory of Public Finance, S. 90ff.; *Kurt Schmidt*: Grundprobleme der Besteuerung; in: Handbuch der Finanzwissenschaft, Band 2; 3. Aufl., Tübingen 1980, S. 119 (141ff.); *Klaus Tipke/Joachim Lang*, § 4, Rdnr. 81ff. Das Leistungsfähigkeitsprinzip geht zurück auf *Smith* ("equality of taxation"), *Mill* ("ability to pay") sowie *Wagner*. Vgl. *Adam Smith*: Der Wohlstand der Nationen: Eine Untersuchung seiner Natur und Ursachen; München 1974, S. 703; *John Stuart Mill*: Grundsätze der politischen Ökonomie mit einigen Anwendungen auf die Sozialphilosophie; 3. Band, Jena 1921, S. 468; *Adolph Wagner*, S. 372ff.

lein nach Maßgabe seiner wirtschaftlichen Leistungsfähigkeit zur Finanzierung der staatlichen Leistungen im Sinne einer "Bürgerpflicht zum Wohle der Allgemeinheit"[200] beitragen soll. Das Hauptproblem des Leistungsfähigkeitsprinzips liegt in seiner Konkretisierung und Umsetzung, vor allem in der Bestimmung der individuellen Leistungsfähigkeit.[201] Dennoch gilt es insbesondere im deutschen Steuerrecht als "Fundamentalprinzip der Steuergerechtigkeit"[202], auch wenn 'Gerechtigkeit' nicht zwangsläufig mit der Umsetzung des Leistungsfähigkeitsprinzips identisch ist.

Die dargestellten Grundsätze der Abgabenerhebung stehen in einem antagonistischen Verhältnis zueinander: Das Äquivalenzprinzip basiert auf dem Gedanken der Tauschgerechtigkeit und trägt durch die Verbindung von Abgaben und Staatsausgaben zur Umsetzung individueller Präferenzen bei; es wirkt insofern aus allokativer Sicht effizienzsteigernd, zieht jedoch ungerechte Verteilungseffekte nach sich.[203] Dagegen dient das Leistungsfähigkeitsprinzip auch der Verwirklichung distributiver Zielsetzungen. Beide Prinzipien können aber in einem Gesamtsteuersystem durchaus nebeneinander zur Anwendung gelangen: Die einzelnen Abgabenarten können sich jeweils an einem der Lastenverteilungsgrundsätze orientieren.

2.2.2 Wichtige rechtsstaatliche Anforderungen an die Erhebung von Steuern

Die Erhebung von Steuern stellt einen erheblichen Eingriff in die individuelle Freiheit der Steuerpflichtigen dar und darf deshalb im demokratischen Rechtsstaat nur unter bestimmten Voraussetzungen erfolgen.[204] Hierzu gehört, daß die Ausstattung einer staatlichen Einheit mit eigenständigen Besteuerungsrechten die demokratische *Legitimation* des jeweiligen Entscheidungsträgers bzw. -organs für Steuergesetzgebung erfordert. Unter Legitimation ist die rechtfertigende Herleitung der politischen Herrschaftsgewalt vom Volk zu verstehen.[205]

---

[200] *Kurt Reding/Walter Müller*, S. 47. Die einzelnen Finanzierungsbeiträge sind lediglich ein einseitiger Transfer ohne Ausrichtung an einer staatlichen Gegenleistung.
[201] Dazu ausführlich *Kurt Reding/Walter Müller*, S. 49ff.; Zur Kritik etwa *Konrad Littmann*: Ein Valet dem Leistungsfähigkeitsprinzip; in: Heinz Haller u.a. (Hrsg.): Theorie und Praxis des finanzpolitischen Interventionismus: Fritz Neumark zum 70. Geburtstag; Tübingen 1970, S. 113ff.
[202] *Klaus Tipke/Joachim Lang*, § 4, Rdnr. 81.
[203] Vgl. *Dieter Brümmerhoff*, S. 396.
[204] Vgl. *Klaus Stern*: Staatsrecht, Band II, S. 1105ff.
[205] Vgl. *Ernst-Wolfgang Böckenförde*: Demokratie als Verfassungsprinzip; in: Handbuch des Staatsrechts, Band 1, S. 887ff., Rdnr. 3.

Nach dem Erfordernis *formeller* Legitimation müssen die einem Gesetz Unterworfenen selbst als Urheber an der Verabschiedung des Gesetzes beteiligt sein.[206] Der *materielle* Aspekt demokratischer Legitimation verlangt hingegen, die Ausübung der Staatsgewalt auch inhaltlich vom Volk zu deduzieren, um eine Kongruenz zum Volkswillen herzustellen.[207] Eine derartige sachlich-inhaltliche Legitimation läßt sich über die Fixierung der Steuererhebung in einem Parlamentsgesetz bzw. eine "sanktionierte demokratische Verantwortlichkeit, einschließlich der dazu gehörigen Kontrolle, für die Art der Wahrnehmung der eingeräumten Aufgaben"[208] bewirken.

Wegen der Bedeutung der Festlegung der Besteuerungsregeln ist in einzelnen Ländern eine direktdemokratische Legitimation der Steuergesetzgebung vorgesehen, um eine unmittelbare Anbindung an den Wählerwillen und so einen möglicherweise 'höherqualifizierten'[209] Legitimationsakt zu erreichen. Dies gilt z.B. für die Schweiz, in der ein Referendumsvorbehalt bei Bundessteuern besteht[210] und auch auf kantonaler und lokaler Ebene über Angelegenheiten der Besteuerung abgestimmt werden kann[211], oder für einige Bundesstaaten der USA, in denen direkt-demokratische Interventionsmöglichkeiten im Bereich des Steuerwesens existieren.[212]

Für die Festlegung von Steuern bedarf es auch schon deshalb eines formellen Gesetzes, weil jene aus verfassungsrechtlicher Sicht eine Grundrechtsbeschränkung bildet[213] und das Rechtsstaatsprinzip (genauer: der Grundsatz des Vorbehalts des Gesetzes) bei Grund-

---

[206] Vgl. *Werner Maihofer*: Prinzipien freiheitlicher Demokratie; in: Handbuch des Verfassungsrechts; 2. Aufl., Berlin, New York 1994, S. 427ff., Rdnr. 18.

[207] Siehe *Ernst-Wolfgang Böckenförde*, Rdnr. 21.

[208] *Ernst-Wolfgang Böckenförde*, Rdnr. 21.

[209] Vgl. *Dirk Berg-Schlosser/Hans-Joachim Giegel* (Hrsg.): Perspektiven der Demokratie: Probleme und Chancen im Zeitalter der Globalisierug; Frankfurt, New York 1999; *Carsten Nemitz*: Erfolgsfaktoren für eine Reform politischer Systeme; Speyer 2000, S. 3; *Theo Schiller*: Einleitung; in: Ders. (Hrsg.): Direkte Demokratie in Theorie und kommunaler Praxis; Frankfurt, New York 1999, S. 7 (10f.).

[210] Nach Art. 196 der Bundesverfassung (Übergangsbestimmungen zu Art. 128 und 130 BV) sind die direkten Steuern und die Mehrwertsteuer des Bundes z.Zt. bis 2006 befristet. Die Erhebung über diesen Zeitpunkt hinaus erfordert eine Verfassungsänderung mittels obligatorischem Referendum (Art. 140 BV). Vgl. *Charles B. Blankart*: Die schleichende Zentralisierung der Staatstätigkeit: Eine Fallstudie; Berlin 1998, S. 14; *Paul Bernd Spahn*: Switzerland; in: Teresa Ter-Minassian (Hrsg.): Fiscal Federalism in Theory and Practise; Washington 1997, S. 324 (329).

[211] Vgl. *Georg Lutz/Dirk Strohmann*: Wahl- und Abstimmungsrecht in den Kantonen; Bern, Stuttgart, Wien 1998.

[212] So existiert etwa in Kalifornien das direkt-demokratische Instrument des Referendums in Steuerfragen. Vgl. *Cay Folkers*: Begrenzungen von Steuern und Staatsausgaben in den USA; Baden-Baden 1983, S. 59ff.

[213] Vgl. *Hans-Jürgen Papier*: Grundgesetz und Wirtschaftsordnung; in: Handbuch des Verfassungsrechts, S. 799ff., Rdnr. 97ff.; *Klaus Stern*: Staatsrecht, Band II, S. 1107ff.

rechtseingriffen eine gesetzliche Ermächtigungsgrundlage verlangt.[214] Es gilt daher das Prinzip der *Gesetzmäßigkeit der Besteuerung*.[215] Das Erfordernis eines Parlamentsgesetzes spricht jedoch nicht gegen die Einräumung autonomer Besteuerungsrechte auf kommunaler Ebene, weil die Möglichkeit der Delegation steuerlicher Gestaltungskompetenzen an die Gemeinden als nichtstaatliche Körperschaften im Wege einer gesetzlichen Ermächtigung besteht. Die Kommunen verfügen in einem solchen Fall zwar über keine originäre, sondern nur eine derivative Erhebungskompetenz, was aber ihre zugewiesenen Handlungsspielräume nicht notwendigerweise einschränken muß.[216]

Das einfache Steuerrecht ist wegen der belastenden Wirkung der Steuererhebung auf die Einwohner eines Landes ein wesentlicher Bestandteil der rechtsstaatlichen Ordnung und vornehmlich mit der Aufgabe der Herstellung von Steuergerechtigkeit betraut. Diesem Ideal der Gerechtigkeit entspringen die Postulate der Allgemeinheit und Gleichheit der Besteuerung[217]:

Um die Forderung nach *Allgemeinheit der Besteuerung* zu verwirklichen, hat die Besteuerung ohne Rücksicht auf außerökonomische Kriterien zu erfolgen. Voraussetzung der Steuererhebung darf lediglich die gesetzlich normierte Steuerpflicht sowie die ausreichende steuerliche Leistungsfähigkeit des Zensiten sein. Ausnahmen hiervon sind nur "aus gesamtwirtschafts-, sozial-, kultur-, gesundheitspolitischen oder steuertechnischen Gründen"[218], Steuerprivilegien hingegen überhaupt nicht zu rechtfertigen. Der Grundsatz der *Gleichmäßigkeit der Besteuerung* verlangt die Gleichbehandlung steuerrechtlich gleicher Tatbestände.[219]

2.2.3 Ausgestaltung eines Steuersystems aus Sicht der Finanzwissenschaft

Eines der elementaren Ziele der Finanzwissenschaft ist seit jeher die Lösung des Problems, was (d.h. welche Steuerobjekte) in welchem Ausmaß besteuert werden soll.[220] Hierbei geht es nicht nur um die Bewertung einzelner Steuerarten, sondern um den Entwurf für ein gesamtes Steuersystem, welches unter allokations- und verteilungspolitischen Gesichtspunkten

---

214 Vgl. *Karl-Peter Sommermann*: Art. 20 GG, Rdnr. 266ff.
215 Vgl. *Hans-Günter Henneke*: Öffentliches Finanzwesen, Finanzverfassung; 2. Aufl., Heidelberg 2000, Rdnr. 298ff.; *Klaus Tipke*: Die Steuerrechtsordnung, Band I: Wissenschaftsorganisatorische, systematische und grundrechtlich-rechtsstaatliche Grundlagen; Köln 1993, S. 150ff.
216 Vgl. *Hans-Günter Henneke*: Öffentliches ..., Rdnr. 893f.
217 Vgl. *Klaus Tipke/Joachim Lang*, § 1, Rdnr. 4, 9.
218 *Fritz Neumark*: Grundsätze der Steuerpolitik, S. 75.
219 Dazu *Fritz Neumark*: Grundsätze der Steuerpolitik, S. 90ff.; *Klaus Tipke/Joachim Lang*, § 4, Rdnr. 70ff.
220 Vgl. *Gerold Krause-Junk/Johann Hermann von Oelsen*: Besteuerung, optimale; in: Willi Albers u.a. (Hrsg.): Handwörterbuch der Wirtschaftswissenschaft, Band 9; Stuttgart u.a. 1982, S. 706 (707).

'optimale' Ergebnisse hervorbringt. Die Konzeption für ein solches 'rationales' Steuersystem basiert vornehmlich auf der Entwicklung allgemeiner Besteuerungsgrundsätze.[221]

2.2.3.1 Allgemeine Besteuerungsgrundsätze

Die Entwicklung von systematischen Grundsätzen für die Steuererhebung beabsichtigt den Ausgleich dreier divergierender Aspekte: Bei der Besteuerung sind die Rechte der Steuerpflichtigen, die fiskalischen Interessen des Staates sowie die Erfordernisse moderner wohlfahrtsstaatlicher Wirtschafts- und Finanzpolitik zu wahren.[222]

Allgemeine Besteuerungsprinzipien sind ein traditioneller Gegenstand der Steuerlehre.[223] Im 19. Jahrhundert finden sich dann Überlegungen zu Besteuerungsprinzipien bei *Wagner*[224]; in neuerer Zeit erarbeitete etwa *Gerloff*[225] Kategorien allgemeiner Besteuerungsgrundsätze. Die wohl umfassendste Systematisierung und Erläuterung von Besteuerungsprinzipien unternahm *Neumark*[226] im Jahr 1970:

---

[221] In den 1970er Jahren entstand auf der Grundlage formalisierter Modelle mit hohem Abstraktionsgrad außerdem die Theorie der optimalen Besteuerung. Mit Hilfe dieser 'optimal taxation'-Analyse werden unter strengen Annahmen Aussagen über die Minimierung von Effizienzverlusten (Maßstab ist das Pareto-Optimum) bestimmter Steuern und Besteuerungsmerkmalen getroffen (vgl. *Gerold Krause-Junk/Johann Hermann von Oelsen*, S. 706ff.; *Kurt Reding/Walter Müller*, S. 251ff.; *Wolfgang Wiegard*: Was brachte – oder bringt – die Optimalsteuertheorie?; in: Bernd Rahmann/Otto Roloff (Hrsg.): Beschäftigungspolitik zwischen Abgabenwiderstand und Ausgabenwachstum; Regensburg 1987, S. 99ff.). Der praktische Wert dieser 'optimal taxation'-Analyse und der daraus gewonnenen Ergebnisse wird jedoch als gering eingestuft: Bemängelt wird vor allem die Wirklichkeitsferne der entwickelten 'first-best'-Lösungen sowie der fehlende Erkenntnisfortschritt über die bereits bekannten Resultate der Finanzwissenschaft hinaus (vgl. *Gerold Krause-Junk/Johann Hermann von Oelsen*, S. 720ff.; *Horst Claus Recktenwald*: Kritisches zur Theorie der optimalen Besteuerung. Über Sinn und Widersinn des "excess burden"-Prinzips; in: Hamburger Jahrbuch für Wirtschafts- und Gesellschaftspolitik 31, Tübingen 1986, S. 155ff.). Deshalb soll der 'optimal taxation'-Ansatz nicht weiter vertieft werden.

[222] Vgl. *Fritz Neumark*: Grundsätze der Steuerpolitik, S. 3; *Kurt Reding/Walter Müller*, S. 229f.

[223] Vgl. etwa *J. H. G. von Justi*: Ausführliche Abhandlung von denen Steuern und Abgaben nach aechten, aus dem Endzweck der buergerlichen Gesellschaften abfließenden Grundsaetzen, und zur Wohlfahrt der Voelker dienlichen Maßregeln abgefasset; Königsberg, Leipzig 1762. Im Jahre 1776 formulierte *Smith* seine vier 'klassischen Steuermaximen' (vgl. *Adam Smith*, S. 703ff.): *Gleichheit der Besteuerung* (entsprechend der individuellen Leistungsfähigkeit), *Bestimmtheit der Besteuerung* (Verständlichkeit und Eindeutigkeit der Steuergesetze), *Bequemlichkeit der Besteuerung* (aus Sicht der Steuerzahler) und *Wohlfeilheit der Besteuerung* (Kostenminimierung, Praktikabilität und Einfachheit). Zur Aktualität dieser Steuermaximen vgl. *Klaus Tipke/Joachim Lang*, § 8, Rdnr. 3.

[224] Siehe *Adolph Wagner*, S. 292ff.

[225] Siehe *Wilhelm Gerloff*: Steuerwirtschaftslehre; in: Handbuch der Finanzwissenschaft, Band 2; 2. Aufl., Tübingen 1956, S. 239 (271ff.): *Grundsätze der Steuerdeckung und des objektiven Steuermaßes* (Ausreichendheit der Steuererträge, Beweglichkeit, Anpassungsfähigkeit und Stetigkeit), *Grundsätze der Steuerbemessung und des subjektiven Steuermaßes* (Anwendung des Leistungsfähigkeits- oder des Äquivalenzprinzips), *Grundsätze der Steuerverteilung* (horizontale Lastengerechtigkeit), *Grundsätze der Steuerwirkung* (wirtschaftliche, ethisch-moralische und sozialpolitische Anforderungen an die Besteuerung) und *Grundsätze des Steuerrechts und der Steuerverwaltung* (Bestimmtheit, Wohlfeilheit, Bequemlichkeit und Rechtmäßigkeit).

[226] Siehe *Fritz Neumark*: Grundsätze der Steuerpolitik, S. 47ff.

- *Fiskalisch-budgetäre Besteuerungsgrundsätze*: Ausreichendheit der Steuererträge und deckungspolitische Anpassungsfähigkeit der Besteuerung.

- *Ethisch-sozialpolitische Besteuerungsgrundsätze*: 1. Gerechtigkeitspostulate: Allgemeinheit, Gleichmäßigkeit und Verhältnismäßigkeitsgrundsatz; 2. Umverteilung von Einkommen und Vermögen.

- *Wirtschaftspolitische Besteuerungsgrundsätze*: 1. Wirtschaftsordnungspolitische Prinzipien: Vermeidung steuerdirigistischer Maßnahmen, Minimierung steuerlicher Eingriffe in die Privatsphäre und die wirtschaftliche Dispositionsfreiheit von Individuen; 2. Prozeßpolitische Prinzipien: aktive Flexibilität, passive Flexibilität und wachstumspolitische Ausrichtung der Besteuerung.

- *Steuerrechtliche und steuertechnische Grundsätze*: Widerspruchslosigkeit und Systemhaftigkeit, Steuertransparenz, Praktikabilität der Steuermaßnahmen, Stetigkeit des Steuerrechts, Wohlfeilheit sowie Bequemlichkeit der Besteuerung.

Neumark wollte mit dieser Klassifikation "die Bedingungen aufzeigen, denen ein Steuersystem unter den heute [...] herrschenden materiellen, institutionellen und ideologischen Verhältnissen genügen muß, um als gerecht und ökonomisch rational bezeichnet werden zu können."[227] Er hat damit die systematisch-theoretischen Grundlagen[228] für eine allgemeine Bewertung von Steuersystemen bereitet.[229] Allerdings können zwischen den aufgezeigten Grundsätzen durchaus Konfliktpotentiale bestehen.[230] Dies zeigt die Schwierigkeit, allgemeingültige Anforderungen an ein Steuersystem aufzustellen, an denen sich die Steuerpolitik orientieren kann. Ohne politische Schwerpunktsetzung (also ohne Verstoß gegen zumindest einige der Prinzipien) ist die Umsetzung der Kriterien gar nicht denkbar. Jedes Steuersystem ist daher zwangsläufig ein Produkt widerstreitender Interessen. Theoretische Handlungsanweisungen können allenfalls zur (teilweisen) Optimierung desselben beitragen; sie müssen gewisse bestehende gesellschaftliche Grundüberzeugungen jedoch stets akzeptieren.

---

[227] *Fritz Neumark*: Grundsätze der Steuerpolitik, S. 402.
[228] Zu möglichen weiteren, inzwischen relevant gewordenen Besteuerungsgrundsätzen wie z.B. der Berücksichtigung umweltpolitischer und europarechtlicher Erfordernisse vgl. *Kurt Reding/Walter Müller*, S. 238.
[229] Erwähnenswert ist noch der Versuch *Schmidts*, eine Verbindungslinie von *Neumarks* Besteuerungsgrundsätzen zu *Musgraves* Budgetfunktionen zu ziehen (*Kurt Schmidt*: Grundprobleme ..., S. 129f.).
[230] *Schmidt* unterscheidet dabei zwischen *Identifikationsproblemen* (besteht Klarheit über den konkreten Inhalt eines Besteuerungsgrundsatzes sowie dessen politischen Stellenwert und Geltungsdimension?), *Hierarchieproblemen* (besteht eine klare vertikale Rangordnung zwischen den einzelnen Grundsätzen im Sinne politischer Prioritäten?) und *Kompatibilitätsproblemen* (bzgl. der horizontalen Beziehungen der einzelnen Grundsätze sowie deren mögliche Widersprüche und Kollisionen). Vgl. *Kurt Schmidt*: Grundprobleme ..., S. 130ff.

2.2.3.2 Die Konzeption eines 'rationalen' Steuersystems

Diese allgemeinen Besteuerungsgrundsätze bilden die Grundlage für theoretisch konzipierte Steuersysteme. Solche 'rationalen Steuersysteme' sind an "steuerpolitischen Leitbildern orientierte Idealsysteme"[231]. Vor der Analyse, welche Parameter das Element 'rational' bestimmen, ist zunächst der Begriff des 'Steuersystems' zu klären, denn eine Vielzahl nebeneinander bestehender Steuern ergibt noch kein in sich geschlossenes System, welches eine sinnvolle innere Beziehung der einzelnen Steuern untereinander aufweist.[232] Um von einem Steuer*system* sprechen zu können, ist "eine gewisse Abstimmung der einzelnen Steuern aufeinander und auf die insgesamt mit der Besteuerung verfolgten Zwecke fiskalischer oder nichtfiskalischer Art" erforderlich.[233]

Die meisten empirisch vorfindbaren Steuersysteme bilden im Gegensatz dazu nur die Summe aktueller steuerrechtlicher Gegebenheiten, die keine systematische Beziehung zueinander erkennen lassen.[234] *Schmölders* beschrieb 1949 die damals existenten Steuersysteme als "das Ergebnis einer finanzpolitischen Willensbildung, die von volkswirtschaftlichen Überlegungen oder steuersystematischen Erwägungen in der Regel fast unbeeinflußt geblieben ist; die Steuersysteme sind Ausdruck und Ergebnis historischer Entwicklungen und parlamentarischer Machtkämpfe im Gefolge wirtschaftlicher Interessen."[235] Empirische Steuersysteme sind daher nie rational konstruiert, sondern als Produkt langfristiger politischer Prozesse immer pfadabhängig entstanden.[236]

Ein theoretisch fundiertes Steuersystem hingegen gründet auf einer Planmäßigkeit und ist demnach eine "logische, zielorientierte Verknüpfung von Einzelelementen (...) zu einer geordneten Gesamtheit."[237] Relevant sind hier allein unter Beachtung finanz- und gesellschafts-

---

[231] *Kurt Reding/Walter Müller*, S. 246.

[232] Bereits *Wagner* forderte die Verbindung verschiedener Steuerarten zu einem in sich logischen Gesamtsystem. Er verband mit dem Begriff 'Steuersystem' eine solche "Combination von Steuern, welche die Deckung des (fiskalischen) Bedarfs unter gleichzeitiger möglichster Berücksichtigung aller obersten Besteuerungsgrundsätze sichert" (*Adolph Wagner*: Finanzwissenschaft, 2. Teil; S. 475).

[233] *Günter Schmölders*: Steuersystem und Steuersystematik; in: Handbuch der Finanzwissenschaft, Band 2; 2. Aufl., S. 326 (326).

[234] Vgl. *Kurt Reding/Walter Müller*, S. 243ff.; *Günter Schmölders*: Steuersysteme; in: Willi Albers u.a. (Hrsg.): Handwörterbuch der Wirtschaftswissenschaft, Band 7, S. 405ff.

[235] *Günter Schmölders*: Um ein rationales Steuersystem; in: Finanzarchiv N.F. Band 11 (1949), S. 479 (480).

[236] Zu den 'Historischen Steuersystemen' siehe etwa *Kurt Reding/Walter Müller*, S. 245f.; *Günter Schmölders/Karl-Heinrich Hansmeyer*, S. 229ff.

[237] *Kurt Reding/Walter Müller*, S. 244.

politischer Gegebenheiten konzipierte Ansätze, die infolgedessen zu 'Second-best'-Lösungen gelangen.[238]

In früheren Zeiten wurde vor allem nach einem *monistischen* Ansatz eines rationalen Steuersystems gesucht.[239] Ein solcher gründete auf der Idee der 'Alleinsteuer' ('impôt unique'), aus welcher das gesamte Steueraufkommen des Staates resultieren sollte. Allerdings funktioniert eine Alleinsteuer wegen hoher psychologischer Steuerwiderstände und fiskalischer Unzulänglichkeit sowie aus sozialpolitischen Gesichtspunkten nicht.[240] Somit verbleibt nur die Möglichkeit eines *pluralistischen* Steuersystems.[241] Dieses basiert auf der Kombination verschiedener Steuerquellen: Weil die einzelnen Steuern an mehreren Stellen im Wirtschaftskreislauf anknüpfen und der staatliche Finanzbedarf aus mehreren Steuerquellen gedeckt werden kann, wird keine einzelne Steuer als erdrückend empfunden. Die Verbindung unmerklicher indirekter Steuern mit direkten Steuern, die am Gerechtigkeitsideal der persönlichen Leistungsfähigkeit ausgerichtet sind, führt zu einer gleichmäßigen Verteilung der Steuerlast, da sich niemand der Besteuerung völlig entziehen kann. Ein solches rationales Steuersystem definiert *Haller* folgendermaßen:

"Ein rationales Steuersystem ist eine Gesamtgestaltung der Besteuerung, bei der eine Mehrzahl von Einzelsteuern, deren grundsätzliche Ausgestaltung festgelegt ist und denen jeweils ein bestimmtes Gewicht (gemessen an ihrem Anteil am Gesamtsteueraufkommen) zukommt, so zusammengefügt ist, daß sie gemeinsam einem vorgegebenen Zielsystem (nach Möglichkeit mit Gewichtung der einzelnen Ziele, soweit zwischen diesen Konkurrenzbeziehungen bestehen) genügen, und zwar unter Beachtung bestimmter, als gegeben angenommener steuertechnischer und steuerpsychologischer Bedingungen einerseits, plausibler Annahmen über die definierten Belastungswirkungen der einzelnen Steuern andererseits, so daß ein zieladäquates und faktengerechtes geordnetes Ganzes der Besteuerung vorliegt."[242]

---

238 Vgl. *Heinz Haller*: Die Steuern, S. 347; *Fritz Neumark*: Grundsätze der Steuerpolitik, S. 390.

239 Vgl. *Kurt Reding/Walter Müller*, S. 247.

240 Dies gilt auch dann, wenn sie nicht als pauschale Kopfsteuer, sondern nach der persönlichen Leistungsfähigkeit erhoben wird. Finanzpolitisch ist sie schon aufgrund der Höhe der individuellen Belastung nicht durchsetzbar: Die jeweilige Steuerlast muß bei einer einzigen Steuerquelle äußerst hoch sein, um den staatlichen Finanzbedarf auch nur halbwegs decken zu können. Eine Alleinsteuer ist auch bereits deswegen utopisch, weil das optimale alleinige Steuerobjekt nicht existiert. Vgl. *Günter Schmölders*: Steuersysteme, S. 407; *Günter Schmölders/Karl-Heinrich Hansmeyer*, S. 233f.; *Klaus Tipke/Joachim Lang*, § 4, Rdnr. 93f.

241 Vgl. *Kurt Reding/Walter Müller*, S. 247ff.

242 *Heinz Haller*: Rationale Steuersysteme und Bestimmungsgründe empirischer Steuerverfassungen; in: Handbuch der Finanzwissenschaft, Band 2; 3. Aufl., S. 173 (176f.).

Nach einem ersten Vorschlag für ein pluralistisches Steuersystem sollte die Einkommensteuer die Funktion einer "Zentralsonne" des Steuersystems übernehmen.[243] Nach einem anderen Plan sollte die Umsatzsteuer als Zentralsteuer fungieren.[244] Indes ist eine einzige Zentralsteuer für die Realisierung möglichst vieler Besteuerungsprinzipien (s.o.) unzureichend. Die Ausgestaltung eines rationalen Steuersystems muß sich daher an einer Synthese aus mindestens zwei grundlegenden *Hauptsteuern* sowie mehreren ergänzenden *Nebensteuern* orientieren, wobei das Steuersystem insgesamt nur wenige, dafür aber gut konzipierte Steuern umfassen sollte.[245]

Die Konzeption eines rationalen Steuersystems soll im folgenden exemplarisch anhand der erstmals 1964 vorgelegten Vorschläge *Hallers*[246] dargestellt werden. Ausgangspunkt seiner Überlegungen sind vier Ziele der Finanzpolitik: (1) die fiskalische Zielsetzung, (2) die freiheitliche Zielsetzung, (3) die Wohlstandszielsetzung und (4) die Gerechtigkeitszielsetzung. Daraus abgeleitet ergeben sich folgende Anforderungen an ein rationales Steuersystem[247]:

- *Erhebungsbilligkeit der Besteuerung*: Minimierung des staatlichen Aufwands aus der Besteuerung.

- *Entrichtungsbilligkeit der Besteuerung*: Der Aufwand der Steuerzahler aus Ermittlung und Bezahlung der Steuerschuld ist möglichst gering zu halten.

- *Erleichterung der Steuerlast*: Die Besteuerung soll für die Steuerzahler so wenig wie möglich spürbar sein, um die wirtschaftliche Aktivität möglichst wenig zu beeinträchtigen.

- *Allokationspolitische Neutralität*: Die Gestaltung der Besteuerung darf weder die optimale Allokation der Produktionsfaktoren noch die optimale Ausrichtung auf die Nachfragestruktur behindern.

- *Konjunkturpolitische Effizienz*: Die Besteuerung soll die finanzwirtschaftlichen Möglichkeiten für eine effektive Konjunktur- und Beschäftigungspolitik bieten.

- *Verteilungspolitische Effizienz*: Die Besteuerung soll eine Erhöhung der Verteilungsgerechtigkeit bei der Einkommensverteilung bewirken.

---

[243] Siehe *Adolf Lampe*: Reine Theorie der Finanzreform; in: Finanzarchiv N.F. Band 2 (1934), S. 222ff.
[244] Dazu *Jürgen Pahlke*: Die Nettoumsatzsteuer als Zentralsteuer; in: Finanzarchiv N.F. Band 26 (1967), S. 215ff.
[245] Vgl. *Heinz Haller*: Die Steuern, S. 347ff.; *Fritz Neumark*: Grundsätze der Steuerpolitik, S. 390ff.
[246] Vgl. *Heinz Haller*: Die Steuern.
[247] Vgl. *Heinz Haller*: Finanzpolitik: Grundlagen und Hauptprobleme; 5. Aufl., Tübingen, Zürich 1972, S. 236ff.

- *Achtung der Privatsphäre*: Die Offenlegung der persönlichen Verhältnisse der Steuerzahler soll sich auf das unumgängliche Maß beschränken
- *Innere Geschlossenheit des Steuersystems*: Die Kombination von Steuern ist so zu wählen, daß das System ein in sich stimmiges Ganzes bildet und die Besteuerung keine ungerechtfertigten Lücken oder Überschneidungen aufweist.

Sowohl die vier finanzpolitischen Ziele als auch die einzelnen Anforderungen an ein rationales Steuersystem entsprechen im wesentlichen den von *Gerloff* und *Neumark* entwickelten Besteuerungsgrundsätzen (s.o.); diese drei Konzeptionen setzen zwar jeweils eigene Akzente und bilden verschiedene Kategorien, die einzelnen Postulate unterscheiden sich aber nur marginal.

Nach *Hallers* Vorstellungen soll das rationale Steuersystem aus zwei Hauptsteuern und mehreren ergänzenden Steuern bestehen.[248] Als Hauptsteuern benennt er die Einkommensteuer sowie eine generelle Umsatzsteuer, um allen Steuerzahlern ein "gleiches relatives Bedürfnisbefriedigungsopfer" zuzumuten und eine "Nivellierung des Bedürfnisbefriedigungsniveaus" zu erreichen.[249] Daneben sollen die Vermögensteuer, die Erbschaftsteuer, die Mineralölsteuer sowie weitere besondere Einzelverbrauchsteuern mit Lenkungsfunktionen als Nebensteuern die beiden Hauptpfeiler des Steuersystems ergänzen. Im Ergebnis kommt dieser Entwurf dem von *Neumark*[250] vorgeschlagenen rationalen Steuersystem sehr nahe, jedoch bezieht letzterer zusätzlich kommunale Steuern auf der Basis des Äquivalenzprinzips (als "obligatorische Kostenbeiträge") mit ein. Festzuhalten bleibt das übereinstimmende Ziel der Konzentration des Steuersystems auf wenige ergiebige Steuerquellen mit dem Schwerpunkt auf Einkommen und allgemeinem Verbrauch.[251]

2.2.4 Zwischenergebnis

Steuern als staatlich auferlegte Zwangsabgaben verfolgen nicht nur den Zweck einer Finanzierung der Staatstätigkeit, sondern auch darüber hinausgehende Zielsetzungen. Die Gestaltung der Steuerpolitik muß daher gleichermaßen fiskalische, gesamtwirtschaftliche, sozial- und gesellschaftspolitische Erfordernisse beachten.

---

[248] Vgl. *Heinz Haller*: Finanzpolitik, S. 260ff.; *Ders.*: Die Steuern, S. 347ff.

[249] *Heinz Haller*: Die Steuern, S. 348.

[250] Siehe *Fritz Neumark*: Grundsätze der Steuerpolitik, S. 390ff.

[251] Dies entspricht auch den Entwicklungen in der Praxis: Moderne Steuersysteme stützen sich überwiegend auf die Besteuerung von Einkommen und des Umsatzes sowie einige kleinere Steuern auf Güter des Massenkonsums. Vgl. *Fritz Neumark*: Grundsätze der Steuerpolitik, S. 9.

Die Besteuerung im demokratischen Rechtsstaat unterliegt dem Erfordernis eines Parlamentsgesetzes als Legitimationsakt, was jedoch der Delegation von Besteuerungsrechten auf nichtstaatliche kommunale Gebietskörperschaften nicht entgegensteht. Bei steuerpolitischen Entscheidungen sind die Grundsätze der Allgemeinheit und Gleichmäßigkeit der Besteuerung zu beachten.

Die in der Finanzwissenschaft entwickelten Besteuerungsgrundsätze geben Leitlinien für die Ausformung einzelner Steuern, und die Kriterien für die Gestaltung eines rationalen Steuersystems skizzieren die Umrisse seiner 'idealen' Struktur. Festzuhalten bleibt, daß es sich nur aus einer begrenzten Zahl von unterschiedlich gewichtigen, gut konzipierten Steuern zusammensetzen sollte. Die Suche nach einem optimalen Steuersystem wird jedoch zusätzlich erschwert, wenn die föderative Dimension hinzutritt und eine vertikale Verteilung der Steuerquellen zwischen den einzelnen Staatsebenen zu konzipieren ist.

2.3 Anforderungen an ein 'optimales' föderatives Steuersystem

Bislang wurden die grundlegenden Aspekte für die Gestaltung eines föderativen Steuersystems getrennt als Kriterien für den 'rationalen' Aufbau eines Bundesstaates einerseits sowie eines Steuersystems andererseits abgehandelt. Im folgenden soll nun versucht werden, einen Zusammenhang zwischen den jeweiligen Parametern herzustellen, um herauszufinden, welche Anforderungen sich daraus an die Konzeption eines 'optimalen' föderativen Steuersystems ergeben.

Die Finanzwissenschaft hat bereits mehrere gewichtige ökonomische Prinzipien für eine 'optimale' föderative Kompetenzverteilung entwickelt, die auch an die demokratietheoretischen Postulate des ersten Abschnitts anknüpfen (2.3.1). Das daraus ggf. abzuleitende Ideal einer umfassenden Steuerautonomie aller Gebietskörperschaften kollidiert möglicherweise aber mit normativen verfassungsrechtlichen Vorgaben, wie z.B. mit dem Ziel weitgehender föderaler Einheitlichkeit (2.3.2).

Anhand der empirisch auffindbaren Finanzverfassungen lassen sich verschiedene Grundtypen föderativer Steuersysteme ausmachen, die jeweils eine spezifische vertikale Verteilung von Steuerquellen und einen unterschiedlichen Grad an Steuerautonomie aufweisen (2.3.3). Betreffend die Rahmenbedingungen, welche die Einführung autonomer Besteuerungsrechte auf subnationalen Ebenen flankieren sollten, um negative Effekte eines dezentralen (Steuer-) Wettbewerbs auszuschließen oder abzumildern, sind die allgemeinen normativen Grundlagen eines fairen Steuerwettbewerbs zwischen Gliedstaaten bzw. Gemeinden als horizontale

Dimension der föderativen Einnahmenzuordnung (2.3.4) sowie das Verhältnis zwischen regionaler bzw. lokaler Besteuerungsautonomie und bundesstaatlichem Finanzausgleich (2.3.5) zu beleuchten.

2.3.1 Ökonomische Ziele und Gestaltungsmaximen für ein föderales Steuersystem

Die Konzeption einer optimalen föderalen Verteilung der Aufgaben, Ausgaben und Einnahmen verlangt die Erfüllung bestimmter ökonomischer Anforderungen: Die Zuordnung von Kompetenzen an die einzelnen Ebenen im Bundesstaat hat zu berücksichtigen, daß alle finanzwirtschaftlich relevanten Entscheidungen in einer Gebietskörperschaft rational bzw. ökonomisch effizient getroffen werden können. Eine solche Rationalität bei den entsprechenden Budgetentscheidungen setzt voraus, daß letztere frei von Einflußnahme durch Außenstehende zustande kommen, seien dies Bürger anderer Gebietskörperschaften auf der gleichen föderativen Ebene oder aber über- bzw. untergeordnete Gebietskörperschaften. Aus ökonomischer Sicht kann eine Gebietskörperschaft daher nur dann effizient handeln, wenn ein funktionsfähiger *Steuer-Ausgaben-Mechanismus* zwischen der Wählernachfrage nach öffentlichen Leistungen und der Zahlungsbereitschaft der Steuerzahler (oder aus Sicht der Entscheidungsträger zwischen Aufgaben- und Einnahmenverantwortung) existiert.[252]

Um dies zu erreichen, müssen bei der Kompetenzverteilung im Bundesstaat die Prinzipien der Autonomie, der Konnexität sowie der fiskalischen Äquivalenz beachtet werden.[253] Diese Grundsätze für eine 'rational' gestaltete föderative Ordnung umfassen die Verknüpfung von Aufgabenzuständigkeit und Entscheidungskompetenz hinsichtlich Art und Umfang der Aufgabenwahrnehmung sowie ihrer Finanzierung (*Prinzip der Autonomie*), von Ausgaben- und Entscheidungsverantwortlichkeit (*Prinzip der Konnexität*) sowie die Kongruenz von Entscheidungskompetenz, Nutzung öffentlicher Leistungen und Finanzierungslast (*Prinzip der fiskalischen Äquivalenz*). Erst wenn diese Bedingungen erfüllt sind, kann in einer Gebietskörperschaft ein allokativ näherungsweise effizientes Angebot an öffentlichen Gütern bereitgestellt werden. Die Verwirklichung dieser Prinzipien ist demzufolge für einen föderativen Staatsaufbau zwingend erforderlich.

---

[252] Vgl. *Gisela Färber*: Finanzverflechtungen von Bund, Ländern und Gemeinden; in: Bundestagsfraktion Bündnis 90/Die Grünen (Hrsg.): Umsteuern! Wege aus der Finanzkrise; Bonn 1998, S. 36 (45f.); *Dies.*: Finanzverfassung, S. 95; *Dies.*: Finanzverfassung, Besteuerungsrechte und Finanzausgleich, S. 130ff.

[253] Vgl. *Wolfgang Kitterer*: Finanzwissenschaftliche Aspekte einer Neugestaltung des kommunalen Finanzausgleichs; in: Niedersächsischer Landkreistag 1999, S. 14 (14); *Wissenschaftlicher Beirat beim Bundesministerium der Finanzen*: Gutachten zum Länderfinanzausgleich, S. 43.

Abbildung 1: Anforderungen an eine 'rational' gestaltete föderative Finanzverfassung

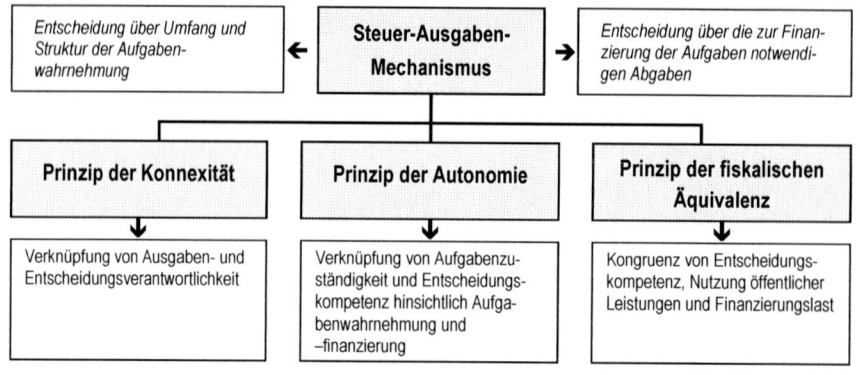

Entscheidung über Umfang und Struktur der Aufgabenwahrnehmung	←	**Steuer-Ausgaben-Mechanismus**	→	Entscheidung über die zur Finanzierung der Aufgaben notwendigen Abgaben
Prinzip der Konnexität		**Prinzip der Autonomie**		**Prinzip der fiskalischen Äquivalenz**
↓		↓		↓
Verknüpfung von Ausgaben- und Entscheidungsverantwortlichkeit		Verknüpfung von Aufgabenzuständigkeit und Entscheidungskompetenz hinsichtlich Aufgabenwahrnehmung und -finanzierung		Kongruenz von Entscheidungskompetenz, Nutzung öffentlicher Leistungen und Finanzierungslast

Eigene Darstellung.

2.3.1.1 Der Steuer-Ausgaben-Mechanismus

Damit die politischen Entscheidungsträger wirksam Art und Umfang der öffentlichen Leistungen gemäß der Präferenzen ihrer Wähler bestimmen können, ist es erforderlich, daß sie neben dem Entscheidungsrecht über die Gestaltung öffentlicher Aufgaben und den hiermit verbundenen Finanzbedarf auch über eine hinreichende Autonomie bei der Festlegung der Höhe der hierfür notwendigen Einnahmen verfügen.[254] Das Recht und die Verpflichtung zur Einnahmenbeschaffung bezüglich der Deckung selbstbestimmter Ausgaben erzeugen einen Rechtfertigungsdruck für die Mittelverwendung gegenüber den Steuerzahlern.[255] Dies zwingt die Politiker, bei ihren Entscheidungen über die Höhe der Staatsquote (= Umfang des Angebots an öffentlichen Gütern) und deren Struktur sowohl die Interessen der Steuerzahler als auch die der Nutznießer staatlicher Leistungen zu berücksichtigen und entsprechende öffentliche Leistungen anzubieten.[256] Bei Mißachtung der Wählerinteressen droht demgemäß die Gefahr, nicht wiedergewählt zu werden.

Dieser 'Steuer-Ausgaben-Mechanismus' bewirkt eine Zusammenführung der maximalen Ausgabenbereitschaft der Steuerzahler für öffentliche Güter mit den Forderungen nach Bereitstellung derselbigen.[257] Die demokratische Willensbildung seitens des Wahlvolkes durch Ab-

---

[254] Grundlegend *Erik Lindahl*, S. 85ff. sowie *Paul A. Samuelson*: Diagrammatic Exposition of a Theory of Public Expenditure; in: Review of Economics and Statistics 1955, S. 350ff.
[255] Vgl. *Hans Pagenkopf*, S. 45; *Stefan Korioth*, S. 107.
[256] Vgl. *Horst Zimmermann/Klaus-Dirk Henke*, S. 175f.
[257] Vgl. *Manfred Krafft*: Der Finanzausgleich in der Europäischen Union; Bonn 1997, S. 168; *Wolfgang Kitterer*, S. 15; *Martin T. Rosenfeld*, S. 71f.

stimmungen und Wahlen ermöglicht die dafür notwendige Aufdeckung verdeckter Präferenzen. Dazu gehört aber nicht nur die Kenntnis über den gewünschten Umfang staatlichen Leistungen und ihre Struktur, sondern letztlich auch darüber, was die Wähler als 'Steuerpreis'[258] dafür zu entrichten bereit sind.[259] Um das optimale Güterangebot entsprechend der Wählerpräferenzen in einer Gebietskörperschaft bestimmen zu können, ist es mithin notwendig, hierfür adäquate 'Steuerpreise' als Ausdruck für die in Anspruch genommenen staatlichen Ressourcen zu erheben.[260] Daraus folgt aber, daß die fiskalischen Folgen einer Ausdehnung oder einer Verringerung staatlicher Leistungen auch für die wahlberechtigten Einwohner als originäre Entscheidungsträger einer Gebietskörperschaft spürbar sein müssen. Dies ist der Fall, wenn die Kosten der Leistungserbringung unmittelbar mit der Höhe der Steuerbelastung in derselben Gebietskörperschaft korrespondieren. Erst dann wird die Preisfunktion der Steuern merklich.[261] Dies erfordert folglich Einnahmenautonomie jeder Gebietskörperschaft analog dem autonom beeinflußbaren Ausgaben-Anteil, weil nur so ein optimales Angebot an öffentlichen Gütern ermittelt werden kann.

Die Verknüpfung von Ausgabenverantwortung und Steuerzahlung schafft einen Anreiz für die Steuerzahler, die öffentlichen Ausgaben stärker zu kontrollieren, um die Steuerbelastung gering zu halten. Der Steuer-Ausgaben-Mechanismus ist ein Instrument, sowohl die Politiker bei der Gewährung von Wohltaten zu zügeln als auch die Nachfrage der Wähler nach solchen 'Geschenken' zu reduzieren[262]. Wenn die Politik über wählerstimmenwirksame Ausgabenprogramme bestimmte Klientele zu befriedigen sucht oder allgemeine Wohltaten gewährt, kann die mit der Steuerautonomie verbundene Kontrollfunktion den Steuer-Ausgaben-Mechanismus wirken lassen, um die Steuerbelastung dem den Wählerpräferenzen entsprechenden Finanzierungsbedarf für das öffentliche Güterangebot anzupassen.

Ein autonomer Spielraum auf der Einnahmenseite eröffnet insofern die Möglichkeit, Forderungen seitens des Wahlvolkes nach Steuersenkungen an die zutreffenden Adressaten zu richten und so das Gleichgewicht zwischen dem gewünschten Angebot an öffentlichen Gütern

---

[258] Der 'Steuerpreis' ist der individuelle Finanzierungsanteil eines bestimmten Steuerzahlers, resultierend aus der Steuerlastverteilung. Vgl. *Harvey S. Rosen/Rupert Windisch*, S. 163ff.; *Joseph E. Stiglitz/Bruno Schönfelder*: Finanzwissenschaft; München, Wien 1989, S. 166ff.; *Klaus Tiepelmann/Günther Dick*: Grundkurs Finanzwissenschaft; 3. Aufl., Hamburg 1995, S. 65f.

[259] Vgl. *Erik Lindahl*, S. 85ff.; *Paul A. Samuelson*: Diagrammatic Exposition ..., S. 350ff.

[260] Vgl. *Paul A. Samuelson*: Diagrammatic Exposition ..., S. 350ff.

[261] Vgl. *Charles B. Blankart*: Öffentliche Finanzen ..., S. 302, 534.

[262] Umgekehrt wird die Nachfrage nach staatlichen Leistungen gerade dann steigen, wenn der Eigenbeitrag zur Finanzierung einer zusätzlichen Einheit gegen Null tendiert, wie es z.B. bei einer zentralen Erstellung eines bestimmten lokalen öffentlichen Gutes der Fall ist. Dazu *Wallace E. Oates*: Fiscal Federalism, S. 209.

und der Abgabenbelastung durch politische Prozesse innerhalb der betroffenen Gebietskörperschaft wieder herzustellen[263].

Für die Umsetzung eines funktionsfähigen Steuer-Ausgaben-Mechanismus ist es nicht erforderlich, jeder Gebietskörperschaft einen umfassenden Zugriff auf eine unkoordinierte Vielzahl von Steuerquellen zu erlauben oder alle Steuerquellen einer föderalen Ebene mit autonomen Besteuerungsrechten auszustatten. Entscheidend ist vielmehr, daß eine Ausweitung des Angebots an öffentlichen Leistungen oder Ineffizienz bei ihrer Erstellung zwangsläufig zur Folge hat, die damit verbundenen Mehrkosten erkennbar den ansässigen Steuerzahlern aufbürden zu müssen.

Notwendig ist dafür Steuerautonomie bei mindestens einer fiskalisch gewichtigen Steuerquelle, die einen ausreichenden finanzpolitischen Spielraum zur Deckung sich verändernder Finanzbedarfe gewährt, ohne wegen unzureichender Bemessungsgrundlagen erhebliche Steuersatzdifferenzen zwischen Gebietskörperschaften mit unterschiedlich hohem Finanzbedarf zu verursachen.[264]

2.3.1.2 Die Prinzipien der Autonomie, der Konnexität und der fiskalischen Äquivalenz

Das *Prinzip der Autonomie* fordert die Unabhängigkeit aller Gebietskörperschaften im Bundesstaat voneinander, um jeweils ein Handeln in vollständiger Eigenverantwortung zu gewährleisten. Die Entscheidungsautonomie muß sich dabei auf die Festlegung von Art und Umfang der öffentlichen Leistungen sowie der dafür notwendigen Einnahmen und Ausgaben erstrecken.[265] Um effektiv in der Lage zu sein, eigenverantwortlich Aufgaben zu erfüllen und finanzpolitisch zu handeln, ist Autonomie auf der Einnahmenseite, letztlich mithin eine (ggf. beschränkte) steuerpolitische Verantwortlichkeit notwendig, da ohne wirksame Handlungsspielräume im Bereich der Besteuerung die Art und Höhe der Einnahmen kaum relevant beeinflußt werden kann.[266] Die Einräumung von Steuerautonomie stellt deshalb für dezentrale Gebietskörperschaften ein "essentielles Grundrecht"[267] dar.

---

[263] Vgl. *Bruno S. Frey/Gebhard Kirchgässner*, S. 195f. und 224ff.

[264] Vgl. *Gisela Färber*: Finanzverfassung, Besteuerungsrechte und Finanzausgleich, S. 131.

[265] Vgl. *Rolf Peffekoven*: Finanzausgleich im Spannungsfeld zwischen allokativen und distributiven Zielsetzungen; in: Probleme des Finanzausgleichs in nationaler und internationaler Sicht; Berlin 1993, S. 11 (14); *Oliver D. Perschau*: Die Schwächen der deutschen Finanzverfassung; in: Uwe Mummert/Michael Wohlgemuth (Hrsg.): Aufschwung Ost im Reformstau West; Baden-Baden 1998, S. 47 (53).

[266] "Autonomie bei der Ausgabenentscheidung verlangt [...] (zumindest in gewissen Grenzen) autonome Einnahmebeschaffung." (*Rolf Peffekoven*: Finanzausgleich I, S. 618). Eine den Wählerpräferenzen entsprechende Ausweitung der Finanzbasis kann nur über die Nutzung autonomer Abgabenkompetenzen erfolgen, da dies zu einem Gleichgewicht zwischen den angebotenen Ausgabenprogrammen und der Zahlungsbereitschaft der Steuerzahler führt. Als Kehrseite der Freiheit autonomer Handlungsspielräume sind von einer

Nach dem *Konnexitätsprinzip* sollte die Aufgabenzuständigkeit mit der vollen Ausgabenverantwortlichkeit korrespondieren.[268] Dies bedeutet, daß jede Gebietskörperschaft ohne bindende Vorgaben von außen über den mit der Aufgabenerfüllung verbundenen Finanzbedarf und somit über die Ausgabenhöhe selbst entscheiden kann.[269]

Das *Prinzip der fiskalischen Äquivalenz* verlangt eine möglichst weitgehende personelle Identität zwischen den drei von Budgetentscheidungen betroffenen Gruppen.[270] Dazu bedarf es einer "institutionellen Kongruenz"[271] der Nutznießer öffentlicher Leistungen, der Entscheidungsträger sowie der Steuerzahler als Träger der dadurch verursachten Kosten in einer Gebietskörperschaft. Ein optimales öffentliches Güterangebot kann erst dann bereitgestellt werden, wenn diejenigen, welche den Nutzen aus staatlichen Gütern und Leistungen ziehen, zugleich die Entscheidung über die Bereitstellung derselben per Wahl oder Abstimmung treffen und auch mit ihren Abgaben für die notwendige Finanzierung aufkommen. Diese personelle Übereinstimmung verhindert Verzerrungen aufgrund der Partizipation Externer an der Entscheidungsfindung.[272]

2.3.2 Verfassungsrechtliche Grenzen subnationaler Steuerautonomie

Die Gestaltungsoptionen für ein föderatives Steuersystem können aufgrund verfassungsrechtlicher Bindungen, die einer umfangreichen Dezentralisierung der Besteuerungskompetenzen entgegenstehen, eingeschränkt sein. So kann etwa das (z.T. verfassungsrechtlich veranker-

---

Gebietskörperschaft jedoch auch die positiven oder negativen Konsequenzen der von ihr selbständig getroffenen Entscheidungen zu tragen. Autonomie beinhaltet folglich ein 'Anrecht' auf die Folgen eigener Fehler.

[267] *Gisela Färber*: Finanzverfassung, Besteuerungsrechte und Finanzausgleich, S. 165. Siehe auch *Cliff Walsh*: Reform of Commonwealth-State Relations, S. 1 (Fn. 1).

[268] Vgl. *Hans-Günter Henneke*: Finanzierungsverantwortung im Bundesstaat; in: Die Öffentliche Verwaltung 1996, S. 713 (716); *Wolfgang Kitterer*, S. 15; *Rolf Peffekoven*: Deutsche Einheit ..., S. 503.

[269] Das Konnexitätsprinzip verbietet die Verschiebung von Lasten auf andere Gebietskörperschaften (vgl. *Gisela Färber*: Finanzverfassung, Besteuerungsrechte und Finanzausgleich, S. 128; *Friedrich Schoch*: Die Reformbedürftigkeit des Art. 104a GG; in: Zeitschrift für Rechtspolitik 1995, S. 387 (388)). Falls dennoch - in Abweichung vom Autonomieprinzip - die Aufgabenzuweisung durch übergeordnete Entscheidungseinheiten möglich ist, muß diejenige Körperschaft, die über Art und Umfang der Aufgabenwahrnehmung entscheidet, auch die anfallenden Ausgaben übernehmen (vgl. *Oliver D. Perschau*, S. 53).

[270] Grundlegend *Mancur Olson*: The Principle ..., S. 479ff., insbes. S. 483.

[271] *Charles B. Blankart*: Öffentliche Finanzen ..., S. 25.

[272] Ohne institutionelle Kongruenz droht die Gefahr von Trittbrettfahrern, die ohne Kostenbeteiligung an den Nutzen teilhaben (positive externe Effekte). Ferner kann es zu einer Mitentscheidung Außenstehender kommen, die keinen Kostenbeitrag leisten oder nicht von den öffentlichen Gütern profitieren. Schließlich besteht auch die Möglichkeit der Externalisierung von Kosten und damit der Belastung unbeteiligter Dritter (vgl. *Rolf Peffekoven*: Finanzausgleich im Spannungsfeld ..., S. 16). Nur die Ausschaltung dieser verzerrenden Effekte mittels Herstellung vollständiger fiskalischer Äquivalenz bewirkt ökonomisch effiziente Budgetentscheidungen (vgl. *Horst Claus Recktenwald*: Finanzföderalismus; in: Die Verwaltung 1983, S. 1 (3); *Herbert F. Wust*: Föderalismus: Grundlage für Effizienz in der Staatswirtschaft; Göttingen 1981, S. 154f.).

te)[273] Ziel der Herstellung gleichwertiger Lebensverhältnisse im Gesamtstaat eine normative Vorgabe für die Begrenzung des Umfangs autonomer Besteuerungsrechte auf regionaler bzw. lokaler Ebene beinhalten, da sich eine umfassende subnationale Steuerautonomie nur schwer mit einem Föderalismus-Modell vereinbaren läßt, bei dem horizontale Ungleichheiten nur bedingt konsensfähig sind. Darüber hinaus bilden möglicherweise das steuerrechtliche Postulat der Besteuerung nach dem Leistungsfähigkeitsprinzip sowie der Grundsatz der Gleichmäßigkeit der Besteuerung Grenzen für weitreichende dezentrale Besteuerungsrechte.

2.3.2.1 Zum Verhältnis von regionaler bzw. lokaler Steuerautonomie und dem Ziel der Herstellung gleichwertiger Lebensbedingungen im Bundesstaat

Das politische Ziel einer Angleichung der wirtschaftlichen und gesellschaftlichen Lebensverhältnisse als Element bundesstaatlicher 'Einheitlichkeit' hat in vielen föderativen Staaten eine erhebliche Bedeutung; wahrscheinlich besteht oftmals sogar ein das Bundesstaatsverständnis prägender gesellschaftlicher Konsens über eine Annäherung der regionalen Lebensbedingungen.[274] Wenn das Ziel der Herstellung einheitlicher oder gleichwertiger Lebensverhältnisse nicht sogar ausdrücklich als verfassungspolitischer Leitwert in einem konkreten Kontext bzw. als Gesetzgebungsauftrag oder gar als eigene Staatszielbestimmung[275] in der Verfassung verankert ist, können es die Strukturprinzipien bzw. Staatszielbestimmungen der Bundes-, Sozial- und Rechtsstaatlichkeit sein, die eine gleichwertige Verteilung von Lebensqualität intendieren[276]:

- Das Gebot einer Angleichung der Lebensbedingungen als "regionaler Aspekt einer Politik ökonomischer Chancengleichheit"[277] läßt sich zum einen unmittelbar aus dem *bündischen*

---

[273] Das Grundgesetz verwendet den unbestimmten Rechtsbegriff 'Einheitlichkeit der Lebensverhältnisse' in der Finanzverfassung (Art. 106 Abs. 3 S. 4 Ziff. 2) und das Gebot der Herstellung gleichwertiger Lebensverhältnisse in Art. 72 Abs. 2. Die politische Zielvorstellung einheitlicher Lebensverhältnisse findet sich auch in der kanadischen Verfassung: Section 36.1(a) Constitution Act, 1982 beinhaltet die Pflicht, die Voraussetzungen für ökonomisch gleichwertige Lebensbedingungen aller Einwohner der kanadischen Föderation zu schaffen.

[274] So läßt sich z.B. in Deutschland hinsichtlich des Strebens nach weitgehender bundesstaatlicher Homogenität wohl von einem gesellschaftlichen Grundkonsens sprechen (vgl. *Gisela Färber*: Reform der Finanzverfassung; in: Demokratische Gemeinde 1999, H. 11, S. 17 (17f.); *Uwe Leonardy*: Deutscher Föderalismus jenseits 2000: Reformiert oder deformiert; in: Zeitschrift für Parlamentsfragen 1999, S. 135 (150ff.); *Peter Selmer*: Grundsätze der Finanzverfassung des vereinten Deutschlands; in: Veröffentlichungen der Vereinigung der Deutschen Staatsrechtslehrer 52; Berlin u.a. 1993, S. 11 (19ff.); *Uwe Volkmann*: Bundesstaat in der Krise?; in: Die Öffentliche Verwaltung 1998, S. 613 (619)). Zur Situation in anderen Ländern vgl. *Uwe Leonardy*: Deutscher Föderalismus ..., S. 153; *Rainer-Olaf Schultze*: Föderalismus, S. 108f.

[275] Zur Begrifflichkeit und systematischen Klassifizierung der 'Staatszielbestimmungen' (i.w.S.) siehe *Karl-Peter Sommermann*: Staatsziele und Staatszielbestimmungen; Tübingen 1997; S. 355ff.

[276] Vgl. *Uwe Leonardy*: Deutscher Föderalismus ..., S. 151; *Karl-Peter Sommermann*: Art. 20 GG, Rdnr. 30.

[277] *Ewald Nowotny*, S. 144.

Prinzip ableiten: Der nationalstaatliche Zusammenhalt und die dauerhafte Funktionsfähigkeit eines Bundesstaates basieren in nicht unerheblichem Maße auf der Vergleichbarkeit der ökonomischen Situation und der finanziellen Handlungsfähigkeit einzelner Gebietskörperschaften[278], weshalb gerade die bundesstaatliche Finanzordnung bei der Verteilung der Steuerquellen und -einnahmen immer auch die Interessen der Staatsgesamtheit berücksichtigen muß. Damit ist auch die Implementierung sekundärer Mechanismen verbunden, die für einen interregionalen Ausgleich sorgen, da die gegenseitige Unterstützung als Ausdruck föderativer Solidarität zu den elementaren Prinzipien des Bundesstaates gehört.[279]

- Die Zielvorstellung einer Vergleichbarkeit der ökonomischen Verhältnisse ist außerdem Ausdruck des "modernen, nach Egalität und Einheit drängenden Sozialstaates"[280] und stellt deshalb einen nicht wegzudenkenden Bestandteil des *Sozialstaatsprinzips* dar.[281] Der Grundsatz der Sozialstaatlichkeit intendiert gerade nicht föderative Vielfalt, sondern relative gesamtstaatliche Gleichheit im Sinne höherer Leistungs- und Verteilungsgerechtigkeit. Er zielt auf eine Annäherung der Lebensbedingungen im Bundesgebiet ab und steht damit der dem Bundesstaat innewohnenden Möglichkeit der Lasten- und Leistungsdifferenzierung entgegen.[282]

- Schließlich ist auch der Grundentscheidung für den *Rechtsstaat* eine Tendenz zur Vereinheitlichung der Lebensverhältnisse immanent.[283] Insbesondere Inhalt und Wirkung der Grundrechte schaffen individuelle Rechtsgarantien, die einer föderalen Aufsplitterung des

---

[278] Ohne ein Mindestmaß an sozialer und wirtschaftlicher Homogenität droht die Gefahr einer unterschiedlichen ökonomischen Entwicklung in einzelnen Landesteilen. Die entstehenden Disparitäten bringen Interessengegensätze und –konflikte mit sich, welche die 'bündische Einheit' destabilisieren und letztlich zu einem Auseinanderfallen des Bundesstaates führen können. Vgl. *Hans-Peter Schneider:* Die bundesstaatliche Ordnung im vereinigten Deutschland; in: Jochen Huhn/Peter-Christian Witt (Hrsg.): Föderalismus in Deutschland, S. 239 (247f.). Zur Notwendigkeit eines bestimmten Maßes an sozialer Homogenität für die politische Einheitsbildung siehe *Hermann Heller:* Politische Demokratie und soziale Homogenität; in: Herfried Münckler (Hrsg.): Politisches Denken im 20. Jahrhundert; 2. Aufl., München 1997, S. 196 (197).

[279] Die Angleichung der Lebensbedingungen ist auch in Australien Bestandteil der Bundesstaatspolitik. Vgl. nur *Commonwealth Grants Commission* (Hrsg.): Equality in Diversity - History of the Commonwealth Grants Commission; 2. Aufl., Canberra 1995, S. V; *Denis W. James:* Intergovernmental Financial Relations in Australia; Sydney 1992, S. 43.

[280] *Herbert Fischer-Menshausen:* Unbestimmte Rechtsbegriffe in der bundesstaatlichen Finanzverfassung; in: Wilhelmine Dreißig (Hrsg.): Probleme des Finanzausgleichs I; Berlin 1978, S. 136 (147).

[281] Vgl. *Dieter Birk:* Kommentierung zu Art. 107 GG; in: Rudolf Wassermann (Hrsg.): Kommentar zum Grundgesetz, Band 2: Art. 38-146; 2. Aufl., Neuwied u.a. 1989, Rdnr. 2; *Hans Pagenkopf,* S. 294; *Bodo Pieroth:* Kommentierung zu Art. 107 GG; in: Bodo Pieroth/Hans D. Jarass: Grundgesetz für die Bundesrepublik Deutschland (Kommentar); 5. Aufl., München 1999, Rdnr. 6.

[282] Vgl. *Fritz Ossenbühl:* Föderalismus nach 40 Jahren Grundgesetz; in: Deutsches Verwaltungsblatt 1989, S. 1230 (1234); *Uwe Volkmann,* S. 617; *Peter-Christian Witt,* S. 77f.

[283] Bereits 1961 konstatierte *Hesse,* die "Entwicklung zum sozialen Rechtsstaat verlang(e) nach Einheitlichkeit und Gleichmäßigkeit" (*Konrad Hesse:* Der unitarische Bundesstaat, S. 12).

Rechts entgegenstehen. Bezüglich seiner unitarisierenden Wirkung ist vor allem der Gleichheitssatz aufgrund der engen Verbindung von Gleichheitsgedanken und modernen Gerechtigkeitsempfinden hervorzuheben.[284] Die freiheits- und gleichheitssichernde Funktion der Grundrechte beschränkt folglich die Freiheit des Gesetzgebers bei seinen finanzpolitischen Entscheidungen, soweit sie unmittelbare Auswirkungen auf die Rechtssphäre der Bürger haben.

Die gesamtstaatlich übergreifenden Anschauungen über die gleichmäßige Ausstattung mit öffentlichen Leistungen stehen im Widerspruch zu der Grundentscheidung für eine föderale Staatsorganisation[285] und begrenzen die Realisierungsmöglichkeiten regionaler Vielfalt und Eigenständigkeit. Zwischen den Forderungen nach Autonomie und nach Ausgleich der Lebensverhältnisse besteht ein "Zielkonflikt", denn "jeder systematische Ausgleich von Wirtschafts- und Finanzkraft erfordert vom Gesamtstaat umfassende Ausgleichsmechanismen, die notwendigerweise zu einer Einschränkung der fiskalischen Autonomie der Regionen und Gemeinden führen."[286] Insofern besteht ein nur schwer auszugleichendes Spannungsverhältnis zwischen dem Bedürfnis nach weitgehender finanzieller Autonomie dezentraler Gebietskörperschaften und dem Ziel einer ökonomischen Annäherung der Lebensbedingungen in allen Regionen.

Wenn das Ziel weitgehend gleichwertiger Lebensverhältnisse nicht nur gesellschaftlich konsensfähig, sondern darüber hinaus sogar verfassungsrechtlich abzuleiten ist, existiert eine Anforderung an die Gestaltung der föderativen Finanzordnung, deren normativer Charakter die Entstehung bestimmter, größere regionale Belastungsunterschiede bewirkender Strukturen nicht zuläßt. Das Ziel der Einheitlichkeit der Lebensverhältnisse begrenzt daher die Möglichkeit subnationaler Steuerbelastungsdifferenzen und somit die Gestaltungsfreiheit des Gesetzgebers hinsichtlich der Gewährung weitreichender dezentraler Steuerautonomie[287], wenn und soweit dadurch die regionalen und lokalen Differenzen zwischen finanzstarken und finanzschwachen Einheiten erheblich verstärkt bzw. die ökonomischen Mindestvoraussetzungen in

---

[284] Vgl. *Roman Herzog*: Art. 20 GG, Kap. VII, Rdnr. 23; *Bettina Zimmermann*: Kanadische Verfassungsinstitutionen im Wandel: Unitarisierung durch Grundrechtsschutz; Berlin 1992, S. 112ff.

[285] Vgl. *Martin Heilmann*: Krise des Fiskalföderalismus in der Bundesrepublik Deutschland? Zum Verfassungsstreit der Länder über das Einnahmenverteilungssystem; Kiel 1987, S. 1; *Wolfgang Renzsch*: Finanzverfassung und Finanzausgleich, S. 283; *Karl Weber*, S. 37.

[286] *Ewald Nowotny*, S. 145. Vgl. auch *Rolf Peffekoven*: Finanzausgleich I, S. 618.

[287] Zu bedenken ist aber, daß die Forderung nach Einheitlichkeit der Lebensverhältnisse selbst durch das im Bundesstaatsprinzip wurzelnde Gebot der Einräumung autonomer Handlungsspielräume für alle Gebietskörperschaften begrenzt wird. Die Gegensätze Einheitlichkeit und Autonomie dürfen sich zwar wechselseitig einschränken, jedoch nicht aufheben. Vgl. auch *Franz Klein*: Gleichheitssatz und Steuerrecht; Köln 1966, S. 199f.

2.3.2.2 Vereinbarkeit von Steuerautonomie und steuerlicher Gleichbehandlung

Fraglich ist, wie sich das Erfordernis steuerlicher Gleichbehandlung (Grundsatz der Gleichmäßigkeit der Besteuerung) in einem föderativen Staat mit autonomen dezentralen Entscheidungseinheiten auswirkt. Wenn zwei Subjekte mit identischer steuerlicher Leistungsfähigkeit in verschiedenen Gebietskörperschaften ansässig sind, können sie dort einer unterschiedlichen Steuerbelastung unterworfen sein, mithin steuerrechtlich ungleich behandelt werden.

Der Grundsatz der Gleichmäßigkeit der Besteuerung steht der rechtlichen Zulässigkeit regional oder lokal variierender Steuertarife[289] in einem föderativen Staat jedoch nicht entgegen, da hierfür eine rein formale Betrachtungsweise gilt: Wenn regional oder lokal unterschiedliche Steuerlasten aus der Rechtsetzungsautonomie der jeweiligen Körperschaften resultieren, kann der Gleichheitssatz nicht verletzt werden, weil der Steuerzahler verschiedenen Steuergläubigern gegenübersteht: "Die Gleichmäßigkeit der Steuerbelastung endet also an der Grenze der für die Normgebung zuständigen Gebietskörperschaften."[290] Eine unterschiedliche Besteuerung in einzelnen Gebietskörperschaften, die aus dem föderalen Aufbau des Staates herrührt und auf autonomen Entscheidungen der für die Festlegung der Steuersätze zuständigen Gliedstaaten oder Kommunen basiert, ist demnach auch bei völlig gleichen Sachverhalten legitim und muß von den Betroffenen hingenommen werden.[291]

Überdies ist auch das Angebot an öffentlichen Gütern als Äquivalent der Besteuerung zu berücksichtigen. Solange die abweichende Steuerbelastung mit einem entsprechend größeren bzw. kleineren Güterbündel einhergeht, unterliegt es letztlich der freien Entscheidung eines Individuums, in welcher Gebietskörperschaft es sich ansiedelt und welches öffentliche Leistungsangebot bzw. welche damit korrespondierende Abgabenbelastung seinen Präferenzen am besten entspricht.[292] Ein Verstoß gegen das Gleichheitsgebot kann deshalb nicht unabhängig

---

[288] Vgl. *Ursula Bicher-Otto*: Ansatzpunkte für eine Neuorientierung der Steuerkompetenzen für die Bundesländer in der Bundesrepublik Deutschland; Marburg 1997, S. 217; *Ferdinand Kirchhof*: Grundsätze ..., S. 83f.

[289] Steuertarife sind diejenigen Regelungen, welche die Höhe der Belastung der Bemessungsgrundlage bestimmen. Vgl. *Helga Pollack*: Der Tarifaufbau der deutschen Einkommensteuer (I); in: Das Wirtschaftsstudium 1976, S. 73 (73).

[290] *Klaus Tipke*: Die Steuerrechtsordnung, Band I, S. 375f.

[291] Vgl. *Friedrich Klein*: Gleichheitssatz und föderative Struktur der Bundesrepublik Deutschland; in: Norbert Achternberg (Hrsg.): Öffentliches Recht und Politik; Berlin 1973, S. 165 (182f.); *Friedrich Schoch*: Der Gleichheitssatz; in: Deutsches Verwaltungsblatt 1988, S. 866 (870f.).

[292] Vgl. *Ursula Bicher-Otto*, S. 87f.

von den (individuellen) Nutzen festgestellt werden, die aus dem Angebot an öffentlichen Gütern resultieren. Ein höheres staatliches Leistungsangebot vermag eine höhere Steuerbelastung ggf. zu rechtfertigen.[293]

2.3.2.3 Steuerautonomie und Besteuerung nach dem Leistungsfähigkeitsprinzip

Schließlich ist die Frage zu klären, ob die Existenz dezentraler Besteuerungsrechte der vollständigen Umsetzung des Leistungsfähigkeitsprinzips im Bundesstaat entgegensteht: Vor dem Hintergrund der vertikalen Konkurrenz mehrerer Steuergläubiger könnte es aufgrund einer unkoordinierten Besteuerung seitens mehrerer Staatsebenen zu einer Überschreitung der individuellen Leistungsfähigkeitsgrenze kommen, wenn eine gemeinsame Steuerquelle übermäßig ausgeschöpft wird oder die Gesamtbelastung aus allen Steuern ein erträgliches Maß übersteigt. Zweifelhaft ist jedoch, ob eine solche Überforderung überhaupt realistisch ist: Immerhin weist ein demokratischer Staat ausreichende politische Kontrollmechanismen auf, mittels derer die Steuerzahler eine präferenzgerechte Steuerbelastung durchsetzen können.[294] Zudem trägt auch der innerstaatliche Wettbewerb dazu bei, die Steuerbelastung im Rahmen der Leistungsfähigkeit zu halten. Leistungsfähigkeitsprinzip und Steuerautonomie müssen sich also nicht widersprechen.

2.3.3 Grundtypen föderaler Steuersysteme

Entsprechend der vertikalen Verteilung der Besteuerungsrechte genießen die einzelnen föderalen Ebenen ein unterschiedliches Maß an Autonomie. Fraglich ist diesbezüglich, ob der Zugriff einer Gebietskörperschaft auf eine bestimmte Steuerquelle überhaupt zulässig und wie er ggf. ausgestaltet ist, ob und inwieweit also die Steuerautonomie einer staatlichen Ebene institutionell beschränkt ist. In Hinblick auf die vertikale Zuordnung der Steuerquellen lassen sich föderative Finanzverfassungen grundsätzlich in Trenn-, Verbund- und Mischsysteme gliedern.[295]

---

[293] Schwieriger wird die Beurteilung allerdings dann, wenn einer höheren Steuerbelastung kein umfangreicheres Güterangebot gegenübersteht. Soweit dies auf einer Leistungsschwäche der entsprechenden Körperschaft beruht, ist die (Lasten-) Verteilungsgerechtigkeit ggf. über einen Finanzausgleich herzustellen.

[294] Vgl. etwa die in der Annahme der 'Proposition 13' (Limitierung von Steuersätzen und -aufkommen) mündende kalifornische Steuerzahlerrevolte von 1977/78 (dazu *Cay Folkers*, S. 59ff.).

[295] Dazu *Albert Hensel*: Der Finanzausgleich im Bundesstaat in seiner staatsrechtlichen Bedeutung; Berlin 1922, S. 20ff.; *Johannes Popitz*: Der Finanzausgleich; in: Wilhelm Gerloff/Franz Meisel (Hrsg.): Handbuch der Finanzwissenschaft, Band 2; 1. Aufl., Tübingen 1927, S. 338 (355). Siehe auch *Ewald Nowotny*, S. 134ff.; *Richard A. Musgrave/Peggy B. Musgrave/Lore Kullmer*: Die öffentlichen Finanzen in Theorie und Praxis, 1. Band; 5. Aufl., Tübingen 1990, S. 37f.

2.3.3.1 Trennsysteme

Ein Trennsystem berechtigt und verpflichtet jede Gebietskörperschaft, sich die zur Erfüllung ihrer Aufgaben notwendigen Finanzmittel eigenständig und unabhängig von anderen Entscheidungsträgern zu beschaffen.[296] Freie Trennsysteme weisen den höchsten Grad an Einnahmenautonomie auf, bei gebundenen Trennsystemen nimmt dieser mit zunehmender Bindung an Vorgaben der Finanzverfassung ab:

Ohne eindeutige und abschließende finanzverfassungsrechtliche Zuordnung der Besteuerungsrechte ist die Steuerautonomie aller Gebietskörperschaften unbeschränkt (sog. Konkurrenz- oder *freies Trennsystem*).[297] Bund, Gliedstaaten und ggf. Gemeinden konkurrieren dann miteinander ungehindert um Steuerquellen; verschiedene staatliche Ebenen können unabhängig voneinander die gleiche Grundlage besteuern. Folge ist eine nicht abgestimmte Überschneidung steuerlicher Zuständigkeiten. Dieses System bietet zwar ein hohes Maß an fiskalischer Freiheit, kann aber erhebliche Nachteile mit sich bringen.[298] Deshalb sehen föderative Finanzverfassungen in der Regel kein Konkurrenzsystem, sondern eine Begrenzung der Besteuerungskompetenzen vor.[299]

Gebundene Trennsysteme nehmen eine ausschließliche Zuordnung der Steuerquellen vor. Sie bieten entweder eine volle Gestaltungskompetenz bezüglich Bemessungsgrundlagen, Steuerpflicht sowie Struktur und Niveau des Steuertarifs oder schränken diese teilweise bzw. ganz ein (d.h., Gesetzgebungs- und Ertragskompetenz fallen ggf. auseinander): Anrechnungs- und Zuschlagssysteme gewähren beschränkte Gestaltungsmöglichkeiten und somit noch ein gewisses Maß an Steuerautonomie, ein Trennsystem ohne Gestaltungskompetenz hingegen nicht mehr[300]:

---

[296] Vgl. *Thomas Lenk*: Reformbedarf und Reformmöglichkeiten des deutschen Finanzausgleichs; Baden-Baden 1993, S. 72.

[297] Vgl. *Heinz Haller*: Finanzpolitik, S. 270; *Günther Schmölders*: Finanzpolitik, S. 45f.

[298] Unbeschränkte Steuerautonomie kann zu einer übermäßigen (Mehrfach-) Belastung einer Steuerquelle, großer Unübersichtlichkeit, hohen Verwaltungskosten und Ineffizienzen bei widersprüchlichen Tarifen und Bemessungsgrundlagen führen. Weil starke regionale Belastungsdifferenzen nicht auszuschließen sind, droht ferner ein Konflikt mit dem Gebot gleichwertiger Lebensbedingungen im Bundesstaat. Zudem sind unkoordinierte Mehrfachbelastungen von Steuerquellen und das nicht zu verhindernde Entstehen einer Vielzahl (kleinerer) Einzelsteuern nicht mit dem Ziel einer rationalen Gestaltung des Steuersystems vereinbar. Schließlich wirft ein freies Trennsystem erhebliche Schwierigkeiten auf, einen sachgerechten horizontalen Finanzausgleich durchzuführen. Vgl. *Heinz Haller*: Finanzpolitik, S. 270; *Rolf Peffekoven*: Finanzausgleich I, S. 618.

[299] Vgl. *Norbert Andel*, S. 510; *Günther Schmölders*: Finanzpolitik, S. 45f.

[300] Vgl. *Ewald Nowotny*, S. 134ff.

- Das *gebundene Trennsystem mit voller Gestaltungskompetenz*[301] ordnet einer föderativen Ebene eine Steuerquelle insgesamt zu. Bei solchen ausschließlichen Steuern ist der zuständige Kompetenzträger in jeder Hinsicht (Steuergesetzgebung, Steuerertrag und Steuerverwaltung) vollständig autonom, andere Entscheidungseinheiten haben keinen Einfluß auf die Einnahmenverteilung oder die Festsetzung der Bemessungsgrundlage und des Tarifes. Die Finanzverfassung berücksichtigt auch keinen darüber hinausgehenden vertikalen oder horizontalen finanzpolitischen Koordinierungsbedarf.

- Ein *Anrechnungssystem*[302] begrenzt die Ertragskompetenz eines Hoheitsträgers, indem es dem Steuerschuldner möglich ist, die erhobene Steuer von der in einer vor- oder nachgelagerten Gebietskörperschaft bestehenden Steuerschuld oder von der ihr zustehenden Bemessungsgrundlage abzuziehen.

- Ein *Zuschlagssystem*[303] erlaubt die direkte Beteiligung an einer fremden Besteuerungsgrundlage. Die partizipierende Gebietskörperschaft erhebt auf die Bemessungsgrundlage oder die Steuerschuld einer anderen Staatsebene (Basissteuer) einen eigenen Zuschlag bzw. Hebe- oder Steuersatz. Dieser kann in der Höhe frei beeinflußbar oder aber begrenzt sein. Solche Zuschläge gewährleisten eine einheitliche Abgrenzung der Besteuerungsgrundlagen und ermöglichen regional unterschiedliche Steuersätze sowie –tarife, beschränken aber die Flexibilität des Gesamtsystems.

- Ein *gebundenes Trennsystem ohne Gestaltungskompetenz*[304] verteilt lediglich das Steueraufkommen auf die föderativen Ebenen. Die ertragsberechtigten Gebietskörperschaften haben keinen (wesentlichen) Einfluß auf die Ausgestaltung der Steuer. Die Gesetzgebungskompetenz, also die Bestimmung der Steuerpflicht, der Bemessungsgrundlagen und der Steuertarife, wird von einem übergeordneten Hoheitsträger (evtl. unter Mitwirkung der Ertragsberechtigten) oder einer Ebene gemeinsam (horizontale Koordination) ausgeübt. Das Recht der ertragsberechtigten Einheiten beschränkt sich ansonsten darauf, die Steuern nach einem bestimmten Verteilungsschlüssel zu vereinnahmen.

---

[301] Vgl. *Thomas Lenk*, S. 73f.

[302] Dazu *Herbert Fischer-Menshausen*: Finanzausgleich II: Grundzüge des Finanzausgleichsrechts; in: Handwörterbuch der Wirtschaftswissenschaft, Band 2, S. 636 (650); *Thomas Lenk*, S. 74.

[303] Vgl. *Herbert Fischer-Menshausen*: Finanzausgleich II, S. 649; *Heinz Haller*: Finanzpolitik, S. 271f.

[304] Vgl. *Thomas Lenk*, S. 75; *Hans Pagenkopf*: Der Finanzausgleich, S. 61f.

2.3.3.2 Verbundsysteme

In einem Verbundsystem[305] partizipieren mehrere föderative Ebenen am Ertrag einer Steuerquelle, indem aus dem Aufkommen einer oder mehrerer Steuern ein Steuerverbund gebildet wird (Einzel- bzw. Gesamtverbund). Vertikal verteilt werden nicht die Steuerquellen, sondern nur die Ertragsanteile (i.d.R. nach Quoten) an den von der Zentralebene erhobenen Steuern. Dabei kommen regelmäßig im Voraus festgelegte Verteilungsschlüssel zur Anwendung. Diese können sich entweder auf ein reines Territorialprinzip (örtliches Aufkommen oder einheitlicher Anteil je Einwohner) stützen oder auch als regionales bzw. lokales Umverteilungsinstrument (Element des Finanzausgleichssystems i.e.S.) dienen. Die Einrichtung eines Steuerverbundes führt zu einer bloßen (wenn auch unmittelbaren) Beteiligung einer Gebietskörperschaft am Steueraufkommen[306], und auch die Gesetzgebungskompetenz des zentralen Aufgabenträgers ist regelmäßig institutionell beschränkt, z.B. durch Mitwirkungsrechte der nachgeordneten Körperschaften. Besteuerungsgrundlage und Steuersätze sind bei dieser Regelung im gesamten Staat einheitlich.[307]

Varianten des Verbundsystems bilden das *Überweisungs-* und das *Zuweisungssystem*.[308] Hierbei ist sowohl die Gesetzgebungs- als auch die Ertragshoheit einer einzigen Körperschaft übertragen. Allen anderen werden nicht originäre Steueranteile zugeordnet, sondern derivative Ertragsanteile bzw. bloße Transfers gewährt. Es handelt sich folglich nur um eine mittelbare Beteiligung am Steueraufkommen, zumal die Verteilungsregeln maßgeblich vom Zahlungspflichtigen bestimmt werden. Dieses System der vertikalen Steuerverteilung bedeutet für die empfangenden Gebietskörperschaften den vollständigen Verzicht auf Einnahmenautonomie.

---

[305] Vgl. *Norbert Andel*, S. 510f.; *Heinz Haller*: Finanzpolitik, S. 268ff.; *Horst Zimmermann*: Allgemeine Probleme ..., S. 42.

[306] Zu unterscheiden ist dabei zwischen den sog. *Tax-Sharing-* und *Revenue-Sharing-Modellen*. Bei ersteren wird das Aufkommen einzelner Steuerarten nach bestimmten Kriterien auf die Gebietskörperschaften verteilt. Revenue-sharing-Modelle legen lediglich die Anteile der einzelnen Ebenen am gesamten Steueraufkommens fest.

[307] Vorteile des Verbundsystems sind die föderative Aufteilung konjunktureller Einnahmeschwankungen sowie die niedrigen Verwaltungskosten aufgrund einheitlicher Erhebung. Nachteilig wirkt sich die geringe Einnahmenautonomie insbes. der unteren föderalen Ebenen aus. Weil den Steuerzahlern die Ertragsaufteilung und Einnahmenverantwortung nur selten bewußt ist, kann der Steuer-Ausgaben-Mechanismus nicht funktionieren und infolgedessen der Budgetumfang nicht optimal den Wählerpräferenzen angepaßt werden. Dies gilt eingeschränkt auch dann, wenn den einzelnen Hoheitsträgern neben dem Verbund auch eigene Steuerquellen zur autonomen Ausschöpfung zugewiesen werden, da vor allem die quantitativ bedeutsamen Steuern als Verbundsteuern in Betracht kommen und weniger ergiebige Nebensteuern nicht unbedingt zur Erreichung des optimalen Budgetumfangs ausreichen. Allerdings ist dem Verbundsystem eine gewisse vertikale Verteilungsflexibilität eigen, da eine Anpassung der jeweiligen Anteile an den Finanzbedarf einer Staatsebene möglich ist.

[308] Siehe *Manfred Kraff*, S. 106ff.; *Thomas Lenk*, S. 76ff.; *Ewald Nowotny*, S. 135; *Rolf Peffekoven*: Finanzausgleich I, S. 620.

2.3.3.3 Mischsysteme

Mischsysteme[309] bilden die Kombination eines Steuerverbundes mit Elementen eines Trennsystems. Die verfügbaren Steuerquellen werden dann teilweise (insbesondere die ertragreichen Steuern) als Verbund- oder Gemeinschaftsteuern mehreren föderativen Ebenen gemeinsam, zum Teil einzelnen Gebietskörperschaftsebenen ausschließlich zugewiesen.[310] Im gesamten Steuersystem können dabei sowohl die Trenn- als auch die Verbundkomponenten dominieren.[311]

2.3.4 Normative Grundlagen eines 'fairen' Steuerwettbewerbs zwischen Gliedstaaten

Um die Vorteile des föderativen Wettbewerbs nutzen zu können, sind die Voraussetzungen für einen 'fairen' innerstaatlichen Steuerwettbewerb zu schaffen: Ein ungehemmter Steuerwettbewerb ohne entsprechende Rahmenbedingungen kann zu Verletzungen des Prinzips der fiskalischen Äquivalenz führen, entweder durch die Attrahierung fremder steuerlicher Bemessungsgrundlagen ohne begleitende reale ökonomische Transaktionen oder den Export der Steuerbelastung in andere Gebietskörperschaften. Ein Steuerexport liegt vor, wenn das Steueraufkommen höher ist als die Steuerleistung innerhalb einer Gebietskörperschaft, weil ein Teil des Aufkommens von Dritten getragen wird.[312] Eine solche Lastenverschiebung würde die notwendige institutionelle Kongruenz unterlaufen, wenn der Kreis der Steuerzahler in einem solchen Fall nicht dem der Nutznießer öffentlicher Leistungen entspricht. Steuerexport beeinträchtigt damit die optimale Faktorallokation zwischen öffentlichem und privaten Sektor und führt zu einer suboptimalen Versorgung mit öffentlichen Leistungen.[313]

Entscheidend für die Funktionsfähigkeit des Steuerwettbewerbs ist daher ein geeigneter finanzverfassungsrechtlicher Rahmen, innerhalb dessen sich die subnationale Steuerpolitik vollziehen kann.[314] Relevant für den föderativen Steuerwettbewerb sind die Zahl und die Art

---

[309] Zu den einzelnen Gestaltungsvarianten siehe *Hans Pagenkopf*: Der Finanzausgleich, S. 63ff.
[310] Vgl. *Richard A. Musgrave/Peggy B. Musgrave/Lore Kullmer*: Die öffentlichen Finanzen, 1. Band, S. 38; *Rolf Peffekoven*: Finanzausgleich I, S. 621; *Günther Schmölders*: Finanzpolitik, S. 47.
[311] Die Gemeinschaftsteuern trugen etwa 1995 in Deutschland 69,4%, in Österreich 72,1% und in der Schweiz 13,5% zu den gesamten Steuereinnahmen bei. Dazu *Ewald Nowotny*, S. 136f.
[312] Vgl. *Rolf Peffekoven*: Zur Theorie des Steuerexports; Tübingen 1975, S. 4.
[313] Vgl. *Rolf Peffekoven*: Zur Theorie des Steuerexports, S. 12ff.; *Dietmar Wellisch*: Dezentrale Finanzpolitik bei hoher Mobilität; Tübingen 1995, S. 11f.
[314] Ein freies Trennsystem (s.o.) z.B. bietet deshalb nicht die erforderlichen homogenen Rahmenbedingungen für föderalen Wettbewerb, weil die Koordinierung hinsichtlich der Belastung der einzelnen Steuerquellen sowie der finanzpolitischen Ziele des Gesamteinnahmensystems fehlt. Vgl. *Thomas Lenk*, S. 73.

der Steuerquellen, die auf den einzelnen Staatsebenen mit autonomen Besteuerungsrechten versehen sind. Umfassende Autonomie, d.h. Gestaltungskompetenz bis hin zur Einführung bzw. Abschaffung einer Steuer, sollte subnationalen Gebietskörperschaften nur hinsichtlich derjenigen Steuerarten gewährt werden, die für fiskalischen Wettbewerb zweckmäßig sind.

Vor allem darf es aber nicht möglich sein, eine 'unfaire' Wettbewerbspolitik zu betreiben. Die Grenze zum 'unfairen' Steuerwettbewerb ist nach *Krause-Junk* mit der "Abkehr von vernünftigen Besteuerungsgrundsätzen"[315] zugunsten eigener wirtschaftlicher Vorteile zu Lasten Dritter überschritten. Damit ist gemeint, daß die Grundsätze eines rationalen Steuersystems gegenüber den Zielen der Einnahmenmaximierung sowie der Stärkung der eigenen Wettbewerbsposition vernachlässigt und die steuerpolitischen Instrumente entsprechend genutzt werden.

'Unfaire' Wettbewerbspolitik ist mithin dann gegeben, wenn für das Verhalten der Marktteilnehmer auf der Nachfrageseite nicht mehr allein das Angebot an öffentlichen Gütern und die damit verbundene Abgabenbelastung entscheidend sind, sondern Wettbewerbverfälschungen stattfinden und ihr Markt- bzw. Ansiedlungsverhalten beeinflussen. Dieser Gedanke verbirgt sich auch hinter Art. 87 Abs. 1 EGV, der das Problem der Subventionen als Wettbewerbsinstrument aufgreift und Wettbewerbverfälschungen durch direkte Eingriffe in die Wettbewerbverhältnisse verbietet, um vor dem Hintergrund der internationalen und interregionalen Konkurrenz um Wirtschaftstätigkeit und Beschäftigung einen verzerrungsfreien und 'fairen' Wettbewerb (im innergemeinschaftlichen Handel) zu sichern.[316] Diese Regelung betrifft die (privaten) Unternehmen und ihre Standorte (und somit die interstaatliche Konkurrenz) gleichermaßen; Intention der Art. 87-89 EGV ist letztlich, 'faire' Bedingungen im horizontalen Wettbewerb zwischen Gebietskörperschaften herzustellen.

Ein 'fairer' Steuerwettbewerb muß demzufolge Wettbewerbverfälschungen verhindern. Solche können etwa durch die strategische Gestaltung von Bemessungsgrundlagen und Steuertarifen im subnationalen Steuerrecht entstehen.[317] Dies gilt primär für besonders ansiedlungsrelevante Steuern. Daraus folgt aber nicht zwingend, daß in allokativ kritischen Bereichen dezentraler Besteuerung stets eine bundeseinheitliche Regelung erforderlich ist. Verzerende Effekte bzgl. der interregionalen Ressourcenallokation und ein ineffizienter Steuerwettbewerb kann auch

---

315 *Gerold Krause-Junk*: Steuerwettbewerb, S. 146.
316 Vgl. *Norbert Andel*, S. 281; *Francis Rawlinson*: Kommentierung zu Art. 87 EGV; in: Carl Otto Lenz (Hrsg.): EG-Vertrag (Kommentar); 2. Aufl., Köln u.a. 1999, Rdnr. 10.
317 Eine Steuer kann im fiskalischen Wettbewerb strategisch eingesetzt werden, wenn sie besonders dazu geeignet ist, Produktionsfaktoren, Konsumenten oder steuerliche Bemessungsgrundlagen, also mobile Besteuerungsobjekte, zu attrahieren.

durch abgeschwächte Koordinierung bzw. Harmonisierung[318] bestimmter Steuern verhindert werden.[319] Die Notwendigkeit der Koordination ergibt sich in diesem Fall aus dem Ziel einer gesamtstaatlichen Verbesserung der Lebensbedingungen. Sie kann entweder durch horizontale Koordinierung der wichtigsten steuerrechtlichen Grundlagen, durch (bundes-) einheitliche Bemessungsgrundlagen oder auch durch entsprechende Berücksichtigung der Wirkungen der Steuerkonkurrenz im Rahmen eines Finanzausgleichssystems erfolgen.[320]

Bei der Beurteilung der Eignung dezentraler Steuern für Steuerwettbewerb sind ferner ihre Wirkung auf die Steuerpflichtigen und deren potentielle Reaktionen zu berücksichtigen: Die individuellen Toleranzgrenzen für Besteuerungsdifferenzen sind um so höher, je immobiler das Steuerobjekt ist: Bei einem mobilen Steuerobjekt kann leichter auf Veränderungen in der Besteuerung reagiert werden, während bei immobilen Steuerobjekten die Möglichkeit der räumlichen Ausweichbewegung fehlt. Auch deshalb sollten bestimmte Steuern harmonisiert werden.

Eine Ausgestaltung eines Steuersystems, die es einzelnen Gebietskörperschaften ermöglicht, Steuerpolitik zu Lasten anderer zu betreiben, ist mit einer bundesstaatlichen Ordnung unvereinbar, wenn die Nachteile ein nicht mehr unerhebliches Ausmaß annehmen. Soweit die Gestaltung der Finanzverfassung 'unfaire' Verhaltensweisen der konkurrierenden Körperschaften nicht verhindern kann, bietet sich etwa die Vereinbarung eines 'fair-tax'-Regelwerkes an, welches Steuer-Dumping verhindert und das Ziel eines effizienz- und innovationssteigernden Wettbewerbs absichert.[321] Darüber hinaus gelten die verfassungsrechtlichen Grenzen für den föderalen Wettbewerb[322] wie das Gebot der Rücksichtnahme gegenüber den föderalen Partnern, die erst recht für den finanzpolitischen Wettbewerb auf der Einnahmenseite verbindlich sind. Sie bilden die Schranke eines horizontalen Steuerwettbewerbs auf regionaler oder lokaler Ebene und verpflichten die Teilnehmer zur Einhaltung 'fairer' Verhaltensweisen.

Bei der Konzeption der Finanzverfassung sind noch weitere Bedingungen für einen 'fairen' Steuerwettbewerb zu berücksichtigen: So sollte die vertikale Zuordnung der Steuerquellen

---

[318] Bezüglich der föderalen Zusammenarbeit läßt sich eine unterschiedliche Kooperationsintensität feststellen. Diese reicht von der gegenseitigen Information über die (partielle) Anpassung bis hin zur (vollständigen) Harmonisierung bestimmter Regelungen als letzte Stufe.

[319] Vgl. *John G. Head*: Intergovernmental ..., S. 187 (189f.).

[320] Vgl. *Peggy B. Musgrave*, S. 296.

[321] Vgl. *Walter Müller*, S. 313ff. Siehe auch die Empfehlungen der OECD zu möglichen Maßnahmen gegen schädlichen Steuerwettbewerb: *OECD* (Hrsg.): Harmful Tax Competition: An Emerging Global Issue; Paris 1998, S. 37ff.

[322] Siehe oben unter 2.1.4.3 ('Grenzen föderativer Unabhängigkeit und Konkurrenz').

allen Staatsebenen eine aufgabengerechte Finanzausstattung garantieren (→ 2.4.1) und den Kriterien für einen optimalen Zentralisierungsgrad (→ 2.4.4) genügen. Ferner muß die Besteuerungsbasis hinsichtlich der Wirtschaftsstruktur neutral gestaltet sein, um ein der Wirtschaftskraft folgendes gleichmäßiges Steueraufkommen zu sichern. Ungeeignet sind daher Steuern, die von vornherein (aufgrund zentraler Vorgabe) bestimmte Wirtschaftsbereiche ausnehmen oder privilegieren.

Zu den Voraussetzungen 'fairen' Steuerwettbewerbs gehören schließlich die gezielte Förderung der Wirtschaftskraft strukturschwacher Gebiete durch eine vergleichbare Ausstattung mit öffentlicher Infrastruktur in allen Regionen, soweit dies nicht zu Wettbewerbsvorteilen gegenüber nichtgeförderten Landesteilen führt sowie die Durchführung eines sachgerechten horizontalen Finanzausgleichs.

2.3.5 Zum Verhältnis von regionaler bzw. lokaler Steuerautonomie und Finanzausgleich

Die Auflösung des Widerspruchs zwischen der Zielnorm 'Einheitlichkeit der Lebensverhältnisse' sowie der Forderung nach subnationalem Wettbewerb und regionaler bzw. lokaler Steuerautonomie kann über das Instrument des bundesstaatlichen Finanzausgleichs i.e.S.[323] erfolgen. Dabei stellt sich insbesondere die Frage, welche Auswirkungen auf Funktion und Gestaltung des Finanzausgleichs ein höherer Grad an Steuerautonomie in einem föderalen Steuersystem hat.

Die Notwendigkeit eines Finanzausgleichs ergibt sich daraus, daß die fiskalischen Auswirkungen der Aufgaben- und Ausgabenverteilung einerseits und die Einnahmenzuordnung andererseits nicht übereinstimmen.[324] Der Finanzausgleich korrigiert hierfür die primäre Steuerverteilung durch Zahlungen, die bestimmten Verteilungsregeln folgen, entweder vertikal zwischen dem Zentralstaat und den Teilstaaten oder horizontal unter diesen. Im Mittelpunkt der daraus resultierenden Verteilungsproblematik stehen die Ermittlung von Finanzkraft und Finanzbedarf einer Körperschaft sowie die Frage, wie ein System von Transferzahlungen zu gestalten ist, um die bestehenden Unterschiede angemessen zu minimieren.[325] Die Finanzbe-

---

[323] Unter dem Begriff 'Finanzausgleich i.e.S.' ist die sekundäre Einnahmenverteilung zu verstehen, mit der nach der originären Einnahmenverteilung verbliebene vertikale oder horizontale Unterschiede der Finanzausstattung mittels expliziter Transferzahlungen ausgeglichen werden. Vgl. *Kurt Schmidt*: Finanzausgleich: Überblick; in: Willi Albers u.a. (Hrsg.): Handwörterbuch der Wirtschaftswissenschaft, Band 2, S. 607 (607).

[324] Vgl. *Horst Zimmermann/Klaus-Dirk Henke*, S. 191.

[325] Vgl. *Rolf Peffekoven*: Finanzausgleich I, S. 608.

darfe können horizontal, also zwischen den einzelnen Gliedstaaten oder Kommunen, erheblich divergieren.[326]

Ein Finanzausgleich i.e.S. ist ein wesentlicher Bestandteil eines föderativen Systems dezentraler staatlicher Aufgabenerfüllung: Der Abbau von Finanzkraft- oder Finanzbedarfsunterschieden sichert die finanzielle Selbständigkeit aller Gebietskörperschaften durch den Ausgleich allokativer[327] Mängel der primären Einnahmen- bzw. der Ausgabenverteilung[328] und trägt auf diese Weise dazu bei, das Angebot öffentlicher Güter zu optimieren und unwirtschaftliche Faktorbewegungen zu vermeiden.[329] Dazu gilt es, interregionale spill-over-Effekte zu internalisieren[330], die unterschiedliche Grenzproduktivität der regional gebundenen Infrastruktur durch Verlagerungen von Ressourcen in andere Regionen einander anzunähern[331], einen Ausgleich von Verwerfungen in der regionalen Verteilung des Steueraufkommens[332] vorzunehmen und Verzerrungen auf der Ausgaben- bzw. der Einnahmeseite der Haushalte dezentraler Gebietskörperschaften zu korrigieren, welche auf Maßnahmen beruhen, die ein übergeordneter Entscheidungsträger im Rahmen einer interregionalen und interpersonellen Verteilungspolitik verursacht hat.[333]

Hinsichtlich der Gewährleistung einer aufgabengerechten Finanzausstattung läßt sich eine vertikale und horizontale Dimension des bundesstaatlichen Finanzausgleichs feststellen:

- Der Finanzausgleich kann eine *vertikale Ergänzungsfunktion* übernehmen, um alle (oder einige) Einheiten einer Staatsebene in die Lage zu versetzen, die ihnen verfassungsmäßig

---

[326] Vgl. *Gisela Färber:* Finanzverfassung, Besteuerungsrechte und Finanzausgleich, S. 128.

[327] Mit einem Finanzausgleich lassen sich auch verteilungs- und stabilitätspolitische Zielsetzungen verbinden (vgl. *Gisela Färber:* Finanzverfassung, S. 92ff.; *Dies.*: Finanzverfassung, Besteuerungsrechte und Finanzausgleich, S. 138; *Rolf Peffekoven:* Finanzausgleich I, S. 627ff.; *Wissenschaftlicher Beirat beim Bundesministerium der Finanzen:* Gutachten zum Länderfinanzausgleich, S. 49): Verteilungspolitisch motiviert kann ein horizontaler Ausgleich der Ausgabenlasten bzw. der Einnahmen sein, um z.B. alle Entscheidungseinheiten einer Ebene zu veranlassen, ein nach Umfang und Struktur einheitliches Angebot an öffentlichen Gütern bereitzustellen. Dem Stabilitätsziel dienen die Stabilisierung der Einnahmenbasis durch einen Finanzausgleich sowie die Verhinderung einer prozyklischen Ausgabenpolitik der Gebietskörperschaften.

[328] Auch eine Verletzung des Konnexitätsprinzips kann einen allokationspolitisch begründeten Finanzausgleich erforderlich machen. Der Mangel an vertikaler Konnexität zwischen Entscheidungskompetenz und Ausgabenverantwortung sollte jedoch nicht über einen horizontalen Finanzausgleich kompensiert werden.

[329] Vgl. *Rolf Peffekoven:* Finanzausgleich I, S. 626; *Wissenschaftlicher Beirat beim Bundesministerium der Finanzen:* Gutachten zum Länderfinanzausgleich, S. 45.

[330] Vgl. *Charles B. Blankart:* Öffentliche Finanzen ...., S. 534; *Rolf Peffekoven:* Finanzausgleich I, S. 626f.

[331] Vgl. *Stefan Homburg:* Eine Theorie des Länderfinanzausgleichs: Finanzausgleich und Produktionseffizienz; in: Finanzarchiv N.F. Band 50 (1993), S. 458ff.; *Rolf Peffekoven:* Finanzausgleich im Spannungsfeld, S. 14.

[332] Dazu *Gisela Färber/Marika Sauckel/Elmar Döhler:* Probleme der regionalen Steuerverteilung im bundesstaatlichen Finanzausgleich; Baden-Baden 2000, S. 95ff.

[333] Vgl. *Gisela Färber/Marika Sauckel/Elmar Döhler*, S. 31ff.; *Richard A. Musgrave/Peggy R. Musgrave:* Public Finance in Theory and Praxis; New York u.a. 1973, S. 606.

zugewiesenen Aufgaben zu erfüllen, wenn und soweit die eigenen Besteuerungsgrundlagen dafür nicht ausreichen.[334] Eine Korrektur der primären Steuerverteilung ist erforderlich, wenn ein horizontales Gefälle der Wirtschaftskraft zu allokativ ineffizienten Angeboten an öffentlichen Gütern in einzelnen Gebietskörperschaften führen würde. Um ineffiziente Wanderungen zu vermeiden, ist in einem solchen Fall ein Finanzausgleich mit vertikalen Zuweisungen an die wirtschafts- und damit i.d.R. auch finanzschwachen Gebietskörperschaften durchzuführen.

- Daneben existiert eine (in der Praxis bedeutendere) *horizontale Ausgleichsfunktion*, welche die Aufgabe hat, die unterschiedliche Finanzkraft oder den divergierenden Finanzbedarf von Gebietskörperschaften einer Ebene einander anzunähern.

Der Finanzausgleich kann entweder (einnahmenorientiert) als Steuer- bzw. Finanzkraftausgleich oder (ausgabenorientiert) als Lastenausgleich ausgestaltet sein[335]:

- Bei einem *Steuerkraftausgleich* wird die unterschiedliche Finanzkraft der Körperschaften einer Ebene nach bestimmten Kriterien einander angenähert. Als Instrumente hierfür stehen sowohl vertikale Zahlungen mit horizontaler Ausgleichswirkung als auch horizontale Ausgleichszahlungen zur Verfügung.

- Ein *Lastenausgleich* dagegen kompensiert überdurchschnittliche oder besondere Belastungen einzelner Gebietskörperschaften, wobei entweder allgemeine (pauschale) Zuweisungen oder spezielle Erstattungszahlungen zum Einsatz kommen.

Hinsichtlich des Verhältnisses von Finanzausgleich und (weitreichender) Steuerautonomie subnationaler Gebietskörperschaften ist zunächst zu untersuchen, welche (spezielle) Funktion ein Finanzausgleich im Rahmen des Steuerwettbewerbs übernimmt:

Steuerwettbewerb hat nicht nur effizienzfördernde, sondern auch effizienzschädliche Effekte.[336] Sobald in finanzschwachen Regionen die Finanzknappheit ein relativ hohes Steuerniveau diktiert, während die finanzstarken Gliedstaaten über ausreichend Mittel verfügen, Attrahierungspolitik mittels niedriger Steuersätze, strategischer Steuervergünstigungen oder Ansiedlungssubventionen zu betreiben[337], kann der Steuerwettbewerb für die unterlegenen Regionen ruinösen Charakter annehmen, aber auch in den anderen Gebieten eine suboptimale

---

334 Vgl. *Gisela Färber*: Finanzverfassung, Besteuerungsrechte und Finanzausgleich, S. 138.
335 Vgl. *Gisela Färber*: Finanzverfassung, Besteuerungsrechte und Finanzausgleich, S. 141.
336 Vgl. *Gerold Krause-Junk*, S. 150. Kritisch auch *Peggy B. Musgrave*, S. 296.
337 Vgl. *Dieter Vesper*: Die Region Berlin-Brandenburg im Länderfinanzausgleich – Welche Auswirkungen hätte eine Reform?; in: Michael C. Burda/Helmut Seitz/Gert Wagner (Hrsg.), S. 9 (18).

Ausstattung mit öffentlichen Gütern hervorrufen.[338] Folge wäre nicht nur ein spürbarer Verlust bundesstaatlicher Homogenität, sondern auch eine Verschärfung der interregionalen Differenzen hinsichtlich staatlicher Leistungsfähigkeit sowie wirtschaftlicher und sozialer Lebensbedingungen der Einwohner, schlimmstenfalls droht eine dauerhafte ökonomische Leistungsschwäche 'ärmerer' Landesteile.

Die Einführung autonomer Besteuerungsrechte bedarf deshalb flankierender Maßnahmen, die sicherstellen, daß die (finanz-) schwächeren Gebietskörperschaften von ihren steuerpolitischen Spielräumen auch tatsächlich in sinnvoller Weise Gebrauch machen können und eine echte Chance haben, sich im fiskalischen Wettbewerb zu behaupten.

Als Instrument bieten sich hierfür zum einen vertikale Zuweisungen an finanzschwache Gliedstaaten und Kommunen an, welche die Finanzierung eines Minimums an öffentlichen Leistungen absichern.[339] Solche Zuweisungen gewährleisten, daß alle dezentralen Einheiten die Voraussetzungen für eine gleichwertige Teilnahme am horizontalen fiskalischen Wettbewerb erfüllen.[340] Daneben kann ein finanzkraftorientierter Finanzausgleich mit horizontaler Wirkung sinnvoll sein: Wird ein solcher Finanzausgleich durchgeführt, partizipieren alle Gebietskörperschaften einer Ebene am steigenden Steueraufkommen eines Konkurrenten sowie den Kosten einer Verlagerung steuerlicher Bemessungsgrundlagen. "Der [horizontale] Finanzausgleich internalisiert damit die fiskalischen Externalitäten des Steuerwettbewerbs"[341] und reduziert so die mit dem Steuerwettbewerb einhergehenden Ineffizienzen.

Trotz autonomer Besteuerungsrechte kann der Ausgleichsgrad in einem föderativen Finanzausgleichssystem sehr hoch oder sogar deutlich übernivellierend sein: Ursache hierfür können nicht nur eine geringere Finanzkraft in wirtschaftsschwächeren Regionen oder erhebliche Unterschiede in der Ausstattung mit öffentlicher Infrastruktur, sondern auch Divergenzen in der Kostenstruktur bezüglich der Erstellung staatlicher Leistungen sein, weil z.B. bestimmte Regionen schwach besiedelt oder nur aufwendig zu versorgen sind. Aus der höheren Steuerbelastung (oder dem geringeren Angebot an öffentlichen Gütern) in derart benachteiligten Gebieten kann die Tendenz zur Abwanderung in finanzstarke und gut versorgte (Ballungs-) Regionen resultieren, was die wirtschaftsschwächeren Regionen zusätzlich belastet.

---

[338] Vgl. etwa *David N. King*: Fiscal Tiers: The Economics of Multi-Level Government; London u.a. 1984, S. 224ff.; *Peggy B. Musgrave*, S. 290f.; *Wallace E. Oates*: Fiscal Federalism, S. 143; *Rolf Peffekoven*: Zur Theorie des Steuerexports, S. 12ff.

[339] Vgl. *Richard A. Musgrave/Peggy B. Musgrave/Lore Kullmer*: Die öffentlichen Finanzen, 3. Band, S. 22f.

[340] Vgl. *Ursula Bicher-Otto*, S. 225.

[341] *Eckhard Janeba/Wolfgang Peters*, S. 45.

Der Finanzausgleich übernimmt in Ländern mit größeren ökonomischen Disparitäten mithin die wichtige Aufgabe, die Voraussetzungen für einen 'fairen' Steuerwettbewerb zu schaffen. Er benötigt dabei ein relativ hohes Nivellierungsniveau, um negative Effekte einer weitreichenden Steuerautonomie einzudämmen. Die Durchführung eines Finanzausgleichs darf sich jedoch nicht auf die Angleichung unterdurchschnittlicher Finanzkraft beschränken: Notwendig ist vielmehr auch der Ausgleich bestimmter Sonderbedarfe durch spezielle Transferzahlungen sowie die Existenz eines bundesstaatlichen Lastenausgleichs für zentral veranlaßte Ausgaben (vor allem bei starker regionaler Streuung)[342] und regionale Wettbewerbsnachteile (wie die Belastung ökonomisch rückständiger Regionen mit überdurchschnittlichen sozialen Lasten[343]). Eine Korrektur des Steueraufkommens, welches ja das Ergebnis des Steuerwettbewerbs darstellt, sollte daher stets mit einem dem Steuerwettbewerb vorgelagerten Ausgleich spezifischer Lasten einer Gebietskörperschaft verbunden werden, wobei der Finanzausgleich die jeweilige Begründung der Ausgleichszahlungen offenzulegen hat.

Der Finanzausgleich darf jedoch nicht die Ergebnisse selbstbestimmter Politik konterkarieren. Darum müssen die Verteilungsmechanismen verhindern, daß negative Auswirkungen falscher Entscheidungen (zu einem erheblichen Teil) auf andere Gebietskörperschaften abgewälzt und somit von diesen 'mitfinanziert' werden. Föderale Autonomie bedeutet nämlich volle Verantwortlichkeit für eigenständige Politik, deren Folgen dann auch selbst zu tragen sind; dies verbietet, das 'Anrecht' auf schlechte bzw. gute Leistungen und ihre Effekte[344] auszuhebeln.

Dezentrale Steuerautonomie wirkt sich überdies auf die konkrete Gestaltung grundlegender Aspekte des Finanzausgleichs aus: Sobald die von Finanzausgleichszahlungen begünstigten Gebietskörperschaften über eigene Besteuerungsrechte verfügen, ist ein Ausgleich des tatsächlichen Steueraufkommens wegen der unterschiedlichen Steuersätze nicht mehr sachgerecht. Die Berechnung der Ausgleichsleistungen muß daher auf der Grundlage anderer Parameter erfolgen. Bei einheitlichen Bemessungsgrundlagen kommt z.B. ein Finanzausgleich auf der Basis normierter Durchschnittssteuersätze in Betracht. Ansonsten bleibt die Möglichkeit eines Ausgleichs divergierender Einnahmepotentiale auf der Basis bestimmter Indikatoren.

---

342 Die Belastung subnationaler Gebietskörperschaften mit exogen determinierten Aufgaben (insbes. solchen, deren Kostenintensität regional stark streut), ist grundsätzlich zu vermeiden. Zumindest ist sicherzustellen, daß die damit verbundenen Ausgaben durch Transfers kompensiert werden.

343 Überdurchschnittliche Ausgabenbedarfe für soziale Leistungen sind gerade dort zu verzeichnen, wo die gleichen Ursachen (nämlich relative wirtschaftliche Schwäche) zu einer unterdurchschnittlichen Steuerkraft führen. Vgl. *Martin Heilmann*: Krise des Fiskalföderalismus?, S. 2.

344 Wobei genau zu bestimmen wäre, was tatsächlich Folge einer eigenen (Fehl-) Leistung ist. Ob etwa die Höhe des Steueraufkommens ein sicherer Indikator für die Güte der Wirtschaftspolitik einer Gebietskörperschaft ist, dürfte zu bezweifeln sein (vgl. die empirische Länderanalyse (Kapitel 3)).

2.3.6 Zwischenergebnis

Die (ökonomisch) rationale Gestaltung der Finanzverfassung verlangt einen funktionsfähigen Steuer-Ausgaben-Mechanismus, welcher die Entscheidungskomplexe bzgl. Umfang und Struktur der Aufgabenwahrnehmung sowie der zu ihrer Finanzierung notwendigen Abgaben zusammenführt. Demzufolge sind bei der Konzeption eines föderativen Steuersystems die Grundsätze der Autonomie, der Konnexität und der fiskalischen Äquivalenz so weit wie möglich umzusetzen.

Die Finanzverfassung hat auch den grundlegenden gesellschaftlichen Konsens hinsichtlich der landesweiten Sozial- und Wirtschaftspolitik, gewisse Gleichheitsvorstellungen in bezug auf die regionalen Lebensbedingungen sowie die Bedeutung bundesstaatlicher Solidarität für den nationalstaatlichen Zusammenhalt zu berücksichtigen. Der normative Charakter des Ziels der Gleichwertigkeit der Lebensverhältnisse darf bei der Konzeption eines föderativen Steuersystems nicht vernachlässigt werden. Vor diesem Hintergrund ist eine Lösung für den Konflikt zwischen föderaler Verteilungspolitik und allokativer Effizienz zu suchen.[345] Im Hinblick auf die Problematik der Zuordnung autonomer steuerpolitischer Entscheidungsbefugnisse auf alle föderalen Ebenen ist festzustellen, daß daraus kein Verstoß gegen den Grundsatz der Gleichmäßigkeit der Besteuerung resultieren kann. Auch eine Gefährdung der Besteuerung nach der individuellen Leistungsfähigkeit ist dadurch nicht zu erwarten.

Die Gestaltung der Finanzverfassung muß die Voraussetzungen dafür schaffen, daß der horizontale innerstaatliche Steuerwettbewerb in 'fairen' Bahnen verläuft und 'unfaire' Wettbewerbspolitik mittels Wettbewerbverfälschungen verhindert wird. Dies ist der Fall, wenn für das Markt- bzw. Ansiedlungsverhalten der Marktteilnehmer auf der Nachfrageseite allein das Angebot an öffentlichen Gütern und die damit verbundene Abgabenbelastung entscheidend sind. Dazu ist es wichtig, die Anzahl und Arten derjenigen Steuern, mit denen die subnationalen Gebietskörperschaften in Wettbewerb treten, auf ein für den innerstaatlichen Steuerwettbewerb zweckmäßiges Maß zu begrenzen. Außerdem ist eine gewisse Koordinierung des Steuerrechts durch Harmonisierung der Besteuerungsgrundlagen notwendig, um die Auswirkungen des Steuerwettbewerbs in erträglichen Bahnen zu halten.

Weiterhin müssen den Steuerwettbewerb Maßnahmen flankieren, die sicherstellen, daß alle Gebietskörperschaften die Voraussetzungen für eine gleichwertige Teilnahme am horizontalen fiskalischen Wettbewerb erfüllen sowie von ihren steuerpolitischen Spielräumen in sinnvoller Weise Gebrauch machen und sich im fiskalischen Wettbewerb behaupten können.

---

[345] Vgl. auch *Dieter Vesper*: Die Region ..., S. 18.

Erforderlich ist hierfür ein sachgerechter Finanzausgleich mit horizontaler Wirkung, der die fiskalischen Externalitäten des Steuerwettbewerbs internalisiert, die damit einhergehenden Ineffizienzen reduziert und die Finanzierung eines Minimums an öffentlichen Leistungen garantiert. Deshalb kann trotz autonomer Besteuerungsrechte der Ausgleichsgrad eines föderativen Finanzausgleichssystems sehr hoch oder sogar übernivellierend sein. Dies darf aber nicht dazu führen, daß negative Folgen autonomer Politik auf andere Gebietskörperschaften abgewälzt bzw. positive Ergebnisse umverteilt werden. Ein Lastenausgleich ist daher tendenziell sachgerechter als ein bloßer Finanzkraftausgleich.

2.4 Die 'optimale' föderale Verteilung der Besteuerungskompetenzen

Die sachgerechte Gestaltung eines föderativen Steuersystems erfordert Kriterien für die vertikale Verteilung der Steuerquellen im Bundesstaat, insbesondere der Steuerertragskompetenzen sowie der dazu gehörigen Gesetzgebungszuständigkeiten. Die Entwicklung von Grundsätzen für eine 'optimale' Verteilung der Steuerquellen[346] muß sich an mehreren elementaren Gesichtspunkten orientieren:

Die Finanzverfassung hat zunächst eine angemessene Finanzierung der Aufgabenerfüllung sicherzustellen. Insofern sind Maßstäbe für eine 'optimale' Verteilung des Steueraufkommens im Bundesstaat notwendig. Bei der Verteilung der Besteuerungskompetenzen müssen außerdem die Gesetzmäßigkeiten demokratischer Willensbildungs- und Kontrollprozesse einbezogen werden. Weitere Kriterien für eine optimale vertikale Verteilung der Steuerquellen ergeben sich aus den Anforderungen, die an ein föderatives Steuersystem als in sich geschlossene Gesamtheit zu stellen sind. Ferner ist zu berücksichtigen, welche Steuerarten für welche föderative Ebene geeignet bzw. ungeeignet sind ('optimaler' Zentralisierungsgrad).

2.4.1 Maßstäbe für eine 'optimale' Verteilung des Steueraufkommens

Die Finanzverfassung hat eine hinreichende, aufgabenadäquate Finanzausstattung aller Gebietskörperschaften zu gewährleisten. Im Vordergrund steht dabei die Frage der Zuordnung von Steuereinnahmen bzw. Ertragskompetenzen. Die Garantie einer hinreichenden Finanzausstattung umfaßt die quantitativ und qualitativ relevanten finanzwirtschaftlichen Aspekte der Einnahmenzuordnung aus der Sicht der einzelnen Einheiten; hieraus lassen sich entsprechende Maßstäbe für eine optimale Verteilung des Steuer*aufkommens* im Bundesstaat ableiten:

---

[346] Dazu *Wallace E. Oates*: Fiscal Federalism, S. 119ff.; *David N. King*, S. 199ff.

- **Quantitative Bedarfsgerechtigkeit des Steueraufkommens**

Die Steuereinnahmen der Gliedstaaten bzw. der Gemeinden müssen ein dezentralisiertes System öffentlicher Aufgabenerfüllung angemessen unterstützen, also für eine ausreichende Deckung des dafür erforderlichen Ausgabenbedarfs sorgen.[347] Deshalb sollten die Steuereinnahmen einer Körperschaft ungefähr ihrem durchschnittlichen selbstbestimmten Finanzbedarf entsprechen. Nach der primären Steuerverteilung darf kein größeres vertikales fiskalisches Ungleichgewicht zwischen den Staatsebenen bestehen, das eine Korrektur durch eine allgemeine sekundäre vertikale Einnahmenverteilung im Rahmen eines Finanzausgleichs erforderlich macht.[348] Gleichfalls sollte die Zuordnung der Steuerquellen dazu beitragen, den verbleibenden horizontalen Korrekturbedarf innerhalb einer Ebene zu minimieren (' horizontale Bedarfsgerechtigkeit').

- **Entsprechung zwischen Steuerquellen und zu finanzierenden Aufgaben**

Allen föderalen Körperschaften sollten Steuerquellen zustehen, deren Bemessungsgrundlagen ihrer räumlichen Größe sowie der Struktur und dem Umfang ihrer Aufgaben entsprechen. Wenn einer Körperschaftsebene eine bestimmte Aufgabe zugewiesen ist, muß die Finanzverfassung auch die für die Wahrnehmung dieser Aufgabe notwendigen und tauglichen steuerpolitischen Instrumente bereithalten.[349] Jede Staatsebene sollte über mindestens eine fiskalisch bedeutsame Steuerquelle verfügen, deren Ertrag ihr zusteht und deren Ausschöpfung sie zumindest in einem beschränkten Rahmen eigenständig gestalten kann, um eine (relativ) sicherere und kalkulierbare Finanzierungsbasis mit eigenverantwortlicher Zugriffsmöglichkeit zu haben.[350]

- **Fiskalische Beweglichkeit im Sinne hinreichender Autonomie**

Bei der Erzielung ihrer Einnahmen müssen die Gebietskörperschaften über eine gewisse Flexibilität verfügen.[351] Das Recht, die Höhe des Steueraufkommens eigenverantwortlich beeinflussen zu können (hinreichende Autonomie), ist für die Reaktionsfähigkeit einer Körper-

---

[347] Vgl. *Fritz Neumark*: Grundsätze der Steuerpolitik; S. 47ff.

[348] Folge eines ausgeprägten vertikalen fiskalischen Ungleichgewichtes ist die Abhängigkeit einer oder mehrerer föderaler Ebenen von den Zuweisungen anderer Gebietskörperschaften. Diese können dann schlechtestenfalls den Umfang der Transfers ohne Mitwirkung der empfangenden Körperschaften festlegen sowie möglicherweise mit Zweckbindungen und Gegenfinanzierungspflichten versehen, welche die Autonomie der Empfänger einschränken und daher aus Sicht der Garantie selbständiger Handlungsspielräume zur optimalen Güterallokation unerwünscht sind. Vgl. *Manfred Kraff*, S. 117f.; *Rolf Peffekoven*: Finanzausgleich I, S. 623f.; *Horst Zimmermann*: Allgemeine Probleme ..., S. 45f., 50.

[349] Vgl. *Dieter Brümmerhoff*, S. 638f.

[350] Vgl. *Norbert Andel*: Finanzwissenschaft, S. 511.

[351] Vgl. *Rolf Peffekoven*: Finanzausgleich I, S. 618; *Horst Zimmermann/Rolf-Dieter Postlep*: Beurteilungsmaßstäbe für Gemeindesteuern; in: Wirtschaftsdienst 1980, S. 248 (253).

schaft auf kurz- bzw. langfristige Ausgabenveränderungen oder sich verändernde Wählerpräferenzen hinsichtlich des Umfangs öffentlicher Leistungen unerläßlich.[352] Wenn die zu bewältigenden Aufgaben Ausgabenschwankungen verursachen, müssen auch die Einnahmen entsprechend angepaßt werden können. Daraus folgt nicht nur die Notwendigkeit für alle Staatsebenen, überhaupt eigene Steuerquellen zu besitzen. Die Bemessungsgrundlage(n) der wichtigsten Steuerquelle(n) einer Körperschaft sollte(n) zudem jeweils ausreichend breit sein, um die Möglichkeit zu gewährleisten, durch geringe Tarifveränderungen die Ergiebigkeit einer Steuerquelle deutlich zu steigern.[353]

- **Vertikale Flexibilität der Einnahmenverteilung**

Hinzutreten muß eine gewisse vertikale Flexibilität der Einnahmenverteilung, um unterschiedliche Entwicklungen des Finanzbedarfs unter den föderalen Ebenen angleichen und das jeweilige Gleichgewicht zwischen Ausgaben und Einnahmen sichern zu können. Dies ist von erheblicher Bedeutung, da sich im Lauf der Zeit nicht nur der finanzwirtschaftliche Wert einer Steuerquelle (vgl. nur das Aufkommen aus der Energiebesteuerung), sondern auch die quantitativen Prioritäten einzelner Staatsaufgaben (z.B. die Ausgaben für Sozialhilfe) stark verändern können.[354]

- **Wachstumsproportionalität des Steueraufkommens**

Das Steuersystem muß gewährleisten, daß die bislang genannten finanzwirtschaftlichen Ziele auch dauerhaft erfüllt werden können. Um allen Gebietskörperschaften langfristig ein ausreichendes Steueraufkommen zu sichern, sollte die Entwicklung der einer Staatsebene zugeordneten steuerlichen Bemessungsgrundlagen (vor allem die der Kommunen) dem Anstieg des Sozialprodukts folgen. Eine solche Wachstumsproportionalität erfordert eine langfristige Aufkommenselastizität von etwa '1'. Aufkommenselastizitäten von weniger als '1' führen da-

---

352 Vgl. *Fritz Neumark*: Grundsätze der Steuerpolitik; S. 54ff.

353 Bei anwachsendem Finanzbedarf ist die Ausschöpfung eigener Steuerquellen c.p. die einzig mögliche Form des Haushaltsausgleichs. Sobald nur ein geringer Teil des Steueraufkommens autonom beeinflußt werden kann oder Steuerautonomie nur bzgl. fiskalisch unzureichender Abgaben besteht, droht die Gefahr, daß die Gebietskörperschaften die ihrer Gestaltungsfreiheit unterworfenen Steuersätze unverhältnismäßig anspannen. Damit werden vereinzelte Steuerquellen übermäßig ausgeschöpft, was zu Verwerfungen im Steuersystem und Verzerrungen bei den Entscheidungen der von einer Steuer betroffenen Wirtschaftssubjekte führen kann. Falls diejenigen, die nach dem Grundsatz der gruppenspezifischen Äquivalenz eigentlich zur Finanzierung eines öffentlichen Gutes herangezogen werden müßten, nicht die entsprechenden steuerlichen Lasten tragen können, droht die Belastung Dritter. Vgl. auch *Konrad Littmann*: Ärgernisse der Kommunalfinanzen; in: Manfred Rose (Hrsg.): Standpunkte zur aktuellen Steuerreform; Heidelberg 1997, S. 65 (68).

354 Vgl. *Ronald L. Watts*: The Relevance of the German Federal System for Other Constitutions; in: Mitteilungen des Deutschen Instituts für Föderalismusforschung 1994, H. 4, S. 53 (63).

gegen auf lange Sicht zu Budgetrestriktionen und bedrohen damit die dauerhafte Finanzierung der Aufgabenerfüllung.[355]

- **Stetigkeit des Steueraufkommens**

Das Steueraufkommen insbesondere der subnationalen Körperschaften sollte eine gewisse Stetigkeit aufweisen (kurzfristige Konkjunkturunabhängigkeit). Eine stetige Entwicklung des Steueraufkommens ist eine sichere und dauerhafte Grundlage für eine verläßliche Haushalts- und Finanzplanung. Abrupte Veränderungen sind freilich nicht nur im Einnahmenbereich, sondern auch im Ausgabenverhalten zu vermeiden.[356]

2.4.2 Maßgaben aus Sicht politischer Willensbildung, Verantwortlichkeit und Kontrolle

Relevant für die föderative Verteilung der Besteuerungskompetenzen sind zudem die Gesetzmäßigkeiten staatlicher Willensbildungsprozesse, demokratischer Kontrolle und politischer Verantwortlichkeit. Hieraus lassen sich Kriterien für die Zuordnung steuerpolitischer Entscheidungsspielräume (Gestaltungsrechte bzw. Gesetzgebungskompetenzen) ableiten:

- **Sicherung autonomer Gestaltungsmöglichkeiten aller Körperschaften**

Staatspolitische und ökonomische Gründe verlangen eine weitgehende Autonomie aller politischen Entscheidungseinheiten im Bundesstaat (s.o.). Dabei sprechen vor allem demokratietheoretische sowie allokative Aspekte für eine Stärkung der regionalen und lokalen Selbständigkeit, auch und gerade in bezug auf eigene Einnahmequellen. Das föderale Steuersystem muß demzufolge jeder Gebietskörperschaft die Möglichkeit des eigenverantwortlichen Zugriffs auf Steuerquellen garantieren.[357] Um keine Einflußnahme Dritter auf Art und Umfang der Aufgabenwahrnehmung einer Körperschaft zuzulassen, sollte diese nur im möglichst geringem Umfang von Zuweisungen abhängig sein, deren Höhe und Struktur dem politischen Ermessen der zahlenden Körperschaft unterliegen oder eine Zweckbindung aufweisen.[358]

- **Merklichkeit der Einnahmenentscheidungen**

Eine Erhöhung der Sensibilität und des Verantwortungsbewußtseins der Wähler für finanzpolitische Entscheidungen kann erreicht werden, indem die Finanzierung öffentlicher Ausgaben

---

[355] Vgl. *Thomas Döring/Dieter Stahl*, S. 31; *Horst Zimmermann/Rolf-Dieter Postlep*, S. 251.
[356] Vgl. *Rolf Peffekoven*: Finanzausgleich I, S. 618.
[357] Vgl. *Thomas Döring/Dieter Stahl*, S. 29f.; *Ewald Nowotny*, S. 149.
[358] Beides kann zu einem unwirtschaftlichen Umgang mit den empfangenden Mitteln führen und dazu beitragen, daß öffentliche Güter nicht entsprechend der Wählerpräferenzen bereitgestellt werden.

durch Einnahmen erfolgt, die für die Träger der Abgabenlasten merklich sind.[359] Die aus allokationstheoretischer Sicht wichtige Fühlbarkeit der Steuerlast ist Voraussetzung für einen funktionsfähigen Steuer-Ausgaben-Mechanismus: Die Wahrnehmung der Einnahmenentscheidungen versetzt die Steuerzahler in die Lage, zu beurteilen, ob die Art und Weise der Aufgabenerfüllung sowie die Abgabenbelastung ihren Präferenzen entspricht. Eine effiziente Nutzung der Ressourcen und präferenzgerechte Ausrichtung des öffentlichen Leistungsangebotes ist mithin erst dann möglich, wenn die Wähler einen spür- und zurechenbaren Finanzierungsbeitrag leisten.[360]

2.4.3 Anforderungen an ein föderatives Steuersystem als Gesamtheit

Eine 'optimale' vertikale Verteilung der Steuerquellen im Bundesstaat muß sich weiterhin an den Anforderungen orientieren, die an ein föderatives Steuersystem als Gesamtheit zu stellen sind. Auch hier dominiert das Problem der sachgerechten Zuweisung steuerlicher Gestaltungsrechte.

- **Einfachheit und Transparenz des Gesamtsystems**

Das Erfordernis eines einfachen und transparenten Steuersystems verlangt eine für die Steuerzahler erkennbare eindeutige Zuständigkeitszuweisung sowie die Reduzierung der Zahl der erhobenen Einzelsteuern auf ein überschaubares Maß. Der Grundsatz der Steuertransparenz[361] sollte nicht nur für die einzelnen Steuergesetze, ihre Bestimmtheit, Eindeutigkeit und Verständlichkeit, sondern auch für das Steuersystem als Ganzes gelten, damit der Kostenaufwand des Staates und der Steuerzahler für die Steuererhebung und – entrichtung minimal gehalten und die politische Akzeptanz des Steuersystems erhöht wird.[362]

- **Konsistenz des Gesamtsystems**

Die Maßgabe der Konsistenz des Gesamtsystems erfordert die Widerspruchsfreiheit oder 'Systemhaftigkeit' der Besteuerung.[363] Das Steuersystem ist so zu gestalten, daß "die Kombination von Steuern ein auf die verschiedenen Zielsetzungen abgestimmtes Ganzes bildet, so

---

359 Vgl. *Thomas Döring/Dieter Stahl*, S. 30, 33; *Horst Zimmermann/Rolf-Dieter Postlep*, S. 252.

360 Vgl. *Karl-Heinrich Hansmeyer/Horst Zimmermann*: Bewegliche Einkommensbesteuerung durch die Gemeinden; in: Wirtschaftsdienst 1991, S. 639 (642); *Konrad Littmann*: Ärgernisse der Kommunalfinanzen, S. 66. Dieses Kriterium hängt eng mit dem der regionalen Neutralität zusammen (s.u.), da ein 'Export' der Steuerbelastung in dritte Gebietskörperschaften die Spür- und Zurechenbarkeit des Finanzierungsbeitrages verhindern würde. Vgl. auch die Ausführungen zum 'Steuer-Ausgaben-Mechanismus' in Abschnitt 2.3.1.1.

361 Vgl. *Fritz Neumark*: Grundsätze der Steuerpolitik; S. 342ff.

362 Vgl. *Kurt Reding/Walter Müller*, S. 375f. Zur Erhebungs- und Entrichtungsbilligkeit der Besteuerung vgl. die Ausführungen unter 2.2.3.

363 Vgl. *Heinz Haller*: Finanzpolitik, S. 243f.; *Fritz Neumark*: Grundsätze der Steuerpolitik, S. 335ff.

daß insbesondere keine ungerechtfertigten Überschneidungen und Lücken in der Besteuerung auftreten."[364] Gerade bei der Verteilung der Besteuerungskompetenzen auf verschiedene, (teilweise) autonom agierende Gebietskörperschaften ist darauf zu achten, daß die innere Logik des Gesamtsystems gewahrt bleibt und eine gewisse Abstimmung auf die Bedürfnisse zum einen der verschiedenen Steuergläubiger und zum anderen der Zensiten vorgenommen wird.

- **Horizontale Kompatibilität und Ansiedlungsneutralität des Steuersystems**

In einem einheitlichen Wirtschaftsraum darf das Steuersystem keine verzerrenden Auswirkungen dezentraler Steuerpolitik auf Güterangebot und Ansiedlungsentscheidungen zulassen.[365] Die Durchsetzung der Wirtschaftseinheit im Bundesstaat intendiert, zusätzliche Kosten der Raumüberwindung zu vermeiden und somit Wanderungsbewegungen sowie das Wirtschaftswachstum nicht zu behindern. Ein einheitlicher Wirtschaftsraum erfordert mithin eine horizontale Kompatibilität des Steuersystems, die unter dem Gesichtspunkt der Erhebungs- und Entrichtungsbilligkeit (s.o.) besonders auch bezüglich Unternehmen mit mehreren Standorten relevant ist.

- **Vermeidung ineffizienten Steuerwettbewerbs**

Die Finanzverfassung muß zur Vermeidung von Doppelbesteuerung und ineffizienter Konkurrenz um einzelne Steuerquellen (die eine Abwärtsspirale der Besteuerung bewirken kann) eine klare Zuordnung der Steuerquellen auf die föderativen Ebenen vornehmen und in diesem Zusammenhang sicherstellen, daß jede Einheit den von ihr bereitgestellten Nutzen selbst finanziert und eine 'beggar-my-neighbour-Policy', also eine Politik, die (z.B. durch Attrahierung fremder steuerlicher Bemessungsgrundlagen oder Steuerexport)[366] auf Kosten anderer Gebietskörperschaften den eigenen Vorteil sucht, verhindert wird.[367]

- **Entlastung der Steuern von Lenkungsaufgaben**

In einer komplexen Wirtschafts- und Gesellschaftsordnung verfolgt ein Steuersystem verschiedene ökonomische und politische Ziele zugleich, die teilweise sogar gegenläufige Gestaltungsanforderungen mit sich bringen, was das Steuersystem "quasi automatisch kom-

---

[364] *Heinz Haller*: Finanzpolitik, S. 243. Siehe auch oben unter 2.2.3.2.

[365] Siehe auch *Richard A. Musgrave/Peggy B. Musgrave/Lore Kullmer*: Die öffentlichen Finanzen, 3. Band, S. 36; *Kurt Reding/Walter Müller*, S. 395f.

[366] Siehe oben unter 2.3.4 (Grundlagen eines fairen Steuerwettbewerbs).

[367] Vgl. *Charles E. McLure*: The Interstate Exporting of State and Local Taxes: Estimates for 1962; in: National Tax Journal 1967, S. 49 (69ff.); *Richard A. Musgrave/Peggy B. Musgrave/Lore Kullmer*: Die öffentlichen Finanzen, 3. Band, S. 13f.

plex"[368] macht. Steuern sollten jedoch nicht mit außerfiskalischen Funktionen überfrachtet werden: Die Implementierung einer Vielzahl von Lenkungsaufgaben, Abschreibungsmöglichkeiten, Ausnahmeregelungen sowie die Gewährung von Subventionen durch das Steuerrecht machen es intransparent und unnötig kompliziert.[369] Wenn einzelne Körperschaften an sich gleichartige Steuern mit unterschiedlichen Lenkungsaufgaben belegen, verursacht dies nicht nur abweichende Steuertarife und damit eine Erhöhung der Komplexität des Steuersystems, sondern kann auch zu Ausweichreaktionen der Steuerpflichtigen führen und so Ansiedlungsentscheidungen verzerren. Daher sollten Lenkungsaufgaben gerade auf subnationaler Ebene möglichst reduziert werden.

- **Vermeidung einer Überlastung von Steuerquellen und Steuerpflichtigen**

Die Finanzverfassung muß verhindern, daß einzelne Steuerquellen übermäßig ausgeschöpft und einzelne Gruppen oder die Gesamtheit der Zensiten durch die Summe aller Abgaben überlastet werden. Die Befürchtung, eine föderative Aufteilung der Besteuerungskompetenzen führe zu einer völlig unkontrollierten und übermäßigen Belastung von Zensiten und Steuerquellen[370], verkennt jedoch die direkten oder mittelbaren Interventionsmöglichkeiten der Wähler im Bereich des Steuerwesens in einer Demokratie: Eine Überlastung der Steuerpflichtigen kann bei funktionierendem Steuer-Ausgaben-Mechanismus nicht eintreten.[371] Entscheidend ist mithin nicht die föderale Aufteilung der Besteuerungsrechte als solche, sondern ihre konkrete Ausgestaltung.[372]

- **Vertikale Neutralität des Steuersystems**

Einzelne Steuern bzw. die damit verbundenen Lenkungsfunktionen dürfen nicht Verhaltensanreize schaffen, die ihrerseits die Steuerpolitik einer anderen Staatsebene konterkarieren.

---

368 *Kurt Reding/Walter Müller*, S. 375.

369 Vgl. etwa *Wissenschaftlicher Beirat beim Bundesministerium der Finanzen*: Stellungnahme zur Diskussion über die Steuervereinfachung vom 29.11.1979; in: Bundesministerium der Finanzen (Hrsg.): Der Wissenschaftliche Beirat beim Bundesministerium der Finanzen - Gutachten und Stellungnahmen 1974-1987; Tübingen 1988, S. 303ff.

370 Dazu bereits *Johannes Popitz*, S. 338 (367ff.).

371 Es besteht zwar immer die Gefahr, daß einzelne Gruppen (bzw. Minderheiten) übermäßig belastet werden, allerdings sichern rechtsstaatliche Mechanismen eine allgemeine und gleichmäßige Besteuerung (→ 2.2.2).

372 Zum Ziel der Verhinderung einer übermäßigen Belastung einer einzigen Steuerquelle und der daraus resultierenden Notwendigkeit ausreichend breiter Bemessungsgrundlagen auf jeder föderalen Ebene zur angemessenen Verteilung der Steuerlasten vgl. auch das Kriterium der hinreichenden fiskalischen Beweglichkeit (s.o.).

2.4.4 Kriterien für den 'optimalen' Zentralisierungsgrad der Besteuerungskompetenzen

Die vertikale Verteilung von Steuerquellen und Besteuerungsrechten hat schließlich die Eignung der einzelnen Steuerarten für die jeweilige föderative Ebene zu berücksichtigen. Die Richtlinien für einen 'optimalen' Zentralisierungsgrad schließen dabei prinzipiell die vertikale Zuordnung sowohl der Gestaltungskompetenz als auch der entsprechenden Ertragshoheit mit ein. Es ist jedoch denkbar, daß bezüglich einer Steuerquelle Gesetzgebungs- und Ertragskompetenz auseinanderfallen, weil ein Gesichtspunkt entweder nur die Gestaltung der Steuer oder allein das Steueraufkommen betrifft. Die einzelnen Maßstäbe für einen optimalen Zentralisierungsgrad können deswegen für die gesamte Steuerquelle oder auch nur für einzelne Besteuerungsrechte gelten. Die Gestaltungskompetenz muß sich dabei nicht zwingend auf Bemessungsgrundlage, Steuertarif und Steuersatz beziehen. Um die Vorteile von Steuerautonomie zu nutzen, reicht meist die eigenständige Bestimmung des Steuersatzes aus.

Als Basis für die Entscheidung, welche Steuern hinsichtlich Gestaltungskompetenz (im folgenden gekennzeichnet mit (*)) und/oder Ertragshoheit (**) einer subnationalen Ebene zugewiesen werden können und welche dafür untauglich sind und deshalb besser beim Zentralstaat verbleiben sollten, gelten nachfolgende Überlegungen[373]:

- **Zentralisierung der Steuern mit Umverteilungszielen (*)/(**)**

Steuern, die der Umsetzung distributionspolitischer Ziele dienen, sind auf der dem Umverteilungskreis entsprechenden föderativen Ebene anzusiedeln, um die damit verbundenen Distributionsziele erreichen zu können. Räumliche und interpersonale Umverteilung ist vorrangig Aufgabe des Zentralstaates.[374] Distributiv orientierte Steuern, also solche, die auf dem Leistungsfähigkeitsprinzip beruhen, sind daher im Zweifel der Bundesebene zuzuweisen; dies auf jeden Fall dann, wenn im Gesamtstaat explizit oder implizit *interregionale* oder *bundesweit einheitliche* Umverteilungsziele verfolgt werden.[375] Die für die Zwecke einer Umverteilung besonders geeigneten progressiven Personalsteuern auf Einkommen sollten folglich Bundessteuern sein.[376]

---

[373] Dazu grundlegend *David N. King; Richard A. Musgrave*: Who Should Tax, Where and What?; in: Charles E. McLure (Hrsg.): Tax Assignment in Federal Countries; Canberra 1983, S. 2ff.

[374] Vgl. nur *Richard A. Musgrave*: A Theory of Public Finance, S. 181.

[375] Dazu *Richard A. Musgrave*: Who Should Tax ...?, S. 11ff.

[376] Vgl. *Norbert Andel*, S. 511; *Richard A. Musgrave/Peggy B. Musgrave/Lore Kullmer*: Die öffentlichen Finanzen, 3. Band, S. 38; *Wallace E. Oates*: Fiscal Federalism, S. 7. Umverteilungssteuern sind auch deshalb der Zentralebene zuzuordnen, um eine Besserstellung wirtschaftsstärkerer Regionen infolge progressiver Tarife zu vermeiden. Vgl. *Gisela Färber*: Regionen ..., S. 391.

Eine Umverteilung kann selbstverständlich auch innerhalb einer Region oder Gemeinde erfolgen. Einkommensteuern der Gliedstaaten und Kommunen werden bei selbständiger Gestaltung allerdings allenfalls eine geringe Progressivität aufweisen (und deshalb als 'flat-rate-tax' oder als Zuschlag, der sinnvollerweise nur als proportionaler Steuersatz konzipiert werden sollte, ausgestaltet sein), weil ansonsten c.p. interregionale Abwanderungsbewegungen der Bezieher hoher Einkommen drohen. Bei zentraler Regulierung einer Zuschlagsbasis mit starker Progression werden den subnationalen Gebietskörperschaften überdies horizontal unterschiedlich ergiebige Steuerquellen zugeteilt.[377]

- **Zentralisierung der stabilitätspolitischen steuerlichen Instrumente (*)/(**)**

Diejenigen Steuern, die sich als Steuerungsinstrument für eine aktive (antizyklische) Stabilitätspolitik oder zur Finanzierung stabilitätspolitischer Maßnahmen eignen (weil sie eine hohe Konjunkturreagibilität aufweisen bzw. diskretionär antizyklisch beeinflußt werden können), sind dem Zentralstaat zuzuweisen. Staatliche Interventionen zugunsten einer konjunkturellen Stabilisierung sollten sinnvollerweise nur auf gesamtstaatlicher Ebene erfolgen, da solche stabilitätspolitischen Aktionen im gesamten Staatsgebiet Wirkung entfalten.[378] Auch können konjunkturell bedingte Steuerausfälle am besten durch den Bund abgefangen werden, weil dieser regelmäßig über die höchsten Verschuldungsmöglichkeiten und damit ein wirksames alternatives Finanzierungsinstrument für eine aktive Stabilitätspolitik verfügt.[379]

- **Geringe Konjunkturreagibilität dezentraler Steuern (**)**

Steuern, die aufgrund ihrer niedrigen Konjunkturreagibilität eine implizite Stabilisierungswirkung aufweisen[380], indem sie zur Verhinderung einer prozyklischen Ausgabenpolitik beitragen und dadurch als Instrument einer passiven Stabilitätspolitik taugen, sollten dezentralisiert werden. Als dezentrale Steuern sind danach solche zu bevorzugen, die eine stabile Einnahmenentwicklung garantieren und eine starke horizontale Streuung des Steueraufkommens bei Konjunkturschwankungen vermeiden.[381] Vor allem die kommunalen Steuern sollten relativ konjunkturunempfindlich sein, also eine kurzfristige Aufkommenselastizität von '0' besitzen.

---

377 Dazu *Gisela Färber*: Regionen ..., S. 391.
378 Vgl. *Norbert Andel*, S. 511; *Richard A. Musgrave*: Who Should Tax ...?, S. 11, 12f.
379 Vgl. *Richard A. Musgrave*: Who Should Tax ...?, S. 12f.
380 Die stabilitätspolitische Bedeutung einer Steuer bemißt sich nicht nur nach ihrer Aufkommenselastizität, sondern genauso nach ihrer tatsächlichen konjunkturbedingten Aufkommensflexibilität im Sinne der absoluten Höhe des Aufkommens sowie seiner konjunktureller Schwankungen. Vgl. dazu *Kurt Reding/Walter Müller*, S. 373.
381 Vgl. *Horst Zimmermann/Rolf-Dieter Postlep*, S. 251.

- **Zentralisierung regional sehr ungleichmäßiger Steuerquellen (*)/(**)**

Die dezentralen Steuerquellen müssen hinsichtlich ihrer relativen Ergiebigkeit (Höhe des Aufkommens in bezug auf die zu erfüllenden Aufgaben) horizontal grundsätzlich vergleichbar sein, um eine gleichmäßige Aufgabenwahrnehmung zu ermöglichen. Solche Besteuerungsgrundlagen, die (aus produktionswirtschaftlichen oder steuererhebungstechnischen Gründen) sehr ungleichmäßig zwischen den Gebietskörperschaften einer Ebene verteilt sind, sollten zur Vermeidung einer starken horizontalen Streuung des Steueraufkommens einheitlich vom Zentralstaat ausgeschöpft werden. Dazu gehören insbesondere diejenigen speziellen Verbrauchsteuern, die nicht beim Verbraucher, sondern direkt beim Produzenten erhoben werden (wie z.B. die Mineralöl-, Tabak- und Branntweinsteuern) und zu besteuernde Güter erfassen, die nur an einer geringen Zahl von Standorten produziert werden.[382]

- **Zentralisierung der Steuern auf mobile Besteuerungsobjekte,**
  Dezentralisierung der Steuern auf immobile Besteuerungsobjekte (*)

Um einerseits die Bemessungsgrundlagen lokaler und regionaler Steuern und damit zusammenhängend auch die Freiheit der Gebietskörperschaften zu erhalten, ihre Steuersätze gemäß ihrem Ausgabenbedarf zu variieren, sollten sich die Objekte der örtlichen und regionalen Besteuerung durch keine oder nur geringe Mobilität zwischen den einzelnen Einheiten auszeichnen.[383] Ansonsten können bei hoher Mobilität allokative Verzerrungen durch die gezielte Attrahierung einzelner Steuerobjekte und Bemessungsgrundlagen (wie z.B. Kapital) von konkurrierenden Gebietskörperschaften sowie dem Import von Steueraufkommen entstehen. Voraussetzung hierfür ist der Einsatz strategisch gewählter, niedrigerer Steuersätze oder günstiger Möglichkeiten der individuellen Steuergestaltung (wie die Geltendmachung von Verlusten und Abschreibungen).

Zweckmäßige dezentrale Steuerquellen sind darum diejenigen, die an immobile Faktoren wie Grund und Boden oder natürliche Ressourcen anknüpfen. Für die mittlere Staatsebene kann darüber hinaus die Besteuerung des Faktors 'Arbeit' sinnvoll sein, da dieser eine deutlich geringere Mobilität als z.B. Kapitaleinkünfte aufweist.[384] Über die vollständige Gestaltungs-

---

[382] Vgl. *Norbert Andel*, S. 511; *Richard A. Musgrave*: Who Should Tax ...?, S. 13; *Richard A. Musgrave/Peggy B. Musgrave/Lore Kullmer*: Die öffentlichen Finanzen, 3. Band, S. 14; *Wallace E. Oates*: Fiscal Federalism: An Overview; in: Rémy Prud'homme (Hrsg.), S. 1 (5).

[383] Vgl. *Richard A. Musgrave*: Who Should Tax ...?, S. 11f.; *John Norregaard*: Tax Assignment; in: Teresa Ter-Minassian (Hrsg.): Fiscal Federalism, S. 49 (54).

[384] Zur unterschiedlichen Mobilität der Faktoren vgl. *Peggy B. Musgrave*, S. 287ff.

kompetenz hinsichtlich der Einkommenssteuer sollte demnach allein die Bundesebene verfügen.[385]

- **Regionale Neutralität dezentraler Steuern (*)**

Die Steuern dezentraler Gebietskörperschaften sollten keine interregionalen Wirkungen im Sinne einer Art 'einnahmeseitiger Externalitäten' entfalten, die das Steueraufkommen über die tatsächliche Steuerleistung hinaus steigen lassen und somit einen Teil der Steuerbelastung auf Dritte verschieben. Um diesem Kriterium zu genügen, darf der 'Export' der Steuerbelastung auf Einwohner und Unternehmen anderer Regionen oder Gemeinden nicht möglich sein.[386]

- **Regionale Äquivalenz bzw. örtliche Radizierbarkeit dezentraler Steuern (*)/(**)**

Die Steuern dezentraler Gebietskörperschaften stellen aus der Perspektive eines föderativen Steuersystems eine Art 'Gegenleistung' für die Nutzung der regional gebundenen Infrastruktur innerhalb der jeweiligen Gebietskörperschaft dar. Der Nutzen, welcher aus der Inanspruchnahme lokal, regional bzw. national offerierter öffentlicher Leistungen resultiert, sollte möglichst auch in den Kreis der örtlichen, regionalen bzw. landesweiten Abgabenzahler internalisiert werden.[387] Die Mitglieder eines Gemeinwesens zahlen insofern für genau die öffentlichen Güter, welche dieses bereitstellt und sie selbst nutzen.[388]

Die Deckung der Ausgaben soll daher aus Steuerquellen erfolgen, die innerhalb des jeweiligen Gemeinwesens liegen, mithin an steuerbare Sachverhalte anknüpfen, die lokal, regional bzw. national radizierbar sind. Dies gewährleistet, daß die dezentralen Entscheidungen in der Abgaben- (wie in der Ausgaben-) Politik den jeweiligen regionalen und lokalen ökonomischen Umständen und Wählerpräferenzen Beachtung schenken.[389]

---

[385] Zur subnationalen Einkommensbesteuerung mittels 'flat-rate-tax' oder Zuschlagsrecht s.o.

[386] Vgl. *Richard A. Musgrave/Peggy B. Musgrave/Lore Kullmer*: Die öffentlichen Finanzen, 3. Band, S. 13f.; *Fritz Neumark*: Grundsätze der Steuerpolitik, S. 283ff.; *John Norregaard*, S. 54. Zum Steuerexport siehe auch Abschnitt 3.3.

[387] Voraussetzung für eine solche Internalisierung sind ein abgrenzbarer Kreis (potentieller) Nutzenempfänger und eine räumliche Beziehung zum jeweiligen öffentlichen Gut. Für Steuern gilt hierbei das Kriterium der Gruppen-Äquivalenz zwischen der Nutzung öffentlicher Leistungen und ihrer Finanzierung (s.o.). Vgl. auch *John Norregaard*, S. 54.; *Mancur Olson*: The Principle of "Fiscal Equivalence", S. 479ff.

[388] Vgl. *Konrad Littmann*: Ärgernisse der Kommunalfinanzen, S. 68; *Richard A. Musgrave/Peggy B. Musgrave/Lore Kullmer*: Die öffentlichen Finanzen, 3. Band, S. 13.

[389] Vgl. *Heinz Haller*: Zur Frage der zweckmäßigen Gestalt gemeindlicher Steuern; Frankfurt/M. 1987, S. 57f.; *Horst Zimmermann/Rolf-Dieter Postlep*, S. 252.

Die Verwirklichung der Kriterien der regionalen Äquivalenz[390] bzw. der örtlichen Radizierbarkeit[391] bewirkt einen Anreiz zu einem räumlich differenzierten Angebot öffentlicher Leistungen und läßt zugleich den Steuer-Ausgaben-Mechanismus wirken, was ggf. politischen Widerstand erzeugt, sofern die Wohlfahrtsverluste (in Form der Steuerzahlung) den Nutzen aus den staatlichen Leistungen übersteigen.[392] Geeignet als dezentrale Steuern sind folglich solche mit starker Äquivalenzbeziehung zur regionalen oder lokalen Infrastruktur, regionalen oder lokalen Aufwand und/oder Konsum. Ungeeignet sind hingegen diejenigen Steuern, bei denen sich die Nutzer öffentlicher Güter durch Wohnsitz- bzw. Unternehmenssitzwechsel oder durch wohnsitz- bzw. unternehmenssitzexterne(n) Konsum bzw. Produktion der Steuerzahlung und somit der Entrichtung des 'Steuerpreises' für die Nutzung entziehen können.[393]

- **Zentralisierung ansiedlungsrelevanter Steuern (*)**

Zur Verhinderung einer strategischen Gestaltung von steuerlichen Bemessungsgrundlagen gilt, daß je ansiedlungsrelevanter eine Steuer für Unternehmen oder private Haushalte ist bzw. je strategischer sie im fiskalischen Wettbewerb eingesetzt werden kann (s.o.), desto schlechter ist sie für eine Dezentralisierung geeignet. Bei standortentscheidenden Steuern ist eine relativ starke Harmonisierung bzw. Koordinierung der Steuerquellen erforderlich.

- **Zentralisierung unmerklicher Steuern (*)**

Die Erhebung von Steuern sollte zwar grundsätzlich spürbar sein, um aus Sicht der Steuerzahler den Zusammenhang zwischen der Entscheidung über die Bereitstellung eines öffentlichen Gutes und dessen Kosten (= Steuerbelastung) zu realisieren und den Steuer-Ausgaben-Mechanismus wirken zu lassen (s.o.). Existieren jedoch Steuern, die nicht oder nur wenig merklich sind (wie z.B. einige Verbrauchsteuern), sollten diese dem Zentralstaat zugewiesen werden.[394] Dafür spricht, daß auf nationaler Ebene die unmittelbare politische Partizipation der Bürger tendenziell geringer ist und räumlich unterschiedliche Präferenzen besser auf subnationaler Ebene verwirklicht werden können, so daß die Kontrolle der präferenzgerechten Verwendung der Steuereinnahmen vor allem dort nicht gefährdet werden darf.

---

[390] Dazu *Gisela Färber*: Regionen ..., S. 389.
[391] *Johannes Popitz*: Der zukünftige Finanzausgleich zwischen Reich, Ländern und Gemeinden; Berlin 1932, S. 114; *Kurt Reding/Walter Müller*, S. 416; *Horst Zimmermann/Rolf-Dieter Postlep*, S. 252.
[392] Vgl. *Norbert Andel*, S. 511; *Thomas Döring/Dieter Stahl*, S. 31.
[393] Vgl. *Gisela Färber*: Regionen ..., S. 389.
[394] Dazu *John Norregaard*, S. 54; *Kurt Reding/Walter Müller*, S. 416; *Horst Zimmermann/Rolf-Dieter Postlep*, S. 252.

- **Zentralisierung relativ aufwendig zu verwaltender Steuerquellen (*)**

Sobald bei der Verwaltung einer Steuer auf einer höheren Ebene Skaleneffekte in nicht unerheblichem Umfang genutzt werden können, spricht dies gegen eine Zuordnung dieser Besteuerungsgrundlage an die niedrigere Ebene. Zwar müssen alle Steuerarten das Kriterium der Verwaltungsbilligkeit erfüllen, jedoch sollten vor allem die gemeindlichen Steuern besonders einfach zu verwalten sein und dies möglichst wenig Personal erfordern.[395]

2.4.5 Der Einfluß landestypischer Besonderheiten auf diese Maßstäbe

Die Anwendung dieser Kriterien muß möglicherweise von Land zu Land in modifizierter Form erfolgen, weil landestypische Besonderheiten durchaus Einfluß auf die Relevanz oder Gewichtung einzelner Maßstäbe haben können und die Umsetzung der theoretischen Gestaltungsparameter die Grenzen der politischen Realisierbarkeit nicht überschreiten darf.

So begrenzen *historische Entwicklungen* wie die Festlegung bestimmter Regeln in der Verfassung die Weiterentwicklung eines föderalen Steuersystems. Wegen qualifizierter Mehrheits- bzw. Zustimmungserfordernisse kann eine Änderung der Finanzverfassung in bundesstaatliche heiklen Fragen politisch undurchführbar sein, zumal dann, wenn Besteuerungskompetenzen abgegeben werden sollen. Manche Steuerarten existieren aus historischen Gründen in einigen Ländern nicht[396], und ihre Einführung erscheint aus heutiger Sicht unrealistisch.

Ebenso können *wirtschaftsgeographische Gegebenheiten* die föderalen Finanzbeziehungen beeinflussen, vor allem bezüglich des Steuerwettbewerbs. Ein großer Flächenstaat bietet weniger Gelegenheiten für Ausweichreaktionen, da die Mobilität gegenüber kleinräumigen Regionen eingeschränkt ist. Die Finanzverfassung braucht deshalb die Grenzen der Steuerautonomie möglicherweise nicht zu eng zu ziehen, da sich deren negative Effekte nicht so schnell realisieren können wie in Bundesstaaten mit räumlich kleinen Gebietskörperschaften.

Schließlich sind bei der Bewertung einer Finanzverfassung immer auch die *gesellschaftspolitischen Besonderheiten* im jeweiligen Land relevant, wie z.B. ein ausgeprägter Wunsch der Bevölkerung nach Unitarisierung. Ein stärkeres Bedürfnis nach einheitlichen Lebensverhältnissen (und damit nicht nur nach ökonomisch vergleichbaren Bedingungen, sondern ggf. auch nach einem einheitlichen Steuerrecht) im Gesamtstaat setzt klare Grenzen für eine Dezentralisierung der Besteuerungskompetenzen.

---

395 Vgl. *John Norregaard*, S. 54; *Oliver D. Perschau*, S. 55.
396 Z.B. gibt es in den USA wegen der Sales Tax der Bundesstaaten keine allgemeine Umsatzsteuer. Vgl. *Gisela Färber*: Finanzverfassung, Besteuerungsrechte und Finanzausgleich, S. 129.

Die entscheidende Frage, wieviel (Steuer-) Autonomie Gliedstaaten und Gemeinden benötigen und für welche Steuerarten sie gelten muß, um die Vorteile eines föderativen Staates wirkungsvoll nutzen zu können, ist deshalb nicht einheitlich zu beantworten, sondern abhängig von der jeweiligen verfassungsrechtlichen, ökonomischen und politischen Situation eines Bundesstaates.

2.4.6 Schlußfolgerungen

Der oben entwickelte Kriterienkatalog hinsichtlich der Anforderungen an die Einnahmenseite einer föderativen Finanzverfassung zeigt, daß für die sachgerechte Gestaltung eines föderalen Steuersystems mehrere Steuerarten erforderlich sind, um die aufgeführten Zielsetzungen zu erreichen. Bereits für die *hinreichende Finanzausstattung* aller föderalen Gebietskörperschaften bedarf es mehrerer Steuerquellen, um ihre Finanzbedarfe angemessen befriedigen zu können. Jede Staatsebene sollte auf mindestens eine bedeutsame, d.h. fiskalisch gewichtige Steuerquelle zugreifen können, deren Aufkommen sie eigenverantwortlich beeinflussen kann. Eine Vielzahl kleinerer Steuern hilft dabei, Verwerfungen im Steuersystem zu vermeiden und eine mögliche Mehrbelastung der Zensiten auf verschiedene Steuerquellen zu verteilen. Besteht die Steuerautonomie nur bei einer Steuer, droht die Gefahr zu großer Steuersatzspreizungen.

Damit stellt sich das Problem der *vertikalen Aufteilung der Gesetzgebungs- und Ertragskompetenzen*. Eine zentrale Steuergesetzgebung und bloße Verteilung des Aufkommens an die föderalen Ebenen verfehlt das Optimum sicherlich in jeder Hinsicht und bewirkt lediglich ein strategisches Ausgabenverhalten der einzelnen Körperschaften, um über die Konstruktion eines vorgeblichen Finanzbedarfs den eigenen Anteil am Gesamtsteueraufkommen zu maximieren. Dies spricht dafür, nicht nur die Ertragskompetenzen aufzuteilen, sondern auch differenzierte Gestaltungsrechte zu vergeben.[397] Die Reichweite der subnationalen Einnahmenautonomie wird wiederum begrenzt durch verteilungs- bzw. stabilitätspolitische Ziele. Bei der politischen Schwerpunktsetzung (mehr Autonomie dezentraler Einheiten oder mehr gesamtstaatliche Einheitlichkeit) sind jedoch stets die dargelegten ökonomischen Anforderungen zu berücksichtigen.

Es ist offensichtlich, daß sich nicht alle genannten Kriterien zugleich und in vollem Umfang verwirklichen lassen, zumal nach den Anforderungen, die an ein rationales Steuersystem zu stellen sind, nur eine begrenzte Zahl von Steuerarten zur Verfügung stehen. Deshalb dürfte es

---

[397] Möglicherweise ist dann eine vertikale Koordinierung oder Limitierung der Ausschöpfung einzelner Steuerquellen erforderlich, um eine Überlastung der Steuerzahler zu vermeiden.

unmöglich sein, ein Steuersystem zu entwickeln, das eine Zuweisung von Steuerquellen an die föderativen Ebene vornimmt, die unter allokativen, distributiven sowie stabilitätspolitischen Aspekten als 'optimal' und angemessen angesehen werden kann.

Gleichfalls ist es schwierig, jeder Staatsebene eine hinreichende Finanzausstattung mittels ausschließlich eigener und gleichzeitig ergiebiger Steuerquellen zu garantieren, da es nur i.d.R. zwei fiskalisch gewichtige Hauptsteuern gibt, die Einkommensteuer und die allgemeine Umsatzsteuer. Diese beiden Steuern sind zudem aus verschiedenen Gründen eher zu zentralisieren: Die Einkommensteuer wegen ihrer verteilungs- (soweit sie interregionale oder bundesweit einheitliche Distributionsziele verfolgt) und stabilitätspolitischen Bedeutung, die Umsatzsteuer aufgrund der recht starken regionalen Streuung des Steueraufkommens.

Bei Betrachtung eines föderativen Steuersystems als Gesamtheit fordern die meisten Gesichtspunkte eine weitgehende horizontale *Harmonisierung von Bemessungsgrundlagen und Steuertarifen*. Aus dem Autonomiegebot folgt nicht zwingend, daß die einzelnen Gebietskörperschaften neben der Bestimmung der Steuersätze auch die jeweiligen Bemessungsgrundlagen und Tarife einer Steuer festlegen können müssen, da dies zur selbständigen Festsetzung der Einnahmenhöhe nicht unbedingt erforderlich ist.

Eine Vielzahl unterschiedlicher Steuertarife und Bemessungsgrundlagen auf einer föderalen Ebene behindert die erwünschte Freilegung von Verantwortlichkeiten, weil die Vergleichbarkeit einzelner Regelsysteme nicht mehr gewährleistet ist, und behindert die Nutzung der Ansiedlungsfreiheit von Unternehmen und Einwohnern. Bei weitreichenden steuerpolitischen Freiräumen der dezentralen Körperschaften ist daher eine weitgehende Harmonisierung von Bemessungsgrundlagen und Steuertarifen sinnvoll. Dies kann durch (bundes-) einheitliche Regelung oder durch (freiwillige) Koordinierung erfolgen.

Die Verteilung der Steuerquellen hat aber nicht nur die vertikalen und horizontalen Unterschiede im Finanzbedarf ausreichend zu berücksichtigen, sondern auch die zahlreichen übrigen gestaltungstechnischen Anforderungen und Konflikte[398]. So ist etwa die Frage der *Gewichtung der Staatsebenen* im Gesamtstaat zu bedenken: Ist es staatspolitisches Ziel, die finanzielle Stellung der subnationalen Gebietskörperschaften gegenüber dem Zentralstaat auszubauen, ist eine Beteiligung jener Staatsebene(n) an der Einkommensteuer unumgänglich, da gerade diese Steuerart eine hohe Aufkommenselastizität aufweist. Die föderative Aufteilung der Einkommensteuer ist daher von erheblicher Bedeutung für die langfristige Entwicklung

---

[398] So besteht etwa ein Spannungsverhältnis zwischen dem Grundsatz der Gleichheit der Besteuerung und der Bewahrung der Vielfalt im Bundesstaat. Ebenso gibt es einen Konflikt zwischen der Forderung nach einer regionalen Äquivalenz der Besteuerung und dem Gedanken der Verteilungsgerechtigkeit.

der relativen finanziellen Positionen der einzelnen bundesstaatlichen Ebenen zueinander.[399] Nach ökonomischen Gesichtspunkten wäre eine gesamtstaatlich interpersonell umverteilende Einkommensteuer wegen ihrer verteilungspolitischen Dimension jedoch der Bundesebene zuzuweisen. Die (zumindest teilweise) Zuordnung der Steuerquelle 'Einkommen' an die Gliedstaaten bzw. die Gemeinden läßt sich folglich mit der Absicht erklären, die Position jener Gebietskörperschaften im Bundesstaat stärker zu gewichten.

Schließlich ist noch zu fragen, ob eine uneingeschränkte Anwendung der Kriterien für eine optimale Finanzausstattung subnationaler Gebietskörperschaften auf die *Gemeinden* möglich ist. Hier besteht sicherlich eine etwas anders gelagerte Situation als bei den Gliedstaaten, da die Kommunen nicht nur originär eigene, sondern auch übertragene Aufgaben wahrnehmen. Ein funktionierender Steuer-Ausgaben-Mechanismus ist jedoch auf jeden Fall für den Bereich der (freiwilligen) Selbstverwaltungsaufgaben erforderlich: Den Kommunen sollte deshalb Steuerautonomie zumindest 'at the margin' gewährt werden.

2.5 Kriterien zur Beurteilung empirischer föderativer Steuersysteme

Im weiteren Gang dieser Untersuchung sollen ausgewählte empirisch vorfindbare Finanzverfassungen anhand der bislang diskutierten Anforderungen an föderative Steuersysteme bewertet werden. Um die Fülle der aufgezeigten Erwägungen zu operationalisieren, werden nachfolgend die wichtigsten Kriterien für die Beurteilung föderativer Steuersysteme aus der oben dargelegten theoretischen Konzeption abgeleitet.

(1) *Finanzpolitische Unabhängigkeit aller föderalen Ebenen*: Verhindert die Finanzverfassung den Einfluß anderer Kompetenzträger auf die finanzpolitischen Entscheidungen einer Gebietskörperschaft?

(2) *Hinreichende und aufgabengerechte Finanzausstattung aller Gebietskörperschaften*: Entspricht die originäre Finanzausstattung dem durchschnittlichen selbstbestimmten Finanzbedarf sowie dem Aufgabenbestand einer Gebietskörperschaft bzw. Staatsebene und entwickelt sich deren Steueraufkommen angemessen, wachstumsproportional bzw. stetig?

(3) *Ausreichende vertikale Flexibilität des Einnahmensystems*: Besteht die Möglichkeit, die primäre vertikale Einnahmenverteilung Veränderungen im Finanzbedarf der einzelnen Staatsebenen anzupassen und wird dies auch praktiziert?

---

[399] Vgl. *Ewald Nowotny*, S. 149.

(4) *Fiskalische Beweglichkeit aller Gebietskörperschaften*: Kann die Höhe des Steueraufkommens einer Gebietskörperschaft von dieser autonom beeinflußt werden?

(5) *Sachgerechte Auswahl und Zuordnung der subnationalen Steuerquellen und Besteuerungsrechte*: Umfaßt die Konzeption des Steuersystems eine geeignete Auswahl hinsichtlich Zahl und Art der Steuerquellen und sind die Kriterien für den 'optimalen' Zentralisierungsgrad der Besteuerungskompetenzen beachtet worden?

(6) *Weitere Voraussetzungen für einen fairen Steuerwettbewerb*: Ermöglicht das Steuersystem einen fairen Steuerwettbewerb auf regionaler und lokaler Ebene durch Einheitlichkeit bzw. Koordinierung bestimmter Steuern, Verhinderung von Steuerexport und Internalisierung von Nutzen-Spillovers?

(7) *Konsistenz, Transparenz und Neutralität des Gesamtsystems*: Ist das Steuersystem in sich logisch, übersichtlich und widerspruchsfrei und entspricht es damit den Anforderungen an ein 'rationales' Steuersystem?

(8) *Gewährleistung allgemeiner und gleicher Besteuerung*: Sichert das Steuersystem die Allgemeinheit und Gleichmäßigkeit der Besteuerung?

(9) *Erhebungs- und Entrichtungsbilligkeit der Besteuerung*: Verursacht das Steuersystem erhebliche Kosten auf Seiten der Steuerzahler oder der Verwaltung?

(10) *Durchführung eines sachgerechten Finanzausgleichs*: Erfolgt ein sachgerechter vertikaler und horizontaler Finanzausgleich zur Sicherung fairer Teilnahmebedingungen im innerstaatlichen Wettbewerb und eines vergleichbaren (Mindest-) Angebotes an öffentlichen Gütern?

3 Darstellung und Bewertung der untersuchten föderativen Steuersysteme

Dieses Kapitel enthält die Darstellung und Bewertung der bundesstaatlichen Finanzverfassungen und Steuersysteme Australiens, Deutschlands und Kanadas im Hinblick auf Steuerautonomie von Gliedstaaten und Gemeinden. Den Schwerpunkt bilden also die Untersuchung der vertikalen Verteilung der Besteuerungsrechte einerseits sowie der Ausgestaltung und Wirkungen des aktuellen föderativen Steuersystems andererseits. Im ersten Unterkapitel erfolgt eine Einführung in die Länderanalyse. Anschließend werden die einzelnen Länder zunächst getrennt dargestellt und bewertet. Das letzte Unterkapitel beinhaltet dann einen bewertenden Ländervergleich.

3.1 Einführung in die Länderanalyse

Als inhaltliche Einführung in die Analyse der Finanzverfassungen und Steuersysteme der untersuchten Bundesstaaten wird im folgenden zunächst ein allgemeiner Überblick über die Vergleichsländer gegeben. Dieser umfaßt jeweils eine kurze Darlegung der Entwicklung und Struktur des föderalen Staates, der organisationsrechtlichen Grundzüge der bundesstaatlichen Verfassung, des gesellschaftlichen und politischen Föderalismusverständnisses und der wirtschaftsgeographischen Gegebenheiten in den untersuchten Ländern sowie einen abschließenden Ländervergleich. Im zweiten Abschnitt dieser Einführung werden die Vorgehensweise im Rahmen der Länderanalyse sowie einige Grundbegriffe näher erläutert.

3.1.1 Allgemeiner Überblick über die Vergleichsländer

3.1.1.1 Australien

Der australische Bundesstaat entstand mit der Gründung des Commonwealth im Jahre 1901 aus einem Zusammenschluß nach Selbständigkeit strebender vormaliger britischer Kolonien.[1] Basis hierfür war die Verabschiedung einer Verfassung, des Commonwealth of Australia Constitution Act[2]. Zwar resultieren aus der kolonialen Freiheitsbewegung sowie der Geschichte als Einwanderungsland ausgeprägte regionale Identitäten und föderative Strukturen. Dennoch verfügt Australien entsprechend der vorherrschenden gesellschaftspolitischen

---

[1] Vgl. *Günther Doeker*: Parlamentarische Bundesstaaten im Commonwealth of Nations: Kanada, Australien, Indien; Tübingen 1980, S. 9, 473ff.

[2] *An Act to constitute the Commonwealth of Australia* vom 9. Juli 1900, zuletzt geändert am 29. Juli 1977 (der Verfassungstext findet sich unter http://www.hcourt.gov.au).

Vorstellungen über eine starke Bundesregierung, deren Politik überwiegend von zentripetalen Kräften beeinflußt wird.[3]

Die staatlichen Gebietskörperschaften werden in Australien als 'Commonwealth' (Bundesebene) bzw. als 'States' (Gliedstaaten) bezeichnet.[4] Auf der Ebene der Gliedstaaten existieren zwei beschränkt autonome (Bundes-) Territorien. Sie können zwar bestimmte Materien nur mit Zustimmung des Commonwealth regeln, sind aber bei der Regelung ihrer inneren Angelegenheiten weitgehend frei. Dies gilt inzwischen auch für die Einführung und Erhebung von Steuern.[5]

Die kommunale Ebene wird von Local Councils gebildet.[6] Diese zeichnen sich durch einen von der Flächenausdehnung her kleinen Zuschnitt[7] und einen geringen Aufgabenbestand[8] aus. Eine zwischen Gliedstaaten und Local Councils geschaltete Ebene von Gemeindeverbänden fehlt völlig. Die Aufgaben, Funktionen, Handlungsspielräume und Finanzausstattungen der Gemeinden variieren in erheblichem Maße zwischen den einzelnen Staaten.[9] Aufgaben, die nicht von den Kommunen wahrgenommen werden oder wegen ihrer geringen Größe auch gar nicht wahrgenommen werden können, müssen von den Staaten bewältigt werden.

Die *Aufgabenzuständigkeiten* und -funktionen sind klar zwischen dem Commonwealth und den Staaten aufgeteilt, wobei nach sachlichen Politikfeldern differenziert wird. Jede Staatsebene ist für ihren Bereich voll verantwortlich, es gibt kein Auseinanderfallen von Gesetzgebungs- und Ausführungskompetenz. Die maßgebliche Norm für die vertikale Verteilung der Aufgabenkompetenzen ist Sec. 51 Constitution Act. Dort findet sich ein spezieller Aufgabenkatalog, in dem die Befugnisse des Commonwealth abschließend aufgelistet sind (es gilt das

---

[3] Vgl. *Günther Doeker*, S. 9; *Rainer-Olaf Schultze*: Föderalismus, S. 98ff.

[4] Vgl. Sec. 6 der Covering Clause (Präambel) des Commonwealth of Australia Constitution Act.

[5] Die Kompetenzzuordnungen sind im Laufe der Zeit Veränderungen unterworfen. So wurde z.B. 1978 dem australischen Northern Territory im Rahmen der Gewährung weitreichender Autonomie auch die vollständige Steuerhoheit zugestanden. Vgl. *Northern Territory Treasury Department* (Hrsg.): Budget 1998-99, Budget Paper No. 3, S. 7, 11.

[6] Vgl. *National Office of Local Government* (Hrsg.): Local Government National Report: 1997-98 Report on the operation of the Local Government (Financial Assistance) Act 1995; Canberra 1998, S. 3ff; *John Power/Roger Wettenhall/John Halligan* (Hrsg.): Local Government Systems of Australia; Canberra 1981; *Doug Tucker*: Local Government; in: John Henningham (Hrsg.): Institutions in Australian Society; Oxford u.a. 1995, S. 52ff.

[7] Die Local Councils von Melbourne und Sydney z.B. haben nur 37.000 bzw. 8.000 Einwohner bei einer Fläche von 36,1 bzw. 6,2 km², während die gesamte Metropolitan Area jeweils rund 3 Mio. Einwohner hat. Vgl. *National Office of Local Government* (Hrsg.): Report 1997-98, S. 128.

[8] Die Einführung des Prinzips der kommunalen Selbstverwaltung ist bislang stets am Widerstand der Staaten gescheitert. Dazu *Peter Ludwig Münch*: Die Entwicklung des Australischen Föderalismus: Vom "unechten Staatenbund" zum "unechten Bundesstaat"; in: Der Staat 35 (1996), S. 284 (301).

[9] Vgl. *Industry Commission* (Hrsg.): Performance Measures for Councils; Melbourne 1997.

Enumerationsprinzip).[10] Alle übrigen Politikfelder unterfallen der Zuständigkeit der Staaten (sog. Residualkompetenz).[11]

Die *Ausgabenverantwortung* ist in der Verfassung nicht ausdrücklich geregelt. Gemäß dem Trennsystem der dualistischen Kompetenzverteilung muß grundsätzlich jede Gebietskörperschaft die von ihr getätigten Ausgaben entsprechend ihrer Aufgabenwahrnehmung selbst tragen. Die Anteile der einzelnen Staatsebenen an den Ausgaben des gesamten Staatssektors (ohne Zuweisungen an andere föderative Ebenen) betragen ca. 57% (Commonwealth), 38% (Staaten und Territorien[12]) und 5% (Gemeinden).[13]

Übersicht 1: Einwohner, Fläche und Bruttoinlandsprodukt der australischen Staaten und Bundesterritorien 1999

	Fläche		Einwohner			BIP (je Einw.)	
	in km²	Anteil	Anzahl	Anteil	EW/km²	in $	in % des Ø
STAATEN							
New South Wales *(NSW)*	800.710	10,4%	6.448.000	33,8%	8,1	33.530	106,1%
Victoria *(VIC)*	227.420	3,0%	4.740.000	24,9%	20,8	32.246	102,0%
Queensland *(QLD)*	1.730.650	22,5%	3.539.000	18,6%	2,0	28.030	88,7%
Western Australia *(WA)*	2.529.880	32,9%	1.876.000	9,8%	0,7	34.486	109,1%
South Australia *(SA)*	983.480	12,8%	1.496.000	7,8%	1,5	26.830	84,9%
Tasmania *(TAS)*	68.400	0,9%	470.000	2,5%	6,9	23.852	75,5%
BUNDESTERRITORIEN							
Austr. Capital Territory *(ACT)*	2.360	0,0%	311.000	1,6%	131,8	39.142	123,8%
Northern Territory *(NT)*	1.349.130	17,5%	194.000	1,0%	0,14	33.802	106,9%
Summe bzw. Durchschnitt	7.692.030		19.074.000		2,5	31.611	

Quelle der Daten: Australian Bureau of Statistics (http://www.abs.gov.au [Stand 01.12.2000]).

Die wirtschaftsgeographischen Gegebenheiten in Australien sind geprägt von der flächenmäßigen Größe des Landes und den großen Unterschieden zwischen ländlichen und städtischen Gebieten: Die Bevölkerung ist ganz auf die Küstenregionen und dort wiederum auf wenige urbane Ballungsräume konzentriert. Die Hälfte des Kontinents ist nur von 0,3% der Bevölkerung besiedelt, während 84% aller Einwohner auf nur 1% der Landesfläche wohnen. Den fünf Siedlungszentren an der Küste mit jeweils mehr als 1 Mio. bzw. bis zu 4 Mio. Einwohnern bei

---

[10] Vgl. *Attorney-General's Department* (Hrsg.): The Australian Constitution Annotated; Canberra 1980, S. 51; *Patrick H. Lane*: Lane's Commentary on The Australian Constitution; 2. Aufl., Sydney 1997, S. 128f.

[11] Vgl. *Peter Groenewegen*: Public Finance in Australia: Theory and Practice; 3. Aufl., New York u.a. 1990, S 247; *Patrick H. Lane*, S. 132.

[12] Die finanzwirtschaftlich unbedeutende Differenzierung in Bundesstaaten und Territorien wird im folgenden i.d.R. aufgegeben. Der Begriff (Bundes-) Staaten umfaßt dann auch die Territorien.

[13] Vgl. *Treasurer of the Commonwealth/Minister for Finance and Administration* (Hrsg.): Commonwealth of Australia: Budget 1998-1999, Budget Paper No. 3: Federal Financial Relations; Canberra 1998; S. 13.

einer Gesamtbevölkerung von 19 Mio. stehen riesige Gebiete gegenüber, die gar nicht oder nur sehr dünn besiedelt sind.[14]

Das Bruttoinlandsprodukt je Einwohner in den Staaten divergiert zwischen 75,5% und 109,1% des Landesdurchschnitts, in den Territorien reicht es bis 123,8%. Immerhin liegt die Wirtschaftskraft in drei von sechs Staaten und in beiden Territorien über dem Durchschnitt, dies betrifft über 70% der Bevölkerung.

3.1.1.2 Deutschland

Föderative Strukturen haben in Deutschland eine lange Tradition.[15] Aufgrund der frühen Ausbildung eigener Staatlichkeit der einzelnen Territorialstaaten und der Schwäche des Alten Reiches entwickelte sich ein ausgeprägter Dezentralismus, der im 18./19. Jahrhundert in eine regelrechte 'Kleinstaaterei' mündete. Die Verfassung des Norddeutschen Bundes von 1867 und die darauf aufbauende Verfassung des Deutschen Reiches von 1871 sind von diesen partikularistischen Tendenzen geprägt.[16] Die Weimarer Reichsverfassung von 1919 weist demgegenüber stark zentralistische Züge auf, wobei die Rechte der Bundesstaaten deutlich zurückgeschnitten worden sind.[17] Ab 1933 erlitten Länder und Gemeinden dann den fast restlosen Verlust autonomer Entscheidungsspielräume, die bundesstaatliche Ordnung wurde faktisch beseitigt.[18] Nach 1945 entschieden die Besatzungsmächte die Frage nach der künftigen Struktur des westdeutschen Staates, indem sie im sog. Frankfurter Dokument Nr. 1 der Militärgouverneure 1948 den Verfassungsgeber auf einen Bundesstaat festlegten.[19]

---

14 Quelle der Daten: *Australian Bureau of Statistics* (http://www.statistics.gov.au [Stand 01.12.2000]).

15 Vgl. *Hartmut Maurer*: Staatsrecht, § 10, Rdnr. 11ff. Zur geschichtlichen Entwicklung des Föderalismus in Deutschland siehe *Ernst Deuerlein*: Föderalismus: Die historischen und philosophischen Grundlagen des föderativen Prinzips; Bonn 1972; S. 66ff., 116ff. und 171ff.

16 Bei der Gründung des Norddeutschen Bundes bzw. des Deutschen Reiches waren die deutschen Einzelstaaten als Gründungsmitglieder an einer möglichst weitgehenden Aufrechterhaltung des Status quo ante interessiert. Der Preis ihrer Einordnung in den bundesstaatlichen Verbund war eine föderative Rollenverteilung, die das politische Machtzentrum bei den Bundesstaaten beließ und dem Reich nur diejenigen Zuständigkeiten zuwies, die zwangsläufig und sinnvollerweise auf nationaler Ebene anzusiedeln waren. Vgl. *Stefan Korioth*, S. 311.

17 Vgl. *Ernst Rudolf Huber*: Deutsche Verfassungsgeschichte seit 1789, Band VI; 2. Aufl., Stuttgart u.a. 1981, S. 95ff.; *Richard Thoma*: Das Reich als Bundesstaat; in: Gerhard Anschütz/Richard Thoma (Hrsg.): Handbuch des Deutschen Staatsrechts, Band 1; Tübingen 1930, S. 169 (180ff.).

18 Vgl. *Ernst Deuerlein*, S. 195ff.; *Jürgen W. Hidien*, S. 320ff.

19 Vgl. *Christoph Kleßmann*: Die doppelte Staatsgründung: Deutsche Geschichte 1945-1955; 5. Aufl., Bonn 1991, S. 193ff. Zur damaligen Diskussion bzgl. der Staatsstruktur auch *Jochen Huhn*: Die Aktualität der Geschichte. Die westdeutsche Föderalismusdiskussion 1945-1949; in: Jochen Huhn/Peter-Christian Witt (Hrsg.): Föderalismus in Deutschland, S. 31ff. und *Ernst Deuerlein*, S. 223ff. Die Entstehung des Grundgesetzes ist vor dem Hintergrund der geschichtlichen Entwicklung der deutschen Staaten hin zu einem einheitlichen Nationalstaat auf föderativer Basis zu betrachten, da die Erfahrungen mit den jeweiligen Verfassungen in den aufeinanderfolgenden Staatssystemen die Verfassungsgebung stark geprägt haben.

Die Bundesrepublik ist in Bund und Länder als staatliche Kompetenzträger sowie die Kommunen als Selbstverwaltungskörperschaften gegliedert. Die verfassungsrechtliche Zuordnung öffentlicher *Aufgaben* auf Bund und Länder erfolgt gemäß Art. 30, 70ff., 84ff. GG nicht nach Sachgebieten, sondern funktional.[20] Die Staatsfunktionen lassen sich in Normsetzungskompetenz und Vollzugsverantwortung trennen:

- Die Aufteilung der *Gesetzgebungskompetenzen* erfolgt in den Art. 70ff. GG. Trotz der grundsätzlichen Zuständigkeitsvermutung zugunsten der Länder (Art. 70 Abs. 1 GG) überwiegen die Kompetenzen des Bundes im Bereich der Gesetzgebung erheblich.[21] Allerdings wirken die Landesregierungen an der Bundesgesetzgebung über den Bundesrat mit.[22]

- Die Zuständigkeit zur *Ausführung der Bundesgesetze* liegt gemäß Art. 83ff. GG bis auf einige Ausnahmefälle (Art. 85ff. GG) fast ausschließlich bei den Ländern. Diese können die Verwaltungskompetenz durch eigene (staatliche) Landesbehörden wahrnehmen oder den Gemeinden übertragen. In der Praxis werden mehr als drei Viertel aller ausführungsbedürftigen Bundesgesetze von den Kommunen vollzogen.[23]

Die *Kommunen*[24] gliedern sich in Städte und Gemeinden einerseits und Gemeindeverbände, zu denen die Landkreise, Verwaltungsgemeinschaften[25], Zweckverbände zur gemeinsamen Erfüllung einzelner Aufgaben und weitere interkommunale Verbände[26] gehören, andererseits. Zum kommunalen Aufgabenbestand zählen zum einen die Selbstverwaltungsangelegenheiten[27] als eigene lokale Aufgaben, die sich aus der prinzipiellen Allzuständigkeit der Gemeinden für Fragen der örtlichen Gemeinschaft ergeben. Im Rahmen des übertragenen Wirkungs-

---

[20] Vgl. *Friedrich Schoch/Joachim Wieland*: Finanzierungsverantwortung für gesetzgeberisch veranlaßte kommunale Aufgaben; Baden-Baden 1995; S. 93; *Karl-Peter Sommermann*: Art. 20 GG, Rdnr. 23. Die funktionale Aufteilung der Staatsaufgaben intendiert ein Zusammenwirken der föderalen Ebenen und korrespondiert mit dem Prinzip der gemeinschaftlich vorgenommenen zentralen Regelsetzung für eine Vielzahl von Sachfragen.

[21] Vgl. *Jörn Ipsen*, Rdnr. 505; *Friedrich Schoch/Joachim Wieland*, S. 93.

[22] Mehr als 60% aller Bundesgesetze bedürfen der Zustimmung des Bundesrates, bzgl. der politisch relevanten Gesetzesvorhaben gehen Einschätzungen bis zu 90% (vgl. *Gerd Langguth*, S. 5).

[23] Vgl. *Ferdinand Kirchhof*: Empfehlen sich Maßnahmen ...?, S. D 87. Die Verwaltungsgliederung ist also dreistufig (Bund, Länder und Kommunen).

[24] Vgl. *Hartmut Maurer*: Allgemeines Verwaltungsrecht; 12. Aufl., München 1999, § 23, Rdnr. 24ff.; *Wolfgang Rudzio*, S. 361ff.

[25] Die Terminologie der einzelnen Kommunalverfassungen ist unterschiedlich: Die Zusammenschlüsse selbständiger Gemeinden zur gemeinsamen Aufgabenerledigung im Rahmen einer einheitlichen Verwaltung werden auch als Ämter, Samtgemeinden oder Verbandgemeinden bezeichnet.

[26] Wie z.B. die Landeswohlfahrtsverbände, die bayerischen Bezirksverbände, die Landschaftsverbände in NRW oder die Regionalverbände Frankfurt, Hannover, Stuttgart sowie Ruhrgebiet.

[27] Zu unterscheiden sind pflichtige (zugewiesene) und freiwillige Selbstverwaltungsangelegenheiten.

kreises erfüllen die Kommunen, vor allem die Landkreise und Städte mit Kreisfunktionen, ferner aber auch originär staatliche, an sich überörtliche Aufgaben, die gesetzlich der untersten föderalen Ebene zur Erledigung im Auftrag des Landes oder des Bundes überwiesen wurden.[28]

Hinsichtlich der bundesstaatlichen Zuordnung der *Ausgabenverantwortung* begründet Art. 104a Abs. 1 GG als allgemeine Lastenverteilungsregel[29] einen Zusammenhang zur Aufgabenverantwortung: Danach tragen grundsätzlich Bund und Länder gesondert diejenigen Ausgaben, welche sich aus der Wahrnehmung ihrer jeweiligen Aufgaben ergeben. Art. 104a Abs. 1 GG bindet somit die Finanzierungsverantwortung an die Aufgabenzuständigkeit (Konnexitätsprinzip). Entscheidend ist dabei die Zuständigkeit für die Ausführung eines Gesetzes (Verwaltungskompetenz).[30] Im Jahr 1999 verteilten sich die Ausgaben wie folgt auf die einzelnen Staatsebenen: Der Bund hatte einen Anteil von 38,8% an den staatlichen Gesamtausgaben (ohne Sozialversicherungen), die Länder von 38,7% und die Kommunen von 22,5%.

Die heutige föderale Struktur Deutschlands ist durch den Umstand gekennzeichnet, daß politische Entscheidungen im wesentlichen auf der mit weitreichenden Entscheidungszuständigkeiten ausgestatteten Bundesebene getroffen werden, wobei die Länder über ihre Mitwirkungsbefugnisse im Bundesrat in vielen Politikbereichen eine Vetoposition einnehmen können. Zugleich bietet die Bundesrepublik ein Musterbeispiel für einen kooperativen Föderalismus, verbunden mit einer starken vertikalen und horizontalen Verflechtung zwischen den Staatsebenen.[31] In diesem Zusammenhang sind ein umfangreiches Netzwerk von Kooperationsmechanismen und -institutionen sowie entsprechende Rechtsinstrumente entstanden.[32] Diese Entwicklung ist nicht nur durch eine Veränderung der Verfassungswirklichkeit zu-

---

28 Vgl. *Hartmut Maurer*: Allgemeines Verwaltungsrecht, § 23, Rdnr. 12ff.
29 Vgl. *Hans-Günter Henneke*: Öffentliches ..., Rdnr. 188ff. Von dieser Regel existieren jedoch einige verfassungsrechtlich normierte Ausnahmen im Bereich der sog. Mischfinanzierungen (vgl. ebd.: Rdnr. 216ff.). Art. 104a Abs. 1 GG bezieht sich nur auf das Verhältnis zwischen Bund und Ländern, nicht hingegen auf das Verhältnis zwischen Gemeinden und Bund bzw. Ländern (vgl. BVerfGE 26, S. 338 (390); *Friedrich Schoch/Joachim Wieland*, S. 138). Nachweise zur gegenteiligen Ansicht bei *Werner Heun*: Die Zusammenführung der Aufgaben- und Ausgabenverantwortung von Bund, Ländern und Gemeinden als Aufgabe einer Reform der Finanzverfassung – Probleme und Risiken; in: Deutsches Verwaltungsblatt 1996, S. 1020 (1026, Fn. 70).
30 BVerfGE 26, S. 338 (390); *Helmut Siekmann*: Kommentierung zu Art. 104a; in: Michael Sachs (Hrsg.): Grundgesetz, Rdnr. 4. Die Finanzierungslasten treffen also grundsätzlich den Träger der administrativen Wahrnehmungskompetenz, hingegen nicht den Gesetzgeber als Verursacher. Bei Delegation der Aufgabenerledigung an eine andere Ebene ist nicht der originäre Aufgabenträger, sondern die tatsächlich ausführende Körperschaft finanziell verantwortlich.
31 Vgl. *Heinz Laufer/Ursula Münch*, S. 18f.; *Fritz W. Scharpf/Bernd Reissert /Fritz Schnabel*
32 Vgl. *Hartmut Klatt*: Interföderale Beziehungen ..., S. 186ff.; *Gunter Kisker*: Kooperation im Bundesstaat, S. 3.

stande gekommen, sondern hat zum Teil mittels Grundgesetzänderungen auch eine konstitutionelle Absicherung erfahren, wie z.B. im Rahmen der Reform der Finanzverfassung 1969.[33]

Übersicht 2: Einwohner, Fläche und Bruttoinlandsprodukt der deutschen Länder 1999

	Fläche		Einwohner			BIP (je Einw.)	
	in km²	Anteil	Anzahl	Anteil	EW/km²	in DM	in % des Ø
FLÄCHENLÄNDER (WEST)							
Nordrhein-Westfalen *(NRW)*	34.080	9,5%	17.984.000	21,9%	527,7	48.219	102,1%
Bayern *(Bay)*	70.548	19,8%	12.117.000	14,8%	171,8	54.750	115,9%
Baden-Württemberg *(BW)*	35.752	10,0%	10.449.000	12,7%	292,3	53.363	113,0%
Niedersachsen *(Nds)*	47.614	13,3%	7.879.000	9,6%	165,5	42.960	91,0%
Hessen *(Hes)*	21.115	5,9%	6.043.000	7,4%	286,2	57.308	121,3%
Rheinland-Pfalz *(RPL)*	19.847	5,6%	4.028.000	4,9%	203,0	42.368	89,7%
Schleswig-Holstein *(SH)*	15.769	4,4%	2.771.000	3,4%	175,7	44.118	93,4%
Saarland *(Saar)*	2.570	0,7%	1.073.000	1,3%	417,5	43.952	93,1%
FLÄCHENLÄNDER (OST)							
Sachsen *(Sac)*	18.413	5,2%	4.475.000	5,5%	243,0	31.558	66,8%
Sachsen-Anhalt *(LSA)*	20.447	5,7%	2.663.000	3,2%	130,2	30.195	63,9%
Brandenburg *(Bra)*	29.476	8,3%	2.594.000	3,2%	88,0	31.230	66,1%
Thüringen *(Thü)*	16.172	4,5%	2.456.000	3,0%	151,9	30.818	65,2%
Mecklenburg-Vorpomm. *(MV)*	23.171	6,5%	1.794.000	2,2%	77,4	30.942	65,5%
STADTSTAATEN							
Berlin *(Ber)*	890	0,2%	3.393.000	4,1%	3.812,4	44.182	93,5%
Hamburg *(Hbg)*	755	0,2%	1.702.000	2,1%	2.254,3	81.293	172,1%
Bremen *(Bre)*	404	0,1%	666.000	0,8%	1.648,5	63.138	133,7%
Summe bzw. Durchschnitt	357.022		82.087.000		229,9	47.233	

Quelle der Daten: Statistisches Bundesamt (Hrsg.): Statistisches Jahrbuch für die Bundesrepublik Deutschland, Jahrgänge 2000 und 2001, Stuttgart 2000 und 2001; eigene Berechnungen.

Zwischen den einzelnen Regionen bestehen starke Unterschiede in Größe, Siedlungsdichte und Wirtschaftskraft, wobei nach Stadtstaaten und Flächenländern sowie ost- (neuen) und westdeutschen (alten) Ländern differenziert werden kann. Da nur fünf Länder über eine Fläche von mehr als 25.000 km² verfügen, zeichnet sich das Bundesgebiet durch eine gewisse Kleinräumigkeit und relativ kurze Wege zwischen den Regionen aus.

Die Höhe des Bruttoinlandsproduktes (BIP) je Einwohner variiert gemessen am Bundesdurchschnitt zwischen 63,9% und 172,1%. Somit ist eine starke Streuung der Wirtschaftskraft festzustellen, beruhend vor allem auf einem deutlichen West-Ost-Gefälle: Das Bruttoinlandsprodukt betrug 1999 in Ostdeutschland 31.028 DM je Einwohner, in den westdeutschen Flächenländern hingegen 49.933 DM und in den Stadtstaaten 57.337 DM pro Kopf. Die Werte für die ostdeutschen Länder liegen mithin weit unter dem Durchschnitt. Die dargelegten wirt-

---

[33] *Schuppert* bezeichnet die Finanzreform von 1969 als eigentliche "Geburtsstunde des kooperativen Föderalismus" (*Gunnar Folke Schuppert*: Finanzbeziehungen im Föderalismus, S. 265).

schaftsgeographischen Gegebenheiten erfordern, die Finanzverfassung auf die großen Divergenzen zwischen den einzelnen regionalen Gebietskörperschaften auszurichten.

3.1.1.3 Kanada

Die kanadische Föderation wurde im Jahre 1867 als Resultat der Freiheitsbewegung mehrerer früherer britischer Kolonien gegründet.[34] Aufgrund der Geschichte Kanadas als Einwanderungsland, der unterschiedlichen Herkunft der Bevölkerungsgruppen sowie wegen der regionalen Trennung der französischstämmigen und englischsprachigen Siedlungsschwerpunkte ist die Bevölkerung ethnisch sehr heterogen.[35]

Der kanadische Bundesstaat gliedert sich in zwei Staatsebenen (Bund und Provinzen) sowie die kommunale Ebene (Local Government). Die drei (Bundes-) Territorien auf regionaler Ebene sind beschränkt autonom. Im Bereich des Local Government existieren drei Verwaltungstypen[36]: Neben den Gemeinden[37] und Gemeindeverbänden[38] als gebietsbezogene Verwaltungseinheiten existieren auch funktionsbezogene Aufgabenträger mit autonomen Entscheidungsbefugnissen (Verwaltungsbezirke für besondere Aufgaben).[39] Die Kommunen dürfen im Rahmen des 'Local Self Government' nur die ihnen von den Provinzen zugewiesenen Aufgaben eigenständig wahrnehmen; der kommunalen Ebene sind aber insgesamt relativ wenig Kompetenzen zugeordnet.[40] Die Aufgaben, Funktionen, Handlungsspielräume und Finanzausstattungen der Kommunen variieren z.T. in erheblichem Maße zwischen den einzelnen Gliedstaaten.[41]

---

34 Vgl. *Günther Doeker*, S. 9.
35 Vgl. *Edward M. Gramlich*: Canadian Fiscal Federalism: An Outsider's View; in: Ders.: Financing Federal Systems; Cheltenham, Northampton 1997, S. 500 (500); *Russel Krelove/Janet G. Stotsky/Charles L. Vehorn*: Canada; in: Teresa Ter-Minassian (Hrsg.): Fiscal Federalism, S. 201 (201).
36 Grundlegend dazu etwa *Richard M. Bird/Naomi Enid Slack*: Urban public finance in Canada; 2. Aufl., Toronto u.a. 1993, S. 4ff.; *Christopher Dunn*: Provinces: Canadian Provincial Politics; Peterborough 1996, S. 254ff.; *John Kingdom*: Canada; in: J. A. Chandler (Hrsg.): Local Government in Liberal Democracies; London, New York 1993, S. 159 (161); *C. Richard Tindal/Susan Nobes Tindal*: Local Government in Canada; 4. Aufl., Toronto 1995.
37 Die *Gemeinden* gliedern sich in Cities, Towns, Villages und Rural Municipalities.
38 Die *Gemeindeverbände* der allgemeinen Verwaltung lassen sich in Metropolitan- bzw. Regional-'upper-tier' Governments (soweit eine 'echte' zweistufige Verwaltung auf lokaler Ebene besteht) und Counties bzw. Regional Districts (als Ersatz für die fehlende oder nur schwach ausgeprägte lokale Verwaltung vor allem im ländlichen Bereich) differenzieren.
39 Organisationsbestimmend ist hierbei die Einzelaufgabe, nicht das Aufgabenbündel (vgl. *Friedo Wagener/Willi Blümel*, S. 116). Verwaltungseinheiten für bestimmte Aufgaben sind die Schulbezirke (School Boards) sowie die Sonderbezirke (Special Purpose Authorities).
40 Vgl. *John Kingdom*, S. 169; *Russel Krelove/Janet G. Stotsky/Charles L. Vehorn*, S. 202.
41 Vgl. *Richard M. Bird/Naomi Enid Slack*, S. 4ff. sowie *John Kingdom*, S. 169.

Die kanadische Verfassung nimmt eine dualistische Aufteilung der *Aufgaben* auf die einzelnen föderativen Ebenen nach festgelegten Sachgebieten vor, wobei die inhaltlichen Aufgabenkompetenzen mit den entsprechenden Ausführungsfunktionen verknüpft sind. Bund und Provinzen verfügen jeweils über verfassungsrechtlich in umfangreichen Katalogen (Sec. 91-92 Constitution Act, 1867) verankerte ausschließliche Gesetzgebungskompetenzen. In wenigen Fällen, allerdings auch im wichtigen Bereich der Steuergesetzgebung, besteht eine Konkurrenz zwischen beiden Staatsebenen.[42] Ansonsten darf der Bund in allen nicht explizit den Provinzen zugewiesenen Bereichen Gesetze erlassen (Residualkompetenz). Alle Gebietskörperschaften besitzen entsprechend ihrer Aufgabenverantwortlichkeit einen eigenen Verwaltungsunterbau.

Sachlich sind die Politikfelder größtenteils klar zwischen Bund und Provinzen aufgeteilt: Der Verfassungsgeber hat (vereinfacht betrachtet) die Zuständigkeit für gesamtwirtschaftlich relevante Aufgabenbereiche dem Bund und für örtliche und kulturelle Angelegenheiten den Provinzen zugewiesen.[43] Diese Zuordnung ist seit Erlaß des British North America Act 1867 nicht grundlegend verändert, sondern nur in Einzelfällen erweitert worden.[44] Den Schwerpunkt der subnationalen Befugnisse bildet aus heutiger Sicht der Bildungs- und Sozialbereich.[45]

Beide Staatsebenen verfügen über ein erhebliches Maß an politischer Autonomie. Aufgrund ihrer starken Stellung in der Verfassung sind die Provinzen weitgehend unabhängig und bilden ein echtes Gegengewicht zum Bund. Das innerstaatliche Kräfteverhältnis, gemessen am Grad der Selbständigkeit der Bundes- und Gliedstaatenebene, ist daher sehr ausgewogen. Diese dualistischen Strukturen entsprechen dem konföderalen Charakter Kanadas als Bündnis mehrerer heterogener Landesteile[46].

---

[42] Vgl. *Ronald I. Cheffins/Patricia A. Johnson*: The Revised Canadian Constitution: Politics as Law; Toronto u.a. 1986, S. 122.

[43] Vgl. *Ronald I. Cheffins/Patricia A. Johnson*, S. 121.

[44] Das *British North America Act, 1867* (seit 1982 *Constitution Act, 1867* genannt) durfte 115 Jahre lang nur vom britischen Parlament geändert werden. 1981 wurde zwischen der kanadischen Bundesregierung und den Provinzen Verständigung darüber erzielt, die bestehende Verfassung unmittelbar um einige Vorschriften sowie um das *Constitution Act, 1982* zu ergänzen, welches 1982 vom britischen Parlament im *Canada Act*, das auch weitere britische Gesetzgebung mit Wirkung für Kanada ausschließt, bestätigt wurde. Infolgedessen besteht die Canadian *Constitution* aus zwei Verfassungsgesetzen (*Constitution Act, 1867* und *Constitution Act, 1982*). Vgl. *Ronald I. Cheffins/Patricia A. Johnson*; *David Milne*: The New Canadian Constitution; Toronto 1982.

[45] Vgl. *Russel Krelove/Janet G. Stotsky/Charles L. Vehorn*, S. 204.

[46] Vgl. *Rainer-Olaf Schultze*: Föderalismus, S. 98ff.

Die föderative *Ausgabenverantwortlichkeit* ist in der Verfassung nicht explizit geregelt. Entsprechend dem Trennsystem der dualistischen Kompetenzverteilung ist grundsätzlich jede Gebietskörperschaft für die von ihr getätigten Ausgaben hinsichtlich der Wahrnehmung eigener Aufgaben selbst voll verantwortlich. Im Jahr 1999 betrugen die Anteile der einzelnen Staatsebenen an den Ausgaben des gesamten Staatssektors (gemeint sind die Ausgaben für die Erfüllung eigener Aufgaben, also ohne Zuweisungen) 38,8% (Bund), 44,6% (Provinzen) und 16,6% (Gemeinden).[47] Der langfristige Anstieg der staatlichen Ausgaben von rund 30% auf über 45% des BIP seit 1961 hat sich auf den föderativen Ebenen unterschiedlich stark ausgewirkt: Während der Anteil der Kommunen an den Gesamtausgaben in etwa konstant blieb, sank die Quote des Bundes um ca. ein Drittel. Die Provinzen hingegen haben ihren Anteil fast verdoppelt.[48]

Hinsichtlich der wirtschaftsgeographischen Gegebenheiten ist Kanada regional sehr verschiedenartig. Neben einem wirtschaftsstarken Gürtel entlang der Grenze zu den USA mit mehreren Ballungszentren existieren die nur schwer mit öffentlicher Infrastruktur zu versorgenden, äußerst dünnbesiedelten Gebiete (insbesondere der Territorien) im Norden, die rohstoffreichen Bergregionen im Westen, die weitläufigen Präriegebiete in der Mitte des Landes sowie die vier ökonomisch rückständigen und flächenmäßig kleinen 'Atlantik-Provinzen' an der Ostküste (Newfoundland, Prince Edward Island, Nova Scotia, New Brunswick), die zum Teil fernab der wirtschaftlich prosperierenden Gebiete im Süden des Landes liegen.[49]

Die ungleiche Verteilung der Wirtschaftskraft[50] zeigt sich vor allem daran, daß nur zwei Provinzen (und zwei der drei Territorien) ein Bruttoinlandsprodukt aufweisen können, welches über dem kanadischen Durchschnitt von 31.405 $ (im Jahr 1999) pro Kopf der Bevölkerung liegt. In den Provinzen divergiert das BIP je Einwohner zwischen 69,3% und 125,9% des Landesdurchschnitts, in den Territorien beträgt dessen relative Höhe bis zu 167,9%.

---

47 Quelle der Daten: *Department of Finance Canada* (Hrsg.): Fiscal Reference Tables; Ottawa 2000, S. 42ff. Anteil der Provinzen einschließlich der Ausgaben für die öffentlichen Krankenhäuser sowie der Rentenversicherung in Quebec (Quebec Pension Plan (QPP)).
48 Vgl. *Harvey Lazar*: In Search of a New Mission Statement for Canadian Fiscal Federalism; in: Ders. (Hrsg.): Canada: The State of the Federation (1999/2000): Toward a New Mission Statement for Canadian Fiscal Federalism; Montreal 2000, S. 3 (11).
49 Vgl. ebd; S. 5ff. Zu den Ballungszentren siehe S. 21ff.
50 Zu den großen Unterschieden in der regionalen Wirtschaftskraft siehe auch *Advisory Commission on Intergovernmental Relations* (Hrsg.): Studies in Comparative Federalism: Canada; Washington 1981; S. 9ff.

Übersicht 3: Einwohner, Fläche und Bruttoinlandsprodukt der kanadischen Provinzen und Territorien 1999

	Fläche		Einwohner			BIP (je Einw.)	
	in km²	Anteil	Anzahl	Anteil	EW/km²	in $	in % des Ø
PROVINZEN							
Ontario *(Ont.)*	1.076.395	10,8%	11.517.300	37,8%	10,7	34.450	109,7%
Quebec *(Que.)*	1.542.056	15,4%	7.349.100	24,1%	4,8	27.767	88,4%
British Columbia *(B.C.)*	944.735	9,5%	4.028.100	13,2%	4,3	29.489	93,9%
Alberta *(Alb.)*	661.848	6,6%	2.959.400	9,7%	4,5	39.532	125,9%
Manitoba *(Man.)*	647.797	6,5%	1.142.600	3,7%	1,8	27.127	86,4%
Saskatchewan *(Sask.)*	651.036	6,5%	1.025.700	3,4%	1,6	29.388	93,6%
Nova Scotia *(N.S.)*	55.284	0,6%	939.200	3,1%	17,0	23.858	76,0%
New Brunswick *(N.B.)*	72.908	0,7%	754.300	2,5%	10,3	24.380	77,6%
Newfoundland *(Nfld.)*	405.212	4,1%	540.800	1,8%	1,3	22.393	71,3%
Prince Edward Island *(P.E.I.)*	5.660	0,1%	137.600	0,5%	24,3	21.759	69,3%
BUNDESTERRITORIEN							
Northwest Territories *(Nw.T.)*	1.346.106	13,5%	41.100	0,1%	0,03	52.725	167,9%
Yukon *(Yuk.)*	482.443	4,8%	31.100	0,1%	0,06	34.727	110,6%
Nunavut *(Nun.)**	2.093.190	21,0%	27.000	0,01%	0,01	27.074	86,2%
Summe bzw. Durchschnitt	9.984.670		30.493.300		3,1	31.405	

* Nunavut wurde 1999 aus den Northwest Territories als eigenständiges Territorium ausgegliedert. Alle Datensätze vor 1999 beziehen sich auf die Northwest Territories früheren Zuschnitts.

Quelle der Daten: Statistics Canada (http://www.StatCan.ca [Stand 20.11.2000]); eigene Berechnungen.

Nicht zuletzt aufgrund der großen Landesfläche, der erheblichen ökonomischen Disparitäten sowie der gesellschaftlichen, politischen und kulturellen Heterogenität ist eine starke regionale Identität sowie eine ausgeprägte föderative Struktur festzustellen. Dementsprechend sind die Provinzen sehr auf politische Autonomie bedacht.

3.1.1.4 Ländervergleich

Der Föderalismus in Deutschland ist geprägt von der starken Betonung der Einheitlichkeit des Gesamtstaates. Zwar wurde in den Jahren der deutschen Einigung 1867/1871 bewußt die Staatsform des Föderalismus gewählt, um den vielen deutschen Einzelstaaten ihre Staatsqualität und damit eine gewisse Machtposition zu erhalten. Auch heute bestehen noch erkennbare regionale gesellschaftspolitische Disparitäten zwischen den Bundesländern, die zwar durchaus eigene kulturelle Traditionen, teilweise aber nur wenig historische Kontinuität aufweisen können. Dennoch hat im deutschen Föderalismus der Gedanke der Einheit zweifellos Vorrang vor der Bewahrung der Vielfalt.[51]

---

[51] Vgl. *Konrad Hesse*: Der unitarische Bundesstaat, S. 14ff.

Bereits das Staatsbild der Weimarer Reichsverfassung entsprach der Ausformung eines unitarisch ausgerichteten Bundesstaates. Auch das Grundgesetz ist gekennzeichnet von einem Streben nach einer hohen rechts-, wirtschafts- und sozialpolitischen Homogenität im gesamten Bundesgebiet. Die Mitwirkung der Landesregierungen an der Bundesgesetzgebung über den Bundesrat sowie die verbreitete Selbstkoordination der Länder untereinander haben zudem die Grundlagen einer starken vertikalen und horizontalen Verflechtung und somit als Ergebnis einen kooperativ und zentripetal ausgerichteten Bundesstaat geschaffen.[52]

Der gemeinsame historische Hintergrund Australiens und Kanadas ist die vergleichbare Geschichte. Beide Staaten entstanden aus einem Zusammenschluß ehemaliger britischer Kolonien, die nach Unabhängigkeit strebten und 1867 (Kanada) bzw. 1901 (Australien) einen Bundesstaat konstituierten. In beiden Ländern läßt sich eine starke regionale Identität sowie eine ausgeprägte föderative Struktur feststellen. Dennoch unterscheiden sich die föderativen Zielvorstellungen beider Staaten voneinander: Während in Australien die zentripetalen Kräfte vorherrschen, dominieren in Kanada zentrifugale gesellschaftspolitische Vorstellungen; gleichwohl hat dort das Ziel der Annäherung der Lebensbedingungen im Gesamtstaat seit 1982 Verfassungsrang.[53]

Übersicht 4 zeigt im Vergleich die wesentlichen Merkmale der Föderalismus- und Verfassungstypen in den betrachteten Ländern. Zwischen Australien und Kanada bestehen hinsichtlich der bundesstaatlichen Strukturen die meisten Gemeinsamkeiten (z.B. die dualistische Verteilung der staatlichen Aufgaben und Funktionen zwischen Bund und Gliedstaaten und das Verhältnis beider Staatsebenen zueinander). Aber auch zwischen dem deutschen Föderalismus und Australien lassen sich Berührungspunkte entdecken: Diese existieren jedoch weniger in bezug auf die Staatsorganisation als vielmehr auf die grundlegende gesellschaftspolitische Ausrichtung.

Unter den betrachteten Ländern bilden Kanada und Deutschland bezüglich der föderalen Strukturen in gewisser Weise die beiden Extreme, Australien hingegen nimmt eine mittlere Position ein: Die kanadische Verfassung räumt den Provinzen einen hohen Grad an Autonomie und einen klar vom Bund abgegrenzten eigenen Aufgabenbereich ein, innerhalb dessen sie weitgehend frei agieren können. Im Gegensatz dazu verkörpert Deutschland einen sehr unitarisch orientierten, zentripetalen Bundesstaat mit geringen eigenen legislatorischen Entscheidungsbefugnissen der Länder, deren Regierungen dafür aber im Bundesrat an der

---

52 Vgl. *Heinz Laufer/Ursula Münch*, S. 18f.; *Fritz W. Scharpf*: Theorie und Empirie ....
53 Vgl. *Günther Doeker*, S. 9; *Rainer-Olaf Schultze*: Föderalismus, S. 98ff.

Bundesgesetzgebung mitwirken können. Die australischen Staaten wiederum weisen eine ähnlich hohe politische Autonomie gegenüber dem Bund wie die Gliedstaaten in Kanada auf; wie noch zu zeigen sein wird, gilt dies aber nicht für den Bereich der Finanzen.

Übersicht 4: **Föderalismus- und Verfassungstypen in den betrachteten Ländern**

	Australien	Deutschland	Kanada
Bundesstaat seit	1901	1866/71, 1919, 1949	1867
Gesellschaft	nationale Identität, viele ethnische Minoritäten	keine ethnisch-kulturellen Gegensätze	ethnisch-kulturelle Pluralität, zweisprachig
Föderalismus-Typ	dualistischer Bundesstaat (eher größere Autonomie der Staaten)	unitarischer Bundesstaat (eher geringe Autonomie der Länder)	Bündnischarakter, dualistische Staatsstrukturen (hohe Autonomie der Provinzen)
Zielvorstellung, Ausrichtung	tendenziell: Einheit der Lebensbedingungen	Einheit der Lebensbedingungen (zentripetal)	Vielfalt der Lebensbedingungen (zentrifugal)
Repräsentationsorgan der Gliedstaaten auf nationaler Ebene	*Senat* • Volkswahl für 6 Jahre, je 12 Senatoren pro Bundesstaat und 2 je Territorium; • bei Gesetzgebung dem Repräsentantenhaus gleichgestellt (Ausnahme: Haushalt)	*Bundesrat* • weisungsgebundene Vertreter der Landesregierungen, 3-6 Mitglieder pro Land; • obligatorische Beteiligung an der gesamten Bundesgesetzgebung (Einspruchsrecht oder Zustimmungserfordernis)	*Senat* • ernannte Senatoren, Besetzung ist regional asymmetrisch und unrepräsentativ; • bei Gesetzgebung dem Repräsentantenhaus formell gleichgestellt (Ausnahme: Haushalt)
Ausmaß der Repräsentation der Gliedstaaten	Senat ist Vertreter der einzelstaatlichen Interessen und Teil der nationalen Repräsentation	Verschränkung von exekutiven und legislatorischen Kompetenzen durch Bundesrat; starke Position der Länder bei der Verabschiedung der meisten Bundesgesetze	Senat ist faktisch ohne Einfluß
Kompetenzverteilung zwischen Bund und Gliedstaaten	*dualistische Aufteilung*, Differenzierung nach Politikfeldern: verfassungsrechtlich verankerter Aufgabenkatalog des Commonwealth, ansonsten (weitreichende) Zuständigkeit der Einzelstaaten	*funktionale Aufteilung*: Exekutivfunktion überwiegend bei den Ländern (gerade auch für Bundesgesetze), Legislativfunktion größtenteils beim Bund (aufgrund Ausschlußwirkung der konkurrierenden Gesetzgebungsbefugnis)	*dualistische Aufteilung*, Differenzierung nach Politikfeldern: jeweils weitreichende ausschließliche Gesetzgebungskompetenzen von Bund und Provinzen, sonst konkurrierende Zuständigkeit; jeweils eigene Verwaltungen
Vertikale Gewaltenteilung	weitgehende Autonomie der Staaten, allerdings starke finanzielle Abhängigkeit	starke funktionale (bei Legislative und Exekutive) sowie finanzielle Verflechtung zwischen Bund und Ländern	weitgehende (insbesondere auch finanzielle) Unabhängigkeit der Provinzen vom Bund
Kooperation und Vermittlung im Bundesstaat	zahlreiche Abkommen der Staaten mit dem Commonwealth	vielfältiges vertikales und horizontales Zusammenwirken in besonderen Institutionen	zahlreiche Verhandlungen und Abkommen der Provinzen mit dem Bund

Quelle: Eigene Darstellung, z.T. basierend auf *Rainer-Olaf Schultze:* Föderalismus, S. 108f.

Die in Übersicht 5 enthaltenen Basisdaten der untersuchten Länder zeigen die teilweise beträchtlichen Unterschiede in Fläche, Bevölkerung und Siedlungsdichte. Trotz der vergleichsweise geringen Landesfläche (die Fläche Australiens ist fast 28 mal, die Kanadas 22 mal größer) weist Deutschland die größte Zahl regionaler und kommunaler Gebietskörperschaften auf. Angesichts der wesentlich höheren Gesamtbevölkerung haben die 16 deutschen Länder jedoch im Durchschnitt eine weit höhere Einwohnerzahl (5,1 Mio.) als die Gliedstaaten Australiens und Kanadas (jeweils 2,4 Mio.). Diese verfügen dagegen über eine erheblich größere Fläche. Daraus resultieren große Unterschiede in der Bevölkerungsdichte der Gliedstaaten: Dies verdeutlicht etwa die Tatsache, daß in dem deutschen Bundesland mit der geringsten Siedlungsdichte (MV) immer noch mehr als dreimal so viele Einwohner pro km^2 wie in der kanadischen Provinz mit der höchsten Siedlungsdichte (P.E.I.) und knapp viermal so viele wie im australischen (Flächen-) Staat mit der höchsten Bevölkerungsdichte (VIC) wohnen.

Auch die Kontraste in der Verteilung der Bevölkerung zwischen städtischen und ländlichen Räumen sind in den beiden anderen Vergleichsländern viel größer als in Deutschland, wie die Zahl der großen Ballungsräume zeigt. Im Gegensatz zu Australien und Kanada ist die Bevölkerung in Deutschland viel gleichmäßiger verteilt.

Bemerkenswert ist ferner die regionale Streuung der Wirtschaftskraft: Gemessen am Bundesdurchschnitt je Einwohner variiert in Deutschland die Höhe des Bruttoinlandsproduktes in den Gliedstaaten zwischen 58% und 188% (mit Stadtstaaten) bzw. 127,7% (nur Flächenländer), in Kanada zwischen 69% und 126% (bei Vernachlässigung der bevölkerungsmäßig unbedeutenden Territorien) und in Australien zwischen 76% und 124% (unter Einbeziehung der Territorien) bzw. 109,1% (nur Flächenstaaten). Somit sind in Australien die geringsten Disparitäten festzustellen, in Deutschland dagegen die höchsten (dort ist auch der Abstand der ökonomisch rückständigen zu den wirtschaftsstarken Regionen relativ groß).

Interessant ist schließlich auch die Anzahl kommunaler Gebietskörperschaften: Während in Deutschland und Kanada die Zahl der Gemeinden im Verhältnis zur Gesamtbevölkerung ungefähr gleich groß ist, existieren in Australien vergleichsweise wenig Gemeinden und gar keine Gemeindeverbände. Obwohl die Gemeinden in Australien im Durchschnitt eine nicht unerhebliche Einwohnerzahl haben (26.200), hat dort die kommunale Ebene nur eine geringe funktionale Bedeutung (vgl. auch den relativ niedrigen Anteil der kommunalen Ausgaben an den gesamten Ausgaben des Staatssektors).

Übersicht 5: Ausgewählte Basisdaten (Fläche, Bevölkerung, Siedlungsdichte und Wirtschaftskraft) der untersuchten Länder 1999

	Australien	Deutschland	Kanada
GESAMTSTAAT			
Einwohner	19.100.000	82.100.000	30.500.000
Landfläche	7.692.000 km²	357.000 km²	9.985.000 km²
Zeitzonen	3	1	6
Siedlungsdichte	2,5 Einwohner/km²	229 Einwohner/km²	3,1 Einwohner/km²
Stadtbevölkerung	86%	87%	77%
Ballungsräume mit > 3 Mio. EW	2 (Sydney, Melbourne)	2 (Berlin, Rhein-Ruhr)	2 (Toronto, Montreal)
Ballungsräume mit 1-3 Mio. EW	3 (Brisbane; Perth, Adelaide)	8 (Hamburg, Bremen, Hannover, Köln, Rhein-Main, Rhein-Neckar, Stuttgart, München)	3 (Ottawa, Quebec, Vancouver)
GLIEDSTAATEN			
Anzahl der Gliedstaaten	6 Staaten 2 Bundesterritorien	16 Länder (davon 3 Stadtstaaten)	10 Provinzen 3 Bundesterritorien
Größter Gliedstaat (flächenmäßig)	Western Australia (2.530.000 km²)	Bayern (70.550 km²)	Nunavut (2.100.000 km²)
Siedlungsdichte	0,7 EW/km²	172 EW/km²	0,01 EW/km²
Kleinster Gliedstaat (flächenmäßig)	Australian Capital Territory (2.400 km²)	Bremen (400 km²)	Prince Edward Island (5.700 km²)
Siedlungsdichte	132 EW/km²	1.649 EW/km²	24 EW/km²
Größter Gliedstaat (nach Einwohnerzahl)	New South Wales (6.450.000 EW)	Nordrhein-Westfalen (17.980.000 EW)	Ontario (11.520.000 EW)
Siedlungsdichte	8 EW/km²	528 EW/km²	11 EW/km²
Kleinster Gliedstaat (nach Einwohnerzahl)	Australian Capital Territory (311.000 EW)	Bremen (670.000 EW)	Nunavut (27.000 EW)
Siedlungsdichte	132 EW/km²	1.649 EW/km²	0,01 EW/km²
Größte Siedlungsdichte	Australian Capital Territory *(132 EW/km²)*	Berlin *(3.812 EW/km²)*	Prince Edward Island *(24 EW/km²)*
Geringste Siedlungsdichte	Northern Territory *(0,14 EW/km²)*	Mecklenburg-Vorpommern *(78 EW/km²)*	Nunavut *(0,01 EW/km²)*
Höchste relative Wirtschaftskraft* a) Insgesamt b) Flächenstaat	a) Australian Capital Territory *(123,8%)* b) Western Australia *(109,1%)*	a) Hamburg *(188,1%)* b) Hessen *(127,7%)*	a) Northwest Territories *(167,9%)* b) Alberta *(125,9%)*
Geringste relative Wirtschaftskraft*	Tasmania *(75,5%)*	Sachsen-Anhalt *(58,2%)*	Prince Edward Island *(69,3%)*
KOMMUNEN			
Anzahl der Gemeinden	730 Local Councils	117 kreisfreie Städte; 13.854 kreisangehörige Gemeinden (davon ca. 5.600 Städte)	ca. 5.000 Gemeinden (Cities, Towns, Villages, Municipalities)
Anzahl der Gemeindeverbände	keine Gemeindeverbände	323 Landkreise	ca. 240 Districts/Counties (nicht in allen Provinzen); ca. 940 School Boards

* Höhe des Bruttoinlandprodukts je Einwohner gemessen am Bundesdurchschnitt.

Quelle der Daten: Siehe Übersichten 1 bis 3; eigene Berechnungen.

3.1.2 Vorgehensweise im Rahmen der Länderanalyse

Die in den nächsten Unterkapiteln folgende Untersuchung der föderativen Finanzverfassungen und Steuersysteme in den drei Vergleichsländern beginnt jeweils mit einer Darstellung der Finanzverfassung in ihrer historischen Entwicklung:

- In Australien und Kanada sind die verfassungsrechtlichen Regelungen bezüglich des föderativen Steuersystems seit Gründung der Föderation im Jahr 1901 bzw. 1867 (im wesentlichen) unverändert geblieben und haben allenfalls eine Konkretisierung durch die Rechtsprechung erfahren. Insofern wird im Anschluß an die Finanzverfassung die Entwicklung des Steuersystems im 20. Jahrhundert dargestellt.

- Die deutsche Finanzverfassung enthält sehr detaillierte Regelungen über das föderative Steuersystem. Sie wurde seit der erstmaligen Errichtung eines Bundesstaates 1867/71 mehrfach grundlegend verändert. Deshalb sollen die Entwicklungslinien der Finanzordnung in Deutschland im Hinblick auf die Einräumung von Steuerautonomie auf der Ebene der Gliedstaaten und Gemeinden verfolgt werden.

Im Mittelpunkt steht dabei die vertikale Zuordnung der Steuerquellen bzw. Besteuerungskompetenzen auf die föderativen Ebenen, basierend auf der gegebenen bundesstaatlichen Aufgaben- und Ausgabenverteilung. Unter dem Begriff 'Besteuerungskompetenzen' ist die Befugnis zur Ausschöpfung einer Steuerquelle zu verstehen. Hierzu zählen die Zuständigkeit zur Steuergesetzgebung bzw. zur Ausgestaltung einer Abgabe (Erhebungs- oder Gestaltungskompetenz), die Ertragskompetenz sowie als drittes Element die Befugnis zur Verwaltung des Steuerwesens (Verwaltungshoheit). Von Interesse ist in diesem Kontext vor allem, welche einzelnen Besteuerungsrechte (Bestimmung der Bemessungsgrundlage, der Tarifstruktur und/ oder der Steuersätze) die Gestaltungskompetenz, die ja im wesentlichen den materiellen Gehalt von Steuerautonomie ausmacht (wenn und soweit sie mit der Ertragskompetenz verknüpft ist), umfaßt.

Anschließend folgt die Darstellung der aktuellen Einnahmensituation der einzelnen föderalen Ebenen im Überblick. Die Finanzausstattung einer Gebietskörperschaft ergibt sich aus dem realen Steueraufkommen, dessen Höhe durch die bundesstaatliche Einnahmenverteilung bzw. – je nach Grad der Steuerautonomie – von den eigenständigen Besteuerungsmöglichkeiten im Rahmen des föderativen Steuersystems bestimmt wird, sowie dem Anteil der Zuweisungen und sonstige Einnahmen. In Rahmen der Beschreibung der Finanzausstattung der Gemeinden soll auch der kommunale Finanzausgleich dargestellt werden.

Ein nächster Untersuchungsschritt beleuchtet die empirischen Auswirkungen des föderativen Steuersystems auf die Finanzausstattung der regionalen und lokalen Gebietskörperschaften. In diesem Zusammenhang ist zu fragen, wie sich das Besteuerungspotential bezogen auf einzelne Steuern regional verteilt, wie es von den Gebietskörperschaften zur Erzielung von Einnahmen ausgenutzt wird und ob einzelne Steuerquellen einem besonderen Druck im Rahmen des Steuerwettbewerbs ausgesetzt sind:

- Die regionale Verteilung des Besteuerungspotentials bzw. der steuerlichen Bemessungsgrundlagen bestimmt die Höhe der *Steuerkraft* einer Gebietskörperschaft (die sog. 'Fiscal Capacity' oder auch 'Revenue Raising Capacity'). Die jeweilige Steuerkraft wird – soweit möglich und sinnvoll – relativ, d.h. im Verhältnis zu den anderen Gebietskörperschaften auf gleicher Ebene sowie im Vergleich zur regionalen Wirtschaftskraft[54] dargestellt.

- Der Umfang der autonomen Ausschöpfung des Besteuerungspotentials bemißt sich an der Höhe der regionalen *Steueranspannung* ('Tax Effort' oder 'Revenue Raising Effort'). Für einige Länder und Steuerarten kann diese anhand des statistischen Datenmaterials berechnet werden oder ist sogar gesondert ausgewiesen.[55]

- Die Unterschiede hinsichtlich der Steueranspannung lassen eventuell Aussagen über Art und Umfang des horizontalen *Steuerwettbewerbs* innerhalb eines Bundesstaates zu, weil bezüglich solcher steuerlicher Bemessungsgrundlagen, die im Rahmen der innerstaatlichen Konkurrenz eine größere Rolle spielen, tendenziell geringere Ausschöpfungsdifferenzen festzustellen sein dürften.

Die vertikale Zuordnung oder die horizontale Verteilung der Steuerquellen (bzw. der Ertragsanteile am Steueraufkommen) erfährt regelmäßig eine Korrektur durch ein Finanzausgleichssystem. Die Analyse des Finanzausgleichs zwischen Bundesebene und den Gliedstaaten soll unter den Gesichtspunkten Zielsetzung (bzw. Leitbild), Konzeption, Konstruktion und Verteilungswirkung des Finanzausgleichssystems erfolgen:

- Das übergeordnete politische und ökonomische *Leitbild* des Finanzausgleichs gibt den Maßstab für die angestrebte ökonomische Homogenität im Gesamtstaat vor.

---

[54] Dabei wird durchgängig das Bruttoinlandsprodukt (BIP bzw. GDP) verwendet. Zwar wäre es bei einigen Steuerarten (speziell bei den einkommensbezogenen Steuern) angezeigt, das Bruttosozialprodukt (BSP) als Vergleichsmaßstab heranzuziehen, allerdings lagen die entsprechenden Daten nicht (für Australien und Kanada) bzw. nicht aktuell genug (Deutschland) vor.

[55] Die Intensität der Steueranspannung bezeichnet das Ausmaß, in dem die Steuerkraft von einem Kompetenzträger zur Erzielung von Einnahmen genutzt wird. Ein Wert von über 100% bedeutet eine überdurchschnittliche Ausschöpfung des Besteuerungspotentials gemessen am landesweiten Durchschnitt, ein Wert von unter 100% hingegen eine nur unterdurchschnittliche Ausschöpfung.

- Die *Konzeption* der Ausgleichszahlungen bildet die Richtschnur für die Ausformung der konkreten Verteilungsregeln. Hierzu zählt die Frage, nach welchen Verteilungsprinzipien der vertikale und/oder horizontale Finanzausgleich gestaltet ist und an welche fiskalischen Bedarfsgrößen dieser anknüpft.
- Die detaillierte 'technische' *Konstruktion* der Verteilungsregeln und des Verteilungsverfahrens beinhaltet die einzelnen Komponenten des Finanzausgleichs wie die Art und Struktur der Zuweisungsprogramme, die horizontalen Verteilungskriterien, die Berechnungsmethoden und die existierenden Ausgleichsmechanismen.
- Folge der Ausgestaltung des Finanzausgleichssystems ist schließlich die horizontale *Verteilungswirkung*, welche die Ausgleichszuweisungen entfalten.

Die Verteilungswirkung des Finanzausgleichs läßt sich anhand der Veränderung der Finanzkraft durch die Zuweisungen im Verhältnis zu den Gebietskörperschaften auf gleicher Ebene messen. Hierbei ist zu untersuchen, ob lediglich eine Angleichung der Finanzkraft erfolgt oder ob sogar Verschiebungen in der Finanzkraftreihenfolge vorgenommen werden. Hinsichtlich der Finanzkraft kann differenziert werden nach der potentiellen Finanzkraft (Fiscal Capacity einschließlich Zuweisungen) und der tatsächlichen Finanzkraft (reale Einnahmen), die aufgrund der Nutzung der autonomen Besteuerungsrechte erzielt wird. Aus dem Vergleich der tatsächlichen mit der potentiellen Finanzkraft nach Finanzausgleich läßt sich z.B. erkennen, wie hoch die Steueranspannung in denjenigen Gebietskörperschaften ist, die über- bzw. unterdurchschnittlich hohe Zuweisungen erhalten, um daraus möglicherweise Rückschlüsse auf die 'Verteilungsgerechtigkeit' des Finanzausgleichs ziehen zu können.

Vom jeweiligen Verhältnis zwischen den Gliedstaaten und ihren Kommunen ist abhängig, ob auch die Einnahmen (-potentiale) der Kommunen in die Berechnung der Finanzkraft eines Gliedstaates mit einfließen müssen, um zu einem sachgerechten Urteil über die tatsächlichen Verteilungswirkungen des Finanzausgleichs zu gelangen.

Anschließend erfolgt eine Bewertung der einzelnen föderativen Steuersysteme anhand der in Kapitel 2 entwickelten Kriterien insbesondere im Hinblick darauf, ob die Finanzausstattung und die Steuerautonomie auf Ebene der Gliedstaaten und Gemeinden hinreichend, die Anforderungen an ein rationales Steuersystem erfüllt und die Voraussetzungen für einen 'fairen' Steuerwettbewerb auf subnationaler Ebene vorhanden sind.

Zuletzt werden im Rahmen eines Ländervergleichs Parallelen und Unterschiede der untersuchten Steuersysteme aufgezeigt und einige allgemeine Schlußfolgerungen aus den empirischen Befunden abgeleitet.

3.2 Australien

3.2.1 Die föderative Verteilung der Besteuerungskompetenzen in der Verfassung

Das Commonwealth of Australia Constitution Act enthält nur wenige finanzverfassungsrechtliche Bestimmungen. Sec. 51 (ii) gewährt dem Commonwealth eine umfassende Gesetzgebungskompetenz zur Erhebung von Steuern[1], allerdings in Konkurrenz zu den Staaten, die ihrerseits die Befugnis zur Steuergesetzgebung besitzen und diese unabhängig vom Commonwealth ausüben können ("concurrent and independent powers").[2] Die Regelung der Sec. 109 Constitution Act, nach welcher Recht der Bundesstaaten, das Rechtsnormen des Commonwealth widerspricht, von diesen verdrängt wird, ist nach der Rechtsprechung des australischen High Court im Bereich der Steuergesetzgebung nur beschränkt anwendbar[3]. Aus diesem Grund ist es grundsätzlich möglich, daß Bund und Gliedstaaten nebeneinander Steuern auf dieselben Steuerobjekte erheben und sich die verfügbaren gemeinsamen Steuerquellen teilen. Die Besteuerungskompetenzen schließen sich nicht gegenseitig aus und konfligieren auch nicht miteinander, soweit jede Staatsebene ihre Steuern jeweils zur Deckung des eigenen Finanzbedarfs erhebt.[4]

Hinsichtlich der einzelnen Steuerquellen ist verfassungsrechtlich lediglich die zentrale Kompetenz für Produktsteuern ('Duties of Excise') in Sec. 90 Constitution Act[5] geregelt. Nach dieser Bestimmung dürfen diese Steuern nur vom Commonwealth, nicht aber von den Staaten erhoben werden, um einen einheitlichen Wirtschaftsraum zu gewährleisten.[6] Da die Finanzverfassung den einzelnen Staatsebenen im übrigen weder spezielle Steuerquellen zuweist noch sonstige Regelungen zu den einzelnen Befugnissen bzgl. einer Steuerquelle trifft, sind die föderalen Ebenen prinzipiell in der Ausschöpfung von Steuerquellen frei. Mit Ausnahme der Zölle ('Duties of Customs') und der Duties of Excise i.S.v. Sec. 90 haben die Staaten folg-

---

[1] Die Gesetzgebungskompetenz beinhaltet die Bestimmung der Steuerpflicht, der Steuertarife und Steuersätze sowie der Bemessungsgrundlagen. Vgl. *Patrick H. Lane*, S. 173.
[2] Vgl. *Patrick H. Lane*, S. 147f., 180.
[3] Vgl. *Denis W. James*: Federal and State Taxation: A Comparison of the Australian, German and Canadian Systems (Australian Parliamentary Library (Hrsg.): Current Issues Brief 5 (1997-98)); Canberra 1997, S. 7.
[4] Vgl. *Patrick H. Lane*, S. 181.
[5] Sec. 90 Constitution Act lautet: "*On the imposition of uniform duties the power of the Parliament to impose duties of customs and of excise* [...] *shall become exclusive* [...]."
[6] Vgl. *Cheryl Saunders*: A General and Unholy Scramble: Fiscal Federalism in Australia (Centre for Comparative Constitutional Studies (Hrsg.): Papers on Federalism No. 17); Melbourne 1991, S. 3.

lich grundsätzlich Zugang zu allen Besteuerungsgrundlagen einschließlich der Besteuerung des Einkommens.[7]

Das Steuersystem ist dem Verfassungstext nach somit überwiegend ein freies Trennsystem und der Gesetzgebung beider Staatsebenen unterworfen. Daher lassen sich z.B. auch alle nicht von Sec. 90 Constitution Act erfaßten Steuerquellen auf einfachgesetzlicher Grundlage zwischen den Staatsebenen austauschen: So verzichteten die Bundesstaaten 1942 zugunsten des Commonwealth auf die Erhebung von Einkommensteuern, und in den 50er und 70er Jahren übertrug der Commonwealth den Staaten die Steuerhoheit für mehrere kleinere Steuerquellen (s.u.).[8]

Trotz der auf den ersten Blick umfassend erscheinenden Möglichkeiten der Bundesstaaten, Steuern auf verschiedenen Bemessungsgrundlagen zu erheben, sind die Kompetenzen tatsächlich stark eingeschränkt. Aufgrund der Rechtsprechung des High Court zu den einschlägigen Verfassungsbestimmungen, insbesondere zu Sec. 90 und 96 Constitution Act, werden die Staaten effektiv in der Ausnutzung ihrer Besteuerungskompetenzen beschnitten. Erhebliche Bedeutung für die Besteuerungsmöglichkeiten der Gliedstaaten hat vor allem die Auslegung von Sec. 90 Constitution Act und des Begriffes 'Duties of Excise' durch den High Court. Die Frage, welche Steuerarten die Verfassung mit diesem Begriff erfaßt, ist bis in die heutige Zeit heftig umstritten.[9] Zu differenzieren ist hierbei zwischen einer eher ökonomisch orientierten engen Betrachtungsweise und der kontinuierlich ausgedehnten Interpretation seitens des High Court:

Aus ökonomischer Sicht ist unter 'Excise' eine Steuer zu verstehen, die üblicherweise beim Hersteller auf im Inland produzierte Güter erhoben wird. Im Gegensatz dazu stehen die Zölle (Customs), mit denen importierte Güter belastet werden.[10] Die Excises übernehmen somit eine Komplementärfunktion zu den Zöllen, da sich ihre Anwendungsbereiche gegenseitig

---

[7] Vgl. *Denis W. James*: Federalism up to smoke? The High Court Decision on State Tobacco Tax (Australian Parliamentary Library (Hrsg.): Current Issues Brief 1 (1997-98)); Canberra 1997, S. 3; *Russell Lloyd Mathews/Robert C. Jay*: Federal Finance - Intergovernmental Financial Relations in Australia since Federation, Melbourne u.a. 1972, S. 46.

[8] Vgl. *Peter Groenewegen*: Public Finance, S. 250f.

[9] Vgl. *Denis W. James*: Federalism ...?, S. 4ff.; *Cheryl Saunders*: The High Court, Section 90 and the Australian Federation; in: Neil A. Warren (Hrsg.): Reshaping Fiscal Federalism in Australia; Sydney 1997, S. 21ff.; *Max Spry*: What is an Excise Duty? Ha and Hammond v NSW (Australian Parliamentary Library (Hrsg.): Research Note 1 (1997-98)); Canberra 1997.

[10] Vgl. *Denis W. James*: Federalism ...?, S. 5; *Ders.*: 'Beer and Cigs Up!': A Recent History of Excise in Australia (Australian Parliamentary Library (Hrsg.): Background Paper 5 (1995-96)); Canberra 1996, S. 2f.; *Russell Lloyd Mathews/Robert C. Jay*, S. 232.

ausschließen.[11] Damit unterscheiden sie sich von den Sales Taxes (Verkaufsteuern), mit denen der Verkauf belastet wird und die nicht zwischen importierten und Landesprodukten unterscheiden.[12]

Die Rechtsprechung zur Reichweite von Sec. 90 wandelte sich im Laufe des 20. Jahrhunderts erheblich[13]: Während der High Court anfangs den Begriff 'Duties of Excise' ähnlich der ökonomischen Betrachtungsweise sehr eng als eine Steuer auf die Produktion eines Gutes bestimmte[14], erweiterte er die Definition später auf alle Abgaben, welche darüber hinaus auch den Verkauf eines Gutes besteuern bzw. an dessen Wert anknüpfen. Wesentlich aus Sicht des Gerichtes ist der Umstand, daß die Abgabepflicht an irgendeiner Stelle im wirtschaftlichen Produktions- oder Verteilungsprozeß ausgelöst wird.[15] Damit fallen auch Sales Taxes unter Sec. 90 Constitution Act.[16]

Eine weitere für die Staaten problematische Verfassungsvorschrift ist Sec. 96 Constitution Act, die dem Commonwealth erlaubt, den Staaten finanzielle Unterstützung zu den Bedingungen und in der Form zu gewähren, die Bundesregierung und -parlament geeignet erscheinen.[17] Der High Court hat im sog. 'Second Uniform Tax Case'[18] die Praxis des Common-

---

[11] Zölle und Excises haben eine ähnliche Wirkung, sie bilden die erste Stufe von Abgaben auf ein noch unbesteuertes Rohprodukt. Vgl. *Denis W. James*: Federalism ...?, S. 5.

[12] Vgl. *Russell Lloyd Mathews/Robert C. Jay*, S. 232; *Denis W. James*: Federalism ...?, S. 5. Subnationale Sales Taxes belasten im Gegensatz zu subnationalen Excises i.d.R. nur die Einwohner der besteuernden Gebietskörperschaft und weisen daher geringere Spillover-Effekte auf.

[13] Maßgebliche Urteile (http://www.austlii.edu.au/au/cases/cth/high_ct/) sind: *Peterswald v Bartley* (1904), 1 CLR 497; *Parton v Milk Board (Vict.)* (1949), 80 CLR 229; *Dennis Hotels Pty Ltd v Victoria* (1960), 104 CLR 529; *Dickenson's Arcade v Tasmania* (1974), 130 CLR 177; *HC Sleigh Ltd v South Australia* (1977), 136 CLR 475; *Philipp Morris v Commissioner of Busines Franchises (Vic)* (1989), 167 CLR 399; *Capital Duplicators and anor v Australian Capital Territory (No 2)* (1993), 178 CLR 561; *Ha and anor v the State of New South Wales & others/Walter Hammond & Associates v the State of New South Wales & others* (1997), 189 CLR 465. Vgl. auch *Attorney-General's Department* (Hrsg.), S. 299ff.; *Brendan Bailey*: Are State revenues safe or does the confusion remain?: The High Court Decision in the Capital Duplicators (No 2) Case (Australian Parliamentary Library (Hrsg.): Current Issues Brief 2 (1993)); Canberra 1993; *Patrick H. Lane*, S. 660ff.; *Denis W. James*: Federalism ...?, S. 6ff.; *Jeffrey Petchey/Perry Shapiro*: An Economist's View of Section 90 of the Australian Constitution; in: Reshaping Fiscal Federalism in Australia, S. 41ff.; *Cheryl Saunders*: The High Court ...; *Max Spry*.

[14] Vgl. *Denis W. James*: Federalism ...?, S. 5; *Patrick H. Lane*, S. 660f.

[15] "[D]uties of excise are taxes on the production, manufacture, sale or distribution of goods, wether of foreign or domestic origin. Duties of excise are inland taxes in contradestinction from duties of customs which are taxes on the importation of goods. Both are taxes on goods [...]" (*Ha and Hammond v New South Wales* (1997), 189 CLR 465 (http://www.austlii.edu.au/au/cases/cth/high_ct/unrep332.html), S. 12).

[16] Mit der Begründung, daß Sales Taxes dieselbe Wirkung wie Excises entfalten, weil beide Abgaben auf den Käufer abgewälzt werden. Vgl. *Russell Lloyd Mathews/Robert C. Jay*, S. 192.

[17] Vgl. *Attorney-General's Department* (Hrsg.), S. 352f.; *Patrick H. Lane*, S. 742ff.; *Cheryl Saunders*: Section 96 Grants: The Problem of Enforcement; Melbourne 1989, S. 17ff.

[18] *The State of Victoria v the Commonwealth* (1957), 99 CLR 575 (http://www.austlii.edu.au/au/cases/cth/high_ct/99clr575.html).

wealth für rechtmäßig erklärt, Zuweisungen an die Staaten unter der Bedingung zu gewähren, daß die Empfänger auf die Erhebung einer eigenen Einkommensteuer verzichten.[19]

Im Ergebnis werden die Staaten durch Sec. 90 und 96 Constitution Act (unter Berücksichtigung der Auslegung dieser Vorschriften durch den High Court sowie ihrer Anwendung durch das Commonwealth) vom Zugriff auf mehrere ergiebige Steuerquellen ferngehalten.

Die Funktionen der einzelnen staatlichen Aufgabenträger hinsichtlich des Steuersystems folgen grundsätzlich der Zuordnung einer Steuerquelle, d.h. Gesetzgebungszuständigkeit, Ertragshoheit und Verwaltungskompetenz einer Steuer fallen zusammen. Eine Ausnahme bildet seit Juli 2000 die Goods and Services Tax (GST), deren Ertrag aufgrund einfacher Bundesgesetzgebung in voller Höhe den Gliedstaaten zufließt (s.u.), obwohl Gesetzgebung und Verwaltung dieser Steuer dem Commonwealth obliegen. Bei dieser aufgrund Sec. 90 Constitution Act dem Bund zugewiesenen Steuerquelle fallen mithin Gesetzgebungskompetenz und Ertragshoheit auseinander, letztere hat das Commonwealth an die Bundesstaaten übertragen.

3.2.2 Historische Entwicklung des föderativen Steuersystems

Wichtige Einnahmequellen der damaligen Kolonien im 19. Jahrhundert waren Zölle und Verbrauchsteuern, hinzu kamen Testamentsgebühren und Stempelabgaben auf bestimmte Dokumente ('Stamp Duties').[20] Mit Gründung der australischen Föderation im Jahre 1901 wurde die ausschließliche Gesetzgebungs- und Ertragshoheit über die Zölle und Produktsteuern gemäß Sec. 90 Constitution Act dem Commonwealth übertragen, der jedoch jährlich 75% der daraus erzielten Erträge an die Einzelstaaten ausschütten mußte.[21] Aufgrund des Verlustes an Einnahmequellen begannen die Staaten, die Einkommensbesteuerung auszubauen.[22]

Die Zoll- und Steuerbeteiligung der Staaten ersetzte der Bund 1910 durch nach der Einwohnerzahl bemessene Zuweisungen und verringerte die Überweisungen um rund 30%.[23] Das

---

[19] Vgl. *Denis W. James:* Federal-State Financial Relations: The Deakin Prophesy (Australian Parliamentary Library (Hrsg.): Research Paper 17 (1999-2000)); Canberra 2000, S. 18 .

[20] Vgl. *Kenneth Wiltshire:* Federal State/Provincial Financial Relations; in: *Bruce W. Hodgins u.a.* (Hrsg.): Federalism in Canada and Australia; Peterborough 1989, S. 181 (181). In geringem Umfang haben einige Kolonien auch das Einkommen besteuert (TAS seit 1880, SA seit 1884 und NSW seit 1895. 1901 hatten alle Kolonien eine Einkommensbesteuerung eingeführt). Vgl. *Australian Taxation Office* (Hrsg.): Australian Tax History (http://www.ato.gov.au [Stand 20.06.1998]).

[21] Vgl. *Ronald C. Gates:* Staatshaushalt und Finanzsystem Australiens und Neuseelands; in: Handbuch der Finanzwissenschaft, Band 3; 2. Aufl., S. 453 (457); *Wolf von Fries,* S. 58f.

[22] Vgl. *Russell Lloyd Mathews/Robert C. Jay,* S. 56ff.

[23] Vgl. *Ronald C. Gates,* S. 457; *Denis W. James:* Federal-State ...; S. 11f.; *Russell Lloyd Mathews/Robert C. Jay,* S. 68f.

Commonwealth führte im gleichen Jahr die 'Land Tax' zur Besteuerung des Grundvermögens ein und erhob ab 1915 eine eigene Einkommensteuer, es konkurrierte seitdem mit den Staaten um die Steuerquelle 'Einkommen'.[24] Zwischen den Weltkriegen haben beide Staatsebenen nebeneinander Steuern auf Einkommen erhoben. Trotz der Konkurrenzsituation bei der Einkommensbesteuerung verfügten die Staaten damals über eine ausreichende eigene Finanzausstattung.[25] Ende der 30er Jahre finanzierten sie sich zu über 60% aus Steuern (davon betrug der Anteil der Einkommensteuern knapp 60%[26]) und zu 10-15% aus Bundeszuweisungen.[27]

Durch Einstellung der Zuweisungen zwang das Commonwealth 1927 die Staaten zum Abschluß eines Finanzausgleichsabkommens. Dieses unterwarf die jeweiligen Kreditaufnahmepläne der Beteiligten der Genehmigung eines gemeinsamen 'Loan Council'.[28] Zugleich wurde ein Tilgungsfonds für die Verschuldung der Staaten eingerichtet.[29] 1929 wurde diese Regelung als Sec. 105A in das Constitution Act integriert.

Eine vom Commonwealth eingesetzte Kommission empfahl im Jahre 1942, dem Bund für begrenzte Zeit die ausschließliche Kompetenz zur Besteuerung des Einkommens zu übertragen. Die Staaten sollten im Gegenzug entsprechende Kompensationszahlungen erhalten.[30] Da keine Einigung mit den Staaten zu erzielen war, handelte das Commonwealth eigenständig[31] und erließ ein Gesetz, das die Staaten mit Wirkung ab dem 1. Juli 1942 aus der Einkommensbesteuerung verdrängte und ihnen Zahlungen in Höhe ihres bisherigen Aufkommens an Einkommensteuern zusagte.[32]

---

[24] Vgl. *Russell Lloyd Mathews/Robert C. Jay*, S. 91; *Kenneth Wiltshire*, S. 189.
[25] Vgl. *Denis W. James:* Federal-State ..., S. 12.
[26] Weitere fiskalisch bedeutsame Abgaben der Staaten waren damals die Steuern auf Kraftfahrzeuge und auf Nachlässe (vgl. *Russell Lloyd Mathews/Robert C. Jay*, S. 152).
[27] Vgl. *Denis W. James:* Federal-State ..., S. 14. Das Commonwealth finanzierte sich überwiegend aus indirekten Steuern, nur 25% seiner Steuereinnahmen stammten aus direkten Steuern.
[28] Vgl. *Denis W. James:* Federal-State ..., S. 13; *Russell Lloyd Mathews/Robert C. Jay*, S. 105ff.; *Kenneth Wiltshire*, S. 184, 189.
[29] Das Commonwealth übernahm einen Teil der Schuldentilgung und Zinsverbindlichkeiten der Staaten. Vgl. *Ronald C. Gates*, S. 457; *Russell Lloyd Mathews/Robert C. Jay*, S. 105ff.
[30] Vgl. *Ronald C. Gates*, S. 459; *Russell Lloyd Mathews/Robert C. Jay*, S. 171ff.
[31] Dieses verfassungsrechtlich bedenkliche Ergebnis wurde vor allem durch eine extensive Auslegung der Gesetzgebungskompetenz auf dem Gebiet der Landesverteidigung erzielt. Eine Klage dreier Staaten hiergegen vor dem High Court ('First Uniform Tax Case') hatte allerdings keinen Erfolg (*South Australia v the Commonwealth* (1942), 65 CLR 373 (http://www.austlii.edu.au/au/cases/cth/high_ct/65clr373.html)). Vgl. *Denis W. James:* Federal-State ..., S. 14ff.; *Russell Lloyd Mathews/Robert C. Jay*, S. 174f.
[32] Vgl. *Ronald C. Gates*, S. 459; *Denis W. James:* Federalism ...?, S. 4. Zugleich wurden die Steuerbehörden der Staaten, die vorher auch die Einkommensteuern des Bundes eingezogen haben, in eine Bundesverwaltung umgewandelt.

Durch die einheitliche Einkommensbesteuerung ab 1942 ging der Anteil der Steuern an den Einnahmen der Staaten auf 15% zurück. Gleichzeitig wuchs die Abhängigkeit von Bundeszuweisungen um fast das Dreifache.[33] Die fiskalische Autonomie der Gliedstaaten wurde damit jedoch stark reduziert.

Im Jahre 1946 verkündete die Bundesregierung, die einheitliche Einkommensbesteuerung auf unbestimmte Zeit fortführen zu wollen.[34] Diese Absicht stieß bei den Regierungen der Gliedstaaten zunächst auf Ablehnung. Schließlich wurde aber vereinbart, daß die Zuweisungen des Bundes weiterhin auf einem Niveau gewährt werden, welches den Staaten ermöglicht, ohne eigene Einkommensteuer auszukommen.[35] Um die autonomen Einnahmequellen der Staaten zu vergrößern, hob das Commonwealth 1952 seine Land Tax und 1953 seine Vergnügungssteuer auf. Diese Besteuerungslücken wurden von den Staaten jedoch nur sehr zögerlich ausgefüllt.[36]

1953 schlug die Bundesregierung vor, eigene Einkommensteuern der Staaten wieder einzuführen.[37] Obwohl diese die einheitliche Einkommensbesteuerung durch das Commonwealth immer als Verletzung ihrer fiskalischen Unabhängigkeit und Zuständigkeit gerügt hatten, konnten sie sich nicht auf die Erhebung eigener Einkommensteuern einigen, weil die finanzschwachen Staaten das Zuweisungssystem präferierten.[38] Wenige Jahre später unternahmen die finanzstarken Staaten New South Wales und Victoria einen neuen Vorstoß und klagten gegen die Praxis des Commonwealth, die Zuweisungen auf der Grundlage von Sec. 96 Constitution Act mit der Auflage zu versehen, daß die Staaten keine eigene Einkommensteuer erheben. Der High Court bestätigte im 'Second Uniform Tax Case' jedoch die Zulässigkeit dieses Vorgehens.[39]

Nach dem Verlust der Einkommensteuer verblieben den Staaten nur eine Vielzahl kleinerer Steuern.[40] Im Jahr 1971 zog sich das Commonwealth zugunsten der Staaten von der Besteue-

---

[33] Vgl. *Ronald C. Gates*, S. 458ff.; *Denis W. James*: Federal-State ..., S. 16.
[34] Vgl. *Denis W. James*: Federal-State ..., S. 16.
[35] Das Finanzausgleichssystem ab 1946 verteilte die Zuweisungen nach der Bevölkerungszahl. Korrekturen waren lediglich für dünn besiedelte Gebiete und überdurchschnittliche Schülerzahlen vorgesehen. Vgl. *Ronald C. Gates*, S. 460; *Denis W. James*: Federal-State ..., S. 16.
[36] Vgl. *Denis W. James*: Federal-State ..., S. 18; *Russell Lloyd Mathews/Robert C. Jay*, S. 192; *Kenneth Wiltshire*, S. 191.
[37] Vgl. *Ronald C. Gates*, S. 460.
[38] Vgl. *Denis W. James*: Federal-State ..., S. 18.
[39] Vgl. *Denis W. James*: Federal and State Taxation; S. 7ff.; *Ders.*: Federal-State ..., S. 18.
[40] Vgl. *John G. Head*: Intergovernmental ..., S. 191.

rung der Lohnsumme (Payroll Tax) zurück, die vertikalen Zuweisungen wurden entsprechend reduziert.[41] Die Nachlaßsteuern ('Death Taxes'), eine wichtige Steuerquelle der Staaten in den vorangegangenen Jahrzehnten, fielen Ende der 70er Jahre dem Steuerwettbewerb zum Opfer.[42]

Im Jahr 1976 wurde das System vertikaler Zuweisungen auf ein Tax-Sharing-System (Steuerverbund) umgestellt.[43] Die Staaten wurden mit 39,87%-Punkten am Aufkommen der Einkommensteuer (Personal Income Tax) beteiligt, die horizontale Verteilung erfolgte nach den Finanzausgleichskriterien des Haushaltsjahres 1975-76. Damit wurde erstmals die Höhe der Zuweisungen nach einer festen Regel bestimmt. 1982 wurde die Grundlage für die Berechnung des Umfangs der Zuweisungen verändert: Maßgeblich war danach das Gesamtsteueraufkommen des Commonwealth, von dem die Bundesstaaten 20,72% erhielten.[44] Weil die Bundesregierung das Haushaltsdefizit reduzieren und hierfür Ausgaben kürzen wollte, ersetzte sie 1985 das Tax-Sharing wieder durch jährlich neu festzusetzende und der Höhe nach reduzierte Zuweisungen.[45]

Im Rahmen ihres 'New Federalism'-Programms wollte die Bundesregierung Verantwortlichkeiten dezentralisieren und gestattete 1978 den Bundesstaaten, Zuschläge oder besondere Vergünstigungen zur Einkommensteuer einzuführen.[46] Weil kein Staat von dieser Möglichkeit Gebrauch machte, wurde sie 1989 wieder abgeschafft. Die Staaten lehnten die Einführung eines Zuschlagrechts ab, da sie lieber dem Commonwealth die unangenehme Aufgabe

---

[41] Vgl. *Peter Groenewegen*: Public Finance, S 251; *Julie Smith*: Fiscal Federalism in Australia: A Twentieth Century Chronology (Federalism Research Centre: Discussion Paper No. 23); Canberra 1992, S. 32 .

[42] Vgl. *Philipp J. Grossman*: Fiscal Competition among States in Australia: The Demise of Death Duties; Perth 1989; *John G. Head*: Intergovernmental ..., S. 192.

[43] Vgl. *R. Else-Mitchell*: Fiscal Equality between the States: The New Role of the Commonwealth Grants Commission; in: Australian Journal of Public Administration, Vol. 29 (1979), S. 157 (159ff.); *John G. Head*: Intergovernmental ..., S. 194; *Denis W. James*: Commonwealth Assistance to the States since 1976 (Australian Parliamentary Library (Hrsg.): Background Paper 5 (1997-98)); Canberra 1997; S. 5ff.; *Julie Smith*, S. 36f. .

[44] Vgl. *Denis W. James*: Commonwealth Assistance ..., S. 7.

[45] Vgl. *Denis W. James:* Commonwealth Assistance ..., S. 8ff.; *Ders.*: Federal-State ...; S. 22; *Julie Smith*, S. 38. Infolgedessen ist der Anteil der vertikalen Zuweisungen an den Einnahmen des Commonwealth zwischen den Haushaltsjahren 1983-84 und 1999-2000 von rund 33% auf 22% um die Hälfte gesunken. Vgl. *Northern Territory Treasury Department* (Hrsg.): Budget 2000-2001, Budget Paper No. 3: Issues in Public Finance; Darwin 2000, S. 75

[46] Vgl. *Groenewegen*: Public Finance, S 251; *John G. Head*: Intergovernmental ..., S. 194; *Denis W. James*: Intergovernmental ..., S. 13; *Julie Smith*, S. 36; *Kenneth Wiltshire*, S. 191.

der direkten Besteuerung überlassen wollten. In diesem Zusammenhang wird ein früherer Premier von Queensland mit den Worten zitiert: "Only a Commonwealth tax is a good tax."[47] Kein Premierminister wollte seinen Wählern als erster eine eigene Einkommensteuer 'präsentieren'. Ferner wurden die mit der völligen Abschaffung der vertikalen Zuweisungen möglicherweise verbundenen Einnahmeverluste gefürchtet. Die Staaten haben es vielmehr vorgezogen, ihre Besteuerungsmöglichkeiten nicht zur Erhebung von Steuern, sondern als Drohpotential gegenüber dem Commonwealth bei den Verhandlungen um die Höhe der Zuweisungen zu nutzen.[48] Ohne diese wäre es den Staaten auch nicht mehr möglich gewesen, das Commonwealth politisch für eine unzureichende Finanzausstattung verantwortlich machen.[49] Letztlich wurde also aus innenpolitischen Gründen auf eine stärkere finanzielle Unabhängigkeit vom Commonwealth und eigene Besteuerungsrechte verzichtet[50], was dem Bund gar nicht unliebsam war.[51]

3.2.3 Die Reform des Steuersystems ab dem Jahr 2000

Im Jahre 1997 hat der High Court eine Entscheidung gefällt, die beträchtliche Auswirkungen auf die Finanzausstattung der australischen Gliedstaaten entfaltet[52]: Den Staaten wurde im Ergebnis das Recht abgesprochen, die ergiebigen sog. 'Franchise Fees', eine Art spezieller Verbrauchsteuern, zu erheben.[53] Nach Ansicht des Gerichts verstößt die Erhebung der Tobacco Franchise Fees im Staat New South Wales gegen Sec. 90 Constitution Act. Obwohl diese Entscheidung unmittelbar nur die Verkaufslizenzgebühren auf Tabak in einem einzigen Staat betraf, schuf sie doch erhebliche Zweifel an der verfassungsrechtlichen Zulässigkeit der Franchise Fees auf Tabak, Benzin und Spirituosen, die seit Mitte der 70er Jahre von allen Glied-

---

47 *Cliff Walsh*: Making a Mess of Tax Assignment: Australia as a Case Study, S. 125.
48 Vgl. *John G. Head*: Intergovernmental ..., S. 192.
49 "*The States preferred Canberra to carry the odium of tax collection.*" (*Geoffrey Bolton*: The Oxford History of Australia, Vol. 5: 1942-1988; Oxford u.a. 1990, S. 251).
50 Seit dem Jahr 1946 wandelte sich die politische Einstellung der australischen Bundesstaaten zum eigenen Recht auf Besteuerung des Einkommens damit um 180 Grad: Damals reagierte der Premierminister von New South Wales auf die Ankündigung der Bundesregierung, daß das Recht der Einkommensbesteuerung dauerhaft beim Commonwealth verbleiben solle, noch mit den Worten "If you take away the power to tax, you take away the power to govern." (Zitiert nach *Peter Ludwig Münch*, S. 290).
51 Vgl. *John G. Head*: Intergovernmental ..., S. 192.
52 Urteil vom 5. August 1997 in Sachen *Ha and anor v the State of New South Wales & others* sowie *Walter Hammond & Associates v the State of New South Wales & others* (1997), 189 CLR 465 (http://www.austlii.edu.au/au/cases/cth/high_ct/unrep332.html).
53 Vgl. zu diesem Urteil *Denis W. James*: Federalism ...?; *Max Spry*.

staaten eingeführt und z.T. in ähnlicher Form vom High Court für rechtmäßig erklärt wurden.[54] Die Staaten haben daraufhin verzichtet, die fraglichen Abgaben zu erheben.[55]

Dadurch sahen sich die Gliedstaaten einem jährlichen Einnahmeausfall in Höhe von zunächst rund 5 Mrd. $ oder durchschnittlich 13,6% gegenüber.[56] Um die Einnahmeposition der Staaten zu sichern, ergriff die Bundesregierung umgehend Maßnahmen zum Ausgleich der drohenden Einnahmeverluste und installierte für die Staaten ein sog. 'Safety Net Arrangement'[57]: Der Bund nutzte seine Besteuerungsrechte, um zusätzliche Steuereinnahmen in Höhe der von den Staaten auferlegten Verkaufslizenzgebühren zu erzielen und an die Staaten abführen zu können. Das Commonwealth erhöhte die Sätze seiner Verbrauchsteuern auf Benzin, Tabak sowie Spirituosen und überwies die Zusatzerträge als Einnahmeersatzleistungen an die Gliedstaaten (Volumen im Haushaltsjahr 1998-99: 6.646 Mio. $). Die Verteilung dieser Revenue Replacement Payments (RRPs) erfolgte für jedes betroffene Produkt nach einem besonderen Schlüssel.[58]

Tabelle 1: Verteilung der Revenue Replacement Payments (RRPs)* des Commonwealth auf die Staaten 1998-99 (in%)

Quelle (Anteil an RRPs)	NSW	VIC	QLD	WA	SA	TAS	ACT	NT
Tabaksteuer (45,2%)	32,5%	21,8%	19,1%	11,1%	9,0%	3,2%	1,5%	1,9%
Mineralölsteuer (39,4%)	30,0%	20,2%	19,6%	17,1%	7,5%	2,5%	1,3%	1,8%
Alkoholsteuer (15,4%)	33,8%	22,2%	19,3%	11,1%	7,9%	2,4%	1,6%	1,6%
Gesamte RRPs	31,7%	21,2%	19,3%	13,5%	8,2%	2,8%	1,4%	1,8%
zum Vergleich: Einwohneranteile	33,8%	24,8%	18,5%	9,8%	7,9%	2,5%	1,7%	1,0%

* Zahlungen aus Mehreinnahmen aufgrund von Steueraufschlägen zum Ausgleich der Einnahmeverluste auf der Ebene der Bundesstaaten und Territorien wegen Wegfalls der Lizenzgebührenerträge ab August 1997.

Quelle der Daten: Treasurer of the Commonwealth/Minister for Finance and Administration (Hrsg.): Budget 1998-99, Budget Paper No. 3, S. 33.

---

[54] Vgl. *Brendan Bailey; Patrick H. Lane*, S. 668ff.; *Denis W. James:* Federal-State ..., S. 20; *Max Spry*.

[55] Vgl. *New South Wales Treasury* (Hrsg.): Budget 1998-99, Budget Paper No. 2: Budget Information; Sydney 1998, S. 5-12ff.; *Northern Territory Treasury Department* (Hrsg.): Budget 1998-99, Budget Paper No. 3, S. 27.

[56] In einzelnen Staaten sind davon sogar bis zu einem Drittel der bisherigen originären Einnahmequellen oder knapp 28% der Gesamteinnahmen betroffen. Zudem bestand die Gefahr, daß infolge der Entscheidung Ansprüche aufgrund in der Vergangenheit geleisteter Zahlungen gegen die Bundesstaaten gerichtet werden.

[57] Vgl. *Treasurer of the Commonwealth/Minister for Finance and Administration* (Hrsg.): Budget (verschiedene Jahrgänge), Budget Paper No. 3; *Victorian Department of Treasury and Finance* (Hrsg.): Budget 1998-99, Budget Paper No. 2: Budget Statement; Melbourne 1998, S. 83ff.

[58] Weiterhin wurde eine 100%ige Sondersteuer auf 'unvorhergesehene Gewinne' eingeführt, um die Staaten vor Rückforderungen von bereits entrichteten Franchise Fees zu schützen (vgl. *Northern Territory Treasury Department* (Hrsg.): Budget 1998-99, Budget Paper No. 3, S. 28).

Nach dem neuen Besteuerungsmechanismus waren die Staaten auf die Bemessungsgrundlagen des Commonwealth als Quelle der Ersatzeinnahmen angewiesen. Damit lag die politische Kontrolle des Steuerniveaus beim Commonwealth. Autonome Entscheidungsmöglichkeiten der Staaten beschränkten sich auf die Festlegung und Verwaltung der Zuschußsysteme, soweit Subventionen gezahlt werden.[59]

Die Besteuerungsmöglichkeiten der Bundesstaaten wurden zudem durch ein weiteres Urteil beschnitten: Am 14. November 1996 erklärte der High Court die Erhebung subnationaler Steuern auf dem Commonwealth gehörenden Grundstücken für unzulässig, da hierfür Sec. 52 (i) Constitution Act eine ausschließliche Bundeskompetenz begründe.[60] Damit unterliegen etwa die wirtschaftlichen Transaktionen auf Bundesflughäfen wie z.B. der Handel nicht mehr der Besteuerung der Gliedstaaten. Das Commonwealth führte daraufhin sog. 'Mirror Taxes' ein, die den bisherigen Steuern der Staaten entsprachen und deren Erträge diesen überwiesen wurden (Volumen im Haushaltsjahr 1998-99: 123 Mio. $).[61]

Die Bundesregierung setzte als Reaktion auf die Rechtsprechung eine Kommission ein, die Lösungsvorschläge für eine umfassende Reform des Steuersystems sowie der föderalen Finanzbeziehungen unter Einbeziehung von Überlegungen zur Einführung einer indirekten Steuer mit breiter Bemessungsgrundlage (allgemeine Umsatzsteuer), um die Vielzahl bestehender kleinerer indirekter Steuern zu ersetzen, erarbeiten sollte.[62] Die Premierminister der Gliedstaaten beschlossen auf ihrem Treffen im Oktober 1997 Grundsätze, an denen sich die Reform des Steuersystems orientieren sollte.[63]

---

[59] Weil die Verfassung das Commonwealth verpflichtet, Steuern einheitlich zu erheben, stiegen die Steuersätze landesweit gleichermaßen an, obwohl bei der Erhebung der Franchise Fees regional unterschiedliche Abgabensätze zur Anwendung kamen. Um Einnahmeverluste für den Staat mit dem höchsten Abgabensatz zu vermeiden war eine Angleichung auf höchstem Niveau notwendig. Folglich waren in einigen Staaten die Steuerzuschläge höher als die durch sie ersetzten Lizenzgebühren. Zur Vermeidung von Preissteigerungen begannen die Staaten, überschüssige Einnahmen zur Zahlung direkter Subventionen für den Handel mit den betreffenden Produkten zu verwenden. Vgl. *Denis W. James:* Federalism ...?, S. 8f. .

[60] Urteil in der Sache *Allders International Pty Ltd v Commissioner of State Revenue* (siehe http://www.austlii.edu.au/au/cases/cth/high_ct/unrep288.html). Vgl. auch *New South Wales Treasury* (Hrsg.): Budget 1998-99, Budget Paper No. 2, S. 5-14f.; *Patrick H. Lane*, S. 384ff.

[61] Vgl. *Queensland Treasury* (Hrsg.): State Budget 1998-99, Budget Paper No. 2: Budget Overview; (http://www.qld.gov.au/98budget/bp2/3.html [Stand 01.07.1998]), S. 10; *Victorian Department of Treasury and Finance* (Hrsg.): Budget 1998-99, Budget Paper No. 2, S. 89f.

[62] Vgl. *Northern Territory Treasury Department* (Hrsg.): Budget 1998-99, Budget Paper No. 3, S. 31.

[63] Die Premierminister verlangten den Zugang der Staaten zu einer wachstumsreagiblen indirekten Steuer mit breiter Bemessungsgrundlage als Ersatz für die ineffizienten Steuern mit schmalen Bemessungsgrundlagen, die Verringerung des vertikalen fiskalischen Ungleichgewichtes in der Finanzausstattung und die Ersetzung der zweckgebundenen durch freie Zuweisungen sowie langfristige Sicherheit und Stetigkeit im Steuersystem und der Einnahmenverteilung. Vgl. *Northern Territory Treasury Department* (Hrsg.): Budget 1998-99, Budget Paper No. 3, S. 31f.

Im August 1998 veröffentlichte die Bundesregierung ihren Entwurf für eine Steuerreform.[64] Wichtigste Neuerung war die Einführung einer Goods and Services Tax (GST) als allgemeine Umsatzsteuer in Höhe von 10% bei einer mittleren Bemessungsgrundlage (Steuerbefreiungen für das Bildungs- und Gesundheitswesen sowie bestimmte öffentliche Leistungen). Die Erträge aus der GST sollen in vollem Umfang den Staaten zufließen, die damit eine stabile und stetig wachsende Einnahmequelle erhalten. Im Gegenzug müssen diese einige indirekte Steuern abschaffen und auf die allgemeinen Zuweisungen vom Commonwealth verzichten. Nach ursprünglicher Planung sollten die Staaten aufgrund ihrer durch die Einführung der GST deutlich verbesserte Einnahmenbasis[65] außerdem vom Bund die Verantwortung für die generelle Finanzausstattung der Gemeinden übernehmen.[66]

Auf der Premier's Conference im April 1999 verständigten sich die Regierungschefs des Bundes und der Gliedstaaten auf eine umfassende Reform der föderalen Finanzbeziehungen und unterzeichneten das "Intergovernmental Agreement on the Reform of Commonwealth-States Financial Relations".[67]

Die Zielsetzungen dieses Abkommens sind in Sec. 2 niedergelegt: Das Steuersystem soll grundlegend reformiert, zahlreiche ineffiziente subnationale Steuern abgeschafft und die Abhängigkeit der Staaten von Zuweisungen des Commonwealth beseitigt werden. Die Staaten sollen zudem über eine robuste und stetig wachsende Steuerquelle verfügen können und langfristig ihre fiskalische Position insgesamt gegenüber der hypothetisch fortdauernden bisherigen Situation verbessern. Die wesentlichen Einzelinhalte des "Intergovernmental Agreement" (IGA) sind[68]:

---

[64] Vgl. *Treasurer of the Commonwealth* (Hrsg.): Tax Reform: Not a new Tax, a new Tax System; Canberra 1998. Siehe auch *Australian Labor Party* (Hrsg.): A fairer Tax System with no GST; Canberra 1998.

[65] Die ursprüngliche Planung unterstellte für das Haushaltsjahr 2001-02 ein GST-Aufkommen in Höhe von rund 32 Mrd. $, dem ein vermindertes Steueraufkommen der Staaten von 12,4 Mrd. $ und Einnahmeverluste von 18,8 Mrd. $ durch die entfallenden vertikalen Zuweisungen gegenüberstehen. Unter Einbeziehung aller Veränderungen sollten die fiskalischen Auswirkungen der GST-Einführung für die Staaten zunächst ausgeglichen sein, in späteren Jahren wurde mit Mehreinnahmen (von zunächst 0,37 Mrd. $ ab dem Haushaltsjahr 2003-04) gerechnet. Vgl. *Treasurer of the Commonwealth* (Hrsg.): Tax Reform, S. 84, 104 (Anmerkung (j)).

[66] Vgl. *Treasurer of the Commonwealth* (Hrsg.): Tax Reform; S. 83f. Da das GST-Aufkommen etwa der Summe der bisherigen Zuweisungen entspricht bzw. diese langfristig übersteigen soll, sind künftig keine Zuweisungen des Commonwealth für die allgemeine Finanzausstattung der Gliedstaaten und Gemeinden mehr erforderlich.

[67] Das Intergovernmental Agreement vom 9. April 1999 ist abgedruckt bei *Treasurer of the Commonwealth/Minister for Finance and Administration* (Hrsg.): Budget 1999-2000, Budget Paper No. 3; Canberra 1999, S. 107ff.

[68] Vgl. dazu auch *New South Wales Treasury* (Hrsg.): Budget 2000-2001, Budget Paper No. 2: Budget Statement; Sydney 2000, S. 8-4f.; *Northern Territory Treasury Department* (Hrsg.): Budget 1999-2000, Budget Paper No. 3: Issues in Public Finance; Darwin 1999, S. 27ff.

- Ersetzung der Financial Assistance Grants und Revenue Replacement Payments durch das gesamte Aufkommen aus der Goods and Services Tax (GST) zum 1. Juli 2000 (Sec. 5 IGA),
- Verteilung des GST-Aufkommens nach Finanzausgleichskriterien (Sec. 6ff. IGA),
- Festlegung eines Zeitplans für die Abschaffung mehrerer subnationaler Steuern, die vor allem den Finanzsektor belasten (Sec. 5 (vi) IGA),
- Garantie der bisherigen Höhe der Einnahmen jedes Gliedstaates durch das Commonwealth für die Übergangszeit (Sec. 9ff. IGA),
- Übertragung der Verantwortung für die Finanzausstattung der Gemeinden sowie der Subventionierung des Wohnungsbaus vom Bund auf die Bundesstaaten (Sec. 14ff.),
- Etablierung eines 'Ministerial Council for Commonwealth-States Financial Relations'[69], das die Einführung und Umsetzung der vereinbarten Reformen begleiten und überwachen soll.

In der Folgezeit wurde die Bemessungsgrundlage der GST aus politischen Erwägungen erheblich reduziert (vor allem durch die Freistellung von Grundnahrungsmitteln), dadurch werden im Haushaltsjahr 2000-2001 Steuermindereinnahmen in Höhe von 3,34 Mrd. $ erwartet.[70] Infolgedessen war im Juni 1999 eine Veränderung des Intergovernmental Agreement notwendig[71], da ansonsten auf die Einzelstaaten erhebliche Einnahmenausfälle zugekommen wären. Das 'Revised Intergovernmental Agreement'[72] sieht u.a. vor, den Zeitplan für die Abschaffung mehrerer Steuern der Staaten zu strecken[73] und die Verantwortlichkeit für die ergänzende

---

[69] Vgl. *New South Wales Treasury* (Hrsg.): Budget 2000-2001, Budget Paper No. 2, S. 8-5f.; *Treasurer of the Commonwealth/Minister for Finance and Administration* (Hrsg.): Budget 2000-2001, Budget Paper No. 3: Federal Financial Relations; Canberra 2000; S. 6f.

[70] Vgl. *Treasurer of the Commonwealth Minister for Finance and Administration* (Hrsg.): Budget 2000-2001: Budget Paper No. 3, S. 49ff.

[71] Für eine Veränderung des Steuersatzes oder der Bemessungsgrundlage der GST ist die Zustimmung des Commonwealth und aller Staaten erforderlich. Vgl. Sec. 42 (xi) IGA und *South Australian Department of Treasury and Finance* (Hrsg.): Budget 2000-2001, Budget Paper No. 2: Budget Statement; Adelaide 2000, S. 6.13.

[72] Vgl. *Northern Territory Treasury Department* (Hrsg.): Budget 2000-2001, Budget Paper No. 3, S. 19ff.; *South Australian Department of Treasury and Finance* (Hrsg.): Budget 2000-2001, Budget Paper No. 2, S. 6.12ff.; *Treasurer of the Commonwealth/Minister for Finance and Administration* (Hrsg.): Budget 2000-2001: Budget Paper No. 3, S. 5f.; *Victorian Department of Treasury and Finance* (Hrsg.): Budget 2000-2001, Budget Paper No. 2: Budget Statement; Melbourne 2000, S. 117ff.

[73] Zum 1. Juli 2000 wurden die nur im Northern Territory und in New South Wales erhobenen Accomodation Taxes (oder Bed Taxes) aufgehoben. Die Taxes on Gambling müssen reduziert werden, da Glücksspiel GST-pflichtig geworden ist. Ein Jahr später werden die Financial Institutions Duty (FID) und die Stamp Duty on listed Marketable Securities abgeschafft. Zum 1. Juli 2005 sollen die Debits Taxes folgen. Vorerst gestrichen wurde die Aufhebung bestimmter Stamp Duties zum 1. Juli 2001, diese Maßnahmen sollen im Jahr 2005 vom Ministerial Council erneut beraten werden.

Finanzausstattung der Kommunen durch Unterstützungszahlungen beim Commonwealth zu belassen.

Tabelle 2: Berechnung der Budget Balancing Assistance (BBA)-Zuweisungen für die einzelnen Staaten 2000-2001 (in $ pro Einwohner)*

	NSW	VIC	QLD	WA	SA	TAS	ACT	NT	⌀
FAGs	799,9	759,0	951,5	843,3	1.190,6	1.743,9	1.190,1	5.731,5	932,3
RRPs	334,3	304,4	368,2	480,1	378,5	413,0	308,3	627,4	355,5
Accomod. Taxes	11,1	0,0	0,0	0,0	0,0	0,0	0,0	35,5	4,1
Gambling Taxes	72,1	74,7	46,7	29,0	44,6	37,7	52,2	52,8	60,3
Interest Costs	0,5	1,6	3,3	1,2	2,7	4,7	3,8	15,2	1,8
FHO-Scheme	33,5	40,5	38,1	62,7	36,0	31,6	52,5	39,1	39,5
GST Admin. Costs	42,0	42,0	42,0	42,0	42,0	42,0	42,0	42,0	42,0
Other	5,8	1,0	5,0	10,0	8,4	27,7	12,7	15,2	5,8
- Diesel Subsidies	-18,1	-9,5	-44,6	-81,5	-21,1	-5,1	0,0	-16,8	-26,8
- Savings	-22,6	-20,9	-23,2	-26,3	-24,2	-26,0	-27,1	-63,5	-23,4
- Growth Dividend	-6,5	-5,7	-4,0	-4,5	-4,5	-3,6	-4,1	-4,6	-5,3
= GMA	1.252,1	1.187,1	1.382,9	1.356,1	1.652,9	2.265,9	1.630,6	6.474,1	1.385,9
- GST-Revenue	-1.101,4	-1.048,7	-1.280,3	-1.226,5	-1.495,5	-2.072,3	-1.498,7	-6.155,8	-1.246,4
= BBA-Grants	150,6	138,4	102,6	129,5	157,4	193,6	131,8	318,3	139,5

* **Formel zur Berechnung des *Guaranteed Minimum Account* (GMA):**

    GMA = *Entfallende Einnahmen* (Financial Assistance Grants (FAGs), Revenue Replacement Payments (RRPs) und Accomodation Taxes)
    + *reduzierte Einnahmen* (Gambling Taxes)
    + *Zinskosten*
    + *zusätzliche Ausgaben* (First Home Owners (FHO)-Scheme und GST-Verwaltungskosten)
    + *sonstige Kosten*
    − *reduzierte Ausgaben* (Subventionen für Diesel und Einsparungen durch die Steuerreform)
    − *'Wachstumsdividende'* (Mehraufkommen bei den übrigen Steuern der Staaten).

Quelle der Daten: Treasurer of the Commonwealth/Minister for Finance and Administration (Hrsg.): Budget 2000-2001, Budget Paper No. 3, S. 18; eigene Berechnungen.

Darüber hinaus hat sich das Commonwealth verpflichtet, vorübergehende Haushaltsfehlbeträge der Staaten im Gefolge der Steuerreform auszugleichen. Dafür gewährt es ihnen bis zu dem Zeitpunkt, an dem die Einnahmen aus der GST die Höhe der Erträge aus dem rechnerisch fortgeführten bisherigen allgemeinen Zuweisungsprogramm erreichen, sog. 'Budget Balancing Assistance (BBA) Grants'.[74] Die maßgebliche Größe zur Berechnung der BBA-Grants bildet das Guaranteed Minimum Account (GMA), welches die Summe der Einnah-

---

[74] Vgl. *Treasurer of the Commonwealth/Minister for Finance and Administration* (Hrsg.): Budget 2000-2001: Budget Paper No. 3, S. 16ff. sowie *Commonwealth Grants Commission* (Hrsg.): Proposals for the Treatment of New Developments in State and Territory Finances, and Data Changes relevant to the 2000 Update of Relativities (Discussion Paper 99/2); Canberra 1999, S. 17.

men- und Ausgabenveränderungen der Gliedstaaten umfaßt.[75] Die Bereitstellung der BBA-Grants ist entgegen der früheren Planung über mehrere Jahre notwendig, da wegen der Veränderungen an der Bemessungsgrundlage die Staaten erst später finanzielle Vorteile aus der Reform des Steuersystems ziehen werden.[76] Eine Ausnahme bildet Queensland, dessen Saldo voraussichtlich bereits im Haushaltsjahr 2002-03 positiv sein wird.[77] Verglichen mit der alten Regelung der Bundeszuweisungen erwarten dagegen die finanzstarken Staaten New South Wales und Victoria sogar erst ab 2007-08 zusätzliche Einnahmen.[78]

Mit Wirkung zum 1. Juli 2000 hat das Commonwealth die Goods and Services Tax eingeführt und die übrigen Rahmenbedingungen implementiert.[79] Die Verteilung der GST-Erträge auf die Staaten erfolgt mit horizontaler Ausgleichswirkung. Die Verteilungskriterien werden im einzelnen vom Ministerial Council nach Vorschlag der Commonwealth Grants Commission festgelegt.[80] Die von der Kommission errechneten Faktoren für die Verteilung der bisherigen Financial Assistance Grants (FAGs) an die Staaten können für die Verteilung des GST-Aufkommens im wesentlichen aus folgenden Gründen nicht verwendet werden[81]:

- Die Einnahmen aus der GST übersteigen die Summe der bisherigen FAGs deutlich.
- Die bisherigen Revenue Replacement Payments (Sec. 90 Safety Net Arrangements), die nach einem eigenen Schlüssel verteilt wurden (s.o.), werden aufgehoben.
- Die Gliedstaaten müssen mehrere eigene Steuern aufheben bzw. reduzieren.
- Das von den Staaten zu finanzierende First Home Owners Scheme belastet diese in unterschiedlicher Höhe (siehe Tabelle 2).

---

[75] Zur Methodik siehe *Commonwealth Grants Commission* (Hrsg.): Report on General Revenue Grant Relativities 2000; Vol. III: Appendixes and Consultants' Reports; Canberra 2000, S. 402ff.
[76] Vgl. die Übersicht bei *Western Australia Treasury Department* (Hrsg.): Budget 2000-2001, Budget Paper No. 3: Economic and Fiscal Overview; Perth 2000, S. 136.
[77] Queensland verliert aufgrund der Steuerreform weniger Einnahmen, da es keine FID erhebt. Vgl. *South Australian Department of Treasury and Finance* (Hrsg.): Budget 2000-2001, Budget Paper No. 2, S. 6.19.
[78] Vgl. *New South Wales Treasury* (Hrsg.): Budget 2000-01, Budget Paper No. 2, S. 8-6; *Victorian Department of Treasury and Finance* (Hrsg.): Budget 2000-01, Budget Paper No. 2, S. 118.
[79] Vgl. *A New Tax System (Goods and Services Tax) Act 1999* sowie das *A New Tax System (Commonwealth-State Financial Arrangements) Act 1999* (http://scaleplus.law.gov.au).
[80] Zur Kalkulation siehe *Commonwealth Grants Commission* (Hrsg.): Proposals ..., S. 18ff.
[81] Vgl. *Northern Territory Treasury Department* (Hrsg.): Budget 2000-2001, Budget Paper No. 3, S. 55f.; *Treasurer of the Commonwealth/Minister for Finance and Administration* (Hrsg.): Budget 2000-2001: Budget Paper No. 3, S. 30.

Tabelle 3: Vergleich der von der Commonwealth Grants Commission errechneten Faktoren* für die Verteilung der Financial Assistance Grants (FAGs)** und der GST-Erträge an die Bundesstaaten im Haushaltsjahr 2000-2001

	NSW	VIC	QLD	WA	SA	TAS	ACT	NT
FAG-Verteilung	0,89642	0,85780	1,01079	0,92399	1,23481	1,62565	1,14522	4,85767
GST-Verteilung	0,90913	0,87049	1,01830	0,98365	1,18258	1,51091	1,11289	4,16385
Abweichung	*+1,4%*	*+1,5%*	*+0,7%*	*+6,5%*	*-4,2%*	*-7,1%*	*-22,3%*	*-14,3%*

* Ein Faktor von über 1 bedeutet, daß der betreffende Staat überdurchschnittliche Pro-Kopf-Zuweisungen erhält (z.B. bei einem Faktor von 1,51091 liegt der Transfer 51,1% über dem durchschnittlichen Betrag je Einwohner). Bei einem Faktor von 0,90913 dagegen beträgt die Höhe der Zuweisungen je Einwohner nur 90,9% des Durchschnitts.

** Die Verteilungsfaktoren bzgl. der Financial Assistance Grants für das Haushaltsjahr 2000-01 sind nur für die Berechnung der Budget Balancing Assistance-Grants notwendig (siehe Tabelle 2).

Quelle der Daten: Treasurer of the Commonwealth/Minister for Finance and Administration (Hrsg.): Budget 2000-2001, Budget Paper No. 3, S. 19, 30; eigene Berechnungen.

3.2.4 Die Einnahmensituation der einzelnen föderalen Ebenen im Überblick

Zur Erläuterung der Finanzausstattung der einzelnen föderalen Ebenen folgt nachstehend ein Überblick über die existierenden Steuern und die bundesstaatliche Verteilung der Steuerquellen. Weil insbesondere für die Auswirkungen der Reform des Steuersystems ab dem Jahr 2000 noch keine Daten vorliegen, wird die bundesstaatliche Einnahmenverteilung im folgenden in erster Linie für das Haushaltsjahr 1998-99 dargestellt. In diesem Zeitraum flossen 77,1% des gesamten Steueraufkommens dem Commonwealth und nur 22,9% den subnationalen Gebietskörperschaften (Staaten und Gemeinden) zu. Ursache für die herausragende finanzielle Position des Commonwealth ist, daß diesem die volle Ertragshoheit hinsichtlich der Einkommensteuer, die knapp 57% des Gesamtsteueraufkommens ausmacht, zusteht.

Abbildung 2: Die föderative Verteilung des Steueraufkommens 1998-99 (Anteile in%)

- Sonstige Steuern des Commonwealth 20,4%
- Einkommensteuern des Commonwealth 56,7%
- Steuern der Gliedstaaten 19,4%
- Steuern der Gemeinden 3,5%

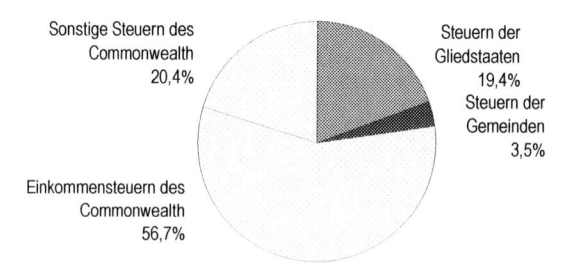

Quelle der Daten: Australian Bureau of Statistics (Hrsg.): Taxation Revenue 1998-99 (Cat. No. 5506.0); Canberra 1999; eigene Berechnungen.

Übersicht 6: Wichtige Steuerarten von Commonwealth, Staaten und Gemeinden

Steuerart	Common-wealth	Staaten	Gemeinden
Einkommensteuer *(Income Tax)*	seit 1915	bis 1942	
Produkt- bzw. Verbrauchsteuern *(Excises, Levies)*	✓		
Allgemeine Umsatzsteuer *(Goods and Services Tax/GST)*		ab 2000*	
Großhandelumsatzsteuer *(Wholesaler Sales Tax)*	bis 2000		
Lohnsummensteuer *(Payroll Tax)*	bis 1971	seit 1971	
Kraftfahrzeugsteuern *(Motor Taxation)*		✓	
Versicherungsteuern *(Insurance Taxes)*		✓	
Grunderwerbsteuer *(Conveyance Duty)*		✓	
Steuern auf Glückspiel *(Gambling Taxation)*		✓	
Grundsteuern *(Land Tax, Municipal Rates)*	bis 1952	✓	✓

* Nur Ertragshoheit, die Gesetzgebungskompetenz liegt beim Commonwealth.
Quelle: Eigene Darstellung.

3.2.4.1 Die Finanzausstattung des Commonwealth

Das Commonwealth deckte im Haushaltsjahr 1998-99 ca. 96% seiner Einnahmen aus Steuern.[82] Die wichtigste Steuerquelle bilden die Steuern auf Einkommen mit einem Anteil von rund 73% am gesamten Steueraufkommen[83], auf die indirekten und sonstigen Steuern entfallen knapp 27%. Die Steuern auf Einkommen entstammen zu 74% aus der persönlichen Einkommensteuer (Individuals Income Tax), zu 25% aus der Körperschaftsteuer (Company Income Tax) und zu 1,1% aus sonstigen Einkommensteuern, welchen vor allem Gebietsfremde unterliegen. Weitere wichtige Steuern sind bislang die Großhandelsumsatzsteuer (Sales Taxes) und die Verbrauchsteuern (Excise Duties auf Tabak, Alkohol und Mineralöl) mit einem Anteil von 10,9% bzw. 10,5% am Gesamtsteueraufkommen. Die übrigen Steuern verzeichnen einen Aufkommensanteil von gut 6%.

---

[82] Zu den Steuern des Commonwealth vgl. *Peter Groenewegen*: Public Finance, S 143ff.; *Treasurer of the Commonwealth/Minister for Finance and Administration* (Hrsg.): Commonwealth of Australia: Budget 1998-1999, Budget Paper No. 1: Budget Strategy and Outlook; Canberra 1998, Statement 5: Revenue.

[83] Der Anteil der Steuern auf Einkommen am Steueraufkommen lag in den 80er Jahren noch bei durchschnittlich 63% (vgl. *Treasurer of the Commonwealth* (Hrsg.): Tax Reform; S. 6f.). Er wird im Haushaltsjahr 2000-01 voraussichtlich auf 73,4% ansteigen (vgl. *Treasurer of the Commonwealth/Minister for Finance and Administration* (Hrsg.): Budget 2000-2001, Budget Paper No. 1, S. 5-32f.).

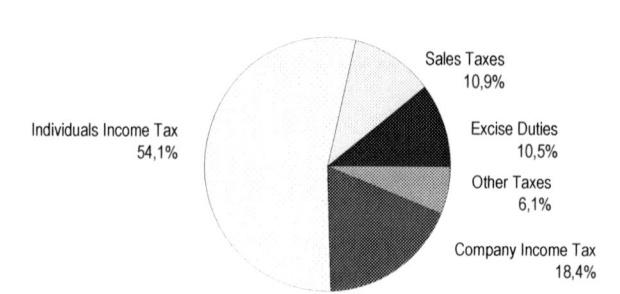

Abbildung 3: Anteile der einzelnen Steuerarten am gesamten Steueraufkommen des Commonwealth 1998-99 (in%)

- Individuals Income Tax: 54,1%
- Sales Taxes: 10,9%
- Excise Duties: 10,5%
- Other Taxes: 6,1%
- Company Income Tax: 18,4%

Quelle der Daten: Australian Bureau of Statistics (Hrsg.): Taxation Revenue 1998-99.

3.2.4.2 Die Finanzausstattung der Staaten und Territorien

Bevor die Finanzausstattung der Gliedstaaten für das Referenzhaushaltsjahr 1998-99 analysiert wird, erfolgt eine Darstellung der Einnahmensituation vor den seit dem Jahre 1997 erfolgten Veränderungen und Ereignissen, welche die Finanzausstattung der Staaten und Territorien gravierend verändert haben, sowie vor Einsetzen der aktuellen Steuerreform (s.o. unter 3.3.3). Damit wird dem Umstand Rechnung getragen, daß sich seitdem die Zahl der eigenen Steuerquellen der Gliedstaaten erheblich reduziert und der Anteil der autonom erhobenen Steuern abgenommen hat. Gleichzeitig ist zu beachten, daß die Umsetzung der Steuerreform erst mit dem Haushaltsjahr 2000-2001 in vollem Umfang beginnt.

Betrachtet wird deshalb zunächst das Steuersystem der Gliedstaaten im Zustand vor der Einschränkung der Steuerautonomie durch die Rechtsprechung des High Court und die Abschaffung der Franchise Fees (Verkaufslizenzgebühren) im Jahre 1997. Die nachfolgenden Daten zur Finanzausstattung der Staaten und Territorien beziehen sich auf das Haushaltsjahr 1996-97. In dieser Periode konnten die Gliedstaaten letztmalig Steuern und Abgaben autonom in einem Umfang erheben, der dem über die letzten vorangegangenen Jahrzehnte Zustand der bundesstaatlichen Finanzverfassung entspricht.

Abbildung 4: Finanzierungsquellen der Gliedstaaten 1996-97* (Anteile in %)

Steuern 47,1%
Zuweisungen 38,5%
Erträge aus Unternehmensbeteiligungen 4,8%
Sonstige Einnahmen 9,5%

* Zustand vor Abschaffung der Franchise Fees.
Quelle der Daten: Australian Bureau of Statistics (Hrsg.): Government Finance Statistics 1996-97 (Cat. No. 5512.0); Canberra 1998, S. 43; eigene Berechnungen.

Die Einnahmen der Gliedstaaten (ohne Kreditaufnahmen) entstammten bereits damals nur zu ca. 61,5% eigenen, autonom zugänglichen Quellen. Nach dem originären Steueraufkommen mit einem Anteil von 47,1% an den Gesamteinnahmen der Staaten erbringen die Finanzausgleichszahlungen und Zweckzuweisungen des Commonwealth den zweitgrößten Finanzierungsanteil mit 38,5%. Aus anderen Quellen fließen 14,3% der Einnahmen, davon stellen 4,8%-Punkte Erträge aus Unternehmensbeteiligungen dar. Die Bedeutung der verschiedenen Einnahmekategorien ist jedoch je nach Region sehr unterschiedlich (vgl. Tabelle 4).

Tabelle 4: Anteile der einzelnen Einnahmequellen an den Gesamteinnahmen der Gliedstaaten 1996-97* (in %)

	NSW	VIC	QLD	WA	SA	TAS	ACT	NT
Steuern und Abgaben	49,5%	49,9%	33,9%	38,5%	37,2%	32,2%	48,3%	17,9%
Zuweisungen	38,8%	37,4%	43,1%	44,4%	47,0%	54,0%	44,0%	71,7%
Sonstige Einnahmen	11,7%	12,7%	23,0%	17,2%	15,8%	13,8%	7,7%	10,4%

* Zustand vor Abschaffung der Franchise Fees.
Quelle der Daten: Australian Bureau of Statistics (Hrsg.): Government Finance Statistics 1996-97, S. 49; eigene Berechnungen.

Den Gliedstaaten fehlt eine größere, ergiebige Steuerquelle. Sie erheben zur Finanzierung ihrer Aufgaben eine Vielzahl kleinerer und kleinster Steuern, die sich auf ganz verschiedenartige Steuergegenstände beziehen (vgl. Übersicht 7).[84]

---

84 Zu den Steuern der Staaten vgl. *Owen Gabbitas/Damien Eldridge*: Directions for State Tax Reform; Canberra 1998, S. 67ff.; *Peter Groenewegen*: Public Finance, S 188ff.; *Victorian Department of Treasury and Finance* (Hrsg.): Budget 1998-99, Budget Paper No. 3: Budget Estimates; Melbourne 1998, S. 401ff.

Übersicht 7: Steuern der Gliedstaaten und Gemeinden

Steuerart	NSW	VIC	QLD	WA	SA	TAS	ACT	NT
Payroll Tax	✓	✓	✓	✓	✓	✓	✓	✓
Steuern auf Immobilien								
Conveyance Duty	✓	✓	✓	✓	✓	✓	✓	✓
Land Tax	✓	✓	✓	✓	✓	✓	✓	
Lease Duty	✓	✓	✓	✓	✓	✓	✓	✓
Contribution to Fire Brigades	✓	✓		✓	✓	✓		
Municipal Rates	✓	✓	✓	✓	✓	✓	✓	✓
Metropolitan Improvement Tax		✓		✓				
Besteuerung des Finanzsektors								
Agreements Duty	✓	✓		✓	✓	✓		✓
Bank Account Debits (BAD) Tax	✓	✓	✓	✓	✓	✓	✓	✓
Cheque Duty			✓	✓				
Credit Card Transaction Duty		✓				✓		
Debits Duty						✓		
Discount Transaction Duty		✓						
Electronic Banking Duty								✓
Financial Institutions Duty (FID)	✓	✓		✓	✓	✓	✓	✓
Hire Purchase Arrangements Duty	✓	✓	✓		✓	✓		
Hiring Arrangements Duty	✓	✓	✓	✓	✓	✓	✓	✓
Loan Security Duty	✓	✓	✓	✓	✓	✓		
Loans Duty			✓			✓		
Marketable Securities Duty	✓	✓	✓	✓	✓	✓	✓	✓
Verkaufslizenzen								
Electricity Franchises Fees	✓	✓			✓	✓		
Gas Franchises Fees	✓				✓		✓	
Alcohol Levy		✓						✓
Better Roads Levy		✓						
Besteuerung des Kraftverkehrs								
Motor Vehicle Registration Fee	✓	✓	✓	✓	✓	✓	✓	✓
Motor Vehicle Tax	✓	✓	✓	✓	✓	✓	✓	✓
Stamp Duty Vehicle Registrations	✓	✓	✓	✓	✓	✓	✓	✓
Drivers Licences	✓	✓	✓	✓	✓	✓	✓	✓
Drivers Licence Test Fees	✓	✓	✓	✓	✓	✓	✓	✓
Steuern auf Wetten und Glücksspiel								
Bookmaker's Turnover Tax	✓	✓	✓	✓	✓	✓	✓	✓
Casino Tax	✓	✓	✓	✓	✓	✓	✓	✓
Keno Tax	✓	✓	✓		✓	✓		
Lotteries Tax	✓	✓	✓	✓	✓	✓	✓	✓
Poker Machine Tax	✓	✓	✓		✓	✓	✓	✓
Racing Taxes	✓	✓	✓	✓	✓	✓	✓	✓
Other Gambling Taxes	✓	✓	✓	✓	✓	✓	✓	✓
Steuern auf Versicherungen								
Health Insurance Levy	✓						✓	
Insurance Duty	✓	✓	✓	✓	✓	✓	✓	✓
Third Party Insurance Surcharge	✓	✓			✓	✓		
Sonstige Steuern								
Gold Mining Levy				✓				
Space Parking Levy	✓							
Tourism Marketing Levy								✓
Anzahl der Einzelsteuern	**31**	**30**	**27**	**24**	**28**	**31**	**23**	**24**

Quelle: *Australian Bureau of Statistics* (Hrsg.): Taxation Revenue 1996-97, S. 22ff.; *Owen Gabbitas/Damien Eldridge*, S. 14f., 67ff.; eigene Darstellung.

Im Vergleich der einzelnen Staaten sind deutliche Unterschiede in der Gewichtung der einzelnen Steuerarten und –objekte festzustellen:

Tabelle 5: Anteile der einzelnen Steuerobjekte am jeweiligen Gesamtsteueraufkommen der Gliedstaaten und Gemeinden 1996-97*

Steuerart	NSW	VIC	QLD	WA	SA	TAS	ACT	NT
Lohnsummensteuer	22,7%	20,6%	17,2%	20,8%	18,8%	19%	19,1%	22,5%
Steuern auf Grund und Boden**	29,8%	28,3%	35,3%	31,6%	27,5%	28,3%	29,2%	17,9%
Besteuerung des Finanzsektors	9,9%	9,1%	6,1%	10,0%	8,2%	7,5%	13%	8,0%
Verkaufslizenzen	13,2%	13,0%	12,9%	18,9%	17,6%	19,3%	14,4%	27,6%
Besteuerung des Kraftverkehrs	9,2%	8,0%	14,1%	9,3%	10,1%	12,1%	12,0%	9,0%
Steuern auf Wetten und Glücksspiel	8,8%	11,3%	10,3%	5,3%	10,5%	8,0%	8,5%	8,4%
Steuern auf Versicherungen	5,6%	4,9%	3,7%	3,8%	5,4%	3,6%	2,8%	1,8%
Sonstige Steuern	0,8%	4,7%	0,3%	0,2%	1,9%	1,8%	0,9%	4,8%

*   Zustand vor Abschaffung der Franchise Fees.
**   Einschließlich Grunderwerbsteuer (Conveyance Duty).
Quelle der Daten: Australian Bureau of Statistics (Hrsg.): Taxation Revenue 1996-97, S. 22ff.; eigene Berechnungen.

Abbildung 5: Anteile der einzelnen Steuerobjekte am jeweiligen Steueraufkommen der Gliedstaaten und Gemeinden 1996-97 (in %)

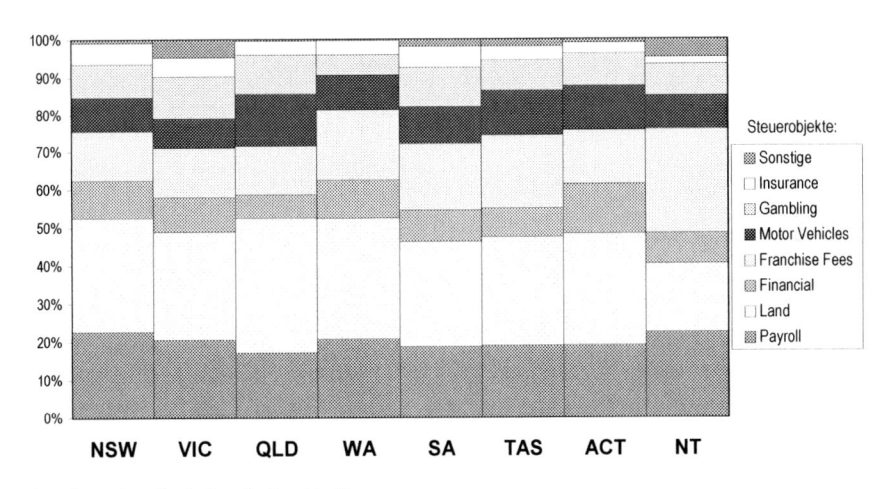

*   Zustand vor Abschaffung der Franchise Fees.
Quelle der Daten: Wie Tabelle 5.

Das Steuerobjekt mit der größten Bedeutung im Rahmen der subnationalen Besteuerung ist der Boden, auf den gleich mehrere verschiedene Steuern zugreifen, die mit durchschnittlich knapp 30% bzw. mit bis zu 35% in Queensland zum Steueraufkommen beitragen[85]: Die Staaten erheben die 'Land Tax', eine Steuer auf hochwertige, i.d.R. gewerblich genutzte Grundstücke, sowie die der deutschen Grunderwerbsteuer vergleichbare 'Conveyance Duty' bzw. 'Stamp Duty on Land Transfers'.[86] Hinzu kommen die 'Municipal Rates' als kommunale Grundsteuer.[87] Tabelle 6 zeigt die regional unterschiedlich hohe Gesamtbelastung des Steuerobjektes 'Boden' durch die kommunalen Municipal Rates und die Land Tax der Staaten:

Tabelle 6: Belastung des Steuerobjektes 'Boden' 1997-98 (in $ pro Einwohner)

	NSW	VIC	QLD	WA	SA	TAS	ACT	NT	⌀
Gemeinden* (Rates)	335	276	311	316	333	311	303	200	312
Staaten (Land Tax)	138	58	66	97	97	55	110	0	94
*Insgesamt***	*478*	*351*	*425*	*428*	*435*	*402*	*423*	*200*	*423*

*   Im Australian Capital Territory werden die Municipal Rates von der Staatsregierung erhoben.
**   Einschließlich weiterer kleinerer Steuern auf Grundbesitz.
Quelle der Daten: Australian Bureau of Statistics (Hrsg.): Taxation Revenue 1997-98, S. 23; eigene Berechnungen.

Die wichtigste Einzelsteuer der Staaten ist die von den Arbeitgebern zu entrichtende 'Payroll Tax', eine Steuer auf die ausgezahlte Lohnsumme.[88] Das größte Pro-Kopf-Aufkommen der Payroll Tax ist in New South Wales und Victoria festzustellen. Die früheren Verkaufslizenzen (Franchise Fees, seit 1997 ersetzt durch Revenue Replacement Payments, s.o.) tragen mit 13%-27%, die Besteuerung des Kraftverkehrs (Motor Vehicle Taxes) mit. 8%-14% und die Besteuerung des Finanzsektors (Taxes on Financial Transactions) mit 6%-13% zu den eigenen Steuereinnahmen bei. Weitere wichtige Steuerarten mit größerer fiskalischer Bedeutung für die Staaten sind die Steuern auf Glücksspiel (Gambling Taxation) und Versicherungen (Insurance Taxation) mit einem Anteil von 5,3%-10,5% bzw. 1,8%-5,6% am Steueraufkommen. Alle anderen Steuern spielen nur eine untergeordnete Rolle.

Das Pro-Kopf-Aufkommen wichtiger Einzelsteuern variiert zum Teil erheblich zwischen den Gliedstaaten (siehe Tabelle 7), wobei das höchste Aufkommen tendenziell jeweils in den wirtschaftsstarken Regionen mit Ausnahme des ACT erzielt wird.

---

[85] Ausnahme: Northern Territory (Anteil von nur 18%), in dem keine Land Tax erhoben wird.
[86] Vgl. *Owen Gabbitas/Damien Eldridge*, S. 127ff.
[87] In den Regionen Melbourne und Perth wird von den Bundesstaaten zusätzlich eine 'Metropolitan Improvement Tax' zur Finanzierung von Stadtentwicklung und –erhaltung (z.B. Pflege von Parks etc.) erhoben. Vgl. *Owen Gabbitas/Damien Eldridge*, S. 132.
[88] Vgl. *Owen Gabbitas/Damien Eldridge*, S. 64ff.; *Victorian Department of Treasury and Finance* (Hrsg.): Budget 1998-99, Budget Paper No. 3, S. 405f.

Tabelle 7: Pro-Kopf-Aufkommen wichtiger Steuern der Gliedstaaten 1998-99 (in $/EW)

Steuerart	NSW	VIC	QLD	WA	SA	TAS	ACT	NT	∅
Payroll Tax	565,4	453,0	287,6	387,9	358,9	343,9	406,6	441,5	**443,0**
Land Tax	148,7	101,3	66,7	107,2	89,4	54,7	104,3	0,0	**108,4**
Conveyance Duty	282,6	214,8	187,5	237,6	152,1	86,0	174,9	171,7	**225,7**
Financial Trans. Taxes	180,7	158,0	95,0	176,2	130,1	113,2	126,4	159,3	**152,0**
Motor Vehicle Taxes	294,2	208,0	242,0	226,3	243,2	162,6	244,1	163,3	**247,0**
Gambling Taxation	155,4	234,5	127,5	81,4	163,5	108,5	114,6	91,4	**160,8**
Insurance Taxation	53,5	60,1	46,1	60,7	60,7	40,5	51,5	40,4	**54,5**
Other Taxes	42,5	5,1	54,7	17,6	6,5	9,4	2,3	18,2	**28,4**
Summe	**1.785,0**	**1.473,9**	**1.113,6**	**1.308,3**	**1.214,3**	**920,1**	**1.289,3**	**1.086,8**	**1.455,0**

* Revenue Replacement Payments des Commonwealth als Ersatz für die Franchise Fees ab August 1997.

Quelle der Daten: Commonwealth Grants Commission (Hrsg.): Report 2000; Vol. III, Attachment 2, Table 2-34; eigene Berechnungen.

Die höchste Gesamtsteuerbelastung je Einwohner ist in den (mit) am dichtesten besiedelten und wirtschaftsstarken Bundesstaaten New South Wales mit 1.785 $ und Victoria (1.474 $) festzustellen, die geringste in Queensland mit 1.242 $. Gemessen am landesweiten Durchschnitt je Einwohner liegt das Steueraufkommen nur in den beiden erstgenannten Staaten mit einer relativen Höhe von 122,7% (NSW) bzw. 101,3% (VIC) über dem Durchschnitt. Ein weit unterdurchschnittliches Steueraufkommen ist in Tasmania (relative Höhe von 63,2%), im Northern Territory (74,7%) und in Queensland (76,5%) zu verzeichnen.

Abbildung 6: Steueraufkommen der Gliedstaaten 1998-99 (in $ je Einwohner)

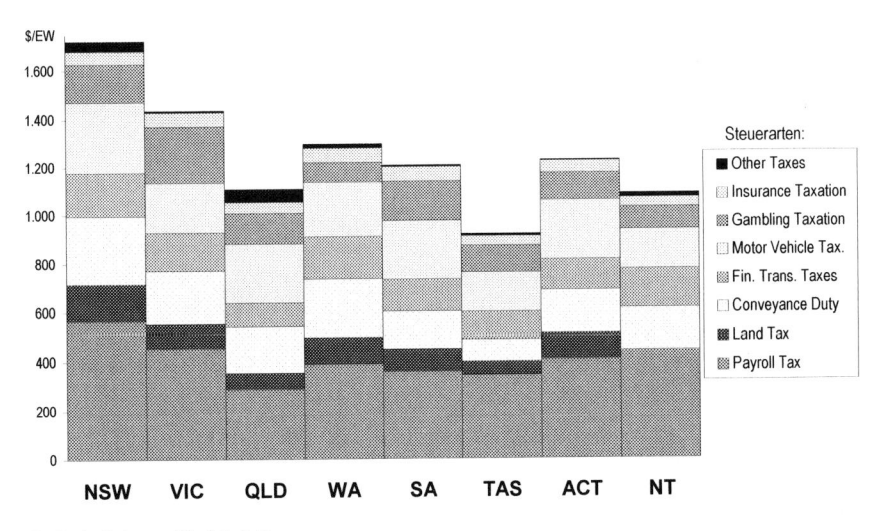

Quelle der Daten: Wie Tabelle 7.

3.2.4.3 Die Finanzausstattung der Gemeinden

Die wichtigsten kommunalen Einnahmequellen[89] sind Steuern, Zuweisungen sowie Einnahmen aus der Inanspruchnahme öffentlicher Leistungen, deren jeweilige Bedeutung aber in den einzelnen Bundesstaaten recht unterschiedlich ist (vgl. Tabelle 9).[90]

Die Gemeinden verfügen landesweit lediglich über eine Steuer, die Municipal Rates.[91] Abgesehen von dem Umstand, daß die Tarifstruktur der Land Tax meist progressiv angelegt ist, sind die Rates ähnlich wie die Land Tax strukturiert, da i.d.R. ein bestimmter Prozentsatz des Wertes eines Grundstücks besteuert wird.[92]

Rates können durch zweckorientierte Zuschläge in fester Höhe für bestimmte Aufgaben (z.B. Entsorgung) ergänzt werden, sie haben dann ein Element mit Gegenleistungs- bzw. Beitragscharakter.[93] In New South Wales, Victoria und South Australia kontrolliert die Staatsregierung das Niveau der Steuersätze, indem deren jährlicher Anstieg auf einen bestimmten maximalen Prozentsatz begrenzt wird.[94] Ein solches 'Rate-Capping'oder 'Rate-Pegging' beschneidet die Finanzautonomie der Kommunen und kann dazu eingesetzt werden, den vertikalen Wettbewerb um die Steuerquelle 'Landbesitz' zugunsten der Bundesstaaten zu beeinflussen, wenn diese einen erhöhten Finanzbedarf über die Land Tax oder ähnliche Steuern zu decken versuchen.[95]

Obwohl die Gemeinden als organisatorische Untereinheit der Gliedstaaten gelten, erhalten sie seit 1974-75 Zahlungen vom Commonwealth (1998-99 in Höhe von ca. 1,4 Mrd. $), und zwar

---

[89] Vgl. *National Office of Local Government* (Hrsg.): Report 1997-98, S. 13ff.; *John Power/Roger Wettenhall/ John Halligan*: Overview of local government in Australia; in: Dies. (Hrsg.): Local Government Systems of Australia, S. 1 (68ff.).

[90] Zur Finanzausstattung der Gemeinden in den einzelnen Staaten siehe grundlegend *Malcolm A. Bains/N. T. Graeme Miles*: New South Wales; in: John Power/Roger Wettenhall/John Halligan (Hrsg.): Local Government Systems, S. 123 (178ff.), *Margaret Bowman*: Victoria; in: ebd.; S. 229 (314ff.); *Ralph Chapman*: Tasmania; in: ebd.; S. 705 (763ff.); *John Robbins*: South Australia; in: ebd.; S. 571 (614ff.); *Douglas Tucker*: Queensland; in: ebd.; S. 373 (519ff.); *Michael Wood*: Western Australia; in: ebd.; S. 645 (677ff.).

[91] Vgl. *Owen Gabbitas/Damien Eldridge*, S. 131, 135ff.; *Peter Groenewegen*: Public Finance, S 196ff.; *Doug Tucker*: Local Government, S. 68f.

[92] Vgl. *Peter Groenewegen*: Public Finance in Australia, S. 199.

[93] Vgl. *Owen Gabbitas/Damien Eldridge*, S. 131; *John Power/Roger Wettenhall/John Halligan*: Overview of local government, S. 75.

[94] Vgl. *Australian Local Government Association* (Hrsg.): Submission to The Taxation Reform Task Force; Canberra 1998, S. 10; *Owen Gabbitas/Damien Eldridge*, S. 131; *John Power/Roger Wettenhall/John Halligan*: Overview of local government, S. 77f.

[95] Vgl. *Australian Local Government Association* (Hrsg.): Supporting Communities: 1998 Budget Strategy Statement; Canberra 1998, S. 20; *Local Government and Shires Associations of New South Wales* (Hrsg.): 2000/2001 NSW State Budget: Submission to the NSW State Government on behalf of NSW Local Government; Sydney 2000, S. 14.

ungebundene, allgemeine Zuweisungen gemäß dem 'Local Government (Financial Assistance) Act 1995' sowie zweckgebundene Zuweisungen aus bestimmten Programmen (Specific Purpose Payments).

Die nicht zweckgebundenen Zuweisungen werden mittelbar über die Staaten in zwei Formen bereitgestellt, als Ergänzungszahlungen für die allgemeine Finanzausstattung der Gemeinden (General Purpose Assistance) und zur Unterstützung des Straßenbaus (Local Road Funding).[96] Die Verteilung der General Purpose Assistance erfolgt nach Einwohnerzahl auf die Staaten und innerhalb derer auf die einzelnen Local Councils nach Kriterien, die jeweils von besonderen Grants Commissions entwickelt werden und die spezifische Situation einer Region berücksichtigen.[97] Das Road Funding erfolgt nach festen Anteilen, wobei die kommunale Straßenlänge maßgeblich ist. Zweckzuweisungen des Commonwealth werden für laufende Ausgaben und zu einem geringen Anteil auch für Investitionen gezahlt.

Tabelle 8: Zuweisungen an die Gemeinden* 1998-99 (in $ pro Einwohner)

Zuweisungsart	NSW	VIC	QLD	WA	SA	TAS	NT	Ø
vom Commonwealth	75,1	81,2	71,6	89,7	66,1	108,6	108,0	77,9
Anteil in %	68,2%	67,7%	56,0%	56,5%	79,0%	100,0%	42,7%	64,9%
davon allgemeine Zuweisungen	63,1	62,5	66,3	77,6	59,7	88,1	92,1	65,7
• General Purpose Assistance	45,7	45,7	45,7	45,7	45,7	45,7	45,7	45,7
• Local Road Funding	17,4	16,8	20,6	31,9	14,0	42,4	46,6	20,0
davon Zweckzuweisungen	12,0	18,7	5,2	12,1	6,4	20,5	15,9	12,2
• für Investitionen	0,5	0,2	0,3	0,2	0,0	3,1	3,3	0,4
von den Bundesstaaten	35,1	38,7	56,3	69,0	17,5	0,0	145,2	42,1
Summe der Zuweisungen	110,2	119,9	127,8	158,7	83,6	108,6	253,2	120,0
davon Zweckzuweisungen	47,1	57,4	61,5	81,1	23,9	20,5	161,1	54,4
Anteil in %	42,7%	47,8%	48,1%	51,1%	28,6%	18,8%	63,6%	45,3%

* Darin sind auch Zuweisungen enthalten, die von den Gemeinden an Dritte weitergeleitet werden.

Quellen: *National Office of Local Government* (Hrsg.): National Report 1998-99, S. 5; *Treasurer of the Commonwealth/Minister for Finance and Administration* (Hrsg.): Budget 1998-1999, Budget Paper No. 3, S. 36 und Anhang: Tabelle A6; eigene Berechnungen.

---

[96] Vgl. *Australian Local Government Association* (Hrsg.): Submission to The National Commission of Audit; Canberra 1996, S. 10; *Dies.* (Hrsg.): Supporting Communities, S. 13ff.; *National Office of Local Government* (Hrsg.): National Report 1998-99; Canberra 1999, S. 3f.; *Treasurer of the Commonwealth/Minister for Finance and Administration* (Hrsg.): Budget 1998-1999, Budget Paper No. 3, S. 35.

[97] Vgl. *National Office of Local Government* (Hrsg.): National Report 1998-99, S. 109ff.; *Local Government Grants Commission South Australia* (Hrsg.): Annual Report 1997-1998; Adelaide 1998.

Daneben gewähren die meisten Staaten ihren Gemeinden zweckgebundene Zuweisungen mit unterschiedlichen Schwerpunkten.[98] Allgemeine Zuweisungen stellt ausschließlich das Commonwealth bereit, diese haben einen Anteil von rund 55% an den gesamten Transfers. Die Anteile der Zweckzuweisungen in den einzelnen Bundesstaaten sind unterschiedlich, sie reichen im Haushaltsjahr 1998-99 von 19% (Tasmania) bis 64% (Northern Territory), je nachdem, ob und wieviel Zuweisungen die Gemeinden von den Gliestaaten erhalten. Die Transferzahlungen der Staaten divergieren zwischen 0 $ (Tasmania) und 145 $ (Northern Territory) je Einwohner.

Nach ursprünglicher Planung sollte mit Einführung der GST im Jahr 2000 die finanzielle Verantwortung für die allgemeine Finanzausstattung der Gemeinden vom Commonwealth auf die Staaten übergehen.[99] Dieses Vorhaben wurde jedoch aufgegeben, nachdem aufgrund ertragsmindernder Veränderungen an der Bemessungsgrundlage der GST keine ausreichende Finanzbasis der Staaten für Zuweisungen an die Gemeinden mehr gegeben war (s.o.).

Die Kommunen hatten die Verlagerung der Verantwortlichkeit ohnehin heftig bekämpft.[100] Sie befürchteten einerseits eine Verringerung der Zuweisungen, wenn sie mit den Staaten um Anteile an den GST-Einnahmen konkurrieren müßten, und andererseits einen Funktions- und Autonomieverlust, weil sie den Staaten dann völlig untergeordnet wären. Deswegen verlangten sie statt dessen vom Commonwealth eine feste Quote[101] am Aufkommen der GST in Höhe von 6%[102], was sich jedoch nicht durchsetzen ließ. Die Bundesregierung verwies sie vielmehr auf die Gliedstaaten, mit denen eine solche Vereinbarung zu treffen wäre.[103]

Die Höhe der Einnahmen der Gemeinden variiert sehr stark zwischen den einzelnen Staaten: In Victoria und South Australia müssen sich die Kommunen mit rund 557 bzw. 528 $ je Ein-

---

[98] Vgl. *National Office of Local Government* (Hrsg.): National Report 1998-99, S. 5.

[99] Vgl. *Treasurer of the Commonwealth* (Hrsg.): Tax Reform, S. 84; *Treasurer of the Commonwealth/Minister for Finance and Administration* (Hrsg.): Budget 1999-2000, Budget Paper No. 3: Federal Financial Relations; Canberra 1999, S. 111, 129ff.

[100] Vgl. *Australian Local Government Association* (Hrsg.): Submission to the inquiry of the Senate Select Committee on a New Tax System; Canberra 1999, S. 19ff.

[101] In früheren Jahren erhielten die Gemeinden bereits schon einmal einen festen Anteil am Steueraufkommen des Commonwealth (1,52% ab 1976 bzw. später 1,75% des Einkommensteueraufkommens im Rahmen des Revenue Sharing Arrangement). Vgl. *Malcolm A. Bains/N. T. Graeme Miles*, S. 194.

[102] Vgl. *Australian Local Government Association* (Hrsg.): Submission to the inquiry of the Senate Select Committee on a New Tax System, S. 12, 20; *Local Government and Shires Associations of New South Wales* (Hrsg.): 1999/2000 NSW State Budget: Submission to the NSW State Government on behalf of NSW Local Government; Sydney 1999, S. 10ff.

[103] Allerdings hat allein Queensland bislang signalisiert, mit den Gemeinden über eine feste Beteiligung an der GST zu verhandeln. Vgl. *Local Government and Shires Associations of New South Wales* (Hrsg.): 2000/2001 NSW State Budget, S. 10.

wohner begnügen, während die Gemeinden in Queensland (675 $) deutlich überdurchschnittliche Einnahmen verzeichnen können. Einen markanten Ausreißer bilden die Gemeinden im Northern Territory, deren Gesamteinnahmen mit 410$ pro Einwohner den landesweiten Durchschnittsbetrag um fast 40% unterschreiten.[104] An Zuweisungen erhalten die Kommunen zwischen 83 $ (South Australia) und 149 $ (Western Australia) pro Kopf. Der Anteil der Steuern an den kommunalen Einnahmen reicht von 47% in Queensland bis zu 71% in South Australia, die Quote der Zuweisungen bewegt sich in den meisten Staaten zwischen 18% und 28%. Sehr hoch ist der Anteil der Zuweisungen im Northern Territory, er beträgt dort über 34%.

Tabelle 9: Einnahmequellen der Gemeinden 1998-99

Einnahmequelle	NSW	VIC	QLD	WA	SA	TAS	NT*	∅
	in $ pro Einwohner							
Steuern	407,9	284,0	321,6	315,4	323,6	316,4	188,2	**339,8**
Zuweisungen	83,8	117,2	95,3	126,3	75,9	133,8	454,7	**103,1**
Sonstige Einnahmen	126,2	29,6	282,0	148,5	6,0	19,1	109,8	**120,7**
Summe	**617,8**	**430,8**	**699,0**	**590,1**	**405,5**	**469,3**	**752,7**	**563,6**
	Anteil in %							
Steuern	66,0%	65,9%	46,0%	53,4%	79,8%	67,4%	25,0%	60,3%
Zuweisungen	13,6%	27,2%	13,6%	21,4%	18,7%	28,5%	60,4%	18,3%
Sonstige Einnahmen	20,4%	6,9%	40,3%	25,2%	1,5%	4,1%	14,6%	21,4%

Quelle: *National Office of Local Government* (Hrsg.): National Report 1999-2000; Canberra 2000, S. 6f.

Der Anteil der Zuweisungen allein des Commonwealth an der Finanzausstattung der Gemeinden beträgt in abgelegenen Regionen bis zu 80%, im urbanen Bereich liegt er meist unter 15%. Ländliche Gemeinden verfügen generell über eine schwächere eigene Einnahmebasis als solche in dichter besiedelten Gebieten, in 20% aller Kommunen übersteigen die Zuweisungen sogar die Steuereinnahmen.[105] In bezug auf die finanzielle Unabhängigkeit lassen sich aber gravierende Unterschiede zwischen den einzelnen Staaten feststellen: Städtische Kommunen können z.B. in Queensland viel stärker als in Victoria oder New South Wales auf originäre Einnahmequellen zurückgreifen, bei Landgemeinden ist es umgekehrt.[106]

---

[104] Im Northern Territory verfügen die 60 von Ureinwohnern bevölkerten der insgesamt 70 Gemeinden nur über ein eingeschränktes Einnahmenpotential. Vgl. *National Office of Local Government* (Hrsg.): National Report 1998-99, S. 7.

[105] Vgl. *Australian Local Government Association* (Hrsg.): Supporting Communities, S. 14.

[106] Vgl. *National Office of Local Government* (Hrsg.): National Report 1997-98, S. 14ff. und National Report 1998-99, S. 11f.

3.2.5 Die Auswirkungen des Steuersystems auf regionaler Ebene

Die Auswirkungen des Steuersystems auf der Ebene der Gliedstaaten zeigen sich an der regionalen Verteilung der Besteuerungsgrundlagen. Weil die Steuern der australischen Staaten (mit Ausnahme der erst seit Juli 2000 existierenden Ertragsbeteiligung an der GST) von diesen autonom gestaltet werden können, kann zusätzlich die Höhe der regionalen Steueranspannung untersucht werden.

Die nachfolgend verwendeten Graphiken zeigen i.d.R. die regionale Steuerkraft (Besteuerungspotential) bzw. das Einnahmenpotential pro Einwohner im Verhältnis zum Landesdurchschnitt hinsichtlich einer bestimmten Steuer- oder Einnahmequelle sowie den jeweiligen Grad ihrer tatsächlichen Ausschöpfung durch die Staaten (in % der entsprechenden Fiscal Capacity). Dabei werden zunächst die wichtigsten einzelnen Steuerquellen und das gesamte Besteuerungspotential sowie anschließend die sonstigen Einnahmequellen und das Einnahmenpotential in seiner Gesamtheit erfaßt.

3.2.5.1 Verteilung und Anspannung der wichtigsten regionalen Steuerquellen

Weil die australischen Gliedstaaten über keine größeren, fiskalisch besonders ergiebigen Steuerquellen verfügen, wird nachfolgend das Besteuerungspotential (Tax Capacity) und die Steueranspannung (Revenue Raising Effort) von insgesamt acht Einzelsteuern bzw. Steuergruppen analysiert:

3.2.5.1.1   Payroll Tax (Lohnsummensteuer)

Die wichtigste Einzelsteuer der Gliedstaaten ist die von den Arbeitgebern zu entrichtende 'Payroll Tax', eine Steuer auf die im betreffenden Staat an alle Arbeitnehmer eines Unternehmens (einschließlich der Führungskräfte) ausgezahlten Löhne und Gehälter.[107] Die Bemessungsgrundlage der Payroll Tax variiert zwar von Staat zu Staat, typischerweise umfaßt sie aber die Lohnsumme einschließlich Zuschlägen, Sondervergütungen und den Arbeitgeberbeiträgen zur Alterssicherung.

Nicht alle Unternehmen müssen jedoch Payroll Tax zahlen. Weitreichende Ausnahmen bestehen für kleinere Firmen, in denen die Lohnsumme eine bestimmte Grenze nicht übersteigt, gemeinnützige Organisationen und Selbständige. Auch die Bundesverwaltung ist aufgrund

---

[107] Vgl. *Owen Gabbitas/Damien Eldridge*, S. 67f.; *Victorian Department of Treasury and Finance* (Hrsg.): Budget 1998-99, Budget Paper No. 3, S. 405f.

Sec. 114 Constitution Act von der Payroll Tax befreit, dies gilt allerdings nicht (mehr) für öffentliche Wirtschaftsunternehmen des Commonwealth.[108]

Um kleinere Unternehmen von den relativ hohen Entrichtungskosten der Payroll Tax zu entlasten und die Verwaltungskosten zu minimieren, haben alle Staaten Freibeträge ('Tax-free Thresholds') eingeführt.[109] Steuerpflichtig sind nur diejenigen Unternehmen, deren Lohnsumme den jeweiligen Mindestbetrag übersteigt. Drei Staaten (Queensland, Western Australia und Northern Territory) reduzieren den Freibetrag bei steigender Lohnsumme schrittweise auf Null, indem sie das Instrument des sog. 'Clawback Scheme'[110] nutzen: Dies bedeutet, daß die Payroll Tax auf die gesamte Lohnsumme fällig wird, sobald eine bestimmte Betragsgrenze ('Upper Taper Limit'), die ein Mehrfaches des Freibetrages ausmacht, erreicht ist. Im Tarifbereich zwischen der Tax-free Threshold und dem Upper Taper Limit schmilzt der Freibetrag proportional ab.[111] In allen übrigen Staaten unterfällt ausschließlich derjenige Anteil der Lohnsumme der Besteuerung, welcher den Freibetrag überschreitet.

Problematisch kann sich die Existenz von Freibeträgen bei Unternehmen auswirken, die (vielleicht sogar aus diesem Grund) in mehreren Staaten operieren. Damit sich jene nicht durch eine geschickte Verteilung ihrer Arbeitnehmer der Besteuerung entziehen, indem ein Überschreiten der Mindestbeträge jeweils vermieden wird, oder sie aber die regionalen Freibeträge mehrfach ausnutzen, existieren Regelungen, die derart unerwünschte steuerliche Gestaltungsmöglichkeiten ausschließen sollen. Deshalb werden die Freibeträge nicht auf einzelne Firmen, sondern auf Unternehmensgruppen angewendet. Zudem wird der jeweilige Freibetrag entsprechend dem Anteil an der Lohnsumme des Gesamtunternehmens vermindert, den der Unternehmensteil im fraglichen Staat hat. Werden z.B. 40% der Gehälter einer Unternehmensgruppe in Victoria gezahlt, kann der dortige Freibetrag auch nur zu 40% in Anspruch genommen werden.[112]

---

[108] Vgl. *Owen Gabbitas/Damien Eldridge*, S. 68f.

[109] Die Freistellungen bevorteilen die begünstigten Unternehmen aber nur teilweise, weil die entrichtete Payroll Tax bei der Ermittlung des im Rahmen der Company Income Tax des Bundes zu versteuernden Einkommens abgezogen werden kann und somit die Nettobelastung vermindert wird.

[110] Vgl. *Owen Gabbitas/Damien Eldridge*, S. 73.

[111] Wenn etwa – wie in Queensland – das Upper Taper Limit bei der vierfachen Höhe des Freibetrages liegt, reduziert sich der Freibetrag um 1/3 desjenigen Betrages, den die Lohnsumme die Tax-free Threshold übersteigt. Zu versteuern ist dann die gesamte Lohnsumme abzüglich des verminderten Freibetrages. Beträgt die Lohnsumme z.B. 1,8 Mio. $ und der Freibetrag grundsätzlich 0,6 Mio. $, wären 1,6 Mio. $ zu versteuern (Reduktion des Freibetrag um 1/3 von 1,2 Mio. $, also 0,4 Mio. $).

[112] Vgl. *Owen Gabbitas/Damien Eldridge*, S. 74.

Tabelle 10: Regionale Steuersätze der Payroll Tax (Stand: Mai 2000)

	NSW	VIC	QLD	WA	SA	TAS	ACT	NT
Steuersatz								
ab 1.7.1998	6,85%	6,25%	5,0%	4,87%-	6,0%	6,6%	6,85%	7,0%
ab 1.7.1999	6,7%	5,75%		5,56%*				6,75%
ab 1.7.2000	6,4%		4,9%					6,6%
ab 1.7.2001	6,2%		4,8%					
ab 1.7.2002	6,0%							
Freibetrag /-grenze in $	600.000	515.000	850.000	675.000	456.000	600.000	800.000**	600.000
Steuerbelastung***								
bei 50 Angestellten	4,26%	4,01%	3,0%	2,67%	4,28%	3,97%	3,93%	4,31%
bei 300 Angestellten	6,04%	5,46%	5,0%	5,56%	5,71%	6,16%	6,34%	6,34%

*   Progressiver Anstieg des Steuersatzes zwischen 675.000 $ und 5.625.000 $. Übersteigt die Lohnsumme 5.625.000 $, wird der Höchststeuersatz von 5,56% auf den Gesamtbetrag angewandt.
** Ab dem 1.1.2001 steigt der Freibetrag im ACT auf 900.000 $, ab dem 1.1.2002 auf 1.000.000 $. Vor dem 1.1.1997 betrug der Freibetrag noch 650.000 $, vor dem 1.1.1998 700.000 $.
*** Bezugsgröße: Durchschnittliche Lohnsumme. Stand: Juli 1999.

Quelle der Daten: *New South Wales Treasury* (Hrsg.): Interstate Comparison of Taxes 1999-2000; Sydney 1999; *Northern Territory Treasury Department* (Hrsg.): Budget 2000-2001, Budget Paper No. 3, S. 176ff.

Hinsichtlich der Steuersätze sind derzeit Differenzen zwischen 4,9% und 6,85% festzustellen. Sieben Gliedstaaten wenden einen einheitlichen Steuersatz auf die Lohnsumme oberhalb des Freibetrages an. Nur in Western Australia gelangt ein progressiver Steuersatz zur Anwendung (das Northern Territory hat dies 1998 aufgegeben).

Die tatsächliche Steuerbelastung differiert zwischen den Staaten zumindest bei größeren Unternehmen nicht sehr stark: Bei 300 Angestellten wird die Lohnsumme effektiv mit 5,0% bis 6,3% besteuert. Bei einem Unternehmen mit 50 Arbeitnehmern ist der Unterschied etwas größer, die effektive Steuerlast schwankt dann zwischen 2,7% und 4,3%, was vor allem aus den verschieden hohen Freibeträgen resultiert. Allerdings unterschreitet die Steuerbelastung nur in maximal zwei Staaten (vor allem in Queensland) die ansonsten eher geringe Bandbreite zwischen dem höchsten und dem niedrigsten Wert, die typische Durchschnittsbelastung beträgt ca. 4% bei kleineren (50 Arbeitnehmer) und 6% bei größeren Unternehmen (300 Arbeitnehmer).

Das höchste Pro-Kopf-Aufkommen hat die Payroll Tax in New South Wales und Victoria (s.o.): Es liegt in New South Wales mehr ein Viertel über dem landesweiten Mittel (127,6%), in Victoria immerhin noch 2% darüber. Victoria verfügt hinsichtlich der Payroll Tax mit rund 110,5% des Landesdurchschnitts zwar über die höchste Steuerkraft, schöpft dieses Besteuerungspotential aber zu knapp 93% aus. In New South Wales ist bei ähnlicher Steuerkraft (108%) die Steueranspannung deutlich höher (118%).

Abbildung 7: Relative Höhe des regionalen Payroll Tax-Besteuerungspotentials im Vergleich zur Wirtschaftskraft (BIP) 1998-99*

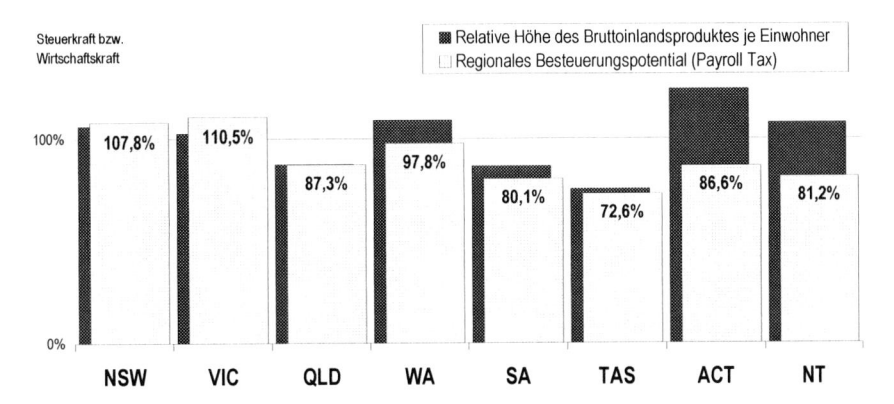

Steuerkraft bzw. Wirtschaftskraft

■ Relative Höhe des Bruttoinlandsproduktes je Einwohner
□ Regionales Besteuerungspotential (Payroll Tax)

Region	NSW	VIC	QLD	WA	SA	TAS	ACT	NT
Wert	107,8%	110,5%	87,3%	97,8%	80,1%	72,6%	86,6%	81,2%

* Steuerkraft bzw. Wirtschaftskraft je Einwohner im Verhältnis zum Landesdurchschnitt (=100%).

Quelle der Daten: Commonwealth Grants Commission (Hrsg.): Report 2000, Vol. IIII, S. 265ff.; eigene Berechnungen.

Da die Payroll Tax eine Unternehmensteuer darstellt, verteilen sich die Bemessungsgrundlagen regional ungefähr entsprechend der Wirtschaftskraft, jedoch mit Ausnahme beider Territorien und – weniger stark ausgeprägt – auch Western Australia[113]. Das höchste Besteuerungspotential ist in den wirtschaftsstarken Regionen angesiedelt und übersteigt allein dort den Landesdurchschnitt. Umgekehrt verfügen die drei wirtschaftsschwächsten Gliedstaaten über eine mittlere Steuerkraft von ca. 80% des Landesdurchschnitts. In zwei dieser Staaten ist zugleich auch eine hohe Steueranspannung festzustellen, was darauf hindeutet, daß es sich bei der Payroll Tax um eine eher strapazierfähige Finanzierungsquelle handelt.

Zwischen der relativen Höhe der Ausschöpfung der Steuerkraft und der Höhe der Steuersätze sind eindeutige Parallelen festzustellen, die Tarifstruktur scheint keine größeren interregionalen Differenzen aufzuweisen: Queensland und Western Australia hatten 1998-99 als einzige Staaten (Grenz-) Steuersätze von unter 6% und dementsprechend auch nur eine weit unterdurchschnittliche Steuerbelastung.[114] Eine überdurchschnittliche Ausschöpfung ihres Besteu-

---

[113] Die geringe Tax Capacity bezüglich der Payroll Tax im Australian Capital Territory (das über das höchste BIP je Einwohner verfügt!) läßt sich damit erklären, daß dort viele Mitarbeiter der Bundesverwaltung beschäftigt sind, deren Gehälter nicht der Besteuerung unterworfen sind. Im Northern Territory wirkt sich das überdurchschnittliche BIP, welches insbesondere aus der umfangreichen Gewinnung von Bodenschätzen resultiert, möglicherweise nicht auf die Gehaltsstruktur aus. Ähnliche Erwägungen könnten für Western Australia gelten.

[114] Beide Staaten gewähren zudem zwar recht hohe Freibeträge, wenden jedoch ein Clawback Scheme an, welches die Differenzen zur Höhe der Freibeträge in den anderen Staaten wieder abschwächt.

erungspotentials konnten dagegen diejenigen Staaten verzeichnen, die Steuersätze von über 6,5% angewendet haben.

Abbildung 8: Relative Höhe des regionalen Payroll Tax-Besteuerungspotentials und seiner tatsächlichen Ausschöpfung 1998-99*

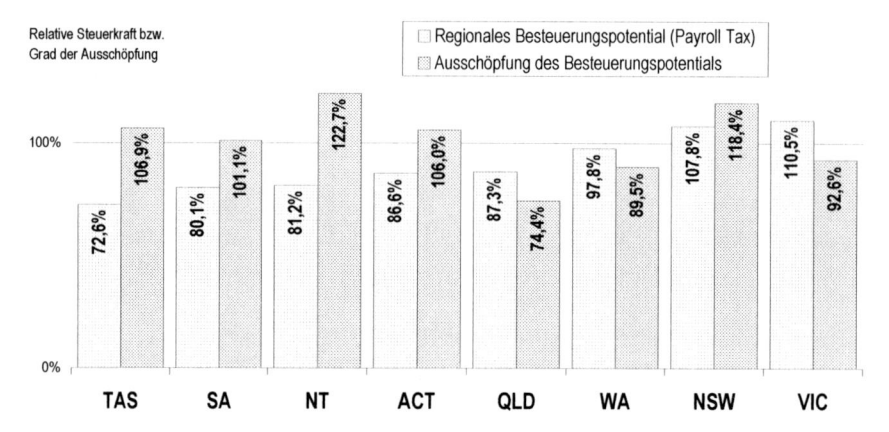

Relative Steuerkraft bzw. Grad der Ausschöpfung

☐ Regionales Besteuerungspotential (Payroll Tax)
▨ Ausschöpfung des Besteuerungspotentials

	TAS	SA	NT	ACT	QLD	WA	NSW	VIC
Potential		106,9%	101,1%	122,7%	86,6%	106,0%	97,8%	107,8%	110,5%
Ausschöpfung	72,6%	80,1%	81,2%			87,3%	74,4%	89,5%	118,4%	92,6%

Hinweis: Die tatsächlichen Balkenwerte sind: TAS 72,6%; SA 106,9%/80,1%; NT 101,1%/81,2%; ACT 122,7%; QLD 86,6%/106,0%/87,3%/74,4%; WA 97,8%/89,5%; NSW 107,8%/118,4%; VIC 110,5%/92,6%.

* Regionale Steuerkraft je Einwohner im Verhältnis zum Landesdurchschnitt sowie Grad ihrer Ausschöpfung.
Quelle der Daten: *Commonwealth Grants Commission* (Hrsg.): Report 2000, Vol. IIII, S. 265ff.

Eine eigene Payroll Tax wurde von den Staaten erstmals 1971 erhoben, nachdem ihnen das Commonwealth diese Steuerquelle übertragen hatte, um den Gliedstaaten Zugang zu einer wachstumsstarken Steuerquelle zu verschaffen. Im Rahmen eines koordinierten Vorgehens erhöhten sie den Steuersatz in mehreren Schritten auf zunächst 3,5%, später auf 5% (1974); der Steuersatz der Payroll Tax des Commonwealth betrug zuletzt 2,5%. Danach haben die Staaten bis Anfang der 90er Jahre die Steuersätze unabhängig voneinander angehoben. Einhergehend mit einer Verbreiterung der Bemessungsgrundlagen sind seitdem in einigen Staaten Absenkungen des Steuersatzes zu verzeichnen. Die Freibeträge wurden im Laufe der Jahre kontinuierlich erhöht, zum Teil in Absprache mit den anderen Staatsregierungen. In jüngster Zeit sind Bestrebungen festzustellen, die Bemessungsgrundlagen der Payroll Tax zu harmonisieren.[115]

Bei Betrachtung der Veränderungen der Freibeträge der Payroll Tax sind Symptome von Steuerwettbewerb festzustellen: Erhöhungen der Freibeträge in einem Staat hatten bislang

---

[115] Vgl. *Owen Gabbitas/Damien Eldridge*, S. 75ff.

meist ähnliche Reaktionen der anderen Staaten zur Folge.[116] Zum Teil wurden auch allgemeine und spezielle Ausnahmeregelungen bzw. Steuererleichterungen eingeführt, um Unternehmen zu attrahieren. Auf den Einsatz dieser Mittel scheint sich der interregionale Wettbewerb zu konzentrieren.[117]

Senkungen der Steuersätze als Instrument des Steuerwettbewerbs konnten bislang kaum beobachtet werden.[118] Erst in jüngster Zeit schmelzen einige Staaten ihre Steuersätze – teilweise schrittweise – ab (vgl. Tabelle 10). Dies könnte als eine Folge zunehmender interregionaler Konkurrenz um Unternehmen gewertet werden.

Angesichts der eher geringen Differenzen in der effektiven Steuerbelastung ist jedoch fraglich, ob die Höhe der Payroll Tax eine unternehmerische Standortentscheidung nachhaltig beeinflussen kann, zumal die gezahlte Payroll Tax bei der Company Income Tax des Commonwealth steuerlich geltend gemacht werden kann und infolgedessen die Belastungsunterschiede ein Stück weit ausgeglichen werden. Vor diesem Hintergrund dürfte die Bedeutung der Payroll Tax als Kostenfaktor für Unternehmen und damit als Instrument im innerstaatlichen Wettbewerb nicht sehr hoch sein.

3.2.5.1.2   Land Tax (Bodensteuer)

Mit Ausnahme des Northern Territory besteuern alle Gliedstaaten das private Grundvermögen mit einer 'Land Tax'. Bemessungsgrundlage und Tarifstruktur sind je nach Gliedstaat sehr unterschiedlich. Die Land Tax wird i.d.R. auf industriell und gewerblich sowie nicht von den Eigentümern ausschließlich zu Wohnzwecken genutzte Grundstücke erhoben. In Victoria wird zudem die landwirtschaftliche Nutzfläche besteuert. Die Besteuerung von Grundstücken, welche vom Eigentümer selbst als Erstwohnsitz bewohnt werden, wurde dort 1998 aufgegeben.[119]

Die Höhe der Land Tax richtet sich nach dem Wert des *unbebauten* Grundstücks. Dieser Wert wird aufgrund regelmäßiger, in mehrjährigen Abständen erfolgenden Bewertungen ermittelt

---

[116] Entsprechende Reaktionen der anderen Staaten auf die schrittweise Anhebung der Freibeträge im Australia Capital Territory seit 1997 (siehe Tabelle 10) sind aber noch nicht ersichtlich.

[117] Vgl. *Owen Gabbitas/Damien Eldridge*, S. 79f.

[118] Vgl. *Owen Gabbitas/Damien Eldridge*, S. 80.

[119] New South Wales wollte dagegen ab 1998 die Land Tax auch auf privat genutzte Grundstücke mit einem Wert von über 1 Mio. $ ausdehnen. Da dies aber nur 2.000 bis 3.000 Steuerzahler betroffen hätte und erhebliche politische Proteste ausgelöst hat, wurde das Vorhaben nicht weiter verfolgt [Auskunft von *Murray Kidney*, Secretary der Local Government and Shires Associations of New South Wales in Sydney vom 19.02.1999].

(i.d.R. wird von den Local Councils die Grundstücksbewertung für die Festsetzung der 'Municipal Rates' übernommen) und über einen Ausgleichsfaktor laufend (jedoch mit Verzögerung) der aktuellen Immobilienwertentwicklung angepaßt.[120] Wegen der zum Teil hohen Freibeträge, des progressiven Tarifverlaufes und des Umstandes, daß der Wert baulicher Anlagen auf dem Grundstück für die Bewertung nicht maßgeblich ist, ist die Land Tax vor allem eine Steuer auf hochwertige Grundstücke.

Zur Ermittlung des zu versteuernden Grundstückswertes wird zumeist der Wert aller Grundstücke eines Rechtssubjektes, teilweise sogar auch die aller juristischen Personen, an denen eine natürliche Person (mehrheitlich) beteiligt ist, addiert, um keine Anreize zur Aufteilung von Grundstücken zu bieten, eine sachgemäße Anwendung der Steuerprogression zu ermöglichen oder die mehrfache Inanspruchnahme von Freibeträgen zu verhindern.[121] Maßgeblich ist aber immer der (addierte) Grundstückswert allein in einem Staat. Der Wert von Immobilien in anderen Staaten oder die dortige Inanspruchnahme von Freibeträgen sind für die Steuerberechnung nicht relevant.[122]

Tabelle 11: Regionale Steuersätze der Land Tax (Stand: Mai 2000)

	NSW	VIC	QLD	WA	SA	TAS	ACT	NT
Steuersatz*	1,7%	0,1%-5,0%	0,05%-1,8%	0,15%-2,0%	0,35%-3,7%	0,75%-2,5%	1%-1,5%	-
Freibetrag	192.000	85.000	200.000 **	10.000	50.000	1.000	-	-
Steuerbelastung*** bei einem Grundstückswert von 200.000 $	0,12%	0,1%	0%	0,21%	0,26%	1,01%	1,25%	-
von 1.000.000 $	1,38%	0,62%	0,9%	0,88%	1,24%	2,11%	1,5%	-
von 10.000.000 $	1,67%	4,19%	1,49%	1,88%	3,45%	2,46%	1,5%	-

*   Hinzu kommen meist noch (i.d.R. relativ geringe) Fixbeträge.
**   Freibetrag nur für natürliche Personen. Die Steuerpflicht beginnt bei einem Grundstückswert von 100.000 $ (allgemeine Grenze) bzw. 221.665 $ (wenn das Grundstück einer natürlichen Person gehört).
***   Stand: Juli 1999.
Quelle der Daten: New South Wales Treasury (Hrsg.): Interstate Comparison of Taxes; Northern Territory Treasury Department (Hrsg.): Budget 2000-2001, Budget Paper No. 3, S. 176ff.

Die Höhe der Steuersätze streut interregional außerordentlich stark: Der höchste Steuersatz (5%) wird in Victoria (ab einem Bodenwert von 2,7 Mio. $) angewandt. South Australia er-

---

[120] Vgl. *Victorian Department of Treasury and Finance* (Hrsg.): Budget 1998-99, Budget Paper No. 3, S. 406f.
[121] In South Australia und Tasmania wird ein Freibetrag für jedes einzelne Rechtssubjekt (d.h. auch für jede Gesellschaft, die einer natürlichen Person gehört oder an der sie beteiligt ist) gewährt. Die übrigen Staaten gewähren jeder natürlichen Person den Freibetrag nur einmal.
[122] Vgl. *Owen Gabbitas/Damien Eldridge*, S. 130.

hebt bei einem Wert von über 1.000.000 $ einen Spitzensteuersatz von 3,3%, Tasmania von 2,5% ab einem Grundstückswert von 500.000 $. In den anderen Staaten liegt der Höchststeuersatz bei 1,5% bis 2%.

Die effektive Steuerbelastung von im Wert vergleichbaren Grundstücken variiert in denjenigen Staaten, welche die Land Tax erheben, bei einem Grundstückswert von 200.000 $ zwischen 0% und 1,25%, bei einem Bodenwert von 1.000.000 $ zwischen 0,9% und 2,1% und bei einem Wert von 10.000.000 $ zwischen 1,5% und 4,2% (siehe Tabelle 11). Damit bestehen deutliche interregionale Unterschiede, insbesondere im Vergleich zum Northern Territory, das keine Land Tax erhebt.

Abbildung 9: Relative Höhe des regionalen Land Tax-Besteuerungspotentials im Vergleich zur Wirtschaftskraft (BIP) 1998-99*

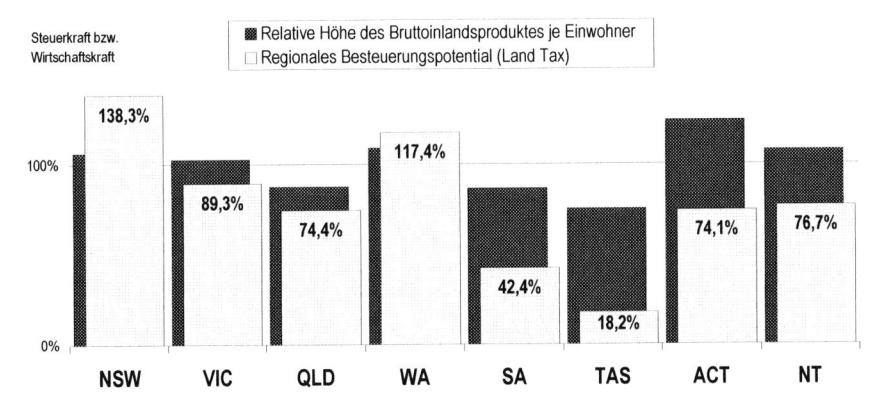

*   Steuerkraft bzw. Wirtschaftskraft je Einwohner im Verhältnis zum Landesdurchschnitt (=100%).

Quelle der Daten: *Commonwealth Grants Commission* (Hrsg.): Report 2000, Vol. IIII, S. 265ff.; eigene Berechnungen.

Auch hinsichtlich der Land Tax ist eine sehr starke interregionale Streuung der Steuerkraft festzustellen: Die regionalen Werte der Fiscal Capacity reichen von 18% bis zu 138% des Landesdurchschnitts. Nur zwei Staaten verfügen über eine (weit) überdurchschnittliche Steuerkraft, immerhin sechs Staaten weisen Werte von weniger als 90% des Landesdurchschnitts auf, in zwei Staaten von diesen ist nur eine äußerst geringe Steuerkraft vorhanden.

Die Steuerkraft streut wesentlich stärker als die Wirtschaftskraft. Die regionale Fiscal Capacity der Land Tax fällt gerade in den wirtschaftsschwächeren Gliedstaaten weit hinter die Steuerkraft der wirtschaftsstarken zurück.

Die Belastung durch die Land Tax ist in den Staaten mit der geringsten Steuerkraft am höchsten und in den Staaten mit dem größten Besteuerungspotential am niedrigsten. Zwischen

Steuerkraft und Steuerbelastung besteht damit beinahe ein umgekehrt proportionales Verhältnis, wenn das Northern Territory als 'Sonderfall' außer acht bleibt. Beachtlich ist die weit überdurchschnittliche Ausschöpfung des Besteuerungspotentials in South Australia und Tasmania. In beiden Staaten ist die Steueranspannung rund doppelt so hoch wie wenn normierte Steuersätze zur Anwendung gelangen würden. In New South Wales hingegen ist aufgrund der hohen Fiscal Capacity keine vollständige Ausschöpfung der Steuerkraft erforderlich, um noch ein überdurchschnittliches Steueraufkommen je Einwohner zu erzielen. Diese Befunde deuten darauf hin, daß die Land Tax eine recht solide und strapazierfähige Steuerquelle für die Staaten darstellt, die im Rahmen des Steuerwettbewerbs nicht unter stärkeren Druck gerät.

Abbildung 10: Relative Höhe des regionalen Land Tax-Besteuerungspotentials und seiner tatsächlichen Ausschöpfung 1998-99*

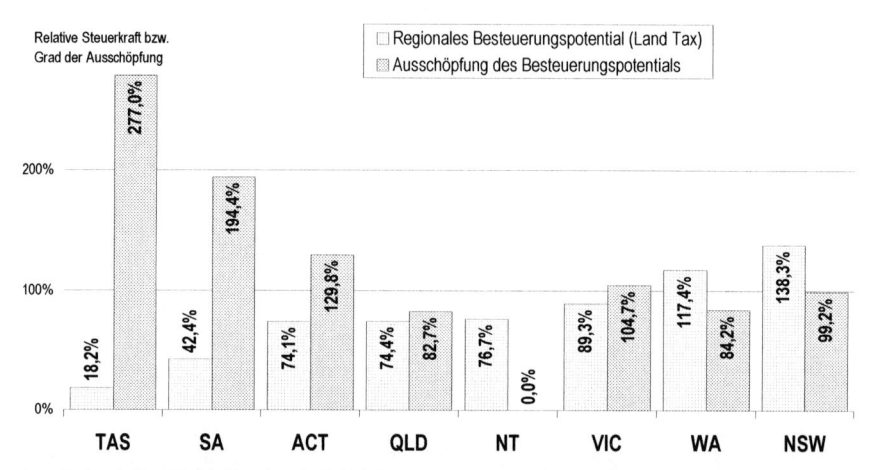

	TAS	SA	ACT	QLD	NT	VIC	WA	NSW
Regionales Besteuerungspotential (Land Tax)	18,2%	277,0%	74,1%	74,4%	0,0%	89,3%	117,4%	138,3%
Ausschöpfung des Besteuerungspotentials	42,4%	194,4%	129,8%	82,7%	76,7%	104,7%	84,2%	99,2%

* Regionale Steuerkraft je Einwohner im Verhältnis zum Landesdurchschnitt sowie Grad ihrer Ausschöpfung.
Quelle der Daten: Commonwealth Grants Commission (Hrsg.): Report 2000, Vol. IIII, S. 265ff.

Die Bedeutung der Land Tax als Steuerquelle der Staaten hat sich in den letzten Jahrzehnten erheblich gewandelt: Während ihr Anteil am Steueraufkommen Ende der 60er Jahre noch rund 11% betrug, waren es Ende der 80er Jahre nur noch 5%, 10 Jahre später jedoch wieder 6,5%.[123] Die Ausschöpfung des Besteuerungspotentials hat sich in jüngster Zeit stark verändert: Im Haushaltsjahr 1995-96 war allein in New South Wales eine unterdurchschnittliche Steuerbelastung festzustellen (81%), die Steueranspannung in Queensland lag noch bei 116% des Landesdurchschnitts (1998-99: 83%), in South Australia bei 113% (1998-99: 194%) und

---

[123] Vgl. *Peter Groenewegen*: Public Finance, S. 199.

in Western Australia bei 136% (1998-99: 84%).[124] Die Regierung in Queensland hat die Absicht geäußert, die Land Tax zu senken und bis 2005 ganz abzuschaffen.[125] Als erster Schritt wird seit 1999 ein genereller Abschlag von 15% auf die Steuerlast gewährt.[126]

3.2.5.1.3   Conveyance Duty (Grunderwerbsteuer)

Alle Gliedstaaten erheben eine der deutschen Grunderwerbsteuer vergleichbare Steuer auf den Transfer von Immobilien mit der Bezeichnung 'Conveyance Duty' bzw. 'Stamp Duty on Land Transfers'.[127] Bemessungsgrundlage dieser Steuer ist der tatsächliche Verkehrswert einer übertragenen Immobilie, also einschließlich der Gebäude und sonstigen unmittelbar mit dem Grundstück verbundenen Gegenstände und Eigenschaften, die den Wert beeinflussen. Die Tarifstruktur der Conveyance Duty ist in allen Staaten sehr ähnlich, es bestehen nur wenige Ausnahmeregelungen.[128]

Grundsätzlich stellt jede Eigentumsübertragung an einem Grundstück einen steuerpflichtigen Tatbestand dar. Freibeträge existieren lediglich für Privatpersonen mit einem niedrigen Einkommen beim Ersterwerb von Grundeigentum, das von ihnen selbst zu Wohnzwecken genutzt wird ('First Home Buyers'). Darüber hinaus oder anstelle eines Freibetrages bestehen z.T. Steuerermäßigungen (oder auch zusätzliche Freibeträge) für Privatpersonen beim Ersterwerb eines eigengenutzten Hauses, beim Erwerb unbebauter Grundstücke oder Grunderwerb am Erstwohnsitz.

Zum Einsatz gelangt in allen Staaten ein progressiver Tarif, basierend auf bis zu sieben Tarifstufen. Der Steuersatz wird in einer Tarifstufe entweder auf den gesamten Grundstückswert (im Northern Territory) oder ausschließlich auf den eine bestimmte Schwelle überschreitenden Betrag angewendet, wobei dann für den unter dieser Schwelle liegenden (anteiligen) Wert die Steuer entsprechend der Progressionswirkungen der vorgelagerten Tarifstufen berechnet wird.[129]

---

[124] Vgl. *Owen Gabbitas/Damien Eldridge*, S. 148.
[125] Vgl. *Owen Gabbitas/Damien Eldridge*, S. 129f.
[126] Vgl. *Northern Territory Treasury Department* (Hrsg.): Budget 2000-01, Budget Paper No. 3, S. 193.
[127] Vgl. *Owen Gabbitas/Damien Eldridge*, S. 131f.; *Victorian Department of Treasury and Finance* (Hrsg.): Budget 1998-99, Budget Paper No. 3, S. 407f.
[128] Vgl. *Owen Gabbitas/Damien Eldridge*, S. 131.
[129] Vgl. *Northern Territory Treasury Department* (Hrsg.): Budget 2000-01, Budget Paper No. 3, S. 176f.

Tabelle 12: Regionale Steuersätze der Conveyance Duty (Stand: Mai 2000)

	NSW	VIC	QLD	WA	SA	TAS	ACT	NT
Steuersatz	1,25%-5,5%	1,4%-5,5%	1,5%-3,75%	1,75%-4,85%	1,0%-4,5	1,5%-4,0%	1,25%-5,5%	2,0%-5,4%
Maximaler Freibetrag* in $	170.000	115.000	80.000	-	80.000	-	-	80.000
Höchstgrenze für Gewährung von Steuerermäßigungen** in $	-	165.000	250.000	202.500	130.000	120.000	140.000	-
Anwendung des Spitzensteuersatzes ab einem Betrag von ... $	1 Mio.	870.000	500.000	500.000	1 Mio.	225.000	1 Mio.	500.000
Steuerbelastung*** bei einem durchschnittlichen Hauswert	2,96%	4,08%	2,63%	2,64%	3,06%	2,5%	2,56%	3,24%
(durchschnittl. Hauswert in $)	280.000	226.000	145.000	148.500	125.000	115.000	176.000	158.000

* Freibeträge für Privatpersonen beim Ersterwerb von Grundeigentum ('First Home').
** Steuerermäßigungen für Privatpersonen beim Ersterwerb, beim Erwerb unbebauter Grundstücke (in NSW Freibeträge) oder Grunderwerb am Erstwohnsitz. New South Wales räumt für Bezieher geringer Einkommen (Haushaltseinkommen < 57.000 $) einen 50%-igen Steuernachlaß ein.
*** Stand: Juli 1999.

Quelle der Daten: New South Wales Treasury (Hrsg.): Interstate Comparison of Taxes; Northern Territory Treasury Department (Hrsg.): Budget 2000-2001, Budget Paper No. 3, S. 176ff.

Der Spitzensteuersatz variiert zwischen 3,75% und 5,5%, allerdings kommen Steuersätze von über 4,5% i.d.R. erst ab einem Immobilienwert von über 500.000 $ zur Anwendung. Die Steuerbelastung bei einem durchschnittlichen Hauswert (dieser ist regional verschieden und beträgt zwischen 115.000 und 280.000) liegt zumeist bei ca. 2,5% bis 3%, nur in Victoria ist die Steuerlast deutlich höher.

Abbildung 11: Relative Höhe des regionalen Conveyance Duty-Besteuerungspotentials im Vergleich zur Wirtschaftskraft (BIP) 1998-99*

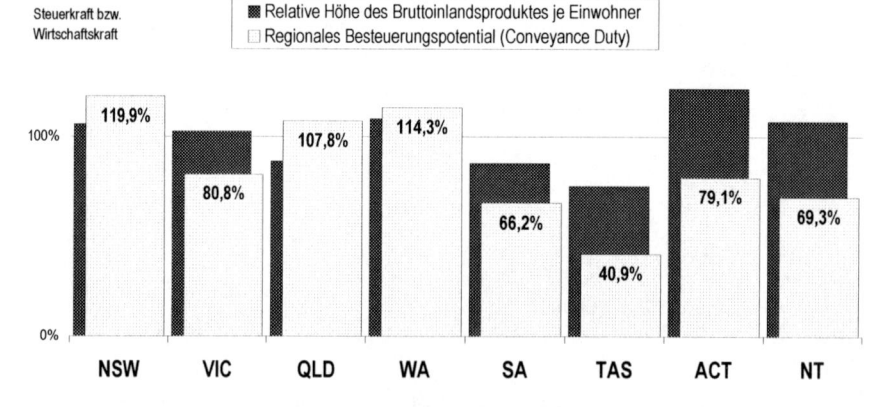

Steuerkraft bzw. Wirtschaftskraft
■ Relative Höhe des Bruttoinlandsproduktes je Einwohner
□ Regionales Besteuerungspotential (Conveyance Duty)

NSW	VIC	QLD	WA	SA	TAS	ACT	NT
119,9%	80,8%	107,8%	114,3%	66,2%	40,9%	79,1%	69,3%

* Steuerkraft bzw. Wirtschaftskraft je Einwohner im Verhältnis zum Landesdurchschnitt (=100%).
Quelle der Daten: Commonwealth Grants Commission (Hrsg.): Report 2000, Vol. IIII, S. 265ff.; eigene Berechnungen.

Die regionale Steuerkraft bezüglich der Conveyance Duty streut ähnlich stark wie bei der Land Tax, die Differenz von knapp 80%-Punkten (die Bandbreite reicht von 41% bis 120% des Landesdurchschnitts) fällt allerdings nicht ganz so kraß aus. Weil das Besteuerungspotential neben dem Immobilienwert vor allem von der Anzahl der Grundstücksübertragungen abhängig ist, ist es in den Staaten mit einem schnelleren Wirtschafts- und Bevölkerungswachstum wie Queensland und Western Australia tendenziell höher (insbesondere auch im Vergleich zur Land Tax). Die hohe Tax Capacity in New South Wales resultiert aus den dort relativ hohen Bodenwerten und dem beständigen Immobilienmarkt.[130] Ein eindeutiger Zusammenhang zwischen Steuerkraft und Wirtschaftskraft ist aber nicht erkennbar.

Abbildung 12: Relative Höhe des regionalen Conveyance Duty-Besteuerungspotentials und seiner tatsächlichen Ausschöpfung 1998-99*

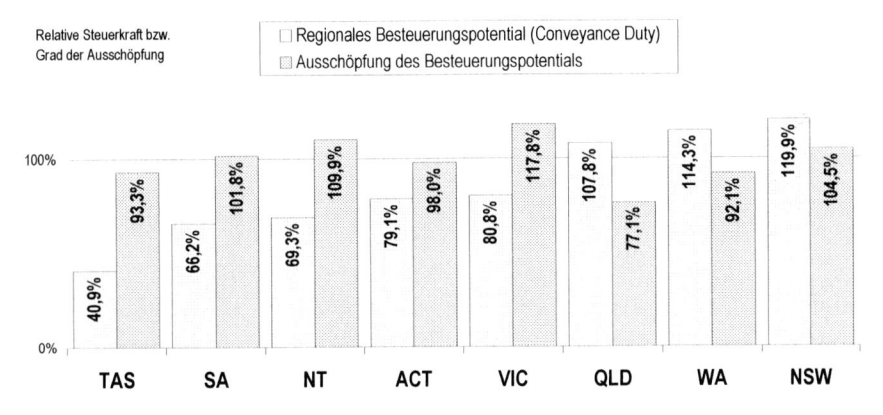

Relative Steuerkraft bzw. Grad der Ausschöpfung
☐ Regionales Besteuerungspotential (Conveyance Duty)
▨ Ausschöpfung des Besteuerungspotentials

	TAS	SA	NT	ACT	VIC	QLD	WA	NSW
Potential	40,9%	66,2%	69,3%	79,1%	80,8%	77,1%	92,1%	104,5%
Ausschöpfung	93,3%	101,8%	109,9%	98,0%	117,8%	107,8%	114,3%	119,9%

* Regionale Steuerkraft je Einwohner im Verhältnis zum Landesdurchschnitt sowie Grad ihrer Ausschöpfung.
Quelle der Daten: Commonwealth Grants Commission (Hrsg.): Report 2000, Vol. IIII, S. 265ff.

Eine überdurchschnittliche Ausschöpfung des Besteuerungspotentials der Conveyance Duty ist zum einen in den beiden bevölkerungsreichsten Staaten festzustellen. Eine hohe Steueranspannung ist ansonsten insgesamt eher für Staaten mit einem niedrigen Besteuerungspotential charakteristisch. Anscheinend ist auch diese Steuerquelle hinreichend strapazierfähig und läßt sich entsprechend dem Finanzbedarf ausschöpfen, ohne daß dies im Rahmen des Steuerwettbewerbs größere Konsequenzen für die Ansiedlung von Produktionsfaktoren hätte und die grundsätzlich autonomen Gestaltungsspielräume der Staaten von dieser Seite unter Druck geraten würden.

---

[130] Vgl. *Owen Gabbitas/Damien Eldridge*, S. 148.

3.2.5.1.4 Insurance Taxation (Versicherungsteuern)

Steuern auf Versicherungen (Insurance Taxes) existieren in allen Staaten.[131] Bemessungsgrundlage ist bei den allgemeinen Versicherungen sowie der Kraftfahrzeugversicherung die Prämie, bei der Lebensversicherung i.d.R. die Versicherungssumme. Maßgeblich für die Steuerpflicht in einem Gliedstaat ist der Umstand, daß die versicherten Gegenstände, Risiken oder Ereignisse einen unmittelbaren Bezug dorthin haben, sich dort befinden oder ereignen. Unerheblich ist dagegen, wo der Sitz der Versicherung liegt, die Police ausgestellt oder der Vertrag geschlossen wurde.[132]

Tabelle 13: Regionale Steuersätze der Insurance Taxation (Stand: Mai 2000)

	NSW	VIC	QLD	WA	SA	TAS	ACT	NT
Allgemeiner Steuersatz*	11,5%	10%	8,5%	8%	11%	8%	10%	8%
Kfz-Versicherung*	5%	10%	5%	8%	11%	8%	10%	8%
Lebensversicherung**	0,1%	0,12%	0,1%	0,1%	1,5%	0,1%	0,1%	0,1%

* Bemessungsgrundlage ist die Versicherungsprämie.
** Bemessungsgrundlage ist in South Australia die Prämie, ansonsten die Versicherungssumme.
Quelle der Daten: *New South Wales Treasury* (Hrsg.): Interstate Comparison of Taxes; *Northern Territory Treasury Department* (Hrsg.): Budget 2000-2001, Budget Paper No. 3, S. 176ff.

Die regionalen Steuersätze im Rahmen der Insurance Taxation sind bei der Lebensversicherung fast identisch, variieren aber bei den allgemeinen Versicherungen zwischen 8% und 11,5% und bei der Kraftfahrzeugversicherung zwischen 5% und 11%. Damit ist eine recht breite Spreizung der letztgenannten Steuersätze festzustellen.

Die regionale Steuerkraft in bezug auf die Insurance Taxation pro Einwohner im Verhältnis zum Landesdurchschnitt streut mit 65% bis 126% recht stark. Die höchste Tax Capacity ist in den wirtschaftsstarken Gliedstaaten, allerdings mit Ausnahme der beiden Territorien[133], angesiedelt. Eine überdurchschnittliche Steuerkraft, zugleich mit einem deutlichen Abstand zu den anderen Staaten, hat (wieder einmal) allein New South Wales inne. Dort ist auch der Grad ihrer Ausschöpfung am niedrigsten.

---

[131] Ausgenommen von der Steuerpflicht sind regelmäßig Versicherungen gegen Ernteausfälle, Transport-, Kranken- und Rückversicherungen. Vgl. *Northern Territory Treasury Department* (Hrsg.): Budget 2000-01, Budget Paper No. 3, S. 184f.

[132] Vgl. *Victorian Department of Treasury and Finance* (Hrsg.): Budget 1998-99, Budget Paper No. 3, S. 416.

[133] Die mit 69% des Landesdurchschnitts trotz des höchsten Bruttoinlandsproduktes je Einwohner sehr geringe Insurance Taxation-Capacity im Australian Capital Territory kommt möglicherweise daher, daß dort sehr viel Verwaltungs-, aber wenig sonstige Wirtschaftstätigkeit erfolgt. Für die niedrige Tax Capacity im Northern Territory ist vermutlich der hohe Anteil an Ureinwohnern ursächlich.

Unterkapitel 3.2: Australien

Abbildung 13: Relative Höhe des regionalen Insurance Taxation-Besteuerungspotentials im Vergleich zur Wirtschaftskraft (BIP) 1998-99*

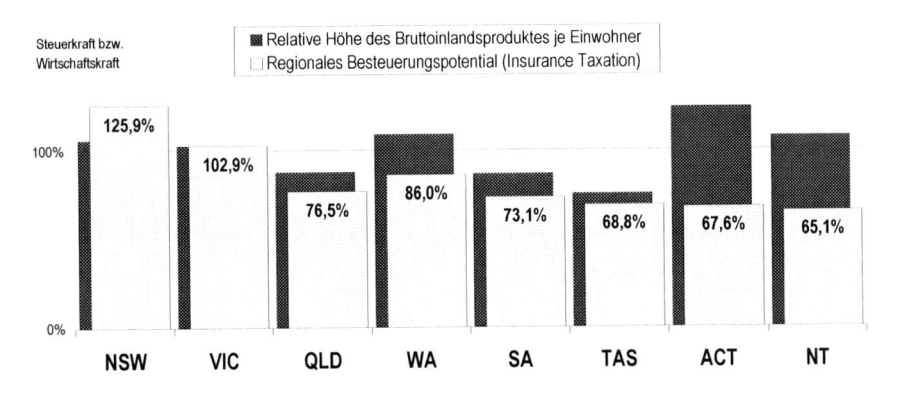

Steuerkraft bzw. Wirtschaftskraft

■ Relative Höhe des Bruttoinlandsproduktes je Einwohner
□ Regionales Besteuerungspotential (Insurance Taxation)

Staat	BIP je EW	Besteuerungspotential
NSW	125,9%	
VIC	102,9%	
QLD		76,5%
WA		86,0%
SA		73,1%
TAS		68,8%
ACT		67,6%
NT		65,1%

* Steuerkraft bzw. Wirtschaftskraft je Einwohner im Verhältnis zum Landesdurchschnitt (=100%).
Quelle der Daten: Commonwealth Grants Commission (Hrsg.): Report 2000, Vol. IIII, S. 265ff.; eigene Berechnungen.

Abbildung 14: Relative Höhe des regionalen Insurance Taxation-Besteuerungspotentials und seiner tatsächlichen Ausschöpfung 1998-99*

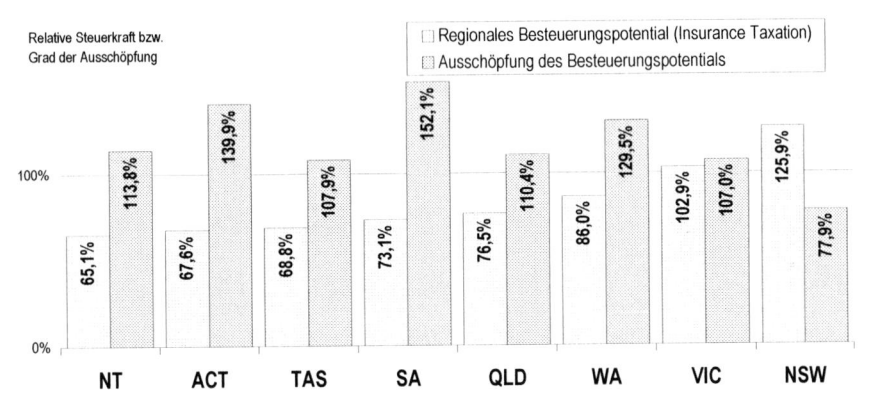

Relative Steuerkraft bzw. Grad der Ausschöpfung

□ Regionales Besteuerungspotential (Insurance Taxation)
□ Ausschöpfung des Besteuerungspotentials

Staat	Potential	Ausschöpfung
NT	65,1%	113,8%
ACT	67,6%	139,9%
TAS	68,8%	107,9%
SA	73,1%	152,1%
QLD	76,5%	110,4%
WA	86,0%	129,5%
VIC	102,9%	107,0%
NSW	125,9%	77,9%

* Regionale Steuerkraft je Einwohner im Verhältnis zum Landesdurchschnitt sowie Grad ihrer Ausschöpfung.
Quelle der Daten: Commonwealth Grants Commission (Hrsg.): Report 2000, Vol. IIII, S. 265ff.

Die Gliedstaaten mit einem niedrigen Besteuerungspotential nutzen dieses tendenziell stärker aus, eine unterdurchschnittliche Steueranspannung ist nur in demjenigen Staat zu verzeichnen, der in der Tax Capacity-Rangfolge auf Platz liegt. Die Staaten, welche die regionale Tax Capacity mit über 125% in Anspruch nehmen (SA, ACT, WA), haben eine Steuerkraft von 68% bis 86% des Landesdurchschnitts. Weil die Steuersätze in Queensland allenfalls das Niveau von New South Wales erreichen, scheinen im Hinblick auf die in Queensland weit höhere

Steueranspannung die Bemessungsgrundlagen und/oder die Tarifstruktur dort derart gestaltet zu sein, daß die Insurance Taxes ein relativ hohes Steueraufkommen generieren.

Im Rahmen des innerstaatlichen Wettbewerbs kann die Insurance Taxation wegen ihrer tatbestandlichen Anknüpfung an das Versicherungsobjekt vermutlich nur als Bestandteil der Betriebsausgaben eines Unternehmens relevant werden.[134] Weil die versicherten Risiken und Gegenstände i.d.R. nicht mobil sind, ist ein Steuerwettbewerb im Bereich der Steuern auf Versicherungen eher unwahrscheinlich.[135] Die teilweise relativ hohe Steueranspannung zeigt vielmehr, daß kein hoher Wettbewerbsdruck auf den steuerpolitischen Entscheidungsträgern zu lasten scheint.

3.2.5.1.5 Stamp Duty on Motor Vehicles (Kraftfahrzeug-Zulassungsteuer)

Die Stamp Duty on Motor Vehicles oder auch Motor Vehicle Registration Duty ist eine einmalige Steuer, die von den Staaten bei der erstmaligen Zulassung fabrikneuer Kraftfahrzeuge oder nach einem Eigentümerwechsel bei gebrauchten Fahrzeugen erhoben wird.[136] Bemessungsgrundlage dieser Stamp Duty ist der Wert des Kraftfahrzeuges, sie ist damit faktisch gleichzeitig sowohl eine Art Luxussteuer auf Kraftfahrzeuge als auch eine Steuer auf die Übertragung des Eigentums an einem Fahrzeug.

Tabelle 14: Regionale Steuersätze der Stamp Duty on Motor Vehicles (Stand: Mai 2000)

	NSW	VIC	QLD	WA	SA	TAS	ACT	NT
Steuersatz	3,0%- 5,0%	2,5%- 5%	2,0%	2,5%- 5%	1,0%- 4,0%	3,0%- 4,0%	3,0%- 5%	3,0%
Anwendung des Spitzensteuersatzes ab einem Betrag von ... $	45.000	45.000	-	40.000	3.000	40.000	45.000	-
Steuerbelastung (1999) *bei einem PKW-Wert von 30.700 $*	3,0%	2,5%	2,0%	4,1%	3,8%	3,0%	3,0%	3,0%

Quelle der Daten: *New South Wales Treasury* (Hrsg.): Interstate Comparison of Taxes; *Northern Territory Treasury Department* (Hrsg.): Budget 2000-2001, Budget Paper No. 3, S. 176ff.

---

[134] In den Budget Papers der Regierung in Queensland wird ausdrücklich hierauf verwiesen: Die Kosten für die Insurance Taxes fließen in den Vergleich der Wettbewerbsfähigkeit des regionalen Steuersystems für Unternehmen mit ein (vgl. *Queensland Treasury* (Hrsg.): State Budget 2000-01, Budget Paper No. 3: Economic and Revenue Outlook; Brisbane 2000, S. 45ff.).

[135] Allein mit Blick auf die Kraftfahrzeugversicherung könnte es u.U. interessant sein, den Fuhrpark eines in mehreren Staaten operierenden Unternehmens offiziell in einem Gliedstaat mit niedrigen Steuersätzen zu stationieren. In diesem Zusammenhang sind aber auch andere Faktoren und staatliche Abgaben, wie z.B. die Stamp Duty on Motor Vehicles oder die Motor Taxes, zu beachten.

[136] Vgl. *New South Wales Treasury* (Hrsg.): Interstate Comparison of Taxes; *Victorian Department of Treasury and Finance* (Hrsg.): Budget 1998-99, Budget Paper No. 3, S. 417f. Neben dieser Zulassungsteuer für Kraftfahrzeuge wird von den Staaten noch eine regelmäßig zu entrichtende 'Motor Vehicle Registration Fee' erhoben (siehe unter Motor Taxes).

Dabei kommt überwiegend ein progressiver Tarif mit einer abgestuften Struktur zur Anwendung. Die höchste Tarifstufe beginnt in diesem Fall meistens bei 40.000 $ bis 45.000 $. In zwei Staaten existiert ein einheitlicher Steuersatz, so daß höherwertige Fahrzeuge nicht stärker besteuert werden.

Die Steuerbelastung beim Kauf eines durchschnittlichen Mittelklassewagens mit einem Wert von rund 31.000 $ beträgt i.d.R. zwischen 2% und 3%, in zwei Staaten jedoch ca. 4%. Der Unterschied in der Steuerlast kann zwar beim Kauf eines Fahrzeuges mit einem Wert von über 40 bzw. 45.000 $ im Vergleich zu Queensland das Zweieinhalbfache oder in absoluten Zahlen mehr als 1.000 $ ausmachen.

Weil die Steuer aber bei der Anmeldung des Fahrzeuges fällig wird, ist der Kauf in einem anderen Gliedstaat als steuerliche Ausweichbewegung nicht nutzbringend. Erforderlich wäre eine Verlagerung des Wohn- bzw. Unternehmenssitzes, welche aber angesichts der Kosten einer solchen Ausweichbewegung, denen eine im Vergleich dazu relativ geringe Steuerdifferenz (die zudem als Betriebsausgabe absetzbar sein dürfte) gegenübersteht, allenfalls für Betreiber größerer Fahrzeugflotten lohnenswert sein kann.[137]

Abbildung 15: Relative Höhe des regionalen Stamp Duty on Motor Vehicles-Besteuerungspotentials im Vergleich zur Wirtschaftskraft (BIP) 1998-99*

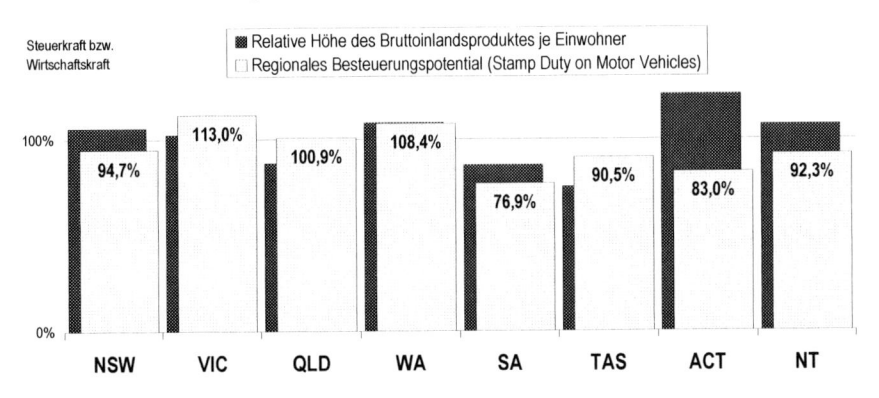

	NSW	VIC	QLD	WA	SA	TAS	ACT	NT
Relative Höhe des Bruttoinlandsproduktes je Einwohner	94,7%	113,0%	100,9%	108,4%	76,9%	90,5%	—	92,3%
Regionales Besteuerungspotential (Stamp Duty on Motor Vehicles)	—	—	—	—	—	—	83,0%	—

* Steuerkraft bzw. Wirtschaftskraft je Einwohner im Verhältnis zum Landesdurchschnitt (=100%).
Quelle der Daten: Commonwealth Grants Commission (Hrsg.): Report 2000, Vol. IIII, S. 265ff.; eigene Berechnungen.

---

[137] In diesem Zusammenhang sind jedoch die Abgaben auf den Betrieb von Kraftfahrzeugen ('Motor Taxes') zu beachten: Dies sind gerade in denjenigen Staaten, in denen die Steueranspannung hinsichtlich der Stamp Duty on Motor Vehicles unterdurchschnittlich ist (Australian Capital Territory und Queensland), besonders hoch (s.u.).

Hinsichtlich der Stamp Duty on Motor Vehicles ist (im Vergleich mit anderen Steuern der Staaten) keine übermäßig starke interregionale Streuung der steuerlichen Bemessungsgrundlagen feststellbar, die Tax Capacity variiert (nur) um rund 36%-Punkte.

Abbildung 16: Relative Höhe des regionalen Stamp Duty on Motor Vehicles-Besteuerungspotentials und Ausmaß seiner tatsächlichen Ausschöpfung 1998-99*

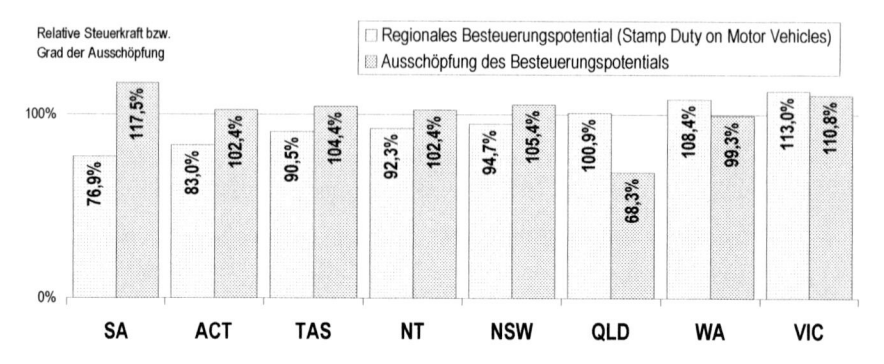

	SA	ACT	TAS	NT	NSW	QLD	WA	VIC
Regionales Besteuerungspotential	76,9%	117,5%	102,4%	104,4%	102,4%	105,4%	100,9%	108,4%	113,0%
Ausschöpfung		83,0%	90,5%	92,3%	94,7%	68,3%	99,3%	110,8%

* Regionale Steuerkraft je Einwohner im Verhältnis zum Landesdurchschnitt sowie Grad ihrer Ausschöpfung.
Quelle der Daten: Commonwealth Grants Commission (Hrsg.): Report 2000, Vol. IIII, S. 265ff.

Noch geringer schwankt mit Ausnahme Queenslands das Ausmaß der tatsächlichen Ausschöpfung des regionalen Besteuerungspotentials: Die Steueranspannung liegt in den meisten Staaten in der Nähe des normierten Landesdurchschnitts pro Einwohner.

Ob dies eine Folge von Steuerwettbewerb ist, erscheint eher fraglich. Möglicherweise ist vielmehr eine steuerliche Belastungsgrenze erreicht, zumal der Erwerb von Neufahrzeugen auch auf Bundesebene steuerlich erfaßt wird: Der Kauf neuer Kraftfahrzeuge wurde vom Commonwealth vor Einführung der GST im Rahmen der Wholesales Sales Tax mit 22% (Normalsatz) bzw. ab einem bestimmten Wert (zuletzt 55.134 $) mit einem erhöhten Satz von 45% ('Luxusfahrzeuge') besteuert.[138]

Im Jahr 2000 hat das Commonwealth zusammen mit der GST (Steuersatz von 10%) eine 'Luxury Car Tax' mit einem Steuersatz von 25% eingeführt, um einen rapiden Preisverfall bei hochwertigen Fahrzeugen zu verhindern.[139] Obwohl die Umsatzsteuer auf Neufahrzeuge damit effektiv gesunken ist, haben die meisten Staaten ihre Steuersätze der Stamp Duty on Motor Vehicles nicht erhöht. Eine Ausnahme hiervon bilden Western Australia und das

---

[138] Vgl. http://ww.treasury.gov.au/Publications/Taxation/Pocket/Default.asp [Stand: 01.06.1998].
[139] Vgl. *Treasurer of the Commonwealth /Minister for Finance and Administration* (Hrsg.): Budget 2000-2001, Budget Paper No. 1, S. 5-16.

Australian Capital Territory, die eine neue Tarifstufe für Luxusfahrzeuge mit einem Höchststeuersatz von 5% eingerichtet haben.[140]

3.2.5.1.6 Motor Taxes (Kraftfahrzeugsteuern)

Zu den Motor Taxes lassen sich die 'Motor Vehicle Registration Fees' und die eigentlichen Kraftfahrzeugsteuern, die Engine Capacity Taxes oder Motor Vehicle Weight Taxes, zählen.[141]

Die Motor Vehicle Registration Fee wird von den Staaten neben der Zulassungsteuer für Kraftfahrzeuge (Stamp Duty on Motor Vehicles) als eine für bestimmte Zeiträume (z.B. einen Tag, drei Monate oder ein Jahr) zu entrichtende Gebühr für die Zulassung eines Fahrzeuges zum Gebrauch im öffentlichen Straßenverkehr erhoben. Diese Abgabe ist nach Größenklassen gestaffelt (bis zur Gruppe der Heavy Vehicles über 4,5 Tonnen Gesamtgewicht) und hat den Charakter einer Straßenbenutzungsgebühr.[142]

Der zweite Bestandteil der Motor Taxes, die Engine Capacity oder Motor Vehicle Weight Taxes, werden den Besitzern von Kraftfahrzeugen regelmäßig mit der Anmeldung auferlegt. Die steuerliche Bemessungsgrundlage ist hierbei entweder die Motorleistung bzw. die Motorgröße oder das Eigengewicht des Fahrzeugs. In allen Staaten wird nach der Art der Nutzung (gewerblich oder privat) des Fahrzeugs differenziert.

Für gewerblich genutzte Lastkraftwagen, Sattelschlepper, Busse und Spezialfahrzeuge mit einem Gesamtgewicht von über 4,5 Tonnen gibt es bestimmte, landesweit einheitliche Klassifizierungen[143] im Rahmen des sog. National Heavy Vehicle Charging Regime.[144] Dadurch bestehen zwar grundsätzlich für einige Fahrzeugtypen harmonisierte Tarifstrukturen sowie einheitliche Steuersätze, die Staaten sind aber frei, Ausnahmetatbestände einzuführen und somit vom harmonisierten Klassifizierungsschema abzuweichen oder dieses auch nur eingeschränkt anzuwenden.

---

140 Vgl. *New South Wales Treasury* (Hrsg.): Interstate Comparison of Taxes 1997-98; Sydney 1998, S. 11 und *Northern Territory Treasury Department* (Hrsg.): Budget 2000-2001, Budget Paper No. 3, S. 182f.

141 Wegen der Unübersichtlichkeit der Tarifverläufe und zahlreichen Einzelregelungen sind die einzelnen Steuersätze hier nicht dargestellt. Siehe dazu New South Wales Treasury (Hrsg.): Interstate Comparison of Taxes; Northern Territory Treasury Department (Hrsg.): Budget 2000-2001, Budget Paper No. 3, S. 176ff.

142 Vgl. *Victorian Department of Treasury and Finance* (Hrsg.): Budget 1998-99, Budget Paper No. 3, S. 417.

143 Maßgeblich für die Einordnung sind vor allem Zahl der Achsen und Anhänger sowie das zulässige Gesamtgewicht des Fahrzeuges.

144 Vgl. *New South Wales Treasury* (Hrsg.): Interstate Comparison of Taxes; S. 30ff.

Abbildung 17: Relative Höhe des regionalen Motor Taxes-Besteuerungspotentials und seiner tatsächlichen Ausschöpfung 1998-99*

a) Fahrzeuge über 4,5 Tonnen Gesamtgewicht (Heavy Vehicles)

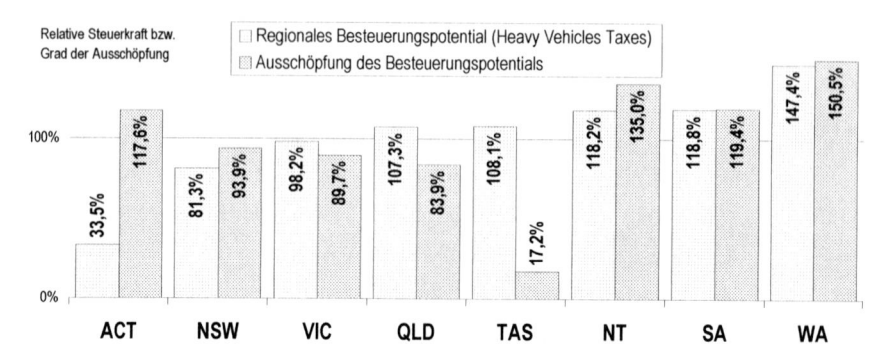

Relative Steuerkraft bzw. Grad der Ausschöpfung

☐ Regionales Besteuerungspotential (Heavy Vehicles Taxes)
■ Ausschöpfung des Besteuerungspotentials

Region	Potential	Ausschöpfung
ACT	117,6%	33,5%
NSW	81,3%	93,9%
VIC	98,2%	89,7%
QLD	107,3%	83,9%
TAS	108,1%	17,2%
NT	118,2%	135,0%
SA	118,8%	119,4%
WA	147,4%	150,5%

b) Fahrzeuge bis 4,5 Tonnen Gesamtgewicht (Other Vehicles)

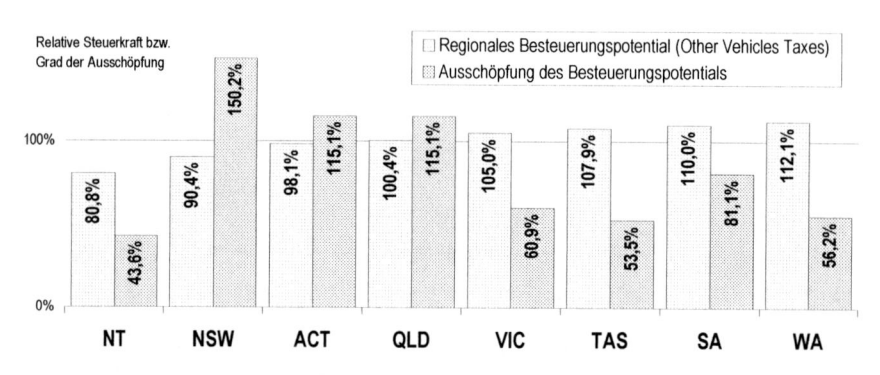

Relative Steuerkraft bzw. Grad der Ausschöpfung

☐ Regionales Besteuerungspotential (Other Vehicles Taxes)
■ Ausschöpfung des Besteuerungspotentials

Region	Potential	Ausschöpfung
NT	80,8%	150,2%
NSW	90,4%	43,6%
ACT	98,1%	115,1%
QLD	100,4%	115,1%
VIC	105,0%	60,9%
TAS	107,9%	53,5%
SA	110,0%	81,1%
WA	112,1%	56,2%

* Regionale Steuerkraft je Einwohner im Verhältnis zum Landesdurchschnitt sowie Grad ihrer Ausschöpfung.
Quelle der Daten: Commonwealth Grants Commission (Hrsg.): Report 2000, Vol. IIII, S. 265ff.

Abbildung 17 zeigt für das regionale Besteuerungspotential im Bereich der Motor Taxes und seine tatsächliche Ausschöpfung bezüglich der verschiedenen Fahrzeuggrößenklassen ein differenziertes Bild: Während die Steuerkraft hinsichtlich der Heavy Vehicles zwischen den Regionen sehr stark aufgefächert ist (34% bis 147% des Landesdurchschnitts), sind die Unterschiede bei den leichteren Fahrzeugen mit einer Bandbreite von 81% bis 112% bei weitem nicht ganz so groß. Das Besteuerungspotential für Kraftfahrzeuge insgesamt ist besonders in den extrem dünnbesiedelten Regionen sehr hoch, für schwere Fahrzeuge vor allem in den Bergbaugebieten. Ein Zusammenhang mit der regionalen Wirtschaftskraft ist aber in keinem der Fälle ersichtlich.

Die Ausschöpfung des Besteuerungspotentials in bezug auf die Schwerverkehrsfahrzeuge bewegt sich prinzipiell in einem Rahmen von 90% bis 135%. Bemerkenswert sind allein zwei 'Ausreißer': die außerordentlich niedrige Steueranspannung in Tasmania (17%) und die hohe Steuerbelastung in Western Australia (151%). In Western Australia lag die Steueranspannung im Haushaltsjahr 1995-96 noch bei 86% des Landesdurchschnitts.

Ähnlich stark schwankt die Steuerbelastung der kleineren Lastfahrzeugen und Personenkraftwagen: New South Wales bildet mit 150% des Landesdurchschnitts den Spitzenreiter, zwei Staaten bewegen sich bei 115%, und immerhin vier Staaten weisen eine relative Steueranspannung von 61% oder weniger auf, davon liegen zwei Werte bei rund 55% und einer bei 44%. Interessanterweise ist die Steueranspannung der Motor Taxes für Fahrzeuge von unter 4,5 Tonnen gerade in zwei Staaten (ACT, QLD) mit am höchsten, welche die Stamp Duty on Motor Vehicles nur unter- bzw. leicht überdurchschnittlich ausschöpfen. Umgekehrt ist in den meisten Staaten mit hoher Anspannung der Stamp Duty on Motor Vehicles (VIC, SA, TAS, NT) die Steuerbelastung durch Motor Taxes relativ niedrig. Eventuell besteht hier ein steuerpolitischer Zusammenhang zwischen den Abgaben auf den Betrieb von Kraftfahrzeugen (Motor Taxes) und den Steuern auf ihren Erwerb (Stamp Duty on Motor Vehicles).

3.2.5.1.7 *Financial Transaction Taxes (Besteuerung des Finanzsektors)*

Die Gliedstaaten erheben – in unterschiedlichem Ausmaß – eine Vielzahl kleinerer Steuern auf finanzielle Transaktionen und Finanzierungsinstrumente.[145] Die meisten davon haben nur eine sehr schmale Bemessungsgrundlage. Während der Kreis der 'Financial Transaction Taxes' bis Mitte der 80er Jahre aus verschiedenen Stamp Duties bestand, überwiegen heute (einhergehend mit den technologischen Veränderungen im Zahlungsverkehr) neue Abgabentypen.

Das Steueraufkommen im Bereich der Financial Transaction Taxes wird im wesentlichen aus dem Ertrag von vier Einzelsteuern gebildet: Dies sind die 'Financial Institutions Duty' (Besteuerung von Kontoeingängen und kurzfristigen Verbindlichkeiten), die '(Bank Account) Debits Tax' (Abgabe auf Kontobelastungen bzw. -abhebungen)[146], die 'Marketable Security (oder Share Transfer) Duty' (Wertpapierhandelsteuer) sowie die 'Mortgages and Loan Security Duty' (Besteuerung von Sicherheiten für Darlehen und Hypotheken).[147] Hinzu kommen

---

[145] Vgl. *Owen Gabbitas/Damien Eldridge*, S. 173ff.

[146] Die Bank Account Debits Tax (BAD Tax) wurden den Staaten 1991 vom Commonwealth übertragen (vgl. *Owen Gabbitas/Damien Eldridge*, S. 192f.).

[147] Die Financial Institutions Duty und die Stamp Duty on Marketable Securities werden gemäß dem Revised Intergovernmental Agreement zwischen Commonwealth und Gliedstaaten vom Juni 1999 zum 1. Juli 2001 abgeschafft. Zum 1. Juli 2005 sollen die Debits Taxes folgen.

weitere Abgaben wie z.B. die 'Hiring Arrangements Duty' als Abgabe auf die Vermietung von Gegenständen und Fahrzeugen.

Tabelle 15: Regionale Steuersätze kleinerer Financial Transaction Taxes (Stand: Mai 2000)

	NSW	VIC	QLD	WA	SA	TAS	ACT	NT
Financial Institutions Duty	0,06%	0,06%	-	0,06%	0,065%	0,06%	0,06%	0,06%
Höchstbetrag je Transaktion	1.200 $	1.200 $	-	1.200 $	1.200 $	1.200 $	1.200 $	1.500 $
Debits Tax (Höchstbetrag)*	4 $	4 $	4 $	4 $	4 $	2 $	4 $	4 $
Marketable Security Duty	0,3%	0,3%	0,3%	0,3%	0,3%	0,3%	0,3%	0,3%
Mortgages and Loan Security Duty: Steuerbelastung**								
bei einem Darlehen von 10.000 $	0,05%	0,04%	0,4%	0,25%	0,25%	0,25%	-	-
von 100.000 $	0,34%	0,36%	0,4%	0,35%	0,34%	0,34%	-	-
Hiring Arrangements Duty	0,75%	0,3%	0,43%	1,8%	1,44%	1,2%	1,5%	1,5%

* Typische Staffelung der Debits Tax (außer TAS und NT): bei einer Kontobelastung von unter 100 $ beträgt die Abgabe 0,3$, ab 100 $ 0,7$, ab 500 $ 1,5$, ab 5.000$ 3$ und ab 10.000 $ 4 $.
** Stand: Juli 1999.
Quelle der Daten: *New South Wales Treasury* (Hrsg.): Interstate Comparison of Taxes; *Northern Territory Treasury Department* (Hrsg.): Budget 2000-2001, Budget Paper No. 3, S. 176ff.

Die Financial Institutions Duty und die Debits Tax werden zwar von den Finanzinstituten abgeführt, die Steuerbelastung kann aber direkt an die Kunden weitergereicht werden. Die örtliche Steuerpflicht richtet sich danach, in welchem Staat das Konto geführt wird. Ein an einer Börse getätigter Wertpapierhandel ist im Rahmen der Marketable Security Duty am Börsenplatz steuerpflichtig. Bei einem Wertpapierhandel außerhalb der Börse ist die Steuerpflicht in demjenigen Staat verortet, in dem der Sitz des Unternehmens liegt, dessen Wertpapier gehandelt wird. Für die Mortgages and Loan Security Duty ist der Ort steuerlich relevant, wo das Darlehen gewährt wird bzw. wo das als Sicherheit gegebene Grundeigentum liegt.

Die Tarifstrukturen der Financial Transaction Taxes sind in den verschiedenen Staaten meist sehr ähnlich (Ausnahmeregelungen betreffen regelmäßig soziale und gemeinnützige Einrichtungen sowie bestimmte Bevölkerungsgruppen wie z.B. Rentenempfänger)[148], und auch die Steuersätze divergieren nur kaum oder gar nicht. Einzig bezüglich der Hiring Arrangements Duty sind größere Steuersatzunterschiede feststellbar. Angesichts weitgehend übereinstimmender Regelungen scheint die Steuerpolitik bezüglich der beiden mit Abstand fiskalisch bedeutendsten Einzelsteuern, der Financial Institutions Duty und der Debits Tax, sehr stark koordiniert oder mittels Anpassung harmonisiert zu sein.[149]

---

[148] Vgl. *Owen Gabbitas/Damien Eldridge*, S. 179ff.
[149] Vgl. zur Financial Institutions Duty etwa *Owen Gabbitas/Damien Eldridge*, S. 182.

Unterkapitel 3.2: Australien

Abbildung 18: Relative Höhe des regionalen Financial Transaction Taxes-Besteuerungspotentials im Vergleich zur Wirtschaftskraft (BIP) 1998-99*

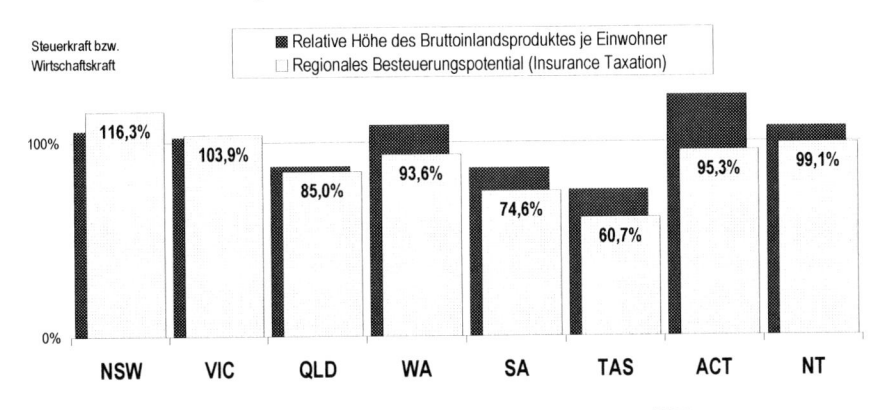

Steuerkraft bzw. Wirtschaftskraft

■ Relative Höhe des Bruttoinlandsproduktes je Einwohner
□ Regionales Besteuerungspotential (Insurance Taxation)

Bundesstaat	NSW	VIC	QLD	WA	SA	TAS	ACT	NT
BIP je Einwohner	116,3%	103,9%	85,0%		74,6%	60,7%		
Besteuerungspotential				93,6%			95,3%	99,1%

* Steuerkraft bzw. Wirtschaftskraft je Einwohner im Verhältnis zum Landesdurchschnitt (=100%).

Quelle der Daten: Commonwealth Grants Commission (Hrsg.): Report 2000, Vol. IIII, S. 265ff.; eigene Berechnungen.

Abbildung 19: Relative Höhe des regionalen Financial Transaction Taxes-Besteuerungspotentials und Ausmaß seiner tatsächlichen Ausschöpfung 1998-99*

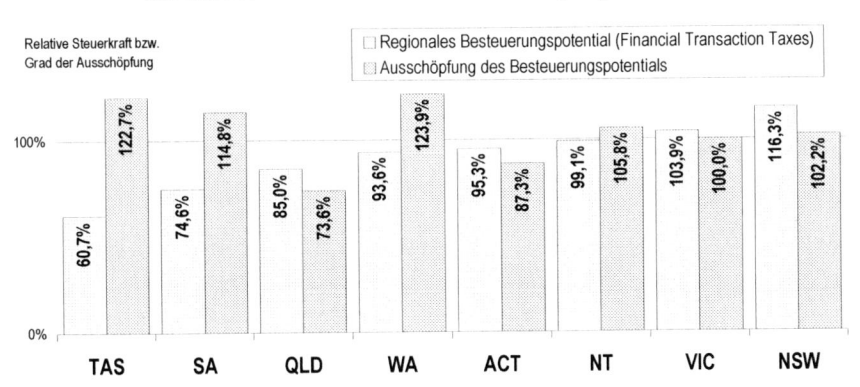

Relative Steuerkraft bzw. Grad der Ausschöpfung

□ Regionales Besteuerungspotential (Financial Transaction Taxes)
▨ Ausschöpfung des Besteuerungspotentials

	TAS	SA	QLD	WA	ACT	NT	VIC	NSW
Potential	60,7%	74,6%	85,0%	93,6%	95,3%	99,1%	103,9%	116,3%
Ausschöpfung	122,7%	114,8%	73,6%	123,9%	87,3%	105,8%	100,0%	102,2%

* Regionale Steuerkraft je Einwohner im Verhältnis zum Landesdurchschnitt sowie Grad ihrer Ausschöpfung.

Quelle der Daten: Commonwealth Grants Commission (Hrsg.): Report 2000, Vol. IIII, S. 265ff.

Die regionale Steuerkraft reicht gemessen am Landesdurchschnitt von 61% bis zu 116%. Weil Sydney das australische Finanzzentrum ist, ist das Besteuerungspotential in New South Wales am größten. Ansonsten korreliert die regionale Verteilung der Bemessungsgrundlagen im wesentlichen mit der Höhe der Wirtschaftskraft eines Staates: Erkennbar ist eine tendenzielle Differenzierung nach wirtschaftsstarken Staaten mit einem überdurchschnittlichen Besteuerungspotential und wirtschaftsschwachen Staaten mit einem unterdurchschnittliches Besteuerungspotential. Ausnahmen bilden die beiden Territorien sowie Western Australia, deren Wirtschaftskraft sich nicht in einer hohen Fiscal Capacity widerspiegelt.

Das Ausmaß der Ausschöpfung des Besteuerungspotentials scheint in etwa umgekehrt proportional zu dessen Höhe zu verlaufen. In Queensland ist die mittlere Steueranspannung am niedrigsten, allerdings wird dort auch keine Financial Institutions Duty erhoben.

3.2.5.1.8 Gambling Taxation (Steuern auf Glücksspiel)

Ein weiterer fiskalisch bedeutsamer Bereich der Besteuerung durch die Gliedstaaten wird von den Steuern auf Glücksspiel ('Gambling Taxation') gebildet. Zur Gambling Taxation gehören etwa Racing Taxes (Totalisatorsteuern), Steuern auf Pokermaschinen, Umsätze der Buchmacher und Lotterien sowie Lizenzgebühren für Kasinos.

Abbildung 20: Relative Höhe des regionalen Gambling Taxation-Besteuerungspotentials im Vergleich zur Wirtschaftskraft (BIP) 1998-99*

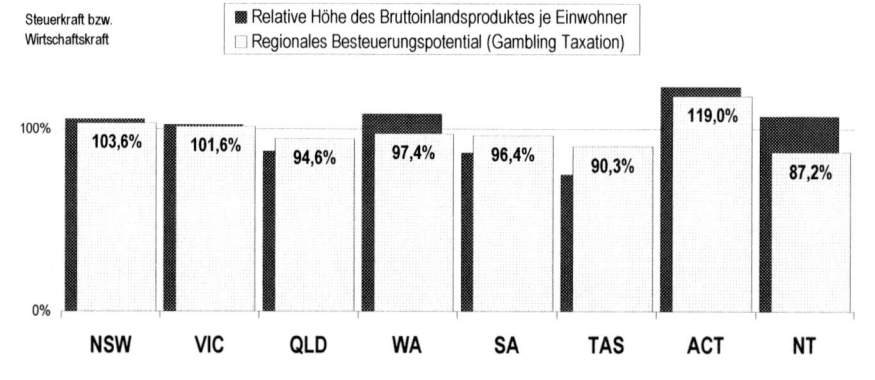

Steuerkraft bzw. Wirtschaftskraft
■ Relative Höhe des Bruttoinlandsproduktes je Einwohner
□ Regionales Besteuerungspotential (Gambling Taxation)

NSW	VIC	QLD	WA	SA	TAS	ACT	NT
103,6%	101,6%	94,6%	97,4%	96,4%	90,3%	119,0%	87,2%

*   Steuerkraft bzw. Wirtschaftskraft je Einwohner im Verhältnis zum Landesdurchschnitt (=100%).
Quelle der Daten: Commonwealth Grants Commission (Hrsg.): Report 2000, Vol. IIII, S. 265ff.; eigene Berechnungen.

Die Bemessungsgrundlagen und Tarifstrukturen der verschiedenen Gambling Taxes sind recht kompliziert und in den einzelnen Staaten sehr unterschiedlich.[150] Weil Lotterien nur in den größeren Staaten bestehen, aber zum Teil übergreifend operieren, sind Tasmania, das Northern Territory und das Australian Capital Territory an der Lotteriesteuer des Staates Victoria beteiligt, das ACT partizipiert zusätzlich an der Lotteriesteuer des Staates New South Wales. Die Steuerverwaltungen in Victoria und New South Wales schütten diejenigen Steuereinnah-

---

[150] Die Taxes on Gambling mußten zum 1. Juli 2000 reduziert werden, da Glücksspiel GST-pflichtig geworden ist (vgl. das Revised Intergovernmental Agreement vom Juni 1999).

men, die auf Teilnahme von Einwohnern aus anderen Staaten an den Lotterien basieren, abzüglich eines Anteils von i.d.R. 10% (bis zu 25%) als Ausgleich für Verwaltungskosten an die betreffenden Staaten aus.[151]

Die regionale Steuerkraft streut interregional mit Werten zwischen 87% und 119% im Verhältnis zum Landesdurchschnitt nicht allzu stark. Wesentlich größer sind die Unterschiede in der Höhe der Steueranspannung (52% bis 144%). Die Gambling Taxation dürfte im Rahmen des Steuerwettbewerbs keine größere Rolle spielen. Dies zeigt sich schon an den großen Unterschieden in der Steueranspannung. Ausschlaggebend ist zudem der Umstand, daß die Mobilität zu den meisten Veranstaltungsorten des Glücksspiels vermutlich begrenzt ist.

Abbildung 21: Relative Höhe des regionalen Gambling Taxation-Besteuerungspotentials und seiner tatsächlichen Ausschöpfung 1998-99*

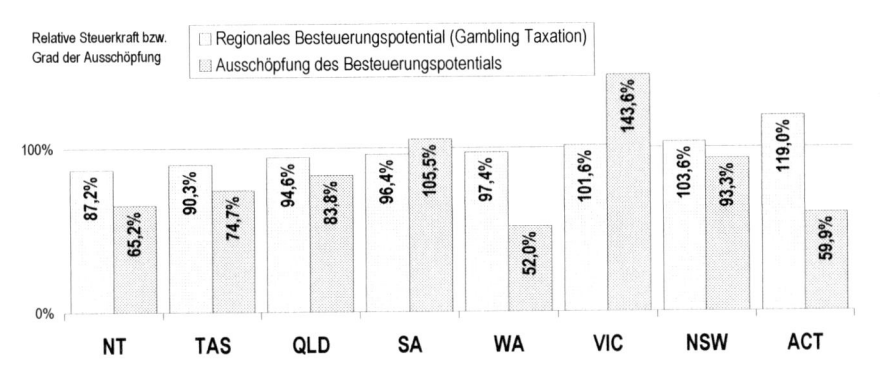

Relative Steuerkraft bzw. Grad der Ausschöpfung
- Regionales Besteuerungspotential (Gambling Taxation)
- Ausschöpfung des Besteuerungspotentials

NT	TAS	QLD	SA	WA	VIC	NSW	ACT
87,2%	90,3%	94,6%	96,4%	97,4%	143,6%	103,6%	119,0%
65,2%	74,7%	83,8%	105,5%	52,0%	101,6%	93,3%	59,9%

* Regionale Steuerkraft je Einwohner im Verhältnis zum Landesdurchschnitt sowie Grad ihrer Ausschöpfung.
Quelle der Daten: *Commonwealth Grants Commission* (Hrsg.): Report 2000, Vol. IIII, S. 265ff.

3.2.5.2 Gesamtes regionales Besteuerungspotential (Gesamtsteuerkraft)

Abbildung 22 enthält die Daten der gesamten relativen Steuerkraft (Tax Capacity) der Staaten als Addition aller Besteuerungsgrundlagen entsprechend dem Anteil je Einwohner sowie die Höhe der regionalen Wirtschaftskraft. Die relative Gesamtsteuerkraft schwankt zwischen rund 68% und 112%, wobei drei Staaten überdurchschnittliche Werte verzeichnen können. Die Steuerkraft korreliert in den stärker besiedelten Staaten im wesentlichen mit der Wirtschaftskraft. In den Gliedstaaten mit geringen Bevölkerungsanteilen bleibt die Tax Capacity hingegen hinter dem Bruttoinlandsprodukt zurück, in den beiden Territorien sogar deutlich.

---

[151] Vgl. *New South Wales Treasury* (Hrsg.): Interstate Comparison of Taxes, S. 25; *Victorian Department of Treasury and Finance* (Hrsg.): Budget 1998-99, Budget Paper No. 3, S. 414.

Abbildung 22: Relative Höhe des gesamten Besteuerungspotentials der Staaten im Vergleich zur Wirtschaftskraft (BIP) 1998-99*

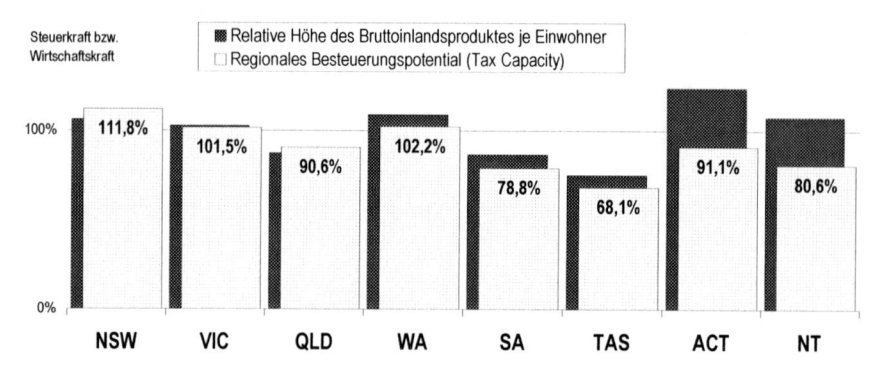

Steuerkraft bzw. Wirtschaftskraft

- ■ Relative Höhe des Bruttoinlandsproduktes je Einwohner
- □ Regionales Besteuerungspotential (Tax Capacity)

Staat	BIP	Tax Capacity
NSW	111,8%	101,5%
VIC	90,6%	102,2%
QLD	78,8%	68,1%
WA		91,1%
SA		
TAS		
ACT		80,6%
NT		

*   Steuerkraft bzw. Wirtschaftskraft je Einwohner im Verhältnis zum Landesdurchschnitt (=100%).

Quelle der Daten: Commonwealth Grants Commission (Hrsg.): Report 2000, Vol. III; eigene Berechnungen.

Abbildung 23 zeigt zusätzlich den Grad der Ausschöpfung des regional vorhandenen Besteuerungspotentials insgesamt. Bezüglich der Steueranspannung beträgt die Differenz zwischen dem niedrigsten Wert (ca. 85%) und dem Höchstwert (110%) 25%-Punkte. Nur zwei Staaten belasten die Gesamtheit ihrer Steuerquelle überdurchschnittlich, in allen übrigen Staaten liegt die Anspannung der Steuersätze unter dem Landesdurchschnitt von 100%. Ein signifikanter Zusammenhang zwischen Steuerkraft und -anspannung ist nicht auszumachen. Die Ausschöpfung des regionalen Besteuerungspotentials ist sowohl in einigen finanzschwachen als auch in mehreren finanzstarken Gliedstaaten unterdurchschnittlich.

Abbildung 23: Relative Höhe des gesamten Besteuerungspotentials der Staaten und seiner tatsächlichen Ausschöpfung 1998-99*

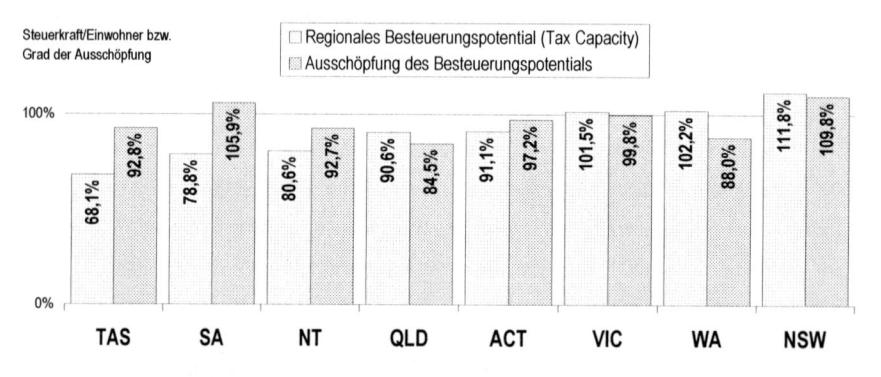

Steuerkraft/Einwohner bzw. Grad der Ausschöpfung

- □ Regionales Besteuerungspotential (Tax Capacity)
- ▨ Ausschöpfung des Besteuerungspotentials

Staat	Tax Capacity	Ausschöpfung
TAS	68,1%	92,8%
SA	78,8%	105,9%
NT	80,6%	92,7%
QLD	90,6%	84,5%
ACT	91,1%	97,2%
VIC	101,5%	99,8%
WA	102,2%	88,0%
NSW	111,8%	109,8%

*   Regionale Steuerkraft je Einwohner im Verhältnis zum Landesdurchschnitt sowie Grad ihrer Ausschöpfung.

Quelle der Daten: Commonwealth Grants Commission (Hrsg.): Report 2000, Vol. IIII, S. 265ff.

Unterkapitel 3.2: Australien

3.2.5.3 Sonstiges regionales Einnahmenpotential

Um aber die effektive Höhe der originären Finanzkraft der Gliedstaaten erfassen zu können, müssen neben der Steuerkraft auch die sonstigen eigenen Einnahmequellen berücksichtigt werden. Ein großes Potential an weiteren Einnahmequellen eröffnet zusätzliche steuerpolitische Gestaltungsspielräume.

Abbildung 24: Relative Höhe des sonstigen regionalen Einnahmenpotentials im Vergleich zur Wirtschaftskraft (BIP) 1998-99*

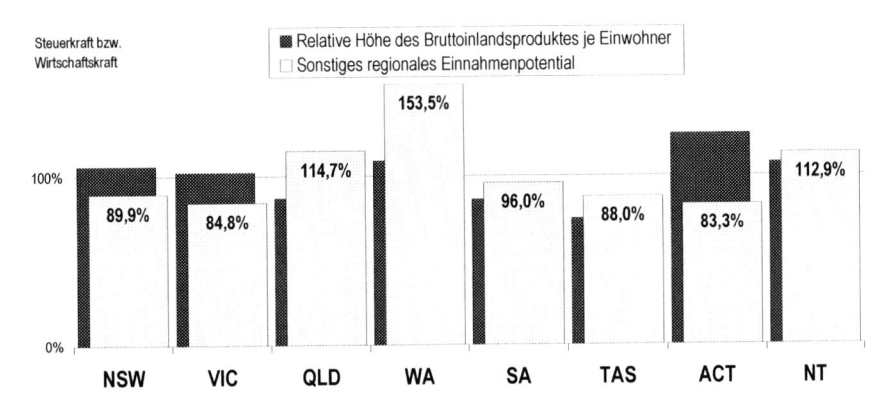

Steuerkraft bzw. Wirtschaftskraft

■ Relative Höhe des Bruttoinlandsproduktes je Einwohner
□ Sonstiges regionales Einnahmenpotential

	NSW	VIC	QLD	WA	SA	TAS	ACT	NT
BIP			114,7%	153,5%				112,9%
Einnahmenpotential	89,9%	84,8%			96,0%	88,0%	83,3%	

* Einnahmenpotential bzw. Wirtschaftskraft je Einwohner im Verhältnis zum Landesdurchschnitt (=100%).
Quelle der Daten: Commonwealth Grants Commission (Hrsg.): Report 2000, Vol. III; eigene Berechnungen.

Abbildung 25: Relative Höhe des sonstigen regionalen Einnahmenpotentials und seiner tatsächlichen Ausschöpfung 1998-99*

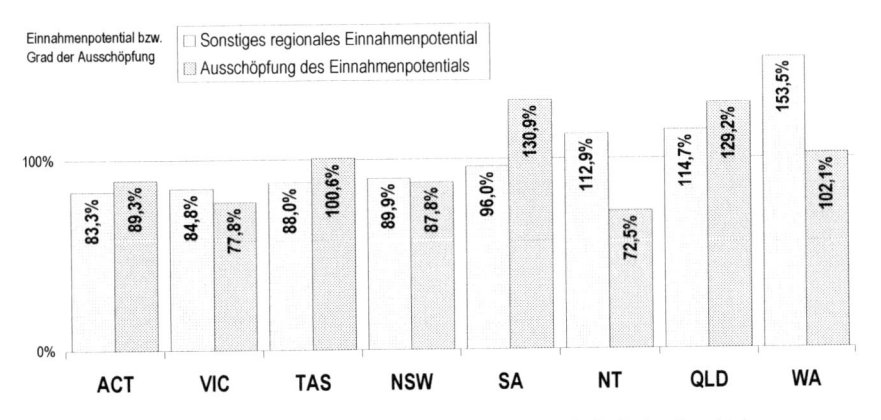

Einnahmenpotential bzw. Grad der Ausschöpfung

□ Sonstiges regionales Einnahmenpotential
□ Ausschöpfung des Einnahmenpotentials

	ACT	VIC	TAS	NSW	SA	NT	QLD	WA
Einnahmenpotential	83,3%	84,8%	88,0%	89,9%	96,0%	112,9%	114,7%	153,5%
Ausschöpfung	89,3%	77,8%	100,6%	87,8%	130,9%	72,5%	129,2%	102,1%

* Einnahmenpotential je Einwohner im Verhältnis zum Landesdurchschnitt sowie Grad seiner Ausschöpfung.
Quelle der Daten: Commonwealth Grants Commission (Hrsg.): Report 2000, Vol. IIII, S. 265ff.

Das Potential an sonstigen Einnahmequellen ist in fünf Staaten annähernd gleich groß (83% bis 96% des Landesdurchschnitts), in drei Staaten jedoch weit überdurchschnittlich (113% bis 153%). Damit ist eine starke regionale Streuung gegeben. Große Differenzen bestehen auch bei der Nutzung dieses Potentials (72% bis 131%). Bei historischer Betrachtung sind erhebliche Veränderungen festzustellen: Die Ausschöpfung des sonstigen Einnahmenpotentials ging zwischen den Haushaltsjahren 1995-96 und 1998-99 in Victoria von 111% auf 78%, in South Australia von 186% auf 131% und im Northern Territory sogar von 213% auf 72% zurück. Im gleichen Zeitraum stiegen die Werte in Queensland von 86% auf 129%, in Western Australia von 85% auf 102% und in Tasmania von 54% auf 101%.

Abbildung 26: Relative Höhe des regionalen Mining Revenue-Einnahmenpotentials und Ausmaß seiner tatsächlichen Ausschöpfung 1998-99*

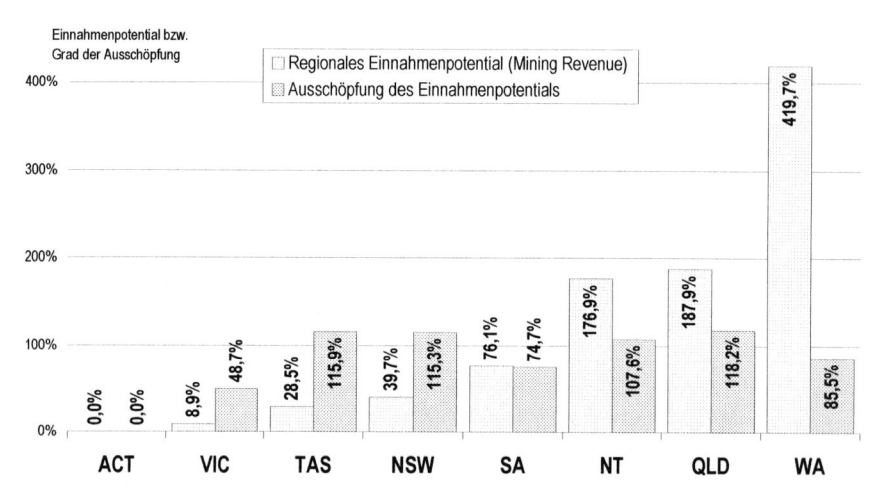

*   Einnahmenpotential je Einwohner im Verhältnis zum Landesdurchschnitt sowie Grad seiner Ausschöpfung.
    Quelle der Daten: Commonwealth Grants Commission (Hrsg.): Report 2000, Vol. IIII, S. 265ff.

Die regionalen Unterschiede beim sonstigen Einnahmenpotential gehen hauptsächlich auf die Abgaben auf Bergbautätigkeiten (Mining Revenue) zurück: Hinsichtlich dieser Abgabenquelle ist bei regionalen Werten zwischen 0% und 420% des Landesdurchschnitts eine äußerst starke horizontale Streuung der Bemessungsgrundlagen festzustellen. Die relative Höhe des regionalen Einnahmenpotentials betreffend die Bergbauabgaben ist im Südosten des Kontinents weit unterdurchschnittlich (regelmäßig unter 40% des Landesdurchschnitts), während insbesondere im Norden und Westen zahlreiche Bodenschätze gewonnen werden und damit auch ein hohes Potential für die Erhebung von Bergbauabgaben vorhanden ist. Die Staaten mit einem großen Potential an Bergbauabgaben schöpfen dieses zu 85% (WA) bzw. mit 108%

bis 118% (NT, QLD) aus. In Queensland, das im übrigen eine Politik niedriger Steuersätze betreibt, ist somit eine sogar recht kräftige Anspannung der Bergbauabgaben festzustellen.

3.2.5.4 Gesamtes regionales Einnahmenpotential

Das Potential der Gesamteinnahmen als Summe aus Steuern und sonstige Einnahmen (Revenue Raising Capacity) je Einwohner reicht im Verhältnis zum Landesdurchschnitt von 72,6% bis zu 113,5%, eine Spannbreite von immerhin über 40%-Punkten. Nur in zwei Staaten mit einem Anteil von 43,6% an der Gesamtbevölkerung liegt das Einnahmenpotential über dem gewichteten Durchschnitt, beide Staaten verfügen ferner über einen deutlichen 'Vorsprung' gegenüber den übrigen Regionen: Die Abstufungen zwischen den einzelnen Staaten sind mit bis zu 10%-Punkten (Differenz zwischen SA und TAS) relativ groß.

Abbildung 27: Relative Höhe des gesamten Einnahmenpotentials der Staaten im Vergleich zur Wirtschaftskraft (BIP) 1998-99*

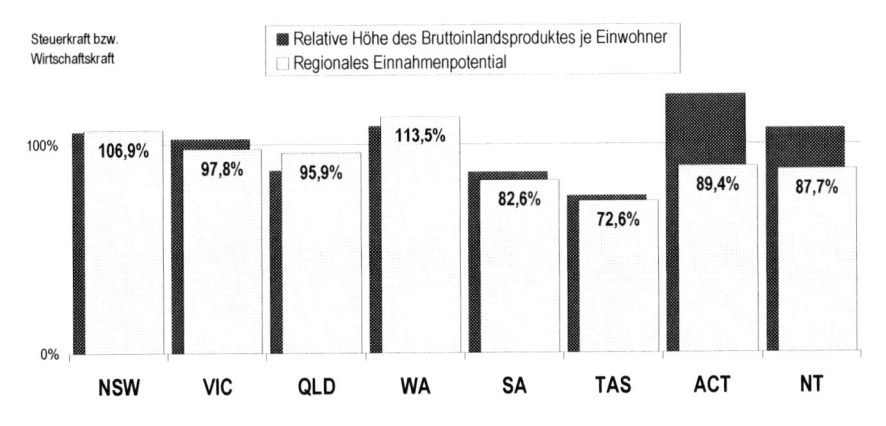

*   Steuerkraft bzw. Wirtschaftskraft je Einwohner im Verhältnis zum Landesdurchschnitt (=100%).

Quelle der Daten: Commonwealth Grants Commission (Hrsg.): Report 2000, Vol. III; eigene Berechnungen.

Im Vergleich der relativen Höhe des Einnahmenpotentials der Staaten und des regionalen Bruttoinlandsproduktes ist festzustellen, daß jenes i.d.R. tendenziell mit der Wirtschaftskraft korreliert. Allerdings sind auch mehrere signifikante Abweichungen zu erkennen: So unterschreitet die Steuerkraft das Bruttoinlandsprodukt vor allem in den Territorien merklich. Die Differenzen betragen immerhin 19,8 (NT) bzw. 34,5%-Punkte (ACT). Umgekehrt überschreitet die Steuerkraft die Wirtschaftskraft in Queensland um mehr als 8%-Punkte.

Das Ausmaß der Ausschöpfung der Abgabenquellen divergiert zwischen den Regionen erheblich, die Bandbreite umfaßt 87% bis 112% des Landesdurchschnitts. Wenn die Werte im Northern Territory und in South Australia überdies als 'Ausreißer' qualifiziert werden, liegt die

Bandbreite nur noch zwischen 92,3% und 105,7%. Das Ausmaß der Abgabenanspannung divergiert dann nicht mehr so stark. Lediglich in zwei Staaten mit einem Anteil von 41,6% an der Gesamtbevölkerung ist eine überdurchschnittliche Abgabenanspannung zu verzeichnen. In fünf Staaten bewegt sich die Nutzung des Einnahmenpotentials zwischen 92% und 96%.[152] Der Abstand zwischen dem Staat mit der niedrigsten überdurchschnittlichen Abgabenanspannung (NSW) und dem Staat mit der höchsten unterdurchschnittlichen Nutzung (QLD) ist mit knapp 10%-Punkten allerdings recht groß.

Abbildung 28: Relative Höhe des gesamten Einnahmenpotentials der Staaten und seiner tatsächlichen Ausschöpfung 1998-99*

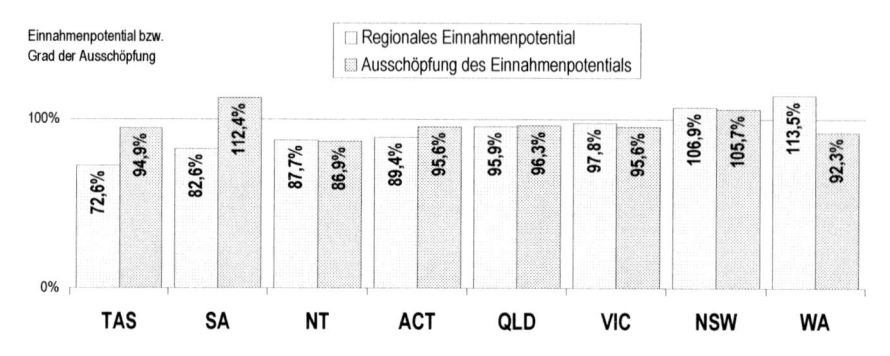

* Einnahmenpotential je Einwohner im Verhältnis zum Landesdurchschnitt sowie Grad seiner Ausschöpfung.
Quelle der Daten: *Commonwealth Grants Commission* (Hrsg.): Report 2000, Vol. IIII, S. 265ff.

Im Vergleich von Steuerkraft und Einnahmenpotential der einzelnen Staaten sind erhebliche Differenzen erkennbar (siehe Tabelle 16): Die Höhe des gesamten Einnahmenpotentials der Staaten weicht von ihrer Gesamtsteuerkraft um bis zu 11,4%-Punkte ab. Diese Unterschiede resultieren vor allem aus der Erhebung von Abgaben auf Bergbautätigkeiten (Mining Revenue) auf der Ebene der Gliedstaaten. Je größer das Mining Revenue-Abgabenpotential ist, desto mehr übersteigt das Gesamteinnahmenpotential eines Staates die Höhe seiner Steuerkraft (Ausnahme: Tasmania). Die Bergbauabgaben scheinen folglich eine nicht unwesentliche Bedeutung für die finanzielle Leistungsfähigkeit eines Staates zu haben. Der Grad der Nutzung des Gesamteinnahmenpotentials (die Werte reichen von 86,9% bis 112,4%) streut im Vergleich zum Besteuerungspotential (84,5% bis 109,8%) in etwa genauso stark.

---

[152] Bei der Betrachtung der Abgabenanspannung im Australian Capital Territory ist zu beachten, daß dieses wegen seiner Hauptstadtfunktion eine Sonderfinanzierung vom Commonwealth erhält und deshalb eventuell nicht darauf angewiesen ist, die Steuer- und Abgabensätze auf die Höhe des Landesdurchschnitts zu steigern.

Tabelle 16: Vergleich von Steuerkraft und Einnahmenpotential der Staaten 1998-99*

	NSW	VIC	QLD	WA	SA	TAS	ACT	NT
Steuerkraft (gesamtes Besteuerungspotential)	111,8%	101,5%	90,6%	102,2%	78,8%	68,1%	91,1%	80,6%
Einnahmenpotential (Steuern und sonstige Einnahmen)	106,9%	97,8%	95,9%	113,5%	82,6%	72,6%	89,4%	87,7%
Differenz in %-Punkten	*-4,8%*	*-3,7%*	*+5,3%*	*+11,4%*	*+3,8%*	*+4,4%*	*-1,7%*	*+7,1%*

* Besteuerungs- bzw. Einnahmenpotential je Einwohner im Verhältnis zum Landesdurchschnitt.

Quelle der Daten: Commonwealth Grants Commission (Hrsg.): Report 2000, Vol. IIII; eigene Berechnungen.

3.2.5.5 Zwischenergebnis

Die Auswirkungen des föderalen Steuersystems manifestieren sich in einer starken interregionalen Streuung der steuerlichen Bemessungsgrundlagen bzw. des Abgabepotentials. Hierbei ist häufig eine sehr ungleiche regionale Verteilung zu konstatieren.

Die Staaten nutzen ihre autonomen Besteuerungsrechte und sonstigen Möglichkeiten, Abgaben zu erheben, durchaus zu einer eigenständigen Gestaltung ihres regionalen Steuer- und Abgabensystems. Differenzen zwischen den Gliedstaaten lassen sich hinsichtlich der steuerlichen Bemessungsgrundlagen, der Tarifstrukturen und vor allem auch der Steuersätze feststellen. Darüber hinaus werden verschiedene Steuern in einzelnen Staaten überhaupt nicht erhoben. Die Nutzung der autonomen Gestaltungsspielräume wird besonders mit Blick auf die relative Steuerbelastung sichtbar: Das Ausmaß der Steuer- und Abgabenanspannung variiert zwischen den Staaten zum Teil beträchtlich, z.B. finden sich bei der Payroll Tax Werte zwischen 74% (QLD) und 123% (NT) und bei der Land Tax von 0% (NT), 83% (QLD) und 277% (Tasmania; 1994-95 betrug diese Größe noch 336%).

Mit Blick auf die Art der subnationalen Steuerquellen scheint Steuerwettbewerb hinsichtlich einzelner Steuern eher unwahrscheinlich. Im Mittelpunkt der Steuerpolitik der Gliedstaaten dürfte vielmehr das Bestreben stehen, die Steuerbelastung als Ganzes möglichst gering zu halten. Insbesondere der Staat Queensland versucht sich auf diese Weise als Niedrigsteuerregion zu profilieren. Bei zahlreichen Steuern ist dort die geringste Anspannung der Steuersätze bzw. die niedrigste Ausschöpfung des Besteuerungspotentials festzustellen. Dies hat sicherlich zu einem nicht unerheblichen Teil innenpolitische Gründe, wird aber auch dazu eingesetzt, die Attraktivität des Staates nach außen zu erhöhen und auf diese Weise Unternehmen mit dem Ziel der Schaffung zusätzlicher Arbeitsplätze anzusiedeln.[153]

---

[153] Vgl. *Queensland Treasury* (Hrsg.): State Budget 2000-01, Budget Paper No. 3, S. 43ff.

3.2.6 Der Finanzausgleich i.e.S. zwischen Commonwealth und Gliedstaaten

3.2.6.1 Zielsetzung und Konzeption des Finanzausgleichs

Obwohl viele ökonomische Indikatoren der Gliedstaaten (wie z.b. das durchschnittliche Haushaltseinkommen) nicht sehr stark voneinander abweichen, bestehen dennoch erhebliche Differenzen zwischen den Staaten sowohl hinsichtlich ihrer Möglichkeiten, sich Einnahmen zu verschaffen (s.o.) als auch in bezug auf die Kosten, die mit der Bereitstellung öffentlicher Güter und Dienstleistungen verbunden sind. Das Finanzausgleichssystem versucht, diese Unterschiede mit Hilfe allgemeiner Zuweisungen angemessen auszugleichen.[154] Zu diesem Zweck erhalten die Staaten ungebundene vertikale Transferzahlungen des Commonwealth mit horizontaler Ausgleichswirkung ('Equalisation Payments').

Bereits Anfang der 30er Jahre wurde die Notwendigkeit erkannt, daß die ab 1910 unregelmäßig und willkürlich gewährten finanziellen Hilfen des Commonwealth für die finanzschwachen Staaten[155] einer bestimmten Systematik folgen sollten.[156] Seit Einsetzung der 'Commonwealth Grants Commission' (CGC), einem Gremium der Bundesregierung mit eigenem Verwaltungsunterbau, im Jahr 1933 existiert in Australien ein institutionalisierter Finanzausgleich, der bis heute ständig weiterentwickelt und verändert wurde.[157] Die Verteilung der vertikalen Zuweisungen erfolgt seither nach dem Grundsatz "Equality in Diversity".[158]

---

[154] Vgl. *Commonwealth Grants Commission* (Hrsg.): Report 1999, Vol. I, S. 6.

[155] Besondere Finanzzuweisungen erhielten Western Australia ab 1910, Tasmania ab 1912 und South Australia ab 1929. Vgl. *Denis W. James:* Federal-State ..., S. 12.

[156] Vgl. *Commonwealth Grants Commission* (Hrsg.): Equality in Diversity; 2, S. 4ff., 16f.; *Helmut Fischer:* Finanzzuweisungen: Theoretische Grundlegung und praktische Ausgestaltung im bundesstaatlichen Finanzausgleich Australiens und der Bundesrepublik Deutschland; Berlin 1988, S. 174ff.

[157] Vgl. *Commonwealth Grants Commission* (Hrsg.): Equality in Diversity. Siehe auch *R. Else-Mitchell:* Fiscal Equality between the States, S. 157ff.; *John G. Head:* Financial Equality in a Federation: A Study of the Commonwealth Grants Commission in Australia; in: Finanzarchiv N.F. Band 26 (1967); S. 472ff.; *Russel Mathews:* Fiscal Equalisation in Australia: The Methodology of the Grants Commission; in: Finanzarchiv N.F. Band 34 (1975/76); S. 66ff. Rechtsgrundlage für die Arbeit der Kommission ist das *Commonwealth Grants Commission Act* von 1973 (http://scaleplus.law.gov.au/ [Stand 01.08.2000]). Vgl. auch http://www.cgc.gov.au.

[158] Das Ziel der fiskalischen *Equality* intendiert, daß alle Staaten bei mittlerer Steueranspannung über eine vergleichbare Finanzkraft je Einwohner verfügen. Maßstab dafür ist das öffentliche Leistungsangebot: Die Verteilungsregeln sollen bewirken, daß alle Staaten finanziell in der Lage sind, bei annähernd gleicher Steuerbelastung nach Struktur und Umfang vergleichbare staatliche Leistungen anzubieten. *Diversity* bedeutet, daß die Staaten trotz der Verteilung der Zuweisungen nach Ausgleichsgesichtspunkten unabhängig in ihren Entscheidungen über die Bereitstellung öffentlicher Leistungen und das Steuerniveau sind. Die Ausgaben- und Steuerautonomie darf durch den Finanzausgleich nicht angetastet werden. Vgl. *Commonwealth Grants Commission* (Hrsg.): Equality in Diversity, S. V; *Dies.* (Hrsg.): Report on General Revenue Grant Relativities 1999, Vol. I: Main Report; Canberra 1999, S. 4ff.; *Denis W. James:* Intergovernmental ...; S. 43; *Northern Territory Treasury Department* (Hrsg.): Budget 1999-2000, Budget Paper No. 3, S. 35.

Die Commonwealth Grants Commission erarbeitet Empfehlungen für die horizontale Verteilung der ungebundenen allgemeinen Zuweisungen des Commonwealth unter den Staaten.[159] Das Finanzausgleichssystem wird regelmäßig den aktuellen Veränderungen in Finanzkraft und Finanzbedarf der Gliedstaaten angepaßt.[160] Die Vorschläge der Kommission werden von der Bundesregierung meistens im wesentlichen akzeptiert, teilweise jedoch leicht modifiziert.[161] Zur Ermittlung der Ausgleichsmaßstäbe definiert die Commonwealth Grants Commission ein 'Principle of Fiscal Equalisation'[162], aus dem anschließend die konkreten Verteilungskriterien entwickelt werden. Das derzeitige Konzept für die Kalkulation der Ausgleichszahlungen umfaßt drei Eckpfeiler[163]:

- Ausgangspunkt ist jeweils ein bundesweit einheitlicher Standard bzgl. der einzelnen Ausgabenfunktionen und Einnahmearten. Dieser Standard resultiert nicht aus theoretischen Erwägungen, welche Aufgaben, Einnahmen und Ausgaben als sinnvoll anzusehen sind, sondern stützt sich auf einen aktuellen Querschnitt der tatsächlichen Situation in den Staaten. Die Anwendung normierter Standardwerte soll sicherstellen, daß die Empfänger die Höhe der Zuweisungen nicht durch ihre Steuer- oder Ausgabenpolitik beeinflussen können.[164]

- Ferner werden mit dem Finanzausgleich lediglich die Voraussetzungen (Capacities) für ein durchschnittliches Belastungs- und Leistungsniveau geschaffen. Tatsächliche Einnahmen und Ausgaben werden daher nicht berücksichtigt.

- Drittens ist auch ein unterschiedlicher Grad an Effizienz hinsichtlich des staatlichen Handelns und der Ressourcenverwendung nicht relevant. Mögliche Effizienzgewinne und -verluste verbleiben demnach bei den einzelnen Staaten.

Bei der Bemessung der Ausgleichszahlungen ist die weitgehende Steuerautonomie der Provinzen zu beachten. Deshalb wird von einem mittleren normierten Einnahmenpotential

---

[159] Dabei erfolgt eine Beteiligung der Bundesstaaten. Vgl. etwa *Victorian Department of Treasury and Finance* (Hrsg.): Commonwealth Grants Commission General Revenue Grant Relativities 1999 Review: Major Submission, Vol. 1-3; Melbourne 1997 sowie Final Submission; Melbourne 1998.

[160] Wegen des komplizierten Berechnungsmodus erfolgt jährlich eine Neubestimmung des Ausgleichsschlüssels sowie i.d.R. alle fünf Jahre eine Generalrevision der Systemstruktur, um interregionale Verzerrungen bzw. eine unangebrachte Besserstellung einzelner Staaten zu minimieren.

[161] Vgl. *Denis W. James*: Intergovernmental ..., S. 40.

[162] Die Definition lautet: *"State governments should receive funding from the Commonwealth such that, if each made the same effort to raise revenue from its own sources and operated at the same level of efficiency, each would have the capacity to provide services at the same standard."* Vgl. *Commonwealth Grants Commission* (Hrsg.): Report 1999, Vol. I, S. 4.

[163] Vgl. *Commonwealth Grants Commission* (Hrsg.): Report 1999, Vol. I, S. 4ff.

[164] Vgl. *Denis W. James*: Intergovernmental ..., S. 40.

('Revenue Raising Capacity' bzw. 'Fiscal Capacity') ausgegangen. Die Revenue Raising Capacity wird anhand eines 'standardisierten Budgets' ermittelt, das zur Zeit 18 Kategorien von Einnahmearten und 41 Ausgabengruppen umfaßt.[165] Die Bewertungsmethode der Grants Commission für die Ermittlung der standardisierten Einnahmen beinhaltet folgende Arbeitsschritte:

(1) Auswahl der Einnahmearten, die in die Bewertung einbezogen werden sollen, und Bildung systematischer Kategorien vergleichbarer Einnahmearten.

(2) Entscheidung, ob Unterschiede in der Revenue Raising Capacity innerhalb einer Kategorie oder Gruppen von Kategorien für den Finanzausgleich relevant sind.

(3) Bestimmung und Messung der Einnahmebasis für die maßgeblichen Einnahmequellen.

(4) Messung des Grades der Ausschöpfung des Einnahmenpotentials (Revenue Raising Effort).[166]

Je nach Einnahmenkategorie werden drei verschiedene Meßverfahren angewandt[167]:

- *Nutzung der tatsächlichen Bemessungsgrundlage*: Soweit das regionale Steuerrecht nicht stark differiert, können die Steuerstatistiken der Staaten verwendet werden (so wird etwa für die Messung der Basis der Land Tax der Wert aller gewerblich genutzten Grundstücke entsprechend der Wertermittlung durch die regionalen Steuerbehörden herangezogen).

- *Konstruktion vergleichbarer Bemessungsgrundlagen*: Dies geschieht unter Nutzung des Datenmaterials unabhängiger Institutionen, um die tatsächliche Inzidenz einer Steuer erkennen zu können.

- *Verwendung allgemeiner ökonomischer Indikatoren*: Vereinzelt werden die Schätzungen auf der Basis des Bruttoinlandsproduktes, der Bevölkerungszahl etc. vorgenommen (z.B. werden für die 'Gambling Taxation' das verfügbare Haushaltseinkommen und für die 'Financial Transaction Taxes' die privaten Ausgaben in einer Region zugrunde gelegt).

Die Bewertung der Fiscal Capacity bezogen auf eine einzelne Einnahmekategorie erfolgt auf einer einheitlichen Basis pro Einwohner oder differenziert entsprechend regionaler Besonderheiten. Die Entscheidung über die Art der Bewertung hängt davon ab, ob zwischen den Staa-

---

[165] Zu Umfang und Struktur des standardisierten Budgets vgl. *Commonwealth Grants Commission* (Hrsg.): Report 1999, Vol. II: Methods, Assesments and Analysis; Canberra 1999, S. 19ff.
[166] Vgl. *Commonwealth Grants Commission* (Hrsg.): Report 1999, Vol. II, S. 182ff.
[167] Vgl. *Commonwealth Grants Commission* (Hrsg.): Report 1999, Vol. II, S. 185f. Anschließend wird eine Korrektur vorgenommen, um z.B. verzerrende Effekte aufgrund unterschiedlicher Steuersätze auszugleichen, da sie Auswirkungen auf die Mobilität des Besteuerungsobjektes und die Elastizität der Bemessungsgrundlage haben können. Berücksichtigt werden ferner die jeweilige Effizienz und Effektivität bei der Steuereintreibung.

ten Unterschiede in der Revenue Raising Capacity bestehen, die mit gewisser Sicherheit erfaßt und beurteilt werden können, nicht auf politischen Einflüssen beruhen, für den Finanzausgleich relevant sind, sicheres Datenmaterial für die Bewertung vorhanden ist und eine gesonderte Bewertung einen übermäßigen Aufwand verursachen würde bzw. hinsichtlich ihres quantitativen oder qualitativen Einflusses auf das Verteilungsergebnis nicht gerechtfertigt ist.

Abbildung 29: Relative Einnahmenpotentiale und Produktionskosten für öffentliche Güter der australischen Bundesstaaten und Territorien 1998-99

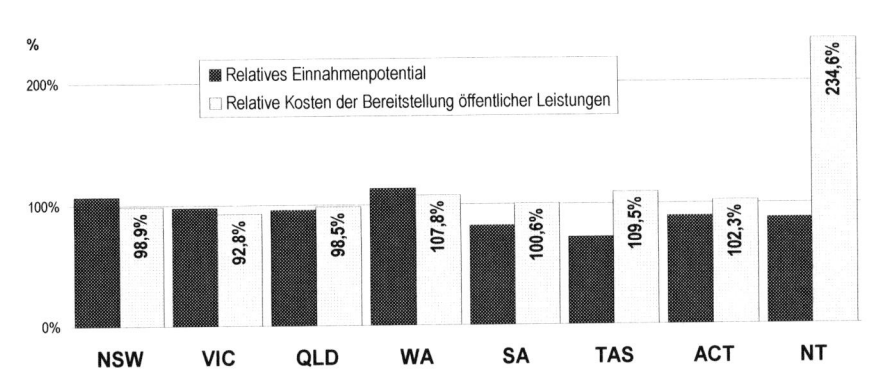

Staat	Relatives Einnahmenpotential
NSW	98,9%
VIC	92,8%
QLD	98,5%
WA	107,8%
SA	100,6%
TAS	109,5%
ACT	102,3%
NT	234,6%

Quelle: Commonwealth Grants Commission (Hrsg.): Report 2000, Vol. IIII, S. 265ff.

Der Ausgleich geringerer Fiscal Capacity wird bedarfsorientiert vorgenommen. Daher werden auch die regional unterschiedlichen Produktionskosten für (standardisierte) öffentliche Leistungen berücksichtigt (Relative Costs of Providing Services). Hierfür wird ein sog. 'Disability Factor' gebildet, in dessen Berechnung über 20 Determinanten einfließen. Den Schwerpunkt bilden die soziale und demographische Zusammensetzung der Bevölkerung, die Kosten für Verwaltung und die Bereitstellung öffentlicher Güter sowie die Siedlungsdichte.[168] Abgesehen vom Sonderfall des Northern Territory liegt die Schwankungsbreite der regionalen Produktionskosten nur bei 17%-Punkten (zwischen 92,5% und 109,5%). Ferner werden typische regionale Ausgabenbedarfe in die Kalkulation der Zuweisungen einbezogen.[169]

---

[168] Im Ergebnis profitieren davon die dünnbesiedelten bzw. die aus anderen Gründen schwer zu versorgenden Gebiete. Negative *Disability Factors* haben die Staaten an der Ostküste (Victoria, New South Wales, Queensland und das Australian Capital Territory), die Regionen mit hohen Wüstenanteilen dagegen positive. Vgl. Vgl. Commonwealth Grants Commission (Hrsg.): Report 1999, Vol. I, S. 51 sowie *Jeff Petchey/ Tony Rutherford/Michael D. Nahan:* Restoring the Balance: Tax Reform for the Australian Federation; Perth 1996, S. 52.

[169] Diese ergeben sich z.B. daraus, daß die Zusammensetzung der Bevölkerung nach Alter und ethnischen Gruppen sowie die Siedlungsdichte die Kosten für Gesundheit, Bildung und Sicherheit beeinflussen (vgl. *Commonwealth Grants Commission* (Hrsg.): Report 1999, Vol. I, S. 27ff.).

Die Ermittlung der allgemeinen Zuweisungen im australischen Finanzausgleich basiert demzufolge auf zwei Komponenten: den Kennziffern der Fiscal Capacity einerseits und der Ausgabenlasten (bedingt durch die notwendige Angebotsstruktur sowie die Produktionskosten) andererseits. Ausgeglichen werden alle Abweichungen vom Durchschnitt, so daß im Ergebnis eine völlige Nivellierung der (potentiellen) Finanzkraft gemessen an den der Ausgleichskonzeption zugrundeliegenden Gesichtspunkten stattfindet. Die Differenzen in der Höhe der Zuweisungen sollen demzufolge den unterschiedlichen Pro-Kopf-Bedarf jedes Bundesstaates bzw. Territoriums abbilden.

Neben den ungebundenen Equalisation Payments erhalten die Staaten vom Commonwealth auch zweckgebundene 'Specific Purpose Payments' (SPPs). Die Verteilung der zweckgebundenen Zuweisungen basiert entweder auf bestimmten Formeln, historischen Schlüsseln oder aufgrund politischer Entscheidungen des Commonwealth.[170] Rund 25% der Zweckzuweisungen werden von den Staaten an nichtstaatliche Schulen und die Gemeinden weitergeleitet (SPPs 'through' the States).[171]

3.2.6.2 Die Konstruktion des Finanzausgleichs

Als Equalisation Payments zur Verbesserung ihrer allgemeinen Finanzausstattung zahlt das Commonwealth den Staaten sog. 'Financial Assistance Grants' (FAGs). Die Methodik für die Vergabe der FAGs wird in ihrer Grundkonzeption seit 1974 angewandt.[172] Ausgehend von einem einheitlichen Pro-Kopf-Betrag errechnen sich die Zuweisungen durch Addition bzw. Subtraktion eines Ausgleichs für über- bzw. unterdurchschnittliche regionale Ausgaben- und Einnahmenbedarfe[173] sowie für die Zahlungen an die Staaten im Rahmen der Zweckzuweisungsprogramme (SPPs).[174]

---

[170] Vgl. *South Australian Department of Treasury and Finance* (Hrsg.): Budget 2000-2001, Budget Paper No. 2, S. 6.13.

[171] Vgl. *Treasurer of the Commonwealth/Minister for Finance and Administration* (Hrsg.): Budget 1998-99, Budget Paper No. 3, S. 22.

[172] Vgl. *Helmut Fischer*, S. 176ff.; *John G. Head*: Intergovernmental ..., S. 197.

[173] Als Einnahmenbedarf gilt insoweit das normierte Einnahmenpotential ('Revenue Raising Capacity' oder 'Fiscal Capacity') eines Gliedstaates. Der jeweilige Ausgabenbedarf spiegelt den über- bzw. unterdurchschnittlichen regionalen Bedarf für öffentliche Leistungen und deren spezifische Kosten wieder. Vgl. *Commonwealth Grants Commission* (Hrsg.): Report 1999, Vol. I, S. 48ff.

[174] Vgl. *Commonwealth Grants Commission* (Hrsg.): Report 1999, Vol. I, S. 53f.; *Denis W. James:* Intergovernmental ..., S. 44; *Treasurer of the Commonwealth/Minister for Finance and Administration* (Hrsg.): Budget 1998-99, Budget Paper No. 3, S. 20.

Tabelle 17: Berechnung der freien Zuweisungen (Financial Assistance Grants) des Commonwealth für die Gliedstaaten 1999-2000*

	Gleiche Zuweisungen pro Kopf	+ Ausgleich für Ausgabenbedarfe	+ Ausgleich für Einnahmenbedarfe	+ Ausgleich Zweckzuweisungen	= Korrigierte Pro-Kopf-Zuweisungen	Summe
	in $ pro Einwohner					in Mio. $
NSW	1.172,00	-30,38	-107,33	+20,23	= 1.054,45	6.718
VIC	1.172,00	-251,80	+74,43	+15,84	= 1.010,43	4.719
QLD	1.172,00	-55,70	+42,03	+21,99	= 1.180,28	4.118
WA	1.172,00	+244,66	-220,66	-94,48	= 1.101,34	2.027
SA	1.172,00	24,67	+224,05	-6,52	= 1.414,39	2.107
TAS	1.172,00	+325,06	+402,76	-14,68	= 1.885,64	888
ACT	1.172,00	-55,61	+194,42	-18,43	= 1.292,51	401
NT	1.172,00	+4.864,98	+61,30	-431,19	= 5.669,72	1.097

* Derart aufgeschlüsselte Daten sind nur für das Haushaltsjahr 1999-2000 veröffentlicht.

Quelle der Daten: Commonwealth Grants Commission (Hrsg.): Report 1999, Vol. I, S. 49.

Ein Ausgleich für die Specific Purpose Payments ist notwendig, weil diese den Staaten in unterschiedlicher Höhe je Einwohner zufließen: Bezogen auf den australischen Durchschnitt erhalten New South Wales, Victoria und Queensland jeweils rund 93% pro Kopf an SPPs, Spitzenreiter sind Western Australia (140%) und das Northern Territory (225%).[175] Da diese Zuweisungen teilweise eigene Finanzkapazitäten der Empfänger binden ('Matching Grants') bzw. Bereiche betreffen, für die das Commonwealth eine finanzielle Verantwortung übernommen hat, kann keine vollständige Kompensation durch entsprechende Vergabe freier Finanzmittel an andere Staaten erfolgen.

Insgesamt wendet die Commonwealth Grants Commission je nach Art des Zuweisungsprogramms vier verschiedene Methoden zur Berücksichtigung der Zweckzuweisungen bei der Bemessung der allgemeinen Transfers an.[176] Die Spannbreite der Methoden reicht dabei von der vollständigen über die anteilige Einbeziehung bis hin zum kompletten Ausschluß. Die ungekürzte Einbeziehung der zweckgebundenen Zahlungen in die Fiscal Capacity der Staaten (dies betrifft rund die Hälfte der Gesamtsumme an SPPs) ist insofern problematisch, als dadurch die mit der Gewährung von Zweckzuweisungen verbundenen Intentionen des Commonwealth zumindest teilweise zunichte gemacht werden können.

---

[175] Vgl. *Commonwealth Grants Commission* (Hrsg.): Report 1999, Vol. I, S. 18.

[176] Vgl. im einzelnen *Treasurer of the Commonwealth/Minister for Finance and Administration* (Hrsg.): Budget 1998-99, Budget Paper No. 3, S. 20.

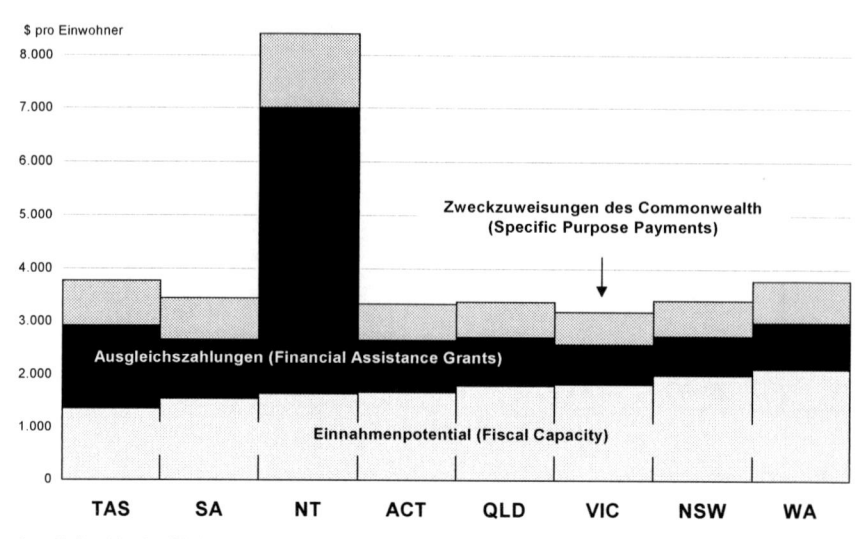

Abbildung 30: Die Konstruktion des australischen Finanzausgleichs (1998-99)*

[Säulendiagramm: $ pro Einwohner für TAS, SA, NT, ACT, QLD, VIC, NSW, WA; Komponenten: Einnahmenpotential (Fiscal Capacity), Ausgleichszahlungen (Financial Assistance Grants), Zweckzuweisungen des Commonwealth (Specific Purpose Payments)]

* Reihenfolge der Gliedstaaten entsprechend der Finanzkraft vor Zuweisungen.

Quelle der Daten: *Treasurer of the Commonwealth/Minister for Finance and Administration* (Hrsg.): Budget 1999-2000, Budget Paper No. 3, S. 25; eigene Berechnungen.

Die aus der o.g. Formel resultierenden Einwohnergewichtungen werden nicht nur für die allgemeinen ungebundenen Zuweisungen (FAGs), sondern auch für die Verteilung der 'Health Care Grants' (HCGs) genutzt.[177] Diese Health Care Grants stellen Zahlungen im Rahmen eines allgemeinen vertikalen Lastenausgleichs dar und dienen der Finanzierung öffentlicher Krankenhäuser.[178] Alle übrigen Zweckzuweisungen werden nach jeweils gesonderten Schlüsseln vergeben.

Im Ergebnis erhalten nur drei Staaten (NSW, VIC und WA) weniger als den durchschnittlichen Pro-Kopf-Betrag an FAGs und HCGs, alle übrigen dagegen mehr. Einen Sonderfall bildet das sehr dünn besiedelte Northern Territory, das trotz recht hoher relativer Finanzkraft weit überdurchschnittliche Zuweisungen pro Einwohner erhält. Deutlich über dem landesweiten Mittel liegt zudem der Inselstaat Tasmania.

---

[177] Vgl. *Treasurer of the Commonwealth/Minister for Finance and Administration* (Hrsg.): Budget 1998-99, Budget Paper No. 3, S. 4. Bei den HCGs handelt es sich um Mischfinanzierungen, jeweils basierend auf bilateralen Abkommen ('Australian Health Care Agreements') zwischen dem Commonwealth und den Staaten (bis 1997-98: 'Hospital Funding Grants' (HFGs) auf der Basis von 'Medicare Agreements').

[178] Vgl. *Treasurer of the Commonwealth/Minister for Finance and Administration* (Hrsg.): Budget 1998-99, Budget Paper No. 3, S. 51f.

Tabelle 18: Veränderung der von der Commonwealth Grants Commission errechneten Faktoren für die Verteilung der Financial Assistance Grants und der Health Care Grants an die Staaten von 1993 bis 2000

	NSW	VIC	QLD	WA	SA	TAS	ACT	NT
1993 (Report)	0,854	0,835	1,093	1,117	1,221	1,480	0,865	4,784
1994 (Update)	0,8756	0,8374	1,0441	1,0839	1,2186	1,5173	0,8968	4,9863
1995 (Update)	0,8743	0,8506	1,0435	1,0521	1,2047	1,5437	0,8916	5,0332
1996 (Update)	0,87472	0,87577	1,04176	1,01409	1,18772	1,54644	0,88883	4,87829
1997 (Update)	0,87819	0,87835	1,03737	0,99589	1,19100	1,54974	0,88435	4,89353
1998 (Update)	0,87765	0,88042	1,02186	0,98252	1,22194	1,55086	0,95145	4,81869
Veränderung 1993-1998	+2,8%	+5,4%	-6,5%	-12,0%	+0,1%	+4,8%	+10,0%	+0,7%
1999 (Report)	0,89948	0,86184	1,00687	0,94793	1,20680	1,60905	1,10270	4,84429
2000 (Update)	0,89642	0,85780	1,01079	0,92399	1,23481	1,62565	1,14522	4,85767
Veränderung 1993-2000	+5,0%	+2,7%	-7,5%	-17,3%	+1,1%	+9,8%	+32,4%	+1,5%

Quelle der Daten: Treasurer of the Commonwealth/Minister for Finance and Administration (Hrsg.): Budget 1998-99, Budget Paper No. 3; S. 19 und Budget 2000-2001, Budget Paper No. 3; S. 19.

Im Laufe der Zeit ergeben sich durchaus beträchtliche Anpassungen der zuletzt in den Jahren 1993 und 1999 grundlegend neu berechneten Faktoren. Eine Reduzierung des Ausgleichsfaktors ist seit 1993 lediglich für Western Australia (-17,3%) und Queensland (-7,5%) zu verzeichnen. Hingegen konnten vom aktuellen Update im Gegensatz zu 1993 vor allem Tasmania (+9,8%) und das Australian Capital Territory[179] mit einer Steigerung von fast 1/3 deutlich profitieren. Auch im Vergleich der Faktoren für das Haushaltsjahr 200-01 mit den 98er Werten zeigen sich z.T. größere Veränderungen. Somit ist erkennbar, daß sich die Datenerhebungen und Einschätzungen der Commonwealth Grants Commission erheblich auf die Verteilung der Zuweisungen auswirken. Eine Änderung der Ausgleichsfaktoren heißt jedoch nicht unbedingt, daß sich Finanzkraft und Finanzbedarf der einzelnen Staaten unterschiedlich entwickelt haben; auch die ausgleichsrelevanten Parameter werden immer wieder modifiziert.[180]

3.2.6.3 Die Verteilungswirkung des Finanzausgleichs

Wegen der geringen Ergiebigkeit des eigenen Steueraufkommens der Staaten erfolgten im Rechnungsjahr 1998-99 vertikale Zahlungen des Commonwealth in Höhe von ca. 29,8 Mrd. $ an die Gliedstaaten. Der Bund schüttete damit rund 21% seiner Einnahmen an die Staaten zur

---

[179] Das Australian Capital Territory erhält übergangsweise zusätzliche Unterstützungsleistungen (Special Revenue Assistance) aus einem Sonderfonds des Commonwealth wegen seiner Funktion als Bundeshauptstadt und zur Abfederung der Einräumung finanzieller Autonomie im Jahre 1989. Vgl. *Treasurer of the Commonwealth/Minister for Finance and Administration* (Hrsg.): Budget 2000-2001, Budget Paper No. 3, S. 22f.

[180] Vgl. *Commonwealth Grants Commission* (Hrsg.): Report 1999, Vol. I, S. 14ff.

Deckung ihrer Ausgabenverpflichtungen aus. Von den Zuweisungen an die Staaten waren rund 12,7 Mrd. $ (ca. 43%) zweckgebunden (Specific Purpose Payments) und 17,0 Mrd. $ (ca. 57%) frei verfügbar (Financial Assistance Grants).

Tabelle 19: Anteile der einzelnen Zuweisungsarten 1998-99 (in %)

	NSW	VIC	QLD	WA	SA	TAS	ACT	NT	⌀
Financial Assistance Grants	53,5%	56,0%	58,6%	53,3%	59,5%	65,3%	59,8%	79,3%	57,2%
Specific Purpose Payments	46,5%	44,0%	41,4%	46,7%	40,5%	34,7%	40,2%	20,7%	42,8%

Quelle der Daten: Treasurer of the Commonwealth/Minister for Finance and Administration (Hrsg.): Budget 1999-2000, Budget Paper No. 3, S. 25; eigene Berechnungen

Von den gesamten Zuweisungen des Commonwealth waren im Haushaltsjahr 1980-81 noch 31% zweckgebunden, 12 Jahre später bereits 45%. Inzwischen hat sich der Anteil der Zweckzuweisungen bei rund 42% bis 43% stabilisiert.[181] Auch nach der Neuordnung des vertikalen Finanzausgleichs im Jahr 2000 sollen die zahlreichen Zweckzuweisungen bestehen bleiben. Im Rechnungsjahr 1997-98 existierten insgesamt 133 zweckgebundene Zuweisungsprogramme.[182] Von diesen Specific Purpose Payments sind 97 für laufende Ausgaben und 36 für Investitionen der Empfänger vorgesehen.[183]

Die Höhe der zweckgebundenen Zuweisungen differiert unter den Einzelstaaten um bis zu 268 $ pro Kopf. Sie sind etwa in Tasmania um über 50% höher als in Victoria. Die Financial Assistance Grants variieren noch stärker: Die freien Zuweisungen an New South Wales erreichen je Einwohner nur knapp 57% der Zahlungen an Tasmania. Die Verteilungskriterien der Grants Commission bewirken mithin eine erhebliche regionale Differenzierung der Zuweisungen. In absoluten Zahlen gerechnet sind die Konsequenzen des Finanzausgleichs (aus Sicht des Commonwealth) jedoch nicht so gravierend, weil die relativ betrachtet weit überdurchschnittlichen Transfers nur in kaum besiedelte Regionen fließen.

Insgesamt machen die Zahlungen des Commonwealth zwischen ca. 36% (New South Wales) und 56% (Tasmania) aller Einnahmen der Staaten (im verfassungsrechtlichen Sinne, d.h. ohne Bundesterritorien) aus, der Durchschnitt liegt bei knapp 39%. Eine besondere Situation zeigt

---

[181] Vgl. *Western Australia Treasury Department* (Hrsg.): Budget 2000-01, Budget Paper No. 3, S. 147.
[182] Vgl. *Treasurer of the Commonwealth/Minister for Finance and Administration* (Hrsg.): Budget 1998-99, Budget Paper No. 3; Anlagen A1 und A2.
[183] Zweckzuweisungsprogramme bestanden im Hauhaltsjahr 1997-98 für folgende Politikfelder (Angaben jeweils für laufende Ausgaben/für investive Zwecke): Sicherheit und Ordnung (5/-), Bildung (7/3), Gesundheit (22/2), Soziales (11/3), Bau und Umwelt (12/8), Kultur und Sport (5/2), Agrarsektor (11/5), Wirtschaft (4/-), Verkehr (4/5), Sonstiges (10/5). Bei den SPP-Programmen erfolgen in 124 Kategorien Zahlungen an die Bundesstaaten und Territorien (91/33) und in 9 Kategorien direkt an die Kommunen (6/3).

sich in den Territorien. Die Ausgabenlasten des recht dicht besiedelten Quasi-Stadtstaates Australian Capital Territory (Canberra) werden eher gering bewertet, er findet sich daher am unteren Ende der Finanzkraftreihenfolge nach Finanzausgleich. Die Kosten für die Versorgung des extrem dünn besiedelten Northern Territory hingegen sind weit überdurchschnittlich. Die Financial Assistance Grants machen dort pro Kopf fast das Fünffache eines Bundesstaates aus. Zudem sind auch die zweckgebundenen Zuweisungen doppelt so hoch. Das Northern Territory bezieht dementsprechend 75% seiner Einnahmen direkt vom Commonwealth.

Abbildung 31: Finanzkraftreihenfolge im Finanzausgleich nach Zuweisungen 1998-99

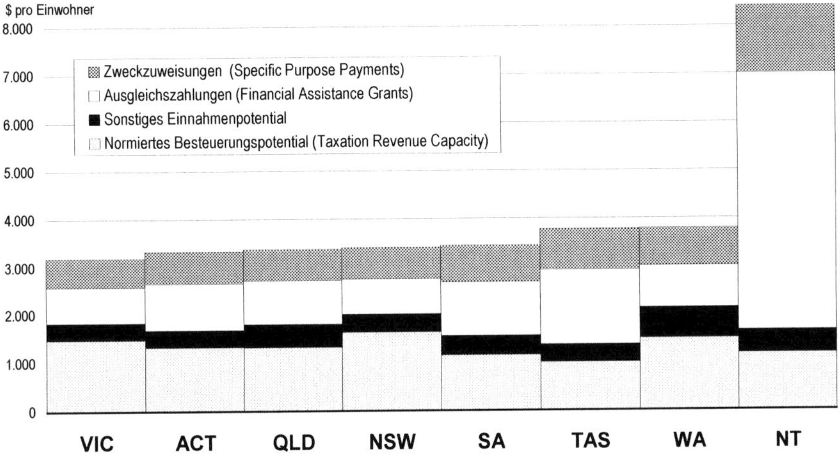

Quelle der Daten: Commonwealth Grants Commission (Hrsg.): Report 2000, Vol. III; *Treasurer of the Commonwealth/Minister for Finance and Administration* (Hrsg.): Budget 1999-2000, Budget Paper No. 3, S. 25; eigene Berechnungen.

Die Verteilung der vertikalen Transferzahlungen bewirkt eine stark divergierende absolute Finanzkraft[184] je Einwohner in den einzelnen Staaten. Der Finanzausgleich nimmt auch erhebliche Veränderungen in der Finanzkraftreihenfolge der Staaten verglichen mit der originären Fiscal Capacity vor (vgl. hierzu die Abbildungen 30 und 31 miteinander: So 'klettern' aufgrund der Zuweisungen Tasmania vom letzten auf den dritten Platz (+5 Plätze) und South Australia vom siebten auf den vierten Rang (+3 Plätze) und überrunden dabei den finanzstarken Staat New South Wales. Größter 'Verlierer' im Finanzausgleich ist Victoria, das trotz der drittgrößten Fiscal Capacity das Schlußlicht in der Finanzkraftreihenfolge bildet. Daneben

---

[184] Finanzkraft wird hier als Summe der Revenue Raising Capacity (gesamtes Einnahmenpotential) und der Ausgleichszahlungen verstanden.

fallen auch New South Wales (-3 Plätze) und Queensland (-2 Plätze) deutlich zurück. Von weit überdurchschnittlichen Transfers profitiert vor allem das Northern Territory.[185]

Das gesamte Finanzausgleichssystem ist insofern nicht nur von einer starken Anhebung der Finanzkraft verglichen mit der originären Finanzkraft der einzelnen Staaten, sondern auch von großen Unterschieden in der *absoluten* Finanzkraft je Einwohner auf horizontaler Ebene geprägt. Unter Berücksichtigung der regional unterschiedlichen Kosten, die mit der Bereitstellung öffentlicher Leistungen verbunden sind (insbesondere die in kaum besiedelten Gebieten extrem hohen Fixkosten für staatliche Einrichtungen), ergibt sich freilich eine gleich hohe *relative* Finanzkraft pro Kopf, soweit die verwendeten Verteilungsmaßstäbe der Commonwealth Grants Commission die tatsächlichen regionalen Bedarfe und Differenzen in den jeweiligen Produktionskosten treffend wiedergeben.[186] Die Kriterien der Commonwealth Grants Commission werden wegen ihrer Verteilungsergebnisse, die eine deutliche finanzielle Besserstellung der finanzschwachen Gliedstaaten durch die Zuweisungen des Commonwealth bewirken, von den finanzstarken Staaten regelmäßig kritisiert.[187]

Tabelle 20 zeigt die horizontalen Ausgleichseffekte bei der Anwendung verschiedener Kriterien für die Verteilung der allgemeinen Zuweisungen (Financial Assistance Grants) und der Health Care Grants an die Gliedstaaten. Staaten, in denen ein überdurchschnittlich hohes Aufkommen an Einkommensteuer, aus welchem das Commonwealth die Zuweisungen ja effektiv vorwiegend finanziert, zu verzeichnen ist (NSW, VIC, WA, ACT), erhalten bei Anwendung der Verteilungskriterien der Commonwealth Grants Commission nur unterdurchschnittlich hohe Zuweisungen.

Die Finanzausstattung der Gliedstaaten schwankt nach Finanzausgleich immer noch zwischen rund 3.200 und 3.950 $ pro Einwohner (Ausnahme: Northern Territory). Ursache hierfür ist nicht nur die Berücksichtigung von besonderen regionalen Ausgabenbedarfen bei der Vertei-

---

[185] Wie insbesondere aus Abbildung 31 ersichtlich ist, entfaltet nicht nur die Verteilung der allgemeinen Zuweisungen (FAGs), sondern auch die der Zweckzuweisungen (SPPs) eine deutliche Ausgleichswirkung. Die unterschiedlich hohen Beträge aus den SPP-Programmen führen deshalb auch zu Vertauschungen in der Finanzkraftreihenfolge der Staaten gegenüber derjenigen nach vollzogener FAG-Vergabe.

[186] Zur Kritik an einzelnen Einschätzungen der Commission vgl. u.a. *Denis W. James:* Intergovernmental ..., S. 42ff.; *Jeff Petchey/Tony Rutherford/Michael D. Nahan,* S. 51ff.; *Victorian Department of Treasury and Finance* (Hrsg.): Final Submission. Fraglich ist z.B., warum ein hoher Anteil an Ureinwohnern an der Gesamtbevölkerung einen höheren Ausgabenbedarf für innere Sicherheit indiziert, nicht aber ein hoher Anteil an nichtenglischsprachigen Immigranten oder eine höhere Siedlungsdichte.

[187] Vgl. *Western Australia Treasury* (Hrsg.): Fiscal Subsidies within the Australian Federation: Western Australia's Net Subsidies to Other States; Perth 1999; *Victorian Department of Treasury and Finance* (Hrsg.): Final Submission. Die bewußte Inkaufnahme von Differenzen in der Finanzkraft der Gliedstaaten zugunsten der finanzschwachen Staaten zur Deckung eines höheren Finanzbedarfs wird allerdings nicht grundsätzlich in Frage gestellt.

lung der allgemeinen Zuweisungen, sondern auch der Umstand, daß einige Staaten ihre Fiscal Capacities nicht voll ausschöpfen (s.o.). Auffällig ist, daß gerade die finanzschwachen Staaten mit hohen Zuwendungen (South Australia, Tasmania, Northern Territory) ihre Einnahmequellen überdurchschnittlich in Anspruch nehmen (107-108%).[188]

Tabelle 20: Horizontale Ausgleichseffekte* bei der Anwendung verschiedener Kriterien für die Verteilung bestimmter Zuweisungen** an die Gliedstaaten 1998-99

	Commonwealth Grants Commission-Kriterien			Verteilung nach Einwohnerzahl			Einkommensteueraufkommen		
	Mio. $	in %	$/EW	Mio. $	in %	$/EW	Mio. $	in %	$/EW
NSW	6.546	29,7%	1.027	7.467	33,8%	1.172	8.084	36,6%	1.269
VIC	4.814	21,8%	1.031	5.474	24,8%	1.172	5.518	25,0%	1.182
QLD	4.174	18,9%	1.196	4.089	18,5%	1.172	3.496	15,8%	1.002
WA	2.117	9,6%	1.151	2.157	9,8%	1.172	2.199	10,0%	1.195
SA	2.131	9,7%	1.430	1.746	7,9%	1.172	1.554	7,0%	1.043
TAS	855	3,9%	1.815	552	2,5%	1.172	471	2,1%	1.000
ACT	345	1,6%	1.113	363	1,6%	1.172	545	2,5%	1.758
NT	1.091	4,9%	5.653	227	1,0%	1.172	206	0,9%	1.067

* Dargestellt sind die unterschiedlichen Ausgleichseffekte (jeweils in absoluten Zahlen, als relative Anteile an der Gesamtsumme der Zuweisungen und in $ je Einwohner) bei einer Verteilung der Zuweisungen des Commonwealth nach den Kriterien der Commonwealth Grants Commission, der Einwohnerzahl und der Höhe des regionalen Einkommensteueraufkommens.
** Financial Assistance Grants und Health Care Grants mit einem Gesamtbetrag von 22.074 Mio. $.

Quelle der Daten: Treasurer of the Commonwealth/Minister for Finance and Administration (Hrsg.): Budget 1998-99, Budget Paper No. 3, S. 18.

Tabelle 21: Tatsächliche Einnahmen und Fiscal Capacity der australischen Gliedstaaten nach Finanzausgleich 1998-99 im Vergleich (in $ pro Einwohner)*

	NSW	VIC	QLD	WA	SA	TAS	ACT	NT
Originäre Einnahmen	2.111,7	1.746,9	1.726,8	1.957,1	1.734,4	1.286,8	1.597,1	1.425,3
Freie Zuweisungen (FAGs)	752,9	764,7	928,9	885,5	1.130,2	1.575,6	994,2	5.370,2
Zweckzuweisungen (SPPs)	655,5	602,0	657,6	776,4	770,4	838,4	668,6	1.398,4
Gesamteinnahmen	3.520	3.114	3.313	3.619	3.635	3.701	3.260	8.194
Fiscal Capacity**	3.407	3.194	3.379	3.783	3.444	3.770	3.333	8.408
Ausschöpfungsdifferenz	+113	-80	-66	-164	+191	-69	-74	-214

* Die Rangfolge der Staaten richtet sich nach der Fiscal Capacity.
** Einschließlich Finanzausgleichs- und Zweckzuweisungen des Commonwealth.

Quelle der Daten: Commonwealth Grants Commission (Hrsg.): Report 2000, Vol. III; eigene Berechnungen.

---

[188] Vgl. *Commonwealth Grants Commission* (Hrsg.): Report 2000, Vol. III, S. 265ff.

Die Finanzkraftreihenfolge nach Finanzausgleich verändert sich deswegen im Vergleich der Fiscal Capacity mit den tatsächlichen Einnahmen der Staaten (siehe Tab. 21). Aufgrund ihres überdurchschnittlichen Ausschöpfungsgrades klettern drei Staaten (Victoria, South Australia, Tasmania) um ein bis zwei Plätze nach oben (vgl. die Abb. 31 und 32). Die finanzstarken Staaten Western Australia und New South Wales liegen nach Finanzausgleich im Mittelfeld, wobei nur Western Australia seine überdurchschnittliche Fiscal Capacity nicht vollständig ausschöpft.

Abbildung 32: **Einnahmen der australischen Bundesstaaten und Territorien 1998-99**

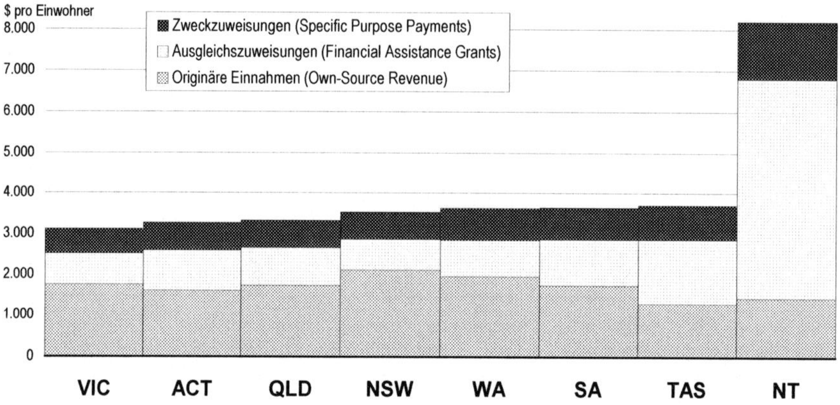

$ pro Einwohner

- Zweckzuweisungen (Specific Purpose Payments)
- Ausgleichszuweisungen (Financial Assistance Grants)
- Originäre Einnahmen (Own-Source Revenue)

VIC ACT QLD NSW WA SA TAS NT

Quelle der Daten: Commonwealth Grants Commission (Hrsg.): Report 2000, Vol. III; eigene Berechnungen.

3.2.7 Bewertung des föderativen Steuersystems in Australien

3.2.7.1 Finanzpolitische Unabhängigkeit aller föderalen Ebenen

Die finanzpolitische Unabhängigkeit einer Gebietskörperschaft zeigt sich daran, ob und inwieweit sie dem Einfluß anderer Kompetenzträger auf ihre finanzpolitischen Entscheidungen ausgesetzt ist. Unter dieser Bedingung läßt sich allein dem Commonwealth attestieren, finanzpolitisch in vollem Maße unabhängig zu sein. Die Gliedstaaten und Gemeinden müssen dagegen Einwirkungen vorgelagerter Entscheidungsträger auf ihre Haushaltspolitik hinnehmen. Insbesondere in bezug auf die Gliedstaaten läßt sich sogar von einer finanziellen Abhängigkeit vom Commonwealth sprechen.

Das Commonwealth besitzt vielfältige Möglichkeiten der Einflußnahme auf die Gliedstaaten. Die Grundlagen hierfür sind zum einen die erhebliche vertikale Schieflage in der Zuordnung der Steuerquellen und zum anderen die Befugnis, auf der Basis von Sec. 96 Constitution Act

Zuweisungen unter autonom und diskretionär zu gestaltenden Bedingungen zu gewähren. Damit kann das Commonwealth die Staaten nicht nur von der Einkommensbesteuerung fernhalten, sondern etwa auch zu aktiven Beiträgen (d.h. explizite Zahlungen) zur Haushaltsanierung des Commonwealth zwingen (und dies, obwohl das Commonwealth über die ergiebigsten und umfangreichsten Besteuerungskompetenzen verfügt!).[189]

Ein wesentlicher Problempunkt des australischen Fiskalföderalismus ist, daß das Commonwealth Umfang und Struktur sowie die Verteilungsregeln der Zuweisungen grundsätzlich allein bestimmen kann.[190] Daraus resultiert eine starke Abhängigkeit der Einzelstaaten, Territorien und Kommunen von den Entscheidungen des Bundesparlamentes. Als Nachteil erweisen sich in diesem Kontext die geringe Verläßlichkeit der Zuweisungen aufgrund bislang fehlender Regelbindung und die starke politische Stellung des Commonwealth im Bundesstaat[191].

Die große Zahl multi- und bilateraler vertikaler Zuweisungsprogramme mit einem Anteil von über 40% an den vertikalen Zahlungen des Commonwealth bzw. ca. 16% an den Einnahmen der Gliedstaaten (s.o.) deutet auf eine erhebliche Einflußnahme seitens des Commonwealth auf die Aufgabenerfüllung durch die Staaten hin. Aufgrund der Vielzahl von verschiedenen Programmen des Commonwealth besteht insgesamt ein fast unübersichtliches Geflecht von gebundenen und zum Teil gegenzufinanzierenden Zuweisungen ('Matching Grants'), mit deren Hilfe das Commonwealth in der Lage ist, die Ausgabenentscheidungen der Staaten zu beeinflussen. Mittels Zweckzuweisungen können die subnationalen Körperschaften so am 'goldenen Zügel' des Zentralstaates geführt werden. Der australische Fiskalföderalismus begünstigt deshalb vermutlich eine suboptimale Aufgabenstruktur.

Auch nach Einführung der Goods and Services Tax (GST) werden die vielen, vom Einzelvolumen her zum Teil eher unbedeutenden, zweckgebundenen Zuweisungsprogramme des Commonwealth bestehen bleiben und somit auch weiterhin Eingriffe in die Politik der Teilstaaten erfolgen. Solche 'Conditional Grants' verursachen einen hohen administrativen Aufwand und verstoßen gegen das Prinzip der Autonomie der Gliedstaaten, da sie unabhängige Ausgabenentscheidungen verhindern. Dies gilt insbesondere, wenn sie – was überwiegend der

---

[189] Vgl. zu den ab 1996 über drei Jahre gezahlten 'Contributions' der Staaten *Treasurer of the Commonwealth/Minister for Finance and Administration* (Hrsg.): Budget 1998-99, Budget Paper No. 3, S. 34.

[190] Durch Abschluß des Intergovernmental Agreement bzgl. der vollständigen Übertragung des Aufkommens aus der GST ab dem Jahr 2000 auf die Staaten wurde erstmals eine dauerhafte Vereinbarung zwischen Commonwealth und Staaten über die Höhe der Finanzausgleichsmasse getroffen.

[191] Vgl. *Peter Ludwig Münch*, S. 284ff.

Fall ist – als Matching Grants ausgestaltet sind und dem Empfänger damit den Zwang zur Mitfinanzierung auferlegen.[192]

3.2.7.2 Hinreichende und aufgabengerechte Finanzausstattung aller Gebietskörperschaften

Die originäre Finanzausstattung der australischen Gebietskörperschaften ist mit Blick auf den Finanzbedarf nur auf der Bundesebene hinreichend, jedoch auf keiner Ebene aufgabengerecht: Eine hinreichende eigene Finanzausstattung kann den Gliedstaaten und Gemeinden schon deshalb nicht attestiert werden, weil sie zu einem nicht unwesentlichen Teil von vertikalen Zuweisungen abhängig sind, deren Umfang und Struktur der Entscheidungskompetenz übergeordneter Gebietskörperschaften, insbesondere des Commonwealth, unterliegen. Die eigene Finanzausstattung ist aber selbst auf der Bundesebene nicht dem Aufgabenbestand des Commonwealth angemessen, da dieser im Vergleich zu seinen Finanzierungszuständigkeiten über Steuerquellen verfügt, deren Aufkommen weit über seinen Finanzbedarf hinaus reicht. Infolgedessen kann keine Staatsebene auf quantitativ aufgabenadäquate Einnahmequellen zurückgreifen.

Abbildung 33: Gegenüberstellung der originären Einnahmen und Ausgaben für eigene Aufgaben* nach Staatsebenen 1998-99 (als Anteile am Staatssektor)

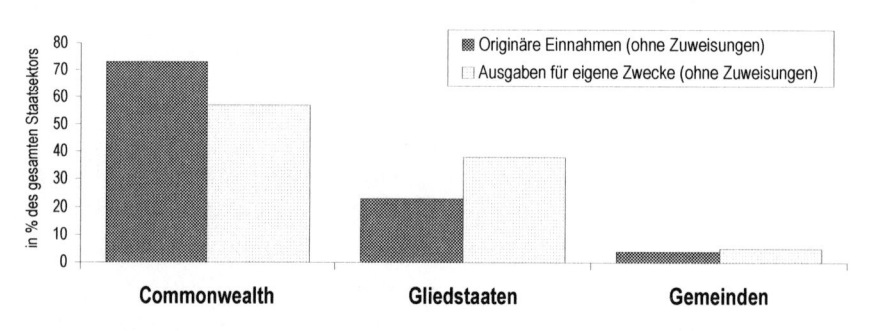

* Ausgaben, die der Erfüllung eigener Aufgaben dienen, d. h. ohne Berücksichtigung der unmittelbaren Zuweisungen an andere Gebietskörperschaften, jedoch unter Einbeziehung von zweckgebundenen Ausgabenprogrammen des Commonwealth, die von den Bundesstaaten nur verwaltet werden.

Quelle der Daten: Treasurer of the Commonwealth/Minister for Finance and Administration (Hrsg.): Budget 1999-2000, Budget Paper No. 3, S. 15.

---

[192] Zum Problem der Zweckzuweisungen vgl. etwa *Cheryl Saunders:* Section 96 Grants, insbes. S. 7ff. Ab Ende der 60er Jahre wurde mittels Zweckzuweisungen recht intensiv die Politik der Gliedstaaten zu beeinflussen versucht. In den Jahren 1970 bis 1974 stieg der Anteil der Specific Purpose Payments an den gesamten Transfers des Commonwealth von 28,3% auf 50,5% (vgl. *James S. H. Hunter:* Federalism and fiscal balance; Canberra 1977, S. 59).

Der Fiskalföderalismus in Australien ist vielmehr geprägt von einem erheblichen vertikalen Ungleichgewicht im Gesamtstaat zugunsten des Commonwealth ('Vertical Fiscal Imbalance').[193] Dieses fiskalische Ungleichgewicht bezieht sich auf das Verhältnis von Einnahmequellen und Ausgabenverantwortlichkeit gemessen am Umfang der Einnahmen und Ausgaben[194] des Commonwealth einerseits im Vergleich zu dem der Staaten und Gemeinden andererseits: Das Commonwealth verfügt inzwischen über 73% der gesamten Staatseinnahmen, obwohl es nur für 57% der Ausgaben aller Gebietskörperschaften verantwortlich ist. Im Gegensatz dazu steht die Einnahmen-Ausgaben-Relation unterhalb der Bundesebene. Die Gliedstaaten übernehmen 38% der öffentlichen Ausgaben, ihnen stehen jedoch lediglich 23% der staatlichen Einnahmen zu (vgl. Abbildung 33). Daraus ergibt sich ein Deckungsgrad ihrer originären Finanzmittel von rund 50%. Noch deutlicher zeigt sich das vertikale Ungleichgewicht bei ausschließlicher Berücksichtigung der Steuereinnahmen: Im Haushaltsjahr 1998-99 beliefen sich die Steuereinnahmen des Commonwealth auf 139,8 Mrd. $. Die Staaten hingegen erhoben Steuern in Höhe von nur 27,4 Mrd. $ (ohne Berücksichtigung der Revenue Replacement Payments als Ersatz für die Franchise Fees in Höhe von 6,6 Mrd. $).[195]

Deutlich besser ist hingegen das Bild auf kommunaler Ebene, dort decken die eigenen Einnahmen im landesweiten Durchschnitt immerhin über 80% aller Ausgaben. Bezogen auf den gesamten öffentlichen Sektor liegen die betreffenden kommunalen Anteile bei ca. 4% (originäre Einnahmen) bzw. 5% (Ausgaben).[196] Dementsprechend waren die Gemeinden zu knapp 20% auf vertikale Zuweisungen des Commonwealth angewiesen.

Die konstatierte Schieflage in der Finanzausstattung zwischen dem Commonwealth und den Gliedstaaten erreicht ein noch höheres Ausmaß, wenn die Einnahmen aus den Steuerzuschlägen des 'Safety Net Arrangements' seit August 1997 anders als vom Australian Bureau of Statistics nicht als originäre Einnahmen der Staaten, sondern als solche des Commonwealth gewertet werden. Dafür spricht, daß die Gliedstaaten über keinerlei rechtliche Einflußmöglichkeiten hinsichtlich der Erhebung und Ausgestaltung der Steuerzuschläge verfügen, sondern

---

[193] Vgl. *James S. H. Hunter*, S. 52ff.; *Denis James*: Intergovernmental ..., S. 16ff.; *Russel L. Mathews/Robert C. Jay*, S. 291ff.; *New South Wales Treasury* (Hrsg.): Budget 1998-99, Budget Paper No. 2; S. 5-3f.; *Cliff Walsh*: State Taxation and Vertical Fiscal Imbalance: The Radical Reform Options; in: Ders. (Hrsg.): Issues in State Taxation, Canberra 1990, S. 53ff.; *Ders.*: Federal Reform and the Politics of Vertical Fiscal Imbalance; in: Australian Journal of Political Science, Vol. 27 (1992), S. 19ff.

[194] Erfaßt sind jeweils die Ausgaben einer föderativen Ebene zur Finanzierung eigener Aufgaben.

[195] Quelle der Daten: *Australian Bureau of Statistics* (Hrsg.): Taxation Revenue 1998-99.

[196] Quelle der Daten: *Treasurer of the Commonwealth/Minister for Finance and Administration* (Hrsg.): Budget 1998-99, Budget Paper No. 1: Budget Strategy and Outlook 1998-99, Statement 5: Revenue, S. 5-3 sowie Budget Paper No. 3, S. 13.

ganz vom politischen Willen des Commonwealth abhängig sind und die Weiterleitung der so erzielten Steuererträge als 'Revenue Replacement Payments' auch als bloße Zuweisung an die Staaten verstanden werden kann. Die Zuweisungen seitens des Commonwealth decken bei dieser Betrachtungsweise nunmehr durchschnittlich rund 44%, in der Spitze sogar bis zu 80% des Budgets.[197] Seit der Entscheidung des High Court vom 5. August 1997 zu den Franchise Fees können die Gliedstaaten somit durchschnittlich nur noch die Hälfte ihrer Ausgaben mit eigenen Einnahmen bestreiten, zu rund 50% benötigen sie Zuweisungen des Commonwealth (einschließlich der Revenue Replacement Payments). Die Staaten haben folglich eine mehr als unzulängliche originäre Finanzausstattung.

Die Gründe für das vertikale fiskalische Ungleichgewicht hinsichtlich Finanzausstattung und Ausgabenverantwortung zwischen Commonwealth und Bundesstaaten sind bereits in der Finanzverfassung, speziell in den wenig eindeutigen, mannigfache Interpretationsmöglichkeiten eröffnenden und aus Sicht der Gliedstaaten mehr als unzureichenden Regelungen der Sec. 90 und 96 Constitution Act angelegt.

Die wohl bedeutendste politische Ursache für den aktuellen Umfang des fiskalischen Ungleichgewichtes war die Übertragung der Erhebungs- und Ertragskompetenzen für die Einkommensteuer von den Gliedstaaten auf das Commonwealth im Kriegsjahr 1942. Durch die Abkoppelung der Staaten von der einzigen ergiebigen Wachstumsteuer verschob sich das vertikale Ungleichgewicht immer stärker zugunsten des Bundes. Im Gegensatz zur Einnahmenseite fand keine nennenswerte Übertragung von Ausgabenfunktionen (mit Ausnahme der Sozialhilfeleistungen 1946) von den Staaten an das Commonwealth statt. Somit verblieben den Staaten die kostenträchtigen Ausgabenbereiche Gesundheit und Bildung, was das Ausgabenvolumen nach dem 2. Weltkrieg erheblich ansteigen ließ. Diesem wachsenden Finanzbedarf standen jedoch keine entsprechenden Möglichkeiten gegenüber, die Einnahmen zu erhöhen.[198]

Das vertikale Ungleichgewicht in der Finanzausstattung von Commonwealth und Gliedstaaten hat sich in den letzten Jahrzehnten noch erheblich vergrößert[199]: Im Haushaltsjahr 1980-81 war das Volumen der Ausgaben von Commonwealth und Einzelstaaten annähernd gleich. Seitdem wuchsen die Aufwendungen des Bundes für Zwecke, die zu seinem Aufgabenbereich gehören, um 350%, die der Staaten aber nur um 250%. Die Ausgaben des Commonwealth

---

[197] Vgl. *Northern Territory Treasury Department* (Hrsg.): Budget 1998-99, Budget Paper No. 3, S. 39ff.
[198] Vgl. *John G. Head*: Intergovernmental ..., S. 191.
[199] Vgl. *Northern Territory Treasury Department* (Hrsg.): Budget 1998-99, Budget Paper No. 3, S. 40f.

liegen somit inzwischen mehr als 1/3 über denen der Bundesstaaten. Mit dieser Entwicklung korrespondiert ein kontinuierlicher Rückzug des Bundes aus der Finanzierung der Staaten: Die Bundesregierung verringerte den relativen Anteil ihrer Zuweisungen an die Gliedstaaten am Gesamtbudget seit dem Haushaltsjahr 1980-81 um 3,5%-Punkte auf 24,3%. Die Gewichte der föderativen Ebenen haben sich so immer weiter zu Ungunsten der Staaten verschoben.

Eine Verbesserung der Situation ist mit der Einführung der Goods and Services Tax (GST) eingetreten, da die Gliedstaaten damit die Ertragshoheit für eine ergiebige Steuerquelle erhalten haben. Allerdings ist diese Ertragshoheit nur vertraglich bzw. einfachgesetzlich abgesichert. Die Neuregelung verschafft den Staaten auch eine Verstetigung der Einnahmenbasis: Die Höhe der früheren Zuweisungsmasse war weder an das Wachstum der Steuereinnahmen des Commonwealth noch an sonstige Parameter gekoppelt, sondern beruhte allein auf politischen Entscheidungen der Bundesregierung. Weil nun das gesamte GST-Aufkommen den Staaten zusteht, ist unter der Voraussetzung, daß die zwischen Commonwealth und Einzelstaaten vereinbarten Regelungen Bestand haben und das Commonwealth seine Gesetzgebungskompetenz nicht absprachewidrig zu Lasten der Staaten einsetzt, ein stetiges Wachstum der Finanzausgleichsmasse zu erwarten.[200]

Wie angespannt die Finanzlage der Gliedstaaten bislang ist, zeigt sich auch daran, daß selbst die äußerst ineffiziente Besteuerung des Finanzsektors[201] bisher nicht bzw. nicht freiwillig aufgegeben wurde. Vermutlich waren diese Steuern für die Staaten sogar ein relativ 'bequemes' Mittel zur Einnahmenerzielung, weil sie im Rahmen des Steuerwettbewerbs nicht unter Druck geraten sind und sich die Zensiten der Besteuerung nicht entziehen konnten. Mithin deutet alles darauf hin, daß die Finanzausstattung der Staaten nur als unzureichend bezeichnet werden kann.

Nicht viel anders stellt sich die Situation hinsichtlich der Finanzausstattung der Kommunen dar: Obwohl die Gemeinden i.d.R. nur über eine einzige Steuerquelle (die Municipal Rates) verfügen, sind sie dennoch in der Lage, damit durchschnittlich ca. 58% ihres Finanzbedarfes zu decken. Dies ist vor dem Hintergrund zu betrachten, daß die Gemeinden in den vergangenen Jahren einerseits eine kontinuierliche Erweiterung ihres Aufgabenkreises, der aber angesichts eines Anteils von 5% an den Ausgaben des gesamten Staatssektors im internationalen Vergleich immer noch sehr gering ist, andererseits aber eine Abnahme des Umfangs der Zu-

---

[200] Vgl. dazu etwa *South Australian Department of Treasury and Finance* (Hrsg.): Budget 2000-2001, Budget Paper No. 2, S. 6.18f.; *Western Australia Treasury Department* (Hrsg.): Budget 2000-2001, Budget Paper No. 3, S. 136.

[201] Vgl. *Owen Gabbitas/Damien Eldridge*, S. 53, 173ff.

weisungen und damit eine stärkere Abhängigkeit von eigenen Einnahmequellen zu verzeichnen hatten.[202] Trotz der schmalen Finanzausstattung weisen die Gemeinden in finanzieller Hinsicht mithin einen höheren Grad an Autonomie als die Staaten auf.

Dies gilt jedoch nicht generell für alle Local Councils. Die Unterschiede zwischen ländlichen und urbanen Regionen sind vielmehr gewaltig: Da in fast 20% aller Gemeinden (die ausschließlich in ländlichen Gegenden liegen) die Zuweisungen eine größere fiskalische Bedeutung als die eigenen Steuereinnahmen haben und 70% der Gemeinden überdurchschnittliche Zuweisungen erhalten, ist das horizontale Gefälle in der Finanzausstattung der Local Councils enorm.[203] Die Municipal Rates stellen nur in den städtischen Regionen eine halbwegs ausreichende Einnahmequelle dar.

Weil in den ländlichen und damit nur äußerst schwach besiedelten Gebieten die Kosten je Einwohner für die Finanzierung eines zufriedenstellenden Angebotes an öffentlichen Leistungen im Vergleich mit urbanen Gebietskörperschaften extrem hoch sind, ist es nur schwerlich möglich, eine ausreichende Finanzausstattung *aller* Gemeinden ohne einen ergänzenden vertikalen Finanzausgleich zu erreichen. Insofern läßt sich die finanzielle Situation der australischen Local Councils unter der Bedingung, daß die nachteilige Abhängigkeit von finanzpolitischen Entscheidungen höherer Ebenen über den Umfang und die Struktur der Zuweisungen unberücksichtigt bleibt, vermutlich gerade noch als annähernd aufgabengerecht bezeichnen.

3.2.7.3 Ausreichende vertikale Flexibilität des Einnahmensystems

Die vertikale Flexibilität des Einnahmensystems ist dann ausreichend, wenn bei Veränderung der Aufgaben- bzw. Ausgabenanteile der einzelnen föderalen Ebenen auch die originären Ertragsanteile am Steueraufkommen entsprechend angepaßt werden können. Da in Australien keine Steuern erhoben werden, an deren Ertrag mehrere Ebenen beteiligt sind (was jedoch verfassungsrechtlich zulässig wäre), zeigt sich die vertikale Flexibilität an der Möglichkeit, Steuerquellen oder Einzelsteuern zu übertragen. Weil die Verfassung keine abschließende Zuweisung von Steuerquellen vornimmt, sondern lediglich in Sec. 90 Constitution Act bestimmte Steuerarten sowie die Zölle dem Commonwealth vorbehält, ist die Finanzverfassung hinsichtlich der vertikalen Verteilung von Steuerquellen relativ offen.[204]

---

[202] Vgl. *Australian Local Government Association* (Hrsg.): Supporting Communities, S. 12.
[203] Vgl. *Australian Local Government Association* (Hrsg.): Supporting Communities, S. 14.
[204] Die daraus resultierende Möglichkeit der gemeinsamen Ausschöpfung einer Steuerquelle durch mehrere föderative Ebenen wird abgestützt durch die (bis auf die in Sec. 90 Const. Act normierte Ausnahme) prinzipiell unbeschränkte und konkurrierende steuerpolitische Gesetzgebungskompetenz auf beiden Staatsebenen.

Indes ist ein eigenständiger Zugriff der Staaten auf Steuerquellen nur insoweit möglich, als das Commonwealth sie nicht daran hindert. Mit Hilfe der Auflagen bzw. Bedingungen, unter denen es den Staaten Zuweisungen gewähren kann, ist der Bund effektiv in der Lage, die Staaten von allen Steuerquellen fernzuhalten. Die grundsätzliche Offenheit der Finanzverfassung bzgl. der vertikalen Zuordnung von Besteuerungsrechten einschließlich der Möglichkeit von Commonwealth und Gliedstaaten, ein und dieselbe Steuerquelle konkurrierend zu nutzen, wird so durch die politische Praxis konterkariert, abgesichert durch die Rechtsprechung des High Court zu Sec. 96 Constitution Act. Damit verbleibt nur der Weg, über eine einfachgesetzliche Festlegung auf Bundesebene bestimmte Steuerquellen bzw. Besteuerungsrechte zu übertragen.

Die Übertragung einer fiskalisch ergiebigen Steuerquelle zur autonomen Bewirtschaftung ist jedoch bislang stets am Widerstand der Regierungen des Bundes bzw. der finanzschwachen Staaten gescheitert, was eine nach Sec. 96 Constitution Act zulässige sekundäre Verteilung des Steueraufkommens im Rahmen des vertikalen Finanzausgleichs zwischen Commonwealth und Gliedstaaten notwendig machte. Mit der Abtretung der Ertragshoheit an der GST im Rahmen der Reform des Steuersystems wird nun die Möglichkeit genutzt, die sekundäre vertikale Verteilung des Steueraufkommens durch eine unmittelbare Ertragsbeteiligung der Staaten zu ersetzen.

Die Finanzverfassung weist demzufolge an sich insgesamt eine hohe vertikale Flexibilität auf, die jedoch faktisch aufgrund der Rechtsprechung des High Court dem Entscheidungsmonopol des Commonwealth unterliegt.

3.2.7.4 Fiskalische Beweglichkeit aller Gebietskörperschaften

Über eine hinreichende Steuerautonomie verfügt nur das Commonwealth, weil diesem der Zugriff auf alle ergiebigen Steuerquellen möglich ist. Alle anderen Gebietskörperschaften können die Höhe ihres Steueraufkommens zwar autonom beeinflussen, aber nur hinsichtlich einer sehr beschränkten Zahl an Steuerquellen, die zudem überwiegend fiskalisch nicht sonderlich ertragreich sind.

Zwar erheben die australischen Staaten eine Vielzahl kleinerer und kleinster Steuern eigenständig. Die Vorteile von Steuerautonomie sind aber nur dann nutzbar, wenn das eigene Steueraufkommen hinreichend ergiebig ist, um einen wesentlichen Finanzierungsbeitrag zur Ausgabendeckung zu erwirtschaften und in einem mehr als unerheblichen Umfang autonom erweitert werden kann. Insofern sind die Besteuerungsrechte der Gliedstaaten unzureichend, denn nur weniger als 60% der Einnahmen entstammen eigenen, autonom zu gestaltenden

Steuerquellen (40% aber aus quantitativ und qualitativ vom Commonwealth festgesetzten vertikalen Zuweisungen).

Dafür, daß den Staaten die erforderliche finanzielle Beweglichkeit fehlt, um ihre Ausgabenentscheidungen entsprechend der Wählerpräferenzen zu treffen, spricht weiterhin der Umstand, daß ihre wichtigsten Steuern nicht nur traditionell und unmodern, sondern vor allem auch unergiebig sind und schmale Bemessungsgrundlagen aufweisen. Angesichts der Aufrechterhaltung der zahlreichen Einzelsteuern und der tatsächlichen Steueranspannung scheint die Möglichkeit der Staaten, ihren Finanzrahmen mittels Nutzung autonomer Besteuerungskompetenzen eigenständig zu erweitern oder ihre Einnahmen durch Ausschöpfung weniger, gut konzipierter und effizienter Steuern zu erzielen, sehr gering zu sein.

Trotz aller Defizite der subnationalen Besteuerungsgrundlagen ist die Steuerautonomie auf der Gliedstaatenebene im Sinne eines Steuer-Ausgaben-Mechanismus' aber dennoch in begrenztem Umfang funktionsfähig, da ein gewisser autonomer Spielraum für die Ausweitung oder Reduktion des eigenen Finanzrahmens gegeben sein dürfte. Hierfür spricht, daß die Staaten als Akteure im Steuerwettbewerb auftreten und auch in jüngster Zeit noch ihre Bewegungsfreiheit für Steuersenkungen bzw. -erhöhungen genutzt haben.

Festzustellen ist eine kontinuierliche *Abnahme* der Steuerautonomie auf der Gliedstaatenebene. In diesem Zusammenhang ist der Verlust der Einkommensbesteuerung an das Commonwealth sowie die Einschränkung der Besteuerungsmöglichkeiten aufgrund der Rechtsprechung des High Court zu Sec. 90 Constitution Act zu erwähnen. Die früher bedeutende Steuerquelle 'Besteuerung des Nachlasses' ging durch den Steuerwettbewerb verloren. Die einzigen Erweiterungen der Steuerautonomie erfolgten durch die Übertragung der Zuständigkeiten für die Payroll Tax sowie die Debits Tax.

Einen weiteren Autonomieverlust erlitten die Staaten durch die Einführung der Goods and Services Tax (GST), die einige subnationale Steuern ersetzt bzw. ersetzen wird, weil die Staaten bei der GST nicht in der Lage sind, wie bei den im Zuge der Reform des Steuersystems aufgehobenen bzw. aufzuhebenden Steuern den Steuersatz eigenständig zu bestimmen.[205] Trotz Reduktion des vertikalen fiskalischen Ungleichgewichtes aufgrund der Übertragung der Ertragshoheit am Aufkommen der GST auf die Staaten behält der Bund einen Einfluß auf deren Finanzausstattung, da er für die Steuergesetzgebung bzgl. der GST verantwortlich ist. Obwohl den Staaten damit eigenständige Zugriffsmöglichkeiten auf Steuerbemessungsgrund-

---

[205] Vgl. *Australian Local Government Association* (Hrsg.): Submission to the inquiry of the Senate Select Committee on a New Tax System, S. 19.

lagen verloren gehen, scheinen sie aber der vermeintlich größeren Sicherheit der Einnahmen aus der GST, auch mit Blick auf das zu erwartende Wachstums des Steueraufkommens, den Vorzug zu geben.

Auch die autonomen Besteuerungsrechte der kommunalen Gebietskörperschaften sind qualitativ und quantitativ eher unzulänglich: Die Gemeinden haben nur eine einzige Steuerquelle (allerdings mit breiter Bemessungsgrundlage), deren Ausschöpfung auch noch von einigen Staaten begrenzt wurde ('Rate Pegging'). Eine eigenständige Erweiterung des kommunalen Finanzierungsrahmens ist mithin z.T. nur eingeschränkt möglich. Die fiskalische Beweglichkeit der Gemeinden ist freilich innerhalb dieses Rahmens gegeben, da insoweit Steuerautonomie für die Local Councils besteht.

3.2.7.5 Sachgerechte Auswahl und Zuordnung der subnationalen Steuerquellen und Besteuerungsrechte

Das australische Steuersystem erfüllt die Anforderungen an ein 'rationales' Steuersystem in weiten Teilen nicht. Vor allem umfaßt es keine geeignete Auswahl hinsichtlich der Steuerquellen, da es weder auf mehreren Hauptsteuern noch auf einer angemessenen Zahl ergänzender und ergiebiger Nebensteuern basiert.

Kennzeichnend für das Steuersystem ist der hohe Stellenwert der Steuern vom Einkommen.[206] Der Anteil der Einkommensteuern an den Steuereinnahmen aller Gebietskörperschaften betrug im Haushaltsjahr 1996-97 knapp 55% (s.o.). In den 90er Jahren hat sich die Bedeutung der Income Taxes noch verstärkt: In der Dekade von 1989-90 bis 1999-2000 stieg das Aufkommen von 17,0% auf 18,2% des BIP. Im Gegenzug sank die Quote der indirekten Steuern des Commonwealth von 6,7% auf 5,6% des BIP.[207] Mit der Reform des Steuersystems und der Einführung der Goods and Services Tax hat sich dieses Bild nur wenig verändert: Der Anteil der Einkommensteuer sinkt auf 16,7% des BIP, die Quote der vom Bund erhobenen indirekten Steuern beträgt 7,5% des BIP einschließlich GST bzw. 3,9% ohne GST.[208] Das Aufkommen aus der GST erreicht eine Höhe von 3,6% des BIP und erlangt mithin nicht annähernd die Bedeutung der Steuern vom Einkommen: Die Schätzungen für das

---

[206] Vgl. *Northern Territory Treasury Department* (Hrsg.): Budget 1998-99, Budget Paper No. 3, S. 32. Zum Vergleich mit den Einkommensteuerquoten in Deutschland und Kanada siehe Unterkapitel 3.5.

[207] In den 80er Jahren lagen diese Werte noch bei 16,4% des BIP (direkte Steuern) bzw. 7,2% des BIP (indirekte Steuern). Vgl. *Treasurer of the Commonwealth* (Hrsg.): Tax Reform; S. 6f.

[208] Quelle der Daten: *Treasurer of the Commonwealth/Minister for Finance and Administration (Hrsg.)*: Budget 2000-2001, Budget Paper No. 1, S. 5-32f.; eigene Berechnungen.

Haushaltsjahr 2000-2001 gehen von einem GST-Aufkommen in Höhe von 24,1 Mrd. $ aus, dies entspricht rund 21,4% des Aufkommens aus den Income Taxes von 112,8 Mrd. $.[209]

Das föderative Finanzsystems ist auf subnationaler Ebene von einer großen Anzahl kleiner und kleinster Steuern gekennzeichnet. Die meisten Steuern der Gliedstaaten sind nicht als sinnvolle Nebensteuern eines föderativen Steuersystems geeignet. Sie sind wegen schmaler Bemessungsgrundlagen und geringem Ertrag fiskalisch unergiebig, von ihrer Struktur her traditionell und unmodern und weisen zudem allokative Verzerrungen auf.[210] Ursache für die Entstehung dieser Vielzahl kleinerer Steuern ist die kontinuierliche Erosion der originären Besteuerungsrechte der Gliedstaaten und die zunehmende Konzentration der ergiebigsten Steuern auf der Bundesebene.[211] Das bestehende steuerpolitische Chaos ist aber auch eine Folge der Finanzkrise der Einzelstaaten, da diese wegen stagnierender Zuweisungen gezwungen sind, ihre originären Einnahmequellen umfassend auszuschöpfen.

Besonders nachteilig wirkt sich in diesem Zusammenhang aus, daß die Besteuerung des Einkommens sowie des Verbrauchs und des Umsatzes dem Commonwealth vorbehalten ist und die Staaten nur eingeschränkt in der Lage waren, ergiebige Steuerquellen zur Deckung ihres Finanzbedarfes zu erschließen. Allerdings ist zu beachten, daß die Gliedstaaten den ihnen von der Bundesregierung mehrfach angebotenen Zugriff auf die Steuerquelle 'Einkommen' nicht wahrgenommen und die Chance, daran beispielsweise über eigene Zuschläge zu partizipieren, ausgeschlagen haben.

Daß die finanzschwachen Staaten jedoch kein Interesse daran haben, die vertikalen Zuweisungen durch eine eigene Einkommensbesteuerung zu ersetzen, wird bei einem Blick auf die Verteilungswirkungen des Finanzausgleichs gegenüber dem regionalen Einkommensteueraufkommen deutlich (siehe Tabelle 20): Letzteres lag im Haushaltsjahr 1998-99 in Queensland 194 $ je Einwohner unter dem entsprechenden Wert der Zuweisungen, in South Australia 387 $ und in Tasmania sogar 815 $ pro Kopf. Dagegen übersteigt das Einkommensteueraufkommen die Zuweisungen um 151 $ in Victoria, um 241 $ in New South Wales und im Australian Capital Territory gar um 645 $ pro Einwohner.[212] Ohne einen ergänzenden umfangreichen Finanzausgleich mit horizontaler Wirkung wären die finanzschwachen Staaten

---

[209] Quelle der Daten: *Treasurer of the Commonwealth/Minister for Finance and Administration (Hrsg.)*: Budget 2000-2001, Budget Paper No. 1, S. 5-6 und Budget Paper No. 3, S. 49; eigene Berechnungen.

[210] Vgl. *Owen Gabbitas/Damien Eldridge*, S. 31ff.

[211] Vgl. *Victorian Department of Treasury and Finance* (Hrsg.): Budget 1997-98, Budget Paper No. 2: Budget Statement; Chapter 5: Revenue (http://www.vic.gov.au/budget97/ch5.html [Stand 25.06.1998]), S. 13.

[212] Vgl. dazu auch *Western Australia Treasury* (Hrsg.): Fiscal Subsidies, S. 7ff., 21ff.

daher gezwungen, ihren Finanzbedarf über erheblich höhere Steuer- oder Zuschlagssätze zu decken. Weil ein solcher Finanzausgleich aber nicht verfassungsrechtlich verankert ist, bringt der Wechsel vom horizontalen Zuweisungssystem zur eigenen Einkommensbesteuerung ein erhebliches politisches Risiko mit sich. Die einheitliche Einkommensbesteuerung durch das Commonwealth eröffnet hingegen die Möglichkeit, ein ausgedehntes explizites Finanzausgleichssystem zu finanzieren.[213]

Besonders gravierend wirkt sich die für die Bundesstaaten ungünstige Rechtsprechung des High Court zu Sec. 90 Constitution Act aus, welche ihnen den Zugriff auf mehrere ergiebigen Steuerquellen (z.B. Einzelhandelsumsatz- oder Verbrauchsteuern) versperrt. Der Ausschluß der Staaten von der Besteuerung der Produktion, des Verkaufs und des Verbrauchs von Gütern beschneidet ihre fiskalische Autonomie in erheblichem Maße und läßt ihnen nur wenige Besteuerungsoptionen.[214] Insbesondere mit dem Urteil vom 5. August 1997 und seiner sehr weiten Auslegung des Begriffs der verfassungsmäßig dem Commonwealth vorbehaltenen Duties of Excise hat der High Court die Autonomie der Gliedstaaten abermals weiter eingeschränkt.[215]

Die den Staaten verbleibenden Möglichkeiten der Steuererhebung erfüllen nur sehr bedingt die Kriterien einer 'rationalen' Besteuerung. Vor allem die Anforderungen an Steuergerechtigkeit und Gleichmäßigkeit der Besteuerung, an Effizienz und Einfachheit der Steuererhebung sowie an die finanzwirtschaftliche Sicherheit der Einnahmequellen lassen wenig Raum für ein sinnvolles subnationales Steuersystem ohne jeglichen Rückgriff auf die Besteuerung von Einkommen und Umsatz.[216]

Im Ergebnis ist eine Reform des Einnahmensystems der Gliedstaaten notwendig, die aber ohne eine grundlegende Neuordnung der Finanzverfassung, speziell der föderativen Zuordnung der Steuerquellen, nicht möglich ist. Insofern ist die Übertragung des Aufkommens der GST an die Staaten ein erster richtiger Schritt, weil hiermit eine solide fiskalische Basis ge-

---

[213] Vgl. *Denis W. James:* Federal-State ..., S. 17. Weil seit Juli 2000 die Zuweisungen nicht mehr (zum Großteil) durch die Einkommensteuer des Commonwealth, sondern durch die Umsatzsteuer (GST) finanziert werden, wird sich das Verhältnis zwischen der Höhe des örtlichen Steueraufkommens der GST und dem Umfang der Zuweisungen (bzw. Ertragsanteile) verändern. Die Höhe des regionalen Aufkommens der GST entspricht nicht der des Einkommensteueraufkommens. Siehe dazu *Western Australia Treasury* (Hrsg.): Fiscal Subsidies, S. 39f.

[214] Vgl. *Denis W. James:* Federal-State ..., S. 14 .

[215] Vgl. *Denis W. James:* Federalism ...?, S. 9; *Victorian Department of Treasury and Finance* (Hrsg.): Budget 1998-99, Budget Paper No. 2, S. 14.

[216] Vgl. *Victorian Department of Treasury and Finance* (Hrsg.): Budget 1997-98, Budget Paper No. 2; Chapter 5, S. 13.

schaffen wurde, auf welche ein sachgerechtes subnationales Steuersystem mit autonomen Besteuerungsrechten aufgebaut werden kann.

Hinsichtlich der vertikalen Zuordnung der Steuerquellen und Besteuerungsrechte bleibt anzumerken, daß diese zum Teil den Kriterien für einen 'optimalen' Zentralisierungsgrad der Besteuerungskompetenzen entspricht. Dies gilt etwa insoweit, als daß die Besteuerung des Umsatzes und des Verbrauchs sowie des Einkommens (soweit es für eine landesweite Umverteilungspolitik erforderlich ist) auf der Bundesebene angesiedelt ist. Sachgerechte subnationale Steuern sind etwa diejenigen auf die Steuergegenstände Boden (Land Tax, Rates und Conveyance Duty), Glücksspiel, Kraftfahrzeughaltung und Lohnsumme (Payroll Tax). Erhebliche Bedenken bestehen indes gegen die Besteuerung des Finanzsektors auf der Ebene der Gliedstaaten, weil dafür Kapital als mobiles Steuerobjekt herangezogen wird.

Aus empirischer Sicht sind einige subnationale Steuerquellen wegen der starken regionalen Streuung der steuerlichen Bemessungsgrundlagen jedoch äußerst problematisch. Dies gilt in erster Linie für die Bergbauabgaben (Mining Revenue), die nur in drei Gliedstaaten eine Einnahmequelle von größerer fiskalischer Bedeutung bilden. Eine regional sehr ungleichmäßige Verteilung des Besteuerungspotentials ist hinsichtlich fast aller Steuerquellen der Staaten festzustellen (vgl. nur die Unterschiede in der regionalen Steuerkraft bzgl. der Land Tax oder der Conveyance Duty), so daß ein extensiver Finanzausgleich mit horizontaler Wirkung unumgänglich ist. Die bedeutendste Einzelsteuer der Staaten, die Payroll Tax, deren relative Steuerkraft mit Werten zwischen 72% und 110% des Landesdurchschnitts noch mit am geringsten streut, weist mit einer Differenz von knapp 40%-Punkten zwischen dem finanzstärksten und dem finanzschwächsten Gliedstaat immer noch große Unterschiede auf. Diese ungleichmäßige regionale Verteilung der Steuerquellen stellt ein komplexes Problem für die Schaffung einer 'fairen' Ausgangsposition der Gliedstaaten im Steuerwettbewerb dar.

3.2.7.6 Weitere Voraussetzungen für einen fairen Steuerwettbewerb

Trotz eingeschränkter Steuerautonomie der Gliedstaaten und Gemeinden findet auf regionaler und lokaler Ebene Steuerwettbewerb statt. Die innerstaatlichen Finanzbeziehungen sind aber – mangels hinreichender subnationaler Steuerquellen – nur in geringem Maße von Steuerwettbewerb geprägt. Dies zeigt sich daran, daß der Steuerwettbewerb als Problem des australischen Fiskalföderalismus in der Literatur kaum Erwähnung findet. Eine Ausnahme bildet der ruinöse fiskalische Wettbewerb um die Besteuerung von Nachlässen, bei dem es zu einem 'Race to the Bottom' kam.

Ein Indiz für die Auswirkungen des Steuerwettbewerbs ist, daß gerade die äußerst ineffizienten Steuern der Staaten, wie z.B. die Besteuerung des Finanzsektors, weiter ausgeschöpft werden, da sie möglicherweise im Steuerwettbewerb keine größere Rolle spielen. Andere Steuern hingegen, die vor allem für die Ansiedlungsentscheidungen von Unternehmen interessant sein können, erfahren eine besondere Beachtung der Steuerpolitik. Ein horizontaler Steuerwettbewerb findet aber insgesamt – soweit ersichtlich – vor allem über die Höhe der gesamten Steuerbelastung bzw. die (Nicht-) Erhebung einzelner Steuern statt, nicht aber über eine besondere oder strategische Gestaltung einzelner Bemessungsgrundlagen.

In den 90er Jahren haben die Staaten mehrere Initiativen zur Reform der Besteuerung des Finanzsektors sowie zur Steuerharmonisierung bzgl. der Payroll Tax sowie der Stamp Duties unternommen.[217] Die Ausformung der übrigen subnationalen Steuern ist auch ohne besondere Koordinierung in allen Staaten annähernd gleich[218], lediglich die Höhe der Steuersätze variiert (s.o.). Im Rahmen der Steuerreform von 2000 bis 2005 werden jedoch vor allem diejenigen Steuern der Gliedstaaten aufgehoben, die ohnehin überwiegend identisch ausgestaltet sind.

Inwiefern Steuerexport stattfindet, läßt sich anhand des empirischen Materials nicht bestimmen. Die Besteuerungsobjekte der Staaten stehen aber oftmals in einer engen räumlichen Beziehung mit der Region. Darüber hinaus sorgt die Ausgestaltung des Steuerrechts dafür, daß Steuerexport vermieden oder wenigstens minimiert wird (vgl. etwa die Regelungen der Payroll Tax, der Insurance Taxation etc., welche eine regionale Verortung der Steuergegenstandes verlangen).

3.2.7.7 Konsistenz, Transparenz und Neutralität des Gesamtsystems

Das Steuersystem als Gesamtheit wird von der Vielzahl kleiner und kleinster Steuern auf subnationaler Ebene geprägt, die das Gesamtsystem äußerst unübersichtlich machen (durch die aktuelle Steuerreform findet aber eine Reduktion statt). Die vertikale Konkurrenz im Bereich der Verbrauchsbesteuerung (Excises des Commonwealth, Franchise Fees der Staaten) ist inzwischen beseitigt, bei der Unternehmensbesteuerung wurden bisherige Inkonsistenzen zwischen den zahlreichen Steuern des Commonwealth und der Payroll Tax der Einzelstaaten

---

[217] Vgl. *Victorian Department of Treasury and Finance* (Hrsg.): Budget 1997-98, Budget Paper No. 2; Chapter 5, S. 14ff.

[218] Vgl. *Owen Gabbitas/Damien Eldridge*, S. 67ff.

durch die Harmonisierung bestimmter Parameter abgebaut.[219] Die doppelte Besteuerung des Neufahrzeugkaufes durch Bund und Staaten dürfte keine Probleme für das Steuersystem mit sich bringen, jedoch die Erhebungs- und Entrichtungskosten der Besteuerung erhöhen.

Finanzverfassung und Steuersystem verhindern nicht, daß von den Staaten zahlreiche ineffiziente Steuern erhoben werden, deren Erhebung also Wohlfahrtsverluste mit sich bringt, welche den fiskalischen Wert des Steueraufkommens für die öffentlichen Haushalte übersteigen[220]. Insoweit besteht folglich ein konzeptionelles Defizit in der Ausgestaltung des Steuersystems und der Verteilung der Besteuerungsrechte. Hervorzuheben ist lediglich, daß die Finanzverfassung in der Auslegung des High Court und der Praxis des Commonwealth eine relativ eindeutige Abgrenzung der Besteuerungsgrundlagen vornimmt, wenn auch die Gliedstaaten dadurch auf die weniger ergiebigeren Steuerquellen zurückgreifen müssen.

Festzuhalten ist ferner, daß aufgrund mannigfaltiger institutioneller Schwächen der vertikalen Einnahmenverteilung keine ausreichende Verantwortlichkeit der haushaltspolitischen Entscheidungsträger besteht.[221] Vielmehr ist das Steuersystem für die Steuerzahler insgesamt eher unübersichtlich und eine rasche Zuordnung der Verantwortlichkeiten nicht möglich, zumal das Commonwealth in erheblichem Umfang Steuern für die dezentralen Gebietskörperschaften erhebt. Jedoch scheint der politische Druck auf die Bundespolitik nicht derart hoch zu sein, daß sie die finanzielle Verantwortung für die Einnahmen der Gliedstaaten diesen überlassen würde.

3.2.7.8 Gewährleistung allgemeiner und gleicher Besteuerung

Das föderative Steuersystem als solches scheint wegen der zentralen Gesetzgebung in bezug auf die ertragsmäßig bedeutendsten Steuern eine allgemeine und gleiche Besteuerung zu gewährleisten. Die mit großem Abstand wichtigste Steuerquelle bildet das private Einkommen. Die Steuern vom Einkommen werden auf der Bundesebene und landesweit einheitlich erhoben, was die interregionale und interpersonale Steuergerechtigkeit sichert.[222] Auch die Verankerung der Gestaltungskompetenz für die Umsatzbesteuerung (GST) auf der Bundesebene trägt zu einer Erfassung aller steuerlich Leistungsfähigen und ihrer gleichmäßigen Belastung bei.

---

[219] Vgl. *Victorian Department of Treasury and Finance* (Hrsg.): Budget 1997-98, Budget Paper No. 2; Chapter 5, S. 15.
[220] Vgl. *Owen Gabbitas/Damien Eldridge*, S. 19ff.
[221] Vgl. *Victorian Department of Treasury and Finance* (Hrsg.): Budget 1998-99, Budget Paper No. 2, S. 166.
[222] Vgl. *Denis W. James:* Federal-State ..., S. 17 .

Die Steuern der Gliedstaaten erfassen hingegen oftmals nur eine relativ kleine Zahl von Steuerpflichtigen, da meist recht hohe Freibeträge eingeräumt werden.[223] Auch die Ausgestaltung einzelner Steuern wirft Fragen bzgl. der Wahrung der Allgemeinheit und Gleichmäßigkeit der Besteuerung auf. So erfaßt z.b. die Land Tax zwar regelmäßig nicht die Bewohner eigengenutzter Häuser, belastet aber die Bewohner von Mietwohnungen, soweit die Steuer über die Miete abgewälzt wird.[224] Im Hinblick auf den Steuerwettbewerb wäre eine einheitliche Regelung für die Bemessungsgrundlage und die Tarifstruktur der Land Tax sicherlich vorteilhaft. Die Herstellung von 'Steuergerechtigkeit' ist in diesem Fall aber prinzipiell eine Aufgabe des einzelnen Gesetzgebers oder ihrer Gesamtheit, nicht jedoch der bundesstaatlichen Finanzverfassung.

3.2.7.9 Erhebungs- und Entrichtungsbilligkeit der Besteuerung

Insgesamt sind die Kosten für die Erhebung der subnationalen Steuern nicht sehr hoch.[225] Die kleineren Steuern verursachen dabei einen höheren Aufwand, und die relativ hohen Kosten der Verwaltung der Land Tax[226] werden zum Teil dadurch kompensiert, daß die Bewertungen der Grundstücke auch für die Erhebung der Municipal Rates verwendet werden.[227] Auch die Kosten auf Seiten der Steuerzahler halten sich in einem vertretbaren Rahmen, insbesondere verglichen mit den Kosten für die Entrichtung der Bundessteuern.[228]

Die Staaten haben in den 90er Jahren mehrere Maßnahmen zur Steuerharmonisierung ergriffen, um die Erhebungs- und Entrichtungskosten zu minimieren. Davon profitieren vor allem Unternehmen mit Niederlassungen in mehreren Staaten. Die Änderungen erfolgen aber auch mit Blick auf ähnlich konzipierte Bemessungsgrundlagen des Commonwealth: Insbesondere die Bestrebungen zur Harmonisierung der Unternehmensbesteuerung (d.h. zur Anpassung der Payroll Tax unter den Staaten sowie an die Regelwerke der entsprechenden Steuern des

---

[223] Vgl. *Owen Gabbitas/Damien Eldridge*, S. 47, 50.

[224] Vgl. *Owen Gabbitas/Damien Eldridge*, S. 41f.

[225] Vgl. *Owen Gabbitas/Damien Eldridge*, S. 48. Beispielsweise liegen die Verwaltungskosten der Payroll Tax in New South Wales bei durchschnittlich 0,3% des Aufkommens (ebd.; S. 119).

[226] Im Zeitraum von 1982 bis 1996 schwankten die Verwaltungskosten für die Land Tax (in New South Wales) zwischen 2% und 5% (ebd.; S. 167).

[227] Vgl. *Owen Gabbitas/Damien Eldridge*, S. 48.

[228] Vgl. *Owen Gabbitas/Damien Eldridge*, S. 48ff. So wird etwa der Aufwand für die Entrichtung der Payroll Tax mit einem Wert von 3,6% des Aufkommens beziffert und im Vergleich zu den übrigen Steuern der Staaten als hoch bezeichnet.

Bundes) sollen die Entrichtungskosten, die der gemeinsame Zugriff auf eine Steuerquelle mit sich bringt, verringern.[229]

Tabelle 22: Kosten der Erhebung und Entrichtung ausgewählter subnationaler Steuern

Steuerart	Erhebungskosten	Entrichtungskosten
Payroll Tax	niedrig	hoch
Land Tax / Municipal Rates	hoch	niedrig
Conveyance Duty	mittel	niedrig
Financial Institutions Duty	mittel	mittel bis hoch
Other Stamp Duties	mittel	mittel
Petroleum Franchise Fees*	niedrig	mittel
Liquor Franchise Fees*	mittel	mittel

* Die Franchise Fees werden seit 1997 nicht mehr erhoben.
Quelle der Daten: Owen Gabbitas/Damien Eldridge, S. 43ff., 53.

Weil über den quantitativ nicht sonderlich relevanten Komplex der Unternehmensbesteuerung hinaus kein konkurrierender Zugriff auf eine Steuerquelle stattfindet, dürften grundsätzlich keine zusätzlichen Kosten aufgrund der Föderalisierung des Steuersystems entstehen. Es ist allerdings davon auszugehen, daß die bisherige konkrete Ausgestaltung des Steuersystems die Kosten der Besteuerung erhöht hat, weil eine Vielzahl kleinerer Steuern gerade auf der Ebene der Gliedstaaten erhoben wird, was jeweils bis zu acht verschiedene Regelwerke (i.d.R. eines pro Staat) für eine einzige Steuerart mit sich bringt.[230] Eine Konzentration des Steuersystems auf wenige, gut konzipierte Steuern im Sinne eines 'rationalen' Steuersystems brächte eine Senkung der Erhebungs- und Entrichtungskosten der Besteuerung mit sich.

3.2.7.10 Durchführung eines sachgerechten Finanzausgleichs

Das ausgedehnte vertikale Finanzausgleichssystem mit horizontaler Wirkung auf den subnationalen Ebenen ist geradezu ein Charakteristikum der innerstaatlichen Finanzbeziehungen in Australien[231], es besteht aber aufgrund der ungleichmäßigen regionalen Verteilung der steuerlichen Bemessungsgrundlagen sowie der unterschiedlich hohen Produktionskosten für öffentliche Leistungen auch eine entsprechende Notwendigkeit für die Durchführung eines ausgedehnten Finanzausgleichs.

---

[229] Vgl. *Victorian Department of Treasury and Finance* (Hrsg.): Budget 1997-98, Budget Paper No. 2; Chapter 5, S. 15f.

[230] Inzwischen gibt es in Australien landesweit 43 Sätze von Grunderwerbsteuern, hinzu kommen 19 Vergünstigungs- und 5 Befreiungsregelungen. Vgl. *New South Wales Treasury* (Hrsg.): Interstate Comparison of Taxes 1998-99.

[231] Vgl. *New South Wales Treasury* (Hrsg.): Budget 1998-99, Budget Paper No. 2; S. 5-3f.

Orientierungspunkt des Finanzausgleichssystems ist die Grundidee eines einheitlichen bzw. vergleichbaren öffentlichen Güterangebotes. Das Bestreben, ein vergleichbares Güterangebot auf den nachgeordneten Staatsebenen zu ermöglichen, trägt zugleich zur Sicherung fairer Teilnahmebedingungen im innerstaatlichen Wettbewerb bei.

Die Suche nach Kriterien für die Verteilung der vertikalen Ausgleichszuweisungen im Rahmen des Finanzausgleichs zwischen dem Commonwealth und den Staaten ist stark von 'Gerechtigkeitsaspekten' geprägt, um eine fiskalische Gleichheit ('Fiscal Equity') zwischen den Gliedstaaten herzustellen. Diesem Ziel dient die Berücksichtigung von Bedarfselementen, die sich an den tatsächlichen regionalen Verhältnissen orientieren. Infolgedessen ist der Finanzausgleich durch einen hohen Aufwand für die Ermittlung der Vergabekriterien und deren Grundlagen (potentielle Finanzkraft und Ausgabenbedarf der Empfänger) gekennzeichnet.

Es muß dahingestellt bleiben, ob die von der Commonwealth Grants Commission gewählten standardisierten Einnahmen- und Ausgabenkategorien tatsächlich einen gerechten interregionalen Ausgleich bewirken können. Nur schwer zu überprüfen ist vor allem, ob die jeweiligen Finanzbedarfe einigermaßen korrekt erfaßt werden. Dem australischen Finanzausgleich wird zwar vorgeworfen, die finanzschwachen Staaten übermäßig zu begünstigen.[232] Gegen diese These spricht jedoch, daß gerade diese Staaten ihre Fiscal Capacity regelmäßig überdurchschnittlich ausschöpfen.

Das bisherige Finanzausgleichssystem hat den Gliedstaaten nur eine geringe Einnahmensicherheit geboten, da das Commonwealth jederzeit in Zahlungsströme eingreifen und die Zuweisungen in ihrer Höhe und Struktur eigenständig verändern konnte. Dieses Problem ist durch die Umstellung der Umsatzbesteuerung auf die GST und die Koppelung der Finanzausgleichsmasse an deren Aufkommen behoben. Obwohl die zugrundeliegenden Regelwerke keinen Verfassungsrang einnehmen, bieten sie doch den Staaten eine ausreichende Einnahmengarantie, da weder das Intergovernmental Agreement noch die Bundesgesetze einseitig bzw. ohne Zustimmung der Staaten geändert werden dürfen.

---

232 Dadurch, daß der große Bereich des "unsichtbaren" Finanzausgleichs (aufgrund einheitlicher Belastungen und Leistungen seitens des Commonwealth) nicht berücksichtigt wird, fehlten wichtige Ausgleichsparameter. Somit würde das Ziel, ineffiziente Wanderungen zu vermeiden, überspannt, so daß 'effiziente' Wanderungen verhindert würden (vgl. *Jeff Petchey/Tony Rutherford/Michael D. Nahan*, S. 53f.).

Da die horizontale Verteilung auch künftig sowohl einnahmen- als auch bedarfsorientiert auf der Basis von der Commonwealth Grants Commission berechneter Schlüssel vorgenommen wird, ist davon auszugehen, daß weiterhin eine umfassende Anrechnung der Einnahmenpotentiale sowie standardisierter spezifischer Ausgabenlasten erfolgen wird. Unter diesen Umständen trägt der Finanzausgleich zu fairen Ausgangspositionen im föderativen Wettbewerb bei.

3.2.7.11 Zwischenergebnis

Die originäre Finanzausstattung der Gliedstaaten und Gemeinden ist unzureichend. Beide föderalen Ebenen sind vielmehr auf umfangreiche Zuweisungen des Commonwealth angewiesen, um ihre Aufgaben finanzieren zu können. In diesem Kontext macht sich vor allem die sehr beschränkte subnationale Steuerautonomie bemerkbar, die den Gliedstaaten und Gemeinden nicht die Möglichkeit eröffnet, statt der Zuweisungen auf eigene Steuereinnahmen zurückzugreifen. Zu bemängeln ist die Struktur der subnationalen Steuern, insbesondere der Ausschluß der Einzelstaaten von den fiskalisch ergiebigen Besteuerungsgrundlagen.

Ein weiterer Problempunkt des australischen Steuersystems ist die starke regionale Streuung der steuerlichen Bemessungsgrundlagen hinsichtlich fast aller Steuern der Gliedstaaten. Die interregionalen Differenzen in Verbindung mit nur beschränkter Steuerautonomie machen einerseits einen bundesstaatlichen Finanzausgleich unumgänglich und behindern die Staaten zugleich darin, die Vorteile von Steuerautonomie auf subnationaler Ebene vollständig zu nutzen.

Auch die Anforderungen an eine 'rationale' Gestaltung des föderativen Steuersystems werden vom australischen Steuersystem überwiegend nicht erfüllt: Zum einen fehlt bisher neben der Einkommensteuer eine zweite 'große' Steuerquelle (wobei die Entwicklung der Bedeutung der GST als Steuerquelle abzuwarten bleibt), zum anderen sind die Nebensteuern meist nicht hinreichend ergiebig und von der Bemessungsgrundlage her zu schmal. Zudem ist das Steuersystem in seiner Gesamtheit weder in sich konsistent noch transparent, da es vor allem aufgrund der Finanzierungsprobleme der Staaten stark zersplittert ist.

Als einziger Bestandteil des australischen Fiskalföderalismus vermag der konzeptionelle Ansatz des Finanzausgleichssystems wegen der Orientierung sowohl an Finanzkraft als auch an Finanzbedarfen zu überzeugen, weil er geeignet scheint, sowohl besondere regionale Lasten angemessen auszugleichen als auch die Voraussetzungen für einen 'fairen' Steuerwettbewerb zu schaffen.

3.3 Deutschland

3.3.1 Das bundesstaatliche Steuersystem vor 1945

Um den Hintergrund für die Gestaltung der Finanzverfassung des Grundgesetzes zu verdeutlichen, werden im folgenden die autonomen Besteuerungsrechte auf der Ebene der Gliedstaaten und Gemeinden in den deutschen Finanzverfassungen vor 1945 einschließlich der historischen Entwicklung der föderativen Verteilung der Besteuerungskompetenzen dargestellt. Ein Rückblick auf die historischen Vorläufer ist für das Verständnis der deutschen Finanzverfassung notwendig, weil für deren Ausgestaltung nicht nur die Vorstellungen von der Konzeption der zu gründenden Bundesrepublik, sondern auch die gewonnenen Erfahrungen mit den bundesstaatlichen Finanzverfassungen des Deutschen Reiches von 1867/71 sowie von 1919[1] maßgeblich waren.

Während der wechselvollen geschichtlichen Entwicklung der deutschen Finanzverfassung, auf die der Verfassungsgeber 1948/49 zurückblicken konnte, haben sich die Extreme abgelöst: "Im Kaiserreich war das Reich Kostgänger der Einzelstaaten, in der Weimarer Republik kam es zunehmend zu einer Kompetenzverlagerung zum Reich, die dann in der Zeit des Nationalsozialismus zu einem nahezu vollständigen Kompetenzverlust der Länder und Gemeinden führte."[2] Nach 1945 war der Parlamentarische Rat bei der Konzeption des Grundgesetzes allerdings in seiner Entscheidungsfreiheit eingeschränkt, da die Besatzungsmächte erheblichen Einfluß auf die Ausgestaltung der bundesstaatlichen Ordnung und der Finanzverfassung im besonderen nahmen.[3] Vermutlich setzten erst die Finanzreformen von 1955/56 und 1969 den eigentlichen Willen des Verfassungsgebers von 1948/49 weitgehend um.

---

1 In beiden Fällen wurde versucht, die angestrebte gesellschaftspolitische Machtverteilung über die Finanzverteilung abzusichern, statt durch Anwendung rationaler Kriterien die föderative Struktur angemessen abzubilden und somit für eine aufgabenadäquate Finanzausstattung aller Gebietskörperschaften zu sorgen. "Im Kaiserreich ging es um soziale und politische Klasseninteressen, Bewahrung politischer Privilegien, Abwehr von Parlamentarisierungs- und Demokratisierungsforderungen und bei der Neuordnung nach 1918 bildeten Erfahrungen dieser unmittelbaren Vergangenheit, nicht jedoch die Erfordernisse des angestrebten demokratischen und sozialen Verfassungsstaats die Entscheidungsgrundlage. (...) 1867/1871 wurde von den Interessen der in den Bundesstaaten die politisch-soziale Macht ausübenden Schichten entschieden, 1918/19 von den Interessen des Reichs und den leidvollen Erfahrungen mit der bundesstaatlichen Präponderanz in der Zeit des Kaiserreichs - und in beiden Fällen wurde damit an den tatsächlichen Erfordernissen (...) vorbei gehandelt." (*Peter-Christian Witt*, S. 76f.). Siehe auch *Stefan Korioth*, S. 312f.

2 *Karl-Heinrich Hansmeyer*: Die Entwicklung von Finanzverfassung und Finanzausgleich in der Bundesrepublik Deutschland bis zum Jahre 1990 aus finanzwissenschaftlicher Sicht; in: Jochen Huhn/Peter-Christian Witt (Hrsg.): Föderalismus in Deutschland, S. 165 (171). Vgl. auch *Ernst Deuerlein*, S. 144.

3 Vgl. *Hermann Höpker-Aschoff*: Das Finanz- und Steuersystem der Bonner Grundgesetzes; in: Archiv des öffentlichen Rechts 75 (1949), S. 306ff.; *Gerhard Lehmbruch*: Bundesstaatsreform als Sozialtechnologie? Pfadabhängigkeit und Veränderungsspielräume im deutschen Föderalismus; in: Europäisches Zentrum für Föderalismus-Forschung Tübingen (Hrsg.): Jahrbuch des Föderalismus 2000; Baden-Baden 2000, S. 71 (88).

Die Finanzverfassung des Deutschen Reiches von 1871 konstituierte ein Trennsystem hinsichtlich Steuerquellen und Finanzwirtschaft[4], das indes in Art. 70 Satz 2 RV an zwei entscheidenden Stellen durchbrochen war: Dem Reich standen nach Art. 70 Satz 1 RV die Einnahmen aus Zöllen, dem Post- und Telegraphenwesen sowie den gemeinschaftlichen Verbrauchsteuern[5] zu. Alle übrigen Steuerquellen waren somit zunächst den Bundesstaaten zugewiesen. Art. 70 Satz 2 RV ermöglichte eine subsidiäre Deckung der Reichsausgaben durch die Erhebung sog. 'Matrikularbeiträge'[6] von den Bundesstaaten. Die Formulierung "solange Reichssteuern nicht eingeführt sind" ('Clausula Miquel')[7] verlieh einerseits der partiellen Finanzierung des Reiches aus Matrikularbeiträgen den Charakter der Vorläufigkeit, andererseits wurde dem Reich damit die Zuständigkeit zur Einführung weiterer Reichssteuern[8] zugestanden. Nach dem Verfassungstext verfügte das Reich somit über eine umfassende Ermächtigung zur Erweiterung seiner Steuerhoheit. Es blieb in der Nutzung seiner potentiellen Steuerautonomie jedoch stets beschränkt, da der politische Widerstand nicht nur der Bundesstaaten gegen eine Ausweitung der Besteuerung durch das Reich enorm war.[9]

Ab 1879 begrenzte die sog. 'Frankenstein´sche Klausel'[10] die Einnahmen des Reiches aus den Zöllen und der Tabaksteuer zugunsten der Bundesstaaten und verhinderte so eine Verbesserung seiner Finanzkraft. Damit war ein Überweisungssystem geschaffen worden, wobei allerdings mit den Matrikularbeiträgen aufgerechnet wurde. Die 'Frankenstein´sche Klausel' wurde 1896 eingeschränkt und 1904 aufgehoben.[11]

---

[4] Vgl. *Paul Laband*: Das Staatsrecht des Deutschen Reiches, Band 4; 5. Aufl., Tübingen 1914, S. 379.

[5] Steuern auf Salz, Tabak, Branntwein, Zucker und Sirup (Art. 35 Satz 1 RV). In Süddeutschland verblieb die Besteuerung von Bier und Branntwein dem Landesgesetzgeber (Art. 35 Satz 2).

[6] "Beiträge der einzelnen Bundesstaaten nach Maßgabe ihrer Bevölkerung", die zur Deckung der Reichsausgaben aufzubringen sind (Art. 70 Satz 2 RV). Ihre Höhe wurde jährlich im Haushaltsplan des Reiches festgelegt. Vgl. *Paul Laband*: Staatsrecht, Band 4, S. 516ff.

[7] Dazu *Jürgen W. Hidien*, S. 121ff.; *Hans Pagenkopf*, S. 90ff.

[8] Dazu *Albert Hensel*, S. 115; *Paul Laband*: Direkte Reichssteuern, S. 6ff.

[9] Vgl. *Hans Pagenkopf*, S. 104; *Ernst Deuerlein*, S. 144. Insbesondere die Erhebung direkter Reichssteuern scheiterte sowohl am Bundesrat als auch am Reichstag. Es galt die Maxime, daß die direkten Steuern den Bundesstaaten und die indirekten Steuern dem Reich zustanden. Vgl. *Stefan Korioth*, S. 321; *Paul Laband*: Staatsrecht, Band 4, S. 383.

[10] § 8 des Zolltarifgesetzes bestimmte, daß alle die Schwelle von 130 Mio. RM überschreitenden Einnahmen des Reiches aus Zöllen und der Tabaksteuer nach dem für die Matrikularbeiträge geltenden Schlüssel auf die Bundesstaaten verteilt werden. Vgl. *Paul Laband*: Staatsrecht, Band 4; S. 518; *Ernst Rudolf Huber*: Deutsche Verfassungsgeschichte, Band III; 2. Aufl., Stuttgart u.a. 1979, S. 950ff.; *Hugo Preuß*: Reichs- und Landesfinanzen; Berlin 1894, S. 40ff.

[11] Im Rahmen der 'Reichsfinanzreform' von 1904 wurde außerdem der Wortlaut des Art. 70 Satz 2 RV um die Passage "solange Reichssteuern nicht eingeführt sind" reduziert, wofür im Gegenzug das Provisorium der Matrikularbeiträge dauerhaft verfestigt worden ist (vgl. *Hans Pagenkopf*, S. 95f.). Bis 1909 wurden daraufhin auch alle Überweisungssteuern (mit Ausnahme der Branntweinsteuer) abgeschafft. Dazu *Ernst Rudolf Huber*: Deutsche Verfassungsgeschichte, Band III, S. 952f.; *Paul Laband*: Staatsrecht, Band 4, S. 381ff.

Übersicht 8: Wichtige Finanzierungs- und Steuerquellen von Reich, Gliedstaaten und Kommunen im Deutschen Reich bis 1918

Gebietskörperschaft	Zugeordnete Finanzierungs- und Steuerquellen
Reich	Zölle, Verbrauchsteuern, einige Verkehrsteuern, Erbschaft- und Schenkungsteuer (ab 1906); Matrikularbeiträge der Bundesstaaten, [Verschuldung].
Bundesstaaten	Direkte Steuern auf Einkommen und Vermögen, Erbschaftsteuer (ab 1906 nur Anteil an der Bundessteuer), einige Verkehrsteuern.
(preußische) Gemeinden	Realsteuern (Grundsteuer, Gewerbesteuer), kleinere indirekte Steuern, Zuschläge zur staatlichen Einkommensteuer.
Landkreise / Provinzen	Zuweisungen, Umlagen, Steuerzuschläge.

Quelle: Eigene Darstellung.

1906 wurde die Erbschaftsteuer der Bundesstaaten durch eine Erbschaft- und Schenkungsteuer auf Reichsebene ersetzt, wobei die Erträge aus dieser Steuer zwischen Reich und Bundesstaaten aufgeteilt wurden.[12] Damit war nicht nur die erste direkte Reichssteuer, sondern auch die erste deutsche Gemeinschaftsteuer geschaffen. Im Laufe der Zeit gelang die Einführung weiterer (kleinerer) Reichssteuern.[13] Nach 1916 erfaßte die Reichsgesetzgebung rund 50% des deutschen Steueraufkommens.[14]

Die Steuersysteme der Bundesstaaten konnten sich mangels zentralstaatlicher Kompetenzen unabhängig von Eingriffen durch die Reichsgesetzgebung entwickeln.[15] Vorreiterin war die Miquelsche Steuerreform in Preußen, in deren Rahmen die Einkommensteuer als Subjektsteuer ausgestaltet und ein eigenständiges Kommunalsteuersystem geschaffen wurde.[16] Die Grund- und die Gewerbesteuer wurden den Gemeinden übertragen, daneben existierten kommunale Zuschläge auf die Einkommensteuer und auf weitere kleinere Steuern.[17]

---

[12] Dazu *Paul Laband*: Staatsrecht, Band 4, S. 484ff.

[13] 1913 folgte der Wehrbeitrag als Sonderbesteuerung des Vermögens und im Kriegsjahr 1916 die Reichsumsatzsteuer. Vgl. *Stefan Korioth*, S. 322f.; *Hans Pagenkopf*, S. 97f.

[14] Vgl. *Fritz Terhalle*: Geschichte der deutschen öffentlichen Finanzwirtschaft vom Beginn des 19. Jahrhunderts bis zum Schlusse des Zweiten Weltkrieges; in: Wilhelm Gerloff/Fritz Neumark (Hrsg.): Handbuch der Finanzwissenschaft, Band 1; 2. Aufl., Tübingen 1952, S. 273 (317).

[15] Eine unitarisierende Wirkung folgte allerdings aus den ökonomischen und sozialen Prozessen, die ein einheitlicher Wirtschaftsraum mit sich bringt. Infolgedessen erlebten die dezentralen Steuersysteme einen Modernisierungsschub, der durch einen Ausbau der direkten Steuern zu Lasten der indirekten Steuern gekennzeichnet war, wobei sich der Schwerpunkt von den Objekt- zu den Subjektsteuern verlagerte. Vgl. *Fritz Terhalle*: Geschichte ..., S. 288.

[16] Vgl. *Hans Pagenkopf*, S. 94f. Zur Entwicklung der Steuersysteme in den übrigen Bundesstaaten vgl. *Fritz Terhalle*: Geschichte ..., S. 289.

[17] Zur unterschiedlich hohen Belastung aus den kommunalen Zuschlägen zur Einkommensteuer in verschiedenen Regionen vgl. *Peter-Christian Witt*, S. 85. Zu den Besteuerungskompetenzen der Landkreise vgl. *Adalbert Leidinger*: Das Finanzsystem der Gemeindeverbände; in: Günter Püttner (Hrsg.): Handbuch der kommunalen Wissenschaft und Praxis; Band 6: Kommunale Finanzen, 2. Aufl., Berlin u.a. 1985, S. 331 (335f.); *Engelbert Recker*: Kreissteuer im historischen Vergleich; in: Der Landkreis 1984, S. 320 (320f.).

Festzuhalten bleibt, daß die wichtigsten Einnahmequellen in den Händen der Bundesstaaten lagen, die ihrerseits darauf achteten, dem Reich keinen Einbruch in ihre Steuerhoheit zu gestatten. So blieb die Finanzausstattung des Reiches und sein Steuersystem stets unzureichend.[18] Das Reich war deswegen in der Ausweitung seiner Ausgaben begrenzt und in gewissem Umfang ein 'Kostgänger der Bundesstaaten'.[19] Dies führte zu Ausweichreaktionen in die Verschuldung zur Finanzierung des Reiches, was sich mit Kriegsausbruch 1914 gewaltig verstärkte, da die reichseigenen Steuerquellen die finanziellen Anforderungen des Weltkrieges nicht erfüllen konnten.[20]

Anders als die Reichsverfassung von 1871 nahm die Weimarer Reichsverfassung von 1919 eine Konzentration der staatlichen Kräfte auf der Reichsebene vor, entweder durch ausdrückliche Regelung oder indem entsprechende einfachgesetzliche Kompetenzverlagerungen zu Lasten der Länder zulässig waren.[21] Im Rahmen der Finanzverfassung gestand Art. 8 WRV dem Reich eine weitreichende und verfassungsrechtlich kaum begrenzte Gesetzgebungs- und Ertragskompetenz bezüglich Abgaben und sonstigen Einnahmen zu.[22] Ergänzend dazu ermöglichte Art. 11 WRV dem Reich, unter bestimmten Voraussetzungen die Erhebung von Landesabgaben zu beschränken.[23] Weil die föderative Verteilung der Ausgaben und Einnahmen nach dem Willen des Verfassungsgebers einfachgesetzlich geregelt werden sollte[24], nahm die Verfassung nur hinsichtlich der Zölle (Art. 6 und 83 WRV) eine ausschließliche Zuweisung an das Reich vor. Das Trennsystem bei den Verbrauchsteuern blieb bestehen.

---

[18] Vgl. *Karl-Heinrich Hansmeyer/Manfred Kops*: Die wechselnde Bedeutung der Länder in der deutschen Finanzverfassung seit 1871; in: Blätter für deutsche Landesgeschichte 1989, S. 63 (71f.); *Hans Pagenkopf*, S. 103ff.; *Fritz Terhalle*: Geschichte ..., S. 283ff. Die Finanzverfassung von 1871 wies den Bundesstaaten im Gleichklang mit der übrigen Verfassung eine starke Stellung zu; das Reich hingegen erhielt nur die notwendigsten Kompetenzen, um die Position der Gliedstaaten dauerhaft verfassungsrechtlich abzusichern. Die Restriktion der Reichskompetenzen ging so weit, daß selbst die Zoll- und Steuerverwaltung nach Art. 36 RV den Bundesstaaten oblag und das Reich nicht einmal seine eigenen Steuern selbständig verwalten durfte.

[19] Vgl. *Hans-Günter Henneke*: Öffentliches ..., Rdnr. 65; *Hans Pagenkopf*, S. 91.

[20] Vgl. *Ernst Deuerlein*, S. 143f.

[21] Zwar blieb das Deutsche Reich ein Bundesstaat, wegen der Bewältigung der Kriegsfolgen und der Reparationsverpflichtungen schien es aber erforderlich, das politische Machtzentrum von den Ländern zum Reich zu verschieben. Folge davon war eine stark zentralistische Kompetenzverteilung. Vgl. *Hans-Günter Henneke*: Öffentliches ..., Rdnr. 73f.; *Hans Pagenkopf*, S. 108. Insbesondere die Möglichkeit einfachgesetzlicher Kompetenzverlagerungen bewirkte eine erhebliche Instabilität der föderativen Ordnung (vgl. *Richard Thoma*, S. 182).

[22] Art. 8 WRV lautete: "Das Reich hat ferner die Gesetzgebung über die Abgaben und sonstigen Einnahmen, soweit sie ganz oder teilweise für seine Zwecke in Anspruch genommen werden. Nimmt das Reich Abgaben oder sonstige Einnahmen in Anspruch, die bisher den Ländern zustanden, so hat es auf die Erhaltung der Lebensfähigkeit der Länder Rücksicht zu nehmen."

[23] Art. 11 WRV lautete: "Das Reich kann [...] Grundsätze über die Zulässigkeit und Erhebungsart von Landesabgaben aufstellen, soweit sie erforderlich sind, um [...]."

[24] Zur Intention des Verfassungsgebers siehe *Jürgen W. Hidien*, S. 220.

Im Rahmen der dreistufigen Erzberger'schen Finanzreformen erfolgte in den Jahren 1919/20 eine vollständige Neuordnung der föderalen Finanzbeziehungen durch einfache Reichsgesetzgebung mit dem Ziel einer Vereinheitlichung des Finanz- und Steuersystems.[25] Indem das Reich die wichtigsten Steuerquellen an sich zog, wurde ein System von Reichssteuern aufgebaut. Die Steuern auf Einkommen (Einkommen-, Körperschaft- und Kapitalertragsteuer), die Umsatzsteuer, die Erbschaft- sowie die Grunderwerbsteuer (und später auch die Kraftfahrzeug- und Rennwettsteuer) wurden zum Gegenstand der Reichsgesetzgebung, deren Ertrag allerdings zwischen Reich und Ländern aufgeteilt wurde: Die Ländergesamtheit erhielt prozentuale Anteile am jeweiligen Steueraufkommen[26], welche wiederum nach bestimmten Schlüsseln auf die einzelnen Länder verteilt wurden.[27] Mit der Einführung der Reichseinkommensteuer wurde auch das Zuschlagsrecht der Gemeinden zur Einkommensteuer abgeschafft.[28] Schlußpunkt der Finanzreformen war der Erlaß des 'Landessteuergesetzes'[29], in dem der gesamte bundesstaatliche Finanzausgleich normiert wurde. Im Bereich der Gesetzgebungshoheit war danach den Ländern und Gemeinden grundsätzlich der Zugriff auf Steuerquellen verwehrt, sobald der Reichsgesetzgeber entsprechend tätig geworden ist.[30] Zudem regelte das Gesetz die den Ländern und Gemeinden verbliebenen Kompetenzen in der Steuerpolitik einschließlich der Verpflichtung zur Erhebung bestimmter Steuern wie der entkommunalisierten Realsteuern (Grund- und Gewerbesteuer).[31] Ein weiterer wichtiger Bestandteil des Landessteuergesetzes war die Einführung eines vertikalen und ansatzweise auch horizontal wirkenden Finanzausgleichs. Dieser erfolgte durch die gesetzliche Beteiligung der Länder und Kommunen[32] an bestimmten Reichssteuern sowie durch die Berücksichtigung von Finanz-

---

[25] Vgl. *Hans Pagenkopf*, S. 113ff.; *Peter-Christian Witt*, S. 90ff. Dazu zählt die Einführung einer Reichsfinanzverwaltung entgegen Art. 83 und 84 WRV auf der Grundlage von Art. 14 WRV, was erheblich zur Unitarisierung des Bundesstaates beigetragen hat (vgl. *Ottmar Bühler*: Die Zuständigkeitsverteilung auf dem Gebiete des Finanzwesens; in: Gerhard Anschütz/Richard Thoma (Hrsg.): Handbuch des Deutschen Staatsrechts, Band 1; Tübingen 1930, S. 321 (325)).

[26] Vgl. *Hermann Höpker-Aschoff*, S. 311; *Fritz Terhalle*: Geschichte ..., S. 301.

[27] Zu den Verteilungsschlüsseln vgl. *Ottmar Bühler*, S. 335ff.; *Stefan Korioth*, S. 385ff.

[28] Vgl. *Hans Pagenkopf*, S. 114. Zum Scheitern der (Wieder-) Einführung des Zuschlagsrechts der Länder und Gemeinden auf die Reichseinkommen- und Körperschaftsteuer 1925 *Fritz Terhalle*: Geschichte ..., S. 308.

[29] Seit 1923 mit der Bezeichnung Gesetz über den Finanzausgleich zwischen Reich, Ländern und Gemeinden. Dazu *Ottmar Bühler*, S. 325f.; *Stefan Korioth*, S. 382f.

[30] "Die Inanspruchnahme von Steuern für das Reich schließt die Erhebung gleichartiger Steuern durch die Länder und Gemeinden (Gemeindeverbände) aus [...]." (§ 2 Abs. 1 Finanzausgleichsgesetz).

[31] Zu den Pflichtsteuern der Länder und Gemeinden sowie den ausdrücklich zugelassenen Landes- und Gemeindesteuern siehe *Ottmar Bühler*, S. 334f.; *Hans Pagenkopf*, S. 125f.

[32] Dadurch verfügten etwa die preußischen Landkreise über ein beträchtliches Steueraufkommen (1927/28: >45% der Gesamteinnahmen) und waren sogar direkt an der Einkommen-, Körperschaft- und Umsatzsteuer beteiligt. Dazu *Engelbert Recker*, S. 321ff.; *Franz-Karl Rehm*: Finanzverfassung und Finanzhoheit der Kreise; in: Der Kreis: Ein Handbuch, 2. Band; Köln, Berlin 1976, S. 269 (276ff.).

kraftunterschieden bei der Überweisung der Länderertragsanteile an die einzelnen Empfänger.[33]

Übersicht 9: Wichtige Finanzierungs- und Steuerquellen von Reich, Gliedstaaten und Kommunen im Deutschen Reich bis 1933

Gebietskörperschaft	Zugeordnete Finanzierungs- und Steuerquellen
Reich	Zölle, Verbrauchsteuern, Umsatzsteuer, zahlreiche Verkehrsteuern (Kapitalverkehrsteuer, Beförderungsteuer, Kraftfahrzeugsteuer, Grunderwerbsteuer, Rennwett- und Lotteriesteuer), direkte Steuern auf Einkommen und Vermögen, Erbschaft- und Schenkungsteuer.
Länder	Realsteuern (Grundsteuer, Gewerbesteuer), einige Verkehrsteuern (Stempelsteuer, Wandergewerbesteuer), Hauszinssteuer; als Überweisungen vom Reich 75% des Aufkommens der Einkommen- und Körperschaftsteuer, 30% der Umsatzsteuer sowie 96% des Aufkommens an Kraftfahrzeugsteuer, Grunderwerbsteuer und Rennwettsteuer.
(preußische) Gemeinden	Gewerbesteuer (vom Land überlassen), kleinere indirekte Steuern (Wertzuwachssteuer, Jagdsteuer, Hundesteuer, Vergnügungsteuer, Getränkesteuer), Zuschläge zur staatlichen Grunderwerbsteuer, Bürgersteuer (ab 1931); Beteiligung an den Überweisungen des Reiches an das Land aus dem Aufkommen der Einkommen- und Körperschaftsteuer sowie der Umsatzsteuer; zusätzlich Beteiligung der kreisfreien Städte an der Hauszinssteuer sowie den Reichsüberweisungen aus dem Aufkommen an Grunderwerb- und Kraftfahrzeugsteuer.
Landkreise / Provinzen	Zuweisungen, Umlagen; Erhebung eines Teils der kleineren indirekten Steuern anstelle der kreisangehörigen Gemeinden oder in Konkurrenz zu ihnen; zusätzlich Beteiligung an der Hauszinssteuer sowie den Reichsüberweisungen aus dem Aufkommen an Grunderwerb- und Kraftfahrzeugsteuer.

Quelle: Hermann Höpker-Aschoff, S. 311; eigene Darstellung.

Zu den Vorteilen des Finanzsystems in der Weimarer Republik gehört, daß erstmals ein weitgehend einheitliches Steuerrecht für das ganze Reich geschaffen und mit der Einführung eines Finanzausgleichs i.e.S. zwischen dem Reich und den Ländern sowie der Reichseinkommensteuer erstmals allokative bzw. distributive Zielsetzungen auf gesamtstaatlicher Ebene verfolgt wurden.[34] Mit der Zentralisierung der Steuerquellen und der Implementierung eines Zuweisungssystems einschließlich der Gewährung zweckgebundener Zuweisungen des Reiches an die Länder ab dem Jahr 1923[35] gerieten die Länder aber in eine finanzielle Abhängigkeit vom Reich, welches jene geradezu 'am goldenen Zügel' führen konnte.[36] Die Länder, vor 1918 noch Finanziers des Reiches, wurden infolgedessen zu seinen 'Kostgängern'. Über den verti-

---

[33] Dazu *Jürgen W. Hidien*, S. 242ff.; *Klaus Vogel/Christian Waldhoff*: Vorbemerkungen zu Art. 104a-115 GG; in: Rudolf Dolzer (Hrsg.): Bonner Kommentar zum Grundgesetz, Band 9: Art. 104a-115 GG; 81. Ergänzungslieferung, Heidelberg 1997, Rdnr. 147ff.
[34] Vgl. *Karl-Heinrich Hansmeyer/Manfred Kops*, S. 74.
[35] Vgl. *Stefan Korioth*, S. 395f. Sehr kritisch gegenüber dieser Fondswirtschaft bereits *Gerhard Lassar*, S. 312 (315ff.).
[36] Vgl. *Hans Boldt*: Die Weimarer Reichsverfassung; in: Karl D. Bracher/Manfred Funke/Hans-Adolf Jacobsen (Hrsg.): Die Weimarer Republik 1918-1933; 2. Aufl., Bonn 1988, S. 44 (56); *Hans Pagenkopf*, S. 126.

kalen Finanzausgleich erhielten die dezentralen Gebietskörperschaften zwar eine aufgabenorientierte Finanzausstattung, jedoch konnte das Reich eigenständig über alle wichtigen Steuerquellen verfügen. Die Finanzverfassung und die maßgebliche Reichsgesetzgebung in der Weimarer Republik konstituierte somit ein Zuweisungssystem ohne nennenswerte Steuerautonomie der Länder und Gemeinden. Damit war der "Tiefpunkt autonomer Gestaltungsbefugnis der Länder im Bereich ihrer Einnahmen"[37] und ihres politischen Einflusses im Bundesstaat erreicht. Im Vergleich mit der Situation vor 1918 hatten die Gliedstaaten und Kommunen somit einen erheblichen Teil ihrer politischen Gestaltungsfreiheit und Eigenständigkeit eingebüßt.[38]

Nach 1933 wurde der föderale Charakter des Deutschen Reichs aufgehoben. Im Steuersystem zeigte sich die Entmachtung der Länder vor allem durch eine Übertragung der Gesetzgebungskompetenzen und der Ertragshoheiten an das Reich. Sukzessiv wurden die einzelnen Landessteuern dem Reich oder den Gemeinden übertragen bzw. abgeschafft. Somit verloren die Länder den Status als eigenständige Steuerträger.[39]

Eine bis heute gültige Verlagerung von Länderkompetenzen an Reich und Gemeinden erfolgte im Rahmen der Realsteuerreform 1936/38: Mit der Aufhebung der Entkommunalisierung von Grund- und Gewerbesteuer wurden diese zwar durch Reichsgesetz harmonisiert, die ausschließliche Ertragshoheit einschließlich eines Hebesatzrechts auf der Grundlage eines einheitlichen Steuermeßbetrages dagegen den Gemeinden zugewiesen.[40] Die Gesetzgebungszuständigkeit des Reiches erstreckte sich bereits 1938 auf etwa 98% des deutschen Steueraufkommens.[41] Finanzzuweisungen vom Reich an die Länder (Steuerüberweisungen) ersetzten die Beteiligung der Länder an einzelnen Reichssteuern.[42] Selbst der kommunale Finanzausgleich wurde ab 1944 vom Reich geregelt. Mit dieser Maßnahme wurde die finanzielle Bindung zwischen den Ländern und ihren Gemeinden völlig aufgehoben.[43] Eine Finanzhoheit der Länder bestand damit nicht mehr.

---

37 *Stefan Korioth*, S. 390.
38 Vgl. *Peter-Christian Witt*, S. 96. Siehe auch *Gerhard Lassar*, S. 315ff., der den Ländern mangels hinreichender eigener Kompetenzen sogar die Staatsqualität abspricht (S. 321).
39 Dazu *Jürgen W. Hidien*, S. 324f.; *Hans Pagenkopf*, S. 133ff.; *Klaus Vogel/Christian Waldhoff*, Rdnr. 165.
40 Vgl. *Hans Pagenkopf*, S. 133f.; *Fritz Terhalle*: Geschichte ..., S. 317.
41 Vgl. *Fritz Terhalle*: Geschichte ..., S. 317.
42 Vgl. *Jürgen W. Hidien*, S. 332ff.; *Klaus Vogel/Christian Waldhoff*, Rdnr. 165.
43 Vgl. *Ernst Deuerlein*, S. 196f.; *Jürgen W. Hidien*, S. 332f.

Übersicht 10: Wichtige Finanzierungs- und Steuerquellen von Reich, Gliedstaaten und Kommunen im Deutschen Reich zwischen 1933 und 1945

Gebietskörperschaft	Zugeordnete Finanzierungs- und Steuerquellen
Reich	Fast alle fiskalisch relevanten Steuern waren Reichssteuern
Länder	Keine eigene Steuerhoheit; Finanzierung durch Zuweisungen vom Reich
Gemeinden	Realsteuern (Grundsteuer, Gewerbesteuer), kleinere indirekte Steuern; Zuweisungen vom Reich in Form von Bürgersteuerausgleichsbeiträgen, Schlüssel- und Bedarfszuweisungen, Zweckzuweisungen
Landkreise / Provinzen	Erhebung eines Teils der kleineren indirekten Steuern; Finanzzuweisungen von Reich und Ländern; Umlagen

Quelle: Hermann Höpker-Aschoff, S. 312; eigene Darstellung.

3.3.2 Die Entwicklung der Finanzverfassung des Grundgesetzes

Bei der Entstehung des Grundgesetzes war die Ausgestaltung der Finanzverfassung lange umstritten.[44] Der Parlamentarische Rat stützte sich beim Entwurf der Verfassung grundsätzlich auf Vorschläge des Herrenchiemseer Verfassungskonvents vom August 1948.[45] Bezüglich der Finanzverfassung empfahl der Verfassungskonvent eine weitgehende Autonomie der Länder gegenüber dem Bund sowie die größtmögliche Trennung der finanzpolitischen Verantwortlichkeiten.[46] Der Parlamentarische Rat wollte hingegen die Bundesebene stärken, wobei "die zentralistische Finanzverfassung Weimars ein wichtiger Orientierungspunkt"[47] war. Hinsichtlich der Verteilung der ertragreichen Einkommen- und Umsatzsteuer wurde die Bildung eines Steuerverbundes angestrebt.[48] Das Verbundmodell scheiterte jedoch am Widerstand der Alliierten, ebenso die Einrichtung einer einheitlichen Bundesfinanzverwaltung.[49]

Schließlich wurde ein Trennsystem in bezug auf die *Ertragshoheit* eingeführt. Dem Bund wurden dabei prinzipiell diejenigen Steuerquellen zugeordnet, die sich nicht regional radizie-

---

[44] Vgl. *Hermann Höpker-Aschoff*, S. 306ff.; *Jochen Huhn*, S. 46ff.; *Wolfgang Renzsch*: Finanzverfassung und Finanzausgleich, S. 5ff.

[45] Die Dokumente sind abgedruckt bei *Hans-Peter Schneider* (Hrsg.): Das Grundgesetz: Dokumentation seiner Entstehung, Band 25: Art. 105 bis 107; Frankfurt/M. 1997, S. 80ff., 577ff., 1122ff.

[46] Hierzu sollte eine klare Aufteilung der Steuerquellen zwischen Bund und Ländern dienen. Vgl. dazu *Jürgen W. Hidien*, S. 349ff.; *Wolfgang Renzsch*: Finanzverfassung und Finanzausgleich, S. 55ff.; *Klaus Vogel/ Christian Waldhoff*, Rdnr. 184ff.

[47] *Stefan Korioth*, S. 335. Siehe auch *Gerhard Lehmbruch*: Bundesstaatsreform ...?, S. 87.

[48] Vgl. *Wolfgang Renzsch*: Finanzverfassung und Finanzausgleich, S. 60ff.

[49] Vgl. *Manfred Görtemaker*: Geschichte der Bundesrepublik Deutschland: Von der Gründung bis zur Gegenwart; München 1999, S. 68f.; *Karl-Heinrich Hansmeyer*, S. 171; *Hermann Höpker-Aschoff*, S. 323ff.; *Hans Pagenkopf*, S. 146ff.; *Wolfgang Renzsch*: Finanzverfassung und Finanzausgleich, S. 63ff. Die Besatzungsmächte verlangten eine eindeutige föderale Trennung von Steuergesetzgebung und Steuerverwaltung mit grundsätzlicher Vorrangstellung der Länder. Ziel es war, die Entstehung einer starken Zentralgewalt zu verhindern.

ren lassen.[50] Allerdings war der Bund nach Art. 106 Abs. 3 GG ermächtigt, mit einfachem, jedoch zustimmungspflichtigen Bundesgesetz Anteile am Aufkommen der Einkommen- und Körperschaftsteuer für eigene Zwecke in Anspruch zu nehmen.[51] Die Kommunen wurden in der Steuerertragsverteilung nur mittelbar berücksichtigt, eine Einbeziehung in die Finanzverfassung erfolgte erst 1956 mit der Implementierung der Realsteuergarantie in Art. 106 GG.[52]

Die *Gesetzgebungskompetenzen* wurden in Art. 105 GG überwiegend dem Bund zugewiesen, und zwar auch für solche Steuern, deren Ertrag ausschließlich den Ländern zusteht.[53] In den Bereichen, die eine konkurrierende Zuständigkeit des Bundes zur Steuergesetzgebung aufweisen, war den Ländern von Anfang an die Möglichkeit zum eigenständigen gesetzgeberischen Tätigwerden verwehrt, weil gemäß Art. 123 Abs. 1 GG das einheitliche Steuerrecht des Deutschen Reiches fast vollständig fort galt und somit als bestehendes Bundesrecht kein Platz für Landesgesetze ließ.[54] Um die Finanzhoheit der Länder zu sichern, unterliegen die Gesetze über die wichtigsten Steuern, an deren Aufkommen die Länder oder die Gemeinden beteiligt sind, gemäß Art. 105 Abs. 3 GG der Zustimmung des Bundesrates.

---

50 Vgl. *Dieter Biehl*: Bundesrepublik Deutschland; in: Handbuch der Finanzwissenschaft, Band 4; 3. Aufl., S. 69 (82). Die Verteilung der Ertragshoheiten galt wegen der ungewissen Entwicklung der Einnahmen und Finanzbedarfe der einzelnen föderativen Ebenen nur vorläufig und konnte mit Zustimmung des Bundesrates einfachgesetzlich abgeändert werden.. Die ursprünglich in Art. 107 GG festgelegte Befristung wurde indes durch zweimalige Änderung des Grundgesetzes bis zum 31.12.1955 verlängert. Hierzu ausführlich *Stefan Korioth*, S. 341f.

51 Weil die Finanzausstattung des Bundes hinter seinem wachsenden Finanzbedarf zurückblieb, kam es bereits 1951 zu einer Inanspruchnahme durch den Bund, womit das Trennsystem seine erste Aufbrechung erfuhr. Jener in Art. 106 Abs. 3 GG angelegte 'potentielle Steuerverbund' wurde vom Bund mit steigender Tendenz genutzt. Darüber hinaus erfolgte eine Umverteilung des Steueraufkommens über das System der sogenannten 'Interessenquoten' im Rahmen des Lastenausgleichs. Vgl. *Hans Pagenkopf*, S. 162ff.; *Wolfgang Renzsch*: Finanzverfassung und Finanzausgleich, S. 75ff.; *Klaus Vogel/Christian Waldhoff*, Rdnr. 200f.

52 Vgl. *Wilhelm Heckt*: Die Neuordnung der verfassungsrechtlichen Grundlagen der gemeindlichen Selbstverwaltung; in: Die Öffentliche Verwaltung 1957, S. 164ff.; *Hans-Günter Henneke*: Öffentliches ..., Rdnr. 89

53 "Der ausgesprochen unitarische Grundzug dieser Regelung entspricht dem Bedürfnis [...] nach möglichst einheitlicher, an gleichen Maßstäben orientierter Steuerbelastung innerhalb des nationalen Wirtschaftsraumes, dem Gebot nationaler Steuergesetzgebung, die den Erfordernissen ökonomischen und sozialen Fortschritts in allen Landesteilen gleichermaßen Rechnung trägt, sowie der Notwendigkeit einer möglichst reibungslosen Verwirklichung der wirtschafts- und gesellschaftspolitischen Ziele, die der moderne Interventionsstaat mit dem Instrument der Steuergesetzgebung verfolgt." (*Herbert Fischer-Menshausen*: Art. 105, Rdnr. 2). "Weitergehende Möglichkeiten zu eigenverantwortlicher Gestaltung und Initiative" im Bereich der Einnahmen widersprächen "dem staatswirtschaftlichen Erfordernis, das [...] Potential des Gesamtstaates zu höchster Wirksamkeit zusammenzufassen und für die freie Entfaltung der gesellschaftlichen Kräfte [...] einheitliche Rahmenbedingungen zu gewährleisten. Dies spricht gegen das Zugeständnis einer einzelstaatlichen Steuerautonomie, die zu regional unterschiedlichen Steuerbelastungen führen würde." (*Herbert Fischer-Menshausen*: Vorbemerkungen zu den Art. 104a-109, Rdnr. 5a.).

54 Vgl. *Wilhelm Heckt*: Die Entwicklung des bundesstaatlichen Finanzausgleichs in der Bundesrepublik Deutschland; Bonn 1973, S. 8.

Übersicht 11: Verteilung der Erhebungs- und Ertragskompetenzen zwischen Bund und Ländern im Grundgesetz von 1949*

Steuerart	Gesetzgebungs-kompetenz	Ertragshoheit
Zölle / Finanzmonopole	Bund	Bund
Einkommensteuer / Körperschaftsteuer	Bund (konkurrierend)	Bund und Länder
Vermögensteuer	Bund (konkurrierend)	Länder
Einmalige Vermögensabgaben / Lastenausgleichsabgaben	Bund (konkurrierend)	Bund
Erbschaft- und Schenkungsteuer	Bund (konkurrierend)	Länder
Umsatzsteuer	Bund (konkurrierend)	Bund
Beförderungsteuer	Bund (konkurrierend)	Bund
Sonstige Verkehrsteuern	Bund (konkurrierend)	Länder
Grunderwerbsteuer	Länder	Länder oder Gemeinden
Wertzuwachssteuer / Feuerschutzsteuer	Länder	Länder oder Gemeinden
Verbrauchsteuern (außer Biersteuer)	Bund (konkurrierend)	Bund
Biersteuer	Bund (konkurrierend)	Länder
Grundsteuer / Gewerbesteuer	Bund (konkurrierend)	Länder oder Gemeinden

* Die *Verwaltungshoheit* folgte nach Art. 108 GG im Grundsatz der Ertragshoheit.[55]

Quelle: Karl. M. Hettlage: Die Neuordnung der deutschen Finanzverfassung, S. 415; eigene Darstellung.

Die Ertragsverteilung wurde im Rahmen der Finanzreform von 1955 neu geordnet.[56] Kernstück der Neuregelung war die Überführung der Einkommen- und Körperschaftsteuer in einen *Steuerverbund*. In Art. 106 Abs. 3 GG wurde das Beteiligungsverhältnis zwischen Bund und Ländern auf 1/3 zu 2/3 festgelegt, ab April 1958 erhielt der Bund eine Quote von 35%. Art. 106 Abs. 4 GG enthielt eine Revisionsklausel, wonach diese Steuerverteilung durch ein zustimmungspflichtiges Bundesgesetz an veränderte Finanzbedarfe angepaßt werden konnte.[57] Mit der Änderung des Art. 106 GG vom 24.12.1956[58] erfolgte die Zuweisung des Realsteueraufkommens an die Gemeinden, womit diesen erstmals Steuerquellen bundesverfassungsrechtlich garantiert wurden. Daneben wurde in Art. 106 Abs. 6 S. 4 und 5 GG ein obligatorischer sowie ein fakultativer Steuerverbund zwischen Land und Kommunen eingerichtet. Bis dahin oblag es einzig der Landesgesetzgebung, darüber zu befinden, ob und inwieweit die

---

[55] Vgl. *Karl. M. Hettlage*: Die Neuordnung der deutschen Finanzverfassung; in: Finanzarchiv N.F. Band 14 (1953/54), S. 405 (415); *Hermann Höpker-Aschoff*, S. 328ff.

[56] Finanzverfassungsgesetz vom 23.12.1955; BGBl. 1955 I, S. 817.

[57] Vgl. *Hans-Günter Henneke*: Öffentliches ...; Rdnr. 87; *Fritz Terhalle*: Das Finanz- und Steuersystem der Bundesrepublik Deutschland; in: Handbuch der Finanzwissenschaft, Band 3; 2. Aufl., S. 138 (173). Der Katalog der Bundessteuern in Art. 106 Abs. 1 GG wurde zudem um die Ergänzungsabgabe zur Einkommensteuer und zur Körperschaftsteuer erweitert. Eine Ergänzungsabgabe wurde von 1968 bis 1974 bzw. 1976 erhoben. Art. 106 Abs. 1 Nr. 6 GG (1969) bildet auch die Rechtsgrundlage für die Erhebung des Solidaritätszuschlages 1991/92 und seit 1995.

[58] BGBl. 1956 I, S. 1077. Dazu *Wilhelm Heckt*: Die Neuordnung ..., S. 164ff.

Gemeinden am Landessteueraufkommen beteiligt werden sollten. Hieraus resultierte eine erhebliche Abhängigkeit der Kommunen von den Ländern hinsichtlich ihrer Finanzausstattung.[59]

Art. 106 Abs. 6 S. 3 GG räumte zudem den Landesgesetzgebern die Möglichkeit ein, den Gemeindeverbänden die Erhebung von *Zuschlägen* auf die Realsteuern zu gestatten.[60] Weil aber die Länder keine entsprechenden Gesetze erließen und auch selbst keine (nach dem Verfassungstext zulässigen!) Zuschläge auf die Realsteuern erhoben, wurde die Zuschlagsberechtigung mit der Finanzreform von 1969 wieder beseitigt.[61]

Mit der auf der Grundlage eines 1966 von einer Sachverständigenkommission (sog. 'Troeger-Kommission')[62] vorgelegten Gutachtens durchgeführten Finanzreform von 1969[63] vollzog sich endgültig der Wandel vom Trenn- zum Verbundsystem, da auch die Umsatzsteuer zur Gemeinschaftsteuer wurde. Damit stammen rund ¾ des gesamten Steueraufkommens aus Steuerquellen, die von Bund und Ländern gemeinschaftlich genutzt werden. Zusätzlich wurden gemäß Art. 106 Abs. 3 und 5 GG auch die Gemeinden in den Steuerverbund (allerdings nur bezüglich der Einkommensteuer) einbezogen, um die Beteiligung von Bund und Ländern an der Gewerbesteuer (Art. 106 Abs. 6 S. 4 GG) zu kompensieren und die Streuung des gemeindlichen Steueraufkommens abzumindern; die Gemeinden erhielten damals einen Anteil von 14% am Ertrag der Einkommensteuer.[64] Im Rahmen der Finanzreform wurde auch die Verteilung der Gesetzgebungskompetenzen neu geordnet, wobei die Länder Zuständigkeiten

---

[59] Vgl. *Franz-Karl Rehm*, S. 285.

[60] Die finanzpolitische Bedeutung dieses in Deutschland traditionellen Zuschlagsrechts wurde in der Begründung einer unmittelbaren Beziehung zwischen dem Kreis als Zuschlagsberechtigten und dem Steuerschuldner gesehen, so daß für diesen deutlich wird, in welchem Maße er zur Finanzierung der Kreisaufgaben beiträgt. Vgl. *Wilhelm Heckt*: Die Neuordnung ..., S. 165; *Franz-Karl Rehm*, S. 291.

[61] Vgl. *Adalbert Leidinger*, S. 338; *Franz-Karl Rehm*, S. 291.

[62] Die Kommission hatte den Auftrag, einen Vorschlag für die Neugestaltung der Finanzverfassung zu entwerfen, mit welcher die Nachteile der bisherigen bundesstaatlichen Finanzbeziehungen abgebaut werden sollten. Hierzu zählten etwa die unterschiedliche Entwicklung der Steuererträge und Ausgabenlasten von Bund und Ländern, die Ausweitung der Finanzierungskompetenzen des Bundes (Mischfinanzierungen, Fondswirtschaft), die Benachteiligung der Gemeinden, die übermäßige finanzielle Belastung einzelner (finanzschwacher) Länder sowie die Konjunkturabhängigkeit der subnationalen Steuereinnahmen. Dazu etwa *Kommission für die Finanzreform* (Hrsg.), S. 1ff.; *Wolfgang Renzsch*: Finanzverfassung und Finanzausgleich, S. 209f.

[63] Finanzreformgesetz vom 12.5.1969, BGBl. 1969 I, S. 359. Zur Finanzreform siehe etwa *Institut Finanzen und Steuern* (Hrsg.): Die wichtigsten Vorschläge zur Finanzreform: Eine vergleichende Übersicht; Brief 107, Bonn 1968; *Kommission für die Finanzreform* (Hrsg.); *Wolfgang Renzsch*: Finanzverfassung und Finanzausgleich, S. 209ff.

[64] Als großer Vorteil der Erweiterung des Verbundsystems galt die Möglichkeit, die aufgrund unterschiedlicher Aufkommenselastizitäten einzelner Steuern entstehenden Differenzen in der Einnahmenentwicklung der einzelnen föderalen Ebenen auszugleichen und so das konjunkturelle Risiko gleichmäßiger zu verteilen. Vgl. *Karl-Heinrich Hansmeyer*, S. 175; *Gerhard Lehmbruch*: Bundesstaatsreform ...?, S. 88.

an den Bund abgetreten haben.⁶⁵ Weiterhin wurde 1969 die bereits vorher durchgeführte, aber bis dahin verfassungsrechtlich bedenkliche⁶⁶ Mitfinanzierung von Länderaufgaben durch den Bund in das Grundgesetz aufgenommen.⁶⁷

Auch nach 1969 wurde die Finanzverfassung mehrfach geändert. So wurde durch Art. 106a GG ein spezieller vertikaler Lastenausgleich für den öffentlichen Personennahverkehr ab 1996 errichtet.⁶⁸ Seit 1998 sind die Gemeinden als Ausgleich für die entfallene Gewerbekapitalsteuer gemäß Art. 106 Abs. 5a GG am Aufkommen der Umsatzsteuer beteiligt. Die Umsatzsteuer wurde damit zur Verbundsteuer aller drei föderalen Ebenen. In Art. 106 Abs. 6 GG wurde überdies die Gewerbesteuer als Gemeindesteuer explizit verfassungsrechtlich abgesichert.

3.3.3 Die Finanzausstattung der einzelnen föderalen Ebenen

3.3.3.1 Die föderative Verteilung der Steuerquellen in der Finanzverfassung

Die Finanzausstattung von Bund, Ländern und Gemeinden ist durch den Umstand gekennzeichnet, daß die Finanzverfassung die Besteuerungskompetenzen primär auf nationaler Ebene verortet und lediglich das Steueraufkommen auf die einzelnen föderalen Ebenen verteilt. Bei der föderativen Zuordnung der Steuerquellen macht sich die funktionale bundesstaatliche Aufgabenverteilung des Grundgesetzes bemerkbar: Während der Bund fast ausschließlich über die Gesetzgebungskompetenzen verfügt, obliegt die Verwaltung der Steuern zum Großteil den Ländern. Der Bund ist nach Art. 108 Abs. 1 GG zuständig für die Verwaltung der Zölle und bundeseinheitlich geregelten Verbrauchsteuern und hat dafür eine eigene Bundesfi-

---

[65] Mit Wirkung ab 1970 erhielt der Bund außerdem anstelle der Länder das Aufkommen aus den Kapitalverkehrsteuern, der Wechselsteuer sowie der Versicherungsteuer. Dabei handelt es sich um Steuern, die als "zu überregional" angesehen wurden, um sachgerechterweise von den Ländern erhoben zu werden (vgl. *Dieter Biehl*, S. 101).

[66] Dazu etwa *Hans-Günter Henneke*: Öffentliches ..., Rdnr. 227f.; *Wolfgang Renzsch*: Finanzverfassung und Finanzausgleich, S. 209f.

[67] Das Instrument der *Gemeinschaftsaufgaben* (gemeinsame Aufgabenwahrnehmung und Finanzierung in den Bereichen Regionale Wirtschaftsförderung, Agrarförderung, Küstenschutz und Hochschulbau) wurde in Art. 91a und 91b GG verankert. Der Bund übernimmt hierbei i.d.R. 50%, z.T. aber bis zu 90% der Kosten. Bei den (meist sozialpolitisch begründeten) *Geldleistungsgesetzen* gemäß Art. 104a Abs. 3 GG variiert der Bundesanteil zwischen 50% und 100%. *Finanzhilfen* für öffentliche Investitionen der Länder und Kommunen können nach Art. 104a Abs. 4 GG gewährt werden (z.B. auf der Grundlage des Gemeindeverkehrsfinanzierungsgesetzes oder des Investitionsförderungsgesetzes Aufbau Ost). Vgl. zu den Mischfinanzierungen *Norbert Andel*, S. 440f., 518f., 530f.; *Bundesministerium der Finanzen* (Hrsg.): Finanzbericht 2000; Berlin 1999, S. 160ff.; *Hans-Günter Henneke*: Öffentliches ..., Rdnr. 216ff.; *Wolfgang Renzsch*: Föderale Finanzverfassungen: Ein Vergleich Australiens, Deutschlands, Kanadas, der Schweiz und der USA aus institutioneller Perspektive; in: Jahrbuch des Föderalismus 2000, S. 42 (53).

[68] Dazu *Hans-Günter Henneke*: Öffentliches ..., Rdnr. 257ff.

nanzverwaltung eingerichtet. Die Landesfinanzbehörden verwalten im Rahmen einer Bundesauftragsverwaltung (Art. 108 Abs. 3 GG) die Gemeinschaftsteuern und die Versicherungsteuer und den Solidaritätszuschlag sowie nach Art. 108 Abs. 2 GG als eigene Angelegenheit die Länder- und Gemeindesteuern (außer der Biersteuer).[69] Den Gemeinden ist i.d.R. gemäß Art. 108 Abs. 4 S. 2 GG die Verwaltung der Gemeindesteuern von den Ländern übertragen, wobei die Verwaltungskompetenz für die Realsteuern jeweils zum Teil bei den Landesbehörden liegt.

3.3.3.1.1 Die vertikale Verteilung der Steuergesetzgebungskompetenzen

Art. 105 GG verteilt die Zuständigkeiten für die Steuergesetzgebung. Besondere Bedeutung erlangt Abs. 2, der dem Bund die konkurrierende Gesetzgebungskompetenz für die Bundes- und Gemeinschaftsteuern sowie für die Ländersteuern unter den Voraussetzungen des Art. 72. Abs. 2 GG zuweist, so daß die Landesgesetzgeber nur dann tätig werden können, sobald der Bund von seiner Gesetzgebungskompetenz keinen Gebrauch macht oder die rechtlichen Voraussetzungen hierfür nicht vorliegen. Es besteht mithin lediglich eine "subsidiäre Länderzuständigkeit"[70].

Aufgrund der weiten Auslegung des Art. 72. Abs. 2 in der bis zum 15.11.1994 gültigen Fassung durch das Bundesverfassungsgericht[71] sind die Gestaltungsbefugnisse des Bundes im Steuerrecht bislang praktisch schrankenlos.[72] Der Bund verfügt somit über eine fast unbeschränkte Besteuerungskompetenz, nachdem das Finanzreformgesetz von 1969 die ohnehin geringen Gesetzgebungszuständigkeiten der Länder in die konkurrierende Gesetzgebung des Bundes überführt hatte. Einzige Ausnahme bleibt die 1969 mit Art. 105 Abs. 2a GG neu eingefügte, ausschließliche Gesetzgebungskompetenz der Länder für die örtlichen Aufwand- und

---

[69] Der Aufbau der Finanzverwaltung von Bund und Ländern weist eine Besonderheit auf: Die Oberfinanzdirektionen sind in Doppelfunktion als gemeinsame Mittelbehörden mit getrennten Bundes- und Landesabteilungen tätig (Kooperation zwischen Bund und Ländern), ihr Präsident ist zugleich Bundes- und Landesbeamter (siehe §§ 8, 9 Finanzverwaltungsgesetz). Vgl. *Hans-Günter Henneke*: Öffentliches ..., Rdnr. 802ff.

[70] *Jörn Ipsen*, Rdnr. 515.

[71] Das Gericht geht von einer (politischen) Einschätzungsprärogative des Bundesgesetzgebers aus, die nur bedingt überprüfbar ist; vgl. BVerfGE 78, S. 249 (270). Die Fortgeltung des auf der Grundlage von Art. 72. Abs. 2 GG vor dem 15.11.1994 erlassenen Bundesrechts regelt Art. 125a Abs. 2 GG. Eine entsprechende Absicht der Länder, bundeseinheitlich geregelte Landessteuern künftig in den Bereich eigener Verantwortlichkeit zu übernehmen, ist bislang nur bei einigen finanzstarken Ländern erkennbar. Siehe dazu etwa *Erwin Teufel/Edmund Stoiber/Roland Koch*: "Modernisierung des Föderalismus – Stärkung der Eigenverantwortung der Länder": Gemeinsame Positionen der Ministerpräsidenten der Länder Baden-Württemberg, Bayern und Hessen zur Notwendigkeit einer leistungs- und wettbewerbsorientierten Reform des Föderalismus; Bonn 1999, S. 15ff.

[72] Vgl. *Friedrich Schoch/Joachim Wieland*, S. 73. Den Ländern ist überdies die Erhebung gleichartiger Steuern untersagt, sobald der Bund von seiner konkurrierenden Gesetzgebungskompetenz Gebrauch gemacht hat (vgl. BVerfGE 49, S. 343 (355)).

Verbrauchsteuern, die jedoch der Ertragshoheit der Gemeinden unterliegen. Allerdings bedürfen Bundesgesetze über Steuern, an deren Aufkommen die Länder oder Kommunen zumindest beteiligt sind, nach Art. 105 Abs. 3 GG der Zustimmung des Bundesrates.

Übersicht 12: Die föderative Verteilung der steuerlichen Erhebungs-, Ertrags- und Verwaltungskompetenzen im Grundgesetz

Steuerart	Gesetzgebung	Ertragshoheit	Verwaltung
Zölle / Finanzmonopole	Bund	Bund	Bund
Einkommensteuer	Bund (konkurrierend)	Bund, Länder und Gemeinden	Länder (im Auftrag)
Körperschaftsteuer	Bund (konkurrierend)	Bund und Länder	Länder (im Auftrag)
Vermögensteuer*	Bund (konkurrierend)	Länder	Länder
Ergänzungsabgabe zur Einkommensteuer	Bund (konkurrierend)	Bund	Länder (im Auftrag)
Lastenausgleichsabgaben*	Bund (konkurrierend)	Bund	Länder (im Auftrag)
Erbschaft- und Schenkungsteuer	Bund (konkurrierend)	Länder	Länder
Umsatzsteuer*	Bund (konkurrierend)	Bund, Länder und Gemeinden	Bund bzw. Länder (im Auftrag)
Verbrauchsteuern (außer Biersteuer)*	Bund (konkurrierend)	Bund	Bund
Biersteuer	Bund (konkurrierend)	Länder	Bund
Versicherungsteuer	Bund (konkurrierend)	Bund	Länder (im Auftrag)
Kapitalverkehrsteuern*	Bund (konkurrierend)	Bund	Länder (im Auftrag)
Straßengüterverkehrsteuer*	Bund (konkurrierend)	Bund	Länder (im Auftrag)
Kraftfahrzeugsteuer	Bund (konkurrierend)	Länder	Länder
Rennwett- und Lotteriesteuer	Bund (konkurrierend)	Länder	Länder
Sonstige Verkehrsteuern	Bund (konkurrierend)	Länder	Länder
Grunderwerbsteuer	Bund (konkurrierend)	Länder/Gemeinden	Länder
Feuerschutzsteuer	Bund (konkurrierend)	Länder	Länder
Örtliche Aufwand- und Verbrauchsteuern	Länder	Gemeinden	Gemeinden
Abgaben von Spielbanken	Bund (konkurrierend)	Länder	Länder
Grundsteuer / Gewerbesteuer	Bund (konkurrierend)	Gemeinden**	Länder/Gemeinden

* Die Vermögensteuer wurde bis zum 31.12.1996 erhoben. Eine Lastenausgleichsabgabe gab es bis 1979. Die Straßengüterverkehrsteuer bestand bis 1971. Als Kapitalverkehrsteuern existierten bis 1991 die Börsenumsatzsteuer sowie bis 1992 die Gesellschaftsteuer und die Wechselsteuer. Verbrauchsteuern des Bundes sind die Steuern auf Branntwein, Kaffee, Schaumwein, Tabak und Mineralöl. 1999 wurden zur ökologischen Ausrichtung des Steuersystems Verbrauchsteuern des Bundes auf Strom und Erdgas eingeführt.

** Über eine Umlage können Bund und Länder am Aufkommen der Gewerbesteuer beteiligt werden.

Quelle: Hans-Günter Henneke: Öffentliches ..., Rdnr. 644ff., 706ff. und 802ff.; eigene Darstellung.

3.3.3.1.2 Die föderative Verteilung des Steueraufkommens

Die primäre Steuerverteilung ließ das in Deutschland insgesamt erhobene Steueraufkommen im Jahre 1999 auf vier föderative Ebenen fließen: 46,7% an den Bund, 36,4% an die Länder, 12,4% an die Gemeinden und 4,5% an die Europäische Union (Steueraufkommen nach Steuerverteilung, aber vor vertikalem Finanzausgleich).[73]

---

[73] Im folgenden beziehen sich alle nicht anders gekennzeichneten Daten auf das Jahr 1999.

Abbildung 34: Die föderative Verteilung des Steueraufkommens 1999*

Europäische Union 4,5%
Gemeinden 12,4%
Bund 46,7%
Länder 36,4%

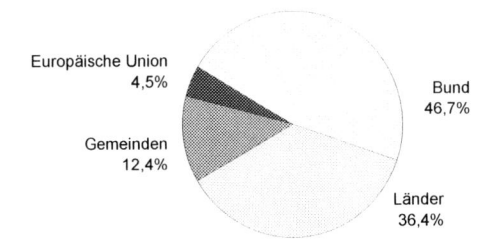

* Anteile in %. Vor Bundesergänzungszuweisungen und ÖPNV-Zuweisungen des Bundes an die Länder

Quelle der Daten: Statistisches Bundesamt (Hrsg.): Statistisches Jahrbuch für die Bundesrepublik Deutschland 2000; Wiesbaden 2000, S. 510; eigene Berechnungen.

Abbildung 35: Die Struktur des Gesamtsteueraufkommens 1999 (Anteile in %)

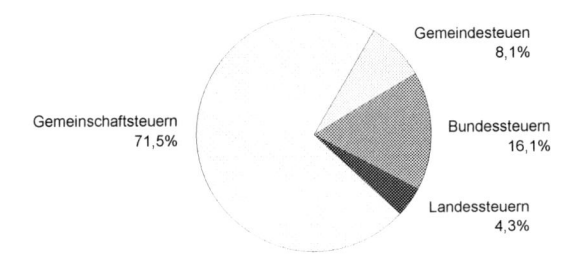

Gemeindesteuern 8,1%
Gemeinschaftsteuern 71,5%
Bundessteuern 16,1%
Landessteuern 4,3%

* Vor Bundesergänzungszuweisungen und ÖPNV-Zuweisungen des Bundes an die Länder

Quelle der Daten: Bundesministerium der Finanzen (unveröffentlichte Dokumente); eigene Berechnungen.

Die Steuereinnahmen der deutschen Gebietskörperschaften (879,9 Mrd. DM ohne Zölle) lassen sich hinsichtlich der Ertragskompetenz vier Gruppen von Steuern zuordnen: Mit einem Aufkommen von 628,9 Mrd. DM bilden die sog. *Gemeinschaftsteuern* die weitaus größte Gruppe, dies entspricht einem Anteil von 71,5% am Steueraufkommen aller föderativen Gebietskörperschaften. Die Gemeinschaftsteuern fließen in einen Steuerverbund von Bund, Ländern und zum Teil auch der Gemeinden, von ihrem Gesamtaufkommen erhalten der Bund 47,5%, die Länder 44,7% und die Gemeinden 7,9%. Daneben existieren Steuern, die allein oder weitgehend einer Staatsebene zufließen: Reine *Bundessteuern* tragen zu 16,1%, *Landessteuern* zu 4,3% und *Gemeindesteuern* zu 8,1%[74] zum Gesamtsteueraufkommen bei.

Den mit Abstand größten Beitrag zum Gesamtsteueraufkommen liefern die Steuern vom Einkommen mit einem Anteil von 43,5%, gefolgt von den Steuern vom Umsatz (30,5%). Eine

---

[74] Ohne Berücksichtigung der Gewerbesteuerumlage zugunsten von Bund und Ländern.

weitere wichtige Steuerquelle ist die überörtliche Verbrauchsbesteuerung des Bundes (schwerpunktmäßig Mineralöl und Tabak) mit knapp 12%. Die wichtigsten Steuerarten, deren Erträge ausschließlich oder ganz überwiegend subnationalen Gebietskörperschaften zustehen, sind die Kraftfahrzeug- und die Grunderwerbsteuer (Ertragshoheit der Länder) sowie die kommunale Gewerbesteuer mit Anteilen von 1,6%, 1,4% bzw. 6,0% am gesamten Steueraufkommen.

Abbildung 36: Anteile der einzelnen Steuerarten am Gesamtsteueraufkommen 1999

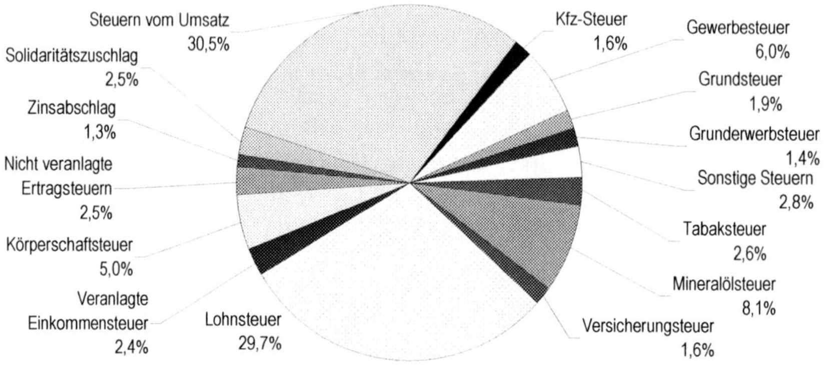

- Steuern vom Umsatz 30,5%
- Solidaritätszuschlag 2,5%
- Zinsabschlag 1,3%
- Nicht veranlagte Ertragsteuern 2,5%
- Körperschaftsteuer 5,0%
- Veranlagte Einkommensteuer 2,4%
- Lohnsteuer 29,7%
- Kfz-Steuer 1,6%
- Gewerbesteuer 6,0%
- Grundsteuer 1,9%
- Grunderwerbsteuer 1,4%
- Sonstige Steuern 2,8%
- Tabaksteuer 2,6%
- Mineralölsteuer 8,1%
- Versicherungsteuer 1,6%

Quelle der Daten: Bundesministerium der Finanzen (unveröffentlichte Dokumente); eigene Berechnungen.

Die Verteilung des Steueraufkommens erfolgt nach Art. 106 GG: Die ertragstarken Steuern vom Einkommen und vom Umsatz sind als Gemeinschaftsteuern ausgestaltet (Abs. 3), zudem sind Bund, Ländern und Gemeinden jeweils eigene Steuerarten zugewiesen (Abs. 1, 2 und 6). Damit besteht überwiegend ein Verbund- und teilweise ein Trennsystem. Der Bund ist ferner zuständig für die Finanzbeziehungen zu den Europäischen Gemeinschaften: Er vereinnahmt bestimmte Abgaben (Art. 106 Abs. 1 Nr. 7 GG) und leitet das Aufkommen aus den Zöllen sowie die EU-Eigenmittel weiter.

Das Aufkommen der Lohn- und veranlagten Einkommensteuer sowie der Zinsabschlag wird zu je 42,5% bzw. 44% (Zinsabschlag) Bund und Ländern[75] sowie in § 1 Gemeindefinanzreformgesetz zu 15% bzw. 12% (Zinsabschlag) den Gemeinden zugewiesen, von den nicht veranlagten Steuern vom Ertrag und der Körperschaftsteuer erhalten Bund und Länder jeweils 50%. Der Solidaritätszuschlag als Ergänzungsabgabe zur Einkommen- und Körperschaftsteu-

---

[75] Gemäß Art. 106 Abs. 3 S. 2 GG wird das Aufkommen nach Abzug des Gemeindeanteils je zur Hälfte auf Bund und Länder aufgeteilt.

er (Art. 106 Abs. 1 Nr. 6 GG) läßt sich zwar zu den Steuern vom Einkommen[76] zählen, ist eine aber reine Bundessteuer.

Tabelle 23: Die originäre* Verteilung der wichtigsten Steuerarten und des Gesamtsteueraufkommens auf die einzelnen Staatsebenen 1999 (in Mrd. DM)

Steuerart	Gesamtaufkommen	Bund	Länder	Gemeinden
Steuern vom Einkommen	382,7	180,4	158,4	43,9
Steuern vom Umsatz	268,3	140,1	122,6	5,6
Mineralölsteuer	71,3	71,3		
Tabaksteuer	22,8	22,8		
Versicherungsteuer	13,9	13,9		
Kfz-Steuer	13,8		13,8	
Grunderwerbsteuer	12,2		11,8	0,4
Gewerbesteuer	52,9	2,6	3,5	46,9
Grundsteuer	16,9			16,9
Sonstige Steuern	25,1	11,2	12,6	1,2
Gesamtaufkommen	**879,9**	**442,4****	**322,7**	**114,8**

* Vor vertikalem Finanzausgleich, Bundesergänzungszuweisungen, Abführungen an den Fonds 'Deutsche Einheit' und Beteiligung der Länder an der Mineralölsteuer (1999: 12,0 Mrd. DM).
** Der Bund führt hiervon an die EU MwSt-Eigenmittel i.H.v. 15,9 Mrd. DM und BSP-Eigenmittel i.H.v. 17,5 Mrd. DM ab. Zusätzlich erhält die EU die deutschen Einnahmen aus Zöllen i.H.v. 6,2 Mrd. DM.
Quelle der Daten: Bundesministerium der Finanzen (unveröffentlichte Dokumente); eigene Berechnungen.

Nach Art. 106 Abs. 3 und 4 GG werden die Anteile von Bund und Ländern am Aufkommen der Umsatzsteuer einfachgesetzlich festgelegt. Die Methode hierzu findet sich in § 1 FAG: Vorab erhält der Bund seit 1999 5,63% des Gesamtaufkommens zur Finanzierung eines zusätzlichen Zuschusses an die gesetzliche Rentenversicherung. Vom verbleibenden Aufkommen erhalten seit 1998 die Gemeinden 2,2%. Den Restbetrag teilen sich Bund und Länder im Verhältnis 50,5:49,5 (§ 1 Abs. 1 FAG).[77]

Die Anteile von Bund und Ländern an der Umsatzsteuer können einfachgesetzlich verändert werden. Dieses relativ flexible Beteiligungsverhältnis bildet das bewegliche Element in der vertikalen Einnahmenverteilung und das Kernstück des vertikalen Finanzausgleichs. Die Veränderung der Anteile des Bundes bzw. der Ländergesamtheit an der Umsatzsteuer erfolgt nach dem sog. Deckungsquotenverfahren (Art. 106 Abs. 3 GG).[78] Dabei haben Bund und Länder einen Anspruch auf einen vergleichbar hohen Anteil an "laufenden Einnahmen" im Verhältnis zu ihren "notwendigen Ausgaben". Die in der Verfassung verwendeten unbe-

---

[76] Zu den einzelnen Teilsteuern der Steuern vom Einkommen siehe Abschnitt 3.3.4.1.
[77] Gemäß § 1 Abs. 2 FAG erhält der Bund aus dem Anteil der westdeutschen Länder an der Umsatzsteuer einen Beitrag zum Fonds "Deutsche Einheit" (FDE).
[78] Vgl. *Hans-Günter Henneke*: Öffentliches ..., Rdnr. 715ff.

stimmten Rechtsbegriffe lassen dem Gesetzgeber ebenso wie bei der Ermittlung des Deckungsverhältnisses einen weiten Beurteilungsspielraum, so daß meist im Rahmen eines politischen Kompromisses[79] über die jeweiligen Anteile an der Umsatzsteuer entschieden wird. Art. 106 Abs. 4 S. 1 GG verlangt eine regelmäßige Überprüfung der Deckungsquoten und begründet einen Anspruch auf Neufestsetzung des Beteiligungsverhältnisses bei wesentlichen Veränderungen ('Revisionsklausel').

Übersicht 13: Veränderung der Verteilung des Umsatzsteueraufkommens zwischen Bund und Ländern seit 1970 (Umsatzsteueranteile in %)*

Jahr	Bund	Länder	Grund der Veränderung
1970	70,0%	30,0%	
1972	65,0%	35,0%	
1974	63,0%	37,0%	
1975	68,25%	31,75%	Einführung Kindergeld als direkter Transfer aus Bundeshaushalt
1976	69,0%	31,0%	dto.
1978	67,5%	32,5%	Zustimmung der Länder zu Steuerreform
1983	66,5%	33,5%	Einnahmenverluste der Länder wegen Einkommensteuerreform
1984	65,5%	34,5%	dto.
1986	65,0%	35,0%	dto.
1993	63,0%	37,0%	Aufstockung Fonds „Deutsche Einheit"
1995	56,0%	44,0%	Integration der neuen Länder in den Länderfinanzausgleich
1996	50,5%	49,5%	Kompensation wegen Umstellung des Familienlastenausgleichs
2000	50,25%	49,75%	Kompensation wegen Änderung der Familienförderung

* Seit 1998 existieren Vorabzüge zugunsten der gesetzlichen Rentenversicherung sowie der Gemeinden.
Quelle der Daten: Bundesministerium der Finanzen (Hrsg.): Finanzbericht, verschiedene Jahrgänge.

Art. 107 Abs. 1 GG regelt die Verteilung der Finanzmittel, die den Ländern als Gesamtheit zustehen, auf die einzelnen Länder. Das grundsätzliche Verteilungsprinzip bildet dabei das örtliche Aufkommen innerhalb eines Landes entsprechend der kassenmäßigen Vereinnahmung der Steuern durch die jeweiligen Finanzbehörden (S. 1). Als Maßstab für die Verteilung von mindestens 75%[80] des Umsatzsteueraufkommens nennt Art. 107 Abs. 1 S. 4 Hs. 1 GG die Einwohnerzahl, da angesichts der besondern Erhebungstechnik der Umsatzsteuer die kassenmäßigen Einnahmen eines Landes nicht dem tatsächlichen Steueraufkommen entsprechen. Wegen des Charakters der Umsatzsteuer als allgemeine Konsumsteuer soll sich die horizontale Zuordnung der Ertragsanteile vielmehr nach den regionalen Verbrauchsausgaben richten.

---

[79] Die bisherige praktische Umsetzung des Deckungsquotenverfahrens wurde vom Bundesverfassungsgericht mit Urteil vom 11.11.1999 für verfassungswidrig erklärt. Bis Ende 2002 müssen für die künftige vertikale Umsatzsteuerverteilung vom Bundesgesetzgeber langfristig anwendbare Maßstäbe festgelegt werden. Vgl. BVerfGE 101, S. 158 (214ff., 226ff.).

[80] Gemäß Art. 107 Abs. 1 S. 4 Hs. 2 GG dürfen bis zu 25% des Länderanteils am Aufkommen der Umsatzsteuer finanzkraftabhängig verteilt werden.

Die Verteilung nach der Bevölkerungszahl basiert infolgedessen auf der Prämisse, daß die Konsumausgaben pro Kopf in allen Ländern in etwa gleich hoch sind.[81]

Weil erhebungstechnisch bedingte Verzerrungen einer sachgerechten Abgrenzung bzw. Zuordnung des wahren örtlichen Steueraufkommens eines Landes entgegenstehen können, solange lediglich das zuständige Finanzamt des Zensiten für die regionale Zuordnung der Steuererträge relevant ist, ist nach Art. 107 Abs. 1 S. 2 und 3 GG die Festlegung von Bestimmungen für die Abgrenzung sowie die Zerlegung des örtlichen Aufkommens vorgeschrieben.[82] Abgrenzung bedeutet, daß das Steueraufkommen einem Land vollständig zugesprochen wird. Unter Zerlegung ist die Verteilung der Steuererträge auf verschiedene Länder anhand bestimmter Kriterien zu verstehen.[83]

Mit der Steuerzerlegung sollen korrekturbedürftige Verzerrungen zwischen der kassenmäßigen Vereinnahmung einer Steuer durch die gemäß §§ 17ff. AO zuständigen Finanzämter und der tatsächlichen regionalen Steuerkraft abgebaut werden, um die Ergebnisse der Ertragsverteilung an die "wirkliche Steuerkraft" im Sinne der "Steuerleistung der Wirtschaft und der Bürger"[84] eines Landes anzunähern und so eine Verteilung nach dem Prinzip des örtlichen Aufkommens durchzusetzen. Dementsprechend wird im Zerlegungsgesetz etwa eine Korrektur der horizontalen Steuerverteilung bei der Körperschaftsteuer nach Betriebsstätten (§§ 2ff.) und bei der Lohnsteuer nach dem Wohnsitz des Steuerzahlers (§ 7) angeordnet.[85]

3.3.3.2 Die aktuelle Einnahmensituation von Bund und Ländern

Entsprechend der bundesstaatlichen Verteilung des Steueraufkommens durch die Finanzverfassung und ergänzende einfache Bundesgesetze ergibt sich die nachfolgend dargestellte aktuelle Einnahmensituation von Bund und Ländern. Zum Steueraufkommen treten allerdings noch die sonstigen Einnahmen hinzu, diese haben beim Bund einen Anteil von ca. 14%[86] und bei den Ländern von rund 28%[87] an den Gesamteinnahmen (jeweils ohne Kreditaufnahme). Bei den Ländern trägt das Steueraufkommen somit nur zu rund 72% zu den Gesamteinnah-

---

81 Vgl. *Clemens Esser*: Strukturprobleme des bundesstaatlichen Finanzausgleichs in der Bundesrepublik Deutschland; Bonn 1992, S. 36.
82 Vgl. *Hans-Günter Henneke*: Öffentliches ..., Rdnr. 734ff.
83 Vgl. *Herbert Fischer-Menshausen*: Art. 107 GG, Rdnr. 8ff.; *Bodo Pieroth*: Art. 107 GG, Rdnr. 3.
84 BVerfGE 72, S. 330 (391).
85 Vgl. *Dieter Brümmerhoff*, S. 652; *Clemens Esser*, S. 36ff.
86 Quelle der Daten und Übersicht über die verschiedenen Einnahmearten: *Bundesministerium der Finanzen* (Hrsg.): Finanzbericht 2000, S. 243.
87 Quelle der Daten: *Bundesministerium der Finanzen* (Hrsg.): Finanzbericht 2000, S. 381.

men bei. Die sonstigen Einnahmen der Länder setzen sich vor allem aus Zuweisungen des Bundes, Gebühren sowie Erträgen aus wirtschaftlicher Tätigkeit zusammen.[88]

Abbildung 37: Anteile der einzelnen Steuerarten am Steueraufkommen des Bundes 1999

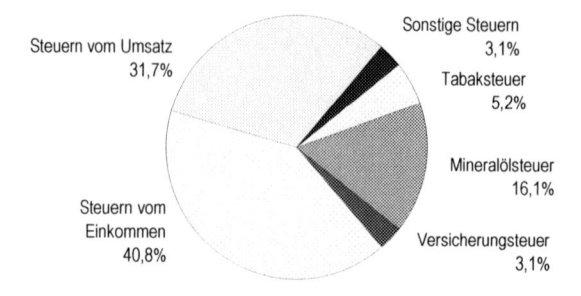

- Steuern vom Umsatz 31,7%
- Sonstige Steuern 3,1%
- Tabaksteuer 5,2%
- Mineralölsteuer 16,1%
- Versicherungsteuer 3,1%
- Steuern vom Einkommen 40,8%

Quelle der Daten: Bundesministerium der Finanzen (unveröffentlichte Dokumente); eigene Berechnungen.

Das Steueraufkommen des Bundes wird zu 67,5% aus den Gemeinschaftsteuern gespeist, die Steuern vom Einkommen bilden hierbei mit knapp 36% (bzw. 41% einschließlich Solidaritätszuschlag) den größten Anteil vor den Steuern vom Umsatz (knapp 32%). Die Verbrauchsteuern (insbesondere die Mineralöl- und die Tabaksteuer) tragen mit rund 24% zum Steueraufkommen bei. Die fünfte relevante Steuerquelle des Bundes ist die Versicherungsteuer, alle übrigen Bundessteuern haben nur eine untergeordnete Bedeutung.

Abbildung 38: Anteile der einzelnen Steuerarten am Steueraufkommen der Länder 1999

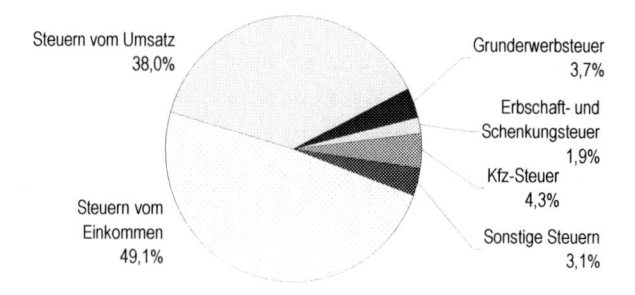

- Steuern vom Umsatz 38,0%
- Grunderwerbsteuer 3,7%
- Erbschaft- und Schenkungsteuer 1,9%
- Kfz-Steuer 4,3%
- Sonstige Steuern 3,1%
- Steuern vom Einkommen 49,1%

Quelle der Daten: Bundesministerium der Finanzen (unveröffentlichte Dokumente); eigene Berechnungen.

Auf Landesebene bestreiten die Steuern vom Einkommen und vom Umsatz zusammen rund 87% des gesamten Steueraufkommens. Die Länder finanzieren sich mithin weitestgehend aus zwei Steuerquellen. Landessteuern mit größerer fiskalischer Bedeutung sind daneben die

---

[88] Vgl. *Hans-Günter Henneke*: Öffentliches ..., Rdnr. 270.

Kraftfahrzeugsteuer, die Grunderwerbsteuer sowie die Erbschaft- und Schenkungsteuer mit Anteilen von 4,3%, 3,7% und 1,9% am Steueraufkommen. Zu den sonstigen Landessteuern zählen insbesondere die Rennwett- und Lotteriesteuer sowie die Biersteuer mit Anteilen von rund 1% bzw. 0,5% an den Steuereinnahmen. Schließlich trägt noch die Gewerbesteuerumlage mit 2,5% zum Steueraufkommen bei.

Die Ausgaben des Bundes überstiegen 1999 mit 485,9 Mrd. DM die Einnahmen in Höhe von 432,1 Mrd. DM um rund 12,5%. Daraus ergibt sich eine Steuerquote (Anteil der Steuereinnahmen an den Ausgaben) des Bundes von 76,5%, über 11% der Ausgaben mußten durch Kreditaufnahme finanziert werden.[89]

Auf der Ebene der Länder standen Ausgaben in Höhe von 485,3 Mrd. DM Einnahmen von 453,4 Mrd. DM (davon 324,8 Mrd. DM aus Steuern) gegenüber. Die Deckung der Landesausgaben erfolgte zu 94% durch eigene Einnahmen und zu 6% durch Kreditaufnahme. Die Steuerquote der Länder betrug 67%. Der Finanzierungsbeitrag der Steuern zu den Landesausgaben war jedoch regional sehr unterschiedlich: Die Steuerquote betrug etwa in Hessen 77,4%, in Baden-Württemberg 75%, in Niedersachsen 68,4%, in Sachsen 50%, in Sachsen-Anhalt 45,6% und in Berlin nur 40,1%.[90]

3.3.3.3 Die Finanzausstattung der Kommunen

Der X. Abschnitt des Grundgesetzes regelt im wesentlichen die Verteilung der Ausgaben und Einnahmen auf Bund und Länder. Die Kommunen werden im Finanzwesen nach Art. 106 Abs. 9 GG sowohl auf der Ausgaben- als auch auf der Einnahmenseite den Ländern zugerechnet[91], denen daher auch die vollständige Verantwortung für die Finanzausstattung ihrer Kommunen obliegt.[92] Bestimmungen dazu finden sich in den Verfassungen und Finanzausgleichsgesetzen der Länder.[93]

Bundesverfassungsrechtlich verankert ist die unmittelbare Beteiligung der Gemeinden an der Lohnsteuer und der veranlagten Einkommensteuer (Art. 106 Abs. 5 S. 1 GG) sowie seit 1998

---

[89] Quelle der Daten: *Bundesministerium der Finanzen* (Hrsg.): Finanzbericht 2000, S. 228ff.
[90] Quelle der Daten: *Bundesministerium der Finanzen* (Hrsg.): Finanzbericht 2000, S. 378ff.
[91] Aus staatsrechtlicher Sicht gelten die Kommunen als Teil der Länder. Sie stellen eine innere Gliederung des Landes dar, dem sie angehören. Vgl. BVerfGE 39, S. 96 (109).
[92] Auch Art. 28 Abs. 2 S. 3 GG gewährt den Gemeinden keine verfassungsrechtliche Finanzausstattungsgarantie (vgl. *Bericht der Gemeinsamen Verfassungskommission*; abgedruckt in: BT-Drs. 12/6000 vom 05.11.1993; S. 46ff.; *Ferdinand Kirchhof*: Gemeinden und Kreise in der bundesstaatlichen Finanzverfassung; in: Jörn Ipsen (Hrsg.): Kommunale Aufgabenverteilung im Zeichen der Finanzkrise; Baden-Baden 1995, S. 53 (62)).
[93] Vgl. *Hans-Günter Henneke*: Öffentliches ..., Rdnr. 857ff. und 946ff.

am Aufkommen der Umsatzsteuer als Ausgleich für die entfallene Gewerbekapitalsteuer (Art. 106 Abs. 5a GG). Ferner fließen den Gemeinden die Erträge der Realsteuern (Grundsteuer A und B sowie Gewerbesteuer[94]) und der örtlichen Aufwand- und Verbrauchsteuern zu (Art. 106 Abs. 6 S. 1 GG).[95]

Ferner sind in Art. 106 Abs. 7 GG[96] die Grundlagen für den vertikalen Finanzausgleich zwischen Ländern und Kommunen geregelt: Im Rahmen des sog. *obligatorischen Steuerverbundes* sind die Länder verpflichtet, ihre Gemeinden am Landesanteil der Gemeinschaftsteuern mit einer festen Quote zu beteiligen. Für den Bereich der Landessteuern besteht daneben ein *fakultativer Steuerverbund*. Die Entscheidung, ob und inwieweit die Kommunen am Aufkommen der Landessteuern partizipieren, ist jedoch ausschließlich Sache des Landesgesetzgebers.[97] Gleiches gilt hinsichtlich der Maßstäbe für die horizontale Verteilung der Steueranteile i.S.d. Art. 106 Abs. 7 GG auf die kommunalen Gebietskörperschaften.[98]

Die kommunale Finanzausstattung kann dementsprechend je nach Land variieren[99], da die Grundlagen des Steuerverbundes zwischen Ländern und Kommunen (Finanzausgleichsmasse) von den Ländern festgelegt werden. Die Finanzausgleichsmasse hängt einerseits vom Umfang der in den Steuerverbund einbezogenen Steuerarten (Verbundgrundlagen) und andererseits von dem Anteil, den die Kommunen davon erhalten (Verbundquote), ab.[100] Dieser Anteil wird den Gemeinden und Gemeindeverbänden im Rahmen des kommunalen Finanzausgleichs als Zuweisung gewährt.

---

[94] Die Möglichkeit der Erhebung einer Gewerbesteuerumlage zugunsten von Bund und Ländern gemäß Art. 106 Abs. 6 S. 4 GG berührt nicht die umfassende Ertragshoheit der Gemeinden hinsichtlich der Gewerbesteuer (vgl. *Hans-Günter Henneke*: Öffentliches ..., Rdnr. 907).

[95] Das Grundgesetz bestimmt darüber hinaus, daß zur kommunalen Selbstverwaltung auch die Grundlagen der finanziellen Eigenverantwortung einschließlich der Garantie einer mit Hebesatzrecht ausgestatteten wirtschaftskraftbezogenen Steuerquelle gehört (Art. 28 Abs. 2 S. 3 GG).

[96] Art. 106 Abs. 7 GG legt fest, daß den Kommunen vom "Länderanteil am Gesamtaufkommen der Gemeinschaftsteuern [...] ein von der Landesgesetzgebung zu bestimmender Hundertsatz" zufließt (S. 1). "Im übrigen bestimmt die Landesgesetzgebung, ob und inwieweit das Aufkommen der Landessteuern den Gemeinden (Gemeindeverbänden) zufließt." (S. 2). Vgl. dazu auch *Bundesministerium der Finanzen* (Hrsg.): Bund-Länder-Finanzbeziehungen auf der Grundlage der geltenden Finanzverfassungsordnung; 1. Aufl., Bonn 1999, S. 53; *Paul Marcus*, S. 81.

[97] Zur Beteiligung der Gemeinden an den verschiedenen Landessteuern in den einzelnen Ländern (Umfang der Verbundgrundlagen) vgl. *Hans-Günter Henneke*: Öffentliches ..., S. 368f.; *Hanns Karrenberg/Engelbert Münstermann*: Gemeindefinanzbericht 2000; in: Der Städtetag 2000, H. 4, S. 4 (54).

[98] Vgl. *Hans-Günter Henneke*: Öffentliches ..., Rdnr. 915.

[99] Ergänzend zu den Zuweisungen, welche die Gemeinden und Gemeindeverbände aus dem kommunalen Finanzausgleich erhalten, gewähren die Länder z.T. auch zusätzliche (zweckgebundene) Finanzzuweisungen. Vgl. *Bundesministerium der Finanzen* (Hrsg.): Bund-Länder-Finanzbeziehungen ...; 1. Aufl., S. 53.

[100] Vgl. *Hans-Günter Henneke*: Öffentliches ..., Rdnr. 947ff.

Die Zuweisungen lassen sich in drei Arten aufgliedern: Die allgemeinen *Schlüsselzuweisungen* dienen dem Ausgleich von Finanzbedarf und Finanzkraft einer Gemeinde.[101] *Bedarfszuweisungen* sollen unvermeidbare Fehlbeträge in außergewöhnlichen Fällen decken. Diese beiden Zuweisungstypen sind ungebunden und "fließen den Kommunen als ergänzende Einnahmen [...] zur Deckung des allgemeinen Finanzbedarfs zu."[102] Daneben werden *zweckgebundene Zuweisungen* zur Finanzierung konkreter Ausgabenbedarfe in besonderen Aufgabenbereichen gezahlt.

Die horizontale Verteilung der Schlüsselzuweisungen im Rahmen des kommunalen Finanzausgleichs zwischen den Ländern und ihren Kommunen wird bedarfs- und finanzkraftabhängig vorgenommen.[103] Zur Ermittlung der Finanzkraft wird die Steuerkraft einer Gemeinde (mit Ausnahme der kleinen örtlichen Steuern) unter Ansetzung fiktiver oder normierter Hebesätze für die Realsteuern herangezogen. Der horizontale Finanzkraftausgleich erfolgt unter Berücksichtigung der spezifischen, funktions- und aufgabenabhängigen Finanzbedarfe einer Gebietskörperschaft.

Hinsichtlich der Gemeindeanteile an der Einkommensteuer und der Umsatzsteuer existiert das Problem einer sachgerechten horizontalen Verteilung des Steueraufkommens unter den einzelnen Gebietskörperschaften auf kommunaler Ebene:

- Die Verteilung der Gemeindeanteile an der Einkommensteuer wird anhand einer Schlüsselzahl vorgenommen, für welche grundsätzlich die Steuerleistung der Gemeindebevölkerung maßgebend ist. Um eine zu starke Streuung des Steueraufkommens zwischen einkommensteuerstarken und einkommensteuerschwachen Gemeinden zu verhindern, wird das Einkommen aber nur bis zu einer bestimmten Grenze je Einwohner berücksichtigt (sog. Sockelbeträge).[104]
- Hinsichtlich der Umsatzsteueranteile gemäß Art. 106 Abs. 5a GG besteht eine besondere Verteilungsproblematik.[105] Weil die Beteiligung der Gemeinden an der Umsatzsteuer eine

---

101 Vgl. *Bundesministerium der Finanzen* (Hrsg.): Bund-Länder-Finanzbeziehungen ...; 1. Aufl., S. 54; *Hans-Günter Henneke*: Öffentliches ..., Rdnr. 952ff.

102 *Hans-Günter Henneke*: Öffentliches ..., Rdnr. 952.

103 Zur Methodik der Verteilung der Schlüsselzuweisungen auf die Gemeinden (Berechnung von Finanzbedarf und Steuerkraft, Festlegung der Ausgleichsregeln) vgl. *Bundesministerium der Finanzen* (Hrsg.): Bund-Länder-Finanzbeziehungen ...; 1. Aufl., S. 54ff.; *Hans-Günter Henneke*: Öffentliches ..., Rdnr. 957ff.; *Hanns Karrenberg/Engelbert Münstermann*, S. 51ff.; *Paul Marcus*, S. 82ff.

104 Vgl. zur Verteilung der Gemeindeanteile an der Einkommensteuer *Hanns Karrenberg/Engelbert Münstermann*, S. 37ff.; *Paul Marcus*: Das kommunale Finanzsystem der Bundesrepublik Deutschland; Darmstadt 1987, S. 73ff.; *Gunnar Schwarting*: Kommunale Steuern; Berlin 1999, Rdnr. 165ff.

105 Zur Verteilung der Umsatzsteuereinnahmen *Norbert Andel*, S. 521; *Hans-Günter Henneke*: Öffentliches ..., Rdnr. 901f.; *Hanns Karrenberg/Engelbert Münstermann*, S. 37ff.; *Gunnar Schwarting*, Rdnr. 187ff.

Kompensation für die entfallene (bzw. in den neuen Ländern nie erhobene) Gewerbekapitalsteuer darstellt, soll sich die horizontale Verteilung grundsätzlich an den Indikatoren Lohnsumme und Betriebsvermögen orientieren. Da bislang noch keine ausreichenden statischen Daten für die Bestimmung des endgültigen Schlüssels[106] existieren, gilt eine Übergangsregelung: Danach werden die Gemeindeanteile an der Umsatzsteuer zunächst im Verhältnis 85:15 auf die alten und neuen Länder verteilt. Als Kriterien für die horizontale Zuordnung dienen in den alten Ländern das Gewerbesteueraufkommen und die Beschäftigungszahlen der Jahre 1990 bis 1996 (im Verhältnis 70:30 gewichtet), in den neuen Ländern hingegen allein das Gewerbesteueraufkommens der Jahre 1992 bis 1996.[107]

Die Gemeinden besitzen ein begrenztes Steuerfindungsrecht betreffend die örtlichen Steuern, soweit sie durch Landesgesetzgebung dazu ermächtigt sind[108]. Der kommunale Satzungsgeber ist auch befugt, auf der Grundlage der landesrechtlichen Einzelsteuer- oder Kommunalabgabengesetze die Ausgestaltung der örtlichen Steuern vorzunehmen. Für den Bereich der Realsteuern (Grund- und Gewerbesteuer) existieren Bundesgesetze.[109] Die Gemeinden können deshalb zwar nicht den Steuertarif und die Bemessungsgrundlage, über ihr Hebesatzrecht nach Art. 106 Abs. 6 S. 2 GG wohl aber den örtlichen Steuersatz bestimmen.

Die Kommunen sind mithin nicht von einer Steuerquelle abhängig, sondern partizipieren mit Ausnahme der reinen Bundessteuern entweder unmittelbar oder mittelbar über den obligatorischen und fakultativen Steuerverbund an fast allen Steuerquellen. Darüber hinaus sind ihnen mehrere eigene Steuerquellen und -arten zugewiesen, deren Ertrag ihnen vollständig zufließt (Art. 106 Abs. 6 GG). Die Existenz des vertikalen Steuerverbundes sichert den Gemeinden dabei in Verbindung mit den mit autonomen Besteuerungsrechten versehenen örtlichen Steuern eine Basisfinanzierung. Die Mischung verschiedener Steuerquellen bewirkt eine Stabilisierung der Einnahmenbasis, da Steuern, deren Aufkommen stärkeren konjunkturellen Schwankungen unterworfen ist, anderen, eher beständigeren Steuerquellen gegenüberstehen und somit die Konjunkturabhängigkeit des gesamten Steueraufkommens reduziert wird.

---

[106] Der verfassungsrechtlich vorgeschriebene orts- und wirtschaftsbezogene Verteilungsschlüssel wird mehrere Elemente (Beschäftigtenzahl (außer öffentlicher Sektor) sowie bestimmte Unternehmensparameter wie Sachanlagen, Vorräte, Gehaltszahlungen etc.) umfassen.

[107] Bis zum Jahr 2002 können von den Ländern außerdem bis zu 20% des Gemeindeanteils an der Umsatzsteuer in einen Härtefallausgleichsfonds eingezahlt und an diejenigen Gemeinden verteilt werden, die von der Änderung des Steuersystems besonders betroffen sind.

[108] Vgl. *Hans-Günter Henneke*: Öffentliches ..., Rdnr. 893ff.

[109] Die bundesrechtlichen Rechtsgrundlagen für die Erhebung der Realsteuern bilden das Grundsteuergesetz (GrdStG) bzw. das Gewerbesteuergesetz (GewStG), welche die Bemessungsgrundlagen und Steuertarife dieser Steuern festlegen.

Abbildung 39: Die Einnahmequellen der Kommunen 1999 (Anteile in %)

a) Die Einnahmequellen der Kommunen in den alten Ländern

- Steuereinnahmen 39,0%
- Zuweisungen 26,5%
- Sonstige Einnahmen 22,1%
- Gebühren 12,4%

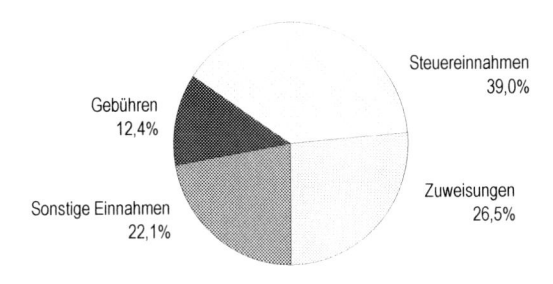

b) Die Einnahmequellen der Kommunen in den neuen Ländern

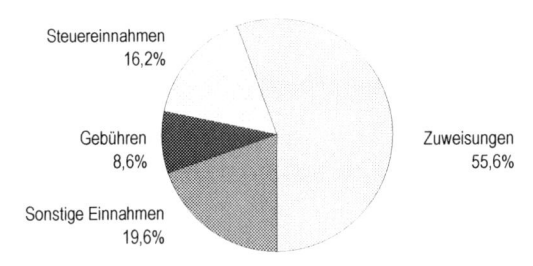

- Steuereinnahmen 16,2%
- Zuweisungen 55,6%
- Sonstige Einnahmen 19,6%
- Gebühren 8,6%

Quelle der Daten: Hanns Karrenberg/Engelbert Münstermann, S. 11f.

Die Finanzausstattung der ostdeutschen Kommunen unterscheidet sich auch knapp zehn Jahre nach der Wiedervereinigung noch sehr stark von der kommunalen Einnahmensituation in Westdeutschland (vgl. Abb. 39): Die Kommunen in den *alten* Ländern finanzieren sich zu 39% aus eigenen Steuereinnahmen, zu 26,5% aus Zuweisungen im Rahmen des kommunalen Finanzausgleichs, zu 12,4% aus Gebühren und zu 22% aus sonstigen Einnahmen (ohne Kreditaufnahmen).

Ganz anders stellt sich das Bild in den *neuen* Ländern dar: Dort bilden die Zuweisungen mit einem Anteil von 55,6% die mit Abstand wichtigste Finanzierungsquelle. Die Steuerquote beträgt hingegen nur 16,2%, und auch die Gebühren (8,6%) haben einen geringeren Stellenwert. Im Bundesdurchschnitt tragen Steuern und Zuweisungen mit einem Anteil von jeweils rund 1/3 zu den kommunalen Einnahmen bei. Entsprechend der fiskalischen Relevanz der Zuweisungen in ihrer Funktion als Steuer- oder Einnahmenersatzleistungen erlangt der kommunale Finanzausgleich erhebliche Bedeutung.

Insgesamt erzielten die deutschen Kommunen im Jahr 1999 Einnahmen in Höhe von 285,4 Mrd. DM. Bei Ausgaben in Höhe von 281,9 Mrd. DM konnten die Gemeinden in den alten Ländern einen leichten Haushaltsüberschuß verzeichnen. Gemessen an den bereinigten Ausgaben betrug die kommunale Steuerquote im Durchschnitt 39,7% in den alten und 16,1% in den neuen Ländern.[110]

Abbildung 40: Anteile einzelner Steuerquellen am kommunalen Steueraufkommen 1999

a) Die Struktur des kommunalen Steueraufkommens in den alten Ländern (Anteile in %)

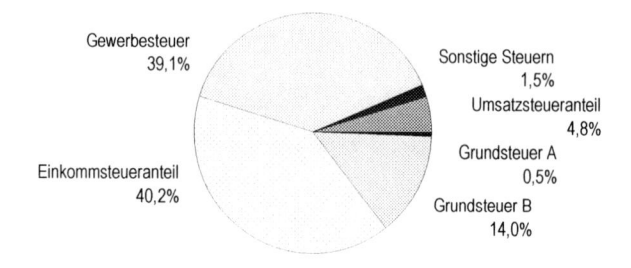

- Gewerbesteuer 39,1%
- Sonstige Steuern 1,5%
- Umsatzsteueranteil 4,8%
- Grundsteuer A 0,5%
- Grundsteuer B 14,0%
- Einkommsteueranteil 40,2%

b) Die Struktur des kommunalen Steueraufkommens in den neuen Ländern (Anteile in %)

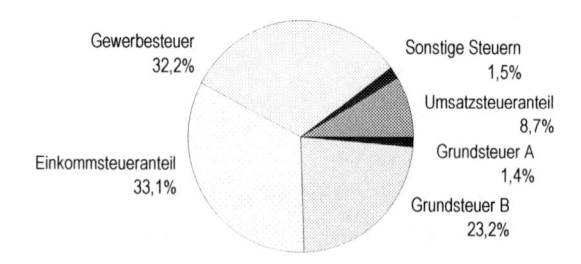

- Gewerbesteuer 32,2%
- Sonstige Steuern 1,5%
- Umsatzsteueranteil 8,7%
- Grundsteuer A 1,4%
- Grundsteuer B 23,2%
- Einkommsteueranteil 33,1%

Quelle der Daten: Hanns Karrenberg/Engelbert Münstermann, S. 91f.

Auch die Struktur des kommunalen Steueraufkommens in den neuen Ländern weist deutliche Unterschiede zu den alten Ländern auf: In *Westdeutschland* bilden - bezogen auf ihren Beitrag zum Gesamtsteueraufkommen der Gemeinden - der kommunale Anteil an der Lohn-, veranlagten Einkommensteuer und am Zinsabschlag sowie die Gewerbesteuer mit jeweils knapp 40% die wichtigsten kommunalen Steuerquellen, gefolgt von der Grundsteuer (14,5%) und dem Ertragsanteil an der Umsatzsteuer (ca. 5%). Der Finanzierungsbeitrag der sonstigen Ge-

---

[110] Quelle der Daten: *Hanns Karrenberg/Engelbert Münstermann*, S. 83ff.

meindesteuern[111] ist verhältnismäßig gering. In *Ostdeutschland* hingegen ist eine größere Bedeutung der Grundsteuer (rund 25% des Steueraufkommens) sowie des kommunalen Anteils an der Umsatzsteuer (ca. 9%) festzustellen. Die Ertragsanteile an der Einkommensteuer und die Gewerbesteuer tragen nur zu etwa je einem Drittel zu den Steuereinnahmen bei.

Tabelle 24: Struktur der Einnahmequellen verschiedener Typen von Kommunen 1999
(Anteile an den unbereinigten Einnahmen in %)

	Kreisfreie Städte	Kreisangehörige Gemeinden	Landkreise	Sonst. Gemeindeverbände
Steuern	38,8%	41,9%	0,4%	-
Allgemeine Zuweisungen	15,5%	15,3%	20,9%	10,6%
Sonstige laufende Zuweisungen	12,5%	9,1%	19,4%	14,5%
Gebühren	11,3%	10,2%	9,8%	2,1%
Umlagen	-	-	39,3%	59,0%
Sonstige laufende Einnahmen	9,2%	7,0%	4,0%	9,0%
Investitionszuweisungen	5,4%	10,1%	4,7%	3,9%
Vermögensveräußerung	6,1%	5,9%	0,9%	0,7%

Quelle der Daten: Statistisches Bundesamt (Hrsg.): Fachserie 14: Finanzen und Steuern, Reihe 2: Vierteljährliche Kassenergebnisse der öffentlichen Haushalte: 4. Vierteljahr und Jahr 1999; Stuttgart 2000, S. 69; eig. Ber.

Die Struktur der Finanzausstattung ist überdies vom Typ der Kommune abhängig, zu differenzieren ist hierbei vor allem zwischen den Gemeinden und den Gemeindeverbänden[112]: Die wichtigste Finanzierungsquelle der *Städte* und *Gemeinden* sind die Steuern, gefolgt von den diversen Zuweisungen sowie den Gebühren als Abgaben mit Gegenleistungscharakter. In den kreisfreien Städten liegt die Steuerquote rund 3%-Punkte unter dem Niveau der kreisangehörigen Gemeinden, allerdings sind die Pro-Kopf-Einnahmen in den kreisangehörigen Gemeinden geringer. Hieraus erklärt sich auch zum Teil der dort im Vergleich mit den übrigen Kommunen relativ hohe Anteil der Zuweisungen für investive Zwecke. Bemerkenswert ist ferner die Bedeutung der Einnahmen aus Vermögensveräußerungen. Die *Gemeindeverbände* finanzieren sich primär über Umlagen ihrer Mitglieder und Zuweisungen, wobei die Anteile beider Einnahmequellen bei den Landkreisen in etwa gleich groß sind, während bei den sonstigen Gemeindeverbänden (Bezirksverbände, Verwaltungsgemeinschaften etc.) die Umlagen weit überwiegen. Steuern erheben lediglich die Kreise, jedoch in unbedeutendem Umfang.

---

111 Zu den örtlichen Steuern zählen vor allem die Getränkesteuer, die Hundesteuer, die Jagd- und Fischereisteuer, die Schankerlaubnissteuer, die Vergnügungsteuer und die Zweitwohnungsteuer. Die Gesetzgebungskompetenz für diese Steuern liegt gemäß Art. 105 Abs. 2a GG bei den Ländern. Vgl. zu den kleinen Gemeindesteuern *Kay-Uwe Rhein*: Die kleinen kommunalen Steuern; Stuttgart u.a. 1997, S. 156ff.; *Gunnar Schwarting*, Rdnr. 204ff.

112 Siehe auch *Hanns Karrenberg/Engelbert Münstermann* sowie *Matthias Wohltmann*: Fiskalische Entwicklungen und Trends der Kreisfinanzen 1999/2000; in: Der Landkreis 2000, S. 139ff.

3.3.4 Die Auswirkungen des Steuersystems auf regionaler Ebene

In diesem Abschnitt wird die regionale Verteilung der einzelnen steuerlichen Bemessungsgrundlagen für die wichtigsten Steuern analysiert, deren Aufkommen den deutschen Ländern und Gemeinden ganz oder teilweise zusteht. Maßstab ist das jeweilige regionale Steueraufkommen pro Einwohner, welches mangels Steuerautonomie der Länder mit der Steuerkraft gleichgesetzt werden kann. Auf kommunaler Ebene kommen die Daten für das Besteuerungspotential bezüglich der Realsteuern (Realsteuerkraft) zur Anwendung. Die Verteilung der Steuerkraft wird dabei in den meisten Fällen im Vergleich zur regionalen Wirtschaftskraft, gemessen an der relativen Höhe des Bruttoinlandsproduktes (BIP) eines Landes, betrachtet, um evtl. bestehende Zusammenhänge aufzudecken.

Im Hinblick auf die denkbare Einräumung von Steuerautonomie auf subnationaler Ebene soll zunächst die regionale Verteilung des Länderanteils am Aufkommen der Steuern vom Einkommen (nach der föderalen Steuerverteilung) untersucht werden, um die Auswirkungen einer Dezentralisierung von Besteuerungsrechten hinsichtlich der Einkommensbesteuerung abschätzen zu können. Im Anschluß hieran wird das regionale Aufkommen der fiskalisch bedeutendsten reinen Landessteuern (deren Ertrag den Ländern zusteht, während die Besteuerungskompetenzen ausschließlich beim Bund liegen) sowie die gesamte Steuerkraft der einzelnen Länder dargestellt.

Um die regionalen Unterschiede in der Finanzausstattung der Gemeinden zu verdeutlichen, erfolgt schließlich eine Untersuchung von Steuerkraft und Steueranspannung der Realsteuern sowie der kommunalen Steuerkraft insgesamt.

3.3.4.1 Das regionale Aufkommen der Steuern vom Einkommen

Die Besteuerung des Einkommens erfolgt durch die Körperschaftsteuer[113] und die Einkommensteuer[114]. Letztere läßt sich wiederum in mehrere Einzelsteuern unterteilen: Die - statistisch getrennt ausgewiesenen - Teilsteuern der Einkommensteuer sind die Lohnsteuer (Anteil am Aufkommen der Steuern vom Einkommen: 75%), die veranlagte Einkommensteuer (5%), die nicht veranlagten Steuern vom Ertrag (6%) und die Zinsabschlagsteuer (3%). Dabei handelt es sich nicht um selbständige Steuern, sondern nur um besondere Erhebungsformen der

---

[113] Vgl. *Norbert Andel*, S. 338ff.; *Dieter Brümmerhoff*, S. 502ff.; *Kurt Reding/Walter Müller*, S. 318ff.; *Klaus Tipke/Joachim Lang*, § 11; *Wolfgang Zenthöfer/Gerd Leben*: Körperschaftsteuer, Gewerbesteuer; 8. Aufl., Stuttgart 1996, S. 3ff.

[114] Vgl. *Norbert Andel*, S. 311ff.; *Dieter Brümmerhoff*, S. 459ff.; *Kurt Reding/Walter Müller*, S. 310ff.; *Klaus Tipke/Joachim Lang*, § 9.

Einkommensteuer.[115] Die Körperschaftsteuer trug 1999 mit 11% zum Aufkommen der Steuern vom Einkommen bei. Das regionale Aufkommen der Steuern vom Einkommen insgesamt variiert der Höhe nach - gemessen am bundesweit betrachteten durchschnittlichen Steueraufkommen je Einwohner - zwischen rund 28% und 176%. Die Verteilung der steuerlichen Bemessungsgrundlagen weist somit eine erhebliche Schwankungsbreite auf.

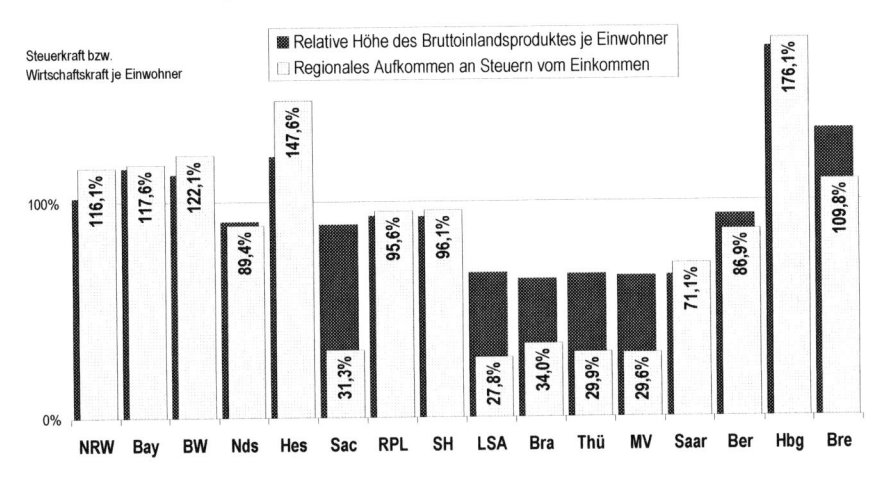

Abbildung 41: Relative Höhe des regionalen Aufkommens an Steuern vom Einkommen im Vergleich zur Wirtschaftskraft (BIP) 1999*

Land	BIP je Einwohner	Regionales Aufkommen
NRW	116,1%	
Bay	117,6%	
BW	122,1%	
Nds	147,6%	89,4%
Hes		31,3%
Sac	95,6%	27,8%
RPL	96,1%	34,0%
SH		29,9%
LSA		29,6%
Bra		
Thü		
MV		71,1%
Saar	86,9%	
Ber	176,1%	
Hbg	109,8%	
Bre		

* Die Werte zeigen das Steueraufkommen nach Steuerverteilung (Erstattung bzw. Zerlegung) bzw. die Wirtschaftskraft je Einwohner im Verhältnis zum Bundesdurchschnitt (=100%).

Quelle der Daten: Bundesministerium der Finanzen (unveröffentlichte Dokumente); eigene Berechnungen.

In Anbetracht der großen Differenzen im regionalen Steueraufkommen lassen sich mehrere Gruppen von Ländern unterscheiden, zwischen denen jeweils deutliche Abstufungen in der Steuerkraft festzustellen sind: In den neuen Ländern liegt das Besteuerungspotential lediglich bei rund 30% des Bundesdurchschnitts. Die finanzschwachen Flächenländer in Westdeutschland und Berlin erreichen eine Steuerkraft von maximal 96%, das Saarland sogar nur 71%. Nur sechs Länder weisen ein überdurchschnittliches Steueraufkommen auf, in den zwei ertragsstärksten Ländern (Hamburg und Hessen) beträgt der Vorsprung vor dem jeweils nächsten Land in der Finanzkraftreihenfolge über 25%-Punkte.

Aus welchen Teilsteuern der Einkommensteuer diese z.T. gravierenden Unterschiede resultieren, wird nachfolgend im einzelnen aufgeschlüsselt:

---

115 Vgl. *Dieter Brümmerhoff*, S. 487; *Klaus Tipke/Joachim Lang*, § 9, Rdnr. 769.

3.3.4.1.1 Veranlagte Einkommensteuer

Die veranlagte Einkommensteuer erfaßt das Einkommen natürlicher Personen, soweit es nicht bereits unmittelbar durch Quellenabzug (s.u.) erhoben wurde. Etwaige Einkommensteuererstattungen (auch in bezug auf andere Teilsteuern der Einkommensteuer) vermindern das Aufkommen an veranlagter Einkommensteuer. Außerdem können besondere Steuervergünstigungen im Rahmen der Veranlagung als Absetzungsbeträge geltend gemacht werden.

Die veranlagte Einkommensteuer wird gemäß § 19 AO am Wohnsitz des Steuerschuldners vereinnahmt. Die regionalen Unterschiede in der relativen Höhe des daraus resultierenden örtlichen Steueraufkommens sind aus Abbildung 42 ersichtlich, allerdings nur für die alten Länder einschließlich Berlin (West).

Abbildung 42: Relative Höhe des regionalen Aufkommens an veranlagter Einkommensteuer (alte Länder einschl. Berlin (West)) im Vergleich zur Wirtschaftskraft (BIP) 1999*

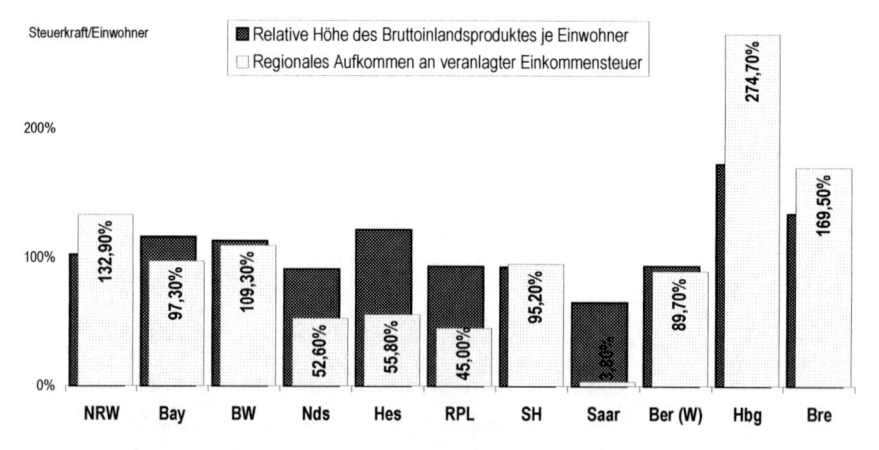

Land	Relative Höhe des Bruttoinlandsproduktes je Einwohner	Regionales Aufkommen an veranlagter Einkommensteuer
NRW	132,90%	97,30%
Bay	109,30%	52,60%
BW		55,80%
Nds		45,00%
Hes		95,20%
RPL		3,80%
SH		89,70%
Saar		
Ber (W)	274,70%	169,50%
Hbg		
Bre		

* Steueraufkommen je Einwohner im Verhältnis zum Durchschnitt der alten Länder einschließlich Berlin (West).
Quelle der Daten: Bundesministerium der Finanzen (unveröffentlichte Dokumente); eigene Berechnungen.

Bei der Darstellung der veranlagten Einkommensteuer wurden die neuen Länder nicht berücksichtigt, weil das dortige Steueraufkommen aufgrund weitreichender Steuervergünstigungen (Sonderabschreibungen) und auszuzahlender Investitionszulagen im Zuge der Sonderförderung der ostdeutschen Länder auch 1999 noch negativ war. Dies beruht darauf, daß die ausbezahlten Erstattungen und Zulagen die Höhe der Steuerschulden überstiegen haben.[116] Vermutlich wird es noch einige Jahre dauern, bis die beschriebenen Sondereinflüsse nachlassen und sich das Einkommensteueraufkommen soweit normalisiert hat, daß wieder aussagekräfti-

---
[116] Vgl. *Gisela Färber/Marika Sauckel/Elmar Döhler*, S. 102f.

ge Daten über die regionale Verteilung der Bemessungsgrundlagen in West- und Ostdeutschland verfügbar sind.

Signifikante Verwerfungen im regionalen Aufkommen der veranlagten Einkommensteuer sind aber auch für die alten Länder zu beobachten. Sie lassen sich beim Vergleich sowohl mit dem Gesamtaufkommen der Steuern vom Einkommen als auch mit der regionalen Wirtschaftskraft erkennen. In Niedersachen, Hessen, Rheinland-Pfalz und dem Saarland etwa unterschreitet die relative Höhe des Aufkommens an veranlagter Einkommensteuer ganz erheblich den entsprechenden Wert des Bruttoinlandsproduktes, in Hamburg, Bremen und Nordrhein-Westfalen ist das Gegenteil der Fall.

Solche regionalen Verwerfungen im Steueraufkommen resultieren zum nicht unerheblichen Teil aus einer regional unterschiedlichen Inanspruchnahme von Steuervergünstigungen sowie der bei den Finanzämtern angesiedelten Auszahlung des Kindergeldes und der Wohnungseigentumsförderung. Die regional sehr ungleiche Nutzung legaler Sondervergünstigungen, Absetzungen und Investitionszulagen durch die Steuerpflichtigen reduziert das Steueraufkommen in einigen Ländern teilweise erheblich.[117] Ähnliches gilt für die regional ebenfalls nicht gleichmäßige Inanspruchnahme sozialpolitischer Fördermaßnahmen, die als Zulage aus dem Steueraufkommen gezahlt werden, und des Kindergeldes.[118]

An dieser Stelle wird ein Hauptproblem des deutschen Steuersystems für die an der Einkommensteuer als Gemeinschaftsteuer partizipierenden Länder und Gemeinden deutlich: Die wirtschafts- und sozialpolitische Förderung, die der Bund – allerdings stets mit Zustimmung des Bundesrates – über den Tarif der Einkommensteuer betreibt, hat erhebliche finanzielle Auswirkungen auf das regionale Steueraufkommen der Länder und Gemeinden, welches aufgrund eines regional divergierenden Grades der Inanspruchnahme seitens der Anspruchsberechtigten recht sehr ungleichmäßig ausfallen kann.

3.3.4.1.2 *Lohnsteuer*

Die Lohnsteuer[119] (§§ 38ff. EStG) ist die aufkommensstärkste (Teil-) Steuerart in Deutschland. Sie wird bei lohnabhängigen Arbeitnehmern durch den (inländischen) Arbeitgeber als besondere Form der Einkommensteuer direkt vom Arbeitslohn[120] abgezogen (Quellenabzug)

---

[117] Vgl. *Gisela Färber/Marika Sauckel/Elmar Döhler*, S. 99ff.
[118] So ist z.B. nach § 13 Abs. 2 Eigenheimzulagengesetz die Eigenheimzulage aus den Einnahmen an Einkommensteuer auszuzahlen.
[119] Vgl. *Norbert Andel*, S. 334; *Kurt Reding/Walter Müller*, S. 317; *Klaus Tipke/Joachim Lang*, § 9, Rdnr. 551ff.
[120] Zum Arbeitslohn gehören alle laufenden und einmaligen Bezüge und Sachleistungen einschließlich sog. geldwerter Vorteile. Vgl. *Klaus Tipke/Joachim Lang*, § 9, Rdnr. 553ff.

und an das für den Betrieb zuständige Finanzamt abgeführt. Steuerschuldner ist jedoch der Arbeitnehmer. Die von ihm gezahlte Lohnsteuer wird bei der Veranlagung zur Einkommensteuer voll angerechnet. Die regionale Zuordnung des Lohnsteueraufkommens richtet sich nach dem Zerlegungsgesetz: Die Zerlegung der Lohnsteuer erfolgt nach dem 'Wohnsitzprinzip' (§ 7 Abs. 1 und 2).[121] Dies bedeutet, daß der Länderanteil an der Lohnsteuer wie die von den wirtschaftlich selbständigen Personen gezahlte veranlagte Einkommensteuer dem Wohnsitzland des Steuerschuldners zufließt. Beide Teilsteuern sind damit trotz unterschiedlicher Erhebungsverfahren von der regionalen Aufkommenswirkung her gleichgestellt. Somit erhält jedes Land "nach Abschluß des Zerlegungsverfahrens den Lohnsteueranteil, der den Arbeitslöhnen seiner Einwohner entspricht."[122]

Abbildung 43: **Relative Höhe des regionalen Aufkommens an Lohnsteuer im Vergleich zur Wirtschaftskraft (BIP) 1999***

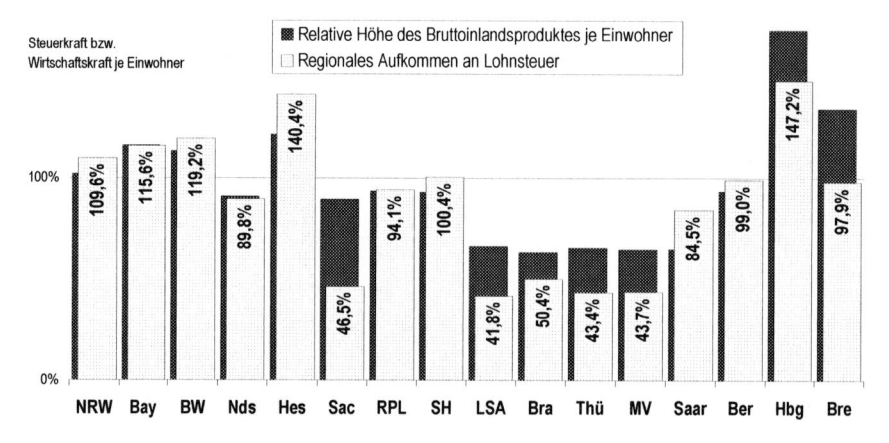

* Steueraufkommen nach Zerlegung bzw. Wirtschaftskraft je Einwohner im Verhältnis zum Bundesdurchschnitt.

Quelle der Daten: Bundesministerium der Finanzen (unveröffentlichte Dokumente); eigene Berechnungen.

Bei der Lohnsteuer ist eine etwas gleichmäßigere Verteilung der Steuerkraft im Vergleich zu den Steuern vom Einkommen insgesamt zu erkennen, die interregionalen Aufkommensunterschiede sind aber immer noch groß (die Bandbreite reicht von ca. 42% bis 147% des Bundesdurchschnitts). Die Steuerkraft der fünf neuen Länder erreicht im Mittel nur 45%, das Steuer-

---

[121] Das Zerlegungsgesetz beantwortet damit die Frage, ob für die Verteilung der Lohnsteuer der Ort der wirtschaftlichen Wertschöpfung oder der Wohnort des Steuerpflichtigen maßgeblich sein soll. Als eigene Steuerkraft eines Landes wird mithin das Steueraufkommen angesehen, welches von seinen Einwohnern (unabhängig vom Sitz des Arbeitgebers) erwirtschaftet wird, nicht aber das von den Arbeitnehmern in Unternehmen innerhalb der Grenzen eines Landes erwirtschaftete Aufkommen. Vgl. *Hans-Günter Henneke*: Öffentliches ..., Rdnr. 738.

[122] *Hans-Günter Henneke*: Öffentliches ..., Rdnr. 740.

aufkommen in den fünf aufkommensstärksten Ländern liegt hingegen z.T. weit über dem Durchschnitt.

3.3.4.1.3 Kapitalertragsteuer

Eine weitere spezielle Art der Einkommensteuer ist die Kapitalertragsteuer[123] (§§ 43ff EStG). Das nachfolgend dargestellte regionale Aufkommen umfaßt die Erträge der nicht veranlagten Steuern vom Ertrag sowie der Zinsabschlagsteuer. Die Kapitalertragsteuer wird als pauschaler Steuerabzug oder sog. Zinsabschlag erhoben und beträgt 25% bzw. 30%. Die Pflicht zur Entrichtung der Kapitalertragsteuer entsteht zu dem Zeitpunkt, an dem einem Gläubiger Kapitalerträge zufließen. Der Steuerabzug ist vom Schuldner oder der auszahlenden Stelle (z.B. einer Bank) vorzunehmen (Quellenabzug). Die einbehaltene Kapitalertragsteuer ist daraufhin an das für die Besteuerung des Schuldners oder der auszahlenden Stelle örtlich zuständige Finanzamt abzuführen.[124]

Das Aufkommen je Einwohner sowohl der nicht veranlagten Steuern vom Ertrag als auch der Zinsabschlagsteuer ist in den wirtschaftsstarken Ländern im Vergleich wesentlich höher als in den wirtschaftsschwächeren Regionen. Bezüglich beider Teilsteuern ist im Verhältnis zur Wirtschaftskraft (gemessen als BIP pro Einwohner) ein progressiv steigendes Aufkommen festzustellen, die wirtschaftsstarken Länder (mit Ausnahme Bremens) erzielen demnach ein vergleichsweise höheres Steueraufkommen pro Kopf, als ihnen nach ihrer Wirtschaftsleistung zukäme.[125] Die ungleiche Verteilung des Steueraufkommens ist vor allem darauf zurückzuführen, daß die nicht veranlagten Steuern vom Ertrag nicht zerlegt werden. Im Rahmen der föderalen Steuerverteilung findet nach § 8 ZerlegungsG lediglich eine Zerlegung der Zinsabschlagsteuer statt[126], diese folgt aber in den alten Ländern bis zum Ende des Jahres 2001 gemäß der Übergangsregelung in § 12 Abs. 4 ZerlegungsG im wesentlichen dem örtlichen Aufkommen der nicht veranlagten Steuern vom Ertrag.[127] Ab 2002 bemessen sich die Zerle-

---

[123] Vgl. *Norbert Andel*, S. 334; *Kurt Reding/Walter Müller*, S. 317f.; *Klaus Tipke/Joachim Lang*, § 9, Rdnr. 559ff.

[124] Wenn die tatsächliche Steuerschuld niedriger ist als der pauschale Steuerabzug, wird der Unterschiedsbetrag im Rahmen der Veranlagung zur Einkommensteuer von seinem Wohnsitzfinanzamt erstattet.

[125] Vgl. *Gisela Färber/Marika Sauckel/Elmar Döhler*, S. 82f.

[126] Eine Zerlegung der Erträge der Zinsabschlagsteuer ist "wegen der Anonymität des [...] praktizierten Quellenabzugsverfahrens" erforderlich (*Hans-Günter Henneke*: Öffentliches ..., Rdnr. 736).

[127] § 12 Abs. 4 ZerlegungsG bestimmt für die alten Länder eine Verteilung von 70% des Aufkommens des Zinsabschlags entsprechend der Verteilung der Einkünfte aus Kapitalvermögen gemäß der letzten Einkommensteuerstatistik, von 20% entsprechend der Verteilung des vorjährigen (zerlegten) Körperschaftsteueraufkommens und von 10% entsprechend der Verteilung des vorjährigen Aufkommens an veranlagter Einkommensteuer. In den neuen Ländern erfolgt eine Verteilung nach der Einwohnerzahl.

gungsanteile nach der Höhe des (drei Jahre zuvor) auf die Einkommen- und Körperschaftsteuer angerechneten Zinsabschlags (§ 8 Abs. 1 ZerlegungsG).

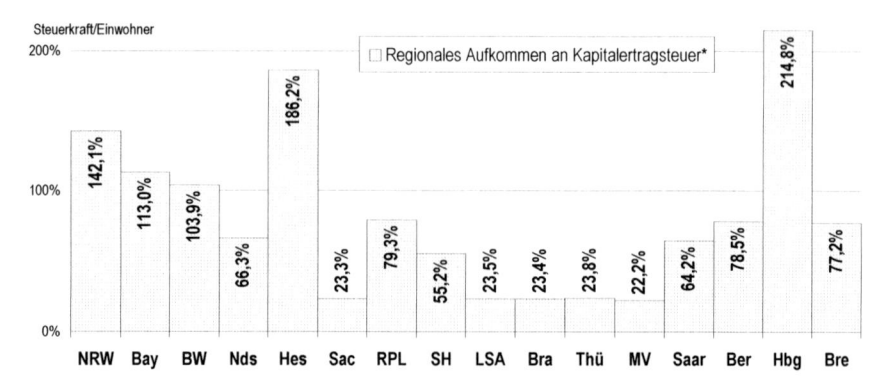

Abbildung 44: Regionales Aufkommen an Kapitalertragsteuer* 1999**

Steuerkraft/Einwohner

Land	NRW	Bay	BW	Nds	Hes	Sac	RPL	SH	LSA	Bra	Thü	MV	Saar	Ber	Hbg	Bre
%	142,1%	113,0%	103,9%	66,3%	186,2%	23,3%	79,3%	55,2%	23,5%	23,4%	23,8%	22,2%	64,2%	78,5%	214,8%	77,2%

* Summe der nicht veranlagten Steuern vom Ertrag sowie der Zinsabschlagsteuer.
** Steueraufkommen je Einwohner nach Erstattung bzw. Zerlegung im Verhältnis zum Bundesdurchschnitt.

Quelle der Daten: Bundesministerium der Finanzen (unveröffentlichte Dokumente); eigene Berechnungen.

Das Aufkommen an Kapitalertragsteuer dürfte wegen der örtlichen Zuständigkeit der Finanzbehörden am Sitz des Schuldners bzw. der auszahlenden Stelle vor allem in denjenigen Ländern hoch sein, in denen die Unternehmenssitze der Banken und anderer Finanzdienstleister liegen. Entsprechend ungleichmäßig zeigt sich die regionale Verteilung des Aufkommens an Kapitalertragsteuer: In nur fünf (wirtschaftsstarken und zumeist bevölkerungsreichen) Ländern liegt dieses über dem Bundesdurchschnitt, und die Abstände im Pro-Kopf-Aufkommen zwischen den einzelnen Ländern sind mit bis zu 44%-Punkten enorm. Äußerst niedrig sind die Bemessungsgrundlagen der Kapitalertragsteuer in den neuen Ländern, aber auch die meisten westdeutschen Länder erreichen gerade einmal ein gutes Drittel des Steueraufkommens des 'Spitzenreiters' Hamburg.

3.3.4.1.4 Körperschaftsteuer

Die Körperschaftsteuer ist eine besondere Einkommensteuer zur Besteuerung der Einkommen juristischer Personen und bestimmter Personenvereinigungen etc. Weil die Einkommen- und die Körperschaftsteuer nebeneinander bestehen, zählt etwa ein ausgeschütteter Gewinn einerseits zur Bemessungsgrundlage der Körperschaftsteuer der ausschüttenden Gesellschaft und gleichzeitig zur Bemessungsgrundlage der Einkommensteuer (bei natürlichen Personen) bzw. Körperschaftsteuer (bei juristischen Personen) des Anteilseigners.[128]

Die Zuständigkeit der Finanzbehörden eines Unternehmens mit Betriebsstätten in mehreren Bundesländern richtet sich nach dem Sitz der Geschäftsleitung (§ 20 AO). Die Körperschaftsteuer wird aber zwischen den Ländern nach dem sog. 'Betriebsstättenprinzip' zerlegt (§§ 2ff. ZerlegungsG). Das in Betriebsstätten außerhalb des Landes, welches die Hauptverwaltung eines Unternehmens beherbergt, erwirtschaftete Körperschaftsteueraufkommen ist an die betreffenden Länder abzuführen.[129] Maßgeblich für die Steuerzerlegung ist regelmäßig der auf ein Bundesland entfallende Anteil an den vom Unternehmen gezahlten Arbeitslöhnen analog §§ 28ff. GewStG.

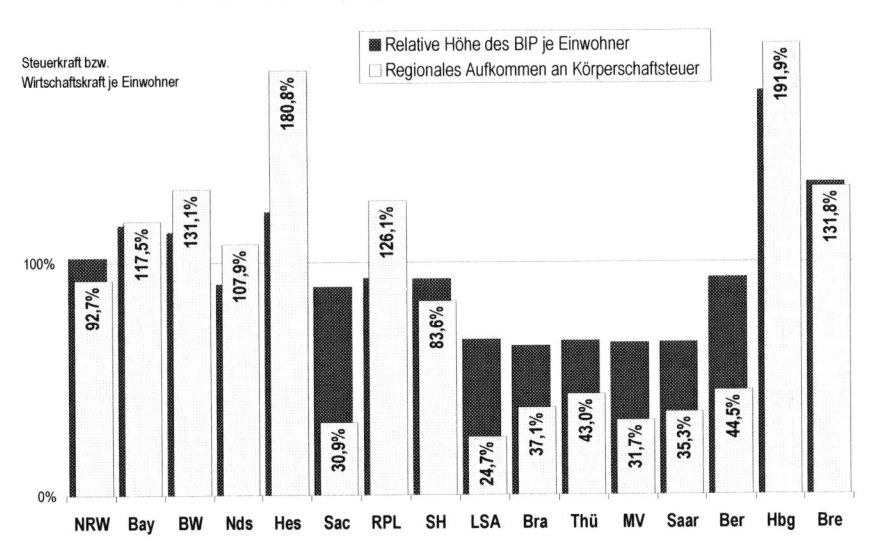

Abbildung 45: Relative Höhe des regionalen Aufkommens an Körperschaftsteuer im Vergleich zur Wirtschaftskraft (BIP) 1999*

Land	BIP je Einwohner	Körperschaftsteuer
NRW	92,7%	
Bay	117,5%	
BW	131,1%	
Nds	107,9%	
Hes	180,8%	30,9%
Sac		24,7%
RPL	126,1%	37,1%
SH	83,6%	43,0%
LSA		31,7%
Bra		35,3%
Thü		44,5%
MV		
Saar		
Ber	191,9%	
Hbg	131,8%	
Bre		

* Steueraufkommen nach Zerlegung bzw. Wirtschaftskraft je Einwohner im Verhältnis zum Bundesdurchschnitt.
Quelle der Daten: Bundesministerium der Finanzen (unveröffentlichte Dokumente); eigene Berechnungen.

Die regionale Verteilung des Körperschaftsteueraufkommens zeigt ein starkes Gefälle von den wirtschaftsstarken zu den wirtschaftsschwachen Ländern. Immerhin sieben Länder errei-

---

[128] Jedoch ist eine Anrechnung der von der Körperschaft entrichteten Steuer auf die persönliche Steuerschuld des Anteilseigners oder eine Vergütung möglich, um eine Doppelbelastung des ausgeschütteten Gewinns zu vermeiden. Vgl. *Klaus Tipke/Joachim Lang*, § 11, Rdnr. 140ff.
[129] Vgl. *Hans-Günter Henneke*: Öffentliches ..., Rdnr. 735.

chen nicht einmal 45% des durchschnittlichen Steueraufkommens je Einwohner, Hessen und Hamburg hingegen vereinnahmen Körperschaftsteuer in einer Größenordnung von 181% bzw. 192% des Bundesdurchschnitts. Bei der Betrachtung der Werte für die neuen Länder sind ebenfalls die Wirkungen der umfangreichen Steuervergünstigungen zu berücksichtigen (s.o.). Außerdem kann das Steueraufkommen eines Jahres aufgrund besonderer Einflüsse in der konjunkturellen Entwicklung gegenüber den Vorjahren nicht unerheblich schwanken.

Deshalb wird in Abbildung 46 das regionale Aufkommen an Körperschaftsteuer für die alten Länder über einen 10-Jahreszeitraum dargestellt: Das Körperschaftsteueraufkommen – gemessen am Durchschnitt der alten Länder einschließlich Berlin (West) – streut zwischen 67% und 161%. Im Vergleich der Daten des Jahres 1999 mit dem durchschnittlichen Steueraufkommen zwischen 1990 und 1999 sind etliche Verschiebungen in der Steuerkraft-Reihenfolge erkennbar (vgl. z.B. die Positionen von Nordrhein-Westfalen und Rheinland-Pfalz).

Abbildung 46: Regionales Aufkommen an Körperschaftsteuer im Durchschnitt der Jahre 1990-1999 (nur alte Länder einschließlich Berlin (West))*

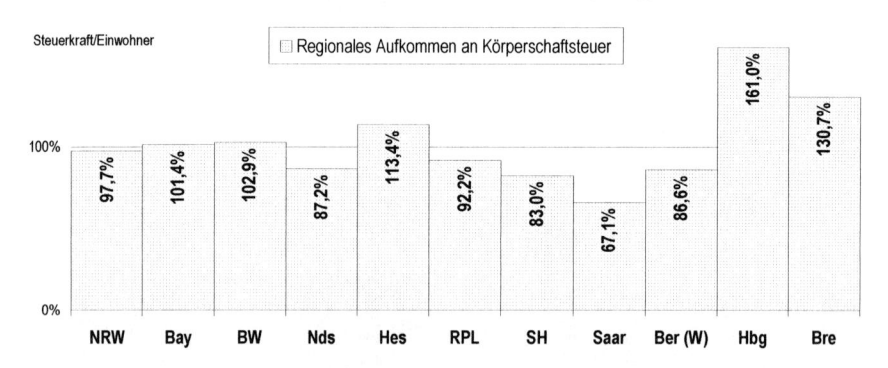

NRW	97,7%
Bay	101,4%
BW	102,9%
Nds	87,2%
Hes	113,4%
RPL	92,2%
SH	83,0%
Saar	67,1%
Ber (W)	86,6%
Hbg	161,0%
Bre	130,7%

* Steueraufkommen nach Zerlegung im Verhältnis zum Durchschnitt der alten Länder einschließlich Berlin (W).
Quelle der Daten: Bundesministerium der Finanzen (unveröffentlichte Dokumente); eigene Berechnungen.

Auch hinsichtlich der Körperschaftsteuer sind im übrigen regionale Verwerfungen im Steueraufkommen festzustellen, welche auf den bereits beschriebenen steuerlichen Fördermaßnahmen, die nicht als Finanzhilfen ausgestaltet sind, basieren. Eine regional ungleichmäßige Inanspruchnahme von Investitionszulagen und Absetzungsmöglichkeiten führt entsprechend zu unterschiedlich hohen Steuermindereinnahmen für die Länder.[130] Diese Problematik resultiert aus der finanzverfassungsrechtlichen Zulässigkeit einer wirtschaftspolitischen Förderung des Bundes über den Tarif der Körperschaftsteuer.

---

[130] Vgl. *Gisela Färber/Marika Sauckel/Elmar Döhler*, S. 100ff.

3.3.4.2 Das regionale Aufkommen der reinen Landessteuern

3.3.4.2.1 Kraftfahrzeugsteuer

Die bereits 1906 eingeführte Kraftfahrzeugsteuer[131] ist keine Gebühr für die Benutzung öffentlicher Straßen, stellt aber einen Ausgleich für die Kosten der Bereitstellung des Straßennetzes dar (Äquivalenzgedanke). Sie besteuert das Halten eines Kraftfahrzeuges (entscheidend ist die Zulassung für den öffentlichen Straßenverkehr) und ähnliche Verwendungen. Steuerschuldner ist bei zugelassenen Fahrzeugen der Halter. Bemessungsgrundlage der Kraftfahrzeugsteuer ist nach § 9 KraftStG entweder der Hubraum des Motors (i.d.R. bei Pkw) oder das zulässige Gesamtgewicht (bei Lkw) und bei Fahrzeugen mit einem Gewicht von über 3,5 Tonnen ergänzend die Schadstoff- und Lärmemission. Es bestehen zahlreiche – z.T. befristete – Steuerbefreiungen (§§ 3ff. KraftStG). Die Steuersätze sind bei Pkw und Lkw i.d.R. nach dem Schadstoffausstoß des Fahrzeuges gestaffelt.

Abbildung 47: Relative Höhe des regionalen Aufkommens an Kraftfahrzeugsteuer im Vergleich zur Wirtschaftskraft (BIP) 1999*

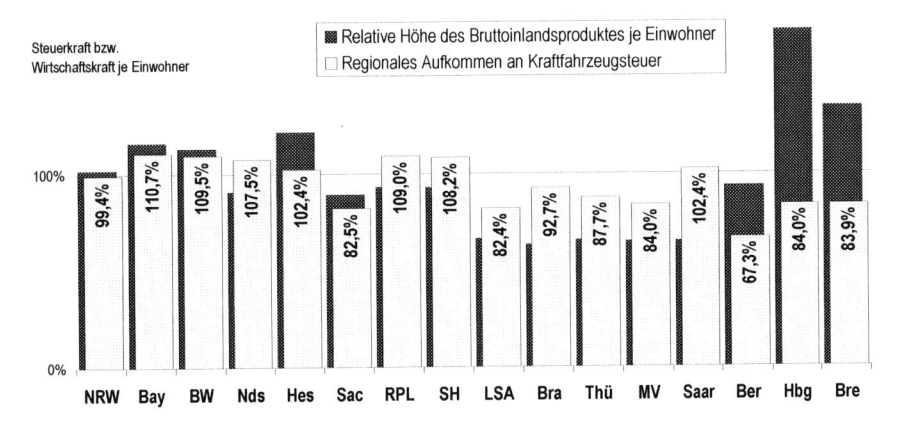

* Steueraufkommen bzw. Wirtschaftskraft je Einwohner im Verhältnis zum Bundesdurchschnitt (=100%).

Quelle der Daten: Statistisches Bundesamt (Hrsg.): Fachserie 14: Finanzen und Steuern, Reihe 4: Steuerhaushalt 4. Vierteljahr und Jahr 1999; Stuttgart 2000; eigene Berechnungen.

Die regionale Verteilung der steuerlichen Bemessungsgrundlagen der Kraftfahrzeugsteuer zeigt eine eher geringe Schwankungsbreite. Die Länder lassen sich ungefähr in zwei Gruppen einteilen: In den Stadtstaaten und den neuen Ländern ist das Steueraufkommen je Einwohner bei einem mittleren Wert von ca. 84% deutlich unterdurchschnittlich (67% bis 93% des Bun-

---

[131] Vgl. *Klaus Tipke/Joachim Lang*, § 14, Rdnr. 29ff.

desdurchschnitts), dort ist der Kraftfahrzeugbestand aus unterschiedlichen Gründen auch vergleichsweise niedrig. Die westdeutschen Flächenländer hingegen weisen ein regionales Aufkommen in der Nähe des Bundesdurchschnitts bzw. nicht weit darüber auf (99% bis 111%). Mit Ausnahme der neuen Länder ist das Aufkommen an Kraftfahrzeugsteuer in den eher ländlich strukturierten Gebieten am höchsten. Ein Zusammenhang mit der regionalen Wirtschaftskraft ist dagegen nicht gegeben, einige wirtschaftsschwächere Länder (z.b. Niedersachen und Rheinland-Pfalz) können sogar ein relativ hohes Steueraufkommen verzeichnen.

3.3.4.2.2 Grunderwerbsteuer

Mit der Grunderwerbsteuer[132] werden Grundstücksübertragungen besteuert. Steuerpflichtig sind Grundstücksübertragungen durch Rechtsgeschäft und andere Rechtsvorgänge, aber nicht solche durch Nachlaß oder unter Eheleuten bzw. bestimmten Verwandten. Bemessungsgrundlage ist i.d.R. die (unmittelbare) Gegenleistung wie z.b. der Kaufpreis. Dabei gelangt ein einheitlicher Steuersatz von 3,5% zur Anwendung. Umsätze, die unter das Grunderwerbsteuergesetz fallen, sind gemäß § 4 Nr. 9a UStG nicht der Umsatzsteuer unterworfen, um die Konkurrenz beider Steuern zu verhindern. Örtlich zuständig für die Vereinnahmung der Grunderwerbsteuer ist das Finanzamt, in dessen Bezirk das betreffende Grundstück liegt. Die Länder können das Steueraufkommen (ggf. teilweise) ihren Kommunen als eigene Einnahmen überlassen.

Die regionale Verteilung des Grunderwerbsteueraufkommens[133] läßt (fast) keine Regelmäßigkeit erkennen. Festzustellen ist nur, daß die Stadtstaaten das höchste Steueraufkommen aufweisen. Die weiteren Gründe für die Streuung der Bemessungsgrundlagen sind nicht ersichtlich. Ebenso wie bei der Kraftfahrzeugsteuer fällt das Aufkommen der Grunderwerbsteuer in den neuen Ländern nicht generell hinter das der westdeutschen Länder zurück. Auch eine signifikante Beziehung zwischen dem Grunderwerbsteueraufkommen und der regionalen Wirtschaftskraft, die über eine leicht proportionale, von vielen Ausnahmen erschütterte Tendenz hinausgeht, ist nicht (bzw. nicht mehr) gegeben.[134] Allenfalls mit dem 'Speckgürtel' um Hamburg und den zahlreichen Feriengebieten ist etwa zu erklären, warum Schleswig-Holstein im Verhältnis mehr Grunderwerbsteuer vereinnahmen kann als Baden-Württemberg oder Hessen.

---

[132] Vgl. *Norbert Andel*, S. 384; *Gerd Rose*: Die Verkehrsteuern; 10. Aufl., Wiesbaden 1991, S. 23ff.; *Klaus Tipke/Joachim Lang*, § 14, Rdnr. 1ff.

[133] Um die Vergleichbarkeit der Länderdaten zu gewährleisten, wurde ggf. auch der kommunale Anteil am Grunderwerbsteueraufkommen berücksichtigt (wie z.B. in Rheinland-Pfalz).

[134] Vgl. *Gisela Färber/Marika Sauckel/Elmar Döhler*, S. 76.

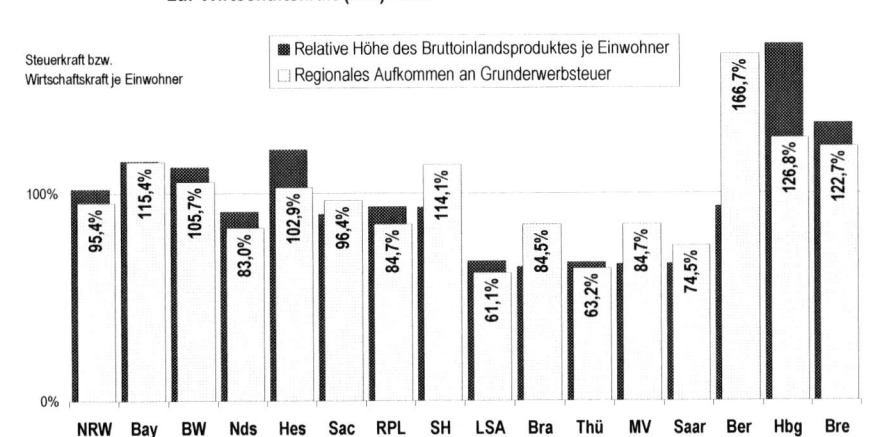

Abbildung 48: Relative Höhe des regionalen Aufkommens an Grunderwerbsteuer im Vergleich zur Wirtschaftskraft (BIP) 1999*

Steuerkraft bzw. Wirtschaftskraft je Einwohner

■ Relative Höhe des Bruttoinlandsproduktes je Einwohner
□ Regionales Aufkommen an Grunderwerbsteuer

Land	BIP	Grunderwerbsteuer
NRW	95,4%	
Bay	115,4%	
BW	105,7%	
Nds		83,0%
Hes	102,9%	
Sac		96,4%
RPL	84,7%	
SH	114,1%	
LSA	61,1%	
Bra	84,5%	
Thü	63,2%	
MV	84,7%	
Saar	74,5%	
Ber	166,7%	
Hbg	126,8%	
Bre	122,7%	

* Steueraufkommen bzw. Wirtschaftskraft je Einwohner im Verhältnis zum Bundesdurchschnitt (=100%).
Quelle der Daten: Statistisches Bundesamt (Hrsg.): Fachserie 14, Reihe 4 (1999); eigene Berechnungen.

3.3.4.2.3 Erbschaft- und Schenkungsteuer

Die Erbschaft- und Schenkungsteuer[135] besteuert die Bereicherung des Erwerbers durch Erbfolge oder Schenkung unter Lebenden. Die Erbschaftsteuer ist als Erbanfallsteuer ausgestaltet, so daß – anders als bei einer Nachlaßsteuer – nicht der gesamte Nachlaß einer Person, sondern der Vermögenszufluß des einzelnen Erben steuerpflichtig ist. Um die Erbschaftsteuer nicht umgehen zu können, sind Schenkungen (z.B. im Wege der vorweggenommenen Erbfolge) durch die Schenkungsteuer denselben Besteuerungsregeln unterworfen wie der Erwerb von Todes wegen. Bemessungsgrundlage der Erbschaft- und Schenkungsteuer ist der Wert[136] der Bereicherung des Erwerbers, allerdings kommen nach dem Verwandtschaftsgrad gestaffelte (es existieren drei Steuerklassen) persönliche Freibeträge bis zu 600.000 DM (die innerhalb von 10 Jahren nur einmal in Anspruch genommen werden dürfen), bestimmte sachliche Freibeträge und ggf. Versorgungsfreibeträge bis 500.000 DM zur Anwendung. Der Steuertarif ist stark progressiv ausgestaltet, der Spitzensteuersatz beträgt ab einem steuerpflichtigen Erwerb je nach Steuerklasse 30% bis 50%. Steuerpflichtig ist zwar der Begünstigte, örtlich zuständig für die Erhebung der Erbschaft- und Schenkungsteuer ist aber das Finanzamt am Wohnsitz des Erblassers. Diese Regelung begünstigt die Länder, in denen Personen mit einem umfang-

---

[135] Vgl. *Norbert Andel*, S. 381ff.; *Kurt Reding/Walter Müller*, S. 344ff.; *Klaus Tipke/Joachim Lang*, § 12, Rdnr. 112ff.

[136] Für Grund- und Betriebsvermögen gelten besondere Bewertungsmaßstäbe.

reichen Vermögen leben, unabhängig davon, ob das Vermögen selbst evtl. in einem anderen Land liegt. Nicht zuletzt wegen des progressiven Steuertarifes steigt das regionale Steueraufkommen mit zunehmender Wirtschaftskraft eines Landes überproportional an.[137]

Abbildung 49: Relative Höhe des regionalen Aufkommens an Erbschaft- und Schenkungsteuer im Vergleich zur Wirtschaftskraft (BIP) 1999*

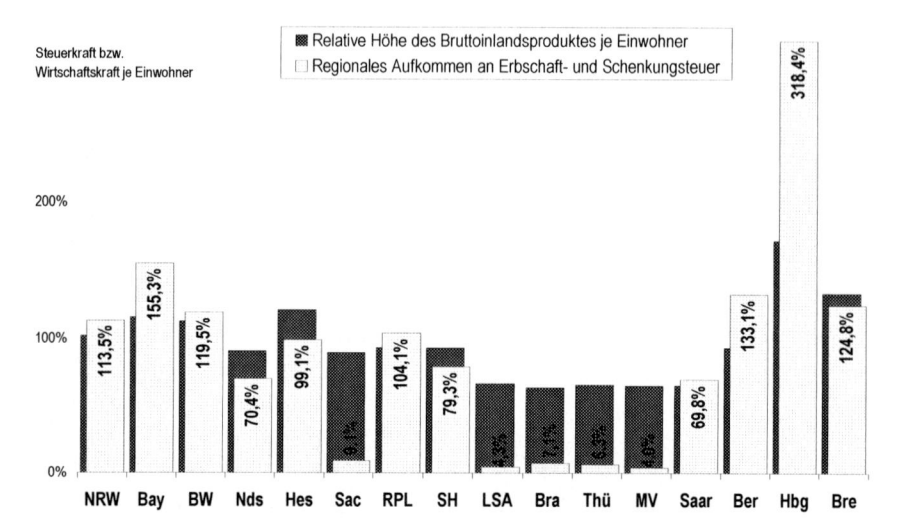

(Balkendiagramm mit folgenden Werten:)

Land	BIP je Einwohner	Aufkommen Erbschaft-/Schenkungsteuer
NRW	113,5%	
Bay	155,3%	119,5%
BW		99,1%
Nds	70,4%	
Hes		104,1%
Sac	9,1%	
RPL	79,3%	
SH		
LSA	4,3%	
Bra	7,1%	
Thü	6,3%	
MV	4,0%	
Saar	69,8%	
Ber	133,1%	
Hbg	318,4%	
Bre	124,8%	

* Steueraufkommen bzw. Wirtschaftskraft je Einwohner im Verhältnis zum Bundesdurchschnitt (=100%).
Quelle der Daten: Statistisches Bundesamt (Hrsg.): Fachserie 14, Reihe 4 (1999); eigene Berechnungen.

Das regionale Aufkommen an Erbschaft- und Schenkungsteuer divergiert infolgedessen äußerst stark. Die neuen Länder, deren Einwohner im Vergleich zu Westdeutschland bislang kein nennenswertes Vermögen aufgebaut haben, weisen ein Steueraufkommen von unter 10% des Bundesdurchschnitts auf. Die wirtschaftsstarken alten Länder hingegen erzielen i.d.R. ein weit überdurchschnittliches Aufkommen.

3.3.4.2.4 Rennwett- und Lotteriesteuer

Die Rennwett- und Lotteriesteuer[138] setzt sich aus zwei Teilsteuern zusammen: Die Rennwettsteuer erfaßt Wetten anläßlich öffentlicher Pferderennen. Steuerschuldner ist der Betreiber des Totalisators oder der Buchmacher (siehe §§ 10ff. RennwLottG). Steuergegenstand der Lotteriesteuer sind im Inland veranstaltete öffentliche Lotterien und sonstige Ausspielungen.

---

[137] Vgl. *Gisela Färber/Marika Sauckel/Elmar Döhler*, S. 76.
[138] Vgl. *Gerd Rose*, S. 42; *Klaus Tipke/Joachim Lang*, § 14, Rdnr. 28ff.

Steuerschuldner ist der Veranstalter (siehe §§ 17ff. RennwLottG). Gewinne und Wetteinsätze sind nicht der Umsatzsteuer unterworfen, da § 4 Nr. 9b UStG insofern einen Befreiungstatbestand enthält, um die Konkurrenz beider Steuern auszuschalten.[139]

Abbildung 50: Relative Höhe des regionalen Aufkommens an Rennwett- und Lotteriesteuer im Vergleich zur Wirtschaftskraft (BIP) 1999*

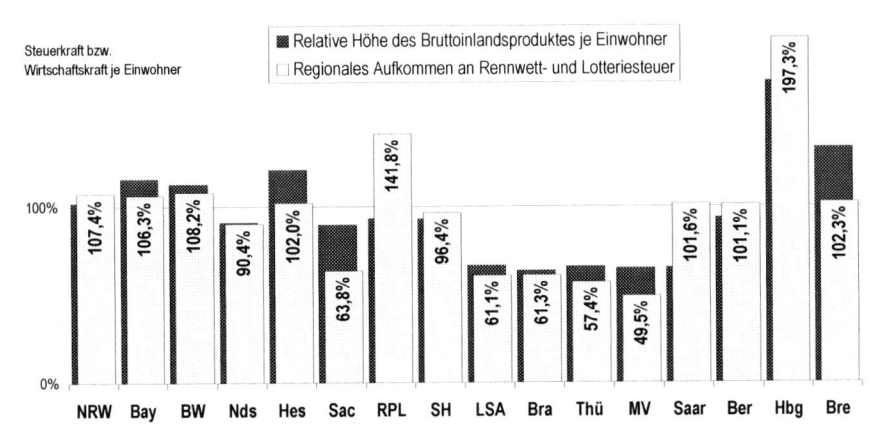

* Steueraufkommen bzw. Wirtschaftskraft je Einwohner im Verhältnis zum Bundesdurchschnitt (=100%).

Quelle der Daten: Statistisches Bundesamt (Hrsg.): Fachserie 14, Reihe 4 (1999); eigene Berechnungen.

Das Aufkommen der Rennwett- und Lotteriesteuer verteilt sich mit Ausnahme der neuen Länder sowie von Rheinland-Pfalz und Hamburg regional recht gleichmäßig. Tendenziell erzielen die wirtschaftsstarken Länder höhere Einnahmen, dort dürfte freilich auch mehr privates Kapital für Glücksspiel vorhanden sein.

3.3.4.2.5 Biersteuer

Als spezielle Verbrauchsteuer ist die Biersteuer[140] eher untypisch auf der Ebene der Gliedstaaten angesiedelt. Daß die Biersteuer den Ländern zusteht, ist ein historisch bzw. politisch bedingter Umstand des deutschen Steuersystems[141] und kollidiert mit den Anforderungen an einen optimalen Zentralisierungsgrad der Steuerquellen (s.u.). Die Biersteuer wird unmittelbar beim Produzenten erhoben. Maßgeblich für das regionale Aufkommen an Biersteuer ist somit nicht der Verbrauch innerhalb eines Landes, sondern allein der Ausstoß der dort gelegenen

---

[139] Die Rennwett- und Lotteriesteuer erfaßt nicht das Spielen an Spielautomaten oder in Spielbanken. Hier greifen die Umsatz- und die kommunale Vergnügungsteuer bzw. die Spielbankabgabe der Länder. Vgl. *Klaus Tipke/Joachim Lang*, § 14, Rdnr. 28.

[140] Vgl. *Klaus Tipke/Joachim Lang*, § 15, Rdnr. 1ff.

[141] Vgl. *Fritz Terhalle*: Das Finanz- und Steuersystem ..., S. 172.

Brauereien. Daß eine spezielle Verbrauchsteuer wie die Biersteuer, deren regionale Aufkommensverteilung sich nach den Produktionsstandorten richtet, an sich nicht den Gliedstaaten, sondern dem Bund zustehen sollte, zeigt sich an den großen Steuerkraftunterschieden in Abbildung 51. In insgesamt sechs Ländern liegt das Aufkommen mehr als 1/3 unter dem Bundesdurchschnitt, in sechs Ländern hingegen mehr als 30% darüber, davon in zwei Ländern sogar mehr als 100% bzw. knapp 200%. Die Biersteuer ist die einzige Steuer, deren Ertrag in den neuen Ländern sich im Mittelfeld der Finanzkraftreihenfolge bewegt und das Aufkommen je Einwohner mehrerer westdeutscher Länder übersteigt (Sachsen kann sogar ein weit überdurchschnittliches Steueraufkommen vorweisen). Ferner ist anzumerken, daß sich das regionale Aufkommen nicht nach der Wirtschaftskraft eines Landes richtet (siehe z.B. Hessen).

Abbildung 51: Relative Höhe des regionalen Aufkommens an Biersteuer im Vergleich zur Wirtschaftskraft (BIP) 1999*

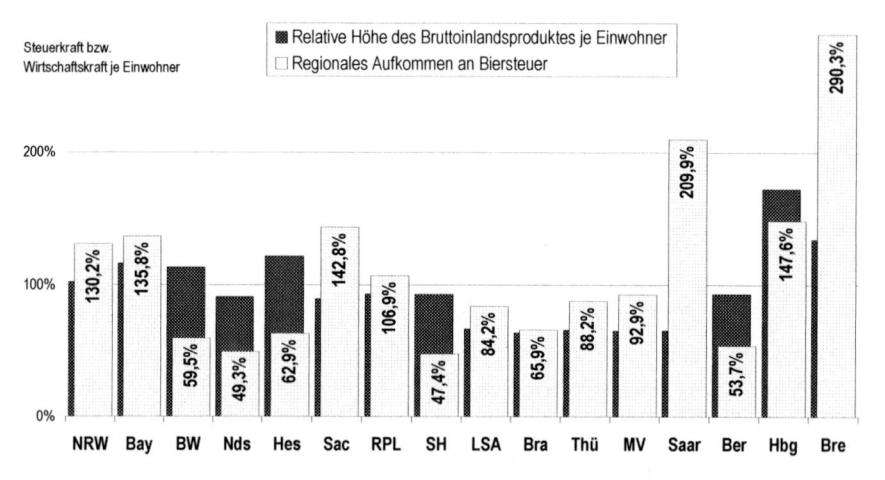

*   Steueraufkommen bzw. Wirtschaftskraft je Einwohner im Verhältnis zum Bundesdurchschnitt (=100%).
Quelle der Daten: Statistisches Bundesamt (Hrsg.): Fachserie 14, Reihe 4 (1999); eigene Berechnungen.

3.3.4.2.6 Vermögensteuer

Die Vermögensteuer[142] wurde in den alten Ländern bis Ende 1996 auf das gesamte Nettovermögen steuerpflichtiger Personen und Gesellschaften erhoben. Auch wenn sie infolge eines Urteils des Bundesverfassungsgerichtes, in dem die bis dahin praktizierte Bewertung des Grundbesitzes für verfassungswidrig erklärt wurde[143], zur Zeit nicht erhoben wird, kann sie

---

[142] Vgl. *Norbert Andel*, S. 377f.; *Klaus Tipke/Joachim Lang*, § 12, Rdnr. 73ff.
[143] Siehe BVerfGE 93, S. 121 (135ff).

in veränderter Form doch wieder als Landessteuer (möglicherweise sogar in eigener Gesetzgebung der Länder) reaktiviert werden. Dies rechtfertigt einen Blick auf das regionale Aufkommen an Vermögensteuer vor ihrer Abschaffung (in einem Jahr mit relativ typischer[144] Aufkommensverteilung). Die Darstellung beinhaltet nur das Aufkommen der alten Länder, da die Vermögensteuer in Ostdeutschland nach der Wiedervereinigung nicht eingeführt wurde.

Abbildung 52: **Relative Höhe des regionalen Aufkommens an Vermögensteuer im Vergleich zur Wirtschaftskraft (BIP) 1995***

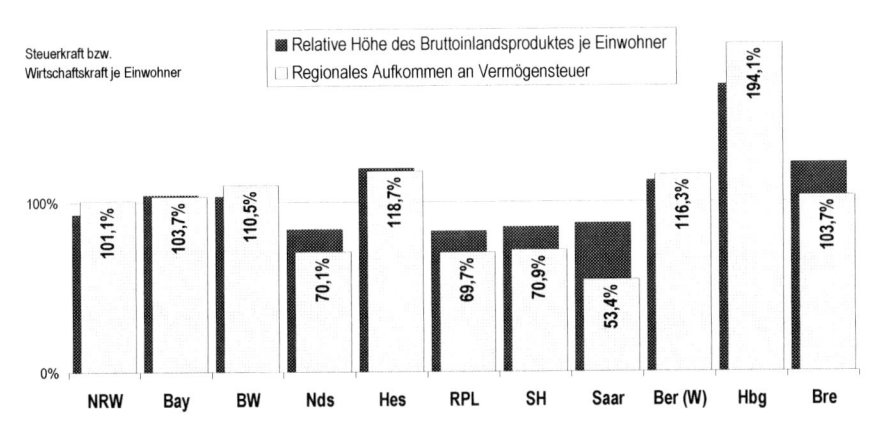

Steuerkraft bzw. Wirtschaftskraft je Einwohner

■ Relative Höhe des Bruttoinlandsproduktes je Einwohner
□ Regionales Aufkommen an Vermögensteuer

Land	BIP je EW	Vermögensteuer
NRW	101,1%	
Bay	103,7%	
BW	110,5%	
Nds		70,1%
Hes	118,7%	
RPL		69,7%
SH		70,9%
Saar		53,4%
Ber (W)	116,3%	
Hbg	194,1%	
Bre	103,7%	

* Steueraufkommen bzw. Wirtschaftskraft je Einwohner im Verhältnis zum Durchschnitt (=100%) der alten Länder einschließlich Berlin (West).

Quelle der Daten: Statistisches Bundesamt (Hrsg.): Fachserie 14: Finanzen und Steuern, Reihe 4: Steuerhaushalt 4. Vierteljahr und Jahr 1995; Stuttgart 1996; eigene Berechnungen.

Es zeigt sich, daß von der Vermögensteuer die Stadtstaaten (insbesondere Hamburg) sowie die wirtschaftsstärksten Flächenländer profitiert haben. Das Aufkommen pro Einwohner in den vier Ländern mit den geringsten Steuererträgen fällt hingegen mit maximal 71% weit hinter den Durchschnitt zurück. Drei Länder können ein ungefähr durchschnittliches Steueraufkommen verzeichnen. Die Steuerkraft eines Landes hinsichtlich der Vermögensteuer korreliert leicht überproportional mit der Wirtschaftskraft, in den wirtschaftsschwachen Flächenländern bleibt das Steueraufkommen deutlich hinter dem regionalen Bruttoinlandsprodukt zurück. Das Aufkommen der Vermögensteuer verteilt sich regional ungefähr wie bei den Steuern vom Einkommen, was wegen der inneren Beziehung der betreffenden Steuerobjekte - das Vermögen resultiert schließlich regelmäßig (abgesehen von Erbschaft und Schenkung) aus einem Einkommenszufluß - nicht weiter verwunderlich ist.

---

[144] Im letzten Jahr der Erhebung (1996) wies etwa Rheinland-Pfalz ein im Vergleich mit den Vorjahren sehr atypisches Steueraufkommen auf.

3.3.4.3 Die Gesamtsteuerkraft der Länder

Abbildung 53 zeigt die gesamte Steuerkraft der Länder, jedoch ohne die Länderanteile an der Umsatzsteuer, da deren Verteilung bereits eine horizontale Ausgleichswirkung entfaltet und deshalb die erste Stufe des Finanzausgleichs darstellt. Das addierte regionale Aufkommen der Landessteuern und der Länderanteile der Steuern vom Einkommen (= Steuerkraft der Länder ohne Umsatzsteueranteile) schwankt zwischen 816 DM und 4110 DM pro Einwohner bzw. zwischen 34% und 171% des Bundesdurchschnitts.

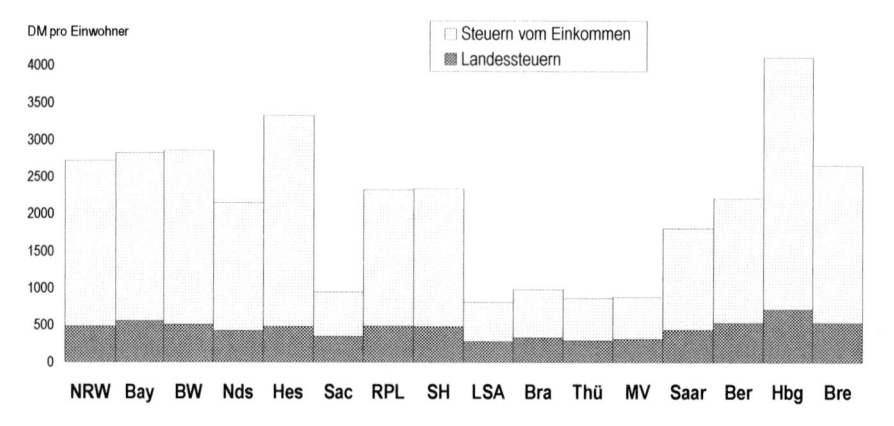

Abbildung 53: Steuerkraft der Länder (ohne Umsatzsteuer) je Einwohner 1999

Quelle der Daten: Statistisches Bundesamt (Hrsg.): Fachserie 14, Reihe 4 (1999); eigene Berechnungen.

Abbildung 54: Vergleich der Einnahmen der Länder aus Steuern vom Einkommen und aus Landessteuern 1999

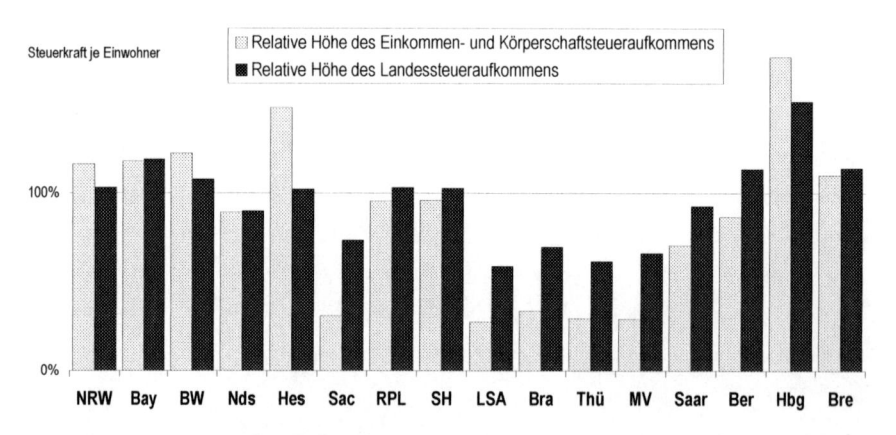

Quelle der Daten: Statistisches Bundesamt (Hrsg.): Fachserie 14, Reihe 4 (1999); eigene Berechnungen.

Der Vergleich der Landeseinnahmen aus Steuern vom Einkommen und aus Landessteuern (Abb. 54) zeigt die geringere Streuung der steuerlichen Bemessungsgrundlagen bezüglich der Landessteuern. Dieser Umstand rührt daher, daß im Gegensatz zu den Steuern vom Einkommen die Bemessungsgrundlagen hinsichtlich der ertragstärksten Landessteuern (Kraftfahrzeugsteuer, Grunderwerbsteuer) regional nicht so stark verteilt sind (s.o.), die Aufkommensunterschiede also geringer ausfallen. Die Differenzen im Aufkommen der Landessteuern sind zwar erkennbar weniger groß als im Aufkommen der Steuern vom Einkommen (siehe Abb. 41), reichen aber immerhin noch bis maximal 430 DM pro Einwohner. Die reine Landessteuerkraft beträgt in den neuen Ländern 280 DM bis 350 DM je Einwohner (59,5% bis 74,0% des Bundesdurchschnitts), in den westdeutschen Flächenländern 425 DM bis 560 DM je Einwohner (90,2% bis 118,8% des Bundesdurchschnitts) und in den Stadtstaaten 535 DM bis 710 DM je Einwohner (113,5% bis 151,1% des Bundesdurchschnitts).

Abbildung 55: Steuerkraft der Länder (ohne Umsatzsteuer) im Verhältnis zum BIP 1999

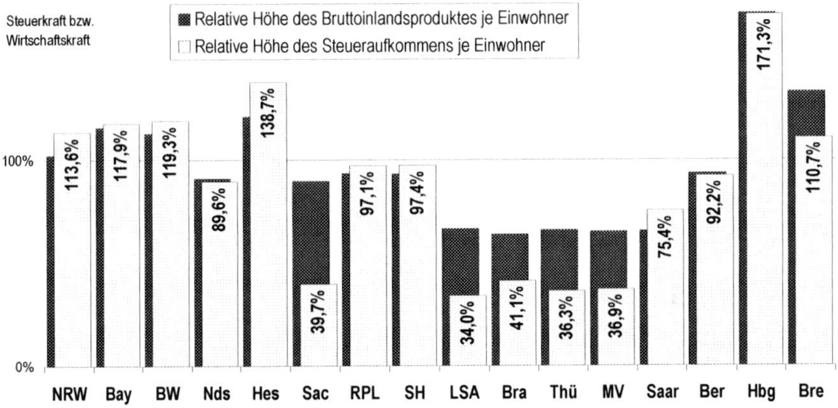

Quelle der Daten: Eigene Berechnungen auf Basis von Daten des Statistischen Bundesamtes (s.o.).

In Abbildung 55 wird die Steuerkraft der Länder (ohne Umsatzsteuer) im Verhältnis zum regionalen Bruttoinlandsprodukt dargestellt, dabei wird jeweils die relative Höhe pro Einwohner gemessen am bundesweiten Durchschnittswert zugrunde gelegt. Wie die Grafik veranschaulicht, korreliert das Steueraufkommen prinzipiell mit der Wirtschaftskraft eines Landes. Allerdings sind auch bemerkenswerte Abweichungen festzustellen: So bleiben etwa in den neuen Ländern, aber auch in den Stadtstaaten Hamburg und Bremen, die Steuereinnahmen teilweise weit hinter dem Bruttoinlandsprodukt zurück. In den meisten westdeutschen Flächenländern hingegen übersteigt das Steueraufkommen die Wirtschaftskraft.

3.3.4.4 Das regionale Aufkommen der wichtigsten kommunalen Steuern

Das kommunale Steueraufkommen wird - abgesehen von den Ertragsanteilen an der Einkommensteuer sowie der Umsatzsteuer - vor allem von den Realsteuern gespeist. Hierzu zählen die Gewerbesteuer als wichtigste originäre Steuerquelle und die aus zwei Komponenten zusammengesetzte Grundsteuer. Im folgenden wird die regionale Steuerkraft dieser beiden Steuern dargestellt. Die Verteilung der Gemeindeanteile an der Einkommensteuer nach Ländern entspricht der Verteilung der Landesanteile (s.o.). Auf eine Darstellung der regionalen Verteilung der Gemeindeanteile an der Umsatzsteuer wird verzichtet, weil jene nicht entsprechend der regionalen Bemessungsgrundlagen, sondern nach besonderen Gesichtspunkten erfolgt (s.o.).

3.3.4.4.1 Gewerbesteuer

Die Gewerbesteuer[145] ist die Einzelsteuer mit dem viertgrößten Aufkommen in Deutschland. Als Unternehmensteuer erfaßt sie den objektbezogenen Ertrag inländischer Gewerbebetriebe. Dieser Ertrag wird nach den §§ 7ff. GewStG auf der Basis des einkommensteuerrelevanten Gewinns (ergänzt durch gesetzlich bestimmte Kürzungen und Hinzurechnungen) ermittelt und verkörpert den sog. Steuermeßbetrag, welcher die Grundlage für die gemeindliche Steuererhebung bildet. Unterhält ein Gewerbebetrieb Betriebsstätten in mehreren Gemeinden, wird gemäß §§ 28ff. GewStG eine Zerlegung[146] des einheitlich ermittelten Steuermeßbetrages auf die verschiedenen Standortgemeinden vorgenommen. Als Maßstab für die Zerlegung werden i.d.R. die örtlichen Arbeitslöhne (bis zu einer bestimmten Höhe) verwendet.[147]

Die Ermittlung und Zerlegung des Steuermeßbetrages erfolgt durch die Finanzverwaltung, die Zuständigkeit der Gemeinden beginnt erst mit Erhalt des Steuermeßbescheides. Die Gemeinde bestimmt dann die lokale Gewerbesteuerschuld durch Anwendung des örtlichen Hebesatzes auf den Steuermeßbetrag.

Der Bundesgesetzgeber hat die Gewerbesteuer im Laufe der Zeit immer weiter eingeschränkt: Von ursprünglich drei Bemessungsgrundlagen Gewerbeertrag, Gewerbekapital und Lohnsumme wurden mit Ablauf der Jahre 1979 bzw. 1997 zwei (Lohnsumme und Gewerbekapital)

---

[145] Vgl. *Norbert Andel*, S. 384ff.; *Dieter Brümmerhoff*, S. 519ff.; *Paul Marcus*, S. 66ff.; *Kurt Reding/Walter Müller*, S. 323ff.; *Gunnar Schwarting*, Rdnr. 134ff.; *Klaus Tipke/Joachim Lang*, § 12, Rdnr. 250ff.; *Wolfgang Zenthöfer/Gerd Leben*, S. 122ff.

[146] Vgl. *Gunnar Schwarting*, Rdnr. 144ff.

[147] Möglich ist auch die Wahl eines anderen Zerlegungsmaßstabes durch Vereinbarung seitens der betroffenen Gemeinden (§ 33 Abs.2 GewStG) oder durch Festlegung seitens der Finanzbehörden.

aus der Gewerbesteuer herausgenommen.[148] Auch die Bemessungsgrundlage der Gewerbeertragsteuer selbst sowie ihr Tarif wurden kontinuierlich reduziert bzw. aufkommensmindernd verändert.[149]

Abbildung 56 zeigt die regionale Verteilung des Besteuerungspotentials der Gewerbesteuer. Die relative Höhe der durchschnittlichen Bemessungsgrundlage innerhalb eines Landes (statistisch als sog. 'Grundbeträge' ausgewiesen[150]) divergiert unter den Ländern zwischen 35% und 218% des Bundesdurchschnitts. Das regionale Besteuerungspotential der Gewerbesteuer steigt überproportional mit der Wirtschaftskraft.[151] Bemerkenswerte Ausnahmen sind jedoch Bremen und das Saarland, deren Gewerbesteueraufkommen weit hinter dem BIP zurückbleibt. Interessant ist auch der Vergleich mit der Körperschaftsteuer (Abb. 45): Deren regionale Aufkommensverteilung weicht von der Verteilung der Gewerbesteuer in einzelnen Fällen erheblich ab, obwohl die Bemessungsgrundlagen beider Steuern miteinander verwandt sind.

Abbildung 56: Relative Höhe der durchschnittlichen Grundbeträge der Gewerbesteuer im Vergleich zur Wirtschaftskraft (BIP) 1999*

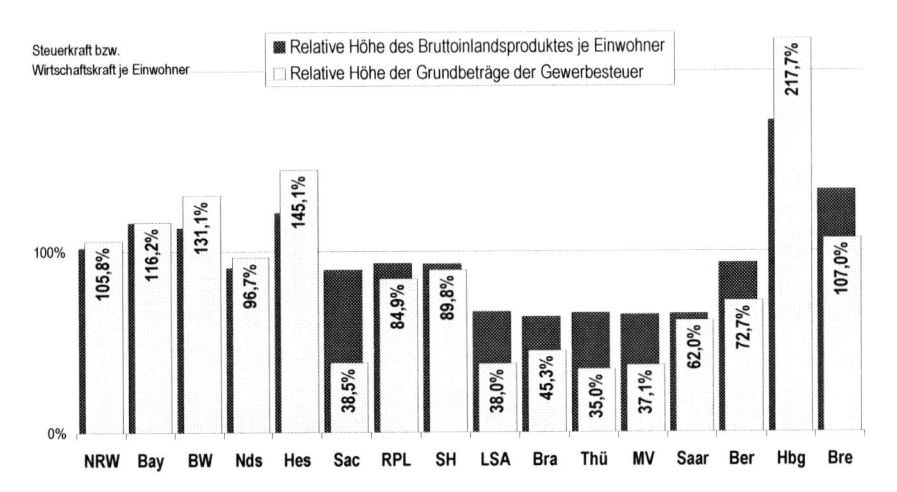

* Höhe der regionalen Grundbeträge bzw. Wirtschaftskraft je Einwohner im Verhältnis zum Bundesdurchschnitt.

Quelle der Daten: Statistisches Bundesamt (Hrsg.): Fachserie 14: Finanzen und Steuern, Reihe 10.1: Realsteuervergleich: Realsteuern und kommunale Einkommensteuerbeteiligung 1999; Stuttgart 2000, S. 28f.; eigene Berechnungen.

---

[148] Vgl. *Norbert Andel*, S. 385; *Kurt Reding/Walter Müller*, S. 323.

[149] Vgl. *Gunnar Schwarting*, Rdnr. 90ff., 135.

[150] Die Grundbeträge müssen jeweils mit dem gewogenen Durchschnittshebesatz multipliziert werden, um das durchschnittliche Aufkommen eines Jahres an Gewerbesteuer in einem Land zu erhalten.

[151] Vgl. *Gisela Färber/Marika Sauckel/Elmar Döhler*, S. 93f.

3.3.4.4.2 Grundsteuer

Die Grundsteuer[152] der Gemeinden ist bundesgesetzlich im Grundsteuergesetz geregelt und existiert in zwei Ausformungen: Typ A wird auf land- und forstwirtschaftlichen Grundbesitz, Typ B auf alle sonstigen Grundstücke erhoben. Weil die Grundsteuer A fiskalisch von untergeordneter Bedeutung ist[153], wird im folgenden (mit Ausnahme der graphischen Darstellung der regionalen Steuerkraft sowie der kommunalen Hebesätze in Abschnitt 3.3.4.6) allein auf die Grundsteuer B abgestellt.

Für die *Grundsteuer B* ist der Wert eines Grundstücks einschließlich der auf diesem errichteten Gebäude maßgebend. Dabei gelangt nicht der Verkehrswert, sondern der sog. 'Einheitswert' im Sinne des Bewertungsgesetzes zu einem bestimmten Stichtag zur Anwendung (§ 13 Abs. 1 GrStG). Das Bewertungsgesetz unterscheidet hier zwischen den neuen und den alten Ländern (weil nur in Westdeutschland eine Hauptfeststellung der Einheitswerte zum 1.1.1964 erfolgte).[154] Der für die Berechnung der konkreten Steuerschuld erforderliche Meßbetrag i.S.v. § 13 Abs. 1 GrStG ergibt sich aus der Multiplikation des Einheitswertes mit einer sog. Steuermeßzahl. Diese Steuermeßzahl (§§ 14 und 15 GrStG) beträgt je nach Nutzung und Bebauung des Grundstücks zwischen 0,26% und 0,6%. Die Höhe der Steuerschuld wird schließlich durch die Anwendung des von den Gemeinden in der Haushaltssatzung autonom festgesetzten Steuersatzes, des sog. Hebesatzes, auf den Steuermeßbetrag berechnet.[155]

Die relative Höhe der Bemessungsgrundlagen der Grundsteuer B reicht von 66% bis 135% des Bundesdurchschnitts. Spitzenreiter sind die Stadtstaaten Hamburg und Bremen. Interessanterweise ist die Steuerkraft hinsichtlich der Grundsteuer B in Schleswig-Holstein und Niedersachsen ausgesprochen hoch. Ursache hierfür dürfte die große Zahl an Ferienwohnungen an der Küste sein. Im übrigen korreliert die regionale Verteilung der Grundbeträge im wesentlichen mit der Wirtschaftskraft, jedoch eindeutig unterproportional: Die wirtschaftsstarken Länder haben i.d.R. ein im Verhältnis zur Wirtschaftskraft geringes (wenn auch immer noch

---

[152] Vgl. *Dieter Brümmerhoff*, S. 516ff.; *Paul Marcus*, S. 70ff.; *Kurt Reding/Walter Müller*, S. 342f.; *Gunnar Schwarting*, Rdnr. 108ff.; *Klaus Tipke/Joachim Lang*, § 12, Rdnr. 180ff.

[153] Aufgrund der abnehmenden Ausdehnung der land- und forstwirtschaftlich genutzten Flächen sowie der geringen Dynamik der dazugehörigen Bodenwerte ist das Aufkommen an *Grundsteuer A* in den vergangenen Jahrzehnten fast konstant geblieben, der relative Anteil am kommunalen Steueraufkommen ist dementsprechend kontinuierlich zurückgegangen. Vgl. *Gunnar Schwarting*, Rdnr. 109f.

[154] Die Ermittlung des Einheitswertes eines Grundstücks geschieht nach verschiedenen Verfahren: Für unbebaute Grundstücke wird der Bodenrichtwert, für bebaute Grundstücke i.d.R. der Ertragswert (basierend auf der Jahresrohmiete oder auch der Sachwert herangezogen. In den neuen Ländern werden die Einheitswerte von 1935 (multipliziert mit einem je nach Art des Grundstücks variierenden Faktor) bzw. die Wohn- oder Nutzflächen als Bewertungsgrundlage verwendet. Vgl. *Klaus Tipke/Joachim Lang*, § 12, Rdnr. 23ff.

[155] Vgl. *Gunnar Schwarting*, Rdnr. 113ff.

überdurchschnittliches) Besteuerungspotential, in den wirtschaftsschwachen Ländern ist es umgekehrt.[156]

Abbildung 57: Relative Höhe der durchschnittlichen Grundbeträge der Grundsteuer B im Vergleich zur Wirtschaftskraft (BIP) 1999*

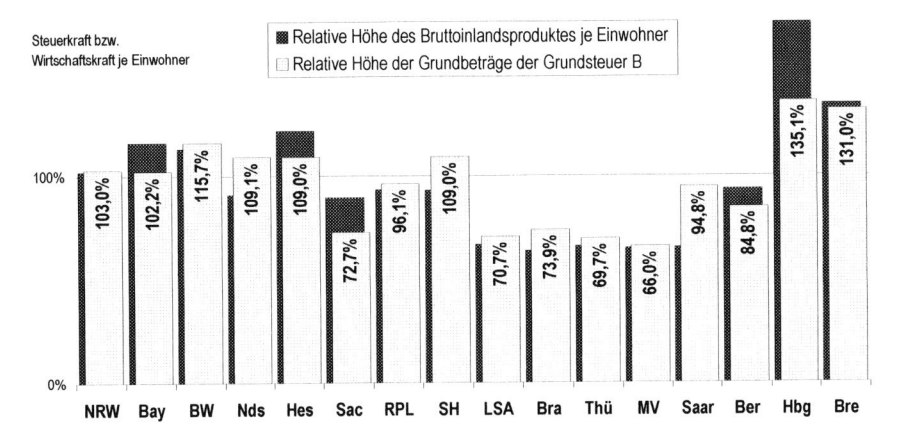

Steuerkraft bzw. Wirtschaftskraft je Einwohner

■ Relative Höhe des Bruttoinlandsproduktes je Einwohner
□ Relative Höhe der Grundbeträge der Grundsteuer B

NRW	Bay	BW	Nds	Hes	Sac	RPL	SH	LSA	Bra	Thü	MV	Saar	Ber	Hbg	Bre
103,0%	102,2%	115,7%	109,1%	109,0%	72,7%	96,1%	109,0%	70,7%	73,9%	69,7%	66,0%	94,8%	84,8%	135,1%	131,0%

* Höhe der regionalen Grundbeträge bzw. Wirtschaftskraft je Einwohner im Verhältnis zum Bundesdurchschnitt.

Quelle der Daten: Statistisches Bundesamt (Hrsg.): Fachserie 14, Reihe 10.1 (1999), S. 28f.; eigene Berechnungen.

3.3.4.5 Die kommunale Steuerkraft insgesamt

Für die Berechnung der kommunalen Steuerkraft insgesamt werden die Gemeindeanteile an der Einkommen- und Umsatzsteuer, das Besteuerungspotential hinsichtlich der Gewerbe- und Grundsteuer sowie - mangels Datenmaterial über das regionale Besteuerungspotential - das tatsächliche Aufkommen der (fiskalisch ohnehin unbedeutenden) kleinen Gemeindesteuern verwendet.[157] Die regionalen Unterschiede in der Gemeindesteuerkraft sind enorm: Die kommunale Steuerkraft schwankt in den neuen Ländern zwischen 413 DM und 487 DM je Einwohner, in den westdeutschen Flächenländern zwischen 767 DM und 1.350 DM pro Kopf und in den Stadtstaaten zwischen 974 DM und 1.802 DM je Einwohner.[158] In den Ländern mit finanzstarken Kommunen macht sich das überdurchschnittliche Aufkommen sowohl an Einkommensteuer als auch an Gewerbesteuer bemerkbar.

---

[156] Vgl. auch *Gisela Färber/Marika Sauckel/Elmar Döhler*, S. 93f.

[157] Um die Vergleichbarkeit der Daten sicherzustellen, wurde ein etwaiger unmittelbarer Gemeindeanteil am Grunderwerbsteueraufkommen (wie z.B. in Rheinland-Pfalz) nicht berücksichtigt.

[158] Vgl. zur (intra-) regionalen Verteilung der gemeindlichen Steuerkraft auch *Eckhard Bergmann/Markus Eltges*: Die Reform der Kommunalfinanzen; in: Informationen zur Raumentwicklung 1995, S. 533ff.

Abbildung 58: Kommunale Steuerkraft nach Ländern 1999

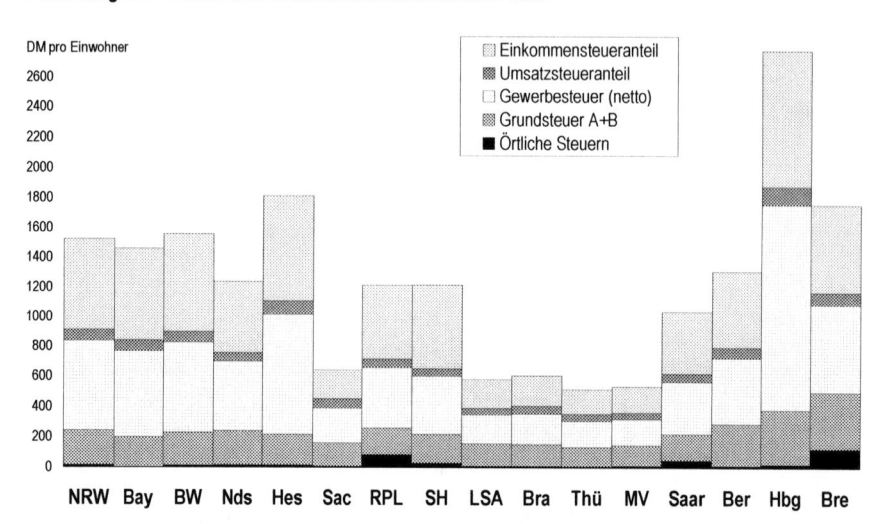

DM pro Einwohner

- Einkommensteueranteil
- Umsatzsteueranteil
- Gewerbesteuer (netto)
- Grundsteuer A+B
- Örtliche Steuern

NRW Bay BW Nds Hes Sac RPL SH LSA Bra Thü MV Saar Ber Hbg Bre

Quelle der Daten: Statistisches Bundesamt (Hrsg.): Fachserie 14, Reihe 10.1 (1999), S. 23; eigene Berechnungen.

Die regionale Verteilung der gemeindlichen Steuerkraft entspricht ungefähr der Streuung der Landessteuerkraft (vgl. Abb. 53). Hier zeigt sich, daß finanzstarke Länder auch finanzstarke Gemeinden haben. Auch die regionale Aufkommensspreizung fällt auf kommunaler Ebene in etwa genauso aus wie auf Länderebene.

Abbildung 59: Kommunale Steuerkraft im Vergleich zur Wirtschaftskraft (BIP) 1999*

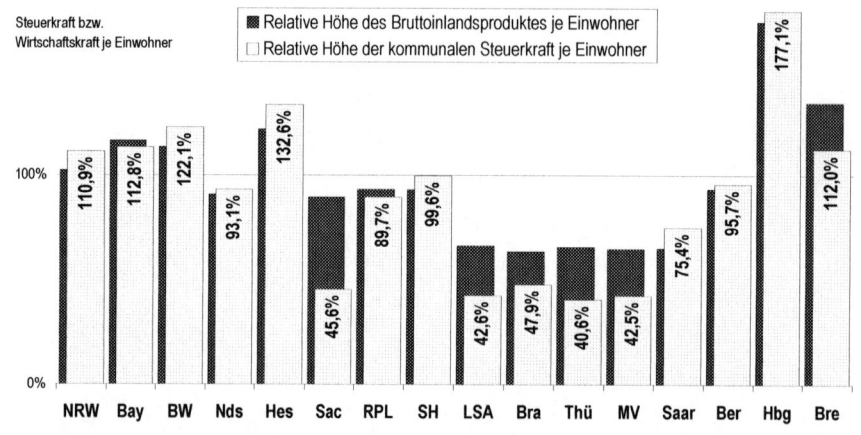

Steuerkraft bzw. Wirtschaftskraft je Einwohner

- Relative Höhe des Bruttoinlandsproduktes je Einwohner
- Relative Höhe der kommunalen Steuerkraft je Einwohner

Land	BIP	Steuerkraft
NRW	110,9%	
Bay	112,8%	
BW	122,1%	
Nds	93,1%	
Hes	132,6%	45,6%
Sac	89,7%	
RPL	99,6%	42,6%
SH		47,9%
LSA		40,6%
Bra		42,5%
Thü		
MV		75,4%
Saar	95,7%	
Ber		
Hbg	177,1%	
Bre	112,0%	

NRW Bay BW Nds Hes Sac RPL SH LSA Bra Thü MV Saar Ber Hbg Bre

* Höhe der kommunalen Steuerkraft bzw. Wirtschaftskraft je Einwohner im Verhältnis zum Bundesdurchschnitt.

Quelle der Daten: Statistisches Bundesamt (Hrsg.): Fachserie 14, Reihe 10.1 (1999), S. 28f.; eigene Berechnungen.

In Übereinstimmung mit diesen Befunden läßt sich weiterhin konstatieren, daß zwischen der regionalen gemeindlichen Steuerkraft und der Wirtschaftskraft ein evidenter Zusammenhang besteht: Die kommunale Steuerkraft korreliert leicht überproportional mit der Wirtschaftskraft, wobei die relative Höhe des Besteuerungspotentials in den finanzschwachen Ländern nicht unerheblich hinter der relativen Höhe der Wirtschaftskraft zurückbleibt.

3.3.4.6 Die Anspannung der kommunalen Realsteuerhebesätze

Die Gemeinden besitzen das Recht, die Höhe der Hebesätze (= Steuersätze) für die Gewerbesteuer sowie die Grundsteuer A und B autonom zu bestimmen. Der gemeindliche Hebesatz muß in der jeweils geltenden Haushaltssatzung festgelegt werden und gilt einheitlich für das gesamte Gemeindegebiet. Divergierende Hebesätze innerhalb einer Gemeinde (z.B. als Instrument im Ansiedlungswettbewerb) sind unzulässig.[159]

Die Gemeinden sind in der Festsetzung der Hebesätze frei. Gesetzliche Vorgaben für die Änderung des Hebesatzes oder Höchstgrenzen existieren nicht. Die Länder können die Gestaltungsfreiheit ihrer Gemeinden aber teilweise auf verschiedene Weise rechtlich und faktisch einschränken[160]:

- Die nach § 16 Abs. 5 GewStG und § 26 GrStG zulässigen 'Koppelungsvorschriften', mit denen die Länder für das Verhältnis der Hebesätze der Realsteuern untereinander eine bestimmte Relation festlegen können, bestehen in der Praxis derzeit nicht oder nicht mehr. Dieses Instrument soll eine Gruppe von Steuerzahlern (z.B. die Gewerbesteuerzahler) davor bewahren, im Gegensatz zur anderen Gruppe (in diesem Fall die der Grundsteuerzahler) übermäßig belastet zu werden. Eine Erhöhung des Hebesatzes einer Steuer über das festgelegte Ausmaß der "Koppelungsrelation" bewirkt dann automatisch die Erhöhung des anderen Hebesatzes.

- Die Länder können die Hebesätze der Gewerbesteuer zudem einem Genehmigungsvorbehalt durch die Kommunalaufsicht unterwerfen (§ 16 Abs. 5 GewStG).

- In einigen Ländern ist es Praxis, die Gewährung bestimmter Zuschüsse von der Festlegung von Mindesthebesätzen abhängig zu machen. Dies gilt insbesondere für die Zahlung von Bedarfszuweisungen bei einer Haushaltsnotlagensituation, was die vollständige Ausschöpfung aller eigenen Einnahmequellen voraussetzt.

---

[159] Vgl. *Gunnar Schwarting*, Rdnr. 145.
[160] Vgl. *Gunnar Schwarting*, Rdnr. 120, 146 und 162.

Darüber hinaus ist zu beachten, daß eine Gemeinde bzgl. der Höhe ihres Hebesatzes im Rahmen des Steuerwettbewerbs mit anderen Gemeinden konkurrieren muß.[161] Eine Erhöhung bzw. Senkung des Hebesatzes kann daher Reaktionen der betroffenen bzw. ansiedlungswilliger Unternehmen auslösen. "Der Gewerbesteuerhebesatz ist faktisch in erster Linie nicht Instrument einer autonomen kommunalen Haushaltswirtschaft, sondern Ausdruck lokaler Wirtschaftspolitik." Seine Höhe "richtet sich vor allem danach, wie die Hebesätze benachbarter oder funktional vergleichbarer Kommunen gestaltet sind."[162] Demzufolge bewegen sich die Hebesätze in einem gewissen räumlichen Umkreis liegender Gemeinden gewöhnlich innerhalb einer gewissen Bandbreite, die jedoch Abstufungen für bestimmte Gemeindegrößenklassen aufweist (dazu s.u.).[163]

Abbildung 60: Durchschnittliche Anspannung der Hebesätze der Gewerbesteuer nach Ländern im Vergleich zur Wirtschaftskraft (BIP) 1999*

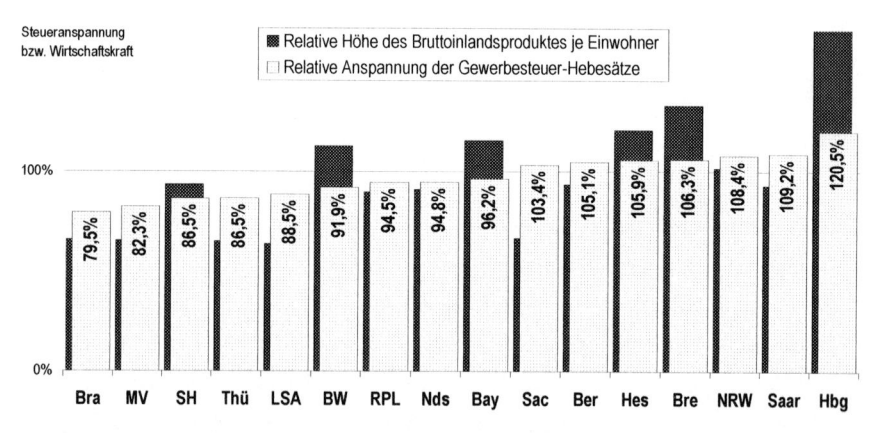

Steueranspannung bzw. Wirtschaftskraft

■ Relative Höhe des Bruttoinlandsproduktes je Einwohner
□ Relative Anspannung der Gewerbesteuer-Hebesätze

Bra	79,5%
MV	82,3%
SH	86,5%
Thü	86,5%
LSA	88,5%
BW	91,9%
RPL	94,5%
Nds	94,8%
Bay	96,2%
Sac	103,4%
Ber	105,1%
Hes	105,9%
Bre	106,3%
NRW	108,4%
Saar	109,2%
Hbg	120,5%

* Höhe der durchschnittlichen Hebesätze bzw. Wirtschaftskraft im Verhältnis zum Bundesdurchschnitt (=100%).

Quelle der Daten: Statistisches Bundesamt (Hrsg.): Fachserie 14, Reihe 10.1 (1999), S. 60ff.; eigene Berechnungen.

Die durchschnittliche Steueranspannung der *Gewerbesteuer* ist (gerade im Vergleich zur Grundsteuer, s.u.) insgesamt recht ausgewogen und zeigt eher geringe Differenzen. Die relative Höhe der Anspannung der Hebesätze reicht aber immer noch von 79,5% bis 120,5%, der maximale Unterschied beträgt mithin über 40%-Punkte. Damit liegt die Steueranspannung in Hamburg gut die Hälfte über dem durchschnittlichen Hebesatz in Brandenburg. Auch die Dif-

---

[161] Vgl. *Thiess Büttner*: Steuerwettbewerb im Föderalstaat: Eine empirische Analyse der kommunalen Hebesatzpolitik; in: Ders. (Hrsg.): Finanzverfassung und Föderalismus in Deutschland und Europa; Baden-Baden 2000, S. 61ff.; *Kurt Reding/Walter Müller*, S. 324.

[162] *Gunnar Schwarting*, Rdnr. 159.

[163] Vgl. *Thiess Büttner*: Steuerwettbewerb ...?, S. 78.; *Gunnar Schwarting*, Rdnr. 159.

ferenzen zwischen benachbarten Ländern (vgl. etwa das Saarland und Rheinland-Pfalz) sind z.T. beachtlich. Dies deutet darauf hin, daß sich der Steuerwettbewerb eher intra- als interregional auswirkt. Im Vergleich der durchschnittlichen Höhe der Hebesätze mit der regionalen Wirtschaftskraft ist der Trend erkennbar, daß die Gemeinden in wirtschaftsstarken Ländern eher zu einer hohen Anspannung der Gewerbesteuer-Hebesätze neigen. Auch wenn das Bild teilweise durchaus uneinheitlich ist, so scheint tendenziell doch ein Zusammenhang zwischen Wirtschaftskraft und Steueranspannung zu bestehen.

Abbildung 61: Vergleich der Höhe der Grundbeträge der Gewerbesteuer mit der durchschnittlichen Anspannung der Hebesätze 1999*

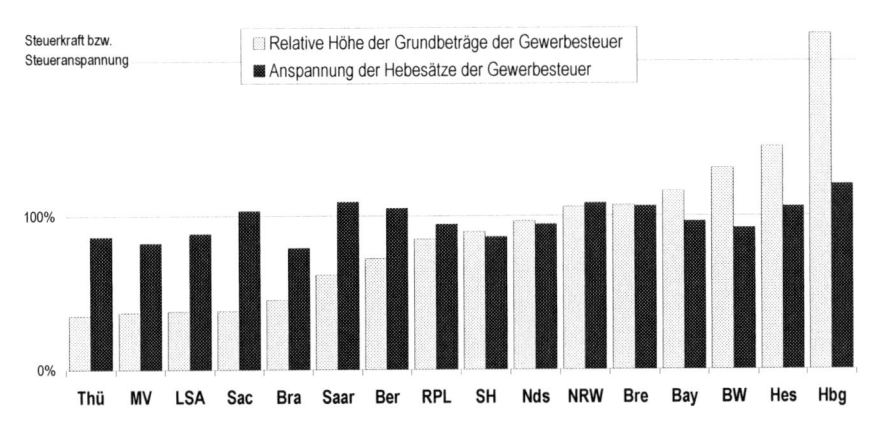

* Höhe der regionalen Grundbeträge bzw. Hebesätze jeweils im Verhältnis zum Bundesdurchschnitt (=100%).
Quelle der Daten: Eigene Berechnungen auf Basis von Daten des Statistischen Bundesamtes (s.o.).

In Abbildung 61 wird die Höhe der Grundbeträge der Gewerbesteuer mit der Anspannung der Hebesätze verglichen. Die Gegenüberstellung von Besteuerungspotential und Steueranspannung weist jedoch auf keine evidente Beziehung zwischen beiden Größen hin. Der durchschnittliche Hebesatz liegt sowohl in einigen gewerbesteuerstarken wie in mehreren gewerbesteuerschwachen Ländern über dem Bundesdurchschnitt. Es findet sich auch keine Bestätigung für die naheliegende Vermutung, daß die Gemeinden in Ländern mit geringer Steuerkraft ihre Hebesätze überdurchschnittlich anspannen, um ein ähnlich hohes Steueraufkommen zu erzielen wie die Gemeinden in den gewerbesteuerstarken Ländern. Unter den zehn Ländern mit einem unterdurchschnittlichen Besteuerungspotential sind hingegen nur drei Länder, deren Gemeinden ihre Gewerbesteuerhebesätze überdurchschnittlich anspannen. Dieser Umstand deutet vielmehr darauf hin, daß die Gewerbesteuer in gewerbesteuerschwachen Ländern verstärkt als Instrument kommunaler Ansiedlungspolitik genutzt wird.

258　Kapitel 3: Darstellung und Bewertung der untersuchten föderativen Steuersysteme

Abbildung 62: Vergleich der durchschnittlichen Anspannung der Hebesätze der Gewerbesteuer mit der Bevölkerungsdichte (ohne Stadtstaaten) 1999*

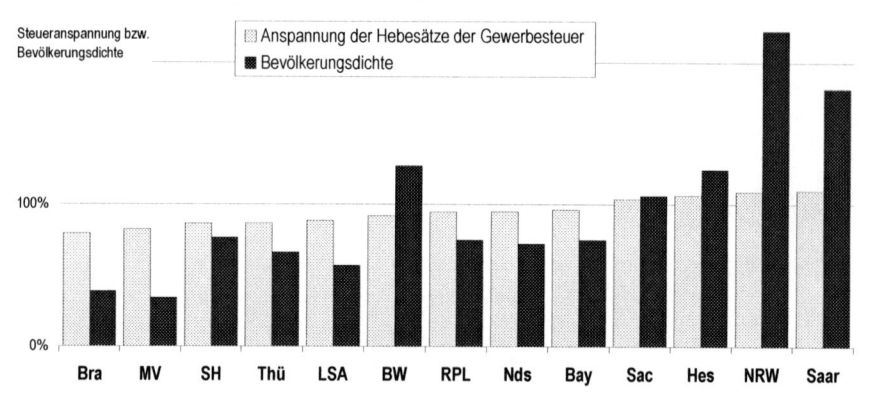

Steueranspannung bzw. Bevölkerungsdichte

☐ Anspannung der Hebesätze der Gewerbesteuer
■ Bevölkerungsdichte

Bra　MV　SH　Thü　LSA　BW　RPL　Nds　Bay　Sac　Hes　NRW　Saar

* Höhe der regionalen Grundbeträge bzw. der Bevölkerungsdichte im Verhältnis zum Bundesdurchschnitt.
Quelle der Daten: Eigene Berechnungen auf Basis von Daten des Statistischen Bundesamtes (s.o.).

Ein ungefährer Zusammenhang läßt sich aber zwischen der Anspannung der Gewerbesteuerhebesätze und der Bevölkerungsdichte (Abbildung 62) erkennen: Je höher die Bevölkerungsdichte eines Landes ist, desto höher sind auch die durchschnittlichen Gewerbesteuerhebesätze der Gemeinden. In dünnbesiedelten und damit eher ländlich strukturierten Ländern ist die Steueranspannung hingegen tendenziell niedriger.

Abbildung 63: Durchschnittliche Anspannung der Hebesätze der Grundsteuer B nach Ländern im Vergleich zur Wirtschaftskraft (BIP) 1999*

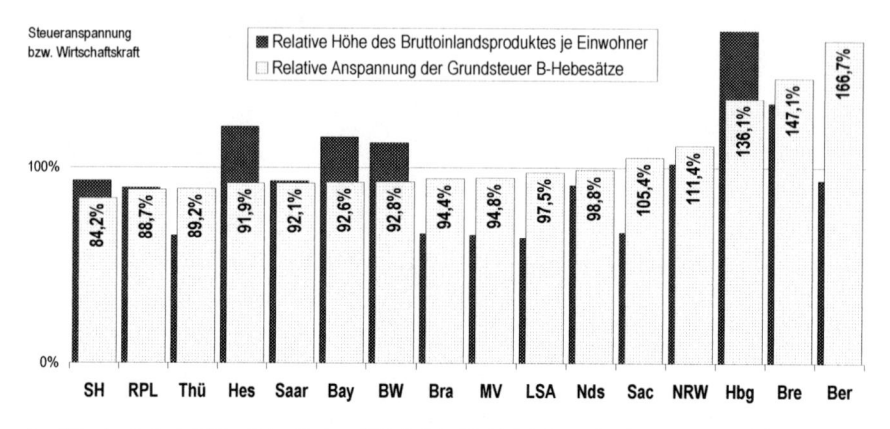

Steueranspannung bzw. Wirtschaftskraft

■ Relative Höhe des Bruttoinlandsproduktes je Einwohner
☐ Relative Anspannung der Grundsteuer B-Hebesätze

84,2%　88,7%　89,2%　91,9%　92,1%　92,6%　92,8%　94,4%　94,8%　97,5%　98,8%　105,4%　111,4%　136,1%　147,1%　166,7%

SH　RPL　Thü　Hes　Saar　Bay　BW　Bra　MV　LSA　Nds　Sac　NRW　Hbg　Bre　Ber

* Höhe der durchschnittlichen Hebesätze bzw. Wirtschaftskraft im Verhältnis zum Bundesdurchschnitt (=100%).
Quelle der Daten: Statistisches Bundesamt (Hrsg.): Fachserie 14, Reihe 10.1 (1999), S. 60ff.; eigene Berechnungen.

Die Höhe der Hebesätze der *Grundsteuer B* divergiert zwischen den Ländern mit Ausnahme der Stadtstaaten nicht sehr stark. Nur in fünf Ländern liegt der durchschnittliche Hebesatz über dem Bundesdurchschnitt, in alle anderen Ländern ist er dagegen weitestgehend homogen mit nur geringen Abweichungen, die Bandbreite reicht dort von rund 84% bis 99% des Bundesdurchschnitts. Neben den Stadtstaaten nimmt auch Nordrhein-Westfalen eine Sonderrolle ein, die mittlere Steueranspannung ist dort aber wohl wegen der Vielzahl von Großstädten, in denen die Hebesätze tendenziell höher sind (dazu s.u.), überdurchschnittlich. Deshalb dürfte die Aussage zulässig sein, daß die Hebesätze in den Regionen mit einem hohen Anteil an städtischer Bevölkerung am höchsten sind. Bemerkenswert ist aber auch die z.T. sogar recht hohe Hebesatzanspannung in den neuen Ländern. Angesichts der dort eher niedrigen Bevölkerungsdichte und der großen Zahl kleinerer Gemeinden scheint die Grundsteuer B eine verhältnismäßig intensiv genutzte Steuerquelle zu sein.

Abbildung 64: Relative Höhe der regionalen Grundbeträge der Grundsteuer B im Vergleich mit der durchschnittlichen Anspannung der Hebesätze 1999*

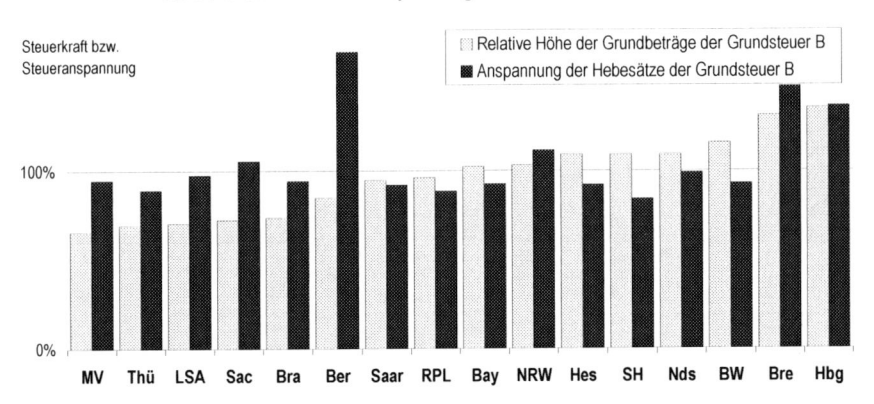

* Höhe der regionalen Grundbeträge je Einwohner bzw. der Hebesätze im Verhältnis zum Bundesdurchschnitt.
Quelle der Daten: Statistisches Bundesamt (Hrsg.): Fachserie 14, Reihe 10.1 (1999), S. 28f., 60ff.

Im Vergleich der Höhe der Grundbeträge der Grundsteuer B mit der Anspannung der Hebesätze (Abbildung 64) sind keine Gesetzmäßigkeiten erkennbar. Ein offensichtlicher Zusammenhang zwischen der Steuerkraft und der Höhe der Hebesätze läßt sich nicht ausmachen. Abbildung 65 zeigt die entsprechenden Werte für die Grundsteuer A: Überdurchschnittlich hohe regionale Bemessungsgrundlagen der Grundsteuer A finden sich in den ländlich strukturierten Gebieten. Einige der neuen Länder sowie Bayern, Niedersachsen und Schleswig-Holstein haben einen hohen Anteil an landwirtschaftlich genutzten Flächen. In den Stadtstaaten hingegen existieren kaum Landwirtschaftsflächen. Die Steueranspannung ist nur in drei

Länder überdurchschnittlich. Der Vergleich der Höhe der Grundbeträge der Grundsteuer A mit der Anspannung der Hebesätze läßt keinen signifikanten Zusammenhang erkennen.

Abbildung 65: Relative Höhe der regionalen Grundbeträge der Grundsteuer A im Vergleich mit der durchschnittlichen Anspannung der Hebesätze 1999*

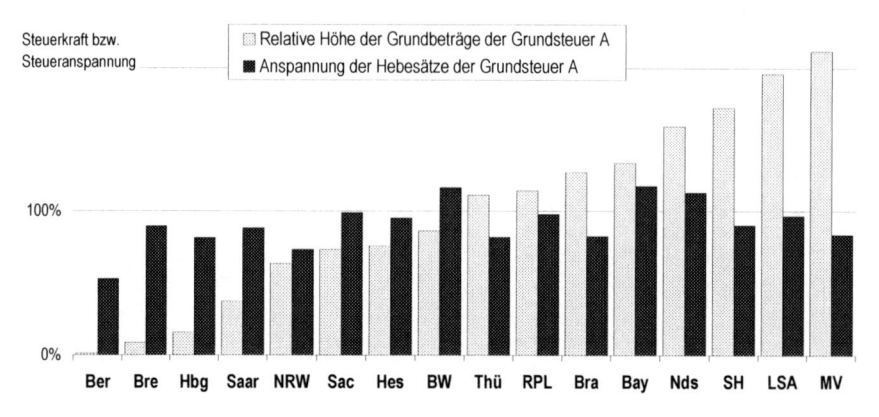

[Diagramm: Steuerkraft bzw. Steueranspannung – Relative Höhe der Grundbeträge der Grundsteuer A und Anspannung der Hebesätze der Grundsteuer A; Länder: Ber, Bre, Hbg, Saar, NRW, Sac, Hes, BW, Thü, RPL, Bra, Bay, Nds, SH, LSA, MV]

* Höhe der regionalen Grundbeträge je Einwohner bzw. der Hebesätze im Verhältnis zum Bundesdurchschnitt.

Quelle der Daten: Statistisches Bundesamt (Hrsg.): Fachserie 14, Reihe 10.1 (1999), S. 28f., 60ff.

Tabelle 25: Realsteuerkraft und Durchschnittshebesätze nach Gemeindegrößenklassen 1999 (in DM je Einwohner bzw. in %)

Gemeindegröße	Realsteuerkraft			Durchschnittshebesätze		
	Grundsteuer A	Grundsteuer B	Gewerbesteuer	Grundsteuer A	Grundsteuer B	Gewerbesteuer
unter 1.000 EW	24,75 DM	72,96 DM	109,80 DM	258%	295%	301%
1 bis 3.000 EW	13,84 DM	84,99 DM	188,53 DM	297%	305%	314%
3 bis 5.000 EW	9,77 DM	92,43 DM	249,25 DM	295%	302%	323%
5 bis 10.000 EW	7,57 DM	102,09 DM	309,34 DM	289%	295%	328%
10 bis 20.000 EW	5,47 DM	109,53 DM	393,69 DM	271%	300%	334%
20 bis 50.000 EW	3,39 DM	116,51 DM	418,63 DM	251%	318%	357%
50 bis 100.000 EW	1,74 DM	119,52 DM	433,38 DM	247%	354%	387%
100 bis 200.000 EW	0,98 DM	129,82 DM	507,66 DM	265%	410%	410%
200 bis 500.000 EW	0,72 DM	120,06 DM	438,97 DM	271%	438%	439%
über 500.000 EW	0,35 DM	138,36 DM	689,84 DM	239%	507%	464%
Durchschnitt	*5,07 DM*	*113,23 DM*	*413,10 DM*	*276%*	*367%*	*389%*

Quelle der Daten: Statistisches Bundesamt (Hrsg.): Fachserie 14, Reihe 10.1 (1999), S. 16, 22.

Tabelle 25 zeigt die Realsteuerkraft und Durchschnittshebesätze nach Gemeindegrößenklassen. Die Hebesätze der Realsteuern streuen nicht nur interregional, sondern auch unter den verschiedenen Gemeindegrößenklassen recht stark: Die Durchschnittshebesätze belaufen sich bei der Grundsteuer B auf 295% bis 507% und bei der Gewerbesteuer auf 301% bis 464%. Die durchschnittliche Hebesatzanspannung ist in Großstädten ausgesprochen hoch. Die Städte und Gemeinden unter 100.000 Einwohner legen dagegen i.d.R. unterdurchschnittliche Hebesätze fest. Mit zunehmender Größe der Gemeinde steigt demzufolge nicht nur die Steuerkraft, sondern auch der Grad der Ausschöpfung der kommunalen Steuerquellen an. Dieser Befund entspricht auch dem oben festgestellten Zusammenhang zwischen Hebesatzanspannung und Bevölkerungsdichte. Das verdeutlicht, daß Gewerbesteuer und Grundsteuer B vor allem (groß-) städtische Einnahmequellen sind.

3.3.4.7 Zwischenergebnis

Im Rahmen des deutschen Steuersystems kommt es zu einer sehr ungleichmäßigen regionalen Verteilung der steuerlichen Bemessungsgrundlagen. Das örtliche Aufkommen der Steuern vom Einkommen und der Landessteuern bzw. das Besteuerungspotential der Realsteuern divergiert z.T. äußerst stark. Insbesondere in den neuen Ländern, aber auch in einigen westdeutschen Flächenländern, ist die Steuerkraft weit unterdurchschnittlich. In den Stadtstaaten Bremen und Hamburg sowie den wirtschaftsstärkeren Ländern ist das Besteuerungspotential dagegen überdurchschnittlich. Die Höhe der regionalen Bemessungsgrundlagen steigt bei den meisten Landes- und Gemeindesteuern grundsätzlich mit zunehmender Wirtschaftskraft eines Landes, meist sogar überproportional. In den meisten westdeutschen Flächenländern (aber auch nur dort!) übertrifft die Steuerkraft überdies die regionale Wirtschaftsleistung.

Die Kraftfahrzeugsteuer ist bei einer interregionalen Streuung ihrer steuerlichen Bemessungsgrundlagen von 67% bis 111% bezogen auf den Bundesdurchschnitt pro Einwohner die (Landes-) Steuer mit der gleichmäßigsten Verteilung unter den Ländern. Deshalb ist die Kraftfahrzeugsteuer als Landessteuer prinzipiell gut geeignet.

Auf kommunaler Ebene sind nur vage Feststellungen zu den Auswirkungen des Steuerwettbewerbs möglich: Angesichts des immobilen Besteuerungsobjektes der Grundsteuer und der großen Hebesatzdifferenzen dürfte Steuerwettbewerb nur hinsichtlich der Gewerbesteuer relevant werden. Der kommunale Ansiedlungswettbewerb um Unternehmen unter Nutzung der Gewerbesteuerhebesätze scheint aber weniger inter- als vielmehr intraregional abzulaufen. Dabei konkurrieren dem Anschein nach vor allem funktional und größenmäßig vergleichbare Gemeinden miteinander.

3.3.5 Der Finanzausgleich i.e.S.

Die deutsche Finanzverfassung kennt sowohl einen horizontalen Finanzausgleich unter den Ländern als auch einen vertikalen Finanzausgleich zwischen Bund und Ländern. Ein horizontaler Finanzausgleich wird in der Bundesrepublik bereits seit 1949/50 vollzogen.[164] Vertikale Zuweisungen des Bundes existieren seit 1967. Die Durchführung eines horizontalen Länderfinanzausgleichs und die Möglichkeit der Gewährung von Bundesergänzungszuweisungen wurden im Rahmen der Finanzverfassungsreform von 1969 auf ihre im Prinzip noch heute gültige Basis gestellt (Art. 107 Abs. 2 GG). Die einfachgesetzliche Konkretisierung erfolgt im Finanzausgleichsgesetz (FAG)[165], das jeweils der Zustimmung des Bundesrates bedarf und zur Zeit die Festlegungen des "Föderalen Konsolidierungsprogramms" von 1993 mit Gültigkeit von 1995 bis 2004 enthält.[166] Nach einem Urteil des Bundesverfassungsgerichts vom 11.11.1999, das konkrete Aufträge an den Gesetzgeber zum Erlaß eines sog. 'Maßstäbegesetzes' und einer Neufassung des FAG bis zum Ende der Jahre 2002 bzw. 2004 enthält, sind für den deutschen Finanzausgleich neue gesetzliche Grundlagen zu schaffen.[167]

3.3.5.1 Das Leitbild des deutschen Finanzausgleichs

Der deutsche Finanzausgleich wird von dem Gedanken der *Einheitlichkeit der Lebensverhältnisse* beeinflußt. Obwohl diese Formulierung nur in einem anderen Kontext, nämlich in Art. 106 Abs. 3 S. 4 Ziff. 2 GG, der sich auf die vertikale Verteilung des Umsatzsteueraufkommens bezieht, explizit enthalten ist[168], wird das Ziel der 'Einheitlichkeit der Lebensverhältnisse' als Leitbild des gesamten Finanzausgleichs verstanden und bestimmt somit auch

---

[164] Grundlage für einen Finanzkraftausgleich zwischen den Ländern war Art. 106 Abs. 4 GG. Zur historischen Entwicklung des Länderfinanzausgleichs siehe *Wolfgang Renzsch*: Finanzverfassung und Finanzausgleich. Eine Übersicht über die horizontalen Zahlungsströme seit 1949 gibt *Karen Ilse Horn*: La réforme de la péréquation financière en Allemagne réunifiere en 1993; Lausanne 1995, S. 184. Bis zur Bestätigung durch das Bundesverfassungsgericht im Jahr 1952 (BVerfGE 1, S. 117ff.) war die verfassungsrechtliche Zulässigkeit des Länderfinanzausgleichs strittig. Vgl. *Wolfgang Renzsch*: Finanzverfassung und Finanzausgleich, S. 113f. Der Länderfinanzausgleich wurde 1955 in Art. 107 GG verfassungsrechtlich verankert.

[165] Das Gesetz über den Finanzausgleich zwischen Bund und Ländern vom 23.6.1993, BGBl. 1993 I, S. 944/977 (i.d.F. v. 16.6.1998) regelt den Länderfinanzausgleich, die Bundesergänzungszuweisungen; das Beteiligungsverhältnis von Bund und Ländern an der Umsatzsteuer und die horizontale Umsatzsteuerverteilung.

[166] Vgl. *Gisela Färber/Marika Sauckel/Elmar Döhler*, S. 24f.; *Hans-Günter Henneke*: Öffentliches ..., Rdnr. 745ff. und 770ff.

[167] BVerfGE 101, S. 158ff. Vgl. dazu *Elmar Döhler/Clemens Esser* (Hrsg.): Die Reform des Finanzausgleichs – Neue Maßstäbe im deutschen Föderalismus?; Berlin, 2001

[168] Der unbestimmte Rechtsbegriff 'Einheitlichkeit der Lebensverhältnisse' fand sich bis 1994 auch in Art. 72 Abs. 2 Nr. 3 GG (Abgrenzung der Gesetzgebungsbefugnisse zwischen Bund und Ländern), die Forderung nach *Einheitlichkeit* wurde dort aber mit Blick auf die großen ökonomischen Unterschiede zwischen Ost- und Westdeutschland zur Maßgabe der *Gleichwertigkeit* abgeschwächt.

maßgeblich die Verteilungskriterien des in Art. 107 GG geregelten horizontalen Länderfinanzausgleichs ("eigentliche ratio legis"[169] des Art. 107).[170]

Die Fragen der Konkretisierung und Reichweite des verfassungsrechtlich nicht näher bestimmten Begriffs der 'Einheitlichkeit der Lebensverhältnisse' sind Gegenstand intensiver Diskussion.[171] Das Verfassungsgebot der Herstellung einheitlicher Lebensbedingungen bedeutet, daß in den Ländern ein vergleichbares Leistungsniveau bei der Bereitstellung öffentlicher Güter und Leistungen bestehen soll, nicht jedoch ein bundesweit identisches Infrastrukturangebot, soweit ein notwendiger Grundstock staatlicher Leistungen wie Verkehrswege, Versorgung, Bildung und Sicherheit überall verfügbar ist.[172] Gefragt ist damit Gleichwertigkeit, nicht jedoch Gleichartigkeit. Hierfür kann eine nahe am Bundesdurchschnitt ausgerichtete Finanzausstattung aller Gebietskörperschaften erforderlich sein, um einen Mindeststandard zumindest für die grundlegenden Lebensbedingungen zu sichern.[173]

3.3.5.2 Die Konzeption der Ausgleichszahlungen

Der Finanzausgleich verfolgt gemäß Art. 107 Abs. 2 GG das Ziel einer Angleichung divergierender Finanzkraft unter den Ländern, wobei jene als Steueraufkommens je Einwohner verstanden wird und sich mithin fast vollständig an den Einnahmen eines Landes orientiert.[174] Nach Art. 107 Abs. 2 GG ist die Finanzkraft der Länder unter Einbeziehung ihrer Gemeinden "angemessen" auszugleichen. Die Auslegung dieses Maßstabs ist immer wieder umstritten.[175]

---

169 *Herbert Fischer-Menshausen*: Unbestimmte Rechtsbegriffe ..., S. 147:

170 Vgl. *Dieter Carl*: Bund-Länder-Finanzausgleich im Verfassungsstaat; Baden-Baden 1995, S. 21ff.; *Hartwig Donner*: Aktuelle Probleme des Finanzausgleichs im sozialen Bundesstaat; in: Zeitschrift für Rechtspolitik 1985, S. 327 (330); *Martin Heilmann*: Vorschläge zur Neuordnung des Bund-Länder-Finanzausgleichs im vereinten Deutschland; in: Eckhard Wegner (Hrsg.): Finanzausgleich im vereinten Deutschland, Marburg 1992, S. 45 (57); *Dieter Vesper*: Länderfinanzausgleich – besteht Reformbedarf?; Berlin 1998, S. 19.

171 Vgl. *Dieter Carl*, S. 20; *Gisela Färber/Marika Sauckel/Elmar Döhler*, S. 27ff.; *Herbert Fischer-Menshausen*: Unbestimmte Rechtsbegriffe ..., S. 135ff.; *Irene Kesper*, S. 61ff.; *Peter Lerche*: Finanzausgleich und Einheitlichkeit der Lebensverhältnisse; in: Dieter Blumenwitz/Albrecht Randelzhofer (Hrsg.): Festschrift für Friedrich Berber; München 1973, S. 299 (299ff.); *Fritz Neumark*: Bemerkungen zu einigen ökonomischen Aspekten grundgesetzlicher Vorschriften über die Einheitlichkeit der Lebensverhältnisse; in: Wilhelmine Dreißig (Hrsg.): Probleme des Finanzausgleichs I; Berlin 1978, S. 165ff.; *Horst Zimmermann*: Föderalismus und "Einheitlichkeit der Lebensverhältnisse": Das Verhältnis regionaler Ausgleichsziele zu den Zielen des föderativen Staatsaufbaus; in: Kurt Schmidt (Hrsg.): Beiträge ..., S. 35ff.

172 Wünschenswert ist sogar eher ein differenziertes Infrastrukturangebot, das an den besonderen regionalen oder lokalen Bedürfnissen ausgerichtet ist. Vgl. *Gisela Färber/Marika Sauckel/Elmar Döhler*, S. 30.

173 Vgl. *Fritz Neumark*: Bemerkungen..., S. 169, 174.

174 Vgl. BVerfGE 72, S. 330 (331). Dazu auch *Clemens Esser*, S. 40f.

175 Vgl. dazu die *Normenkontrollanträge der Länder Baden-Württemberg, Bayern und Hessen*: Anträge im Rahmen des Normenkontrollverfahrens vor dem Bundesverfassungsgericht gegen einzelne Bestimmungen des Finanzausgleichsgesetzes vom 23. Juni 1993, Az. 2 BvF 2/98, 3/98 und 1/99; *Fritz Ossenbühl*: Verfassungsrechtliche Grundfragen des Länderfinanzausgleichs gem. Art. 107 II GG; Baden-Baden 1984, S. 91; *Bodo Pieroth*, Rdnr. 9; *Helmut Siekmann*: Art. 107 GG, Rdnr. 31.

Eine Konkretisierung hat er durch mehrfache Rechtsprechung des Bundesverfassungsgerichtes[176] erfahren: Äußerste Grenze ist demnach das Verbot der (Über-) Nivellierung der Länderfinanzkraft, womit ein wesentliches Ausgleichsprinzip festgelegt ist. Eine (Über-) Nivellierung läge vor, wenn durch horizontale Zuweisungen im Länderfinanzausgleich die effektive Finanzkraft eines einzelnen finanzschwachen Landes 100% des Länderdurchschnitts erreichen bzw. übersteigen würde. Da der Finanzausgleich gegenüber der primären Ertragsaufteilung in der Finanzverfassung subsidiär ist, darf er deren Ergebnisse lediglich korrigieren, aber nicht zu einer Änderung in der Finanzkraftreihenfolge führen.

Grundsätzlich beziehen die Verteilungsregeln bestehende regionaltypische Ausgabenlasten nicht ein (außer den sog. Hafenlasten[177]). Eine (auch vom Bundesverfassungsgericht gebilligte) Ausnahme gilt für die Berücksichtigung bestimmter regionaler, über einen normierten Wert pro Einwohner hinausgehender Sonderbedarfe im Rahmen der Sonderbedarfs-Bundesergänzungszuweisungen (im einzelnen s.u.), mit denen zusätzliche Mittel bereitgestellt werden können.

3.3.5.3 Die Konstruktion des Finanzausgleichs i.e.S.

Der bundesstaatliche Finanzausgleich i.e.S. ist *dreistufig* aufgebaut[178]: Zunächst wird gemäß Art. 107 Abs. 1 S. 4 GG eine steuerkraftorientierte Verteilung von bis zu 25% des der Ländergesamtheit zustehenden Umsatzsteueraufkommens unter den Ländern vorgenommen, womit die Finanzkraft der finanzschwachen Länder an die der finanzstarken herangeführt werden soll. Danach folgt der horizontale Finanzausgleich unter den Ländern (Art. 107 Abs. 2 S. 1 GG) als Angleichung noch verbliebener unterschiedlicher Finanzkraft pro Einwohner. Schließlich erhalten alle finanzschwachen Länder oder einige von ihnen verschiedene vertikale Zahlungen des Bundes, die sog. Bundesergänzungszuweisungen nach Art. 107 Abs. 2 S. 3 GG. Diese drei Stufen des Finanzausgleichs werden nachfolgend näher dargestellt:

---

[176] Vgl. BVerfGE 72, S. 330 (386ff.). Siehe auch BVerfGE 86, S. 148ff.

[177] Die Steuerkraft der Länder Bremen, Hamburg, Mecklenburg-Vorpommern und Niedersachsen (nicht aber des Landes Schleswig-Holstein!) wird zum Ausgleich für die Lasten zur Unterhaltung *bestimmter* Seehäfen um zusammen 300 Mio. DM gekürzt. Zum Systembruch durch dieses Bedarfselement vgl. *Rolf Peffekoven*: Berücksichtigung der Seehafenlasten im Länderfinanzausgleich; in: Finanzarchiv N.F. Band 46 (1988), S. 397ff.

[178] Vgl. im einzelnen *Bundesministerium der Finanzen* (Hrsg.): Finanzbericht 2000, S. 168ff. sowie *dass.* (Hrsg.): Bund-Länder-Finanzbeziehungen ..., S. 33ff.; *Gisela Färber*: Reform des Länderfinanzausgleichs; in: Wirtschaftsdienst 1993, S. 305ff. Überdies existieren noch weitere Finanzierungsinstrumente, die interregionale Ausgleichswirkungen entfalten: die Mischfinanzierungen nach Art. 91a und 91b GG (gemeinsame Finanzierung durch Bund und Land nach festgelegten Quoten), die Finanzhilfen i.S.d. Art. 104a Abs. 4 GG, einfachgesetzliche Zweckzuweisungsprogramme und Geldleistungsgesetze. Vgl. *Gisela Färber/Marika Sauckel/Elmar Döhler*, S. 25; *Thomas Lenk/Friedrich Schneider*, S. 30

3.3.5.3.1 Die Umsatzsteuerverteilung

Die horizontale Verteilung des Länderanteils an der Umsatzsteuer erfolgt nach § 2 FAG: Mindestens 75% davon werden nach realen Einwohnerzahlen vergeben. Gemäß Art. 107 Abs. 1 S. 4 GG und § 2 Abs. 2 FAG können bis zu 25% des Länderanteils als Umsatzsteuer-Ergänzungsanteile steuerkraftorientiert verteilt werden. Zur Bestimmung dieser Ergänzungsanteile ist die Höhe des Aufkommens der Ländersteuern i.S.d. § 7 Abs. 1 FAG maßgeblich. Erreicht ein Land nicht 92% des Länderdurchschnitts, erhält es den Fehlbetrag als Umsatzsteuer-Ergänzungsanteil.[179] Damit wird die Finanzkraft der finanzschwachen Länder auf maximal 92% des Bundesdurchschnitts angehoben. Diese Einnahmen gelten als originäre Steuereinnahmen der Länder.[180]

3.3.5.3.2 Der Länderfinanzausgleich i.e.S.

Nach der Umsatzsteuer-Vorwegverteilung folgt der horizontale Finanzausgleich unter den Ländern. Zur Berechnung der Ausgleichsleistungen werden die reine Finanzkraft sowie der Finanzbedarf eines Landes ermittelt. Die Finanzkraftmeßzahl wird aus der Summe der Einnahmen eines Landes und der seiner Kommunen gebildet (§§ 6-8 FAG), soweit sie für den Finanzausgleich relevant sind (sog. 'tarifliche Finanzkraft'). Nach dem FAG zählen dazu die Steuereinnahmen des einzelnen Landes einschließlich der bergrechtlichen Förderabgabe abzüglich der Hafenlast-Abgeltungsbeträge (§ 7 Abs. 1 u. 2) sowie 50% der wesentlichen Gemeindesteuereinnahmen[181], diese unter Verwendung normierter Hebesätze bei den Realsteuern (§ 8 Abs. 1 S. 1). Die so errechnete tarifliche Finanzkraft bildet die Berechnungsgrundlage für den Länderfinanzausgleich und die Fehlbedarfs-Bundesergänzungszuweisungen.

Ausgangspunkt für die Ermittlung des Finanzbedarfs ist die Annahme, daß der Bedarf je Einwohner überall im Bundesgebiet gleich ist. Davon wird nur im Fall steigender Siedlungsgröße und -dichte abgewichen, nicht relevant hingegen sind interregionale Bedarfsunterschiede. Den tariflichen Finanzbedarf beziffert eine (den normierten Durchschnittswert an Länder- und

---

[179] Dies gilt jedoch nur, soweit die Summe aller Ergänzungsanteile nicht größer ist als 25% des gesamten Länderanteils. Falls die verfügbare Finanzmasse nicht ausreicht, werden die Länderanteile entsprechend gekürzt. Eventuell verbleibende Reste werden nach Einwohnern verteilt.

[180] Um die Integration der neuen Länder in das Finanzausgleichssystem zu ermöglichen, überließ der Bund ab 1995 den Ländern 7%-Punkte des Umsatzsteueraufkommens. Die zusätzlichen Mittel sind für die ostdeutschen Länder bestimmt und *nicht* dem originären Umsatzsteueraufkommen *aller* Länder zuzurechnen.

[181] Die örtlichen Aufwand- und Verbrauchsteuern werden nicht einbezogen, da ihr Volumen als nicht ausgleichsrelevant angesehen wird. Zur verfassungsrechtlichen Zulässigkeit dieser Regelung sowie der nur hälftigen Einbeziehung der Gemeindesteuereinnahmen vgl. BVerfGE 86, S. 148 (213ff., 225ff.). Kritisch zum Anrechnungsgrad der kommunalen Finanzkraft: *Gisela Färber*: Länderfinanzausgleich und Gemeindefinanzen – Anmerkungen zu einigen häufig übersehenen Tatsachen, in: Kurt Bohr (Hrsg.), S. 85 (113ff.).

Gemeindeeinnahmen verkörpernde) Ausgleichsmeßzahl, die sich aus der Addition der Meßzahlen zum Ausgleich der Landessteuereinnahmen einerseits sowie der Gemeindesteuereinnahmen andererseits ergibt. Die erste Meßzahl orientiert sich an der gewichteten Einwohnerzahl eines Landes. Dabei wird in den Flächenländern jeder Einwohner zu 100% und in den Stadtstaaten zu 135% gewertet (sog. Stadtstaatenprivileg).[182] Die Meßzahl zum Ausgleich der Gemeindesteuereinnahmen wertet die kommunalen Einwohnerzahlen nach Gemeindegrößenklassen und Einwohnerdichte (§§ 6-9 FAG).

Ausgleichsberechtigt sind die finanzschwachen Länder, deren Finanzbedarf größer ist als die Finanzkraft (die Finanzkraftmeßzahl ist dann kleiner als die Ausgleichsmeßzahl). Die ausgleichsberechtigten Länder erhalten sog. Ausgleichszuweisungen. Eine Auffüllung der Fehlbeträge zur Ausgleichsmeßzahl erfolgt dabei bis 92% der durchschnittlichen Finanzkraft voll, danach bis 100% der durchschnittlichen Finanzkraft zu 37,5%. Daraus resultiert eine Mindestgarantie für die finanzschwachen Länder von 95% des normierten Bedarfs an Steuereinnahmen (§ 10 Abs. 3 S. 1 FAG).

Ausgleichspflichtig sind die finanzstarken Länder (Finanzbedarf kleiner als Finanzkraft). Ihre Überschüsse werden gemäß § 10 Abs. 2 FAG von 100% bis 101% der Ausgleichsmeßzahl zu 15%, von 101% bis 110% der Ausgleichsmeßzahl zu 66% und darüber zu 80% abgeschöpft, und zwar in dem Maße, daß die Summe der Ausgleichsbeiträge mit der Summe der Ausgleichszuweisungen übereinstimmt.

§ 10 FAG enthält in Abs. 3-5 drei verschiedene *Garantieklauseln* zum Schutz ausgleichspflichtiger Länder vor einer übermäßigen Abschöpfung der Finanzkraft im Länderfinanzausgleich.[183] Erst nach Vollzug aller Ausgleichsschritte (§ 10 Abs. 2-5 FAG) stehen die Ausgleichszuweisungen an die finanzschwachen Länder und die Ausgleichsbeiträge der finanzstarken Länder im Länderfinanzausgleich endgültig fest.

---

[182] Dieses läßt sich u.a. mit Nachteilen aus deren geringer Größe, zusätzlichen Agglomerationskosten und externen Effekten in bezug auf das Umland rechtfertigen. Vgl. dazu *Clemens Esser*, S. 67ff.

[183] Im Fall des § 10 Abs. 3 S. 2 und 3 FAG werden die Ausgleichsleistungen eines finanzstarken Landes korrigiert, wenn dessen eigene Finanzkraft aus Ländersteuereinnahmen (also ohne Gemeindeanteile) unter die 100%-Grenze des Durchschnitts je gewichteten Einwohner fällt (Maßstab ist hier nicht die Ausgleichsmeßzahl!). Anschließend ist festzustellen, ob die Belastungsobergrenzen gemäß § 10 Abs. 4 FAG in jedem finanzstarken Land eingehalten werden (was i.d.R. der Fall ist). Diese Norm soll verhindern, daß der nach Maßgabe des § 10 Abs. 2 und 3 FAG ermittelte Ausgleichsbetrag 15% der Finanzkraft zwischen 100% und 101% der Ausgleichsmeßzahl sowie 80% der Finanzkraft über 101% der Ausgleichsmeßzahl übersteigt. Zuletzt darf nach § 10 Abs. 5 FAG die ursprüngliche Finanzkraftreihenfolge aufgrund der Durchführung der Ausgleichsschritte gemäß § 10 Abs. 2-4 FAG nicht verändert werden. Die Bestimmung der Reihenfolge stützt sich auf die jeweilige Finanzkraftrelation (Quotient aus Finanzkraftmeßzahl und Ausgleichsmeßzahl eines ausgleichspflichtigen Landes). Ein i.S.d. § 10 Abs. 5 FAG begünstigtes Land wird so belastet, daß seine daraufhin entstehende Finanzkraftrelation mit der aktuellen Finanzkraftrelation desjenigen Landes übereinstimmt, das in der ursprünglichen Finanzkraftreihenfolge direkt vor jenem Land lag.

Abbildung 66: Konstruktion des deutschen Finanzausgleichs (Länderfinanzausgleich und Fehlbedarfs-Bundesergänzungszuweisungen) 1999 in DM pro Einwohner*

a) Finanzkraft der ausgleichsberechtigten Länder

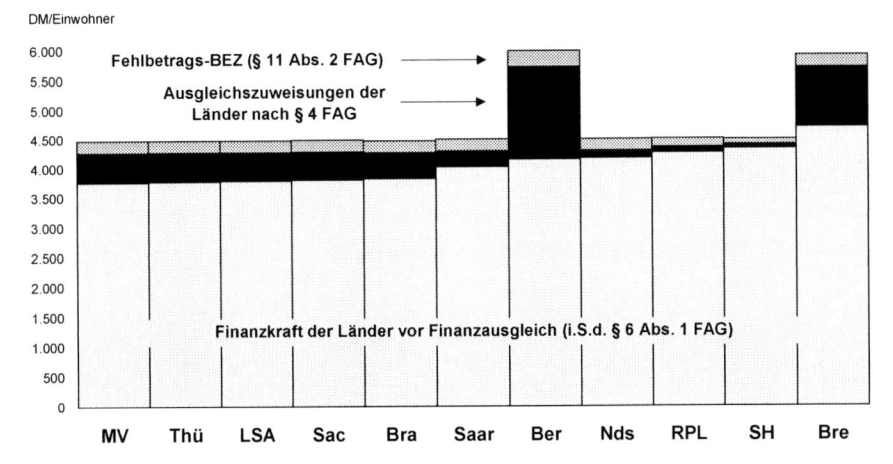

DM/Einwohner

Fehlbetrags-BEZ (§ 11 Abs. 2 FAG)
Ausgleichszuweisungen der Länder nach § 4 FAG

Finanzkraft der Länder vor Finanzausgleich (i.S.d. § 6 Abs. 1 FAG)

MV Thü LSA Sac Bra Saar Ber Nds RPL SH Bre

b) Finanzkraft der ausgleichspflichtigen Länder

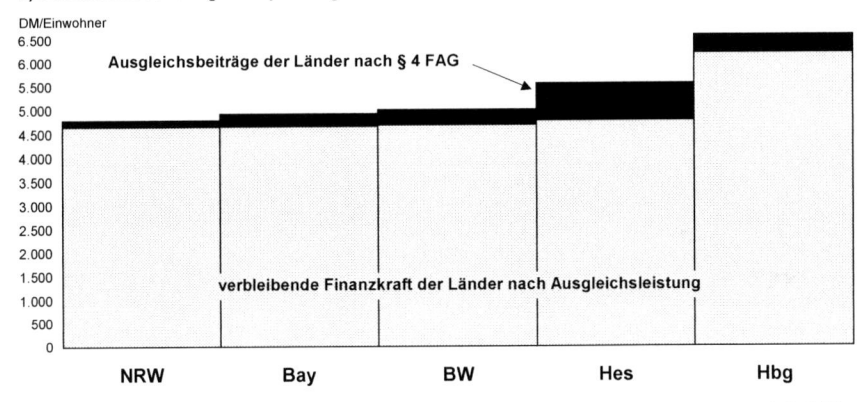

DM/Einwohner

Ausgleichsbeiträge der Länder nach § 4 FAG

verbleibende Finanzkraft der Länder nach Ausgleichsleistung

NRW Bay BW Hes Hbg

* Maßgebend ist die 'tarifliche Finanzkraft' als Berechnungsgrundlage für den Länderfinanzausgleich und die Fehlbedarfs-Bundesergänzungszuweisungen entsprechend §§ 6-8 FAG.

Quelle der Daten: Bundesministerium der Finanzen (Hrsg.): Bund-Länder-Finanzbeziehungen auf der Grundlage der geltenden Finanzverfassungsordnung; 2. Aufl., Berlin 2000, S. 39ff.; eigene Berechnung.

3.3.5.3.3 Die Bundesergänzungszuweisungen (BEZ)

Vertikale Ergänzungszuweisungen des Bundes an finanzschwache Länder nach § 11 FAG existieren in zwei Formen: Die *Fehlbetrags-Bundesergänzungszuweisungen* zur ergänzenden Deckung des allgemeinen Finanzbedarfs (Abs. 2) füllen die nach dem Länderfinanzausgleich verbleibende unterdurchschnittliche Finanzkraft der finanzschwachen Länder zu 90% auf. Der

Bund verbürgt insofern ein Mindestniveau der Finanzkraft i.H.v. 99,5% der Ausgleichsmeßzahl.[184] Einzelne Länder erhalten Bundesergänzungszuweisungen für gesetzlich definierte *Sonderbedarfe*, die auf gesetzlich verankerten Festbeträgen basieren.[185] Dazu zählen die Lasten für die Erneuerung der Infrastruktur in den neuen Ländern und zum Ausgleich unterdurchschnittlicher Finanzkraft der ostdeutschen Kommunen (§ 11 Abs. 4 FAG), die überdurchschnittlichen Kosten politischer Führung in kleineren Ländern (§ 11 Abs. 3 FAG) und die vereinigungsbedingten überproportionalen Übergangslasten der ehemaligen Nehmerländer (West) durch die Einbeziehung der neuen Länder in den Länderfinanzausgleich ab 1995 (§ 11 Abs. 5 FAG).[186] Bremen und das Saarland erhalten außerdem zweckgebundene Haushaltsnotlagendotationen zum Abbau ihrer übermäßigen Verschuldung (§ 11 Abs. 6 FAG).

Tabelle 26: Bundesergänzungszuweisungen (BEZ) 1999

a) In Mio. DM

Art der BEZ:	SH	Nds	RPL	Saar	Sac	Bra	Thü	LSA	MV	Bre	Ber	Ges.
Fehlbetrags-BEZ	261	1.556	568	218	910	525	498	540	364	139	919	6.498
Sonderbedarfs-BEZ:												
Übergang (alte Länder)	136	304	271	48						48		807
Kosten politischer Führung	164		219	153		164	164	164	164	126	219	1.537
Neue Länder					3.658	1.985	2.008	2.208	1.479		2.662	14.000
Haushaltssanierung				1.200						1.800		3.000
Summe der BEZ	561	1.860	1.058	1.619	4.568	2.674	2.670	2.912	2.007	2.113	3.800	25.841

b) In DM je Einwohner

Art der BEZ:	SH	Nds	RPL	Saar	Sac	Bra	Thü	LSA	MV	Bre	Ber	Ø*
Fehlbetrags-BEZ	94	198	141	203	203	203	203	203	203	209	271	192
Sonderbedarfs-BEZ:												
Übergang (alte Länder)	49	39	67	45						72		49
Kosten politischer Führung	59		54	143		63	67	62	91	189	65	71
Neue Länder					817	766	818	829	824		785	806
Haushaltssanierung				1.119						2.703		1.726
Summe der BEZ	202	237	262	1.510	1.020	1.032	1.088	1.094	1.118	3.173	1.121	

* Bezogen auf die Zahl der Einwohner der Empfängerländer.
Quelle der Daten: Bundesministerium der Finanzen (Hrsg.): Bund-Länder-Finanzbeziehungen ...; 2. Aufl., S. 39ff.; eigene Berechnungen.

---

[184] Die Höhe der Fehlbetrags-BEZ hängt von den Ergebnissen des Länderfinanzausgleichs ab: Maßgeblich sind die restlichen Fehlbeträge der Finanzkraft- gegenüber den Ausgleichsmeßzahlen.

[185] Dazu *Norbert Andel*, S. 526 ff.; *Bundesministerium der Finanzen* (Hrsg.): Finanzbericht 2000, S. 169ff.

[186] Die Übergangs-BEZ sind zur Wahrung der Finanzausgleichs-Gerechtigkeit notwendig, um ein einzelnes finanzschwaches altes Land durch die Einbeziehung der neuen Länder in den Länderfinanzausgleich nicht stärker zu belasten als ein finanzstarkes altes Land. Die Übergangs-BEZ vermindern sich jährlich linear um 10%. Diese Abschmelzung entspricht der 1995 erwarteten Angleichung der neuen Länder an die Finanzkraft der alten Länder innerhalb von 10 Jahren bis 2004.

3.3.5.4 Die Verteilungswirkung des Finanzausgleichs

Zur Messung der Verteilungswirkung des Finanzausgleichs auf die Länder können grundsätzlich drei verschiedene Vergleichsmaßstäbe herangezogen werden, welche sich nach dem Grad der Berücksichtigung der kommunalen Steuerkraft auf der Einnahmenseite der Landeseinnahmen (entweder zu 0%, zu 100% oder wie im FAG zu 50%) unterscheiden. Folgende Ausgangsgrößen kommen dementsprechend in Betracht:

- die reine *Landes*steuerkraft ohne Einbeziehung der kommunalen Steuereinnahmen,
- die *tarifliche* Finanzkraft, die als Maßstab im Finanzausgleichsgesetz Anwendung findet und in welche die gemeindliche Finanzkraft nur zur Hälfte einfließt oder
- die *addierte* Steuerkraft von Land und Gemeinden.

Nachstehend werden die regionalen Verteilungswirkungen des Finanzausgleichs anhand dieser drei Kennziffern erläutert, da auf den ersten Blick jeweils einleuchtende Gründe für die Verwendung als Maßstab gegeben sind. Weil der Finanzausgleich zwischen Bund und Ländern zunächst einmal die Landeshaushalte betrifft, werden in Unterabschnitt 3.3.5.4.1 die Auswirkung des Finanzausgleichs auf die reine Landessteuerkraft dargelegt. Wegen ihrer Bedeutung im gesetzlich verankerten Finanzausgleichsverfahren wird anschließend die tarifliche Finanzkraft als Vergleichsgröße herangezogen (3.3.5.4.2). Für die abschließende Bewertung und den Vergleich mit den Finanzausgleichssystemen Australiens und Kanadas ist jedoch zu beachten, daß die tarifliche Finanzkraft eines Landes im Prinzip eine bloße Rechengröße im FAG darstellt. Um die tatsächlichen bzw. effektiven Wirkungen des Finanzausgleichs auf die Bundesländer zu messen, muß daher auf die addierte Steuerkraft von Land und Gemeinden zurückgegriffen werden, weil – wie noch gezeigt werden wird – allein dieser Maßstab für die Beurteilung des deutschen Finanzausgleichs sachgerecht ist (3.3.5.4.3). Am Ende dieses Abschnitts steht ein kurzes Zwischenergebnis mit einem Vergleich der drei verwendeten Kennziffern (3.3.5.4.4).

3.3.5.4.1 Die Zahlungsströme im Rahmen des Finanzausgleichs im Verhältnis zu den Steuereinnahmen der Länder

Im Rahmen des Finanzausgleichs zwischen Bund und Ländern sowie der Zuweisungen des Bundes für den Öffentlichen Personennahverkehr (ÖPNV) gemäß Art. 106a GG an die Länder wurden 1999 insgesamt 35,5 Mrd. DM oder 4,2% des Steueraufkommens vertikal 'umgeschichtet'.[187] Die vertikalen Fehlbetrags-Bundesergänzungszuweisungen umfaßten 6,5 Mrd. DM,

---

[187] Quelle der Daten: *Bundesministerium der Finanzen* (Hrsg.): Bund-Länder-Finanzbeziehungen; 2. Aufl., S. 39ff.; eigene Berechnungen.

davon 3,8 Mrd. für die neuen Länder einschließlich Berlin. Die Sonderbedarfs-BEZ hatten eine Umfang von 19,3 Mrd. DM, hiervon entfielen 14,9 Mrd. auf die neuen Länder. Nach Durchführung dieser Zuweisungen verteilt sich das innerstaatliche Steueraufkommen zu 44,5% auf den Bund und zu 42,5% auf die Länder.[188] Bei Betrachtung der Einnahmen aus Steuern nach Finanzausgleich können Bund und Länder somit annähernd über das gleiche Aufkommen verfügen.

Tabelle 27: Steuereinnahmen der Länder (ohne Gemeinden) und Transferzahlungen 1999 (in DM pro Einwohner)

	Steuereinnahmen (ohne USt)	Umsatzsteuerverteilung	Steuereinnahmen gesamt	Horizontaler Finanzausgleich	BEZ*	Summe
BW	2.937	1.256	4.193	-328	0	3.865
Hes	3.406	1.256	4.662	-785	0	3.877
Bay	2.888	1.256	4.143	-263	0	3.880
Nds	2.210	1.307	3.518	132	236	3.885
NRW	2.781	1.256	4.037	-143	0	3.894
SH	2.394	1.256	3.650	63	203	3.916
RPL	2.394	1.256	3.650	94	263	4.007
Saar	1.875	1.644	3.518	274	391	4.184
Bra	1.007	2.511	3.518	443	1.032	4.992
Sac	972	2.546	3.518	480	1.021	5.019
LSA	836	2.681	3.518	488	1.093	5.098
Thü	882	2.636	3.518	496	1.087	5.101
Hbg	4.259	1.256	5.514	-391	0	5.123
MV	905	2.612	3.518	513	1.118	5.148
Bre	2.761	1.256	4.017	998	470	5.485
Ber	2.284	1.256	3.540	1.567	1.120	6.227

* Ohne Haushaltsnotlagendotationen.
Quelle der Daten: Bundesministerium der Finanzen (Hrsg.): Bund-Länder-Finanzbeziehungen; 2. Aufl., S. 39ff.; eigene Berechnungen.

Der horizontale Länderfinanzausgleich hatte im Jahr 1999 ein Volumen von 14,6 Mrd. DM und entsprach damit 4,4% des gesamten Ländersteueraufkommens (bzw. 3,3% des Steueraufkommens von Ländern und Gemeinden). Die Ausgleichsbeiträge der finanzstarken Länder im Länderfinanzausgleich betrugen zwischen 143 und 785 DM pro Kopf (vgl. Tabelle 27). Die Empfänger unter den westdeutschen Flächenländern erhielten 63 bis 274 DM, die ostdeutschen Länder 443 bis 513 DM und die Stadtstaaten Bremen und Berlin 998 bzw. 1.567 DM pro Einwohner. An BEZ empfingen die finanzschwachen Länder 203 DM bis 470 DM (Westdeutschland) bzw. 1.020 DM bis 1.120 DM (Ost) je realem Einwohner.

---

[188] Bei Einbeziehung des EU-Anteils am Steueraufkommen betragen die Quoten 42,5% (Bund) und 40,6% (Länder). Vgl. *Bundesministerium der Finanzen* (Hrsg.): Finanzbericht 2000, S. 79.

Die Transferzahlungen machten 1999 in den neuen Ländern bis zu 46,4% der gesamten Ländereinnahmen aus Steuern aus, bei den westdeutschen Nehmerländern zwischen 7,3% (SH) und 18,9% (Saar) bzw. 36,6% (Bre).[189] Die Ausgleichsbeiträge der finanzstarken Länder im Länderfinanzausgleich entsprachen 3,5% bis 16,8% der jeweiligen reinen Landesfinanzkraft. Auffällig sind die relativ niedrigen Abschöpfungen der Finanzkraft in Nordrhein-Westfalen und Hamburg: NRW wird insbesondere von der Regelung des § 9 Abs. 3 FAG (überdurchschnittliche kommunale Einwohnergewichtung) begünstigt.[190] Hamburg mußte wegen der 'Einwohnerveredelung' in bezug auf die Landes- sowie die Kommunalsteuereinnahmen und aufgrund der Einbeziehung der Hafenlasten nur 2,2% seiner Steuerkraft abführen, obwohl die Stadt über die höchste relative Finanzkraft aller Länder verfügt.[191]

Tabelle 27 zeigt die Veränderungen der Ländereinnahmen aus Steuern[192] durch den Finanzausgleich: Vor der Umsatzsteuerverteilung ist die Finanzkraft der ostdeutschen Flächenländer extrem gering (ca. 840 bis 1.000 DM pro Kopf). Auch innerhalb der westdeutschen Flächenländer gibt es eine große Schwankungsbreite zwischen rund 1.900 und 3.400 DM, in den Stadtstaaten liegt die Finanzkraft ohne Umsatzsteuer zwischen 2.300 und 4.300 DM. Aus dem Umsatzsteueraufkommen erhielten im Jahre 1999 alle Länder als ersten Schritt des Steuerkraftausgleichs mindestens 1.256 DM pro Einwohner. Hinzu kamen zusätzliche Umsatzsteuer-Ergänzungsanteile für Niedersachsen (51 DM), das Saarland (388 DM) und die ostdeutschen Flächenländer (in Höhe von maximal 1.425 DM).

Nach dem horizontalen Ausgleich lag die reine Landesfinanzkraft der westdeutschen Flächenländer bei rund 3.650 bis 3.900 DM, die der ostdeutschen Länder bei rund 4.000 DM und die der Stadtstaaten im Durchschnitt bei 5.100 DM. Die Zahlung von Bundesergänzungszuweisungen führte schließlich dazu, daß die Landesfinanzkraft nach Durchführung aller Ausgleichsschritte zwischen ca. 3.870 und 6.230 DM variierte.

Die in den einzelnen Ländern unterschiedliche Landessteuerkraft nach Durchführung des horizontalen Länderfinanzausgleichs ist z.T. mit der Einbeziehung der kommunalen Finanzkraft in die Berechnung der Ausgleichszahlungen zu erklären. Je schwächer die gemeindliche Steu-

---

[189] Ohne Haushaltsnotlagendotationen. Diese befristeten Sanierungshilfen zum Abbau der Landesverschuldung im Saarland und in Bremen unterliegen gesetzlichen Verwendungsauflagen und können daher nicht zur frei verfügbaren allgemeinen Finanzkraft der beiden Länder gezählt werden.

[190] Weil in Nordrhein-Westfalen die Anzahl der Gemeinden aufgrund einer weitreichenden Gebietsreform sehr klein ist, sind die Einwohnerzahlen entsprechend groß. Zudem ist wegen der großen Bevölkerung die Siedlungsdichte recht hoch. Beide Faktoren lassen die Ausgleichsmeßzahl ansteigen.

[191] Außerdem profitiert Hamburg regelmäßig von der Senkung der Ausgleichsbeiträge nach § 10 Abs. 3 S. 2 und 3 FAG (Garantie einer überdurchschnittlichen Landessteuerkraft).

[192] Ohne Gemeindesteueranteile und Förderabgaben (≠ Berechnungsgrundlage im LFA).

erkraft ist, desto höher fallen die horizontalen Zuweisungen aus. Vor allem die rechnerische 'Besserstellung' der ostdeutschen Länder ist auf die nur hälftige Berücksichtigung ihrer extrem finanzschwachen Kommunen im FAG-Tarif zurückzuführen. Mecklenburg-Vorpommern profitierte zudem – wie die Länder Bremen, Hamburg und Niedersachsen – von der Berücksichtigung der sog. Hafenlasten.

Die Stadtstaaten können insbesondere aufgrund der mehrfachen Einwohnergewichtung im Finanzausgleichstarif aus der Konstruktion des horizontalen Länderfinanzausgleichs Vorteile ziehen. Diese mehrfache 'Veredelung' der Einwohner in den Stadtstaaten (zu 135% gewichtete Landeseinwohnerzahl sowie ein weiteres Mal nach Gemeindegröße und Einwohnerdichte zu über 100% gewichtete kommunalen Einwohnerzahl) resultiert aus der Addition der Meßzahlen zum Ausgleich der Landessteuereinnahmen einerseits sowie der Gemeindesteuereinnahmen andererseits zur Ausgleichsmeßzahl (s.o.). Zudem partizipieren die Stadtstaaten Bremen und Berlin stark an den Bundesergänzungszuweisungen.

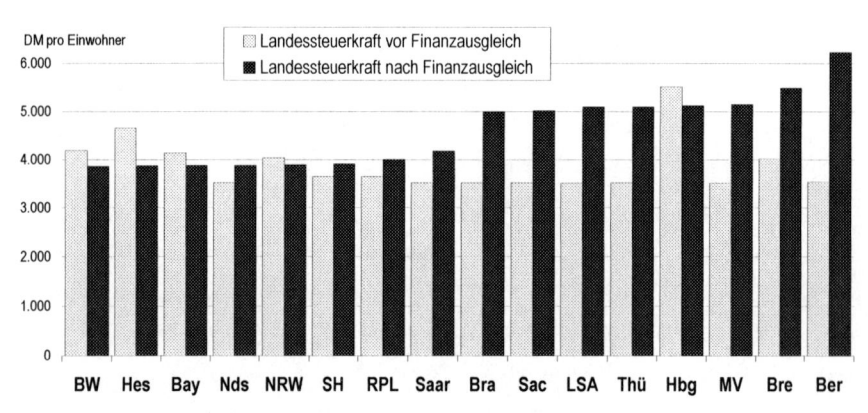

Abbildung 67: Steuerkraft der Länder aus Steuern* vor und nach Finanzausgleich** 1999

* Ohne Gemeindesteueranteile und Förderabgaben.
** Einschließlich Bundesergänzungszuweisungen (ohne Haushaltsnotlagendotationen).
Quelle der Daten: Bundesministerium der Finanzen (Hrsg.): Bund-Länder-Finanzbeziehungen; 2. Aufl., S. 39ff.; eigene Berechnungen.

3.3.5.4.2 Das Ausmaß der Umverteilung nach dem Finanzausgleichstarif

Tabelle 28 dokumentiert die tarifliche Verteilungswirkung des Finanzausgleichs. Vergleichsgröße ist die tarifliche Finanzkraft entsprechend der Finanzkraftmeßzahl gemäß §§ 6-8 FAG, in welcher die Gemeindesteuern nach § 8 Abs. 5 FAG nur hälftig berücksichtig werden.

Die durchschnittliche tarifliche Finanzkraft lag im Jahr 1999 nach Länderfinanzausgleich in den finanzstarken Flächenländern bei über 4.650 DM je realem Einwohner, Spitzenreiter in dieser Gruppe war Hessen mit 4.780 DM. In den finanzschwachen Flächenländern betrug die Finanzkraft ca. 4.350 DM (West) bzw. 4.280 DM (Ost). Die Stadtstaaten wiesen Werte von 5.700 DM (Berlin und Bremen) bzw. 6.200 DM (Hamburg) auf. Demzufolge wird die Finanzkraft keines finanzschwachen Landes im Regelfall auf mehr als 95,0% und im Einzelfall auf mehr als 97,7% der Ausgleichsmeßzahl angehoben. Nach der Systematik des Finanzausgleichsgesetzes findet durch den reinen Länderfinanzausgleich auch keine Übernivellierung statt, da sich die tarifliche Finanzkraftreihenfolge nicht verändert.

Die Fehlbetrags-Bundesergänzungszuweisungen führten zu einer Anhebung des tariflichen Finanzkraft-Niveaus auf ein Minimum von ca. 4.500 DM. Nach Umsatzsteuerverteilung, Länderfinanzausgleich und Fehlbetrags-BEZ hat der Finanzausgleich *formal* ein Mindestausgleichsniveau von 99,5% der Ausgleichsmeßzahl. Der Ausgleichstarif garantiert somit faktisch die durchschnittliche Finanzkraft aller Länder.

Tabelle 28: Veränderung der tariflichen Finanzkraft* der Länder durch Länderfinanzausgleich und Bundesergänzungszuweisungen (BEZ) 1999

a) Tarifliche Finanzkraft in DM pro Kopf

	Tarifliche Finanzkraft nach					
	Umsatzsteuer-verteilung	Länderfinanz-ausgleich	Fehlbetrags-BEZ	Übergangs-BEZ für alte Länder	BEZ für Kosten politischer Führung	Sonderbedarfs-BEZ für neue Länder
Nds	4.175	4.306	4.504	4.543	→	→
SH	4.341	4.404	4.498	4.547	4.606	→
RPL	4.270	4.364	4.505	4.572	4.627	→
NRW	4.796	4.652	→	→	→	→
Bay	4.927	4.664	→	→	→	→
BW	5.014	4.686	→	→	→	→
Saar	4.025	4.299	4.503	4.548	4.690	→
Hes	5.564	4.779	→	→	→	→
Bra	3.834	4.276	4.479	→	4.542	5.308
Sac	3.810	4.290	4.493	→	4.493	5.311
Thü	3.782	4.278	4.481	→	4.548	5.365
LSA	3.794	4.282	4.485	→	4.547	5.375
MV	3.764	4.277	4.480	→	4.572	5.396
Bre	4.709	5.707	5.916	5.988	6.177	→
Hbg	6.605	6.214	→	→	→	→
Ber	4.153	5.720	5.991	5.991	6.055	6.840
∅	*4.629*	*4.629*	*4.708*	*4.718*	*4.737*	*4.908*

Fortsetzung nächste Seite:

b) Tarifliche Finanzkraft in v.H. der Ausgleichsmeßzahl**

	Tarifliche Finanzkraft nach					
	Umsatzsteuer-verteilung	Länderfinanz-ausgleich	Fehlbetrags-BEZ	Übergangs-BEZ	BEZ Kosten polit. Führung	BEZ neue Länder
Nds	92,2%	95,2%	99,5%	100,4%		
SH	96,3%	97,7%	99,8%	100,9%	102,2%	
RPL	94,5%	96,5%	99,7%	101,1%	102,3%	
NRW	105,3%	102,1%	102,1%			
Bay	109,1%	103,3%	103,3%			
BW	111,0%	103,7%	103,7%			
Saar	88,9%	95,0%	99,5%	100,5%	103,6%	
Hes	123,0%	105,6%	105,6%			
Bra	85,2%	95,0%	99,5%		100,9%	117,9%
Sac	84,4%	95,0%	99,5%			117,6%
Thü	84,0%	95,0%	99,5%		101,0%	119,1%
LSA	84,2%	95,0%	99,5%		100,9%	119,2%
MV	83,6%	95,0%	99,5%		101,6%	119,9%
Bre	79,3%	96,1%	99,6%	100,8%	104,0%	
Hbg	110,2%	103,7%	103,7%			
Ber	69,0%	95,0%	99,5%	99,5%	100,6%	113,6%

c) Tarifliche Finanzkraft im Verhältnis zum Bundesdurchschnitt je Einwohner***

	Tarifliche Finanzkraft nach					
	Umsatzsteuer-verteilung	Länderfinanz-ausgleich	Fehlbetrags-BEZ	Übergangs-BEZ	BEZ Kosten polit. Führung	BEZ neue Länder
Nds	90,2%	93,0%	95,7%	96,3%	95,9%	92,6%
SH	93,8%	95,1%	95,5%	96,4%	97,2%	93,9%
RPL	92,2%	94,3%	95,7%	96,9%	97,7%	94,3%
NRW	103,6%	100,5%	98,8%	98,6%	98,2%	94,8%
Bay	106,4%	100,8%	99,1%	98,8%	98,5%	95,0%
BW	108,3%	101,2%	99,5%	99,3%	98,9%	95,5%
Saar	86,9%	92,9%	95,6%	96,4%	99,0%	95,6%
Hes	120,2%	103,2%	101,5%	101,3%	100,9%	97,4%
Bra	82,8%	92,4%	95,1%	94,9%	95,9%	108,2%
Sac	82,3%	92,7%	95,4%	95,2%	94,8%	108,2%
Thü	81,7%	92,4%	95,2%	95,0%	96,0%	109,3%
LSA	82,0%	92,5%	95,3%	95,1%	96,0%	109,5%
MV	81,3%	92,4%	95,1%	94,9%	96,5%	110,0%
Bre	101,7%	123,3%	125,6%	126,9%	130,4%	125,9%
Hbg	142,7%	134,2%	132,0%	131,7%	131,2%	126,6%
Ber	89,7%	123,6%	127,2%	127,0%	127,8%	139,4%

* Finanzkraft entsprechend des im Finanzausgleich angewandten Tarifs (vgl. §§ 6-8 FAG).
** Angaben der letzten drei Spalten nur nachrichtlich, da Sonderbedarfs-BEZ nach eigener Systematik gewährt werden.
*** Basis ist jeweils die durchschnittliche Finanzkraft pro Kopf nach jedem einzelnen Schritt des Finanzausgleichs.

Quelle der Daten: *Bundesministerium der Finanzen* (Hrsg.): Bund-Länder-Finanzbeziehungen; 2. Aufl., S. 39ff.; eigene Berechnungen.

Eine Schlechterstellung der finanzstarken Länder gegenüber den finanzschwachen oder gravierende Verschiebungen in der tariflichen Finanzkraftreihenfolge können nach Durchführung des Länderfinanzausgleichs und Fehlbetrags-BEZ nicht festgestellt werden, soweit dessen innere Logik[193] zugrunde gelegt wird (vgl. Tabelle 28b).[194] Erst die Vergabe der Sonderbedarfs-BEZ nach Festbeträgen führt dazu, daß es unter den Empfängerländern zu (unwesentlichen) Vertauschungen in der tariflichen Finanzkraftreihenfolge kommen kann.

Durch die Gewährung der Fehlbetrags-BEZ wird kein finanzstarkes Land von einem finanzschwachen 'überholt'. Gemessen an der Ausgleichsmeßzahl liegt nach Fehlbetrags-BEZ nur die Finanzkraft der finanzstarken Länder über 100% (siehe Tabelle 28b), damit findet keine Übernivellierung statt. Auch nach Einrechnung der Übergangs-BEZ für die alten Länder verfügen die finanzstarken Länder weiterhin über die höchste Finanzkraft. Eine Übernivellierung läßt sich erst bei Einbeziehung der weiteren Sonderbedarfs-BEZ feststellen. Allerdings wäre es nicht sachgerecht, diese Übernivellierung als unzulässig zu qualifizieren, da jene BEZ ja gerade bedarfs- und nicht finanzkraftorientiert konzipiert sind. Das gilt insbesondere für die BEZ zum Ausgleich teilungsbedingter Lasten zugunsten der ostdeutschen Länder einschließlich Berlin. Daraus resultierende Veränderungen in der Finanzkraftreihenfolge sind ökonomisch durchaus zu rechtfertigen und werden vom Verbot der Übernivellierung nicht erfaßt.

Wird als Vergleichsmaßstab die tarifliche Finanzkraft ohne erhöhte Einwohnergewichtung im Verhältnis zum Bundesdurchschnitt herangezogen (vgl. Tabelle 28c), zeigt sich, daß die real pro Einwohner verfügbare Finanzkraft in den Stadtstaaten aufgrund der Wirkung der Einwohnerveredelung deutlich höher liegt. Ferner werden die Unterschiede zwischen den westdeutschen Flächenländern durch den Finanzausgleich stark minimiert (auf unter 5%-Punkte).

3.3.5.4.3 Die 'effektive' Verteilungswirkung des Finanzausgleichs

Die beiden bislang aufgezeigten Vergleichsmaßstäbe haben die kommunalen Steuereinnahmen bei der Darstellung der Wirkung des Finanzausgleichs auf die Länderfinanzkraft nicht oder nur hälftig berücksichtigt. Weil die Länder aber nach der Finanzverfassung des Grundgesetzes voll für die Finanzausstattung ihrer Kommunen verantwortlich sind, ist kein sachlicher Grund ersichtlich, warum die Gemeindeeinnahmen bei der Bewertung der Auswirkungen des Finanzausgleichs nur zur Hälfte einbezogen oder gar völlig außer Betracht bleiben sollten. Aufgrund der vertikalen Abhängigkeit der kommunalen Finanzierungsstrukturen von den

---

[193] Hierzu zählt die hälftige Einbeziehung der gemeindlichen Finanzkraft in die Finanzkraftmeßzahl sowie die Festlegung, daß die Ausgleichsmeßzahl auf gewichteten Einwohnern basiert.

[194] Vgl. dazu auch *Gisela Färber/Marika Sauckel/Elmar Döhler*, S. 119ff.

Landeshaushalten ist eine isolierte Betrachtung der reinen Landesfinanzen nicht zu rechtfertigen. Überdies bezieht sich ein Teil der Transfers im Finanzausgleich explizit auf die gemeindliche Finanzausstattung: Die Bundesergänzungszuweisungen an die ostdeutschen Länder nach § 11 Abs. 4 FAG dienen u.a. dem Ausgleich der dort weit unterdurchschnittlichen kommunalen Finanzkraft. Aus den genannten Gründen ist für die Messung der tatsächlichen Verteilungswirkungen des Finanzausgleichs folglich die Summe der Steuerkraft von Land und Gemeinden heranzuziehen.[195] Die addierte Steuerkraft der Länder und ihrer Gemeinden wird dementsprechend nachfolgend auch als *effektive* Finanzkraft der Länder bezeichnet.

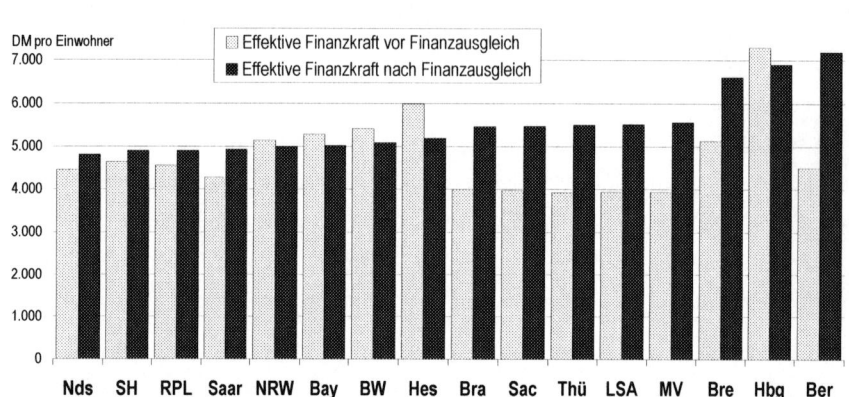

Abbildung 68: Effektive Finanzkraft der Länder vor und nach Finanzausgleich 1999*

* Effektive Finanzkraft = addierte Steuerkraft von Land und Gemeinden; ohne Haushaltsnotlagendotationen.

Quelle der Daten: *Bundesministerium der Finanzen* (Hrsg.): Bund-Länder-Finanzbeziehungen; 2. Aufl.; eigene Berechnungen.

Im Vergleich von Abbildung 68 (effektive Finanzkraft der Länder unter vollständiger Anrechnung der kommunalen Steuerkraft) mit Abbildung 67 (reine Landessteuerkraft) lassen sich deutliche Unterschiede in der Finanzkraftreihenfolge erkennen: Die Einbeziehung der vollen kommunalen Finanzkraft in die Betrachtung zeigt, daß die finanzstarken Länder nach Durchführung des Finanzausgleichs weiterhin über einen sichtbaren Vorsprung gegenüber den finanzschwachen westdeutschen Flächenländern verfügen, obwohl diese verschiedene Sonderbedarfs-Bundesergänzungszuweisungen erhalten. Der Grund hierfür liegt darin, daß gerade die finanzstarken Länder auch steuerstarke Gemeinden haben.

Im Vergleich zur reinen Landessteuerkraft ist hinsichtlich der effektiven Finanzkraft der Abstand der finanzstarken Länder zu den Stadtstaaten um bis zu 370 DM je Einwohner (im Ver-

---

[195] Vgl. *Gisela Färber/Marika Sauckel/Elmar Döhler*, S. 119ff.

hältnis Hessen – Berlin) geringer. Die finanzstarken Flächenländer werden von den ostdeutschen Ländern sowie den Stadtstaaten in der Finanzkraftreihenfolge nur aufgrund politisch bzw. ökonomisch begründeter überproportionaler Sonderzuweisungen überholt, welche an die besonderen Bedarfe dieser Gebietskörperschaften anknüpfen. Auch bzw. gerade bei Zugrundelegung der effektiven Finanzkraft als Vergleichsmaßstab bewirkt der Finanzausgleich demnach keine Benachteiligung der finanzstarken Länder.

Tabelle 29: Steuerkraft der Länder und ihrer Gemeinden vor und nach Finanzausgleich 1999

	Steuerkraft isoliert		Steuerkraft von Land und Gemeinden gesamt					
	in DM pro Einwohner		in DM pro Einwohner			in % des Bundesdurchschnitts		
	Land**	Gemeinden	vor FA	nach LFA	nach BEZ*	vor FA	nach LFA	nach BEZ*
Nds	3.518	931	4.449	4.580	4.816	89,8%	92,4%	92,0%
SH	3.650	985	4.635	4.698	4.901	93,6%	94,8%	93,7%
RPL	3.650	898	4.548	4.642	4.905	91,8%	93,7%	93,7%
Saar	3.518	750	4.269	4.543	4.934	86,2%	91,7%	94,3%
NRW	4.037	1.109	5.146	5.003	5.003	103,9%	101,0%	95,6%
Bay	4.143	1.145	5.288	5.025	5.025	106,7%	101,4%	96,0%
BW	4.193	1.227	5.420	5.092	5.092	109,4%	102,8%	97,3%
Hes	4.662	1.326	5.988	5.203	5.203	120,9%	105,0%	99,4%
Bra	3.518	476	3.994	4.436	5.468	80,6%	89,5%	104,5%
Sac	3.518	456	3.974	4.454	5.475	80,2%	89,9%	104,6%
Thü	3.518	406	3.924	4.419	5.507	79,2%	89,2%	105,2%
LSA	3.518	424	3.941	4.429	5.522	79,5%	89,4%	105,5%
MV	3.518	420	3.937	4.450	5.568	79,5%	89,8%	106,4%
Bre	4.017	1.122	5.139	6.137	6.607	103,7%	123,9%	126,3%
Hbg	5.514	1.779	7.293	6.902	6.902	147,2%	139,3%	131,9%
Ber	3.540	960	4.500	6.067	7.187	90,8%	122,5%	137,4%

*   Nach Länderfinanzausgleich und Bundesergänzungszuweisungen (ohne Haushaltsnotlagendotationen).
** Originäre Steuerkraft nach Umsatzsteuer-Vorwegausgleich.

Quelle der Daten: Bundesministerium der Finanzen (Hrsg.): Bund-Länder-Finanzbeziehungen; 2. Aufl., S. 39ff.; eigene Berechnungen.

In Abbildung 69 werden nun die einzelnen Schritte des deutschen Finanzausgleichs anhand der Aufstockung der Steuerkraft der finanzschwachen Länder unter Berücksichtigung der kommunalen Steuerkraft dargestellt.[196] Deutlich erkennbar ist der Grund für die zweite Funktion der Bundesergänzungszuweisungen gemäß § 11 Abs. 4 FAG (Ausgleich der unterdurchschnittlichen kommunalen Finanzkraft in Ostdeutschland): die effektive Finanzkraft der neuen Länder vor Finanzausgleich ist auch wegen der Finanzschwäche ihrer Gemeinden wesentlich geringer als die der alten Bundesländer. Selbst nach dem horizontalen Länderfinanzausgleich

---

[196] Die gesamten Transferzahlungen (ohne Haushaltsnotlagen-BEZ) machten 1999 in den neuen Ländern bis zu 28,9% des addierten Steueraufkommens von Ländern und Gemeinden aus, bei den westdeutschen Nehmerländern zwischen 5% (SH) und 12,8% (Saar) bzw. 21,4% im Stadtstaat Bremen.

liegt die Finanzkraft der neuen Länder immer noch unter 90% (zum Vergleich: tariflich bei über 95%). Ersichtlich wird zudem die immense Bedeutung der steuerkraftorientierten Umsatzsteuer-Ergänzungsanteile in den neuen Ländern.

Abbildung 69: Steuerkraft der finanzschwachen Länder und ihrer Gemeinden sowie Auswirkung der einzelnen Schritte des Finanzausgleichs 1999

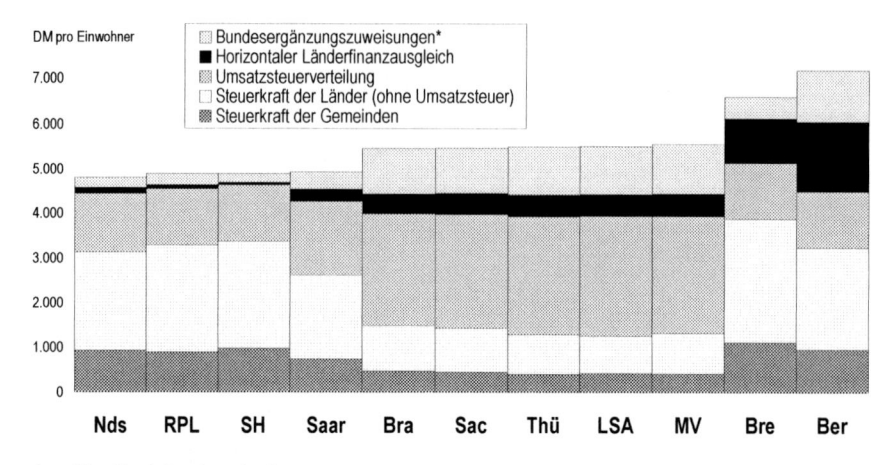

DM pro Einwohner
- Bundesergänzungszuweisungen*
- Horizontaler Länderfinanzausgleich
- Umsatzsteuerverteilung
- Steuerkraft der Länder (ohne Umsatzsteuer)
- Steuerkraft der Gemeinden

Nds RPL SH Saar Bra Sac Thü LSA MV Bre Ber

* Ohne Haushaltsnotlagendotationen.

Quelle der Daten: Bundesministerium der Finanzen (Hrsg.): Bund-Länder-Finanzbeziehungen; 2. Aufl., S. 39ff.; eigene Berechnungen.

3.3.5.4.4 Zwischenergebnis

Tabelle 30 zeigt, daß erhebliche Differenzen hinsichtlich der relativen Höhe der Finanzkraft eines Landes (jeweils gemessen am Bundesdurchschnitt pro realem Einwohner) bestehen können, je nachdem, ob nur die reine Landessteuerkraft oder die addierte Steuerkraft von Land und Gemeinden in die Berechnung einfließt. Die effektive Finanzkraft der Länder weicht in der Regel auch deutlich von ihrer tariflichen Finanzkraft nach dem FAG ab.[197]

Zwar ist die Spreizung der Finanzkraft insgesamt nach Länderfinanzausgleich und Bundesergänzungszuweisungen mit Werten von 91,4% bis 147,2%, 92,6% bis 139,4% und 92,0% bis 137,4% des Bundesdurchschnitts nicht allzu groß. Recht unterschiedlich sind aber die relativen Werte für einige Länder. Je nach Vergleichsgröße liegt z.B. die relative Finanzkraft des Landes Hessen nach Durchführung aller Schritte des Finanzausgleichs zwischen 91,7% und 99,4%. Zum gleichen Zeitpunkt beträgt die Finanzkraft der neuen Länder nach FAG-Tarif

---

[197] Vgl. dazu auch *Gisela Färber/Marika Sauckel/Elmar Döhler*, S. 120ff.; *Gemeinsames Positionspapier der Länder Berlin u.a.:* Wer stark ist, würde noch stärker werden; in: Frankfurter Rundschau v. 24.08.99, S. 7.

108,2% bis 110,0%, gemessen als Landessteuerkraft sogar 118,0% bis 121,7%, effektiv hingegen aber nur 104,5% bis 106,4%.

Tabelle 30: Vergleich von reiner Landessteuerkraft, tariflicher Finanzkraft und effektiver Finanzkraft 1999 (je Einwohner im Verhältnis zum Bundesdurchschnitt.)*

	Steuerkraft nach Umsatzsteuerverteilung			Steuerkraft nach Länderfinanzausgleich und Bundesergänzungszuweisungen		
	Reine Landessteuerkraft	Tarifliche Finanzkraft	Effektive Finanzkraft	Reine Landessteuerkraft	Tarifliche Finanzkraft	Effektive Finanzkraft
Nds	89,0%	90,2%	89,8%	91,9%	92,6%	92,0%
SH	92,4%	93,8%	93,5%	92,6%	93,9%	93,7%
RPL	92,4%	92,2%	91,8%	94,7%	94,3%	93,7%
Saar	89,0%	86,9%	86,1%	98,9%	95,6%	94,3%
NRW	102,2%	103,6%	103,8%	92,1%	94,8%	95,6%
Bay	104,9%	106,4%	106,7%	91,7%	95,0%	96,0%
BW	106,1%	108,3%	109,4%	91,4%	95,5%	97,3%
Hes	118,0%	120,2%	120,8%	91,7%	97,4%	99,4%
Bra	89,0%	82,8%	80,6%	118,0%	108,2%	104,5%
Sac	89,0%	82,3%	80,2%	118,7%	108,2%	104,6%
Thü	89,0%	81,7%	79,2%	120,6%	109,3%	105,2%
LSA	89,0%	82,0%	79,5%	120,5%	109,5%	105,5%
MV	89,0%	81,3%	79,4%	121,7%	110,0%	106,4%
Bre	101,7%	101,7%	103,7%	129,7%	125,9%	126,3%
Hbg	139,5%	142,7%	147,2%	121,1%	126,6%	131,9%
Ber	89,6%	89,7%	90,8%	147,2%	139,4%	137,4%

* *Tarifliche Finanzkraft* = Berücksichtigung der kommunalen Steuerkraft gemäß § 8 Abs. 5 FAG zu 50%;
Effektive Finanzkraft = Addierte Steuerkraft von Land und Gemeinden.

Quelle der Daten: Bundesministerium der Finanzen (Hrsg.): Bund-Länder-Finanzbeziehungen; 2. Aufl., S. 39ff.; eigene Berechnungen.

Somit zeigt sich, daß die Betrachtungsweise das Ergebnis eines Vergleichs zwischen den Ländern erheblich beeinflußt. Wählt man zur Darstellung der Wirkungen des Finanzausgleichs etwa den Maßstab 'Reine Landessteuerkraft', wird hierdurch das Bild zu Lasten der finanzstarken und zu Gunsten der finanzschwachen Länder verzerrt: Weil die gemeindliche Finanzkraft nach § 8 Abs. 5 FAG nur zur Hälfte in die Berechnung der Länderfinanzkraft mit einbezogen wird, begünstigt der Ausgleichstarif des FAG die finanzstarken Länder, die auch finanzstarke Kommunen haben. Deshalb liegt das tatsächliche Ausgleichsniveau niedriger. Die nur hälftige Berücksichtigung der kommunalen Steuerkraft bedeutet mithin einen erheblichen finanziellen Vorteil für die finanzstarken Länder.

Festzuhalten bleibt, daß eine sachgerechte Messung der tatsächlichen Verteilungswirkung des deutschen Finanzausgleichs nur anhand der effektiven Finanzkraft möglich ist. Jeder andere Vergleichsmaßstab gibt die Wirkung des Finanzausgleichs nur unzureichend wider.

3.3.6 Bewertung der deutschen Finanzverfassung

3.3.6.1 Finanzpolitische Unabhängigkeit von Bund, Ländern und Gemeinden

Die deutsche Finanzverfassung ermöglicht den Einfluß anderer Kompetenzträger auf die finanzpolitischen Entscheidungen einer Gebietskörperschaft sowohl auf der Einnahmen- als auch auf der Ausgabenseite. Bezüglich der Einnahmen ist grundsätzlich eine starke Abhängigkeit der Länder und Gemeinden von steuerpolitischen Entscheidungen des Bundes zu konstatieren (dazu s.u.).[198]

Auf der Ausgabenseite wird die finanzpolitische Unabhängigkeit aller Gebietskörperschaften durch die Aufweichung des Konnexitätsprinzips und die Verflechtungen zwischen den föderalen Ebenen begrenzt.[199] Rechtliche Bindungen bestehen vor allem für die Haushalte der subnationalen Einheiten: Aufgaben und Ausgaben der Länder werden zu einem großen Teil vom Bund determiniert. Dies gilt für diejenigen Politikbereiche, die der Gesetzgebungsbefugnis des Bundes unterliegen, während die Länder gemäß Art. 83 GG lediglich für die Ausführung der Bundesgesetze zuständig sind.[200] Die Gemeinden befinden sich in einer ähnlichen Situation: Zum Teil werden die Aufgaben unmittelbar vom Bundesgesetzgeber zugewiesen, zum Teil erfolgt eine Delegation der Aufgabenwahrnehmung durch die Länder. Darüber hinaus beschränken die Mischfinanzierungen die Unabhängigkeit aller Beteiligten, insbesondere aber der Länder, weil sie dem Bund ein Mitspracherecht bei der Aufgabenerfüllung einräumen.[201]

Alle subnationalen Ebenen sind somit aufgrund bundeseinheitlicher Vorgaben in ihrer Finanzwirtschaft stark eingeschnürt.[202] Da die Höhe der von außen festgelegten oder selbstbestimmten Ausgaben aber entscheidenden Einfluß auf die Höhe der dafür notwendigen Einnahmen hat, können sich Einschränkungen der finanzpolitischen Unabhängigkeit auf der Ausgabenseite auch auf der Einnahmenseite des Haushalts auswirken. Der Raum eigenständiger einnahmenpolitischer Entscheidungen ist etwa dann exogen durch vorgegebene Ausgabenlasten reduziert, wenn bei erheblicher Anspannung der autonom beeinflußbaren Einnah-

---

[198] Vgl. *Hans-Günter Henneke*: Öffentliches ..., Rdnr. 646.

[199] Eine maßgebliche Rolle spielt hier wiederum die Mitwirkung der Landesregierungen an der Gesetzgebung des Bundes im Bundesrat (s.o.).

[200] So werden z.B. die Personalausgaben als der größte Ausgabenfaktor in hohem Maße von der bundesgesetzlich geregelten Beamtenbesoldung (Art. 74a GG) determiniert (vgl. *Thomas Lenk/Friedrich Schneider*, S. 10).

[201] Vgl. *Thomas Lenk/Friedrich Schneider*, S. 15.

[202] Auf kommunaler Ebene stellt sich ferner das Problem der Beeinflussung der Ausgabenentscheidungen durch Zweckzuweisungen seitens des Bundes und der Länder.

mequellen möglicherweise kein ausreichendes Besteuerungspotential mehr vorhanden ist, um den Budgetumfang den Präferenzen der Einwohner der betroffenen Gebietskörperschaft anzupassen.

Umgekehrt schafft die bloße Ertragsbeteiligung an bundesgesetzlich geregelten Steuern bzw. der Umstand, daß die Höhe des Steueraufkommens von außen determiniert wird, einen Anreiz für Länder und Gemeinden, die Einnahmenzuflüsse vollständig in Ausgaben umzuwandeln und somit möglicherweise mehr auszugeben, als aus Sicht der Wähler zur Aufgabenerfüllung notwendig wäre.

Ein weiterer Aspekt der finanzpolitischen Unabhängigkeit ist die Sicherheit der Einnahmenbasis gegenüber eigenmächtigen Entscheidungen einer einzigen föderalen Einheit. Die hohe Regelgebundenheit aufgrund der verfassungsrechtlichen und einfachgesetzlichen Fixierung nicht nur der gesamten deutschen Finanzverfassung, sondern auch des Finanzausgleichs, bietet hierbei eine große Verläßlichkeit für alle Beteiligten. So ist es etwa nicht möglich, gegen den Widerstand der Länder diesen oder ihren Gemeinden Steuerquellen oder Ertragsanteile zu entziehen. Einzig die Gemeinden sind in Teilbereichen auf die Landesgesetzgebung angewiesen. Negativ für die Einnahmensituation der Gemeinden wirkt sich aus, daß sie ihre Interessen bei der Landesgesetzgebung oftmals nicht zur Geltung bringen können.[203]

3.3.6.2 Hinreichende Finanzausstattung aller Gebietskörperschaften

Die originäre Finanzausstattung von Bund und Ländern kann als hinreichend bezeichnet werden, weil das jeweilige Steueraufkommen beider Staatsebenen in vertretbarem Maße mit der Höhe ihrer Ausgaben korrespondiert.[204] Allerdings darf die Höhe der Ausgaben auf der Länderebene nicht mit dem durchschnittlichen selbstbestimmten Finanzbedarf gleichgesetzt werden. Durch die funktionale Aufgabenteilung haben die Länder die überwiegende Zahl der Bundesgesetze auszuführen und nach Art. 104a Abs. 1 GG die dafür notwendigen Ausgaben zu tragen, so daß insoweit der Finanzbedarf fremdbestimmt ist. Der Bund dagegen ist bei der Festlegung der Art und Weise seiner Aufgabenerfüllung und damit auch der Höhe seiner Ausgaben trotz der Mitwirkung des Bundesrates an der Bundesgesetzgebung weitgehend autonom, weil er nur Aufgaben finanzieren darf, die seiner Verwaltungskompetenz unterlie-

---

[203] Vgl. nur *Hanns Karrenberg/Engelbert Münstermann*.

[204] Die Ausgabendeckungsquote im Sinne von Art. 106 Abs. 3 und 4 GG betrug 1997 beim Bund 85,6%, bei den Ländern 93,4%. Der Bundeshaushalt ist in den 90er Jahren insbesondere durch ausbleibende Steuermehreinnahmen und Beiträge zur Finanzierung der deutschen Einheit unter Druck geraten. Die Ausgabendeckungsquote des Bundes lag 1992 noch bei 92,7%. Vgl. *Bundesministerium der Finanzen* (Hrsg.): Bund-Länder-Finanzbeziehungen ...; 1. Aufl., S. 37.

gen.[205] Bezogen auf den tatsächlichen Aufgabenbestand der Länder (d.h. unter Berücksichtigung der exogen verursachten Ausgabenlasten) ist ihre Finanzausstattung jedoch in quantitativer Hinsicht durchaus aufgabengerecht.

Grund für die ausreichende Finanzausstattung von Bund und Ländern ist ihre Beteiligung am Aufkommen der äußerst ergiebigen Steuern vom Einkommen und vom Umsatz, die zusammen fast ¾ des Gesamtsteueraufkommens ausmachen und ertragsseitig mehrheitlich als Verbundsteuern allen föderalen Ebenen zugute kommen.

Eine größere Unterdeckung hinsichtlich der eigenen Steuereinnahmen besteht auf kommunaler Ebene, wo die zur Aufgabenerfüllung erforderlichen Ausgaben nur mit Hilfe von Zuweisungen der Länder getätigt werden können. Bundesweit besteht hier eine durchschnittliche Deckungslücke in Höhe von etwa 33%, allerdings existieren deutliche Unterschiede zwischen Ost- und Westdeutschland: Die Kommunen in den neuen Ländern finanzieren weit über die Hälfte ihrer Ausgaben durch Zuweisungen (in den alten Ländern ist der Anteil nicht einmal halb so hoch), sie sind damit zum überwiegenden Teil von vertikalen Transfers abhängig. Die Kernprobleme stellen dabei aber weniger die Zuweisungen als solche, sondern vielmehr die Verlagerung der Finanzausgleichsmasse von den allgemeinen zu den zweckgebundenen Zuweisungen sowie die Bestimmung der Verteilungsregeln bzgl. der Schlüsselzuweisungen dar.

Allerdings stehen die Zuweisungen an die Kommunen nicht in vollem Umfang im Ermessen der Länder und können auch nicht total mit Zweckbindungen versehen werden, weil Art. 106 Abs. 7 GG davon ausgeht, daß die Gemeinden einen Anteil am Gesamtaufkommen der Gemeinschaftssteuern über die unmittelbare Beteiligung an der Einkommen- sowie der Umsatzsteuer hinaus erhalten. Die vertikalen Landeszuweisungen im Rahmen des obligatorischen und auch des fakultativen Steuerverbundes stellen eine Art verfassungsrechtlich abgesicherte Steuerbeteiligung der Kommunen dar und unterliegen damit nicht vollständig der Entscheidungskompetenz der Länder, da zumindest beim obligatorischen Steuerverbund eine prinzipielle Versagung nicht möglich ist.

Ein weiterer wesentlicher Indikator für eine hinreichende Finanzausstattung ist eine angemessene Entwicklung des Steueraufkommens über einen längeren Zeitraum. Erforderlich sind hierfür robuste, relativ konjunkturunempfindliche und möglichst stetig wachsende Steuerquellen sowie Steuern, die sich wachstumsproportional, d.h. mit einer langfristigen Aufkommenselastizität von mindestens 1, entwickeln.

---

[205] Vgl. *Bundesministerium der Finanzen* (Hrsg.): Bund-Länder-Finanzbeziehungen ...; 1. Aufl., S. 3. Die Zustimmungsbedürftigkeit gilt i.d.R. für diejenigen Gesetze, die von den Ländern ausgeführt werden.

Eine recht konjunkturunempfindliche und zugleich stetige und wachstumsproportionale Steuerquelle ist etwa die Umsatzsteuer, für die sich eine Aufkommenselastizität von 1,2 im Zeitraum von 1970 bis 1999 feststellen läßt.[206] Die Steuern vom Einkommen insgesamt weisen im Zeitraum von 1960 bis 1999 eine Aufkommenselastizität von 1,25 auf, wobei zwischen den einzelnen Teilsteuern große Unterschiede bestehen: Die veranlagte Einkommensteuer hat eine Aufkommenselastizität von lediglich 0,2, die Körperschaftsteuer von 0,56, die Lohnsteuer hingegen aber immerhin von 3,08.[207] Demzufolge ist vor allem die Lohnsteuer eine langfristig besonders stetig und schnell wachsende Finanzierungsquelle. Weil durch den Steuerverbund Bund, Länder und Gemeinden an den Steuern vom Einkommen sowie vom Umsatz und damit nicht nur an den ergiebigsten, sondern auch an sehr wachstumsstarken Steuerquellen partizipieren, verfügen alle föderativen Ebenen insgesamt über eine solide Basisfinanzierung.

3.3.6.3 Ausreichende vertikale Flexibilität des Einnahmensystems

Weil die Verteilung des Aufkommens der einzelnen Steuerarten zwischen Bund und Ländern im wesentlichen verfassungsrechtlich festgelegt ist, enthält die Finanzverfassung ein elastisches Element, mit Hilfe dessen sich die Anteile der föderalen Ebenen am Gesamtsteueraufkommen ihrem Einnahmenbedarf gemäß korrigieren lassen: Aufgrund der flexiblen Regelung für die Aufteilung der Umsatzsteuererträge nach dem Deckungsquotenverfahren (Art. 106 Abs. 3 S. 4 GG) können die jeweiligen Anteile an der Umsatzsteuer immer wieder neu festgesetzt werden.[208] Damit besteht eine Möglichkeit, die vertikale Einnahmenverteilung den Veränderungen im Finanzbedarf der einzelnen Staatsebenen anzupassen. Entwickelt sich das Verhältnis zwischen Einnahmen und "notwendigen Ausgaben" zu Lasten einer Staatsebene, so hat diese sogar einen Anspruch aus Art. 106 Abs. 4 S. 1 GG auf Neufestsetzung des Beteiligungsverhältnisses.[209] Da die Festlegung der Ertragsanteile in einem Bundesgesetz erfolgen muß, welches der Zustimmung des Bundesrates bedarf, können Bund und Länder gleichbe-

---

[206] Die Daten resultieren aus eigenen Berechnungen.

[207] Im Laufe der Jahre können sich diese Werte erheblich verändern: Im Zeitraum von 1950 bis 1980 hatte die veranlagte Einkommensteuer noch eine Aufkommenselastizität von 1,05, die Lohnsteuer von 2,1 und die Körperschaftsteuer von 0,74 (vgl. *Josef Körner*: Probleme der Steuerschätzung; in: Karl-Heinrich Hansmeyer (Hrsg.): Staatsfinanzierung im Wandel; Berlin 1983, S. 215 (238)). In den 90er Jahren (1990-99) wiesen etwa die Umsatzsteuer eine Aufkommenselastizität von 1,08 und Lohnsteuer von 1,13 auf (eigene Berechnungen).

[208] Seit 1970 hat es 13 Änderungen im Verteilungsschlüssel gegeben (s.o.). Nur 1975 und 1976 wurde der Bundesanteil am Umsatzsteueraufkommen erhöht. Alle anderen Änderungen gingen zugunsten der Länder.

[209] Vgl. *Hans-Günter Henneke*: Öffentliches ..., Rdnr. 715ff., 726.

rechtigt Einfluß auf die vertikale Verteilung der Umsatzsteuer nehmen.[210] Insofern ist keine Staatsebene einseitig von einer anderen und deren Entscheidung über das konkrete Beteiligungsverhältnis abhängig.

Neben der Möglichkeit der Neuverteilung des Steueraufkommens kann auch ein Finanzausgleich für eine vertikale Flexibilität des Einnahmensystems sorgen. Ein solcher ergänzender Finanzausgleich findet im Rahmen der Bundesergänzungszuweisungen statt, welche eine zusätzliche horizontale Ausgleichswirkung neben dem eigentlichen Länderfinanzausgleich entfalten und mit Hilfe derer die unterdurchschnittliche Finanzkraft bestimmter Länder ihrem Finanzbedarf angepaßt wird. Die Bundesergänzungszuweisungen liefern damit einen Beitrag zur Sicherung einer aufgabenadäquaten Finanzausstattung auf Länderebene.

Im Verhältnis zwischen Ländern und Gemeinden kann ein vertikaler Einnahmenausgleich über den kommunalen Finanzausgleich erfolgen. Zum Teil sehen einige Landesverfassungen Kostenerstattungsregelungen bei neu erfolgenden Aufgabenübertragungen vom Land auf die Kommunen vor.[211] Darüber hinaus obliegt die Festsetzung der Höhe der Zuweisungen jedoch einseitig den Ländern. Der Finanzausgleich zwischen Ländern und Kommunen ist damit vom Umfang her zwar grundsätzlich flexibel, die Entscheidungskompetenz steht aber allein den Ländern zu.

3.3.6.4 Fiskalische Beweglichkeit aller Gebietskörperschaften

Voraussetzung für die fiskalische Beweglichkeit einer Gebietskörperschaft ist, daß sie die Höhe ihres Steueraufkommens autonom beeinflussen kann, also über hinreichende Einnahmenautonomie verfügt. Dies ist der Fall, wenn die bundesstaatliche Finanzordnung der entsprechenden Staatsebene autonome Besteuerungsrechte zuweist, die zumindest zur eigenständigen Festlegung der jeweiligen Steuersätze ermächtigen und somit zur Bestimmung des Grades der Ausschöpfung der Besteuerungs- bzw. Bemessungsgrundlage befähigen.

Die deutsche Finanzverfassung weist die Besonderheit auf, daß die Ertragshoheiten unabhängig von den Gesetzgebungskompetenzen geregelt und demzufolge oftmals verschiedenen fö-

---

[210] Zwischen 1970 bis 1994 sind die Festsetzungen jeweils immer nur für ein bis drei Jahre, zumeist aber für zwei Jahre vorgenommen worden. Seit 1995 ist die Regelung von der Geltungsdauer her zwar grundsätzlich offen gestaltet, jedoch bereits mehrfach modifiziert worden. Vgl. *Hans-Günter Henneke*: Öffentliches ..., Rdnr. 718, 726. Vorteil der Befristung des Verteilungsmodus ist es, daß eine regelmäßige Verständigung über das Beteiligungsverhältnis erforderlich ist und damit der ggf. bestehende Anspruch auf Neufestsetzung wirksam zur Geltung gebracht werden kann.

[211] Vgl. *Hans-Günter Henneke*: Öffentliches ..., Rdnr. 857, 862.

deralen Ebenen zugewiesen sind.[212] Das Ausmaß der finanzpolitischen Eigenständigkeit ist daher für jede Ebene gesondert zu beurteilen.

Die Steuergesetzgebung obliegt faktisch ganz überwiegend dem Bund, weil dieser unter Nutzung seiner konkurrierenden Gesetzgebungskompetenz fast alle deutschen Steuern bundesgesetzlich geregelt hat.[213] Mit Erlaß des Grunderwerbsteuergesetzes 1983 nutzte der Bund auf Antrag des Bundesrates (!) seine seit 1970 bestehende Gesetzgebungskompetenz für den Bereich der Grunderwerbsteuer und verdrängte so mit Zustimmung der Länder die letzte verbliebene Landesgesetzgebung im Bereich der Landessteuern.[214] Folglich existieren keine autonomen Besteuerungsrechte der Länder mehr[215]; diese können nur über ihre Mitwirkungsrechte an der Bundesgesetzgebung im Bundesrat und die Veränderung von Steuergesetzen des Bundes bzw. der föderalen Ertragsaufteilung Einfluß auf ihr eigenes Steueraufkommen nehmen. Nur hinsichtlich der kommunalen Steuern verfügen die Länder über einige Regelungsbefugnisse.

Allerdings ist auch der Bundestag als Gesetzgebungsorgan des Bundes (Art. 77 Abs. 1 S. 1 GG) in seinen steuerpolitischen Entscheidungen nicht unabhängig. Maßgeblich dafür ist der Umstand, daß die Steuergesetzgebung zwar beim Bund konzentriert ist, jedoch nach Art. 105 Abs. 3 GG der Zustimmung des Bundesrates bedarf, wenn die Länder oder Gemeinden am Aufkommen einer Steuer beteiligt sind. Da hiervon sowohl die ergiebigen Gemeinschaftsteuern als auch alle subnationalen Steuern betroffen sind, haben die Länder einen erheblichen Einfluß auf den Inhalt der Steuergesetze des Bundes. Dementsprechend kann der Bundestag nur die reinen Bundessteuern autonom (d.h. ohne Einverständnis der Mehrheit der Landesregierungen) gestalten.

Die Länder verfügen über keine Möglichkeit, die Höhe ihres Steueraufkommens autonom zu verändern, da auch die Landessteuern nur auf der Bundesebene geregelt werden. Damit sind sie hinsichtlich ihrer Steuereinnahmen vollständig von Entscheidungen des Bundesgesetzgebers abhängig. Allerdings verfügt die Ländergesamtheit über ein Mitentscheidungsrecht, weil sowohl für gesetzliche Regelungen im Bereich der Gemeinschaftsteuern als auch der Landessteuern eine Übereinstimmung zwischen Bundestag und Bundesrat erforderlich ist. Wenn ihre

---

212 Vgl. *Wolfgang Renzsch*: Föderale Finanzverfassungen ..., S. 51.

213 Dazu im einzelnen *Klaus Stern*: Staatsrecht, Band II, S. 1116ff.

214 BGBl. 1983 I, S. 1777. Vgl. auch *Ernst Paul Boruttau u.a.*: Grunderwerbsteuergesetz (Kommentar); 9. Aufl., München 1970, Vorbemerkungen zu § 1, Rdnr. 10ff.; *Hans Egly/Heinrich Sigloch/Peter Fischer/Friedrich-K Schwakenberg*: Grunderwerbsteuergesetz; 12. Aufl., München 1986, Vorbemerkungen, Rdnr. 104ff.

215 Vgl. *Thomas Lenk/Friedrich Schneider*, S. 10.

Ertragshoheit betroffen ist, nehmen die Länder aufgrund der Zustimmungsbedürftigkeit der Steuergesetze über ihre Mitwirkungsbefugnisse an der Bundesgesetzgebung im Bundesrat eine Vetoposition ein, was grundsätzlich eine Beachtung (und im Zweifel auch eine Durchsetzung) ihrer fiskalischen Interessen sicherstellt und eine Verschlechterung der Haushaltslage allein aufgrund von Beschlüssen des Bundestages verhindert.

Die mangelnde finanzielle Autonomie der Länder wird somit zwar durch deren Mitwirkung an der Steuergesetzgebung des Bundes ein Stück weit ausgeglichen[216], jedoch keinesfalls kompensiert.[217] Die Mitwirkungsbefugnisse an der Bundesgesetzgebung bestehen nämlich nur dann, wenn Änderungen an den Steuergesetzen vorgenommen werden. Steigen aber die Ausgabenlasten der Länder (ohne zustimmungspflichtige Veränderungen von Bundesgesetzen) und damit der Finanzbedarf, haben sie keine unmittelbaren Einwirkungsmöglichkeiten auf die Steuergesetzgebung. In diesem Zusammenhang darf auch nicht übersehen werden, daß der Bundesrat ein Bundesorgan ist. Die Zentralisierung fast der gesamten Zuständigkeit für die Steuergesetzgebung führt deshalb zu einer Machtkonzentration auf der Bundesebene.

Etwas größere finanzpolitische Autonomie als die Länder genießen die Gemeinden: Sie verfügen über beschränkte Entscheidungskompetenzen für den Bereich der örtlichen Steuern sowie der Realsteuern (Grund- und Gewerbesteuer), deren Aufkommen sie im Rahmen der von der Bundes- oder Landesgesetzgebung gezogenen Grenzen weitgehend autonom beeinflussen können. Das gemeindliche Hebesatzrecht bezüglich der Realsteuern[218] bildet neben den meist landesrechtlich beschränkten und fiskalisch eher unbedeutenden kommunalen Gestaltungs- bzw. Steuerfindungsrechten im Bereich der örtlichen Aufwand- und Verbrauchsteuern das letzte verbliebene autonome Besteuerungsrecht einer subnationalen Gebietskörperschaft.

Anzumerken ist noch, daß die in Deutschland traditionell vorhandenen kommunalen Zuschlagsrechte auf Steuern der Gliedstaaten im Laufe der Zeit immer weiter reduziert worden sind. Mit dem Grunderwerbsteuergesetz entfiel 1983 die Ermächtigung der Kommunen, einen

---

[216] Vgl. *Erhard Denninger*: 50 Jahre Grundgesetz; in: Frankfurter Rundschau vom 22. Mai 1999, Beilage, S. B1.
[217] Vgl. *Hans-Günter Henneke*: Öffentliches ..., Rdnr. 646, 663.
[218] In diesem Zusammenhang ist jedoch zu beachten, daß der Gesetzgeber die Bemessungsgrundlage der Gewerbesteuer immer weiter eingeschränkt hat. Zu den Eingriffen des Bundes in die Realsteuern siehe *Gisela Färber*: Finanzverfassung, S. 103ff.

Zuschlag zur Grunderwerbsteuer zu erheben, und damit das letzte gemeindliche Zuschlagsrecht.[219]

Festzuhalten bleibt, daß die Finanzverfassung dem Bund faktisch fast die alleinige Zuständigkeit im Bereich der Steuergesetzgebung, den Ländern und Gemeinden hingegen nur sehr beschränkte Kompetenzen gewährt. Länder und Gemeinden sind fast vollständig auf die Steuerpolitik des Bundes angewiesen, die jedoch ihrerseits wiederum überwiegend von der Zustimmung der Länder im Bundesrat abhängig ist. Weil deshalb auch der Bundestag nur einen Teil seiner Steuergesetzgebung autonom regeln kann, besteht mithin ein Mangel an steuerpolitischen Entscheidungsspielräumen auf allen föderativen Ebenen.

3.3.6.5 Sachgerechte Auswahl und Zuordnung der subnationalen Besteuerungsrechte

Eine sachgerechte Auswahl der Steuerquellen liegt vor, wenn das Steuersystem eine geeignete Zahl und Art der Steuerquellen umfaßt. Das deutsche Steuersystem stützt sich auf zwei äußerst ergiebige Hauptsteuerquellen, die Steuern vom Einkommen sowie die vom Umsatz, welche gemeinsam 73,3% (1999) zum Gesamtsteueraufkommen beitragen. Zusammen mit der Mineralöl- und der Gewerbesteuer decken jene beiden Steuerquellen bereits 87,3%, zusammen mit fünf weiteren Steuern 96,4% des gesamten Steueraufkommens in Deutschland ab. Damit existieren sieben fiskalisch bedeutende Nebensteuern, darunter allein zwei reine Gemeindesteuern.[220] Die Anzahl der wesentlichen Elemente des Steuersystems ist insofern durchaus angemessen.

Das deutsche Steuersystem ist aber auch auf die Art der Steuern hin zu überprüfen: Jenes stützt sich vor allem auf Einkommen- und Verbrauchsteuern, umfaßt aber auch Vermögen- und Aufwandsteuern. Das Steuersystem greift dadurch auf alle wesentlichen Besteuerungsobjekte zu. Die einzelnen Steuern knüpfen zudem an alle wesentlichen Punkte des Wirtschaftskreislaufs an.[221] Die Auswahl der Steuerquellen läßt sich demnach insgesamt als sachgerecht bezeichnen.

Zu bewerten ist außerdem die föderative Zuordnung der Besteuerungskompetenzen. Nachfolgend sollen zuerst Fragen der grundsätzlichen Zuordnung der Steuerquellen auf die verschie-

---

[219] Vgl. *Ernst Paul Boruttau u.a.*, § 20; *Albert Günther*: Probleme des Kreisfinanzsystems; Berlin 1980, S. 27f.; *Paul Marcus*, S. 60.

[220] Vom Aufkommen der sonstigen Steuern entstammen über 1/3 drei weiteren Steuerquellen: der Erbschaft-, der Rennwett- und Lotterie sowie der Biersteuer. Die Zahl der übrigen Steuern wurde in den letzten Jahrzehnten z.B. durch die Abschaffung der Vermögensteuer sowie mehrerer kleinerer Verbrauchsteuern im Rahmen der EU-Steuerharmonisierung reduziert. Kleinere Steuern existieren vor allem noch auf Landes- und Gemeindeebene.

[221] Vgl. *Kurt Reding/Walter Müller*, S. 90.

denen Staatsebenen und anschließend besondere Aspekte der vertikalen Verteilung der Ertrags- sowie der Gestaltungskompetenzen untersucht werden:

Im Hinblick auf die vertikale Zuordnung der Steuerquellen ist zu fragen, ob die Kriterien für den optimalen Zentralisierungsgrad beachtet worden sind. Ungeeignet als subnationale Steuern sind z.B. solche mit stabilitäts- oder verteilungspolitischer Zielsetzung auf gesamtstaatlicher Ebene, Steuern auf mobile Steuerobjekte oder solche, welche die Steuerbelastung über die Grenzen einer Gebietskörperschaft exportieren, sowie regional äußerst stark streuende Steuerquellen.

Weitgehend unproblematisch erscheint die vertikale Verteilung der Steuerquellen unter dem Gesichtspunkt der aufgabengerechten Zuordnung bestimmter Steuerarten: Gesamtstaatliche Stabilisierungs- und übergreifende interregionale Umverteilungspolitik gehören zu den Aufgaben des Bundes. Folgerichtig ist er auch am Aufkommen der für die Erfüllung dieser Aufgaben besonders geeigneten Einkommensteuer zumindest teilweise beteiligt. Das Aufkommen der Grundsteuer sowie die Ertragsanteile an der Umsatzsteuer gewährleisten wegen ihrer geringen Konjunkturreagibilität den Gemeinden eine stetige Aufgabenerfüllung. Wichtig für die kommunale Finanzausstattung ist zudem die Beteiligung an der wachstumsstarken Einkommensteuer. Die Einkommen- und Umsatzsteuerbeteiligung bietet auch den Ländern eine solide Finanzierungsbasis.

Sachgerecht ist ferner, daß die Besteuerung des Verbrauchs fast ausschließlich dem Bund zugewiesen ist. Für eine zentrale Verbrauchsbesteuerung sprechen die meist nur geringe Zahl von Steuerzahlern und die ungleichmäßige regionale Verteilung ihrer Standorte. Eine Ausnahme im Steuersystem bildet lediglich die den Ländern aus historischen Gründen zustehende Biersteuer. Weil im Brauereisektor aber wesentlich mehr Produktionsstätten als z.B. bei der Mineralöl- oder Tabakverarbeitung existieren, ist eine Zuweisung dieser speziellen Verbrauchsteuer auf die Länderebene trotz großer regionaler Aufkommensunterschiede noch tragbar.

Als subnationale Steuern eignen sich besonders solche, die in einer Äquivalenzbeziehung zur regional oder lokal gebundenen Infrastruktur stehen. Dementsprechend sind diejenigen Steuern, die an das Steuerobjekt 'Boden' anknüpfen oder räumlich ähnlich verortet sind, also die Grunderwerbsteuer und die Grundsteuer, in gewissem Maße auch die Kraftfahrzeugsteuer, richtigerweise den Ländern und Gemeinden zugewiesen.

Diskussionswürdig ist weiterhin die vertikale Verteilung der Ertragskompetenzen. Da an den beiden Hauptsteuerquellen alle föderalen Ebenen und überdies der Bund an vier, Länder und

Gemeinden je an drei der sieben wichtigsten Nebensteuern beteiligt sind, kann grundsätzlich von einer relativ ausgewogenen Verteilung der Ertragskompetenzen auf die verschiedenen Ebenen gesprochen werden.

Auf den einzelnen Staatsebenen ist jedoch bezüglich der meisten Einzelsteuern eine größere horizontale Streuung des Aufkommens festzustellen, da fast alle Steuerquellen in nicht unerheblichem Ausmaß regional unterschiedlich ergiebig sind. Dies gilt nicht nur für die Steuern vom Einkommen und die Mehrzahl der reinen Landessteuern, sondern speziell auch für die großen kommunalen Steuern: Sowohl bei der Grund- als bei der Gewerbesteuer gibt es größere horizontale Aufkommensschwankungen zwischen den Ländern sowie den einzelnen Gemeinden.[222]

Kritisch ist in diesem Zusammenhang insbesondere die Ertragsbeteiligung der Länder und Gemeinden an der bundeseinheitlich geregelten Einkommensteuer mit einer progressiven Tarifstruktur zu würdigen, weil dies zu einer starken horizontalen Streuung des Aufkommens zugunsten der wirtschaftsstarken Regionen führt. Bei der Lohnsteuer als Teil der Einkommensteuer sowie bei der Körperschaftsteuer bestehen außerdem Zerlegungsprobleme, welche möglicherweise nicht angemessen gelöst worden sind.

Auch hinsichtlich der Umsatzsteuer stellt sich die Frage der angemessenen Steuerverteilung: Eine horizontale Verteilung auf die Länder entsprechend des örtlich vereinnahmten Aufkommens wäre nicht sachgerecht, da dieses "keine Funktion [...] der örtlichen Verbrauchsausgaben"[223] verkörpert und hiervon vor allem die Regionen mit überdurchschnittlicher Wirtschaftskraft sowie die unmittelbaren Grenzregionen bzw. die Gebietskörperschaften mit bedeutenden Importeinrichtungen, an denen die Einfuhr-Umsatzsteuer erhoben wird, profitieren würden. Deshalb wird die horizontale Zuweisung der Ertragsanteile nach der Bevölkerungszahl vorgenommen. Unter der Voraussetzung, daß die Annahme von näherungsweise gleich hohen Pro-Kopf-Ausgaben der Verbraucher als Träger dieser Steuer realistisch ist, bildet eine Verteilung der Umsatzsteuer nach der Einwohnerzahl die regionale Steuerkraft recht gut ab.

Schließlich ist noch die vertikale Verteilung der Gestaltungskompetenzen zu prüfen: Die meisten der Anforderungen an einen optimalen Zentralisierungsgrad der Gestaltungskompetenzen stellen bei weitgehend bundeseinheitlichem Steuerrecht und fehlender bzw. geringer

---

[222] Allerdings ist zu bedenken, daß auf beiden Ebenen ein Finanzkraftausgleich über den horizontalen Länderfinanzausgleich (der aber bislang nur die Hälfte der gemeindlichen Steuerkraft berücksichtigt) bzw. den kommunalen Finanzausgleich und die Gewerbesteuerumlage stattfindet, so daß die Aufkommensunterschiede weitgehend nivelliert werden.

[223] *Norbert Andel*, S. 523. Vgl. auch *Harvey S. Rosen/Rupert Windisch*, S. 64 (Fn. 34).

dezentraler Steuerautonomie kein Problem dar. Umgekehrt werden so jedoch Steuern, deren Ausgestaltung ohne Schwierigkeiten dezentral angesiedelt werden könnte, ohne zwingenden Grund zentral geregelt. Selbst Steuern wie etwa die Grunderwerb- oder die Kraftfahrzeugsteuer, bei denen den Ländern durchaus Gestaltungsspielräume eröffnet werden könnten, unterliegen der Bundesgesetzgebung.

Die fast vollständige Konzentration der steuerlichen Gestaltungskompetenzen auf der Bundesebene ist deshalb zu bemängeln. Zwar wird damit der Aspekt der Wahrung der Rechts- und Wirtschaftseinheit umfassend berücksichtigt, weil weder unterschiedliche (steuerliche) Wettbewerbsbedingungen aufgrund regional abweichender Regelungen noch divergierende Niveaus der Steuerbelastung bestehen. Ein weitgehend einheitliches Steuerrecht schafft zudem die Möglichkeit, mit der Steuergesetzgebung als Lenkungsinstrument in großem Umfang wirtschafts-, sozial-, umwelt- oder sonstige gesellschaftspolitischen Ziele zu verfolgen.[224]

Der hohe Zentralisierungsgrad schränkt aber die Autonomie vor allem der Länder sehr stark ein. Mangels eigener Besteuerungsrechte (und zahlreicher Vorgaben bzgl. der Aufgabenerfüllung und der Ausgabenverpflichtungen) können diese nur eingeschränkt selbständig handeln. Von Finanzautonomie der Länder, die ja gerade ein Ausdruck ihrer Staatsqualität sein sollte, läßt sich mithin nur schwerlich sprechen. Damit fehlt den Ländern indes ein wichtiger Teilaspekt bundesstaatlicher Autonomie und die Grundlage für eine effiziente Ressourcenbewirtschaftung.

Das Gesamturteil fällt mithin gespalten aus: Mit Blick auf die grundsätzliche Verteilung der Steuerquellen sowie die Ertragsbeteiligung der verschiedenen Staatsebenen am Gesamtsteueraufkommen erfüllt die deutsche Finanzverfassung weitgehend die Kriterien für eine 'optimale' vertikale Zuordnung der Steuerquellen und einzelnen Besteuerungskompetenzen, bezogen auf die steuerlichen Entscheidungskompetenzen bzw. autonomen Besteuerungsrechte jedoch nicht.

3.3.6.6 Weitere Voraussetzungen für einen fairen Steuerwettbewerb

Horizontaler Steuerwettbewerb kann nur auf einer föderalen Ebene stattfinden, auf der autonome Besteuerungsrechte angesiedelt sind. Steuerwettbewerb zwischen den Ländern ist deshalb wegen der verfassungsrechtlich vorgesehenen bzw. ermöglichten Zentralisierung aller Entscheidungskompetenzen, welche die Steuern der Länder betreffen, ausgeschlossen. Einzig auf lokaler Ebene ist Steuerwettbewerb möglich, soweit den Kommunen ein Hebesatzrecht

---

[224] *Hans-Günter Henneke*: Öffentliches ..., Rdnr. 646.

oder die Entscheidung über die Höhe des Steuersatzes zusteht. Dies gilt für die Grundsteuer, die Gewerbesteuer sowie die meisten sonstigen örtlichen Steuern.

Angesichts des immobilen Besteuerungsgegenstandes der Grundsteuer ist Steuerwettbewerb in relevantem Ausmaß allerdings nur im Bereich der Gewerbesteuer denkbar.[225] Die in diesem Zusammenhang evtl. notwendige Einheitlichkeit der Besteuerungsgrundlagen (Bestimmung der Steuerpflicht, der Steuertarife sowie der Bemessungsgrundlagen) wird durch eine bundeseinheitliche Regelung erreicht. Daß Steuerexport ein relevantes Problem der Gewerbesteuer darstellt, ist nicht anzunehmen. Es kann aber auch nicht ausgeschlossen werden, daß die Steuerbelastung der einzelnen Unternehmen zumindest teilweise auf die Kunden abwälzbar ist[226] und daher letztlich ggf. auch Einwohner anderer Gebietskörperschaften effektiv zum Steueraufkommen derjenigen Kommune beitragen können, in welcher der Steuerpflichtige, dessen Produkte sie erwerben, seinen Sitz hat.

3.3.6.7 Konsistenz, Transparenz und Neutralität des Gesamtsystems

In bezug auf die Konsistenz und Neutralität des *föderativen* Gesamtsystems sind mangels dezentralisierter Besteuerungskompetenzen keine Problemfelder erkennbar. Weil einerseits das Steuersystem einschließlich der zulässigen Steuerarten in der Finanzverfassung umfassend fixiert und andererseits das Steuerrecht weitgehend einheitlich gestaltet ist, sind vertikale Konkurrenzsituationen in der Besteuerung, welche die Konsistenz und Neutralität des Gesamtsystems ggf. unterlaufen könnten, bislang fast vollständig ausgeschlossen.

Aufgrund der starken Betonung der Einheitlichkeit der Steuergesetzgebung können allein aus der Gestaltung des bundesstaatlichen Steuersystems in Deutschland kaum unabgestimmte Überschneidungen oder Lücken in der Besteuerung bzw. negative Auswirkungen auf die optimale Allokation der Produktionsfaktoren resultieren. Wegen der Zentralisierung der Gesetzgebungszuständigkeiten ist es Aufgabe eines einzigen Gesetzgebers (und nicht einer Vielzahl möglicherweise konkurrierender Entscheidungsträger), für die innere Geschlossenheit des Steuersystems und seine neutrale Wirkung auf die makro- und mikroökonomischen Prozesse zu sorgen.

---

[225] Die empirische Analyse hat ergeben, daß die Höhe der Hebesätze der Grundsteuer im Vergleich zur Gewerbesteuer deutlich stärker variiert, und zwar inter- als auch intraregional. In Anbetracht des relativ geringen Anteils der Grundsteuer an der gesamten Steuerbelastung ist unwahrscheinlich, daß Ansiedlungsentscheidungen von der Höhe der Grundsteuer maßgeblich beeinflußt werden. Außerdem dürfte der sozialpolitische Druck auf den kommunalen Satzungsgeber, die Hebesätze der Grundsteuer nicht zu sehr anzuspannen, höher sein als der Druck aufgrund des Steuerwettbewerbs.

[226] Vgl. zur Überwälzbarkeit von Gewinnsteuern *Kurt Reding/Walter Müller*, S. 146ff.

Mögliche Konfliktlinien etwa im Bereich der Unternehmensbesteuerung sind dadurch reduziert worden, daß die Gesetzgebung für die Gewerbe- und Körperschaftsteuer bundeseinheitlich erfolgt und dadurch die Bemessungsgrundlagen und Steuertarife beider Steuern aufeinander abgestimmt werden können. Eine Konkurrenz zwischen örtlichen Aufwand- und Verbrauchsteuern, die der Gesetzgebungsbefugnis der Länder unterliegen, und vergleichbar strukturierten bundesgesetzlich geregelten Steuern wird durch das Verbot gleichartiger Besteuerung umgangen. Aufgrund der klaren vertikalen Abgrenzung der Steuerarten und Besteuerungskompetenzen vermeidet die Finanzverfassung logische Brüche und Widersprüche im Steuersystem.

Sehr kritisch ist aber die Transparenz des deutschen Steuersystems zu bewerten: Zwar ist das Steuersystem für sich genommen transparent, weil es aus einer überschaubaren Zahl von Einzelsteuern besteht, im Kontext der Steuererhebung sowie im Hinblick auf seine Finanzierungsfunktion im Bundesstaat hingegen ist es dies nicht: Wenn drei (oder unter Einschluß der Europäischen Union sogar vier) föderale Ebenen am Aufkommen einer Steuer beteiligt sind, ist ein unmittelbarer Zusammenhang zwischen Steuererhebung und Aufgabenfinanzierung nicht wahrnehmbar. Der Steuer-Ausgaben-Mechanismus kann deshalb allenfalls auf kommunaler Ebene wirken, da dort für die Steuerzahler ein – wenn auch beschränkter – Zusammenhang zwischen dem öffentlichen Leistungsangebot und der Hebesatzpolitik ihrer Gemeinde erkennbar sein kann.

Verschleiert wird die Verantwortlichkeit für die Steuerpolitik vor allem durch zwei Faktoren: Zum einen durch den Umstand, daß der Bund und somit eine einzige Staatsebene für die Steuerpolitik und die Steuereinnahmen nicht nur des Bundes, sondern auch der Länder sowie ganz überwiegend der Gemeinden zuständig ist. Hinzu kommt als zweites, daß auf Bundesebene eine Kompetenzverwischung durch das in der Mehrzahl der Fälle erforderliche Zusammenwirken von Bundestag und Bundesrat bei der Steuergesetzgebung besteht, weil sowohl der Bundesgesetzgeber als auch Vertreter der Landesregierungen maßgeblichen Einfluß auf die Steuergestaltung nehmen können. Hinsichtlich der Steuererhebung macht sich abermals die fast schon sprichwörtliche 'organisierte Unverantwortlichkeit' des deutschen Föderalismus bemerkbar. Das föderative Steuersystem kann folglich nicht als transparent bezeichnet werden.

3.3.6.8 Gewährleistung allgemeiner und gleicher Besteuerung

Das deutsche Steuersystem sichert die Allgemeinheit und Gleichmäßigkeit der Besteuerung durch ein überwiegend einheitliches Steuerrecht. Da die Finanzverfassung neben dem Bundesgesetzgeber keine wesentlichen steuerpolitischen Entscheidungsträger vorsieht, berühren die Fragen der Gleichbehandlung jeweils derjenigen Personen, dich sich in einer gleichartigen steuerlichen Situation befinden, sowie der Heranziehung aller steuerlich leistungsfähigen Subjekte zur Steuerleistung, fast ausschließlich den Kompetenzkreis des Bundes und sind lediglich mit Blick auf die Ausgestaltung der einzelnen Steuergesetze und deren Beziehung untereinander relevant. Einer besonderen vertikalen Abstimmung im Bundesstaat zur Gewährleistung der Allgemeinheit und Gleichmäßigkeit der Besteuerung bedarf es mithin nicht (eine Ausnahme kann hierbei unter Umständen für die örtlichen Steuern gelten, deren individuelle Belastung aber i.d.R. gering ist).

3.3.6.9 Erhebungs- und Entrichtungsbilligkeit der Besteuerung

Das deutsche Steuersystem umfaßt mehrere Steuern, die sowohl bei der Steuerverwaltung als auch bei den Steuerzahlern erhebliche Kosten verursachen. Die Steuer mit den höchsten Gesamtkosten bezogen auf das Jahr 1984, die Vermögensteuer, wird seit 1997 nicht mehr erhoben. Mit Ausnahme der wegen des Veranlagungsverfahrens aufwendigen Einkommensteuer sind es die subnationalen Steuern, die kostenträchtig sind.

Tabelle 31: Kosten der Besteuerung 1984 (in % des Aufkommens)

Steuerart	Erhebungskosten	Entrichtungskosten	Gesamtkosten
Vermögensteuer	20,0%	12,3%	32,3%
Grunderwerbsteuer	6,8%	4,7%	11,5%
Einkommensteuer	5,2%	3,8%	9,0%
Gewerbesteuer	3,1%	5,4%	8,5%
Kfz-Steuer	7,5%	0,7%	8,2%
Grundsteuer	5,5%	0,7%	6,2%
Lohnsteuer	1,9%	4,3%	6,2%
Körperschaftsteuer	1,4%	2,8%	4,2%
Umsatzsteuer	1,5%	2,4%	3,9%
Sonstige Steuern	0,2%	1,9%	2,1%
Insgesamt	2,3%	3,3%	5,6%

Quelle: Kurt Reding/Walter Müller, S. 174.

Allerdings beschränken sich die Erhebungs- und Entrichtungskosten der Besteuerung auf den Aufwand, den die Steuervollzugsbehörden und die Zensiten aufgrund der Ausgestaltung einzelner Steuern haben. Zusätzliche Kosten durch die Föderalisierung des Steuersystems entstehen nicht, da auf keine spezielle Steuerquelle durch mehrere bundesstaatliche Ebenen autonom zugegriffen wird.

3.3.6.10 Durchführung eines sachgerechten Finanzausgleichs

Ein sachgerechter vertikaler und horizontaler Finanzausgleich sichert faire Teilnahmebedingungen im innerstaatlichen Wettbewerb und ein vergleichbares (Mindest-) Angebot an öffentlichen Gütern. Für die Bewertung, ob der hierfür notwendige Ausgleich zwischen Finanzkraft und Finanzbedarf aller Gebietskörperschaften in Deutschland angemessen durchgeführt wird, sind verschiedene Aspekten zu beleuchten:

Der horizontale Länderfinanzausgleich ist einnahmenorientiert, seine Regelungen enthalten fast keine differenzierten Bedarfserwägungen. Die Verteilung der Finanzmasse hat dementsprechend zur Folge, daß das Verhältnis zwischen der Finanzausstattung der Länder und ihrem jeweiligen regionalen (besonders dem exogen definierten) Ausgabenbedarf nicht zwangsläufig identisch ist. Zwischen dem politischen, vom Ziel der Einheitlichkeit der Lebensverhältnisse im Bundesstaat beeinflußten Leitbild des Finanzausgleichs und seiner verfassungsrechtlichen Konzeption gemäß Art. 107 Abs. 2 S. 1 GG, zumindest aber der tatsächlich praktizierten Auslegung und Anwendung dieser Norm[227], besteht damit ein gewisser Widerspruch. Die Maßgabe einheitlicher Lebensbedingungen verlangt an sich, daß jedes Land über eine freie Finanzkraft in der Höhe verfügt, mit welcher ein (wenigstens vom Umfang her) nahezu entsprechendes Leistungsangebot bereitgestellt werden kann.[228] Wenn die Finanzkraft nach Finanzausgleich aber in absoluter Höhe pro Einwohner annähernd gleich ist, reicht diese allenfalls dann zur Finanzierung eines vergleichbaren öffentlichen Güterangebotes aus, wenn die Länder in der Bestimmung ihrer Aufgaben und der damit verbundenen Ausgaben unabhängig sind.

Dem steht aber die umfangreiche Regelungskompetenz des Bundesgesetzgebers in Verbindung mit der Länderaufgabe der Ausführung sowie der Finanzierung der Bundesgesetze entgegen (s.o.). Die bundeseinheitlich determinierten Aufgaben, vor allem die Leistungskataloge

---

[227] Der Länderfinanzausgleich leidet auch unter seinem komplizierten Berechnungsmodus aufgrund einer Vielzahl von Einzelregelungen, die das an sich angestrebte stringent logische Konzept durchbrechen. Für alle beteiligten Gruppen (finanzstarke und -schwache Flächenländer sowie Stadtstaaten, west- und ostdeutsche Länder etc.) finden sich Regelungen, die ihnen einen spezifischen Vorteil bringen bzw. die Belastung durch Abschöpfung abmildern und darum die Zustimmung zum Gesamtpaket 'Finanzausgleich' im Bundesrat möglich mach(t)en.

[228] Da das Ziel der Einheitlichkeit der Lebensverhältnisse im Bundesstaat nicht unbedingt vollständige absolute Gleichheit, sondern nur relative Gleichheit entsprechend der regionalen Besonderheiten erfordert, steht ein streng einheitliches Leistungsniveau in einem Widerspruch zum föderativen Gedanken der regionalen Vielfalt.

und -standards, haben eine unterschiedliche finanzielle Auswirkung in den einzelnen Ländern, die deshalb relativ betrachtet verschieden hohe Lasten tragen müssen.[229] Auf kommunaler Ebene läßt sich als Beispiel die sehr kostenintensive Sozialhilfe anführen: Die Höhe der Ausgaben hierfür variierte im Jahr 1997 zwischen 499 DM (Bayern) und 1328 DM (Bremen) pro Einwohner, was ungefähr 3-10% des Volumens der jeweiligen Landeshaushalte entsprach.[230] Aus der bundeseinheitlichen Regelung resultiert damit ein unterschiedlich hohes Belastungsniveau. Auch läßt sich keinesfalls von annähernd gleichen Produktionskosten im gesamten Bundesgebiet ausgehen, wie es das FAG zu tun scheint.[231]

Hinzu kommt das Problem der angemessenen Steuerzerlegung.[232] Davon ist entscheidend abhängig, welches originäre Steueraufkommen ein Land hat. Abweichungen vom Prinzip des örtlichen Aufkommens durch einen anderen Verteilungsschlüssel, z.B. nach dem Wohnsitzprinzip wie bei der Lohnsteuer, und bislang ungelöste Schwierigkeiten bei der sachgerechten regionalen bzw. lokalen Zuordnung der tatsächlichen Entstehung der Wertschöpfung und des daraus resultierenden Steueraufkommens verursachen Ungenauigkeiten bei der Bestimmung der einer Gebietskörperschaft zustehenden Steuermasse. Die mit der Steuerzerlegung verbundenen Verwerfungen machen folglich eine Korrektur der Einnahmenverteilung notwendig. Vermutlich sind wegen der Ergebnisse der Steuerzerlegung die Ausgleichsleistungen der finanzstarken Länder sogar überzeichnet.[233] Die formal stark nivellierende Wirkung[234] des Finanzausgleiches entspringt mithin nicht nur der starken Betonung des Bundes-Charakters in Deutschland, sondern auch den Unzulänglichkeiten der gesamten Finanzverfassung.[235]

---

[229] Vgl. *Konrad Littmann*: Probleme der Finanzverfassung..., S. 55f. Gleichzeitig fehlen den Ländern aber auch Kompensationsmöglichkeiten auf der Ausgabenseite aufgrund zahlreicher bundeseinheitlicher Regelungen (z.B. der Geldleistungen oder der Beamtenbesoldung). Als Kernproblem der Finanzverfassung zeigen sich damit wiederum die beschränkte Ausgabenautonomie der Länder und ihre fehlende Autonomie auf der Einnahmenseite.

[230] Quelle der Daten: *Statistisches Bundesamt* (Hrsg.): Statistisches Jahrbuch 2000, S. 500f.; eigene Berechnungen.

[231] Deshalb hat auch das Bundesverfassungsgericht angeregt, den besonderen Finanzbedarf dünnbesiedelter Regionen im Länderfinanzausgleich zu berücksichtigen. Vgl. BVerfGE 101, S. 158 (231).

[232] Vgl. *Dieter Vesper*, S. 7.

[233] Vgl. *Dieter Vesper*, S. 15.

[234] Je nach Berechnungsmethode ergeben sich verschiedene Ergebnisse hinsichtlich der tatsächlichen Auswirkungen des Finanzausgleichs. Festzuhalten ist jedoch, daß das keine willkürlichen Besserstellungen einiger Länder stattfinden und vor allem die finanzstarken Länder in ihrer Position grundsätzlich nicht erschüttert werden. Alle Veränderungen in der Finanzkraftreihenfolge resultieren aus Zahlungen, die aus Rücksicht auf die wirtschaftlichen Besonderheiten in einigen finanzschwachen Ländern, vorwiegend den neuen Bundesländern, erfolgen.

[235] Vgl. *Gisela Färber*: Finanzverfassung, S. 89ff.

Im Rahmen des vertikalen Finanzausgleichs zwischen Bund und Ländern berücksichtigen die Bundesergänzungszuweisungen besondere, jedoch keine allgemeinen Bedarfserwägungen (wie z.B. regional unterschiedliche Produktionskosten für öffentliche Güter). Die Sicherung eines bundesweit vergleichbaren Güterangebotes erfolgt damit fast ausschließlich über die Garantie einer näherungsweise durchschnittlichen Finanzkraft. Eine über den Finanzkraftausgleich hinausgehende Internalisierung von Nutzen-Spillovers bleibt auf bilaterale Abkommen beschränkt.

Der kommunale Finanzausgleich zwischen den Ländern und ihren Gemeinden, der auch dem horizontalen Finanzkraftausgleich unter den Gemeinden dient, versucht, einige Schwächen des Länderfinanzausgleichs zu vermeiden. Positiv ist die stärkere Berücksichtigung der unterschiedlichen Finanzbedarfe zu bewerten, auch wenn einzelne Kriterien und Maßstäbe (wie z.B. die Einwohnerveredelung oder vergleichbare Elemente) sicherlich kritikwürdig sind[236]. Richtig ist es, auf die Funktion einer Gebietskörperschaft abzustellen (was beim Länderfinanzausgleich evtl. für die Stadtstaaten in Betracht kommt) und spezielle Ausgabenlasten wie z.B. die Höhe der Sozialhilfeausgaben durch besondere Ansätze auszugleichen.

Im Hinblick auf die Problematik der Zuordnung autonomer subnationaler Besteuerungsrechte stellt sich die Frage, ob der bundesstaatliche Finanzausgleich in Deutschland geeignet ist, eine sachgerechte horizontale Verteilungswirkung bei Einräumung bzw. Ausweitung von Steuerautonomie auf der Länder- oder Gemeindeebene vorzunehmen. Steuerautonomie und Durchführung eines Finanzausgleichs widersprechen sich grundsätzlich nicht. Dies zeigen nicht nur die Beispiele Australiens und Kanadas, sondern auch die Praxis des kommunalen Finanzausgleichs in Deutschland.

Fest steht, daß bei der Bemessung der Ausgleichsleistungen dann nicht mehr auf das tatsächliche Steueraufkommen, sondern – wie es auch beim kommunalen Finanzausgleich geschieht – auf das Besteuerungspotential abzustellen sein wird. Erforderlich ist mithin eine neue Definition der auszugleichenden Finanzkraft, weil über die Nutzung autonomer Besteuerungsrechte zwar stets die Höhe des örtlichen Steueraufkommens, nicht aber die Höhe der Ausgleichsleistungen beeinflußt werden können darf.

Fraglich ist aber, ob die bisherige Ausgleichskonzeption mit Steuerautonomie vereinbar ist. Ein relativ hoher Ausgleichsgrad im Finanzausgleich sowie die Vornahme horizontaler Ausgleichsleistungen stehen für sich genommen Steuerautonomie grundsätzlich nicht entgegen. Beide Aspekte zusammen können aber problematische Wirkungen entfalten, wenn (richtiger-

---

[236] Vgl. *Hans-Günter Henneke*: Öffentliches ..., Rdnr. 965ff.

weise) nur das Besteuerungspotential, nicht aber die Steuermehr- oder Steuermindereinnahmen ausgeglichen werden:

- So kann es bei überdurchschnittlicher Steueranspannung zu Verzerrungen zugunsten der finanzstarken Gebietskörperschaften kommen, weil dort auch die Bemessungsgrundlage, auf welche die Steuersätze angewendet werden, überdurchschnittlich groß ist. Deshalb muß dort ein Steueraufschlag ggf. vergleichsweise kleiner ausfallen, um das gleiche Steuermehraufkommen wie eine finanzschwache Gebietskörperschaft (mit kleinerer Bemessungsgrundlage) zu erzielen.

- Umgekehrt können bei unterdurchschnittlicher Steueranspannung Verzerrungen zugunsten der finanzschwachen Gebietskörperschaften entstehen, wenn die Wirkung einer Steuersenkung z.T. durch einen Ausgleich der unterdurchschnittlichen Steuerkraft kompensiert wird.

Bei ausschließlich vertikalen Zuweisungen mit horizontaler Ausgleichswirkung können diese Effekte nur in abgeschwächter Form auftreten, weil die finanzstarken Länder dann keine Ausgleichsbeiträge leisten müssen, die nach der durchschnittlichen Steueranspannung bemessen sind. In den o.g. Praxisbeispielen wird denn auch regelmäßig ein solcher vertikaler Finanzausgleich vorgenommen.

Steuerautonomie darf zudem niemals isoliert betrachtet werden. Autonomie auf der Einnahmenseite setzt Autonomie bzgl. der Aufgaben und Ausgaben einer Gebietskörperschaft voraus. Werden einheitliche Regelungen nachgeordneter Aufgabenbereiche beibehalten, müssen bundes- bzw. landesgesetzlich veranlaßte Ausgabenlasten, die sich der Höhe nach regional bzw. lokal unterschiedlich auswirken (wie z.B. die Sozialhilfeleistungen), im Rahmen eines horizontal wirkenden Lastenausgleiches kompensiert werden, um die Teilnahmebedingungen im Steuerwettbewerb nicht zu verzerren. Mehr als heute bereits wäre somit eine ökonomisch sachgerechte Bestimmung des tatsächlichen Finanzbedarfs einer Gebietskörperschaft unumgänglich.

3.3.6.11 Zwischenergebnis

Die deutsche Finanzverfassung erlaubt eine fast vollständige Zentralisierung der Besteuerungsrechte und läßt somit für Steuerautonomie der Länder keinen Raum, wenn der Bund seine konkurrierende Gesetzgebungskompetenz ausnutzt. Nur auf kommunaler Ebene bestehen mit dem Hebesatzrecht hinsichtlich der Realsteuern und dem Steuerfindungsrecht autonome Besteuerungskompetenzen. Die Gemeinden sind damit die einzigen subnationalen Gebietskörperschaften, welche die Höhe ihres Steueraufkommens zumindest teilweise eigenständig beeinflussen können.

Wesentlich besser stellt sich die Ausstattung von Ländern und Gemeinden mit Ertragskompetenzen dar: Durch die Existenz der Gemeinschaftsteuern und das Institut des Steuerverbundes sind sie an den wichtigsten Steuerquellen beteiligt.

Die Zentralisierung der Steuergesetzgebung auf der Bundesebene macht das deutsche Steuersystem für die Zensiten unübersichtlich. Durch das Zusammenwirken von Bundestag und Bundesrat ist nicht erkennbar, wer genau für welche steuerpolitische Entscheidung verantwortlich ist. Ein Steuer-Ausgaben-Mechanismus kann unter diesen Bedingungen nicht einmal auf der Bundesebene funktionieren.

Die vertikale Zuordnung der Steuerquellen ist aus Sicht der Anforderungen an ein 'rationales' föderatives Steuersystem anders als die Zuordnung der autonomen Besteuerungsrechte grundsätzlich nicht zu beanstanden. Problematisch ist aber die regional sehr ungleichmäßige Verteilung der Steuerkraft sowohl im Hinblick auf die Einzelsteuern als auch auf das gesamte Besteuerungspotential. Zwar erfolgt ein Ausgleich durch Umsatzsteuerverteilung, Länderfinanzausgleich und Bundesergänzungszuweisungen zugunsten der finanzschwachen Länder, wegen des Ausgleichstarifs (vor allem durch die nur hälftige Einbeziehung der kommunalen Finanzkraft) bleiben jedoch nicht unerhebliche Finanzkraftunterschiede bestehen, die durch regional verschieden hohe Ausgabenlasten aufgrund bundeseinheitlicher Regelungen, welche i.d.R. finanzschwache Gebietskörperschaften übermäßig belasten, noch verstärkt werden.

Durch das weitestgehend bundeseinheitlich normierte Steuerrecht kann Steuerwettbewerb nur auf kommunaler Ebene stattfinden. Dessen Auswirkungen sind bezüglich der Gewerbesteuer feststellbar, allerdings vornehmlich kleinräumig und somit eher intraregional. Die interkommunale Konkurrenz scheint ferner vor allem Gemeinden vergleichbarer Größe und Funktion zu erreichen, da zwischen den einzelnen Gemeindegrößenklassen erhebliche Hebesatzdifferenzen bestehen.

Der deutsche Finanzausgleich ist primär auf den Ausgleich unterschiedlicher Finanzkraft ausgelegt und berücksichtigt besondere Bedarfserwägungen nur untergeordnet. Bestünde Steuerwettbewerb auf der Länderebene, müßte die Konzeption des Finanzausgleichssystems verändert werden, weil 'faire' Wettbewerbsbedingungen unter den aktuellen Voraussetzungen nicht gegeben wären.

3.4 Kanada

3.4.1 Die föderative Verteilung der Besteuerungskompetenzen in der Verfassung

In Kanada sind Bund und Provinzen auf der Grundlage von Sec. 91, 92, 92A Constitution Act, 1867 parallel für die *Steuergesetzgebung* zuständig, da in der Regel beide Staatsebenen gleichzeitig auf dieselben Steuerquellen zugreifen können.[1] Damit besteht ein fast uneingeschränktes Trennsystem: Der Bund verfügt über eine umfassende Kompetenz zur Steuergesetzgebung: Er kann auf jede beliebige Art und Weise Steuern erheben und jede Steuerquelle ungehindert ausschöpfen.[2]

Die Provinzen[3] haben laut Verfassung das Recht zur *direkten* Besteuerung, soweit die Einnahmen der Erfüllung eigener Aufgaben dienen.[4] Der Begriff 'Direct Taxation' wird sehr weit verstanden und umfaßt alle Steuern, die von derjenigen Person verlangt werden, welche die Steuerbelastung auch tatsächlich tragen soll.[5] Direkte Steuern sind somit auch die (Einzelhandels-) Umsatz- sowie die Verbrauchsteuern. Bei der Sales Tax gilt der Käufer als Steuerpflichtiger, der Verkäufer fungiert hingegen als bloßer Steuereintreiber.[6] Die 1982 in das Constitution Act, 1867 eingefügte Sec. 92a gibt den Provinzen in Abs. 4 die Kompetenz zur (indirekten) Besteuerung natürlicher Ressourcen und der Stromerzeugung, auch wenn die Ressourcen bzw. die Energie Gegenstand des innerstaatlichen Handels sind.[7]

---

[1] Vgl. *Advisory Commission on Intergovernmental Relations* (Hrsg.): Studies in Comparative Federalism: Australia, Canada the United States and West Germany; Washington 1981, S. 40; *Robin W. Boadway/Paul A. R. Hobson*: Intergovernmental Fiscal Relations in Canada; Toronto 1993, S. 35ff.; *OECD* (Hrsg.): OECD Economic Surveys 1996-1997: Canada; Paris 1997, S. 79.

[2] Sec. 91 Constitution Act, 1867 lautet: "[...] the exclusive Legislative Authority of the Parliament of Canada extends to all Matters coming within the Classes of Subjects next hereinafter enumerated; that is to say [...] 3. The raising of Money by any Mode or System of Taxation. [...]."

[3] Die Territorien haben grundsätzlich die gleichen Besteuerungskompetenzen wie die Provinzen, sie benötigen für die Erhebung von Steuern aber die Zustimmung des Bundes. Vgl. *Ingo Müssener*: Kanada; in: Annemarie Mennel/Jutta Förster (Hrsg.): Steuern in Europa, Amerika und Asien; Herne u.a. 1980 (37. Ergänzungslieferung, Stand April 1999), Rdnr. 10.

[4] Sec. 92 Constitution Act, 1867 lautet: "In each Province the Legislature may exclusively make laws in relation to Matters coming within the Classes of Subjects next hereinafter enumerated; that is to say [...] 2. Direct Taxation within the Province in order to the raising of a Revenue for Provincial Purposes. [...]."

[5] Vgl. *Russel Krelove/Janet G. Stotsky/Charles L. Vehorn*, S. 205.

[6] Vgl. *Ingo Müssener*, Rdnr. 420.

[7] Sec. 92A (4) Constitution Act, 1867 lautet: "In each province the legislature may make laws in relation to the raising of money by any mode or system of taxation in respect of (a) non-renewable natural resources and forestry resources in the province and the primary production therefrom, and (b) sites and facilities in the province for the generation of electrical energy and the production therefrom, whether or not such production is exportes in whole or in part from the province [...]."

Das Problem der gleichzeitigen Ausschöpfung einer Steuerquelle durch zwei Staatsebenen wird zum Teil im Wege der Koordinierung gelöst, teilweise erheben Bund und Provinzen konkurrierende Steuern. Wegen der schwierigen und unübersichtlichen Rechtslage handeln Bund und Provinzen von Zeit zu Zeit Abkommen über die (Neu-) Verteilung von Ertragsanteilen an Steuerquellen und ggf. erforderliche vertikale Ausgleichszahlungen aus.[8]

Die *Ertragshoheit* einer Steuer folgt konsequent dem Gedanken des Trennsystems: Die Erträge aus einer Steuer fließen in voller Höhe derjenigen Körperschaft zu, die für ihre Erhebung verantwortlich ist.[9] Ähnliches gilt hinsichtlich der *Verwaltungskompetenz*: Grundsätzlich ist jede Gebietskörperschaft für die Verwaltung ihrer Steuern selbst zuständig. Allerdings findet sich in Kanada eine Besonderheit: Aus Gründen der Steuerharmonisierung hat der Bund mit vielen Provinzen besondere Abkommen für die Steueradministration getroffen und verwaltet einige Steuerarten für die betreffenden Provinzen mit (zu den sog. 'Tax Collection Agreements' s.u.).[10]

3.4.2 Die historische Entwicklung des föderativen Steuersystems

Bei Gründung der kanadischen Föderation im Jahr 1867 existierten im wesentlichen drei staatliche Einnahmequellen: Zölle (Customs Duties), Verbrauchsteuern auf Alkohol und Tabak (Excises) und die Grundsteuer (Property Tax).[11] In den ersten Jahrzehnten verfügte der Bund, der die Zölle und Verbrauchsteuern erhob, über die wichtigsten Finanzierungsquellen. Die Provinzen blieben auf die Property Tax beschränkt und hatten infolgedessen keine hinreichende, dem Aufgabenbestand angemessene Finanzausstattung.[12] Infolgedessen gewährte der Bund den Provinzen Zuweisungen, die alsbald mehr als die Hälfte ihrer Einnahmen ausmachten, um den Verlust ihrer ehemaligen Einnahmequellen auszugleichen.[13] Wachsende Ausgabenbedarfe bewirkten, daß um die Jahrhundertwende einige Provinzen Steuern auf private Einkommen (Personal Income Tax) und die von Körperschaften (Corporate Income Tax) einführten.[14]

---

[8] Vgl. *Ingo Müssener*, Rdnr. 6.
[9] Eine Ausnahme bildete bislang nur das 'Tax-Sharing'-System zwischen 1957 und 1961 (s.u.).
[10] Vgl. *Robin W. Boadway/Paul A. R. Hobson*, S. 48ff.
[11] Vgl. *Robin W. Boadway/Paul A. R. Hobson*, S. 4; *Denis W. James:* Federal and State ..., S. 21.
[12] Vgl. *Kenneth Wiltshire*, S. 181ff.
[13] Vgl. *Robin W. Boadway/Paul A. R. Hobson*, S. 36.
[14] Siehe *Kenneth Wiltshire*, S. 189 und *Denis W. James:* Federal and State ..., S. 22.

Während des Ersten Weltkrieges stieg der staatliche Finanzbedarf erheblich an, und daher begann der Bund 1917, eine eigene Einkommen- und Körperschaftsteuer zu erheben.[15] Ferner führte er eine allgemeine Umsatzsteuer mit einem Steuersatz von 1% ein, die ab 1924 als eine vom Produzenten erhobene Umsatzsteuer (Manufactures Sales Tax) mit einem Steuersatz von 6% ausgestaltet war. Die Umsatzsteuer blieb in dieser Form bis 1991 bestehen, als sie in eine Mehrwertsteuer vom Typ VAT (Value Added Tax) umgewandelt wurde.[16]

In den 30er Jahren erweiterten die Provinzen unter dem Druck zusätzlicher Ausgabenlasten erneut ihre Finanzierungsbasis und kreierten neue Formen der Besteuerung wie die Einzelhandelsumsatzsteuer. Bei Kriegsausbruch wurden Individual- und Körperschaftseinkommen in sieben bzw. neun Provinzen besteuert.[17] Die Provinzen konkurrierten ferner mit dem Bund um die Besteuerung von Alkohol und Tabak, indem sie ab 1921 Finanzmonopole auf diese Güter errichteten, den Verkauf in eigenen Agenturen vornahmen und so an ihrem Konsum finanziell partizipieren konnten. Darüber hinaus erhoben die meisten Provinzen eine zusätzliche Brau- und Brennsteuer, zum Teil auch eine Schanksteuer für alkoholische Getränke.[18] Mit der aufkommenden Motorisierung begannen die Provinzen außerdem, Gebühren bzw. Steuern auf den Betrieb von Kraftfahrzeugen und auf Mineralöl (1922) einzufordern.[19]

Vor dem Zweiten Weltkrieg erhoben mithin sowohl der Bund als auch die Provinzen jeweils eigene Steuern auf Einkommen mit unterschiedlichen Bemessungsgrundlagen und Tarifverläufen. Im Krieg wurde zwischen Bund und Gliedstaaten (in 'Wartime Tax Agreements') vereinbart, daß die Einkommensbesteuerung zur Finanzierung des 2. Weltkrieges für einen begrenzten Zeitraum zentral durch den Bund erfolgen soll.[20] Ab 1942 sind die (private) Einkommensteuer (Personal Income Tax) sowie die Körperschaftsteuer (Corporate Income Tax) auf den Bund übergegangen, um eine effektivere Besteuerung des Einkommens zu ermöglichen. Der Bund pachtete gleichsam diese Steuerquelle von den Provinzen, diese erhielten im Gegenzug vom Bund Ertragsanteile am Steueraufkommen oder Zuweisungen, basierend auf unterschiedlichen Berechnungsgrundlagen ('Tax Rentals').[21]

---

15 Vgl. *Kenneth Wiltshire*, S. 183, 189.
16 Vgl. *Denis W. James:* Federal and State ..., S. 22.
17 Vgl. *Denis W. James:* Federal and State ..., S. 22; *J. Harvey Perry:* Staatshaushalt und Finanzsystem Kanadas; in: Handbuch der Finanzwissenschaft, Band 3; 2. Aufl., S. 476 (478); *Kenneth Wiltshire*, S. 190.
18 Vgl. *J. Harvey Perry*, S. 484f.
19 Vgl. *Denis W. James:* Federal and State ..., S. 22; *Kenneth Wiltshire*, S. 189.
20 Vgl. *J. Harvey Perry*, S. 478.
21 Vgl. *Thomas J. Courchene*: Equalization Payments: Past, Present, and Future; Ottawa 1984, S. 35f.; *John G. Head*: Intergovernmental ..., S. 200.

Nach Kriegsende wurde die zentrale Besteuerung des Einkommens durch den Bund zunächst aufrechterhalten. Dieser vereinbarte mit den Provinzen regelmäßig Steuerpachtabkommen (sog. 'Tax Rental Agreements') mit Geltung für die 5-Jahres-Perioden ab 1947 und 1952.[22] Ab 1954 erhob Quebec als erste Provinz wieder eine eigene Einkommensteuer in Gestalt eines 15%igen Zuschlags zur Bundeseinkommensteuer und eine Körperschaftsteuer, beide konnten (zum Teil) auf die Bundessteuer angerechnet werden.[23]

1957 wurde das 'Tax-Sharing'-System eingeführt: Die Bundesregierung überwies den Provinzen nicht mehr nach bestimmten Schlüsseln errechnete Zuweisungen, sondern feste Ertragsanteile (10% des Aufkommens aus der Einkommensteuer, 9% der Körperschaftsteuer und die Hälfte der Erbschaftsteuer).[24]

Ende der 50er Jahre verlangten die Provinzen größere finanzielle Autonomie. Dieser Zeitraum war geprägt von einer erheblichen Steigerung der vertikalen Zuweisungen des Bundes, die jedoch noch hinter dem Zuwachs des Ausgabenumfangs der Provinzen und Kommunen zurückblieb. Gleichzeitig wurden der Bundesregierung zunehmend die politischen Kosten bewußt, die mit der Besteuerung des Einkommens für die Ausgabenbedarfe der Provinzen in beträchtlicher Höhe verbunden sind.[25]

Deshalb wurde 1962 den Provinzen die politische Verantwortlichkeit für die Erhebung ihres eigenen Anteils an der Einkommensbesteuerung übertragen; sie erhielten die volle Kompetenz für die Besteuerung des Einkommens zurück. Der Bund senkte parallel die Belastung durch seine Einkommensteuer um zunächst 16% (bis 1966 auf 24% ansteigend) sowie seine Körperschaftsteuer um 9% und gewährte den Provinzen so 'Tax Room', den sie seitdem autonom ausschöpfen können.[26] Mit diesen Maßnahmen endete die Phase starker Zentralisierung des föderalen Steuersystems und begann ein langer Dezentralisierungsprozeß, der bis in die 90er Jahre andauerte.[27]

---

[22] Vgl. *J. Harvey Perry*, S. 478.
[23] Vgl. *Denis W. James:* Federal and State ..., S. 22; *J. Harvey Perry*, S. 484.
[24] Vgl. *Robin W. Boadway/Paul A. R. Hobson*, S. 38; *Wayne R. Thirsk:* Tax Assignment and Revenue Sharing in Canada; in: Charles E. McLure (Hrsg.): Tax Assignment, S. 234 (238).
[25] Vgl. *John G. Head:* Intergovernmental ..., S. 202.
[26] Vgl. *John G. Head:* Intergovernmental ..., S. 202f.; *Paul A. R. Hobson/France St-Hilaire:* The Evolution of Federal-Provincial Fiscal Relations: Putting Humpty Togehter Again; in: Harvey Lazar (Hrsg.): Canada, S. 159 (162).
[27] Vgl. *Harvey Lazar*, S. 4, 25.

Um eine Zersplitterung des Steuerrechts zu verhindern und einige Vorteile der zentralen Besteuerung beizubehalten, schlug die Bundesregierung eine weitgehende Harmonisierung der Einkommen- und Körperschaftsteuern vor: Mit den Tax Collection Agreements (TCAs)[28] bot sie den Provinzen eine kostenlose Verwaltung ihrer entsprechenden Steuern unter der Bedingung an, daß die jeweiligen Steuergesetze denen des Bundes angepaßt und die Einkommensteuern der Provinzen als ein bestimmter Prozentsatz der Bundessteuer ausgestaltet werden.[29] Die Bestimmung der Bemessungsgrundlagen sowie der Tarifstruktur der Einkommensteuer verblieb mithin beim Bund, während die Höhe der Steuersätze beider Steuern sowie die Tarifstruktur der Körperschaftsteuer von den Provinzen variiert und ihrem Ausgabenbedarf bzw. ihren steuerpolitischen Vorstellungen angepaßt werden kann.[30]

Die TCAs setzen folglich einen Rahmen für die Steuerpolitik, der sowohl den vor allem aus Sicht des Bundes bestehenden vertikalen und horizontalen Harmonisierungsbedarf als auch die Unabhängigkeit der Provinzen zu wahren versucht, und bilden zugleich die Grundlage für eine einheitliche Steuerverwaltung.[31] Mit dieser Kompromißlösung wurde zwar die Einheitlichkeit der Einkommensbesteuerung teilweise aufgegeben, der Verwaltungs- und Entrichtungsaufwand aber gering gehalten und die Steuerautonomie der Gliedstaaten ein Stück weit gewahrt. Die subnationale Steuerautonomie wird durch die bisherige Konzeption der TCAs vor allem dadurch eingeschränkt, daß sich Korrekturen des Bundes an Bemessungsgrundlage oder Steuertarif unmittelbar auf die Steuererträge der Provinzen auswirken, weil diese insoweit auf die steuerrechtlichen Regelungen des Bundes zurückgreifen. Die Höhe ihrer Einnahmen kann daher von der Bundespolitik erheblich beeinflußt werden.[32]

Den Tax Collection Agreements stimmten alle Provinzen und Territorien mit Ausnahme Quebecs hinsichtlich der Einkommensteuer bzw. Quebecs und Ontarios bzgl. der Körperschaftsteuer zu.[33] Diese beiden Provinzen führten separate Steuern ein, deren Struktur jedoch

---

28 Vgl. *Robin W. Boadway/Paul A. R. Hobson*, S. 48ff.; *OECD* (Hrsg.): Canada 1996-1997, S. 79, 122; *Munir A. Sheikh/Michel Carreau*: A Federal Perspective on the Role and Operation of the Tax Collection Agreeements; abgedruckt in: Department of Finance Canada/Canada Customs and Revenue Agency (Hrsg.): Federal Administration of Provincial Taxes: New Directions; Ottawa 2000, S. 9ff.

29 Vgl. *John G. Head*: Intergovernmental ..., S. 202; *Theo Schiller*: Sozialpolitik in Kanada in den 80er Jahren; Baden-Baden 1994, S. 79; *Munir A. Sheikh/Michel Carreau*, S. 17.

30 Vgl. *Robin W. Boadway*: Federal-Provincial Transfers in Canada: A Critical Review of the Existing Arrangements; in: Mark Krasnick (Hrsg.): Fiscal Federalism; Toronto, Buffalo, London 1986, S. 1 (33f.); *Munir A. Sheikh/Michel Carreau*, S. 17f.

31 Vgl. *Harvey Lazar*, S. 9; *Munir A. Sheikh/Michel Carreau*, S. 15.

32 Vgl. *Harvey Lazar*, S. 21.

33 Vgl. *Wayne R. Thirsk*, S. 238.

den im Rahmen der TCAs harmonisierten Steuern von Bund und Provinzen sehr ähnelt. Inzwischen hat auch Alberta eine eigene Körperschaftsteuer.[34]

Mit Ablauf des Jahres 1971 verließ der Bund das Feld der Erbschaftbesteuerung, um den Provinzen eine stärkere Nutzung dieser Steuerquelle zu ermöglichen. Allerdings existierte nur in wenigen Provinzen die unpopuläre Erbschaftsteuer, und nach kurzer Zeit brach das subnationale Erbschaftsteuerssystem unter dem Druck des Steuerwettbewerbs zusammen; zuletzt erhoben nur noch Quebec (bis 1985) und Ontario (bis 1979) eine Erbschaft- und Schenkungsteuer.[35]

Die Tax Collection Agreements wurden im Laufe der Zeit erheblich verändert, da auf Seiten der Provinzen ein Bedarf nach weitergehenden Möglichkeiten zur autonomen Einführung sozialpolitischer Instrumente im Steuerrecht bestand. Die Bundesregierung hat sich 1981 bereit erklärt, gegen Kostenerstattung auch Abweichungen im Steuertarif zu verwalten, soweit diese bestimmten Kriterien genügen.[36] Seither können die Provinzen z.B. Steuererleichterungen für Bezieher geringer Einkommen, besondere Zuschläge für Bezieher hoher Einkommen oder Abschreibungsmöglichkeiten zur Stimulierung der konjunkturellen Situation einführen. Voraussetzung ist, daß die Provinzen die steuerliche Bemessungsgrundlage, die fundamentalen Tarifstrukturen des Bundes, eine gemeinsame räumliche Abgrenzung der Steuerpflicht bzw. regionale Zuordnung des zu besteuernden Einkommens und weitere gemeinsame Definitionen in bezug auf bestimmte steuerliche Tatbestände akzeptieren.[37] Die TCAs gingen aber weiterhin davon aus, daß prinzipiell ein 'Tax-on-Tax'- bzw. ein Zuschlagsystem auf der Basis der Bundessteuer zur Anwendung gelangt (zur Neuordnung der TCAs im Jahr 1999 s.u.).

Auf Bundesebene wurde im Jahr 1991 eine allgemeine Mehrwertsteuer eingeführt. Nur die Provinz Quebec hat daraufhin ihre Sales Tax der Struktur der Bundessteuer angepaßt und verwaltet die gemeinsame 'Quebec Sales Tax' (QST) im Namen des Bundes.[38] Weil die doppelte Besteuerung des Einzelhandelsumsatzes durch Bund und Provinzen vermeidbare

---

[34] Vgl. *Robin W. Boadway*, S. 35. Damit haben drei bevölkerungsstarke Provinzen die TCAs nicht unterzeichnet bzw. inzwischen (teilweise) aufgekündigt. Infolgedessen wurden im Jahr 1995 nur noch 21% der Körperschaftsteuer-Bemessungsgrundlage von den TCAs erfaßt (gegenüber immerhin 79% der Einkommensteuer-Bemessungsgrundlage). Vgl. dazu *Department of Finance Canada/Canada Customs and Revenue Agency* (Hrsg.): Federal Administration of Provincial Taxes: New Directions; Ottawa 2000, S. 51.
[35] Vgl. *Karin B. Treff/David B. Perry*: Finances of the Nation 1999; Toronto 2000, S. 3:22.
[36] Vgl. *Munir A. Sheikh/Michel Carreau*, S. 18.
[37] Vgl. *Munir A. Sheikh/Michel Carreau*, S. 19.
[38] Vgl. *Douglas H. Clark*: The Fiscal Transfer System in Canada; in: Ehtisham Ahmad (Hrsg.): Financing Decentralized Expenditures: An International Comparison of Grants; Cheltenham, Brookfield 1997, S. 70 (96f.); *Russel Krelove/Janet G. Stotsky/Charles L. Vehorn*, S. 210.

Erhebungs- und Entrichtungskosten mit sich bringt, hat die Bundesregierung vorgeschlagen, die in weiteren acht Provinzen erhobenen Sales Taxes mit der GST des Bundes zu harmonisieren, und 1995 dementsprechend mit drei Atlantik-Provinzen sog. 'Comprehensive Integrated Tax Coordination Agreements' (CITCAs) abgeschlossen. Seitdem verwaltet der Bund dort ein gemeinsames Mehrwertsteuersystem unter der Bezeichnung 'Harmonized Sales Tax' (HST).[39] Die HST-Vereinbarungen unterscheiden sich freilich von dem Quebec Sales Tax-Harmonisierungsabkommen, letzteres bietet der Provinzregierung größere Flexibilität und die Zuständigkeit für die Verwaltung des Mehrwertsteuersystems.[40]

3.4.3 Die Finanzausstattung der verschiedenen föderalen Ebenen

Das kanadische Steuersystem ist dadurch gekennzeichnet, daß viele Steuern sowohl auf der Ebene des Bundes als auch der Provinzen (in einigen Provinzen zum Teil sogar zusätzlich von den Gemeinden) erhoben werden. Dementsprechend existiert insgesamt eine Vielzahl von Einzelsteuern beider Staatsebenen, die auf die zahlreichen gemeinsamen Steuerquellen von Bund und Provinzen zugreifen. Die Zölle sind die einzige Abgabenquelle, die allein dem Bund zusteht. Alle weiteren Steuern und Abgaben werden zumindest auch von den Provinzen oder ausschließlich von diesen erhoben. Hinzu kommt der teilweise ebenfalls parallel erfolgende Zugriff durch kommunale Steuern:

- Steuerquellen, die Bund und Provinzen gemeinsam ausschöpfen, sind das Einkommen, der Einzelhandelsumsatz und der Verbrauch bestimmter Güter. Das Einkommen Privater wird von beiden föderalen Ebenen mit der Personal Income Tax und das der Unternehmen mit der Corporate Income Tax besteuert. Eine weitere Unternehmenssteuer beider Ebenen ist die Capital Tax. Neben der allgemeinen Umsatzsteuer (GST) des Bundes erheben die Provinzen eine Sales Tax auf den Einzelhandelsumsatz. Bund und Provinzen erheben ferner Steuern auf den Verbrauch von Tabak (Tobacco Tax) und Kraftstoffen (Gasoline and Diesel Fuel Taxes).

- Ausschließlich der Besteuerung durch die Provinzen unterliegen die von Unternehmen an ihre Arbeitnehmer ausbezahlte Lohnsumme (Payroll Tax) und die Versicherungsprämien (Insurance Tax). Zu den weiteren Einnahmequellen der Provinzen zählen die Erträge ihrer Monopolgesellschaften für Branntwein und Glücksspiel (Liquor Control und Lottery), die

---

[39] Vgl. *Russel Krelove/Janet G. Stotsky/Charles L. Vehorn*, S. 210; *OECD* (Hrsg.): Canada 1996-1997, S. 79f., 123.

[40] Vgl. *Richard M. Bird/Jack Mintz*: Tax Assignment in Canada: A Modest Proposal; in: Harvey Lazar (Hrsg.): Canada, S. 263 (276).

Gebühren für den Betrieb von Kraftfahrzeugen (Vehicles Licences Revenues) sowie die Abgaben auf Bergbautätigkeiten und die Nutzung natürlicher Ressourcen (Natural Resources Revenues).

- Die wichtigste Steuerquelle der Kommunen, auf die allerdings z.T. auch die Provinzregierungen zugreifen, ist die Property Tax (Grundvermögensteuer).

Übersicht 14: Die wichtigsten Steuerarten von Bund, Provinzen und Kommunen

Steuerart	Bund	Provinzen	Kommunen
Zölle (Tariffs)	+		
Einkommensteuer (Personal Income Tax)	+	+ (seit 1962)	
Körperschaftsteuer (Corporate Income Tax)	+	+ (seit 1962)	
Kapitalsteuer (Capital Tax)	+	+	
Lohnsummensteuer (Payroll Tax)		+	
Erbschaft- und Schenkungsteuer (Sucession Duty/Gift Tax)	bis 1971	bis max. 1985	
Allgemeine Umsatzsteuer (Goods and Services Tax(GST))	seit 1991		
Einzelhandelumsatzsteuer (Retail Sales Tax)		+	
Versicherungsteuer (Insurance Premium Tax)		+	+
Tabaksteuer (Tobacco Tax)		+	+
Mineralölsteuer (Gasoline Tax)		+	+	teilweise
Alkoholsteuer (Alcohol Tax)		+	+
Grunderwerbsteuer (Land Transfer Tax)		+	teilweise
Vergnügungsteuer (Amusement Tax)		teilweise	+
Grundvermögensteuer (Real Property Tax)		teilweise	+
Betriebsteuer (Business Property Tax)		teilweise	+

Quelle: Karin B. Treff/David B. Perry: Finances of the Nation 1999; eigene Darstellung.

Das Gesamtsteueraufkommen verteilt sich vor Durchführung des vertikalen Finanzausgleichs zu rund 49% auf den Bund, zu 41% auf die Provinzen und zu 10% auf die Kommunen. Das originäre Steueraufkommen der subnationalen Gebietskörperschaften hat somit einen Anteil von knapp mehr als 50% an den gesamten Steuereinnahmen des Staatssektors in Kanada.

Abbildung 70: Die föderative Verteilung des Steueraufkommens 1998 (Anteile in %)

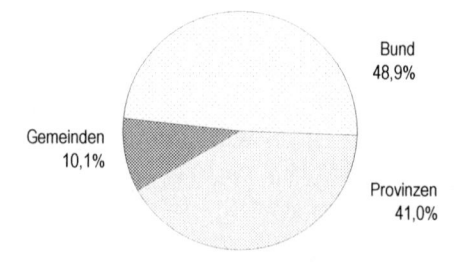

Bund 48,9%
Gemeinden 10,1%
Provinzen 41,0%

Quelle der Daten: Department of Finance Canada (Hrsg.): Fiscal Reference Tables; eigene Berechnungen.

Tabelle 32: Struktur der wichtigsten eigenen Einnahmequellen von Bund sowie Provinzen und Gemeinden 1998-99 (in % der Gesamteinnahmen)

Einnahmearten	Bund	Provinzen und Gemeinden	Gesamter Staatssektor
Steuern vom Einkommen	**61,6%**	**25,4%**	**40,42%**
davon vom Einkommen natürlicher Personen	46,3%	20,3%	31,10%
davon vom Einkommen von Körperschaften	13,5%	5,1%	8,57%
Steuern auf Grundvermögen u.ä.	-	**16,7%**	**9,74%**
Umsatz- und Verbrauchsteuern	**20,6%**	**17,0%**	**18,47%**
davon (allg. und Einzelhandels-) Umsatzsteuer	13,6%	9,6%	11,28%
davon Steuern auf Mineralöl	2,8%	2,9%	2,84%
davon Steuern auf Alkohol und Tabak	1,9%	1,2%	1,47%
davon Zölle	1,7%	-	0,70%
Abgaben zur Finanzierung sozialer Leistungen	**11,5%**	**3,9%**	**7,05%**
Sonstige Steuern	**0,6%**	**5,8%**	**3,64%**
Wirtschaftliche Betätigung	**2,7%**	**9,1%**	**6,43%**
Verkauf von Leistungen etc.	**2,2%**	**10,1%**	**6,81%**
Sonstige Einnahmen	**0,8%**	**12,2%**	**7,44%**

Quelle der Daten: Karin B. Treff/David B. Perry: Finances of the Nation 2000, S. A:2.; eigene Berechnungen.

3.4.3.1 Die Einnahmensituation des Bundes (Federal Government)

Die Bundesebene konnte im Haushaltsjahr 1998-99[41] Einnahmen in Höhe von 155,7 Mrd. $ verzeichnen, denen Ausgaben in Höhe von 152,8 Mrd. $ gegenüberstanden. Der Bund deckt 95% seiner Einnahmen mit Steuern und steuerähnlichen Abgaben (einschließlich Sozialabgaben). Die wichtigste Steuerquelle ist das Einkommen mit einem Anteil von insgesamt mehr als 62%. Die übrigen Steuereinnahmen entstammen zum Großteil der Besteuerung des Umsatzes (Goods and Services Tax) sowie des Verbrauchs (einschließlich der Zölle) mit einem Anteil von 13% bzw. 7% an den Gesamteinnahmen. Mit den Sozialabgaben werden vor allem die Sozialversicherungen wie z.B. der Canada Pension Plan (CPP) des Bundes finanziert.

Abbildung 71: Die Einnahmequellen des Bundes 1998-99 (Anteile in %)

- Körperschaftsteuer 13,9%
- Umsatz- und Verbrauchsteuern 20,2%
- Sonstige Steuern 1,9%
- Sonstige Einnahmen 5,1%
- Einkommensteuer 46,6%
- Sozialabgaben 12,4%

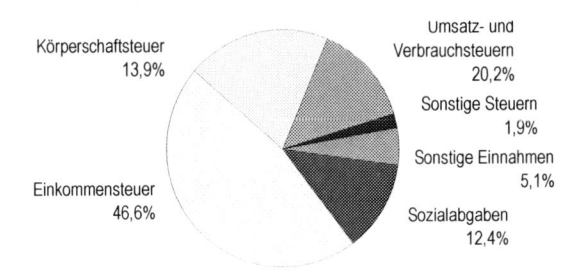

Quelle der Daten: Department of Finance Canada (Hrsg.): Fiscal Reference Tables; eigene Berechnungen.

---

[41] Das Haushaltsjahr läuft jeweils bis Ende März eines Jahres.

3.4.3.2 Die Finanzausstattung der Provinzen und Territorien

In diesem Abschnitt soll zunächst die Einnahmensituation der Provinzen und Territorien dargestellt werden. Anschließend wird die Neuordnung der Einkommensbesteuerung der Provinzen ab dem Jahr 2001 beschrieben, welche mit erheblichen Veränderungen der Tax Collection Agreements zwischen Bund und Provinzen verbunden ist.

3.4.3.2.1 Die Einnahmensituation der Gliedstaaten

Die Provinzen und Territorien[42] erzielten im Haushaltsjahr 1998-99 Einnahmen in Höhe von 166,6 Mrd. $. Die Höhe der Ausgaben betrug dagegen 168,2 Mrd. $. Steuern und steuerähnliche Abgaben tragen mit 66,5% zu den Gesamteinnahmen bei. Weitere wichtige Einnahmequellen der Gliedstaaten sind die Zuweisungen des Bundes (ca. 14% der Gesamteinnahmen), die Einnahmen aus wirtschaftlicher Betätigung (10%) sowie Gebühren (8%). Zu den Gebühren ('Fees') zählen auch steuerähnliche Abgaben, die mit dem Betrieb von Kraftfahrzeugen in Verbindung stehen (z.B. für Kraftfahrzeugzulassungen).

Abbildung 72: Die Einnahmequellen der Gliedstaaten 1998 (Anteile in %)

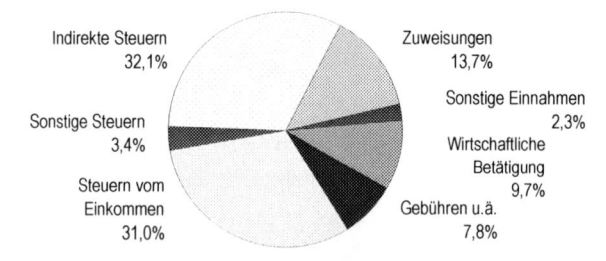

- Indirekte Steuern 32,1%
- Sonstige Steuern 3,4%
- Steuern vom Einkommen 31,0%
- Gebühren u.ä. 7,8%
- Wirtschaftliche Betätigung 9,7%
- Sonstige Einnahmen 2,3%
- Zuweisungen 13,7%

Quelle der Daten: Department of Finance Canada (Hrsg.): Fiscal Reference Tables; eigene Berechnungen.

Die Provinzen können entsprechend ihrer weiten Besteuerungskompetenzen Steuern auf fast alle Steuerobjekte erheben. Fiskalisch bedeutsam sind vor allem die Steuern vom Einkommen (Personal Income Tax und Corporate Income Tax) mit einem Anteil von zusammen 47% am Steueraufkommen, die Einzelhandelsumsatzsteuer (Retail Sales Tax) sowie die Verbrauchsteuern (Consumption Taxes) mit Anteilen von 25% bzw. 10%. Als Sozialabgaben werden u.a. die Payroll Taxes verbucht. Den größten Teil der sonstigen Steuern bilden die Abgaben auf den Abbau bzw. die Gewinnung von Bodenschätzen (Natural Resources Revenues), welche aber nur in wenigen Provinzen eine größere Bedeutung erlangen (vgl. Tabelle 33).

---

[42] Im folgenden wird zumeist auf eine Darstellung der Finanzausstattung der Territorien verzichtet, weil diese wegen ihrer Struktur und geringen Bevölkerungszahl eine Sonderrolle einnehmen.

Unterkapitel 3.4: Kanada

Abbildung 73: Struktur des Steueraufkommens der Provinzen 1998 (Anteile in %)

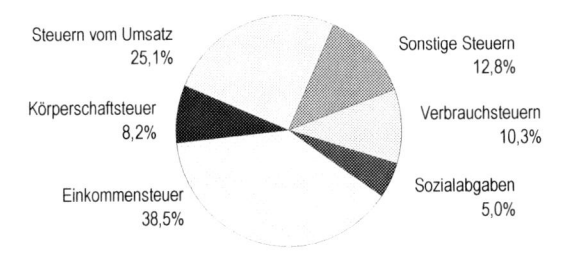

- Steuern vom Umsatz 25,1%
- Körperschaftsteuer 8,2%
- Einkommensteuer 38,5%
- Sonstige Steuern 12,8%
- Verbrauchsteuern 10,3%
- Sozialabgaben 5,0%

Quelle der Daten: Department of Finance Canada (Hrsg.): Fiscal Reference Tables; eigene Berechnungen.

Abbildung 74 veranschaulicht das sehr unterschiedlich hohe Steueraufkommen pro Kopf und die jeweilige Bedeutung der verschiedenen Steuerquellen in den einzelnen Provinzen. Insbesondere die nur wenig bevölkerten Atlantik-Provinzen können nur weit unterdurchschnittliche Steuereinnahmen verzeichnen. Einzig die Sales Taxes erbringen dort ein Aufkommen auf landesweit durchschnittlichem Niveau. Deutlich wird zudem, daß von den Natural Resources Revenues lediglich drei Provinzen stark profitieren können.

Abbildung 74: Das Steueraufkommen der Provinzen 1998-99 (in $ je Einwohner)

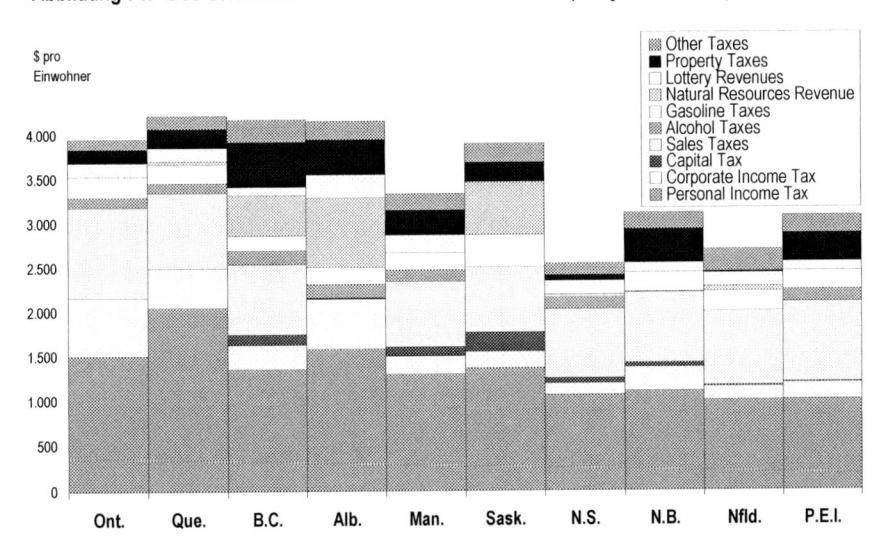

Quelle der Daten: Department of Finance Canada; Statistics Canada (siehe Tab. A3.2 im Anhang); eigene Berechnungen.

Hinsichtlich der Höhe des Aufkommens der Einkommensteuer in Quebec ist zu beachten, daß in dieser Provinz die Einkommensteuer des Bundes abgesenkt ist, um der Provinz ein höheres Besteuerungspotential zu eröffnen (Tax Transfers, s.u.).

Tabelle 33: Das Steueraufkommen der Provinzen 1998-99 (in $ je Einwohner)

	Ont.	Que.	B.C.	Alb.	Man.	Sask.	N.S.	N.B.	Nfld.	P.E.I.	CAN
Personal Income Tax	1.510	2.053	1.357	1.583	1.301	1.364	1.060	1.106	999	1.002	1.580
Corporate Income Tax	654	446	275	564	201	184	128	265	152	186	474
Sales Taxes	1.023	851	803	0	744	750	773	791	838	902	816
Tobacco Taxes	39	67	126	119	97	120	80	57	117	101	73
Alcohol Taxes	117	110	154	159	132	0	138	7	0	139	116
Gasoline Taxes	234	213	163	193	194	359	23	224	223	218	211
Natural Resources Rev.	0	37	458	779	0	597	9	0	55	0	166
Lottery Revenues	155	152	92	264	199	0	154	111	159	106	152
Vehicles Licences	78	89	82	64	56	96	26	93	91	71	79
Property Taxes	150	208	511	394	275	216	60	372	15	315	243
Other Taxes	117	156	257	217	186	216	145	184	248	202	45
Total Taxes	3.960	4.226	4.184	4.164	3.333	3.901	2.553	3.111	2.701	3.081	3.713

Quelle der Daten: Department of Finance Canada; Statistics Canada (siehe Tab. A3.2 im Anhang); eigene Berechnungen.

3.4.3.2.2 Die Neuordnung der Einkommensbesteuerung ab 2001

Die Einkommensbesteuerung der Provinzen erfolgte bislang auf der Basis von Tax Collection Agreements zwischen Bund und Provinzen, die den Provinzen eine kostenlose Steuerverwaltung durch den Bund garantierten, wenn sie ihre Einkommensteuer (Personal Income Tax) als Zuschlag zur Bundessteuer erhoben. Bemessungsgrundlage der subnationalen Steuer war die vom Bund ermittelte Steuerschuld (s.o.). In den vergangenen Jahren suchten einige Provinzen nach Wegen, ihre steuerpolitische Eigenständigkeit im Bereich der Einkommensteuer zu erweitern, um ihren besonderen sozialen und wirtschaftlichen Problemen auch im Steuerrecht Rechnung tragen zu können.[43] Da die Zuständigkeiten zur Steuerverwaltung und -politik eng miteinander verknüpft sind, gerieten die bisherigen Tax Collection Agreements (TCAs) mit dem Bund zunehmend in die Kritik.[44] Eine gemeinsame Arbeitsgruppe von Vertretern der Bundes- und Provinzregierungen erarbeitete Bedingungen und Richtlinien für die künftige Verwaltung der Einkommensteuern der Provinzen durch den Bund.[45] Ziel war es, einen angemessenen Ausgleich zwischen dem Interesse der Bundesregierung an einem landesweit koordinierten und weitgehend harmonisierten Steuersystem und dem Interesse der Provinzen

---

[43] Vgl. *Department of Finance Canada/Canada Customs and Revenue Agency* (Hrsg.): Federal Administration of Provincial Taxes: New Directions; Ottawa 2000, S. 1; *OECD* (Hrsg.): Canada 1996-1997, S. 96. Siehe auch das im Jahr 1997 von fünf Provinzen vorgelegte gemeinsame Positionspapier "Federal Administration of Provincial Taxes", abgedruckt in: *Department of Finance Canada/Canada Customs and Revenue Agency* (Hrsg.), S. 51ff.

[44] Vgl. *Munir A. Sheikh/Michel Carreau*, S. 23.

[45] Siehe *Federal-Provincial Committee on Taxation*: Tax on Income: Report prepared by the Federal-Provincial Committee on Taxation for presentation to Ministers of Finance (1998); in: Department of Finance Canada/Canada Customs and Revenue Agency (Hrsg.), S. 29ff.

an größerer politischer Eigenständigkeit zu finden. Bund und Provinzen haben sich dann 1998 auf eine grundlegend veränderte Ausgestaltung der TCAs verständigt.[46]

Im Rahmen der TCAs besteht nun neben dem 'Tax-on-Tax'-System auch eine 'Tax-on-Income'-Option, die es einer Provinz ermöglicht, ihre Steuersätze direkt auf das besteuerbare Einkommen anzuwenden. Die Wahl zwischen diesen beiden Steuererhebungssystemen steht jedem Gliedstaat frei. Bei einer Entscheidung für die 'Tax-on-Income'-Option bleibt lediglich die Bemessungsgrundlage Gegenstand einheitlicher Regelung, um Doppelbesteuerungen und interregional verzerrende Effekte zu vermeiden.[47] Diejenigen Provinzen, die ein TCA des neuen Typs mit dem Bund eingehen, haben damit einen erheblichen Zuwachs an Gestaltungsfreiheit hinsichtlich der Einkommensteuer hinzugewonnen.[48]

Eine für die Provinzen kostenlose Steuerverwaltung bietet die Bundesregierung künftig aber nur noch für diejenigen steuerrechtlichen Regelungen, welche entsprechenden bundesrechtlichen Vorschriften nachgebildet sind. Steuerpolitische Instrumente, die zwar grundsätzlich mit der Bundeseinkommensteuer harmonisiert sind, aber in irgendeiner Weise von vergleichbaren Elementen abweichen, werden zu Grenzkosten verwaltet. Nur unter Erstattung der Vollkosten werden vom Bund schließlich alle steuerrechtlichen Regelungen der Provinzen vollzogen, die sich nicht in das Harmonisierungsschema einfügen.[49]

Eine weitere Neuerung im kanadischen Fiskalföderalismus ist die Einrichtung eines ständigen Gremiums zur Koordinierung steuerpolitischer Maßnahmen von Bund und Gliedstaaten.[50] Dieses gemeinsame 'Federal-Provincial Committee on Taxation' hat die Aufgabe, alle geplanten Veränderungen in der Steuerpolitik von Bund und Provinzen zu erörtern und auf ihre nationalen bzw. regionalen Konsequenzen hin zu untersuchen. Zudem wird eine einheitliche Bundesfinanzverwaltung (Canada Customs and Revenue Agency (CCRA)) geschaffen.[51]

---

[46] Vgl. *Geoffrey E. Hale*: The Tax on Income and the Growing Decentralization of Canada's Personal Income Tax System; in: Harvey Lazar (Hrsg.): Canada, S. 235 (235ff.).

[47] Bei diesem System können die Provinzen die Anzahl der Progressionsstufen ('Tax Brackets') und die dabei maßgeblichen Steuersätze, einen individuellen Kreis von Steuervergünstigungen bzw. -gutschriften ('Tax Credits') sowie den Umfang von speziellen Zuschlägen, Steuerermäßigungen für Geringverdiener und auszahlbaren Steuergutschriften bestimmen. Vgl. *Federal-Provincial Committee on Taxation*, S. 36ff.; *Munir A. Sheikh/Michel Carreau*, S. 24.

[48] Vgl. *Geoffrey E. Hale*, S. 235ff.; *Harvey Lazar*, S. 26; *Munir A. Sheikh/Michel Carreau*, S. 23ff.

[49] Vgl. *Geoffrey E. Hale*, S. 244. Zu den detaillierten Auswirkungen der neuen TCAs auf die einzelnen Provinzen siehe *Department of Finance Canada/Canada Customs and Revenue Agency* (Hrsg.), S. 57ff. (Application of Framework for Federal Administration of Provincial Taxes von Oktober 1999).

[50] Vgl. *Munir A. Sheikh/Michel Carreau*, S. 27.

[51] Vgl. *Department of Finance Canada/Canada Customs and Revenue Agency* (Hrsg.), S. 2; *Munir A. Sheikh/Michel Carreau*, S. 26f.

Unter Nutzung der hinzu gewonnenen Gestaltungsspielräume im Rahmen der neuen Tax Collection Agreements ersetzen alle Provinzen im Jahr 2001 das bisherige Zuschlagsystem durch eine eigenständige Einkommensteuer (Tax-on-Income).[52] Bemessungsgrundlage ist jeweils das vom Bund definierte zu versteuernde Einkommen. Am weitesten geht die Provinz Alberta, die eine sog. Single-Rate Tax mit einem einheitlichen Steuersatz von 10% einführt.[53] Der Tarif dieser Single-Rate Tax ist so gestaltet, daß - bei spürbarer Absenkung der absoluten Steuerlast - vor allem Geringverdiener (Einkommen von unter 30.000 $) prozentual am stärksten entlastet und mittlere Einkommen verhältnismäßig stärker belastet werden.[54]

3.4.3.3 Die Finanzausstattung der Kommunen (Local Governments)

Die Kommunen besitzen eigene Besteuerungsrechte aufgrund Ermächtigung durch die Provinzen.[55] Steuerberechtigte Körperschaften auf kommunaler Ebene sind die Gemeinden (Municipalities), die Schulbezirke (Local School Authorities oder School Boards) und die Sonderbezirke (Special Purpose Authorities).[56]

Der kommunalen Ebene ist in den meisten Provinzen die Grundvermögensteuer (Property Tax) als ausschließliche Steuerquelle zugewiesen. In der Ausschöpfung dieser Steuerquelle sind die Gemeinden jedoch beschränkt, weil die Bestimmung der Bemessungsgrundlage von den Provinzen vorgenommen wird und ihnen somit allein die Festlegung der - zumeist nach Grundstückstypen differenzierenden - Steuersätze verbleibt. Allerdings sind die Kommunen auch hierbei nicht autonom, weil die Bandbreite eigenständiger Regelungen (z.B. die Differenzierung nach ansässigen oder auswärtigen Steuerpflichtigen) meist gesetzlich limitiert ist. De facto können die Gemeinden Steuern nur in der Höhe erheben, die ihnen von der Provinzregierung zugestanden wird.[57]

---

[52] Vgl. die Übersicht des Nova Scotia Department of Finance über die verschiedenen Tarife der einzelnen Provinzen (http://www.gov.ns.ca/fina/fedprov/taxbultn/TONI2001.htm [Stand: 19.1.2001]). Dazu auch *Geoffrey E. Hale*, S. 246ff.

[53] Vgl. *Alberta Treasury* (Hrsg.): Budget 2000; Edmonton 2000, S. 113ff. sowie http://www.treas.gov.ab.ca/business/tax_rebates/bill18_personal/about_the_tax.html [Stand: 19.1.2001]. Der ursprüngliche Plan sah einen einheitlichen Steuersatz von 11%, der im Laufe des Jahres 2000 auf 10,5% ermäßigt wurde. Am 03.01.2001 wurde der Steuersatz mit Wirkung ab Jahresanfang auf 10% festgesetzt. Siehe dazu die entsprechende Presseerklärung der Alberta Treasury vom 03.01.2001 (http://www.treas.gov.ab.ca/whatsnew/newsrel/2001/n010103.html [Stand: 19.1.2001]).

[54] Vgl. *David B. Perry*: Alberta's Single-Rate Tax; in: Canadian Tax Highlights, Vol. 8 (2000), No. 10, S. 75.

[55] Vgl. *Advisory Commission on Intergovernmental Relations* (Hrsg.): Australia, Canada, the United States and West Germany, S. 40.

[56] Vgl. *Ingo Müssener*, Rdnr. 14.

[57] Vgl. *Richard M Bird/Duan-Jie Chen*: Federal Finance and Fiscal Federalism: The two Worlds of Canadian Public Finance; in: Canadian Public Administrarion, Vol. 41 (1998), S. 51 (55f.).

Die Einnahmen der Local Governments[58] setzen sich zu rund 59% aus Erträgen eigener Einnahmequellen und zu ca. 41% aus Zuweisungen (davon 96% von den Provinzen) zusammen. Die Zuweisungen sind zu rund 90% zweckgebunden.[59] Ein Großteil der eigenen Einnahmen (43%) entstammt kommunalen Steuern vom Grundvermögen (Property Taxes), von denen die als Grundsteuer ausgestaltete Real Property Tax fast das gesamte Aufkommen erbringt.[60] Die sonstigen Gemeindesteuern sind insgesamt fiskalisch unbedeutend (hierbei bestehen aber kleinere regionale Unterschiede).

Die Property Taxes der Gemeinden können auch als Umlageinstrument für die Kosten der üblichen kommunalen Leistungen wie Ver- und -entsorgung, Polizei und Schulen fungieren und erhalten damit einen Gegenleistungscharakter. Sie treten auf diese Weise (zumindest teilweise) an die Stelle spezieller Gebühren der Gemeinden.

Abbildung 75: Die Einnahmequellen der kommunalen Körperschaften (einschließlich School Boards) 1998 (Anteile in %)

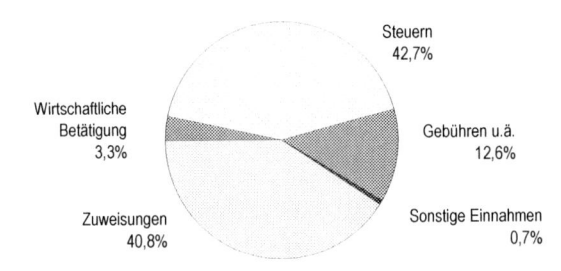

- Steuern 42,7%
- Gebühren u.ä. 12,6%
- Sonstige Einnahmen 0,7%
- Zuweisungen 40,8%
- Wirtschaftliche Betätigung 3,3%

Quelle der Daten: Department of Finance Canada (Hrsg.): Fiscal Reference Tables; eigene Berechnungen.

Die Einnahmen der kommunalen Körperschaften (einschließlich School Boards) erreichten 1998 eine Höhe von rund 75 Mrd. $. Davon entfielen knapp die Hälfte auf die School Boards, die Einnahmen in Höhe von 36 Mrd. $ verzeichnen konnten. Die Ausgaben der Kommunen betrugen im selben Jahr 73 Mrd. $.[61]

Die kommunale Finanzausstattung (ohne School Boards) variiert sehr stark zwischen den einzelnen Provinzen: Während im Jahr 1998 die Gemeinden in Ontario über Einnahmen in Höhe von rund 1.620 $ je Einwohner verfügen konnten, mußten sie sich in Newfoundland mit

---

58 Dazu grundlegend *Richard M. Bird/Duan-Jie Chen*, S. 58ff.; *Richard M. Bird/Naomi Enid Slack*, S. 63ff.; *C. Richard Tindal/Susan Nobes Tindal*, S. 208ff.
59 Vgl. *Karin B. Treff/David B. Perry*: Finances of the Nation 1999, S. 8:13.
60 Vgl. *Russel Krelove/Janet G. Stotsky/Charles L. Vehorn*, S. 211.
61 *Quelle der Daten: Department of Finance Canada* (Hrsg.): Fiscal Reference Tables; *Statistics Canada* (http://www.StatCan.CA/english/Pgdb/State/Government/govt34.htm [Stand: 15.01.2001]).

knapp 41% und auf dem Prince Edward Island mit 25% dieser Summe begnügen. Ähnlich große Divergenzen bestehen in bezug auf die relativen Anteile der einzelnen Einnahmearten: So finanzierten sich etwa die Gemeinden auf dem Prince Edward Island zu 93% und in British Columbia sowie Saskatchewan zu 91% aus eigenen Einnahmequellen, die Kommunen in Newfoundland hingegen nur zu 74% und in Manitoba zu 73%. Eine entsprechend unterschiedliche Bedeutung haben die Zuweisungen (vornehmlich der Provinzen), die überwiegend mit Zweckbindungen versehen sind (die Bundeszuweisungen sind stets zweckgebunden). Die Gewährung von Zuweisungen ist hinsichtlich Umfang und Struktur der Zahlungen regional sehr unterschiedlich, allgemeine (ungebundene) Zuweisungen sind jedoch selten.[62]

Tabelle 34: Die Finanzausstattung der Gemeinden (ohne School Boards) in den verschiedenen Provinzen 1998

	Ont.	Que.	B.C.	Alb.	Man.	Sask.	N.S.	N.B.	Nfld.	P.E.I.	Ø
Einnahmen in $ je Einwohner											
Eigene Einnahmen	1.321	1.086	1.064	1.324	901	838	865	583	485	375	1.145
davon Steuern	933	844	649	653	560	536	681	406	367	245	784
davon Gebühren	316	189	313	452	258	222	153	167	103	115	280
Zuweisungen	302	141	108	164	342	85	100	174	173	29	208
Gesamteinnahmen	1.622	1.227	1.172	1.487	1.243	923	965	757	658	404	1.354
Anteile der Einnahmequellen in %											
Property Taxes	56,4%	68,5%	52,4%	42,6%	43,3%	53,6%	70,4%	53,2%	54,1%	60,2%	56,7%
Sonstige Steuern	1,1%	0,3%	3,0%	1,3%	1,8%	4,5%	0,2%	0,4%	1,7%	0,5%	1,2%
Gebühren	19,5%	15,4%	26,7%	30,4%	20,8%	24,1%	15,9%	22,1%	15,6%	28,4%	20,7%
Einnahmen aus wirtschaftl. Betätigung	3,7%	1,9%	8,2%	13,3%	5,8%	7,5%	2,8%	0,7%	1,7%	2,3%	4,9%
Sonstige Einnahmen	0,6%	2,4%	0,5%	1,3%	0,8%	1,0%	0,4%	0,6%	0,6%	1,6%	1,1%
Eigene Einnahmen gesamt	81,4%	88,5%	90,8%	89,0%	72,5%	90,8%	89,7%	77,0%	73,7%	92,9%	84,6%
Allgem. Zuweisungen	3,6%	1,3%	1,5%	1,4%	6,3%	4,6%	2,6%	13,7%	8,5%	3,2%	2,9%
Zweckzuweisungen	15,0%	10,1%	7,7%	9,6%	21,2%	4,6%	7,8%	9,3%	17,8%	3,9%	12,5%
vom Bund	0,6%	0,2%	1,0%	0,8%	1,1%	0,5%	0,5%	2,2%	4,0%	1,6%	0,7%
von den Provinzen	14,4%	9,9%	6,7%	8,8%	20,1%	4,1%	7,3%	7,1%	13,8%	2,3%	11,8%
Zuweisungen gesamt	18,6%	11,5%	9,2%	11,0%	27,5%	9,2%	10,4%	23,0%	26,3%	7,1%	15,4%

Quelle der Daten: Harry Kitchen: Provinces and Municipalities, Universities, Schools and Hospitals: Recent Trends and Funding Issues; in: Harvey Lazar (Hrsg.): Canada: The State of the Federation 1999/2000: Toward a New Mission Statement for Canadian Fiscal Federalism; Montreal u.a. 2000, S. 295 (303, 309); eigene Berechnungen.

Zwischen 1988 und 1998 ist die Bedeutung der kommunalen Property Taxes erheblich gestiegen, wobei allerdings deutliche Unterschiede zwischen den Provinzen bestehen: Während in

---

[62] Vgl. *Robin W. Boadway/Paul A. R. Hobson*, S. 71ff.; *Richard M. Bird/Naomi Enid Slack*, S. 117ff.

einigen Provinzen der Anteil der Grundvermögensteuer an den Gesamteinnahmen konstant geblieben (Quebec) oder sogar leicht zurückgegangen (Manitoba) ist, haben vor allem die Gemeinden in Ontario und den Atlantikprovinzen den Anteil ihrer Einnahmen aus den Property Taxes erheblich gesteigert.

Tabelle 35: Anteile der Property Taxes an den Einnahmen der Gemeinden 1988 und 1998

	Ont.	Que.	B.C.	Alb.	Man.	Sask.	N.S.	N.B.	Nfld.	P.E.I.	Ø
1988	41,7%	68,8%	48,0%	36,3%	44,5%	48,1%	58,0%	41,7%	41,9%	50,0%	48,6%
1998	56,4%	68,5%	52,4%	42,6%	43,3%	53,6%	70,4%	53,2%	54,1%	60,2%	56,7%

Quelle der Daten: Harry Kitchen, S. 303f.

Von den kommunalen School Authorities (School Boards) werden in fünf Provinzen Property Taxes als 'School Taxes' erhoben.[63] Deren Aufkommen betrug 1998 7,9 Mrd. $, somit gut ein Fünftel des Aufkommens aus den Property Taxes insgesamt. Der Steueranteil an den Einnahmen der School Boards variiert regional sehr stark (zwischen 5% und 52%). Die Hauptfinanzierungsquelle der School Boards mit durchschnittlich rund 75% aller Einnahmen sind die zweckgebundenen Zuweisungen, die fast ausschließlich von den Provinzen stammen.

Tabelle 36: Die Finanzausstattung der School Boards in den einzelnen Provinzen 1998

	Ont.	Que.	B.C.	Alb.	Man.	Sask.	N.S.	N.B.	Nfld.	P.E.I.	Ø
	Anteile der Einnahmequellen in %										
Eigene Einnahmen	41,5%	21,8%	2,9%	10,7%	35,4%	51,7%	2,2%	0,0%	2,2%	0,3%	25,1%
Property Taxes	39,4%	13,7%	0,0%	4,6%	29,7%	44,4%	0,0%	0,0%	0,0%	0,0%	21,3%
Gebühren	1,4%	7,9%	2,2%	4,4%	3,2%	3,0%	2,1%	0,0%	1,8%	0,3%	3,1%
Zweckzuweisungen	58,5%	78,2%	97,1%	89,3%	64,6%	48,3%	97,8%	0,0%	97,8%	99,7%	74,9%
vom Bund	0,3%	0,2%	0,3%	0,0%	0,2%	0,0%	0,0%	0,0%	1,0%	0,0%	0,2%
vom den Provinzen	58,2%	77,8%	96,8%	89,3%	64,4%	48,3%	80,6%	0,0%	96,8%	99,7%	74,7%
von den Gemeinden	0,0%	0,2%	0,0%	0,0%	0,0%	0,0%	17,2%	0,0%	0,0%	0,0%	0,0%

Quelle der Daten: Harry Kitchen, S. 305.

Die School Taxes belasten überwiegend gewerblich genutzte Grundstücke. Aufgrund eines teilweise starken Anstiegs der Steuerbelastung haben einige Provinzen steuerpolitische Konsequenzen gezogen. Im Jahr 1998 verkündete z.B. die Provinz Ontario einen sog. 'Education Tax Cut Plan', nach dem über acht Jahre hinweg die Commercial and Industrial Education Taxes als besondere Bestandteile der Property Tax in denjenigen Kommunen gesenkt werden

---

[63] Vgl. *Harry Kitchen*, S. 307f.

sollen, die überdurchschnittliche Steuersätze erheben.[64] Im Gegenzug werden die Zuweisungen der Provinzen an die Schulträger (School Boards) erhöht, um die Steuersenkungen auszugleichen. Grund für diese Maßnahme war, daß zwischen 1985 und 1995 die Kommunen ihre Steuersätze für die Besteuerung des gewerblich genutzten Grundvermögens um durchschnittlich 87% erhöht haben und damit die Belastung dieses Steuerobjektes im Vergleich zur Wohnbebauung ('Residential Rate') übermäßig gesteigert worden ist.[65]

3.4.3.4 Die langfristige Entwicklung der Einnahmen der einzelnen Staatsebenen

Hinsichtlich der langfristigen Entwicklung der Einnahmen der einzelnen Staatsebenen sind in Kanada erhebliche Veränderungen festzustellen, was die vertikale Verteilung der Anteile an bestimmten Steuerquellen und die Bedeutung der Zuweisungen als Finanzierungsinstrument betrifft. Weil diese Veränderungen z.T. aus der Nutzung von Steuerautonomie resultieren, sollen sie im folgenden kurz dargestellt werden.

Die jeweiligen Anteile der föderativen Ebenen an den gesamten Staatseinnahmen haben sich in vertikaler Richtung erheblich verschoben. Daher werden nachstehend zunächst die langfristige Entwicklung der Einnahmen im Verhältnis zur Wirtschaftskraft sowie deren Verteilung zwischen Bund, Provinzen und Kommunen näher beleuchtet:

Tabelle 37: Entwicklung der Einnahmen von Bund, Provinzen und Gemeinden von 1950 bis 1998 (in % des BIP)*

	Bund	Provinzen (Eigene Einnahmen)	Provinzen (mit Bundeszuweisungen)	Gemeinden (Eigene Einnahmen)	Gemeinden (einschließlich Zuweisungen)	Gesamter Staatssektor
1950	15,8%	5,0%	6,4%	3,4%	4,3%	24,2%
1960	16,5%	5,9%	8,4%	4,7%	6,6%	27,1%
1970	17,5%	12,9%	16,9%	4,8%	8,5%	36,8%
1980	16,5%	16,1%	20,3%	5,0%	8,6%	38,9%
1990	19,2%	18,5%	22,7%	4,6%	8,9%	44,1%
1998	20,2%	19,0%	22,0%	4,9%	8,4%	46,6%

* Die Daten vor und seit 1970 sind wegen nicht vollständig vergleichbar.
Quelle der Daten: Karin B. Treff/David B. Perry: Finances of the Nation 1999, S. B:6f.

---

[64] Für die Stadt Toronto z.B. hat dies Steuersenkungen von rund 25% (Commercial) bzw. 50% (Industrial) zur Folge. Vgl. *Minister of Finance* (Hrsg.): 1998 Ontario Budget: Budget Papers; Toronto 1998, S. 90ff. Siehe auch *Minister of Finance* (Hrsg.): Tax Fairness Measures für Municipalities (Backgrounder vom 5. Februar 1998 (http://www.gov.on.ca/FIN/english/fairness.pdf [Stand 20.11.2000]); *Minister of Finance* (Hrsg.): o.T. (Backgrounder vom 16.11. 2000 (http://www.gov.on.ca/FIN/english/bke-proptax.htm [Stand 20.11.2000])

[65] Vgl. *Minister of Finance* (Hrsg.): Province Stabilizes Taxes on Business (News Release vom 05.02. 1998 (http://www.gov.on.ca/FIN/english/newrange.pdf sowie http://www.gov.on.ca/FIN/english/educ.tax.pdf [Stand 20.11.2000]).

Während die Höhe der kommunalen Einnahmen zumindest im Zeitraum von 1960 bis 1990 gemessen am BIP recht konstant geblieben und die Einnahmen des Bundes nur leicht um rund 3%-Punkte gestiegen sind, haben sich die Einnahmen der Provinzen zwischen 1950 und 1990 mehr als verdreifacht, wobei ein Wachstum in jeder Dekade (mit dem Schwerpunkt in den 60er Jahren) zu verzeichnen ist. Seit 1990 ist nur noch eine leichte relative Zunahme der Einnahmen auf allen Ebenen auszumachen. Der Grund für die erhebliche Ausweitung der Einnahmenbasis der Provinzen liegt im Ausbau des Wohlfahrtsstaates nach dem 2. Weltkrieg und dem damit verbundenen starken Anstieg der Ausgaben für Bildung, Gesundheit und Soziales, deren Aufgabenverantwortung den Provinzen zugeordnet ist.[66] Der daraus resultierende steigende Finanzbedarf wurde überwiegend aus eigenen Einnahmen gedeckt, die Transferzahlungen des Bundes hingegen stagnierten zwischen 1970 und 1990 bei knapp 4% des BIP.

Die Verteilung des Aufkommens aus den wichtigsten Steuerquellen auf Bund, Provinzen und Gemeinden hat sich zwischen 1955 und 1995 zum Teil grundlegend verändert: Die Bedeutung der Einkommensteuer (vor 1975 bzw. 1985 (s.o.) einschließlich der Erbschaft- und Schenkungsteuer) ist im Laufe der Jahre enorm gewachsen, wobei sich die Anteile der einzelnen Staatsebenen an der Nutzung dieser Steuerquelle erheblich zugunsten der Provinzen, die ihre Quote zwischen 1955 und 1995 fast vervierfachen konnten, verschoben haben. Veränderungen sind aber auch bei Betrachtung der Aufkommensanteile in Relation zum BIP zwischen 1975 und 1995 zu verzeichnen: Gemessen als Anteil am BIP ist das Aufkommen des Bundes aus der Einkommensteuer ungefähr konstant geblieben, während die Provinzen ihr relatives Aufkommen um knapp 60% von unter 3,9% auf über 6,1% des BIP steigern konnten.

Auch hinsichtlich der Körperschaftsteuer sowie der Umsatz- und Verbrauchsteuern sind Ertragsanteile vom Bund zu den Provinzen gewandert. Die Körperschaftsteuern (einschließlich Lohnsummensteuer) verloren überdies insgesamt an Bedeutung, zumal seit Anfang der 80er Jahre die Steuersätze von Bund und Provinzen mehrfach ermäßigt wurden.[67] Bei den Umsatz- und Verbrauchsteuern sanken der Bundesanteil von knapp 70% auf rund 40% und das relative Aufkommen des Bundes von 5,8% des BIP (1955) über 4,4% (1975) auf 4,0% (1995). Im gleichen Zeitraum konnten die Provinzen ihre Erträge von 2,5% über 4,2% bis auf 5,7% des BIP erhöhen.

---

66 Vgl. *Russel Krelove/Janet G. Stotsky/Charles L. Vehorn*, S. 202ff.
67 Vgl. *Karin B. Treff/David B. Perry*: Finances of the Nation 1999, S. 4:8. Zu beachten ist auch, daß Anfang der 90er Jahre das Körperschaftsteueraufkommen eingebrochen ist (vgl. ebenda; S. A:3).

Tabelle 38: Verteilung des Aufkommens aus den wichtigsten Steuerquellen auf Bund, Provinzen und Gemeinden 1955, 1975 und 1995 (Anteile in %)

Steuerarten	Jahr	Bund	Provinzen	Gemeinden	Gesamt (in % des BIP)
Einkommensteuern	1955	88,8	11,2		6,1
	1975	68,5	31,5		12,3
	1995	57,3	42,7		14,3
Körperschaftsteuern	1955	95,5	4,5		4,5
	1975	73,4	26,6		4,4
	1995	69,2	30,8		2,6
Umsatz- und Verbrauchsteuern	1955	69,6	30,4		8,3
	1975	51,4	48,6		8,6
	1995	41,1	58,9		9,7
Grundvermögensteuer	1955			100,0	3,0
	1975			100,0	3,2
	1995			100,0	4,5
Sonstige Steuern	1955	1,3	74,7	24,1	0,3
	1975	0,7	93,8	5,5	0,6
	1995	7,0	65,2	27,8	1,0
Gesamte Steuereinnahmen	1955	70,0	16,2	13,8	22,2
	1975	55,2	33,7	11,1	29,1
	1995	48,9	38,1	13,0	36,1

Quelle der Daten: Richard M Bird/Duan-Jie Chen, S. 56.

Die Verschiebung der Aufkommensanteile an der Einkommen- und Körperschaftsteuer vom Bund zu den Provinzen resultiert daraus, daß der Bund zunehmend seine Steuersätze gesenkt und damit Raum für die Besteuerung durch die Provinzen (Tax Room) geschaffen hat.[68] Diese zusätzlichen Besteuerungsmöglichkeiten wurden von den Provinzen auch ausgenutzt.

Tabelle 39: Anteil der Zuweisungen an den Einnahmen der Provinzen und Gemeinden 1950-1998 (in%)

	1950	1960	1970	1980	1990	1998
Provinzen	21,3%	29,5%	24,2%	21,4%	18,8%	13,7%
Gemeinden	21,0%	28,7%	41,7%	47,2%	42,8%	40,8%

Quelle der Daten: Department of Finance Canada (Hrsg.): Fiscal Reference Tables; eigene Berechnungen.

Interessant ist auch die Betrachtung der relativen Höhe der Zuweisungen im Hinblick auf die Einnahmen der subnationalen Ebenen. Der Anteil der Zuweisungen des Bundes an den Einnahmen der Provinzen wurde seit 1960 kontinuierlich reduziert und bis 1998 mehr als halbiert. Genau umgekehrt ist die Situation auf kommunaler Ebene: Dort stieg die Abhängigkeit von Zuweisungen (d.h. der Anteil an den Einnahmen der Kommunen) zwischen 1950 und

---

[68] Vgl. *Paul A. R. Hobson/France St-Hilaire:* The Evolution of ..., S. 162; *Denis W. James:* Federal and State ..., S. 23.

1970 um mehr als das Doppelte an; seit dem Höhepunkt 1980 sinkt die Zuweisungsquote jedoch leicht und bewegt sich inzwischen rund um die 41%-Marke.[69]

Abbildung 76 veranschaulicht, daß die Bedeutung der Zuweisungen als Finanzierungsquelle der Provinzen regional sehr unterschiedlich abgenommen hat. Landesweit sank der Anteil der Zuweisungen an den Gesamteinnahmen der Provinzen im Zeitraum von 1980 bis 1998 um rund ein Drittel. Während etwa die Provinz Newfoundland die Quote nahe bei 50% halten konnte, hat sie sich in Ontario mehr als halbiert. In Alberta und Saskatchewan ist das relative Niveau der Zuweisungen nach zwischenzeitlichen Steigerungen inzwischen auf den Stand von 1980 zurückgekehrt. Vor allem in den bevölkerungsreichen Regionen (Quebec, Ontario und British Columbia) ist der Bedeutungsverlust der vertikalen Transfers besonders ausgeprägt.

Abbildung 76: Anteil der Zuweisungen an den Einnahmen der kanadischen Provinzen in ausgewählten Haushaltsjahren zwischen 1980-81 und 1998-99 (in %)

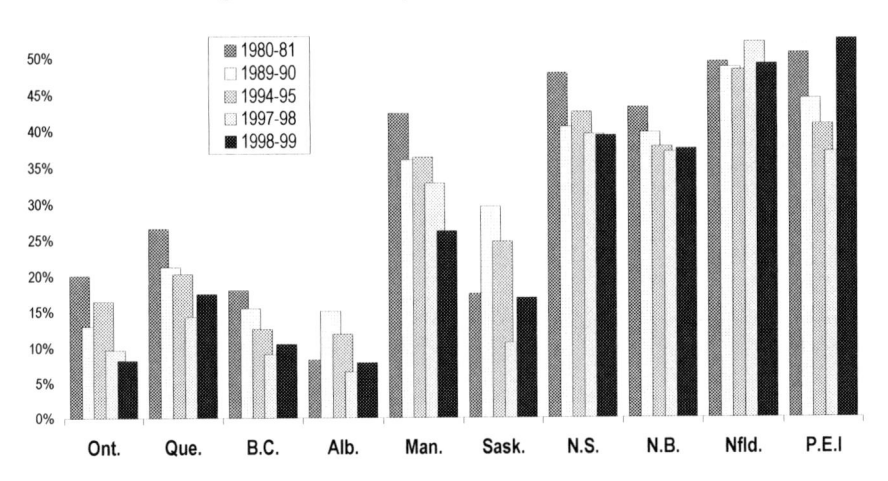

Quelle der Daten: Department of Finance Canada (Hrsg.): Fiscal Reference Tables, S. 29ff.; *Geoffrey E. Hale,* S. 237; eigene Darstellung.

Auffällig sind auch die zum Teil starken Veränderungen innerhalb kurzer Zeit: Zwischen den Haushaltsjahren 1997-98 und 1998-99 differiert die Quote der Zuweisungen in der Provinz Prince Edward Island um über 15%-Punkte (Zunahme) und in Manitoba um fast 7%-Punkte (Abnahme). Auch zwischen 1994-95 und 1997-98 sind teilweise große Unterschiede festzustellen (z.B. eine Abnahme um ca. 14%-Punkte in Saskatchewan oder 6%-Punkte in Quebec

---

69 Vgl. *Richard M Bird/Duan-Jie Chen,* S. 59.

und Ontario).[70] Insgesamt läßt sich festhalten, daß der Anteil der Zuweisungen an den Einnahmen der Provinzen zum Teil recht großen Schwankungen unterworfen ist.

Auch hinsichtlich der Finanzausstattung der Kommunen sind erhebliche Veränderungen erkennbar: Gemessen an den Ausgaben der Provinzen wurden die Zuweisungen an die Gemeinden seit den 70er Jahren spürbar vermindert.

Tabelle 40: Zuweisungen der Provinzen an die Kommunen 1955, 1975 und 1995

Höhe der Zuweisungen	1955	1975	1995
Anteil an den Ausgaben der Provinzen (in %)	22,4	22,5	16,5
Anteil an den Einnahmen der Kommunen (in %)	25,8	51,2	43,0

Quelle der Daten: Richard M Bird/Duan-Jie Chen, S. 58.

Wie Tabelle 41 zeigt, versuchen die Gemeinden die relativen Verluste an Zuweisungen durch eine Steigerung des Steueraufkommens zu kompensieren. Letzteres hat sich in den 90er Jahren ungefähr entsprechend der Ausgaben entwickelt und die Zuweisungen als wichtigste Finanzierungsquelle abgelöst.

Tabelle 41: Entwicklung der Finanzausstattung der Kommunen zwischen 1990 und 1998

	1990	1998	Veränderung
Einnahmen	60,3 Mrd. $	74,8 Mrd. $	+24,1%
davon Steuern	24,8 Mrd. $ (Anteil: 41,1%)	31,9 Mrd. $ (Anteil: 42,7%)	+28,6%
davon Zuweisungen	25,8 Mrd. $ (Anteil: 42,8%)	30,5 Mrd. $ (Anteil: 40,8%)	+18,2%
Ausgaben	56,3 Mrd. $	73,1 Mrd. $	+29,8%
Überschuß	*4,0 Mrd. $ (6,6%)*	*+1,7 Mrd. $ (2,3%)*	*-57,5%*

Quelle der Daten: Department of Finance Canada (Hrsg.): Fiscal Reference Tables; eigene Berechnungen.

Anzumerken bleibt, daß die ausgewiesenen Überschüsse der kommunalen Haushalte nicht repräsentativ für die gesamte Periode sind, weil die Gemeinden gerade Anfang der 90er Jahre größere Defizite zu verzeichnen hatten, die durch eine höhere Steueranspannung seit Mitte der Dekade ausgeglichen wurden.

---

[70] Der geringe Wert im Haushaltsjahr 1997-98 in einigen Provinzen ist allerdings auch darauf zurückzuführen, daß damals der Anteil der vertikalen Zuweisungen insgesamt auf ein Rekordtief von unter 15% aller Einnahmen der Provinzen fiel. Vgl. zu den Daten: *Department of Finance Canada* (Hrsg.): Fiscal Reference Tables, S. 35.

3.4.4 Die Auswirkungen des Steuersystems auf regionaler Ebene

Zu den Auswirkungen des Steuersystems auf der Ebene der Gliedstaaten gehören die Divergenzen in der regionalen Verteilung des Besteuerungspotentials (Fiscal Capacity). Da die kanadischen Provinzen alle ihre Steuern autonom gestalten können, kann zusätzlich die Höhe der regionalen Steueranspannung untersucht werden. Die Unterschiede in der Ausschöpfung des Besteuerungspotentials werden wiedergegeben, soweit das statistische Datenmaterial hierfür verfügbar ist.

Die im folgenden verwendeten Graphiken zeigen entweder das regionale Besteuerungs- oder Einnahmenpotential pro Einwohner im Verhältnis zum Landesdurchschnitt für die wichtigsten subnationalen Steuer- und steuerähnlichen Abgabenquellen im Vergleich mit der Wirtschaftskraft der Provinzen oder aber die regionale Steuerkraft im Vergleich mit dem jeweiligen Grad ihrer Ausschöpfung durch die Provinzen (in % der entsprechenden durchschnittlichen Steueranspannung). Dabei werden zunächst die wichtigsten einzelnen Steuer- und Abgabenquellen und anschließend das Besteuerungspotential der Provinzen und Gemeinden in seiner Gesamtheit dargestellt.

Die Ermittlung der nachfolgend verwendeten Daten hinsichtlich der regionalen Fiscal Capacity für die wichtigsten Abgabenquellen der Provinzen wird vom Department of Finance Canada (Finanzministerium des Bundes) zur Berechnung der vertikalen Ausgleichsleistungen im Rahmen des Finanzausgleichs vorgenommen. Sie spiegeln die bei Anwendung landesweit durchschnittlicher Steuersätze zu erzielenden Pro-Kopf-Einnahmen aus einer Abgabenquelle wieder. Für die Kalkulation des regionalen Potentials einer Einnahmenquelle kann aufgrund der Uneinheitlichkeit der steuerlichen Bemessungsgrundlagen in den einzelnen Provinzen nicht das Steueraufkommen als Grundlage herangezogen werden. Deshalb ist der Rückgriff auf andere statistische Größen erforderlich. Als solche Hilfsgrößen werden z.B. der Umsatz oder die Produktionsmenge bestimmter Güter, das Einkommen von Privaten und Unternehmen sowie das regional vorhandene bzw. gebundene Kapital verwendet.[71]

3.4.4.1 Verteilung und Anspannung der wichtigsten subnationalen Steuerquellen

Das Charakteristikum des kanadischen Steuersystems ist der doppelte (getrennte) Zugriff von Bund und Provinzen auf die Mehrzahl der Steuerquellen. Aus diesem Grund existiert eine Vielzahl eigenständiger subnationaler Steuern und Abgaben, die jedoch in sehr unterschiedlicher Höhe zum Einnahmenpotential beitragen. Abbildung 77 zeigt die Anteile der einzelnen

---

[71] Vgl. *Karin B. Treff/David B. Perry:* Finances of the Nation 1999, S. 8:5f.

Steuer- und sonstigen Abgabenquellen an der addierten Fiscal Capacity von Provinzen und Gemeinden.

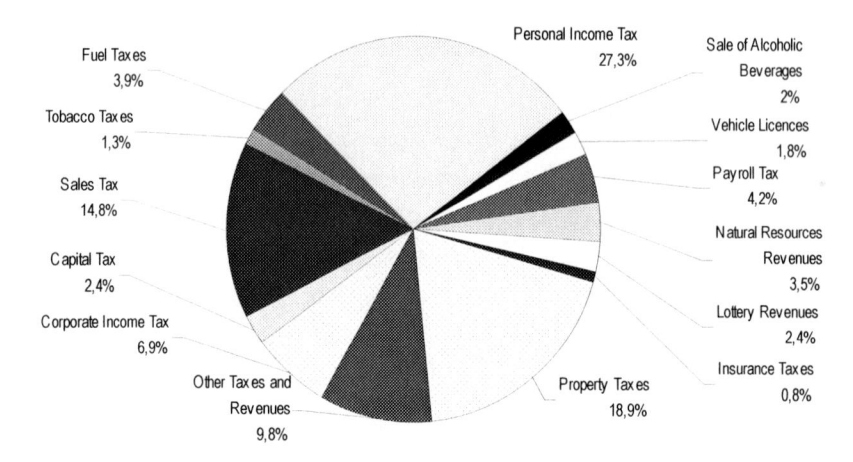

Abbildung 77: Anteile der einzelnen Steuer- und sonstigen Abgabenquellen an der Fiscal Capacity der Provinzen und Gemeinden 1998-99

Pie chart segments:
- Fuel Taxes 3,9%
- Tobacco Taxes 1,3%
- Sales Tax 14,8%
- Capital Tax 2,4%
- Corporate Income Tax 6,9%
- Other Taxes and Revenues 9,8%
- Property Taxes 18,9%
- Personal Income Tax 27,3%
- Sale of Alcoholic Beverages 2%
- Vehicle Licences 1,8%
- Payroll Tax 4,2%
- Natural Resources Revenues 3,5%
- Lottery Revenues 2,4%
- Insurance Taxes 0,8%

Quelle der Daten: Department of Finance Canada (unveröffentlichte Dokumente, siehe Anhang); eigene Berechnungen.

Da die kanadischen Gliedstaaten über mehrere größere sowie zahlreiche kleinere, fiskalisch z.T. ebenfalls nicht unergiebige Steuer- und Abgabenquellen verfügen, wird nachfolgend das Einnahmenpotential und dessen Ausschöpfung (Steueranspannung) von insgesamt zehn Einzelsteuern und -abgaben bzw. Abgabengruppen sowie das sonstige Besteuerungs- und Einnahmenpotential der Provinzen und Gemeinden analysiert.

3.4.4.1.1 Personal Income Tax (Einkommensteuer)

Die Einkommensteuer[72] der Provinzen (mit Ausnahme Quebecs) ist bislang eng an die Personal Income Tax des Bundes angelehnt.[73] Sie ist als (von dieser nicht abzugsfähiger) Zuschlag zur Bundeseinkommensteuer ausgestaltet. Bemessungsgrundlage ist der 'Basisbetrag' der Bundessteuer ('Basic Federal Tax'). Für die Bestimmung dieses Basisbetrages ist die Anwendung allein des progressiven Grundtarifs der Bundessteuer (d.h., ohne besondere Zuschläge und Steuervergünstigungen des Bundes) auf das zu versteuernde Einkommen maßgebend.[74]

---

[72] Vgl. *Ingo Müssener*, Rdnr. 20ff.; *Karin B. Treff/David B. Perry*: Finances of the Nation 1999, S. 3:1ff.
[73] Zur Neuordnung der Einkommensbesteuerung ab dem Jahr 2001 s.o.!
[74] Vgl. *Ingo Müssener*, Rdnr. 212; *Karin B. Treff/David B. Perry*: Finances of the Nation 1999, S. 3:10f.

Quebec war bis zum Jahr 2001 die einzige Provinz, die eine eigene, von der Bundessteuer unabhängige Einkommensteuer erhebt. Die Steuerzahler müssen separate Steuererklärungen abgeben, da nicht auf die Bemessungsgrundlage des Bundes zurückgegriffen wird. Der Einkommensteuertarif in Quebec ist wie die Bundessteuer progressiv angelegt. Die dortigen Steuerzahler erhalten überdies bei der Bundeseinkommensteuer eine Steuerermäßigung ('Abatement') von 16,5%-Punkten. Dieser Differenzbetrag steht für die Einkommensbesteuerung durch die Provinz zur Verfügung (Tax Transfer). Er stellt eine Kompensation dafür dar, daß Quebec auf bestimmte Zweckzuweisungen des Bundes für Sozialleistungen[75] verzichtet (s.o.).

Eine Person ist in derjenigen Provinz einkommensteuerpflichtig, in dessen Gebiet sie am letzten Tag des Veranlagungszeitraumes ansässig war. Dies gilt jedoch nur für die Einkünfte, die aus Betriebsstätten[76] innerhalb der jeweiligen Provinz stammen, weil die Provinzen nur diejenigen Einkünfte besteuern dürfen, die auf ihrem Gebiet erwirtschaftet worden sind. Im übrigen sind die Steuerbehörden der Provinz zuständig, in der eine Betriebsstätte liegt. Die Verteilung der Einkünfte unter den betreffenden Provinzen wird hälftig nach dem Anteil des Gewinns der einzelnen Betriebsstätten am Gesamtgewinn des Steuerpflichtigen sowie dem örtlichen Anteil an der ausgezahlten Lohnsumme vorgenommen. Die in Betriebsstätten außerhalb Kanadas erwirtschafteten Gewinne unterliegen ausschließlich der Einkommensbesteuerung seitens des Bundes. Dieser erhebt hierfür eine Zusatzsteuer zur Einkommensteuer in Höhe des durchschnittlichen Einkommensteuersatzes der Gliedstaaten.[77]

Die Tarifstrukturen der Provinzen sind inzwischen recht ausdifferenziert: die Grundlage bildet der Zuschlag der Provinzen auf die Bemessungsgrundlage der Einkommensteuer des Bundes (Basissteuersatz der Provinzen). Oberhalb einer bestimmten Einkommensgrenze kommt in fast allen Provinzen ein besonderer Zuschlag zur Anwendung, um die Progressionswirkung in den oberen Einkommensklassen zu erhöhen. Bemessungsgrundlage ist i.d.R. die subnationale (Basis-) Einkommensteuerschuld, in Manitoba jedoch das Nettoeinkommen.

Drei Provinzen erheben zusätzlich eine Teilsteuer mit proportionalem Tarif (Flat Tax). Bemessungsgrundlage der Flat Tax ist entweder das zu versteuernde Einkommen oder das Nettoeinkommen. In den meisten Provinzen existieren außerdem Steuerermäßigungen für Geringverdiener.

---

[75] Dies betrifft die Cash Transfers auf der Grundlage des Federal-Provincial Fiscal Arrangements Act.
[76] Als Betriebsstätten gelten alle Zweigstellen, Büros, Produktionsstätten, Lager, Verkaufseinrichtungen etc. (vgl. *Ingo Müssener*, Rdnr. 43).
[77] Vgl. *Ingo Müssener*, Rdnr. 42f.

Tabelle 42: Regionale Steuersätze der Personal Income Tax (Stand: April 2000)

	Ont.	Que.*	B.C.	Alb.	Man.	Sask.	N.S.	N.B.	Nfld.	P.E.I.
(Basis-) Steuersatz**	38,5%	69,7-95,3%	49,5%	44,0%	47,0%	48,0%	57,5%	58,5%	62,0%	57,5%
Zum Vergleich: Steuersatz des Jahres 1995	58,0%	k.A.	52,5%	45,5%	52,0%	50,0%	59,5%	64,0%	69,0%	59,5%
Zuschlag***	20,0-56%	-	30,0-45,0%	-	2,0%	10,0-25,0%	10,0%	8,0%	6,0-16,0%	10,0%
Zusätzliche Flat Tax****	-	-	-	0,5%	2,0%	1,5%	-	-	-	-
Steuerermäßigungen für Geringverdiener	ja	ja	ja	ja	ja	ja	ja	ja	nein	nein
Grenzsteuersatz	17,4%	20,3%	20,8%	13,3%	17,6%	19,9%	18,3%	18,8%	20,9%	18,7%
Durchschnittlicher Steuersatz*****	4,7%	6,2%	5,6%	5,9%	6,8%	7,4%	7,3%	7,4%	7,7%	7,1%

* Bemessungsgrundlage, Einkommensteuertarif und Steuersätze in Quebec sind nicht mit denen der anderen Provinzen vergleichbar.
** Der Steuersatz gibt die Höhe des Zuschlages auf die Einkommensteuerbasis des Bundes wieder.
*** Der Zuschlag kommt oberhalb einer bestimmten Grenze zur Anwendung. Bemessungsgrundlage ist i.d.R. die Basiseinkommensteuer (in Saskatchewan zusätzlich die Flat Tax), in Manitoba jedoch das Nettoeinkommen.
**** Bemessungsgrundlage der Flat Tax ist entweder das zu versteuernde Einkommen (in Alberta) oder das Nettoeinkommen (in Manitoba und Saskatchewan).
***** Bezogen auf eine Durchschnittsfamilie von vier Personen mit einem Einkommen von 40.000 $.

Quelle der Daten: Alberta Treasury (Hrsg.): Budget 2000, S. 129; Manitoba Department of Finance (Hrsg.): Budget 2000; Winnipeg 2000, S. C15f.; Nova Scotia Department of Finance (Hrsg.): Comparative Tax Rates (http://www.gov.ns.ca/fina/fedprov/infob.htm [Stand: 15.01.2001]).

Die Basissteuersätze der Provinzen schwanken zwischen 38,5% und 62%. Im Vergleich zu 1995 (die Bandbreite reichte damals von 45,5% bis 69%) sind die Steuersätze z.T. erheblich gesunken (z.B. in Ontario von 58% auf 38,5%[78]). Auch die Höhe der Zuschläge variiert regional recht stark, ebenso wie die Höhe der Einkommensteuerschuld, ab der ein Zuschlag erhoben wird (3.500 $ bis 13.500 $).

Tabelle 43 gibt die Höhe der effektiven Grenzsteuersätze für einen typischen Vier-Personen-Haushalt wieder, die im Jahre 1998 durch die Kombination der Einkommensteuern des Bundes und der jeweiligen Provinzen zustande kamen. In den verschiedenen Einkommensklassen existieren regional sehr unterschiedliche Grenzsteuersätze, und besonders bei den unteren Einkommen ist zum Teil eine hohe Progressionswirkung festzustellen. Das subnationale Zuschlagssystem scheint die einzelnen Einkommensklassen recht ungleichmäßig zu belasten.

---

[78] Zur Absenkung der Einkommensteuersätze in der Provinz Ontario seit 1996 siehe *Minister of Finance* (Hrsg.): 2000 Ontario Budget: Budget Papers; Toronto 2000, S. 71.

Unterkapitel 3.4: Kanada 325

Tabelle 43: Höhe der effektiven Grenzsteuersätze* aufgrund der Belastung durch die Einkommensteuern des Bundes und der Provinzen 1998

Einkommen i.H.v.	Ont.	Que.	B.C.	Alb.	Man.	Sask.	N.S.	N.B.	Nfld.	P.E.I.	Ø
10.000 $	6%	-24%	6%	-2%	5%	6%	6%	6%	6%	6%	2%
20.000 $	25%	63%	49%	34%	37%	93%	22%	32%	34%	32%	42%
30.000 $	65%	63%	70%	57%	60%	58%	61%	57%	59%	57%	61%
40.000 $	43%	50%	45%	47%	52%	48%	46%	47%	49%	47%	47%
50.000 $	43%	58%	45%	44%	51%	50%	46%	47%	49%	47%	48%
60.000 $	51%	59%	51%	50%	57%	46%	52%	49%	59%	55%	54%
70.000 $	55%	53%	56%	46%	55%	57%	53%	54%	58%	55%	54%
80.000 $	50%	53%	51%	46%	50%	52%	48%	54%	53%	50%	51%
90.000 $	50%	53%	54%	46%	50%	52%	50%	54%	53%	50%	51%
100.000 $	50%	53%	54%	46%	50%	52%	50%	50%	53%	50%	51%

* Grenzsteuersätze für einen typischen Haushalt (vierköpfige Familie mit einem Einkommensbezieher).
Quelle der Daten: Munir A. Sheikh/Michel Carreau, S. 22.

Aus Abbildung 78 wird die regional sehr ungleichmäßige Verteilung der Bemessungsgrundlagen der Einkommensteuer ersichtlich. Die Hälfte aller Provinzen verfügt über ein Besteuerungspotential von weniger als 75% des landesweiten Durchschnitts pro Einwohner. Davon sind allerdings nur gut 11% der Gesamtbevölkerung betroffen. In zwei Provinzen (Bevölkerungsanteil: 28%) liegt die relative Steuerkraft bei rund 82%. Lediglich zwei Provinzen (allerdings mit einem Anteil von 47,5% an der Gesamtbevölkerung) weisen ein (mit rund 120% sogar weit) überdurchschnittliches Besteuerungspotential auf. Die Besteuerungsgrundlagen der Einkommensteuer sind vornehmlich in den wirtschaftsstärksten Regionen angesiedelt.

Abbildung 78: Relative Höhe des regionalen Personal Income Tax-Besteuerungspotentials im Vergleich zur Wirtschaftskraft (BIP) 1998-99*

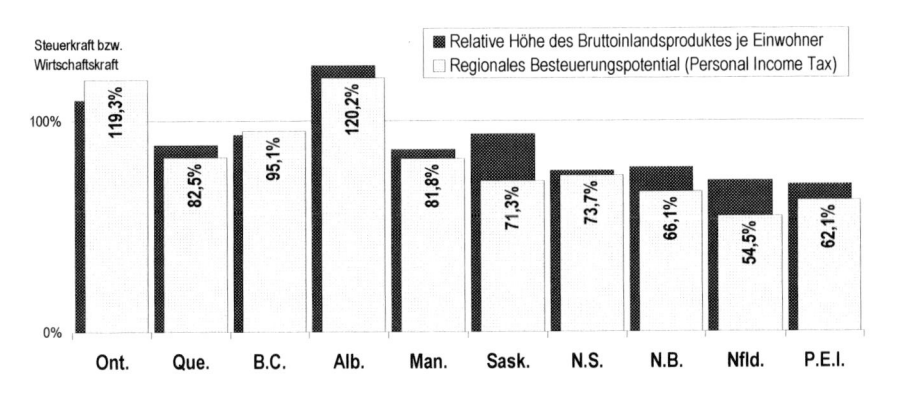

Steuerkraft bzw. Wirtschaftskraft

■ Relative Höhe des Bruttoinlandsproduktes je Einwohner
□ Regionales Besteuerungspotential (Personal Income Tax)

Ont.	Que.	B.C.	Alb.	Man.	Sask.	N.S.	N.B.	Nfld.	P.E.I.
119,3%	82,5%	95,1%	120,2%	81,8%	71,3%	73,7%	66,1%	54,5%	62,1%

* Steuerkraft bzw. Wirtschaftskraft je Einwohner im Verhältnis zum Landesdurchschnitt (=100%).
Quelle der Daten: Department of Finance Canada (siehe Tab. A3.3 im Anhang); eigene Berechnungen.

Abbildung 79 zeigt die Höhe des regionalen Personal Income Tax-Besteuerungspotentials im Verhältnis zum Landesdurchschnitt je Einwohner und den Grad der Steueranspannung gemessen am Durchschnittswert der Provinzen mit Ausnahme von Quebec, weil für diese Provinz keine aussagekräftigen Daten über die Steueranspannung zu ermitteln waren.[79]

Abbildung 79: Relative Höhe des regionalen Personal Income Tax-Besteuerungspotentials und seiner tatsächlichen Ausschöpfung 1998-99 (ohne Quebec)*

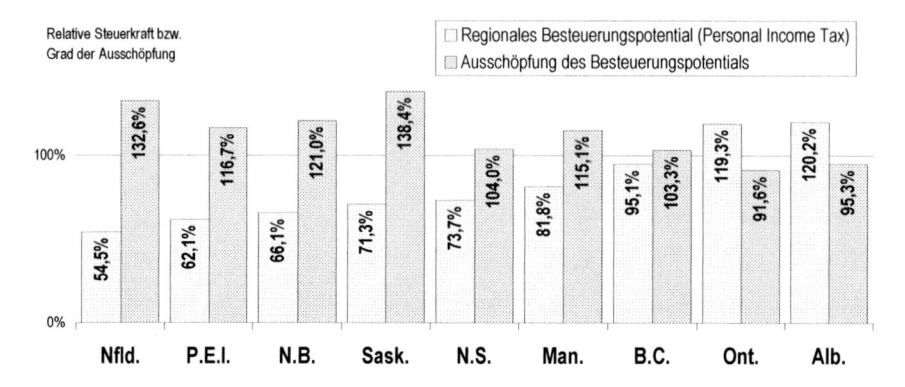

Relative Steuerkraft bzw. Grad der Ausschöpfung

☐ Regionales Besteuerungspotential (Personal Income Tax)
☒ Ausschöpfung des Besteuerungspotentials

	Nfld.	P.E.I.	N.B.	Sask.	N.S.	Man.	B.C.	Ont.	Alb.
Potential	54,5%	62,1%	66,1%	71,3%	73,7%	81,8%	95,1%	91,6%	95,3%
Ausschöpfung	132,6%	116,7%	121,0%	138,4%	104,0%	115,1%	103,3%	119,3%	120,2%

* Steuerkraft je Einwohner im Verhältnis zum Landesdurchschnitt (=100%) sowie Grad der Steueranspannung.
Quelle der Daten: Haushaltsdaten der einzelnen Provinzen; eigene Berechnungen.

Die Ausschöpfung des Besteuerungspotentials liegt in sieben der neun miteinander verglichenen Provinzen über dem Durchschnitt. Festzustellen ist, daß die Steueranspannung mit steigender Steuerkraft einer Provinz sinkt: Lediglich in den beiden einkommensteuerstarken Provinzen, die als einzige eine überdurchschnittliche Steuerkraft aufweisen können, liegt die Steueranspannung unter 100%. In den sechs einkommensteuerschwächsten Provinzen (Steuerkraft von unter 82% des Landesdurchschnitts) hingegen beträgt sie fast durchgängig über 115% (bis max. 138%).

Angesichts der großen regionalen Differenzen in der Steueranspannung, die auch bei benachbarten Provinzen (vgl. etwa Saskatchewan (138%) und Alberta (95%)) bestehen, scheint der Steuerwettbewerb keine allzu großen Auswirkungen auf die absolute Höhe der Steuersätze zu zeitigen bzw. die effektive Steuerbelastung in dessen Rahmen keine größere Rolle zu spielen. Bemerkenswert sind aber die generellen Steuersenkungen seit 1995, die auf einen gewissen (relativen) Wettbewerbsdruck hindeuten.

---

[79] Wegen der größeren Bemessungsgrundlage ist das Steueraufkommen in Quebec nicht mit dem der übrigen Provinzen vergleichbar. Die Daten, die erforderlich sind, um die Höhe der Steueranspannung im Verhältnis zu den anderen Provinzen zu bestimmen, waren nicht verfügbar.

3.4.4.1.2 Corporation Taxation (Unternehmensbesteuerung)

Die Unternehmensbesteuerung ist Gegenstand der Gesetzgebung sowohl des Bundes als auch der Provinzen. Die Besteuerung von Wirtschaftsunternehmen auf der Ebene der Gliedstaaten basiert im wesentlichen auf zwei Steuern, der Corporate Income Tax (Körperschaftsteuer) und der Capital Tax (Unternehmenskapitalsteuer).[80]

Die *Corporate Income Tax*[81] ist eine Steuer auf das Einkommen von Körperschaften. Sieben Provinzen haben die Regelungen der Bundessteuer weitgehend übernommen und lassen ihre Körperschaftsteuer von der Bundessteuerverwaltung im Rahmen von Tax Collection Agreements einziehen. Die Bemessungsgrundlage der Corporate Income Tax bestimmt sich in diesem Fall nach dem Körperschaftsteuerrecht des Bundes. Drei Provinzen (Alberta, Ontario und Quebec) haben eine von der Bundessteuer unabhängige und selbst exekutierte Körperschaftsteuer. Abzugsbeträge und Steuerermäßigungen werden von allen Provinzen autonom festgelegt. Auf die Bemessungsgrundlage wird überall ein proportionaler Steuertarif angewendet. Die Steuersätze differenzieren i.d.R. nach der Größe eines Unternehmens und z.T. nach der Unternehmensart. So bestehen fast überall gesonderte Regelungen für kleine Gewerbebetriebe ('Small Business'). In einigen Provinzen existieren darüber hinaus ermäßigte Steuersätze für das produzierende Gewerbe.

Tabelle 44: Regionale Steuersätze der Corporate Income Tax (Stand: April 2000)

	Ont.	Que.	B.C.	Alb.	Man.	Sask.	N.S.	N.B.	Nfld.	P.E.I.
Allg. Steuersatz*	15,5%	8,9-16,25%	16,5%	15,5%	17,0%	17,0%	16,0%	17,0%	14,0%	16,0%
Produktionsbetriebe	13,5%	8,9%	16,5%	14,5%	17,0%	10,0%	16,0%	17,0%	5,0%	7,5%
Kleingewerbe	8,0%	8,9%	5,13%	6,0%	7,0%	8,0%	5,0%	4,5%	5,0%	7,5%

* Zuschlag zur Corporate Income Tax des Bundes (Steuersatz 28%).
Quelle der Daten: Nova Scotia Department of Finance (Hrsg.): Comparative Tax Rates.

Falls ein Unternehmen Betriebsstätten in mehreren Provinzen hat, erfolgt die Zuordnung der Einkünfte auf die einzelnen Provinzen grundsätzlich nach den gleichen Regeln wie bei der privaten Einkommensteuer (s.o.): Verteilungskriterien sind je zur Hälfte die örtlichen Anteile an den Gesamteinnahmen und der Lohnsumme.[82]

---

[80] Die in nur wenigen Provinzen erhobene Payroll Tax (Steuer auf die von einem Unternehmen ausbezahlte Lohnsumme) wird gesondert behandelt (s.u.).

[81] Vgl. *Ingo Müssener*, Rdnr. 274ff.; *Karin B. Treff/David B. Perry*: Finances of the Nation 1999, S. 4:1ff.

[82] Vgl. *Ingo Müssener*, Rdnr. 338ff. Für bestimmte Wirtschaftsbereiche gelten Sonderregelungen (z.B. Versicherungen, Finanzdienstleister, Verkehrsunternehmen).

Abbildung 80: Relative Höhe des regionalen Corporate Income Tax-Besteuerungspotentials im Vergleich zur Wirtschaftskraft (BIP) 1998-99*

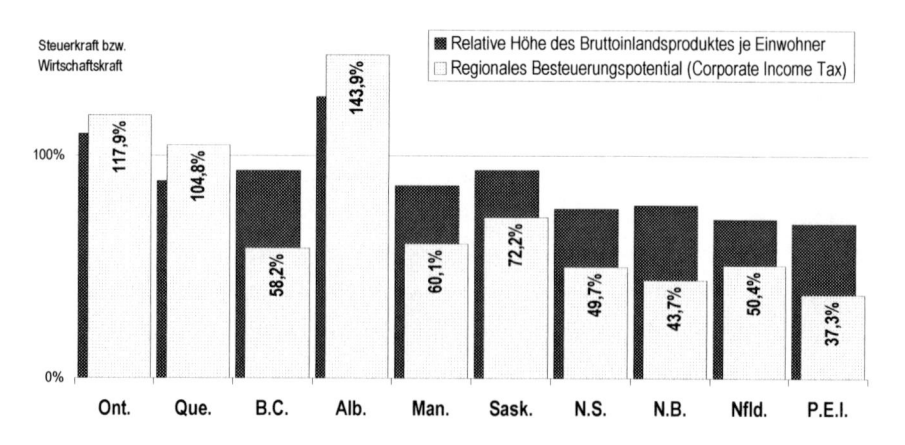

Steuerkraft bzw. Wirtschaftskraft

■ Relative Höhe des Bruttoinlandsproduktes je Einwohner
□ Regionales Besteuerungspotential (Corporate Income Tax)

Provinz	BIP/Kopf	Besteuerungspotential
Ont.	117,9%	
Que.	104,8%	58,2%
B.C.		
Alb.	143,9%	
Man.		60,1%
Sask.		72,2%
N.S.		49,7%
N.B.		43,7%
Nfld.		50,4%
P.E.I.		37,3%

* Steuerkraft bzw. Wirtschaftskraft je Einwohner im Verhältnis zum Landesdurchschnitt (=100%).

Quelle der Daten: Department of Finance Canada (siehe Tab. A3.3 im Anhang); eigene Berechnungen.

Bei Betrachtung des regionalen Besteuerungspotentials bzgl. der Corporate Income Tax fällt die sehr starke Streuung der relativen Steuerkraft (37% bis 144%) auf. Das Besteuerungspotential pro Kopf ist in Alberta ca. viermal so groß wie auf dem Prince Edward Island. In nur drei Provinzen liegt die Steuerkraft über dem Landesdurchschnitt, die körperschaftsteuerschwachen Provinzen folgen mit maximal 72% in deutlichem Abstand (über 30%-Punkte Differenz zwischen Quebec und Saskatchewan, 44%-Punkte zwischen Quebec und Manitoba). Auffällig ist die äußerst niedrige Fiscal Capacity in den steuerschwachen Provinzen, die drastisch hinter der regionalen Wirtschaftskraft zurückbleibt (vgl. z.B. die relativen Werte für British Columbia: Dort liegt die Steuerkraft bei 58% und die Wirtschaftskraft bei 94% des Landesdurchschnitts). Die körperschaftsteuerstarken Provinzen verfügen damit über einen deutlichen Wettbewerbsvorteil in der interregionalen Konkurrenz um die Ansiedlung von Unternehmen. Interessanterweise sind es die Provinzen mit einer von der Bundessteuer unabhängigen Körperschaftsteuer (Alberta, Ontario und Quebec), welche das höchste Besteuerungspotential aufweisen. Für die steuerstarken Provinzen scheint es mithin besonders attraktiv zu sein, ihre Steuer autonom zu gestalten.

Im Prinzip eine spezielle Teilsteuer der Corporate Income Tax ist die *Capital Tax*[83] als besondere Steuer auf das Unternehmenskapital. Die gezahlte Capital Tax kann ganz oder teil-

---

[83] Vgl. *Karin B. Treff/David B. Perry*: Finances of the Nation 1999, S. 4:10f.

weise bei der Körperschaftsteuer der Provinzen in Anrechnung gebracht werden und dient somit vornehmlich zur Sicherung einer Mindestbesteuerung der Kapitalgesellschaften. Die Provinzen erheben Capital Taxes zur Besteuerung von Kapitalgesellschaften mit Betriebsstätten in ihrem Gebiet. Bemessungsgrundlage hierbei ist das eingezahlte Eigenkapital eines Unternehmens zuzüglich bestimmter Rückstellungen und Dauerschulden etc. Weil auf der Ebene der Gliedstaaten keine einheitliche Definition der Bemessungsgrundlagen existiert, sind die Provinzen bestrebt, ihre Capital Taxes mit der Bundessteuer zu harmonisieren.

In sieben Provinzen erfaßt die Capital Tax das Gewerbekapital aller Unternehmen, in drei Provinzen werden nur Finanzdienstleister (Banken, sonstige Kreditinstitute, Treuhand- und Versicherungsgesellschaften) besteuert. Die letztere Gruppe ist regelmäßig auch deutlich höheren Steuersätzen unterworfen.

Tabelle 45: Regionale Steuersätze der Capital Tax (Stand: April 2000)

	Ont.	Que.	B.C.	Alb.	Man.	Sask.	N.S.	N.B.	Nfld.	P.E.I.
Allgemeiner Steuersatz	0,3%	0,64%	0,3%	-	0,3-0,5%	0,6%	0,25%	0,3%	-	-
Steuersatz für Financial Institutions	0,6-1,9%	1,63%	1,0-3,0%	0,7%	3,0%	0,7%	3,0%	3,0%	4,0%	3,0%

Quelle der Daten: Nova Scotia Department of Finance (Hrsg.): Comparative Tax Rates.

Die Steuersätze variieren regional zwischen 0% und 0,64% des zu versteuernden Kapitals bei den allgemeinen Unternehmen und zwischen 0,6% und 4% bei den Finanzdienstleistern. Sie sind zugleich auch nicht unerheblich höher als die Steuersätze der Capital Tax des Bundes[84].

Das Besteuerungspotential bezüglich der Capital Tax streut regional äußerst stark, wie die Unterschiede zwischen den beiden 'Extremen' zeigen: Die Steuerkraft in Alberta übersteigt die des Prince Edward Island um das Vierfache. Sechs Provinzen weisen eine Steuerkraft von nicht mehr als 70% und acht Provinzen von nicht mehr als 90% des Landesdurchschnitts auf. Zwischen den einzelnen (Gruppen von) Provinzen existieren deutliche Abstufungen in der Fiscal Capacity (bis zu 34%-Punkte).

Im Vergleich der Fiscal Capacity mit dem Bruttoinlandsprodukt ist – wie bei der Körperschaftsteuer – ein eindeutig überproportionaler Anstieg des Besteuerungspotentials mit zunehmender regionaler Wirtschaftskraft erkennbar.

---

[84] Diese reichen von 0,225% (allgemeiner Steuersatz) bis zu 1,25% (Steuersatz für Finanzdienstleister ab einem Eigenkapital von über 300 Mio. $). Vgl. *Karin B. Treff/David B. Perry*: Finances of the Nation 1999, S. 4:10.

Abbildung 81: Relative Höhe des regionalen Capital Tax-Besteuerungspotentials im Vergleich zur Wirtschaftskraft (BIP) 1998-99*

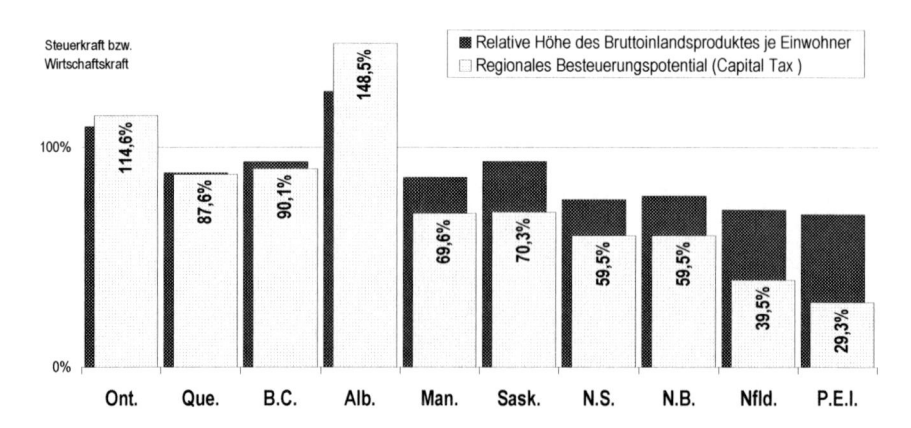

■ Relative Höhe des Bruttoinlandsproduktes je Einwohner
□ Regionales Besteuerungspotential (Capital Tax)

Provinz	BIP je Einwohner	Besteuerungspotential
Ont.	114,6%	
Que.	87,6%	
B.C.	90,1%	
Alb.	148,5%	
Man.	69,6%	
Sask.	70,3%	
N.S.	59,5%	
N.B.	59,5%	
Nfld.	39,5%	
P.E.I.	29,3%	

* Steuerkraft bzw. Wirtschaftskraft je Einwohner im Verhältnis zum Landesdurchschnitt (=100%).
Quelle der Daten: Department of Finance Canada (siehe Tab. A3.3 im Anhang); eigene Berechnungen.

Abbildung 82 enthält den Vergleich der regionalen Steuerkraft hinsichtlich der wichtigsten Unternehmenssteuern (Corporate Income Tax und Capital Tax) mit der Steueranspannung. Die Ausschöpfung des Besteuerungspotentials differiert regional zwischen 68% und 130% und somit weitaus stärker als bei der Personal Income Tax. Ein Zusammenhang zwischen Steuerkraft und Steueranspannung ist nicht ersichtlich, letztere liegt sowohl in einigen steuerstarken als auch in einigen steuerschwachen Provinzen weit unter dem Landesdurchschnitt.

Abbildung 82: Relative Höhe des regionalen Potentials für die Unternehmensbesteuerung und Grad seiner tatsächlichen Ausschöpfung 1998-99*

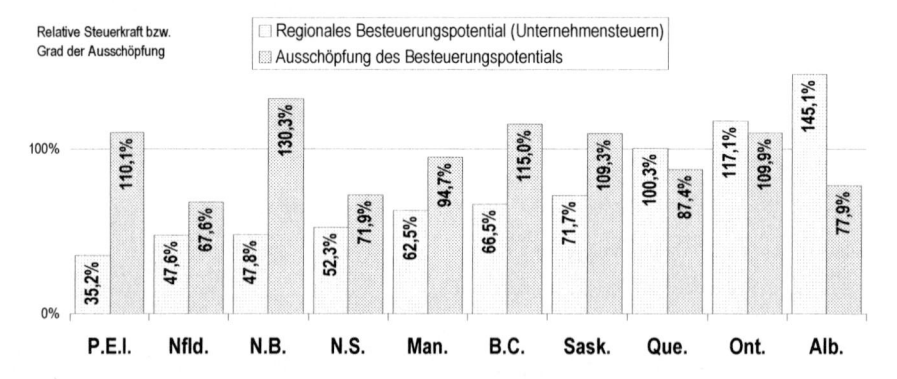

□ Regionales Besteuerungspotential (Unternehmensteuern)
▨ Ausschöpfung des Besteuerungspotentials

Provinz	Besteuerungspotential	Ausschöpfung
P.E.I.	35,2%	110,1%
Nfld.	47,6%	67,6%
N.B.	47,8%	130,3%
N.S.	52,3%	71,9%
Man.	62,5%	66,5%
B.C.	94,7%	115,0%
Sask.	71,7%	109,3%
Que.	100,3%	87,4%
Ont.	117,1%	109,9%
Alb.	145,1%	77,9%

* Steuerkraft je Einwohner im Verhältnis zum Landesdurchschnitt sowie Grad der Steueranspannung.
Quelle der Daten: Haushaltsdaten der einzelnen Provinzen; eigene Berechnungen.

In Anbetracht der großen Unterschiede in der Steueranspannung fällt es schwer, einen Anpassungsdruck hinsichtlich der Steuerbelastung als mögliche Wirkung des Steuerwettbewerbs zu erkennen. Die geringe Ausschöpfung des Besteuerungspotentials in einigen Provinzen (insbesondere in den wirtschaftsschwachen Regionen Newfoundland und Nova Scotia) deutet jedoch darauf hin, daß die Gestaltung der Steuertarife gezielt als Mittel der Ansiedlungs- und Standortpolitik genutzt wird.

3.4.4.1.3 Payroll Tax (Lohnsummensteuer)

Zur Finanzierung bestimmter Gesundheits- und Bildungsausgaben besteuern einige Provinzen die ausgezahlte Lohnsumme größerer Unternehmen. Eine solche Payroll Tax[85] wird lediglich in vier Provinzen erhoben, in drei dieser Provinzen ist die Tarifstruktur dabei progressiv angelegt. Die höchste Steuerbelastung findet sich in Quebec, dort dient das Aufkommen aus der Payroll Tax (wie auch in Ontario) der Finanzierung einer allgemeinen Krankenversicherung.

Tabelle 46: Regionale Steuersätze der Payroll Tax (Stand: April 2000)

	Ont.	Que.	B.C.	Alb.	Man.	Sask.	N.S.	N.B.	Nfld.	P.E.I.
Steuersatz	0,98-1,95%	3,23%-4,26%	-	-	0,0-2,25%	-	-	-	1,0-2,0%	-
Freibetrag in $	400.000	*			1 Mio.				400.000	

* Der ermäßigte Steuersatz von 3,23% gilt für Unternehmen mit einer Lohnsumme von weniger als 600.000 $.
Quelle der Daten: Alberta Treasury (Hrsg.): Budget 2000, S. 129; Nova Scotia Department of Finance (Hrsg.): Comparative Tax Rates.

Das Besteuerungspotential der Payroll Tax streut zwischen 63% und 119% des Landesdurchschnitts je Einwohner. Die Steuerkraft folgt mit wenigen Abweichungen (vgl. z.B. Saskatchewan) der regionalen Verteilung der Wirtschaftskraft (proportionale Korrelation). Interessant ist, daß drei der vier Provinzen mit einer Payroll Tax über eine Fiscal Capacity von unter 90% des Landesdurchschnitts verfügen.

In Anbetracht der hohen Belastungsunterschiede (vor allem im Vergleich zu der Mehrheit der Provinzen, welche die Payroll Tax nicht erheben) scheint die Payroll Tax im Rahmen des interregionalen Steuer- und Ansiedlungswettbewerbs für Unternehmen keine relevante Rolle zu spielen.

---

[85] Vgl. *Ingo Müssener*, Rdnr. 363; *Karin B. Treff/David B. Perry:* Finances of the Nation 1999, S. 4:12.

Abbildung 83: Relative Höhe des regionalen Payroll Tax-Besteuerungspotentials im Vergleich zur Wirtschaftskraft (BIP) 1998-99*

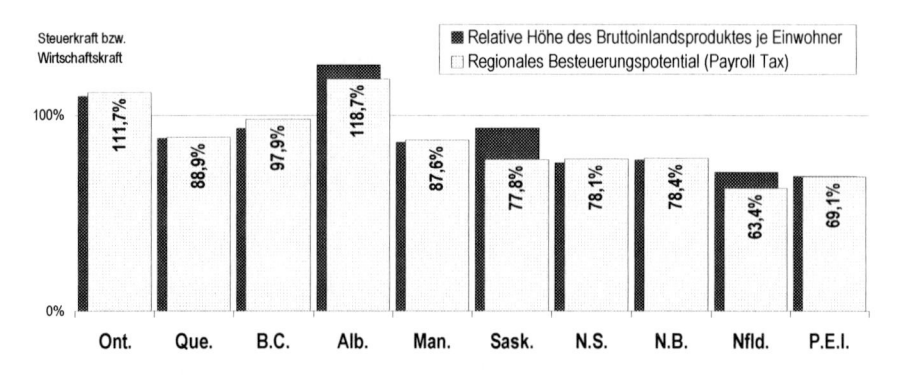

[Bar chart showing two series per province:
- Relative Höhe des Bruttoinlandsproduktes je Einwohner
- Regionales Besteuerungspotential (Payroll Tax)

Ont.: 111,7% / (100%)
Que.: 88,9% / 97,9%
B.C.: 118,7% (approx)
Alb.: 118,7%
Man.: 87,6% / 77,8%
Sask.: 78,1%
N.S.: 78,4%
N.B.: 78,4%
Nfld.: 63,4%
P.E.I.: 69,1%]

* Steuerkraft bzw. Wirtschaftskraft je Einwohner im Verhältnis zum Landesdurchschnitt (=100%).

Quelle der Daten: Department of Finance Canada (siehe Tab. A3.3 im Anhang); eigene Berechnungen.

3.4.4.1.4 Sales Tax (Einzelhandelsumsatzsteuer)

Alle Provinzen außer Alberta besteuern den Einzelhandelsumsatz sowie einige sonstige Leistungen mit einer (Retail) Sales Tax[86]. Wegen der ausschließlichen Gesetzgebungskompetenz des Bundes für den Bereich der indirekten Steuern gilt der Endverbraucher als Steuerpflichtiger, der Einzelhändler bzw. Anbieter anderweitiger steuerpflichtiger Leistungen zieht die Sales Tax für die Finanzverwaltung ein und erhält hierfür i.d.R. einen bestimmten Prozentsatz als Aufwandsentschädigung. Zur Bemessungsgrundlage der Sales Tax gehören in den meisten Provinzen neben Einzelhandelsumsatz und Energieverbrauch bestimmte Dienst- und Handwerksleistungen einschließlich der Leistungen von Telekommunikations- und Versicherungsunternehmen sowie dem Hotelgewerbe etc. In den einzelnen Provinzen existieren diverse Ausnahmeregelungen wie etwa für Lebensmittel, Medikamente und Bücher.[87]

Tabelle 47: Regionale Steuersätze der Sales Tax (Stand: April 2000)

	Ont.	Que.	B.C.	Alb.	Man.	Sask.	N.S.	N.B.	Nfld.	P.E.I.
Allgemeiner Steuersatz	8%	7,5%*	7%	-	7%	7%	8%*	8%*	8%*	10%

* In diesen Provinzen ist die Sales Tax mit der Goods and Services Tax des Bundes harmonisiert und hat deswegen eine breitere Bemessungsgrundlage als die Sales Taxes der übrigen Provinzen.

Quelle der Daten: Nova Scotia Department of Finance (Hrsg.): Comparative Tax Rates.

---

[86] Vgl. *Ingo Müssener*, Rdnr. 420ff.; *Karin B. Treff/David B. Perry*: Ausg. 1999, S. 5:4ff.

[87] Vgl. *Karin B. Treff/David B. Perry*: Finances of the Nation 1999, S. 5:5ff.

Die Sales Tax der Provinzen und die Goods and Services Tax des Bundes werden in denjenigen Provinzen, die kein Harmonisierungsabkommen mit dem Bund abgeschlossen haben, nebeneinander erhoben. Bemessungsgrundlage der Sales Tax sind regelmäßig die Nettopreise. Nur in Quebec und Prince Edward Island wird die Sales Tax auf die bereits die Umsatzsteuer (GST) des Bundes enthaltenden Preise angewendet.[88]

Abbildung 84: Relative Höhe des regionalen Sales Tax-Besteuerungspotentials im Vergleich zur Wirtschaftskraft (BIP) 1998-99*

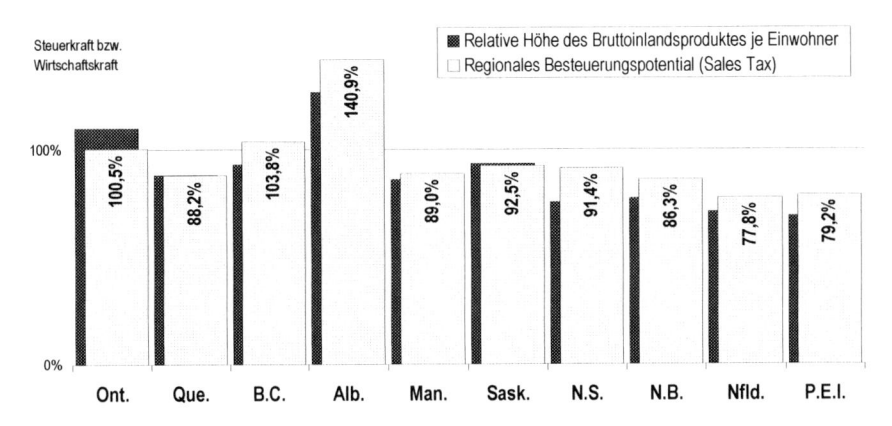

Provinz	BIP je Einwohner	Besteuerungspotential (Sales Tax)
Ont.	100,5%	
Que.	88,2%	
B.C.	103,8%	
Alb.		140,9%
Man.	89,0%	
Sask.	92,5%	
N.S.	91,4%	
N.B.	86,3%	
Nfld.	77,8%	
P.E.I.	79,2%	

* Steuerkraft bzw. Wirtschaftskraft je Einwohner im Verhältnis zum Landesdurchschnitt (=100%).
Quelle der Daten: Department of Finance Canada (siehe Tab. A3.3 im Anhang); eigene Berechnungen.

Die Höhe der regionalen Bemessungsgrundlagen hinsichtlich der Sales Tax variiert mit Ausnahme von Alberta, dessen Steuerkraft den Landesdurchschnitt mit großem Abstand zu den übrigen Provinzen weit übersteigt, vergleichsweise wenig. Das Besteuerungspotential liegt in zwei Provinzen bei knapp unter 80%, in fünf Provinzen bewegt es sich in einer Bandbreite von 86% bis 93% und in zwei Provinzen ist es knapp überdurchschnittlich. Sieht man Alberta als Ausreißer an, streut das Besteuerungspotential etwas weniger stark als die Wirtschaftskraft.

Die Nichterhebung der Sales Tax in Alberta könnte ein Grund für die auffallend hohe Steuerkraft dort sein. Eventuell ist die Höhe des Besteuerungspotentials ein Indikator für die Attrahierung steuerlicher Bemessungsgrundlagen durch den Verzicht auf die Besteuerung des Einzelhandelsumsatzes: Denkbar ist, daß die Bewohner benachbarter Gebiete ihr Einkaufsverhalten danach ausrichten und bestimmte (vor allem teuere) Waren in Alberta erwerben. Hierfür

---

[88] Vgl. *Nova Scotia Department of Finance* (Hrsg.): Comparative Tax Rates.

spricht, daß in Saskatchewan die Steuerkraft leicht hinter der Wirtschaftskraft zurückbleibt, was sonst nur in Ontario der Fall ist.

Abbildung 85: Relative Höhe des regionalen Sales Tax-Besteuerungspotentials und seiner tatsächlichen Ausschöpfung 1998-99*

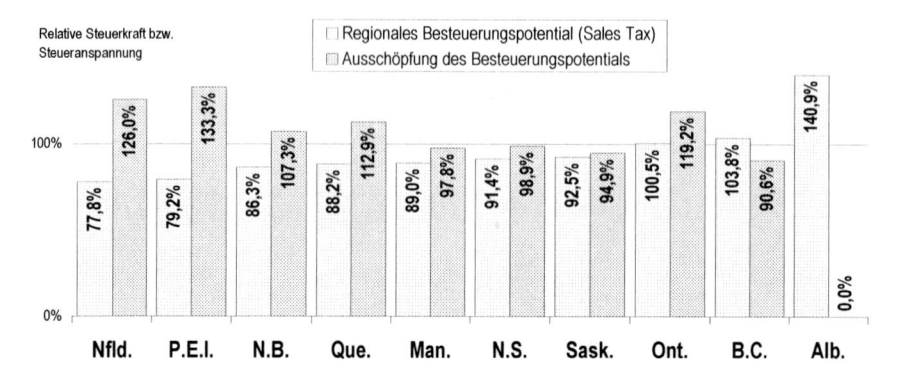

Relative Steuerkraft bzw. Steueranspannung

☐ Regionales Besteuerungspotential (Sales Tax)
☐ Ausschöpfung des Besteuerungspotentials

	Nfld.	P.E.I.	N.B.	Que.	Man.	N.S.	Sask.	Ont.	B.C.	Alb.
Potential	126,0%	133,3%	107,3%	112,9%	97,8%	98,9%	94,9%	119,2%	103,8%	140,9%
Ausschöpfung	77,8%	79,2%	86,3%	88,2%	89,0%	91,4%	92,5%	100,5%	90,6%	0,0%

* Steuerkraft je Einwohner im Verhältnis zum Landesdurchschnitt sowie Grad der Steueranspannung.
Quelle der Daten: *Department of Finance Canada* (siehe Tab. A3.1 bis A3.3 im Anhang); Haushaltsdaten der einzelnen Provinzen; eigene Berechnungen.

Diejenigen Provinzen, die eine Sales Tax erheben, schöpfen ihr Besteuerungspotential zu 91% bis 133% aus. Dabei ist eine Ost-West-Differenzierung zu erkennen: In den östlichen Landesteilen einschließlich Ontarios liegt die Steueranspannung zwischen 100% und 133%, in den westlichen Provinzen zwischen 91% und 97% bzw. bei 0% (Alberta). Die niedrigen Steuersätze von einheitlich 7% im Westen könnten eine Reaktion auf die Nichterhebung der Sales Tax in Alberta, also eine Folge von Steuerwettbewerb sein.

3.4.4.1.5 Insurance Tax (Versicherungsteuer)

Alle Provinzen erheben eine Steuer auf Versicherungsprämien, die sog. Insurance (Premiums) Tax[89]. Steuerpflichtig sind die Versicherungsprämien, welche von im Gebiet einer Provinz ansässigen Versicherungsnehmern eingenommen werden.[90] Die Tarife der Insurances Taxes sind inhaltlich weitgehend ähnlich gestaltet, die Steuersätze weichen nur geringfügig (i.d.R. um bis zu einem 1%-Punkt) voneinander ab.

---

[89] Vgl. *Karin B. Treff/David B. Perry*: Finances of the Nation 1999, S. 4:11f.
[90] Die Versicherungsteuer des Bundes greift bei inländischen Risiken nur, wenn der Versicherer im Ausland ansässig ist. Vgl. *Ingo Müssener*, Rdnr. 438.

Tabelle 48: Regionale Steuersätze der Insurance Tax (Stand: Februar 2000)

	Ont.	Que.	B.C.	Alb.	Man.	Sask.	N.S.	N.B.	Nfld.	P.E.I.
Allgemeiner Steuersatz	3,0%	3,35%	3,0%	3,0%	3,0%	3,0%	4,0%	3,0%	4,0%	3,0%
Lebens-, Unfall- und Krankenversicherung	2,0%	2,25%	2,0%	2,0%	2,0%	2,0%	3,0%	2,0%	3,0%	3,0%
Kfz-Versicherung	3,0%	3,35%	4,0%	3,0%	3,0%	4,0%	4,0%	3,0%	4,0%	3,0%
Feuerversicherung	0,5%	-	1,0%	-	2,0%	1,0%	1,25%	1,0%	-	1,0%

Quelle der Daten: Nova Scotia Department of Finance (Hrsg.): Comparative Tax Rates.

Das Verhältnis zwischen der Versicherungsteuer und der Sales Tax ist kompliziert und uneinheitlich. In einigen Provinzen sind alle Versicherungen von der Sales Tax ausgenommen. Versicherungen, die nicht die Risiken Leben, Unfall Krankheit und z.T. auch Seefahrt abdecken, werden von der mit der GST des Bundes harmonisierten Sales Tax in Newfoundland, Nova Scotia, New Brunswick und Quebec erfaßt. In Ontario gehören Versicherungen zur Bemessungsgrundlage der eigenen Sales Tax.[91]

Abbildung 86: Relative Höhe des regionalen Insurance Tax-Besteuerungspotentials im Vergleich zur Wirtschaftskraft (BIP) 1998-99*

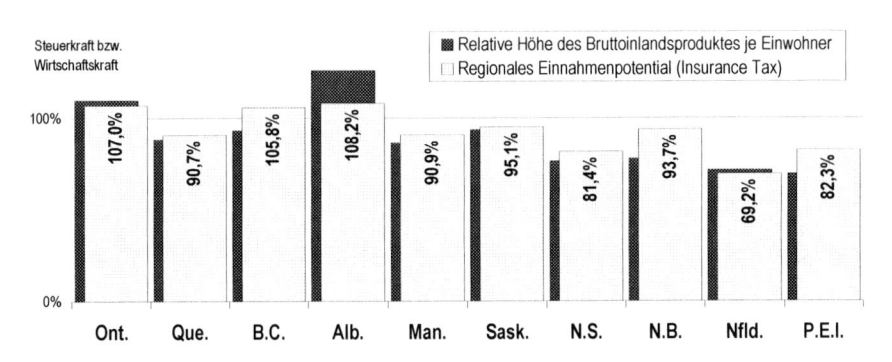

Provinz	Relative Höhe des Bruttoinlandsproduktes je Einwohner	Regionales Einnahmepotential (Insurance Tax)
Ont.	107,0%	90,7%
Que.	105,8%	90,7%
B.C.	105,8%	
Alb.	108,2%	
Man.		90,9%
Sask.		95,1%
N.S.		81,4%
N.B.		93,7%
Nfld.	69,2%	
P.E.I.		82,3%

* Steuerkraft bzw. Wirtschaftskraft je Einwohner im Verhältnis zum Landesdurchschnitt (=100%).
Quelle der Daten: Department of Finance Canada (siehe Tab. A3.3 im Anhang); eigene Berechnungen.

Die relative Höhe des Besteuerungspotentials reicht mit Ausnahme Newfoundlands von 81% bis 108% und bewegt sich in den meisten Provinzen innerhalb einer recht schmalen Bandbreite von +/- 8-9% in der Nähe des Durchschnitts. Die regionale Steuerkraft korreliert ungefähr mit der Wirtschaftskraft, in den wirtschaftsstarken Provinzen bleibt sie aber dahinter zurück.

---

[91] Vgl. *Karin B. Treff/David B. Perry:* Finances of the Nation 1999, S. 4:12, 5:8.

3.4.4.1.6 Verbrauchsteuern (Steuern auf Tabak und Kraftstoffe)

Parallel zum Bund erheben die Provinzen Steuern auf den Verbrauch bestimmter Güter. Ihre wichtigsten Verbrauchsteuern sind die Tabaksteuer (Tobacco Tax) sowie die Steuern auf Benzin und Dieselkraftstoffe (Gasoline Tax, Diesel Fuel Tax).

Die *Tobacco Tax*[92] der Provinzen dient der Besteuerung bestimmter Tabakerzeugnisse. Die Tabaksteuern des Bundes und der Provinzen sind grundsätzlich nicht aufeinander abgestimmt. Im Rahmen der Bekämpfung des Zigarettenschmuggels Mitte der 90er Jahre haben der Bund und (sukzessive) einige Provinzen ihre Tabaksteuern erheblich gesenkt. Dies betrifft vor allem Quebec, Ontario und die südlichen Atlantikprovinzen.[93] Infolgedessen unterscheiden sich die subnationalen Steuersätze sehr.

Tabelle 49: Regionale Steuersätze der Tobacco Tax (Stand: April 2000)

	Ont.	Que.	B.C.	Alb.	Man.	Sask.	N.S.	N.B.	Nfld.	B.C.
in $ pro Karton (mit 200 Zigaretten)	5,30*	8,60	22,00	14,00	16,00*	17,20*	9,64*	8,30*	22,00*	13,25

* In diesen Provinzen wird die Sales Tax zusätzlich auf die mit der Tobacco Tax versteuerte Ware erhoben.
Quelle der Daten: Nova Scotia Department of Finance (Hrsg.): Comparative Tax Rates.

Das Besteuerungspotential der Tabaksteuer liegt in den meisten Provinzen in Höhe des Durchschnitts pro Kopf, einige Provinzen hingegen können nur auf verhältnismäßig kleine regionale Bemessungsgrundlagen zugreifen (obwohl der Tabakkonsum pro Kopf unter den Provinzen nicht groß divergieren dürfte). Es liegt nahe, anzunehmen, daß Konsumenten aus Provinzen mit hohen Steuersätzen Tabakerzeugnisse in anderen (benachbarten) Provinzen einkaufen und somit Bemessungsgrundlagen 'abwandern'. Die Tabaksteuer scheint daher sehr sensibel auf den Steuerwettbewerb zu reagieren.

Entsprechend der großen Steuersatzdifferenzen ist die Steueranspannung regional sehr unterschiedlich (die Bandbreite reicht von 48% bis 224%). Dieser Umstand ist jedoch vornehmlich eine Folge der Konkurrenz zum Schwarzmarkt und nur in zweiter Linie eine Konsequenz des Steuerwettbewerbs. Als direkte Wirkung des Steuerwettbewerbs lassen sich jedenfalls die Reaktionen der angrenzenden Provinzen auf die niedrigeren Zigarettenpreise in Quebec

---

[92] Vgl. *Karin B. Treff/David B. Perry*: Finances of the Nation 1999, S. 5:12f.

[93] Quebec war die erste Provinz, die ihre Steuersätze massiv senkte. Wegen der Verkaufspreisdifferenzen sahen sich die angrenzenden Provinzen gezwungen, ihre Tabaksteuer ebenfalls zu ermäßigen. Vgl. *Karin B. Treff/David B. Perry*: Finances of the Nation 1999, S. 5:11ff.

(Steuersenkungen) und die Ausnutzung der Preisunterschiede durch die Konsumenten (Export von Besteuerungspotential) ansehen.

Abbildung 87: Relative Höhe des regionalen Tobacco Tax-Besteuerungspotentials und seiner tatsächlichen Ausschöpfung 1998-99*

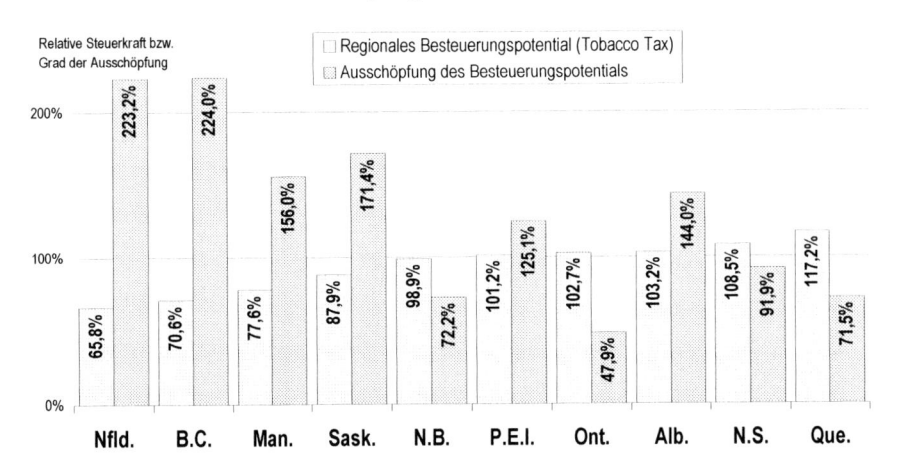

	Nfld.	B.C.	Man.	Sask.	N.B.	P.E.I.	Ont.	Alb.	N.S.	Que.
Regionales Besteuerungspotential	223,2%	224,0%	156,0%	171,4%	98,9%	125,1%	102,7%	144,0%	108,5%	117,2%
Ausschöpfung des Besteuerungspotentials	65,8%	70,6%	77,6%	87,9%	72,2%	101,2%	47,9%	103,2%	91,9%	71,5%

* Steuerkraft je Einwohner im Verhältnis zum Landesdurchschnitt (=100%) sowie Grad der Steueranspannung.

Quelle der Daten: Department of Finance Canada (siehe Tab. A3.1 bis A3.3 im Anhang); Haushaltsdaten der einzelnen Provinzen; eigene Berechnungen.

Mit der *Gasoline Tax* und der *Diesel Fuel Tax* (Motor Fuel Taxes)[94] besteuern die Provinzen den Verkauf von Kraftstoffen. Die Kraftstoffsteuern werden nicht beim Produzenten, sondern beim Endverkäufer erhoben. Bemessungsgrundlage ist entweder die Menge oder z.T. auch der Wert des verkauften Kraftstoffes (in letzterem Fall werden die Steuersätze mehrmals jährlich angepaßt). Es existieren zumeist getrennte Steuersätze für Benzin (Gasoline) und Diesel.

Tabelle 50: Regionale Steuersätze der Motor Fuel Taxes (Stand: Februar 2000)

(in Cents pro Liter)	Ont.	Que.	B.C.	Alb.	Man.	Sask.	N.S.	N.B.	Nfld.	P.E.I.
Gasoline Tax	14,7	15,2*	11,0	9,0	11,5	15,0	13,5*	10,7*	16,5*	13,0
Zuschlag**	-	1,5	2,5/4,0	-	-	-	-	-	-	-
Diesel Fuel Tax	14,3	16,2*	11,5	9,0	10,9	15,0	15,4*	13,7*	16,5*	13,5

* In diesen Provinzen gelangt die Sales Tax (HST bzw. QST) zusätzlich auf das bereits mit der Gasoline bzw. Diesel Fuel Tax versteuerte Benzin zur Anwendung.

** Zuschlag, der in den Metropolregionen von Vancouver, Victoria und Montreal erhoben wird.

Quelle der Daten: *Alberta Treasury* (Hrsg.): Budget 2000, S. 129; *Manitoba Department of Finance* (Hrsg.): Budget 2000, S. C15f.

---

94 Vgl. *Karin B. Treff/David B. Perry*: Finances of the Nation 1999, S. 5:13f.

Die Steuersätze der Provinzen variieren deutlich (vor allem in Verbindung mit der in einigen Provinzen zusätzlich auf den Kraftstoffverkauf angewendeten Sales Tax). Die Sätze der Benzinsteuern der Provinzen übersteigen durchweg den Steuersatz der Gasoline Tax des Bundes von 8,5 Cent pro Liter.

Abbildung 88: Relative Höhe des regionalen Motor Fuel Taxes-Besteuerungspotentials und seiner tatsächlichen Ausschöpfung 1998-99*

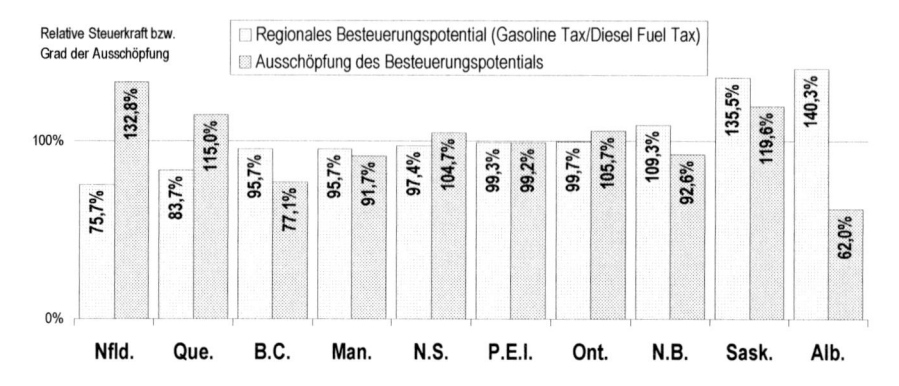

Relative Steuerkraft bzw. Grad der Ausschöpfung
☐ Regionales Besteuerungspotential (Gasoline Tax/Diesel Fuel Tax)
☐ Ausschöpfung des Besteuerungspotentials

	Nfld.	Que.	B.C.	Man.	N.S.	P.E.I.	Ont.	N.B.	Sask.	Alb.
Potential	132,8%	115,0%	95,7%	95,7%	91,7%	97,4%	99,3%	99,7%	135,5%	140,3%
Ausschöpfung	75,7%	83,7%	77,1%			104,7%	99,2%	105,7%	109,3% / 119,6%	92,6% / 62,0%

* Steuerkraft je Einwohner im Verhältnis zum Landesdurchschnitt (=100%) sowie Grad der Steueranspannung.
Quelle der Daten: *Department of Finance Canada* (siehe Tab. A3.1 bis A3.3 im Anhang); Haushaltsdaten der einzelnen Provinzen; eigene Berechnungen.

Das Besteuerungspotential der Motor Fuel Taxes streut unerwartet stark (76% bis 140%), es ist auch in einigen wirtschaftsschwachen Provinzen recht hoch. Verantwortlich für die weit überdurchschnittliche Steuerkraft in Saskatchewan und Alberta könnte der hohe Kraftstoffverbrauch im primären Sektor (insbesondere im Bergbau u.ä.) sein, der in diesen beiden Provinzen ein bedeutender Wirtschaftsfaktor ist.

Die Steueranspannung nimmt tendenziell mit zunehmender Steuerkraft ab (die Trendlinien verlaufen genau gegenläufig). Auswirkungen von Steuerwettbewerb sind nicht erkennbar, angesichts der im Vergleich zu Europa relativ niedrigen Steuerbelastung dürfte sich die Fahrt in eine andere Provinz zum Kraftstoffkauf auf kaum lohnen.

3.4.4.1.7 Vehicles Licences Revenues (Kraftfahrzeugsteuer)

Für den Betrieb eines Kraftfahrzeuges werden von den Provinzen Gebühren erhoben (Vehicles Licence oder Registration Fees).[95] Die Bemessungsgrundlage der Vehicles Licence Fees ist regional unterschiedlich, als Parameter werden z.B. das Eigen- bzw. das zulässige Gesamt-

---

[95] Vgl. *Karin B. Treff/David B. Perry*: Finances of the Nation 1999, S. 7:10f.

gewicht oder auch die Größe des Fahrzeuges verwendet. Die Höhe des Steuersatzes hängt vom Typ und von der Nutzungsart des Fahrzeuges ab.

Tabelle 51: Regionale Vehicles Licence Fees (Stand: 1997)

Fahrzeuggröße:	Ont.	Que.	B.C.	Alb.	Man.	Sask.	N.S.	N.B.	Nfld.	P.E.I.
kleine Pkw (0,8 to)	74	73	46	42	38	87	44	45	120	75
mittlere Pkw (1,2 to)	74	73	53	42	38	87	57	57	120	75
große Pkw (2,0 to)	74	73	84	42	57	105	74	106	120	75
mittlere Lkw (9,0 to)	294	643	330	408	580	166	263	361	352	230

Quelle der Daten: Karin B. Treff/David B. Perry: Finances of the Nation 1997; Toronto 1997, S. 7:11.

Tabelle 51 enthält die Jahresgebühren für ausgewählte Vergleichsfahrzeuge. In der Kategorie der Personenkraftwagen bestehen zwar größere regionale Differenzen (38 $ bzw. 42 $ bis 120 $), angesichts relativ geringer Gesamtbeträge (absolute Gebühr in $) sind jene aber vergleichsweise eher unerheblich. Viel deutlicher sind hingegen die Unterschiede zwischen den Provinzen bei den Lastkraftwagen, die mehrere Hundert Dollar ausmachen können (bei den mittelschweren Lkw etwa bis zu 477 $).

Abbildung 89: Relative Höhe des regionalen Vehicles Licences-Einnahmenpotentials im Vergleich zur Wirtschaftskraft (BIP) 1998-99*

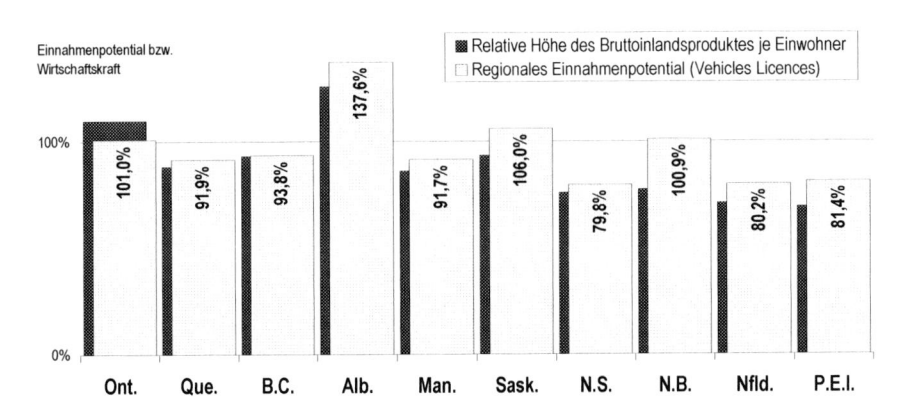

	Ont.	Que.	B.C.	Alb.	Man.	Sask.	N.S.	N.B.	Nfld.	P.E.I.
Relative Höhe des Bruttoinlandsproduktes je Einwohner	101,0%	91,9%	93,8%	137,6%	91,7%	106,0%	79,8%	100,9%	80,2%	81,4%

* Einnahmenpotential bzw. Wirtschaftskraft je Einwohner im Verhältnis zum Landesdurchschnitt (=100%).
Quelle der Daten: Department of Finance Canada (siehe Tab. A3.3 im Anhang); eigene Berechnungen.

Die regionale Streuung der Bemessungsgrundlagen bzgl. der Vehicles Licences ist relativ gering. Das Einnahmenpotential steigt im wesentlichen mit der Wirtschaftskraft an, es gibt aber auch einige Abweichungen (siehe etwa N.B.). Weil die Bemessungsgrundlage in der bevölkerungsreichsten Provinz Ontario im Vergleich zum Bruttoinlandsprodukt deutlich kleiner ausfällt, übersteigt das Einnahmenpotential aus den Vehicles Licences die Wirtschaftskraft in allen anderen Provinzen, insbesondere in den wirtschaftsschwachen Provinzen z.T. nicht unerheblich.

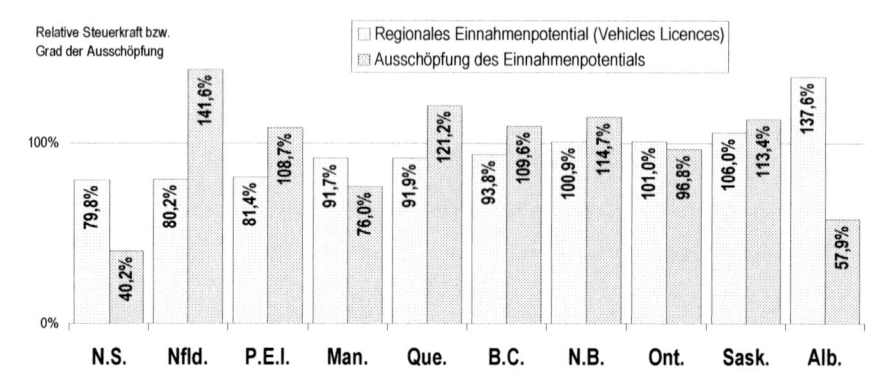

Abbildung 90: Relative Höhe des regionalen Vehicles Licences-Einnahmenpotentials und seiner tatsächlichen Ausschöpfung 1998-99*

	N.S.	Nfld.	P.E.I.	Man.	Que.	B.C.	N.B.	Ont.	Sask.	Alb.
Regionales Einnahmenpotential (Vehicles Licences)	79,8%	141,6%	81,4%	108,7%	91,9%	93,8%	109,9%	114,7%	96,8%	137,6%
Ausschöpfung des Einnahmenpotentials	40,2%	80,2%	91,7%	76,0%	121,2%	109,6%	100,9%	101,0%	106,0% / 113,4%	57,9%

* Einnahmenpotential je Einwohner im Verhältnis zum Landesdurchschnitt sowie Grad der Steueranspannung.
Quelle der Daten: *Department of Finance Canada* (siehe Tab. A3.1 bis A3.3 im Anhang); Haushaltsdaten der einzelnen Provinzen; eigene Berechnungen.

Die Ausschöpfung des Einnahmenpotentials variiert unter den Provinzen sehr stark (40% bis 142%), die unterschiedliche Höhe der Gebühren für Vehicles Licences macht sich mithin anschaulich bemerkbar. Vor diesem Hintergrund scheinen - theoretisch denkbare - Effekte des interregionalen Steuerwettbewerbs hin zu einer Anpassung der Steuersätze sowie der Abgabenbelastung nicht vorhanden zu sein. Einem wahrnehmbaren Wettbewerbsdruck auf die Provinzregierungen dürfte allein schon die geringe absolute Belastung eines einzelnen Fahrzeugs entgegenstehen.

3.4.4.1.8 Erträge der Monopolgesellschaften für Branntwein und Glücksspiel

Eine weitere fiskalisch bedeutende Einnahmequelle der Provinzen sind die Erträge ihrer Monopolgesellschaften für Branntwein und Glücksspiel (Liquor Control und Lottery Revenues). Die Provinzen erzielen *Liquor Control*-Einnahmen aus der Produktion von Branntwein und der Kontrolle des Alkoholverkaufs.[96] Als besondere Verbrauchsteuer wird von den Provinzen (neben der Alkoholsteuer des Bundes) eine Art Alkoholmonopolabgabe auf inländische Branntweinprodukte erhoben. Der Verkauf von stark alkoholischen Getränken obliegt Mono-

---

[96] Vgl. *Karin B. Treff/David B. Perry*: Finances of the Nation 1999, S. 5:15, 7:10 und 7:13f.

polgesellschaften der Provinzen ('Liquor Authorities'), welche zudem die Produktion (und ggf. den Weiterverkauf) von Branntwein über die Vergabe von Lizenzen und Genehmigungen regulieren. Die Monopolgesellschaften müssen ihre Gewinne teilweise sogar als Festbeträge an die Provinzregierungen abführen.

Aus dem Branntweinmonopol ziehen die Provinzen aber nicht nur die Handelsgewinne der regionalen Liquor Authorities, sondern auch Einnahmen aus verschiedenen anderen Quellen: Hierbei sind die Gebühren für die Produktions- bzw. Verkaufslizenzen und –genehmigungen am wichtigsten. Die Lizenzgebühren setzen sich i.d.R. aus einem Festbetrag und einem Anteil, dessen Höhe vom Umsatz abhängig ist, zusammen.[97]

Abbildung 91: Regionales Liquor Control-Einnahmenpotential 1998-99*

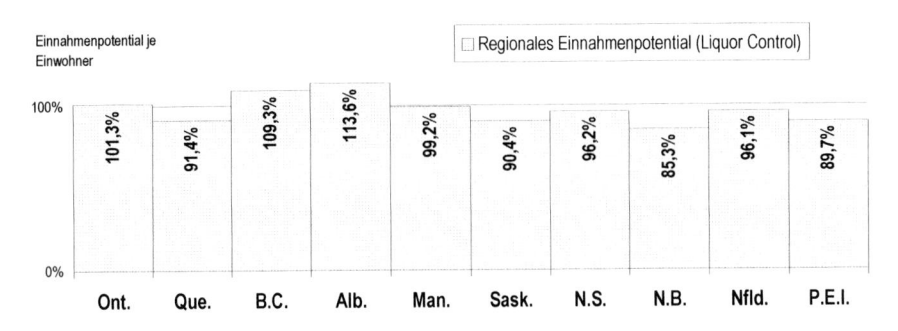

Ont.	Que.	B.C.	Alb.	Man.	Sask.	N.S.	N.B.	Nfld.	P.E.I.
101,3%	91,4%	109,3%	113,6%	99,2%	90,4%	96,2%	85,3%	96,1%	89,7%

* Steuerkraft je Einwohner im Verhältnis zum Landesdurchschnitt (=100%).
Quelle der Daten: Department of Finance Canada (siehe Tab. A3.3 im Anhang); eigene Berechnungen.

Das Einnahmenpotential hinsichtlich der Liquor Control weist keine allzu großen regionalen Schwankungen auf und bewegt sich mit einer relativen Höhe von 85% bis 114% in der geringsten Bandbreite aller subnationalen Abgaben. Grund hierfür ist vermutlich, daß der Pro-Kopf-Konsum von Branntwein mengenmäßig kaum divergieren dürfte. Unterschiede zwischen den Provinzen bestehen wahrscheinlich vielmehr im durchschnittlichen Wert der konsumierten Alkoholika, der in Regionen mit höheren Haushaltseinkommen entsprechend höher liegt.

Weiterhin besitzen die Provinzen Monopolgesellschaften für Glücksspiel, deren Erträge (*Lottery Revenues*) sie im Haushalt vereinnahmen. Das diesbezügliche regionale Einnahmenpotential streut zwischen 64% und 147% gemessen am Landesdurchschnitt je Einwohner. Die Ausschöpfungsquote verhält sich umgekehrt proportional zum Einnahmenpotential: Der Grad

---

[97] Vgl. *Karin B. Treff/David B. Perry*: Finances of the Nation 1999, S. 5:15 und 7:10.

der Ausschöpfung sinkt tendenziell mit steigendem Einnahmenpotential in einer Provinz. Dieser Befund legt den Schluß nahe, daß die Lotterien dort besonders viel Zulauf finden (ggf. auch von Bewohnern anderer Provinzen), wo die Abgabenbelastung am niedrigsten ist.

Abbildung 92: Relative Höhe des regionalen Lottery Revenues-Einnahmenpotentials und seiner tatsächlichen Ausschöpfung 1998-99*

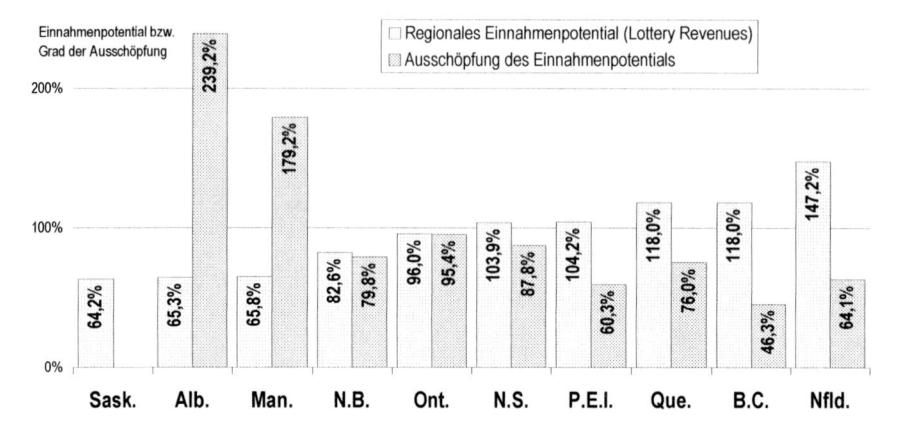

	Sask.	Alb.	Man.	N.B.	Ont.	N.S.	P.E.I.	Que.	B.C.	Nfld.
Regionales Einnahmenpotential		239,2%	179,2%	82,6%	96,0%	103,9%	87,8%	118,0%	118,0%	147,2%
Ausschöpfung des Einnahmenpotentials	64,2%	65,3%	65,8%	79,8%	95,4%	104,2%	60,3%	76,0%	46,3%	64,1%

* Einnahmenpotential je Einwohner im Verhältnis zum Landesdurchschnitt (=100%) sowie Grad der Ausschöpfung dieses Potentials. Zu Saskatchewan sind keine Daten hinsichtlich der Ausschöpfung verfügbar.

Quelle der Daten: Department of Finance Canada (siehe Anhang); Haushaltsdaten der Provinzen; eig. Berechnungen.

3.4.4.1.9 Natural Resources Revenues (Abgaben auf Bergbautätigkeiten und die Nutzung natürlicher Ressourcen)

Gemäß Sec. 92a Abs. 4 Constitution Act, 1867 haben die Provinzen das Recht, die Bergbautätigkeiten und Nutzung natürlicher Ressourcen auf ihrem Gebiet zu besteuern.[98] Das Department of Finance Canada hat bis 1998 die Fiscal Capacity für insgesamt 14 (seit 1999: 12) im Rahmen des Finanzausgleichs relevante Abgabenquellen im Bereich der Natural Resources Revenues getrennt ausgewiesen.

Die Anteile der Abgaben auf Bergbautätigkeiten und die Nutzung natürlicher Ressourcen am gesamten Einnahmenpotential der Provinzen (zusammen 3,5% der Fiscal Capacity) verteilt sich wie folgt auf die einzelnen Abgabenquellen: Öl- und Gasförderung einschließlich der dafür erforderlichen Schürfrechte (Oil and Gas Revenues) 1,9% der Fiscal Capacity, Forstwirtschaft (Forestry Revenues) 1,1%, Nutzung der Wasserkraft zur Energieerzeugung (Water Power Rentals) 0,3% und sonstige Bergbautätigkeit (Mineral Resources Revenues) 0,2%.

---

[98] Vgl. *Karin B. Treff/David B. Perry*: Finances of the Nation 1999, S. 7:1ff.

Das Abgabenpotential für Natural Resources Revenues divergiert außerordentlich. Im Prinzip ist es nur in drei Provinzen in einem vergleichsweise nennenswerten Umfang vorhanden. Alle übrigen Provinzen sind durch den Umstand, daß diese Abgabenquelle den Gliedstaaten zugewiesen ist, enorm benachteiligt.

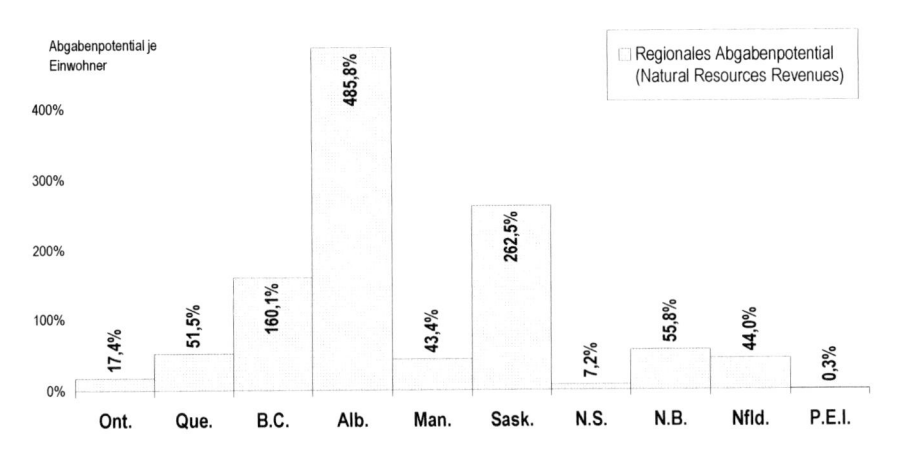

Abbildung 93: Regionales Natural Resources Revenues-Abgabenpotential 1998-99*

Abgabenpotential je Einwohner

□ Regionales Abgabenpotential (Natural Resources Revenues)

Provinz	%
Ont.	17,4%
Que.	51,5%
B.C.	160,1%
Alb.	485,8%
Man.	43,4%
Sask.	262,5%
N.S.	7,2%
N.B.	55,8%
Nfld.	44,0%
P.E.I.	0,3%

* Steuerkraft je Einwohner im Verhältnis zum Landesdurchschnitt (=100%).
Quelle der Daten: Department of Finance Canada (siehe Tab. A3.3 im Anhang); eigene Berechnungen.

Die regional äußerst unterschiedliche Fiscal Capacity für die einzelnen Natural Resources-Abgabenquellen wird nachfolgend ausdifferenziert dargestellt (in Klammern jeweils die relative Höhe der Fiscal Capacity der Provinzen mit den beiden höchsten Abgabenpotentialen gemessen am Landesdurchschnitt pro Einwohner):

- Ölförderung: Alberta (754%), Saskatchewan (665%).
- Gasförderung: Alberta (847%), British Columbia (111%).
- Schürfrechte: Alberta (814%), Saskatchewan (299%).
- Energiegewinnung aus Wasserkraft: Manitoba (249%), Quebec (225%).
- Forstwirtschaft: British Columbia (313%), Alberta und New Brunswick (je 134%).
- Sonstige Bergbautätigkeit: Saskatchewan (508%), Newfoundland (83%).

Die tatsächliche Ausschöpfung des Natural Resources-Abgabenpotentials läßt sich anhand der in den Haushalten der Provinzen ausgewiesenen Einnahmen nur für diejenigen Provinzen errechnen, die ein erwähnenswertes Aufkommen aus diesen Quellen erzielen. Sie beträgt (gemessen an den durchschnittlichen Abgabensätzen je gewichtetem Einwohner der drei Provinzen) in Saskatchewan 97,8%, in Alberta 69% und in British Columbia 123,1%.

3.4.4.1.10 Property Tax (Grundvermögensteuer)

Steuern auf das Grundvermögen (Property Taxes)[99] werden sowohl auf kommunaler Ebene als auch von einigen Provinzen erhoben. Von den kommunalen Körperschaften partizipieren an dieser Steuerquelle die Local Governments (z.T. auch die Regional Governments) sowie die School Authorities (School Boards). Die Provinzen erheben Property Taxes für kommunale Zwecke, entweder für allgemeine kommunale Aufgaben (vor allem in gemeindefreien Gebieten) oder zur Finanzierung von Bildungsausgaben zugunsten oder im Namen der School Boards[100]. Das Ausmaß der von den School Boards autonom festgesetzten Steuern variiert unter den Provinzen erheblich.

Tabelle 52: Besteuerung des Grundvermögens (Property Taxes) durch die Provinzen*, Gemeinden und School Boards 1998

	Ont.	Que.	B.C.	Alb.	Man.	Sask.	N.S.	N.B.	Nfld.	P.E.I.	Ø
Steueraufkommen (in $ pro Kopf)	1.575	1.184	1.125	1.085	1.162	1.249	739	774	371	558	1.273
	Anteile an der Besteuerung (Steueraufkommen) in %										
Municipalities	58,1%	71,0%	54,6%	58,4%	46,3%	39,6%	91,9%	52,0%	96,0%	43,6%	60,3%
Provinzen	9,5%	17,6%	45,4%	36,3%	23,7%	17,3%	8,1%	48,0%	4,0%	56,4%	19,1%
School Boards	32,4%	11,4%	0,0%	5,3%	30,0%	43,2%	0,0%	0,0%	0,0%	0,0%	20,6%

* Erhebung in Ontario, Manitoba und Saskatchewan durch die Provinzregierung nur in gemeindefreien Gebieten.
Quelle der Daten: Harry Kitchen, S. 309.

Bemessungsgrundlage[101] der Property Tax ist der jährlich neu festgesetzte Schätzwert eines Grundstücks einschließlich der darauf errichteten Gebäude[102], der den Marktwert widerspiegeln soll. Die Wertermittlung obliegt entweder der Provinz, der Gemeinde, beiden gemeinsam oder einer unabhängigen Körperschaft. Sie erfolgt je nach Provinz auf verschiedene Art und Weise, auch werden unterschiedliche Basiswerte zugrunde gelegt (diese beruhen z.B. in Toronto auf Erhebungen von 1940).

---

[99] Vgl. *Richard M. Bird/Naomi Enid Slack*, S. 79ff.; *Ingo Müssener*, Rdnr. 383ff.; *Karin B. Treff/David B. Perry:* Finances of the Nation 1999, S. 6:1ff.
[100] Die 'School Taxes' werden teilweise auch von den Gemeinden eingezogen.
[101] Dazu *Richard M. Bird/Naomi Enid Slack*, S. 80ff.; *Karin B. Treff/David B. Perry:* Finances of the Nation 1999, S. 6:4ff.
[102] In einigen Provinzen wird in den Grundstückswert auch der Wert des 'persönlichen' Vermögens einbezogen, soweit dieses mit dem Grundstück in irgendeiner Weise verbunden ist. Dies kann Maschinen, Ausrüstungsgegenstände und sonstige Bestandteile bis hin zu natürlichen Ressourcen wie Bodenschätze und Bäume betreffen. Unterschiedlich wird die Besteuerung öffentlicher Grundstücke gehandhabt: Diese sind z.T. von der Property Tax ausgenommen. Einige Provinzen zahlen anstelle der Steuer spezielle Zuweisungen an ihre Gemeinden.

Es existieren verschiedene Typen der Property Tax: Die wichtigsten sind die allgemeine Grundvermögensteuer (General Property Tax), steuerpflichtig ist hier der Eigentümer. Für die gewerbliche Nutzung eines Grundstücks ist eine spezielle Steuer (Business Property Tax) zu entrichten, deren Sätze sich nach der konkreten wirtschaftlichen Nutzungsart richten können. Steuerpflichtig ist der Nutzer des Grundstücks.[103]

Tabelle 53: Belastung des Grundvermögens durch die Property Tax 1995*

	Ont.	Que.	B.C.	Alb.	Man.	Sask.	N.S.	N.B.	Nfld.	P.E.I.
General Property Tax	1.460	1.660	1.130	1.460	1.810	1.920	1.410	1.300	1.400	1.120
Business Property Tax	3.190	2.750	2.400	2.750	3.760	4.650	3.200	2.980	2.810	1.850

* Jährliche Steuerbelastung durch die Property Tax in $ eines Grundstücks im Wert in Höhe von 100.000 $.
** General Property Tax: Wohnnutzung des Grundstücks; Business Property Tax: Gewerbliche Nutzung des Grundstücks.
Quelle der Daten: *Karin B. Treff/David B. Perry:* Finances of the Nation 1999, S. 6:3.

Die Festlegung der Steuersätze erfolgt jährlich auf der Grundlage des konkreten kommunalen Finanzbedarfs. Tabelle 53 vermittelt einen Eindruck von den regionalen Steuersatzdifferenzen. Ein direkter Vergleich der Steuerbelastung bei einem bestimmten Grundstückswert ist aber nur bedingt möglich. Dies liegt daran, daß die Kriterien für die steuerliche Bewertung von Grundstücken in den einzelnen Provinzen und z.T. sogar innerhalb einer Provinz in den verschiedenen Gemeinden sehr unterschiedlich sein können (das gilt insbesondere für gewerblich genutzte Grundstücke).[104]

Die Unterschiede in der Höhe des regionalen Besteuerungspotentials der Property Tax sind beträchtlich: Die steuerstärkste Provinz (Alb.) verfügt über eine fast doppelt so hohe Steuerkraft wie die steuerschwächste Provinz (Nfld.). In drei Provinzen ist das Besteuerungspotential je Einwohner überdurchschnittlich, die Fiscal Capacity der übrigen Provinzen liegt - mit deutlichen Abstufungen zwischen 60% und 89% - klar unter dem Landesdurchschnitt. Die Property Tax weist ein gegenüber der Wirtschaftskraft ungefähr proportional ansteigendes Besteuerungspotential auf, diesbezüglich dürfte sich insbesondere die gewerbliche Komponente der Property Tax auswirken.

Weil die Property Tax die mit Abstand wichtigste Steuerquelle der Gemeinden darstellt, lassen sich an der Streuung der steuerlichen Bemessungsgrundlagen zugleich die regionalen Unterschiede in der kommunalen Steuerkraft ablesen. Die wirtschaftsschwächsten Provinzen dürften demzufolge die finanzschwächsten Gemeinden haben.

---

103   Vgl. *Ingo Müssener*, Rdnr. 386; *Karin B. Treff/David B. Perry:* Finances of the Nation 1999, S. 6:16f.
104   Vgl. *Karin B. Treff/David B. Perry:* Finances of the Nation 1999, S. 6:6ff.

Abbildung 94: Relative Höhe des regionalen Property Tax-Besteuerungspotentials im Vergleich zur Wirtschaftskraft (BIP) 1998-99*

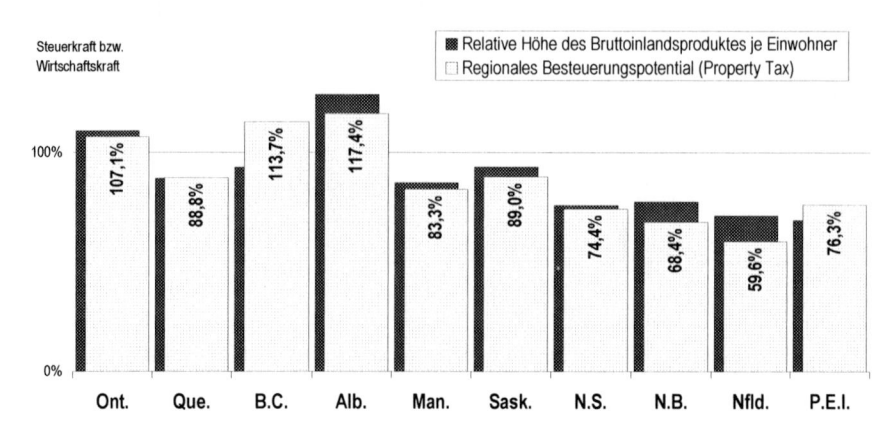

Steuerkraft bzw. Wirtschaftskraft

■ Relative Höhe des Bruttoinlandsproduktes je Einwohner
□ Regionales Besteuerungspotential (Property Tax)

	Ont.	Que.	B.C.	Alb.	Man.	Sask.	N.S.	N.B.	Nfld.	P.E.I.
BIP	107,1%	88,8%	113,7%	117,4%	83,3%	89,0%	74,4%	68,4%	59,6%	76,3%

* Steuerkraft bzw. Wirtschaftskraft je Einwohner im Verhältnis zum Landesdurchschnitt (=100%).
Quelle der Daten: Department of Finance Canada (siehe Tab. A3.3 im Anhang); eigene Berechnungen.

Abbildung 95: Relative Höhe des regionalen Property Tax-Besteuerungspotentials und seiner tatsächlichen Ausschöpfung 1998-99*

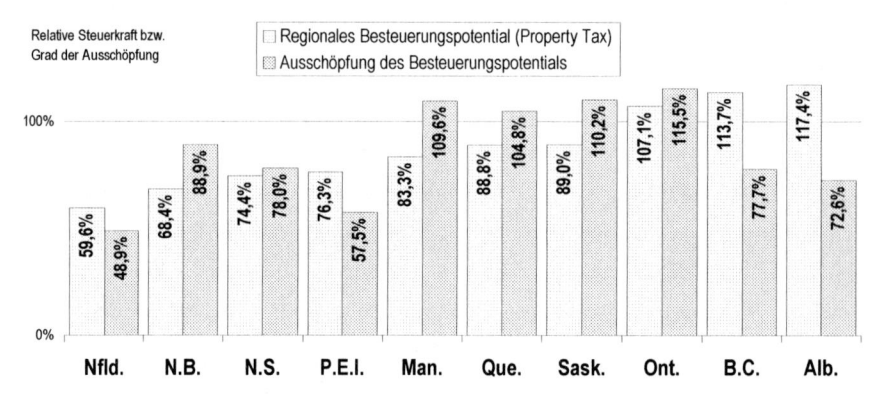

Relative Steuerkraft bzw. Grad der Ausschöpfung

□ Regionales Besteuerungspotential (Property Tax)
▨ Ausschöpfung des Besteuerungspotentials

	Nfld.	N.B.	N.S.	P.E.I.	Man.	Que.	Sask.	Ont.	B.C.	Alb.
Potential	59,6%	68,4%	74,4%	76,3%	83,3%	88,8%	89,0%	107,1%	113,7%	117,4%
Ausschöpfung	48,9%	88,9%	78,0%	57,5%	109,6%	104,8%	110,2%	115,5%	77,7%	72,6%

* Steuerkraft je Einwohner im Verhältnis zum Landesdurchschnitt (=100%) sowie Grad der Steueranspannung.
Quelle der Daten: Department of Finance Canada (siehe Anhang); Harry Kitchen, S. 309; eigene Berechnungen.

Die Steueranspannung variiert regional enorm. Erstaunlich ist, daß in den vier Provinzen mit der geringsten Fiscal Capacity in bezug auf die Property Tax das Besteuerungspotential nur weit unterdurchschnittlich ausgeschöpft wird. Nur in den vier Provinzen mit überdurchschnittlicher Steueranspannung werden School Taxes erhoben. Diese scheinen zu den gemeindlichen Property Taxes einfach als zusätzliche Steuerlast hinzuzukommen. Damit könnten die großen Unterschiede in der Steueranspannung weitgehend erklärt werden. Ein aus dem Steuerwettbewerb resultierender Druck auf die Anspannung dieser Steuerquelle ist demzufolge eher unwahrscheinlich.

3.4.4.1.11 Sonstiges Abgabenpotential der Provinzen und Gemeinden

Auf Ebene der Gliedstaaten und Gemeinden existieren darüber hinaus mehrere kleinere Steuern wie z.B. die Land Transfer Tax (Grunderwerbsteuer) oder die Amusement Tax (Vergnügungsteuer).[105] Land Transfer Taxes bestehen in sechs Provinzen (auf Gliedstaatenebene), die Amusement Tax ist in allen Provinzen eine kommunale Steuer, die aber in vier Provinzen zusätzlich durch die Provinzregierung erhoben wird.

Abbildung 96: Regionale Verteilung des sonstigen subnationalen Besteuerungs- und Abgabenpotentials im Vergleich zur Wirtschaftskraft (BIP) 1998-99*

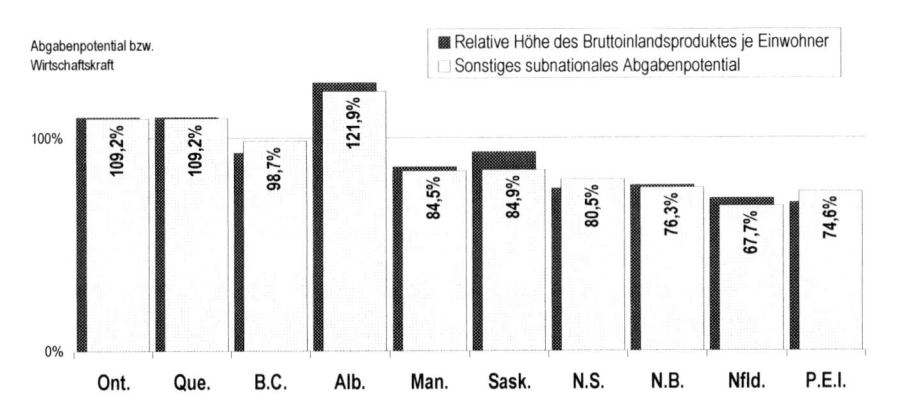

[Balkendiagramm: Abgabenpotential bzw. Wirtschaftskraft]
- Relative Höhe des Bruttoinlandsproduktes je Einwohner
- Sonstiges subnationales Abgabenpotential

Provinz	Wert
Ont.	109,2%
Que.	109,2%
B.C.	98,7%
Alb.	121,9%
Man.	84,5%
Sask.	84,9%
N.S.	80,5%
N.B.	76,3%
Nfld.	67,7%
P.E.I.	74,6%

* Abgabenpotential bzw. Wirtschaftskraft je Einwohner im Verhältnis zum Landesdurchschnitt (=100%).
Quelle der Daten: Department of Finance Canada (siehe Tab. A3.3 im Anhang); eigene Berechnungen.

Die Fiscal Capacity je Einwohner hinsichtlich der sonstigen kleinere Steuern und Abgaben der Gliedstaaten und Gemeinden ist in nur zwei Provinzen überdurchschnittlich, in den übrigen fällt es bis auf 68% des Landesdurchschnitts ab. Das Besteuerungs- und Abgabenpotential steigt genau proportional mit der Wirtschaftskraft einer Provinz.

3.4.4.2 Steuerkraft und Steueranspannung der Provinzen und Gemeinden insgesamt

Die Möglichkeit einer Gebietskörperschaft, eigene Einnahmen zu erzielen, ist abhängig von der Wirtschaftskraft, dem individuellen Einkommen und den vorhandenen natürlichen Res-

---

[105] Vgl. *Ingo Müssener*, Rdnr. 473ff.; *Karin B. Treff/David B. Perry:* Finances of the Nation 1999, S. 5:17.

sourcen. Weil diesbezüglich zwischen den kanadischen Provinzen erhebliche Disparitäten existieren, schwankt auch das Abgabenpotential entsprechend. Abbildung 97 zeigt die regionale Verteilung der steuerlichen Bemessungsgrundlagen der Provinzen und Gemeinden. In die Berechnung der Steuerkraft bzw. Fiscal Capacity fließt das Besteuerungs- und sonstige Abgabenpotential in seiner Gesamtheit ein.

Die gesamte Fiscal Capacity der Provinzen einschließlich ihrer Kommunen streut insgesamt zwischen 64% und 137% des Landesdurchschnitts. In den wirtschaftsschwachen Atlantikprovinzen beträgt die relative Höhe der Steuerkraft je Einwohner rund 64% bis 76%, in Quebec und den Prärieprovinzen steigt sie auf 81% bis 90%. Nur drei Provinzen (Alberta, Ontario und British Columbia) verfügen über eine überdurchschnittliche Fiscal Capacity (101% bis 137%) und können darum als finanzstark bezeichnet werden. Die übrigen sieben Provinzen besitzen eine unterdurchschnittliche Fiscal Capacity und sind folglich im Vergleich finanzschwach.

Abbildung 97: Die Steuerkraft der Provinzen und Gemeinden insgesamt im Vergleich zur Wirtschaftskraft (BIP) 1998-99*

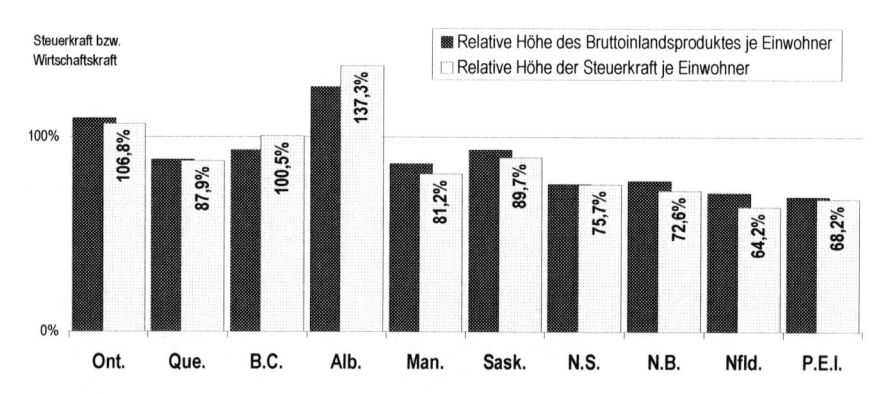

	Ont.	Que.	B.C.	Alb.	Man.	Sask.	N.S.	N.B.	Nfld.	P.E.I.
Relative Höhe des Bruttoinlandsproduktes je Einwohner	106,8%	87,9%	100,5%	137,3%	81,2%	89,7%	75,7%	72,6%	64,2%	68,2%

* Steuerkraft bzw. Wirtschaftskraft je Einwohner im Verhältnis zum Landesdurchschnitt (=100%).
Quelle der Daten: Department of Finance Canada (siehe Tab. A3.3 im Anhang); eigene Berechnungen.

Hinsichtlich der regionalen Verteilung des subnationalen Besteuerungspotentials lassen sich mithin große Divergenzen feststellen. Die mittlere Fiscal Capacity der vier Atlantik-Provinzen ist gerade einmal halb so groß wie diejenige Albertas. Darüber hinaus sind nicht nur die Bandbreite der einzelnen Werte mit über 75%-Punkten sehr beträchtlich, sondern auch die jeweiligen Abstufungen: Die finanzstärkste Provinz Alberta kann einen 'Vorsprung' von immerhin 30%-Punkten gegenüber der Provinz mit der zweitgrößten Fiscal Capacity (Ontario) verzeichnen, deren Steuerkraft wiederum gerade einmal 7%-Punkte über dem Landesdurchschnitt liegt. British Columbia als Dritte in der Finanzkraftreihenfolge hat bereits 'nur' ein durchschnittliches Besteuerungspotential. Alle weiteren Provinzen folgen mit mehr oder minder großem Abstand (bis zu 11%-Punkte) zueinander.

Die regionale Steuerkraft korreliert grundsätzlich mit der Wirtschaftskraft der Provinzen, jedoch nicht im gleichen proportionalen Verhältnis: In zwei der drei finanzstarken Provinzen (Alb. und B.C.) übersteigt die relative Höhe der Fiscal Capacity die des Bruttoinlandsproduktes erheblich. Die übrigen acht Provinzen weisen dagegen eine Steuerkraft auf, die hinter ihrer Wirtschaftskraft zurückbleibt. Tendenziell verteilen sich die Bemessungsgrundlagen regional derart, daß die finanzstarken Provinzen hiervon übermäßig begünstigt werden.

Abbildung 98: Das regionale Besteuerungspotential und der Grad seiner Ausschöpfung im Zeitraum 1995-96 bis 1999-2000 (in % des Bundesdurchschnitts)

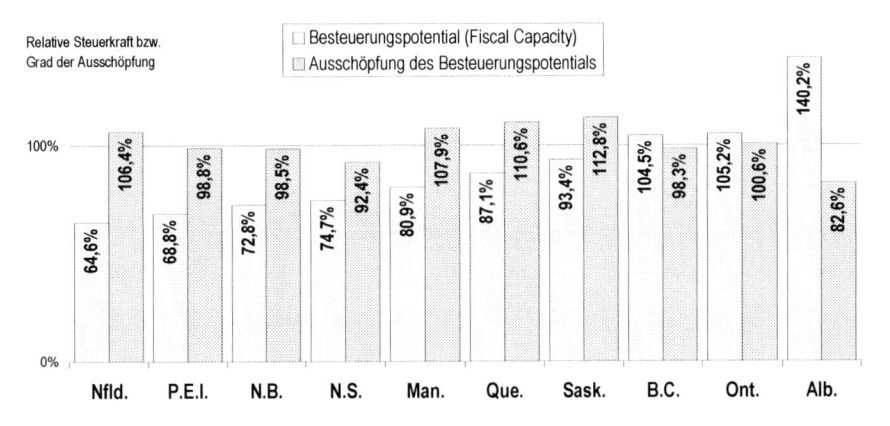

Relative Steuerkraft bzw. Grad der Ausschöpfung

☐ Besteuerungspotential (Fiscal Capacity)
▨ Ausschöpfung des Besteuerungspotentials

Provinz	Besteuerungspotential	Ausschöpfung
Nfld.	64,6%	106,4%
P.E.I.	68,8%	98,8%
N.B.	72,8%	98,5%
N.S.	74,7%	92,4%
Man.	80,9%	107,9%
Que.	87,1%	110,6%
Sask.	93,4%	112,8%
B.C.	104,5%	98,3%
Ont.	105,2%	100,6%
Alb.	140,2%	82,6%

Quelle der Daten: *Ministry of Finance and Corporate Relations* (Hrsg.): Province of British Columbia: Budget 2000: Reports; Vancouver 2000, S. 135; eigene Berechnungen.

In Abbildung 98 werden die relativen Werte (gemessen am Bundesdurchschnitt) des regionalen Besteuerungspotentials (Fiscal Capacity) je Einwohner und des Grades seiner Ausschöpfung (Tax Effort) in den einzelnen Provinzen im Mittel der Haushaltsjahre 1995-96 bis 1999-2000 gegenübergestellt. Obwohl möglicherweise das Gegenteil zu erwarten wäre[106], schöpfen die Provinzen mit geringerer Fiscal Capacity ihr Besteuerungspotential nicht durchgängig überdurchschnittlich aus. Die Steueranspannung liegt nur in vier der sieben finanzschwachen Provinzen über dem Bundesdurchschnitt. Drei der Atlantik-Provinzen dagegen weisen nicht

---

[106] Eine überdurchschnittliche Ausschöpfung des Besteuerungspotentials in finanzschwachen Gebietskörperschaften wäre erforderlich, um ihre unterdurchschnittliche Fiscal Capacity auszugleichen und öffentliche Leistungen in einem durchschnittlichen Umfang anbieten zu können. Außerdem haben finanzschwache Einheiten i.d.R. auch einen Nachholbedarf im Bereich der Infrastruktur sowie höhere Ausgaben für soziale Leistungen.

nur eine unterdurchschnittliche Fiscal Capacity auf, sondern belasten auch ihre Steuerquellen gleichermaßen.

Die Provinz Alberta nutzt ihre weit überdurchschnittliche Fiscal Capacity (fast schon erwartungsgemäß) nur zu 82,6%. Eine höhere Intensität an Steuerbelastung ist auch nicht notwendig, wenn die Einnahmen einen mittleren Wert nicht übersteigen sollen. Die beiden anderen finanzstarken Provinzen Ontario und British Columbia liegen mit einer Steueranspannung von 100,6% bzw. 98,3% nahe am Bundesdurchschnitt. Bei Betrachtung aller Provinzen läßt sich demzufolge feststellen, daß das Maß der Ausschöpfung des Besteuerungspotentials in den finanzschwachen Provinzen zumindest tendenziell höher ist.

Abbildung 99: Das Einnahmenpotential (Fiscal Capacity) der Provinzen nach Finanzausgleich und der Grad seiner Ausschöpfung (Tax Effort) im Mittel der Haushaltsjahre 1995-96 bis 1999-2000 (in % des Landesdurchschnitts)

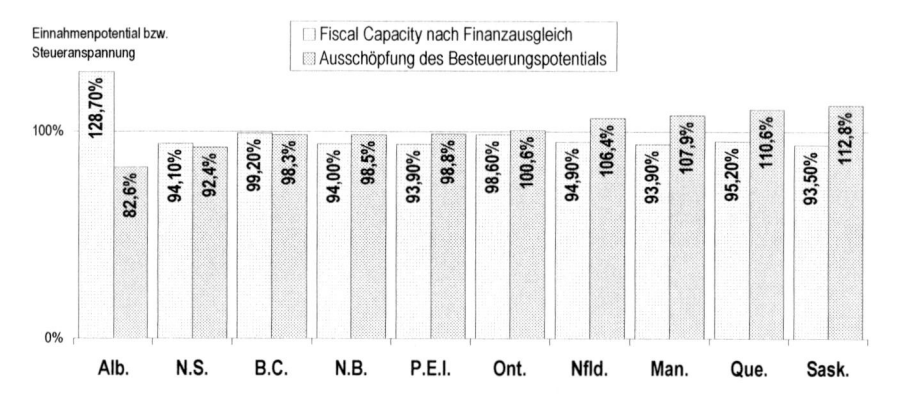

Quelle der Daten: Ministry of Finance and Corporate Relations (Hrsg.), S. 135; eigene Berechnungen.

Abbildung 99 zeigt die relativen Werte (gemessen am Bundesdurchschnitt) des Besteuerungspotentials nach Finanzausgleich[107] und der Steueranspannung in den einzelnen Provinzen im Mittel der Haushaltsjahre 1995-96 bis 1999-2000. Hierbei wird ein Zusammenhang zwischen Finanzkraft und Steueranspannung sichtbar:

Die Provinzen mit geringerer Fiscal Capacity nach Durchführung des Finanzausgleichs schöpfen ihr Besteuerungspotential zwar nur teilweise (vier der sieben finanzschwachen Provinzen) überdurchschnittlich aus. Auffällig ist, daß drei der vor Finanzausgleich finanzschwächsten (Atlantik-) Provinzen ihre Steuerquellen lediglich unterdurchschnittlich belasten und deshalb im landesweiten Vergleich der Steueranspannung hintere Plätze einnehmen. Die

---

[107] Maßgeblich ist die Fiscal Capacity nach Durchführung aller Schritte des Finanzausgleichs.

finanzstärkste Provinz Alberta nutzt ihre weit überdurchschnittliche Fiscal Capacity am geringsten aus. Die beiden anderen (eher) finanzstarken Provinzen Ontario und British Columbia liegen mit Werten von 100,6% bzw. 98,3% nahe am Bundesdurchschnitt und damit an fünfter bzw. achter Stelle. Insgesamt läßt sich damit erkennen, daß der Grad der Ausschöpfung des Besteuerungspotentials mit zunehmender Finanzkraft nach Finanzausgleich abnimmt, mit abnehmender Finanzkraft hingegen ansteigt.

Noch ein weiterer Aspekt ist beachtenswert: In vier (finanzschwachen) Provinzen ist eine deutlich überdurchschnittliche Steueranspannung festzustellen: Die Steuerpolitik scheint sich dort vornehmlich an dem Ziel zu orientieren, die auch nach Finanzausgleich noch unterdurchschnittliche Fiscal Capacity auszugleichen und öffentliche Leistungen in einem Umfang vergleichbar den finanzstarken Einheiten oder zumindest entsprechend dem mittleren Standard anbieten zu können.

3.4.4.3 Die regionale Steuerbelastung

Aufgrund der parallelen Ausschöpfung der wichtigsten Steuerquellen (mit Ausnahme des Grundvermögens) durch die Provinzen und den Bund stellt sich die Frage, welche steuerliche Belastung aus dem Zusammenwirken der einzelnen Steuern auf regionaler Ebene entsteht. Als Vergleichsgröße wurde die Steuerbelastung im Verhältnis zur jeweiligen Wirtschaftskraft einer Provinz (gemessen am Bruttoinlandsprodukt) gewählt.

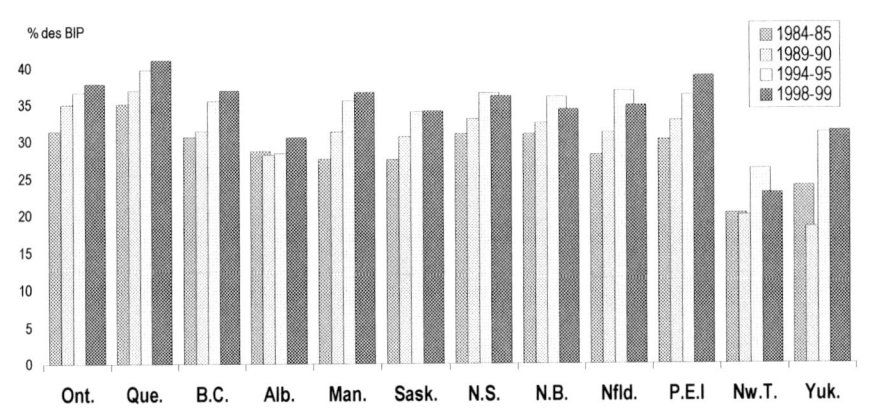

Abbildung 100: Höhe der gesamten Steuerbelastung in den kanadischen Provinzen und Territorien in ausgewählten Haushaltsjahren (in % des jeweiligen BIP)

Quelle der Daten: Canadian Tax Foundation (http://www.ctf.ca/ctfpubs/cth/991204; http://www.ctf.ca/ctfpubs/cth/960604 und http://www.ctf.ca/ctfpubs/cth/001204 [Stand 25.01.2001]).

Abbildung 100 stellt die Belastung der einzelnen Gliedstaaten mit Steuern aller drei föderalen Ebenen dar. Im Haushaltsjahr 1998-99 liegt die Gesamtsteuerlast lediglich in der wirtschaftsstarken Provinz Alberta (30,5%) und den Territorien unter 34% des jeweiligen BIP. Nur in drei Provinzen ist die Steuerbelastung höher als der gewichtete landesweite Durchschnitt von 37,1% des BIP. Das höchste Steuerniveau mit 41,1% des BIP hat Quebec[108] bei einer leicht unterdurchschnittlichen Wirtschaftskraft. Ontario, die Provinz mit dem zweithöchsten BIP, weist die dritthöchste Steuerbelastung (37,8%) auf. Diese beiden Provinzen (Quebec und Ontario) haben auch mit Abstand die meisten Einwohner.

Ferner fällt auf, daß von der Wirtschaftskraft her vergleichbare Provinzen nicht unbedingt ein ähnliches Steuerniveau besitzen: Als Beispiel hierfür lassen sich etwa Saskatchewan und British Columbia (Steuerbelastung: 34,1% bzw. 36,3% des BIP) oder Newfoundland und Prince Edward Island (Steuerbelastung: 34,8% bzw. 38,9% des BIP) anführen. Ein unmittelbarer Zusammenhang zwischen BIP und Steuerlast ist daher nicht auszumachen.

Die unterschiedliche regionale Steuerbelastung wird nachfolgend weiter aufgegliedert:

Tabelle 54: Höhe der Belastung durch Steuern des Bundes, der Provinzen und Kommunen in den einzelnen Provinzen 1998 (in % des jeweiligen BIP)

	Ont.	Que.	B.C.	Alb.	Man.	Sask.	N.S.	N.B.	Nfld.	P.E.I.	CAN
Bundessteuern	18,0	16,2	17,5	16,7	16,4	14,4	17,5	16,3	15,7	19,0	17,2
Einkommensteuer	9,7	7,2	9,0	8,8	8,6	7,1	9,1	8,0	7,4	8,3	8,8
Körperschaftsteuer	2,1	2,3	1,6	2,3	1,3	1,4	1,3	1,5	1,3	1,6	2,0
Umsatzsteuer (GST)	2,4	2,6	2,9	2,4	2,6	2,4	2,9	2,7	2,8	3,1	2,5
Sonstige Abgaben	3,8	4,0	3,9	3,2	3,9	3,4	4,2	4,1	4,1	6,0	3,8
Steuern der Provinzen	13,4	19,0	14,4	9,9	14,6	14,1	13,4	14,0	15,2	16,3	14,4
Einkommensteuer	4,8	8,0	5,3	4,4	5,5	5,1	5,4	5,1	5,5	5,3	5,5
Körperschaftsteuer	1,5	1,1	0,8	1,4	0,6	0,7	0,5	0,7	0,5	0,7	1,2
Einzelhandelssteuer u.ä.	3,2	3,5	3,4	0,4	3,5	3,2	3,7	3,5	4,3	5,3	3,0
Sonstige Abgaben	4,7	7,4	5,8	4,2	5,6	5,6	4,3	5,0	5,7	5,4	5,4
Kommunale Steuern	4,4	3,7	2,3	2,1	3,5	3,9	3,0	1,7	1,6	1,2	3,5
Grundvermögensteuer	4,2	3,2	2,0	1,7	3,2	3,6	2,7	1,7	1,2	1,2	3,2
Rentenvers. (CPP/QPP)	2,0	2,1	2,2	1,7	2,1	1,7	2,3	2,3	2,2	2,5	2,0
Steuerbelastung gesamt	37,8	41,1	36,3	30,5	36,6	34,1	36,1	34,3	34,8	38,9	37,1
davon Steuern der Provinzen und Gemeinden	17,8	22,7	16,7	12,0	18,1	18,0	16,4	15,7	16,8	17,5	17,9

Quelle der Daten: Karin B. Treff/David B. Perry: Finances of the Nation 2000, S. B:16.

---

[108] Bei der Bewertung der Steuerbelastung in Quebec ist allerdings zu beachten, daß diese Provinz mit dem Quebec Pension Plan (QPP) ein eigenes Alterssicherungssystem finanziert.

Die Höhe der Belastung durch die jeweiligen Steuern des Bundes, der Provinzen und Kommunen in den einzelnen Provinzen gemessen am BIP variiert auffällig: Die Belastung der Steuerzahler mit Bundessteuern weist dabei zwar noch die geringste Schwankungsbreite (14,4%-19,0%) auf, diese differiert aber immerhin um 4,6%-Punkte. Ein spezielles Muster, nach dem etwa die finanzschwachen oder -starken Provinzen über- bzw. unterdurchschnittlich stark in Anspruch genommen werden, läßt sich nicht erkennen.

Die Höhe der Steuern der Provinzen streut in einem noch wesentlich stärkeren Maße zwischen 9,9% und 19,0% des BIP. Die finanzstärksten Provinzen Alberta und Ontario weisen hierbei die geringste Steuerbelastung auf. Das Steueraufkommen der Kommunen hat die relativ größte Schwankungsbreite (1,2%-4,4% des BIP).

Obwohl die Unterschiede in der 'subnationalen Staatsquote' bei Betrachtung aller Provinzen sehr groß sind (12,0%-22,7%), läßt sich doch ein Zusammenhang zwischen der Steuerbelastung durch die Provinzen und der durch die Gemeinden herstellen: Wenn die Ausreißer Quebec und Alberta unberücksichtigt bleiben, liegt die Schwankungsbreite nur noch zwischen 15,7% und 18,1% des BIP. Die Addition der subnationalen Steuerbelastung ebnet die horizontalen Divergenzen also wieder ein wenig ein. Dies deutet auf eine regional unterschiedliche vertikale Verteilung des Finanzbedarfes zwischen Gliedstaaten und Gemeinden im Sinne eines verschieden hohen Kommunalisierungsgrades hin. Der Umfang des Zugriffs der Kommunen auf die Besteuerungsgrundlagen erfolgt mithin wohl nicht unabhängig von der durch die Provinzen.

Abbildung 101: Höhe der Belastung durch Steuern der Provinzen und Kommunen in den einzelnen Provinzen 1998 (in % des BIP)

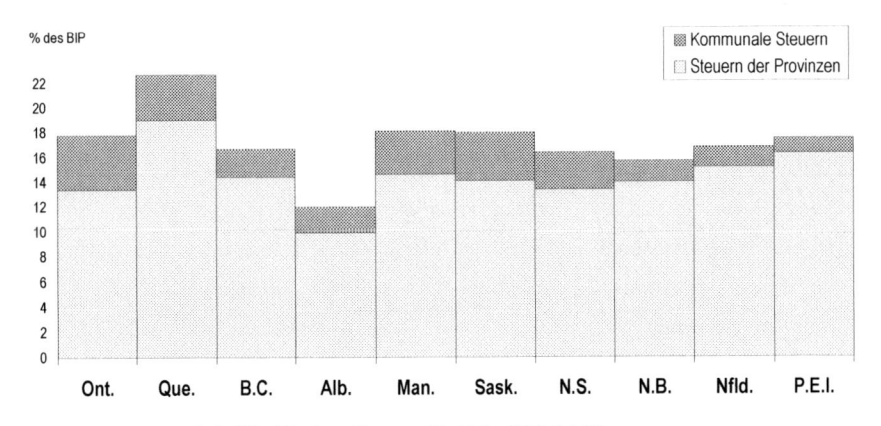

Quelle der Daten: Karin B. Treff/David B. Perry: Finances of the Nation 2000, S. B:16.

3.4.4.4 Zwischenergebnis

Auch in Kanada ist die regionale Streuung der steuerlichen Bemessungsgrundlagen bzw. des Abgabenpotentials sehr groß (die regionale Fiscal Capacity der Provinzen reicht im Durchschnitt der Haushaltsjahre 1995-96 bis 1999-2000 von 65% bis 140%). Das föderative Steuersystem baut mithin auf einer häufig sehr ungleichmäßigen regionalen Verteilung der Steuerkraft auf. Hierbei wirkt sich nicht nur der Umstand aus, daß das Besteuerungspotential in den wirtschaftsschwachen Provinzen regelmäßig recht niedrig ist, sondern auch die vertikale Zuordnung einiger Abgabenquellen, deren Bemessungsgrundlagen in einigen Provinzen überproportional hoch ausfallen, auf die Ebene der Gliedstaaten.

Die Provinzen nutzen ihre autonomen Besteuerungsrechte durchaus zu einer eigenständigen Gestaltung ihres regionalen Steuer- und Abgabensystems. Regionale Differenzen der steuerlichen Bemessungsgrundlagen lassen sich dabei weniger feststellen, größere Unterschiede existieren vielmehr hinsichtlich der Tarifstrukturen und vor allem der Steuersätze. Alberta ist die einzige Provinz, die eine Steuer (die Sales Tax) überhaupt nicht erhebt (mit Ausnahme der School Taxes). Darüber hinaus zeigt ein Blick auf die relative Steuerbelastung, wie die Provinzen ihre autonomen Gestaltungsspielräume nutzen: Das Ausmaß der Steuer- und Abgabenanspannung variiert zwischen den Provinzen zum Teil beträchtlich, und vor allem im Bereich der Steuern vom Einkommen ist ein regelrechtes Steuergefälle vorhanden.

Hier zeigen sich auch die Auswirkungen des Steuerwettbewerbs: Bei der Einkommensteuer ist seit einigen Jahren ein landesweiter Trend zu kontinuierlichen Steuersenkungen zu beobachten, der sich mit dem Umbau des Einkommensteuersystems der Provinzen zum Beginn des Jahres 2001 fortzusetzen scheint. Im übrigen scheint sich der Steuerwettbewerb nicht nur auf einzelne Steuerquellen zu konzentrieren: Gegenstand der Steuerpolitik der Gliedstaaten ist genauso das Anliegen, die Gesamtsteuerbelastung möglichst gering zu halten.

Die meist weit überdurchschnittlichen Abgabenpotentiale in der Provinz Alberta sind möglicherweise auch z.T. auf den Steuerwettbewerb zurückzuführen. Es ist durchaus vorstellbar, daß Alberta durch eine in den meisten Fällen niedrige Steueranspannung steuerliche Bemessungsgrundlagen attrahiert. Dies dürfte insbesondere für die Sales Tax gelten, deren regionales Besteuerungspotential mit Ausnahme von Alberta nicht sehr stark streut. Daß sich besonders die Provinz Alberta als Niedrigsteuerregion zu profilieren vermag, ist nicht nur eine Folge der hohen regionalen Wirtschaftskraft, sondern auch der vertikalen Zuordnung der Steuerquellen. Die Möglichkeit, die Nutzung natürlicher Ressourcen zu besteuern, verschafft wenigen Provinzen ein erheblich größeres Besteuerungspotential und somit einen klaren finanziellen Vorteil gegenüber den anderen Regionen.

3.4.5 Der Finanzausgleich i.e.S. zwischen Bund und Provinzen

3.4.5.1 Zielsetzung und Bedeutung des Finanzausgleichs

Dem Finanzausgleichsprogramm wird eine erhebliche politische Relevanz für die kanadische Föderation beigemessen.[109] Nicht in allen Regionen liegen die Voraussetzungen vor, um vergleichbar hohe Einnahmen zur Finanzierung staatlicher Leistungen zu erzielen. Kanada weist vielmehr erhebliche ökonomische Disparitäten zwischen den Provinzen auf. Mit dem Finanzausgleich sollen die finanzschwächeren Provinzen in die Lage versetzt werden, ihren Einwohnern einen angemessenen Mindeststandard an öffentlichen Leistungen zu bieten.

Die ersten Finanzausgleichsabkommen zwischen dem Bund und den Provinzen wurden 1941 geschlossen, als die Provinzen auf die eigenständige Besteuerung des Einkommens verzichteten.[110] Im Gegenzug erhielten die Provinzen Transferzahlungen ('Tax Rentals') in Höhe der entgangenen Einnahmen bzw. des Budgetdefizits. 1957 wurde erstmals ein Finanzausgleich mit horizontaler Ausgleichswirkung in einem Bundesgesetz festgelegt.[111] Im Jahr 1967 wurde ein Ausgleichsverfahren eingeführt, das in seinen Grundzügen bis heute fortgilt.[112]

Seit 1982 ist die Verpflichtung zum Ausgleich regionaler ökonomischer Differenzen in der Verfassung verankert. Section 36.1(a) Constitution Act, 1982 verpflichtet Bund und Provinzen, die Voraussetzungen für das Wohlergehen aller Einwohner der kanadischen Föderation unabhängig von ihrem Wohnort zu schaffen, wobei die Aufgabe der Verwirklichung vergleichbarer Lebensverhältnisse primär dem Bund zugewiesen wird. Die Zielsetzung des Finanzausgleichs findet sich im anschließenden Absatz (Section 36.2)[113]. Diese Bestimmung enthält zwei wesentliche Elemente: das Ziel der 'Reasonably Comparable Levels of Public Services' und die Bedingung der 'Reasonably Comparable Levels of Taxation'. Intention des

---

[109] Vgl. *Department of Finance Canada* (Hrsg.): Budget 1999: Federal Financial Support for the Provinces and Territories; Ottawa 1999, S. 16; *Robin W. Boadway/Paul A. R. Hobson*, S. 109.

[110] Vgl. zur Entwicklung des Finanzausgleichssystems *Robin W. Boadway/Frank Flatters*: Efficiency, Equity, and the Allocation of Resource Rents; in: Charles E. McLure Jr./Peter Mieszkowski (Hrsg.): Fiscal Federalism and the Taxation of Natural Resources; Lexington, Mass. 1983, S. 99 (101f.); *Robin W. Boadway/Paul A. R. Hobson*, S. 36ff.; *Douglas H. Clark*, S. 80.

[111] Gesetzliche Grundlage des Finanzausgleichs war das Federal-Provincial Tax Sharing Arrangements Act von 1956. Ausgleichsmaßstab war damals die Fiscal Capacity der beiden finanzstärksten Provinzen. Vgl. *Robin W. Boadway/Frank Flatters*: Equalization in a Federal State: An Economic Analysis; Ottawa 1982, S. 2f.; *Thomas J. Courchene*, S. 36ff.; *Paul A. R. Hobson/France St-Hilaire*: The Evolution of ..., S. 163.

[112] Zum Federal-Provincial Fiscal Arrangements Act von 1967 als gesetzlicher Grundlage des Ausgleichsverfahrens siehe *Thomas J. Courchene*, S. 45ff.

[113] Section 36.2 Constitution Act, 1982 lautet: "Parliament and the Government of Canada are committed to the principle of making Equalization payments to ensure that provincial governments have sufficient revenues to provide reasonably comparable levels of public services at reasonably comparable levels of taxation."

Finanzausgleichs ist es demnach, die Finanzbasis für ein landesweit vergleichbares öffentliches Güterangebot zu schaffen, ohne daß es in einzelnen Provinzen zu einer übermäßigen Anspannung der Steuersätze kommt. Die Verfassung strebt folglich eine Annäherung der Lebensbedingungen in Hinsicht auf die Bereitstellung staatlicher Leistungen sowie auf die Belastung durch Steuererhebung an.

3.4.5.2 Die Konzeption der Ausgleichszahlungen

Der kanadische Fiskalföderalismus kennt diverse Mechanismen, um finanzielle Ressourcen im Gesamtstaat zugunsten der finanzschwachen Provinzen umzuverteilen. Zwar fließen keine horizontalen Zahlungsströme zwischen den Provinzen. Es findet jedoch ein vertikaler Finanzausgleich mit horizontaler Ausgleichswirkung statt. Den Schwerpunkt bildet das 'Provincial Fiscal Equalization Program' der Bundesregierung. Die daraus entstammenden Zuweisungen ('Equalization Payments') unterliegen keiner Zweckbindung (sog. 'General Purpose Transfers').[114] Daneben existieren weitere vertikale Finanzausgleichsprogramme, im Rahmen derer Zahlungen vom Bund an die Gliedstaaten erfolgen und der Ergänzung ihrer Finanzausstattung dienen.[115]

Die Konzeption der ungebundenen vertikalen Ausgleichszahlungen (Equalization Payments) verfolgt das Ziel eines Ausgleichs geringerer Fiscal Capacity. Die Fiscal Capacity ist als Einnahmenpotential definiert, welches einer Provinz zur Verfügung steht.[116] Unberücksichtigt bleibt, inwieweit dieses Potential tatsächlich ausgeschöpft wird. Daher kommen normierte Steuersätze (jeweils bezogen auf eine bestimmte Steuerquelle bzw. eine einheitliche Bemessungsgrundlage) zur Anwendung, die sich am landesweiten Durchschnitt orientieren.[117] Ziel des Finanzausgleichsprogramms ist die Anhebung der Fiscal Capacity in Provinzen mit geringer oder mittlerer Finanzkraft auf ein einheitliches Mindestniveau.

Für die Territorien besteht ein besonderes Zuweisungsprogramm des Bundes: das 'Territorial Formula Financing' (TFF).[118] Diese haben einen völlig anderen Finanzbedarf, und eine Integ-

---

[114] Vgl. *Robin W. Boadway/Frank Flatters*: Efficiency, Equity, and ..., S. 99ff.

[115] Vgl. zu den Finanzausgleichsmechanismen *Douglas H. Clark*; *Thomas J. Courchene*; *Department of Finance Canada* (Hrsg.): Federal Financial Support ...; *Paul A. R. Hobson/France St-Hilaire*: Reforming Federal-Provincial Fiscal Arrangements: Toward Sustainable Federalism; Montreal 1994, S. 4ff.

[116] Vgl. *B. Dahlby/ L. S. Wilson*: Fiscal Capacity, Tax Effort and Optimal Equalization Grants; in: Canadian Journal of Economics, Vol. XXVII (1994), S. 657 (659).

[117] Vgl. *Robin W. Boadway/Frank Flatters*: Equalization ..., S. 3; *Department of Finance Canada* (Hrsg.): Federal Financial Support ..., S. 16ff.

[118] Vgl. *Douglas H. Clark*, S. 91; *Department of Finance Canada* (Hrsg.): Federal Financial Support ..., S. 17ff.

ration der Territorien in das allgemeine Equalization-Programm würde dessen Systematik sprengen. Auch die TFF-Finanzausgleichszahlungen des Bundes sind ungebunden und damit frei verfügbar.

Zusätzlich zu den Equalization Payments gibt es zweckgebundene Zuweisungen für soziale Zwecke an alle Gliedstaaten, seit 1996 als 'Canada Health and Social Transfer' (CHST) bezeichnet.[119] Die CHST-Zahlungen ersetzten frühere Leistungsprogramme, die unter der Bezeichnung 'Established Programs Financing' (EPF, seit 1977) für das Gesundheits- und Hochschulwesen und 'Canada Assistance Plan' (CAP, seit 1966) für soziale Leistungen bestanden. Während das EPF ebenso wie die CHST als pauschale Finanzzuweisungen ('Block Funding') konzipiert sind, beteiligte sich der Bund beim CAP mit 50% an den Kosten für Sozialaufwendungen ('Cost-Sharing').[120] Mit der Einführung des 'Canada Health and Social Transfer'-Programms wurde die Entwicklung weg von der Mischfinanzierung hin zum Block Funding-System für Politikbereiche, die der Ausgabenverantwortung der Provinzen unterliegen, abgeschlossen. Mit dem CAP wurde das letzte größere gegenzufinanzierende Zuweisungsprogramm ('Matching-Grants') aufgehoben.[121]

Ein weiterer Bestandteil des CHST- (bzw. des früheren EPF-) Systems ist die kanadische Besonderheit der 'Tax Transfers'.[122] Zum vertikalen Ausgleich der Finanzkraft überläßt der Bund den Provinzen seit 1977 einen Teil seiner Bemessungsgrundlage der Steuern auf Einkommen, indem er seine Steuersätze gesenkt und so den Provinzen die Gelegenheit eröffnet hat, ihre eigenen Steuersätze zu erhöhen und damit stärker an einer gemeinsamen Steuerquelle zu partizipieren.

Ab dem Jahr 2001 werden alle Gliedstaaten einen einheitlichen Pro-Kopf-Betrag von 960 $ an CHST erhalten. Der Umfang der Zuweisungen entspricht damit der Summe von EPF und CAP des Haushaltsjahres 1988-89.[123] Allerdings wurde seitdem verstärkt Besteuerungspotential vom Bund an die Provinzen übertragen (Tax Transfers), so daß die Reduktion der Zuwei-

---

119 Vgl. *Lloyd Brown-John*: Tax-Autonomy and Federalism: From Autocracy to the Canadian Health and Social Transfer (unveröffentlichtes Arbeitspapier); *Paul A. R. Hobson/France St-Hilaire*: The Evolution of ..., S. 167ff.
120 Vgl. dazu *Lloyd Brown-John*; *Douglas H. Clark*, S. 86ff.; *Paul A. R. Hobson/France St-Hilaire*: The Evolution of ..., S. 163ff.
121 Vgl. *Paul A. R. Hobson/France St-Hilaire*: The Evolution of ..., S. 167.
122 Vgl. *Douglas H. Clark*, S. 88.
123 Vgl. *Department of Finance Canada* (Hrsg.): Federal Financial Support ..., S. 11ff.; *Paul A. R. Hobson/France St-Hilaire*: The Evolution of ..., S. 171.

sungen durch steuerpolitische Maßnahmen der Provinzen zum Teil ausgeglichen werden kann.[124]

Die Zweckzuweisungsprogramme des Bundes sind so flexibel gestaltet, daß einzelne Provinzen auf ein bestimmtes Programm verzichten können und dafür Kompensationszahlungen oder Anteile an einer Steuerquelle von der Bundesregierung erhalten ("opting out")[125]. Bislang hat nur Quebec die Möglichkeit wahrgenommen, Kompensationen des Bundes statt Zweckzuweisungen für die Bereiche Gesundheit, Bildung und (teilweise) Soziales in Anspruch zu nehmen.[126] In der Regel funktioniert die 'opting out'-Variante, indem der Bund den Provinzen zusätzlichen 'Tax Room' im Bereich der Einkommensbesteuerung anbietet, also seine eigene Einkommen- oder Körperschaftsteuer im Gebiet der nicht am entsprechenden Bundesfonds partizipierenden Provinz um einen bestimmten Prozentsatz senkt und ihr damit die Möglichkeit verschafft, die Aufgaben durch eigene Steuereinnahmen zu finanzieren.[127]

Ferner stellt der Bund weitere Zuweisungen im Umfang von 1,7 Mrd. $ (1998-99) an die Provinzen und Territorien bereit.[128] Dazu zählen mehrere kleinere Programme mit zweckgebundenen Zuschüssen in diversen Politikbereichen. Die ersten Zweckzuweisungen des Bundes wurden schon im Jahr 1900 bereitgestellt. Seit 1867 gibt es zudem die im damaligen British North America Act festgelegten 'gesetzlichen' Unterstützungszahlungen ('Statutory Subsidies') an die Provinzen in Höhe von 30 Mio. $ pro Jahr. Angesichts ihrer geringen Höhe sind diese Zuweisungen eher als verfassungshistorisches Relikt denn als fiskalisch relevante Größe anzusehen.

Daneben existiert seit 1967 noch ein sogenanntes 'Fiscal Stabilization Program', welches übermäßige konjunkturbedingte Steuerausfälle der Provinzen aufgrund plötzlich abbröckelnder Bemessungsgrundlagen kompensieren soll.[129] Empfangsberechtigt sind diejenigen Provinzen, deren Steuererträge innerhalb eines Jahres wegen einer negativen Veränderung der allgemeinen wirtschaftlichen Situation in ihrem Gebiet (also nicht infolge entsprechender Steuerpolitik) um mehr als 5% fallen. Maximal werden von der Bundesregierung 60 $ pro Einwohner gezahlt.

124　Vgl. *Paul A. R. Hobson/France St-Hilaire*: The Evolution of ..., S. 172f.
125　Vgl. *Edward M. Gramlich*, S. 503; *John G. Head*: Intergovernmental ..., S. 204.
126　Vgl. *Robin W. Boadway/Paul A. R. Hobson*, S. 46f., 70; *Denis W. James*: Federal and State ..., S. 23.
127　Vgl. *Robin W. Boadway/Paul A. R. Hobson*, S. 46f., 70 (zu den Auswirkungen der Inanspruchnahme der 'opting out'-Klauseln auf den Finanzausgleich siehe S. 47f.).
128　Vgl. *Department of Finance Canada* (Hrsg.): Federal Financial Support ..., S. 22f.
129　Vgl. *Douglas H. Clark*, S. 92; *Department of Finance Canada* (Hrsg.): Federal Financial Support ..., S. 22.

Obwohl die Verfassung das Ziel der 'Reasonably Comparable Levels of Public Services' ausdrücklich nennt, existieren im kanadischen Finanzausgleich keine Ausgleichsparameter, die auf der Leistungs- und damit auf der Ausgabenseite anknüpfen. Grundlage der Ausgleichszahlungen ist vielmehr die implizite Annahme, daß die Ausgabenbedarfe landesweit identisch sind.[130] Über einen einheitlichen Betrag pro Einwohner hinausgehende Finanzbedarfe wurden lediglich bis 1995 im Rahmen des CAP berücksichtigt. Die Berechnungsmechanismen sind folglich rein einnahmenorientiert, spezifische regionale Ausgabenbedarfe werden nicht einbezogen.

3.4.5.3 Die Konstruktion des Finanzausgleichs

Die kanadische Verfassung schreibt nur die grundsätzliche Durchführung eines allgemeinen Finanzausgleichs vor. Die näheren Modalitäten der Equalization Payments werden jeweils für fünf Jahre in einem Bundesgesetz festgelegt. Dabei ist eine gewisse Kontinuität hinsichtlich der Ausgestaltung des Ausgleichsverfahrens festzustellen. Veränderungen gibt es allerdings in der Höhe der Ausgleichsleistungen, die in den letzten Jahren stagnierten und sogar teilweise rückläufig waren. Erst seit dem Jahr 2000 steigt der Umfang der Equalization Payments wieder.[131]

Die Höhe der Ausgleichszuweisungen aus dem Provincial Fiscal Equalization Program des Bundes wird nach der sog. 'Equalization Formula' berechnet: Vertikale Ausgleichszahlungen von der Bundesregierung erhalten diejenigen finanzschwachen Provinzen, deren Möglichkeiten der Einnahmenbeschaffung unter dem definierten Durchschnitt liegen (sog. "have-not"-Provinzen). Die pro Einwohner berechnete Fiscal Capacity wird dann durch Equalization Payments einheitlich bis zum mittleren Standardniveau der Provinzen aufgefüllt.[132] Der mittlere 'Standard' bemißt sich nach der Fiscal Capacity derjenigen fünf Provinzen, die sich in der oberen Mitte der Finanzkraftskala befinden (vgl. Abb. 104).[133] Außer Betracht bleibt die aufgrund zahlreicher Rohstoffvorkommen finanzstarke Provinz Alberta, von Bedeutung sind

---

[130] Vgl. *Douglas H. Clark*, S. 85. Weil alle Provinzen dünnbesiedelte oder nur schwer zu versorgende Gebiete besitzen, sind die interregionalen Unterschiede im Finanzbedarf möglicherweise nicht allzu groß. Die größeren Disparitäten zwischen den Provinzen bestehen sicherlich auf der Einnahmenseite. Vgl. ebd., S. 85.

[131] Vgl. *Department of Finance Canada* (Hrsg.): Federal Financial Support ..., S. 27, 35.

[132] Da die Equalization Payments entgegengesetzt zur Höhe der Fiscal Capacity sinken oder steigen, stabilisieren sie automatisch die (relative) Einnahmenbasis der Provinzen. Die Summe der Zahlungen ist jedoch nach oben und unten begrenzt, um den Bund vor übermäßigen Belastungen und die Provinzen in ihrer Gesamtheit vor stärkeren Einnahmeausfällen zu schützen.

[133] Vgl. *Robin W. Boadway/Paul A. R. Hobson*, S. 109ff.; *Karin B. Treff/David B. Perry*: Finances of the Nation 1999, S. 8:4ff.

allein die Fiscal Capacities der nächstfolgenden fünf Provinzen[134]. Diese sog. 'Representative Five-Province Standard (RFPS) Formula'[135] ersetzte 1982 die bisherige 'Representative National Average Standard (RNAS) Formula'[136] von 1967. Damit wurde das Ausgleichsniveau vom Landesmittel auf den gewichteten Durchschnitt einiger als maßgeblich angesehener Provinzen abgesenkt.[137]

Tabelle 55: Fiscal Capacity der sog. 'Standard-Provinzen' im Vergleich zum gewichteten Landesdurchschnitt 1998-99

Steuerquelle	Fiscal Capacity der Standard-Provinzen
Personal Income Tax	100,9%
Corporate Income Tax	99,9%
Capital Tax	98,8%
Payroll Tax	100,3%
Insurance Taxes	100,7%
Sales Tax	96,6%
Tobacco Taxes	100,1%
Mineralölsteuern	95,6%
Kraftfahrzeugsteuern	96,9%
Natural Resources Revenues	63,4%
Property Taxes	100,9%
Steuerkraft gesamt	**98,4%**

Quelle der Daten: Department of Finance Canada (siehe Tab. A3.1 bis A3.3 im Anhang); eigene Berechnungen.

Die Berechnungsgrundlage für die Ermittlung der jeweiligen Fiscal Capacity bildet das sog. 'Representative Tax System'.[138] Dieses umfaßt einen Kreis aus weit mehr als 30 verschiedenen Abgabenquellen der Provinzen und Gemeinden (s.u.). Für jede der Finanzierungsquellen wird das individuelle quantitative Einnahmenpotential einer Provinz kalkuliert (d.h., in welchem Umfang sie daraus Einnahmen erzielen kann). Dies geschieht durch Multiplikation ei-

---

[134] Dies sind regelmäßig die Provinzen Quebec, Ontario, Manitoba, Saskatchewan und British Columbia. Vgl. *Thomas J. Courchene*, S. 316f.

[135] Vgl. zur RFPS-Formula im einzelnen *Thomas J. Courchene*, S. 61f., 301ff.

[136] Vgl. zur RNAS-Formula *Robin W. Boadway/Frank Flatters*: Equalization ..., S. 3; *Thomas J. Courchene*, S. 133ff.

[137] Der Grund hierfür liegt in der kontinuierlichen Ausweitung der Berechnungsgrundlagen für den Finanzausgleich. Im Laufe der Jahre wurde die Liste der ausgleichsrelevanten Einnahmequellen von 16 (1967) auf 37 (1982) mehr als verdoppelt. Vor allem die Einnahmen aus natürlichen Rohstoffvorkommen wurden zunehmend zur Bestimmung der Fiscal Capacity herangezogen. Dies hat die Unterschiede zwischen den finanzstarken und den finanzschwachen Provinzen in der Höhe der Fiscal Capacity vergrößert. Weil vor allem die hohe Fiscal Capacity Albertas den landesweiten Durchschnitt heraufgesetzt hat, wurde die mittlere Fiscal Capacity von fünf 'repräsentativen' Provinzen als Maßstab gewählt. Vgl. *Robin W. Boadway/Frank Flatters*: Efficiency, Equity, and ..., S. 99; *Thomas J. Courchene*, S. 317f.; *Wayne R. Thirsk*, S. 242.

[138] Vgl. *Douglas H. Clark*, S. 80ff.; *Paul A. R. Hobson/France St-Hilaire*: Reforming ..., S. 21f.

nes normierten Steuersatzes mit dem Wert der betreffenden Bemessungsgrundlage je Einwohner.[139]

Abbildung 102: Die Konstruktion des kanadischen Finanzausgleichs

a) Darstellung der Equalization Formula 1998-99

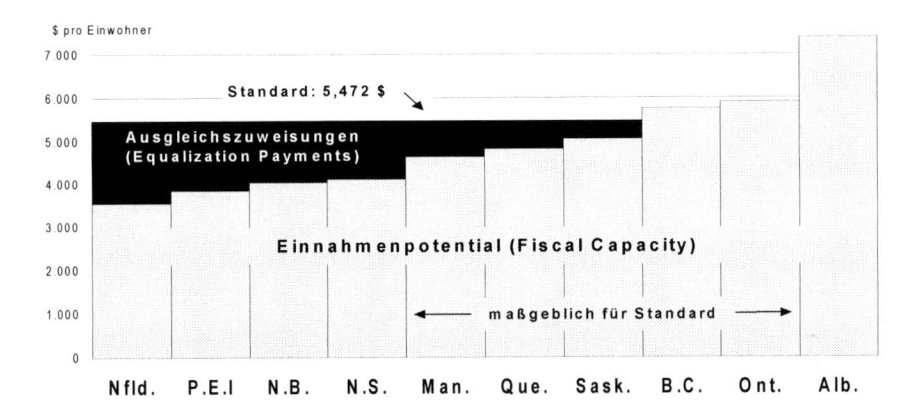

[Balkendiagramm: $ pro Einwohner, Provinzen Nfld., P.E.I, N.B., N.S., Man., Que., Sask., B.C., Ont., Alb.; Standard: 5.472 $; Ausgleichszuweisungen (Equalization Payments); Einnahmenpotential (Fiscal Capacity); maßgeblich für Standard]

Quelle: Department of Finance Canada (Hrsg.): Budget 1999: Federal Financial Support, S. 18.

b) Darstellung der Equalization Formula 2000-01

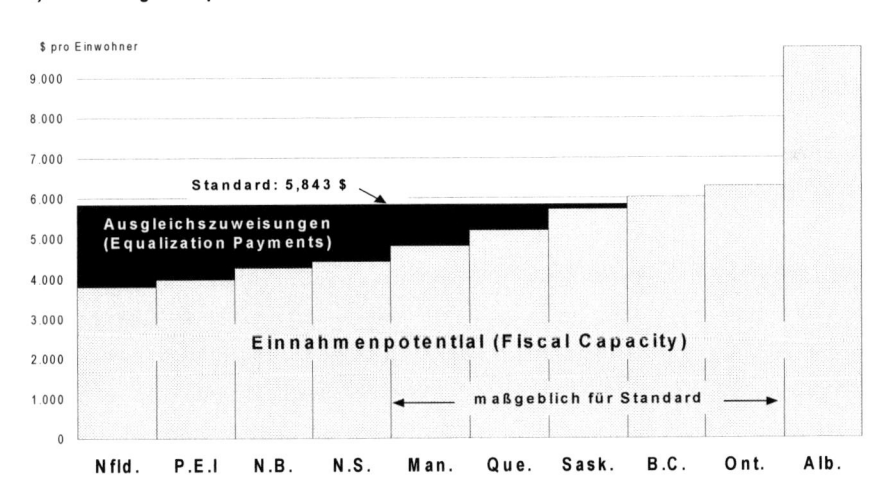

[Balkendiagramm: $ pro Einwohner, Provinzen Nfld., P.E.I, N.B., N.S., Man., Que., Sask., B.C., Ont., Alb.; Standard: 5.843 $; Ausgleichszuweisungen (Equalization Payments); Einnahmenpotential (Fiscal Capacity); maßgeblich für Standard]

Quelle: Department of Finance Canada (http://www.fin.gc.ca/toce/2000/ecftpttoc_e.html [Stand 15.11.2000]).

---

[139] Vgl. *Paul A. R. Hobson/France St-Hilaire*: Reforming ..., S. 21.

Nach dem bis zum 31. März 1999 gültigen Federal-Provincial Fiscal Arrangements Act bildeten 33 Steuer- und weitere Abgabenquellen die Berechnungsgrundlage für die Ausgleichsleistungen. Tatsächlich wurden aber bis zu 37 Einnahmequellen zur Ermittlung der Höhe der Zuweisungen herangezogen.[140]

Bei der Reform des 'Fiscal Equalization Program' im Jahr 1999 wurde die Zahl der im Rahmen des Finanzausgleichs maßgeblichen Abgabenquellen von 35 um eine auf insgesamt 34 vermindert. Hierbei wurden 27 Kategorien beibehalten, sechs zusammengefaßt und zwei aufgespalten. Die Veränderungen betreffen vor allem den Bereich der Natural Resources Revenues: Diesbezüglich waren bis 1999 die Fiscal Capacities von 14 Abgabenquellen relevant. Mit Wirkung ab April 1999 wurde diese Zahl auf 12 reduziert. Allerdings wurden aber im wesentlichen nur neue Gruppen gebildet (z.B. Mineral Resources) bzw. bisherige Kategorien aufgespalten (z.B. bzgl. der Oil Revenues).

Zur Bestimmung der Höhe der Ausgleichszahlungen des Bundes an die jeweiligen Provinzen werden einzelne Ausgleichsansprüche für die im Rahmen des 'Representative Tax System' relevanten Einnahmequellen errechnet. Hierfür wird die Differenz zwischen der jeweiligen regionalen Fiscal Capacity (bezogen auf jede ausgleichsrelevante Einnahmequelle) und dem Landesdurchschnitt gebildet. Die Summe der einzelnen Ausgleichsansprüche ergibt dann die Höhe der vertikalen Zuweisungen. Allerdings ist nur die unterdurchschnittliche Fiscal Capacity für den Finanzausgleich maßgeblich. Die überdurchschnittlichen Einnahmen derjenigen Provinzen, die oberhalb des 'Standards' liegen, werden weder angetastet noch bei den sonstigen Zuweisungen entsprechend berücksichtigt. Die finanzstarken Provinzen haben daher eine Fiscal Capacity, die (in Alberta sogar weit) über dem landesweiten Mittel liegt.

Bezogen auf den gewichteten landesweiten Durchschnitt der Fiscal Capacity je Einwohner ergibt sich aus der Anwendung der RFPS-Formula eine rechnerische Mindestfinanzkraft von rund 98%. Damit garantiert das Finanzausgleichsprogramm einen recht hohen Ausgleichsgrad. Weil eine überdurchschnittliche Fiscal Capacity jedoch nicht abgeschöpft wird, ist der Abstand derjenigen Provinzen, die auf das mittlere Standardniveau angehoben werden, zu den finanzstarken Provinzen auch nach Finanzausgleich noch relativ groß. In letzter Zeit hat sich die daraus resultierende horizontale Schieflage zum Teil weiter verstärkt (siehe Abbildung 102).

---

[140] Einen Überblick über das bis 1999 relevante Abgabenpotential bieten *Robin W. Boadway/Paul A. R. Hobson*, S. 55ff., insbes. S. 61ff. und *Karin B. Treff/David B. Perry*, S. 8:5f. Siehe auch Tab. A3.3 im Anhang.

3.4.5.4 Die Verteilungswirkung des Finanzausgleichs

Die Verteilungswirkung des Finanzausgleichs wird im folgenden zunächst bezogen auf den Durchschnitt der Haushaltsjahre 1995-96 bis 1999-2000 und beschränkt auf die beiden wichtigsten Zuweisungsprogramme (Equalization Payments und Canada Health and Social Transfer) dargestellt. Die jeweilige Fiscal Capacity der Provinzen vor Finanzausgleich reicht in diesem Zeitraum von 65% bis zu 140% des normierten Bundesdurchschnitts, dies entspricht rund 3.580 bis 7.760 $ pro Einwohner.

Abbildung 103: Fiscal Capacity der Provinzen vor und nach Finanzausgleich im Durchschnitt der Haushaltsjahre 1995-96 bis 1999-2000 (in $ je Einwohner)

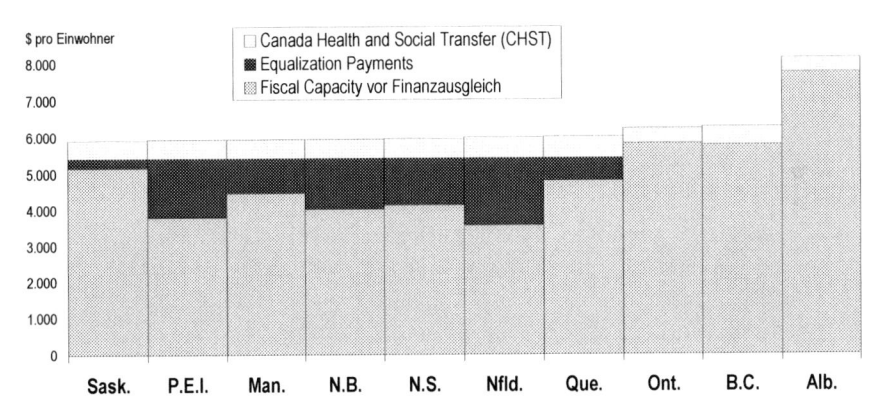

Quelle der Daten: Ministry of Finance and Corporate Relations (Hrsg.), S. 133ff.

Die sieben finanzschwachen 'have-not'-Provinzen erhalten Ausgleichszahlungen des Bundes (Equalization Payments), die ihre Fiscal Capacity auf ein Niveau von 5.431 $ pro Einwohner anheben. Damit erfolgt eine Angleichung bis auf rund 93,5% der Fiscal Capacity der finanzstarken Provinzen Ontario und British Columbia. Nach Anhebung der Fiscal Capacity durch die Equalization Payments schwankt die Höhe der jeweiligen Fiscal Capacity nur noch zwischen 92,9% und 132,7% des normierten Bundesdurchschnitts. Ferner waren bislang auch die Zahlungen im Rahmen des 'Canada Health and Social Transfer'-Programms (CHST) so bemessen, daß sie eine (implizite) horizontale Ausgleichswirkung entfalteten. Die Differenzen in der Fiscal Capacity wurden damit zwar weiter eingeebnet, aber nicht völlig beseitigt.

Nach Finanzausgleich hat interessanterweise nur eine Provinz (Alberta) eine überdurchschnittliche Fiscal Capacity (128,7%).[141] Die sieben anfänglich finanzschwachen Provinzen

---

[141] Vgl. auch *Ministry of Finance and Corporate Relations* (Hrsg.), S. 136.

weisen Werte von ca. 93,5% bis 95% des Bundesdurchschnitts auf, die beiden übrigen, relativ finanzstarken Provinzen (Ontario und British Columbia) von rund 99%. Damit bleiben die vor Durchführung des Finanzausgleichs bestehenden Differenzen zwischen den finanzschwachen und den finanzstarken Provinzen zum Teil erhalten, weil keine Provinz in eine andere Gruppe 'wechselt'.

Tabelle 56: Fiscal Capacity der Provinzen vor und nach den einzelnen Schritten des Finanzausgleichs (Equalization Payments und CHST*) im Durchschnitt der Haushaltsjahre 1995-96 bis 1999-2000 (in $ je Einwohner)

	Ont.	Que.	B.C.	Alb.	Man.	Sask.	N.S.	N.B.	Nfld.	P.E.I.
Fiscal Capacity vor Finanzausgleich	5.823	4.824	5.786	7.761	4.477	5.170	4.134	4.030	3.577	3.807
in % des Durchschnitts	105,2%	87,1%	104,5%	140,2%	80,9%	93,4%	74,7%	72,8%	64,6%	68,8%
Equalization Payments	0	607	0	0	954	261	1.297	1.401	1.854	1.624
Fiscal Capacity incl. Equalization Payments	5.823	5.431	5.786	7.761	5.431	5.431	5.431	5.431	5.431	5.431
in % des Durchschnitts	99,6%	92,9%	98,9%	132,7%	92,9%	92,9%	92,9%	92,9%	92,9%	92,9%
CHST*	421	595	498	387	516	490	531	519	577	515
in % des Durchschnitts	86,7%	122,5%	102,5%	79,7%	106,2%	100,9%	109,3%	106,9%	118,8%	106,0%
Fiscal Capacity nach Finanzausgleich	6.244	6.026	6.284	8.148	5.947	5.921	5.962	5.950	6.008	5.946
in % des Durchschnitts	98,6%	95,2%	99,2%	128,7%	93,9%	93,5%	94,1%	94,0%	94,9%	93,9%

* CHST = Canada Health and Social Transfer (vertikaler Lastenausgleich).
Quelle der Daten: Ministry of Finance and Corporate Relations (Hrsg.), S. 133ff.

Die gesamten Zuweisungen des Bundes an die Gliedstaaten zusammen erreichten 1998-99 eine Höhe von 26,1 Mrd. $. Das Volumen des allgemeinen Finanzausgleichs (Equalization Payments des Bundes an die Provinzen) betrug im Fiskaljahr 1998-99 knapp 9,6 Mrd. $.[142]

Die Zahlung der Equalization Payments hat zum Teil beachtliche Auswirkungen auf die Finanzausstattung der sieben finanzschwachen Provinzen: Ihre Fiscal Capacity wird um bis zu 2.000 $ auf knapp 5.500 $ pro Einwohner angehoben. Der Spitzenwert an Equalization Payments lag 1998-99 bei 1.966 $ je Einwohner in Newfoundland. Saskatchewan erhält mit 155 $ die geringsten Zahlungen, die auf Unabhängigkeit vom Zentralstaat bedachte Provinz Quebec immerhin noch 660$ pro Kopf.[143]

---

[142] Quelle der Daten: *Department of Finance Canada* (Hrsg.): Federal Financial Support ..., insbes. S. 33ff.
[143] Bei Betrachtung der Gesamtzahlungen ergibt sich ein anderes Bild: Mit über 4,8 Mrd. $ fließen fast die Hälfte aller Equalization Payments nach Quebec. Die drei Atlantik-Provinzen Nova Scotia, New Brunswick und Newfoundland sowie Manitoba erhalten jeweils über 1 Mrd. $.

Andere direkte vertikale Zuweisungen (vor allem für Health and Social Transfers/CHST) machen je nach Empfängerprovinz zwischen 314 $ (Alberta) und 664 $ (Northwest Territories) pro Einwohner aus. Die Tax Transfers innerhalb der CHST haben einen Umfang von 13,5 Mrd. $, die Cash Transfers von 12,5 Mrd. $ (1998-99).

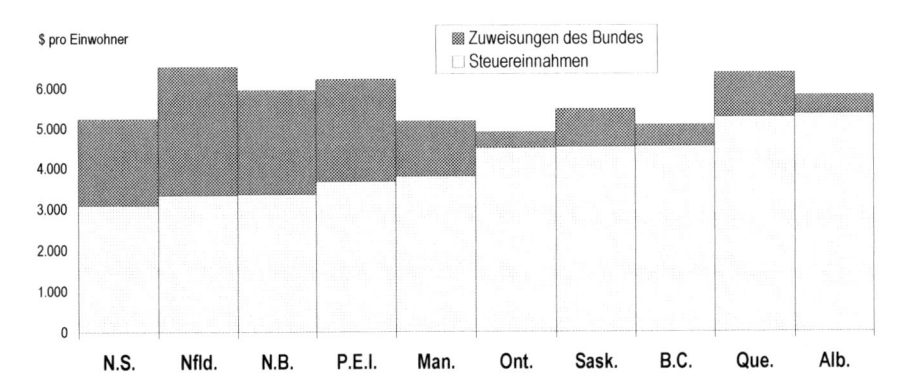

Abbildung 104: Einnahmen der kanadischen Provinzen aus Steuern und Zuweisungen 1998-99*

*   Reihenfolge nach Höhe der originären Steuereinnahmen (= tatsächlich genutzte Fiscal Capacity).
Quelle der Daten: Department of Finance Canada (Hrsg.): Fiscal Reference Tables, S. 29ff.; eigene Berechnungen.

Die unmittelbaren Transferzahlungen (ohne Tax Transfers) haben nur in zwei Provinzen einen Anteil von unter 10% an den gesamten tatsächlichen Einnahmen, in vier Provinzen hingegen von über 40%. Die Spannbreite reicht dabei von 8% (Alberta und Ontario) bis 49% (Newfoundland). Diese Zahlen belegen die beträchtlichen Differenzen zwischen den Provinzen in Wirtschafts- und Finanzkraft.

Da die Provinzen ihre Fiscal Capacity unterschiedlich stark ausschöpfen (s.o.), verfügen sie im Ergebnis auch über eine verschieden hohe reale Finanzkraft. Insbesondere die Provinz Ontario weist als Resultat niedriger Steuertarife nur einen geringen Wert auf. Die unterschiedlich hohe Ausschöpfung der Fiscal Capacity in den Provinzen führt zu erheblichen Veränderungen in der Finanzkraftreihenfolge (vgl. die Abbildungen 103 und 105). Die Provinzen mit der zweit- und dritthöchsten Fiscal Capacity (British Columbia und Ontario) fallen weit zurück, während sich einige originär finanzschwache Provinzen wie Newfoundland, New Brunswick oder Prince Edward Island im vorderen Bereich wiederfinden.

Erhebliche Summen des vertikalen Finanzausgleichs fließen nicht nur in die vier ökonomisch rückständigen und kleinflächigen Atlantikprovinzen, sondern insbesondere auch in die dünnbesiedelten Gebiete der Territorien im Norden. Das Programm zur Finanzierung einer angemessenen Einnahmenbasis der Bundesterritorien ('Territorial Formula Financing'/TFF) umfaßte 1998-99 ein Volumen von 1,2 Mrd. $. Die Territorien erhielten an allgemeiner Finanzausstattung 11.778 $ (Yukon) bzw. 15.030 $ (Northwest) pro Kopf. Der Anteil vertikaler Zuweisungen an den Gesamteinnahmen beträgt dort 68,3% (dies entspricht 11.778 $ je Einwohner) bzw. 79,5% (rund 15.030 $ je Einwohner). Dies zeigt, daß die Territorien ihre Aufgaben allein mit eigenen Einnahmen nicht finanzieren könnten und ganz überwiegend von Finanzausgleichszahlungen abhängig sind.

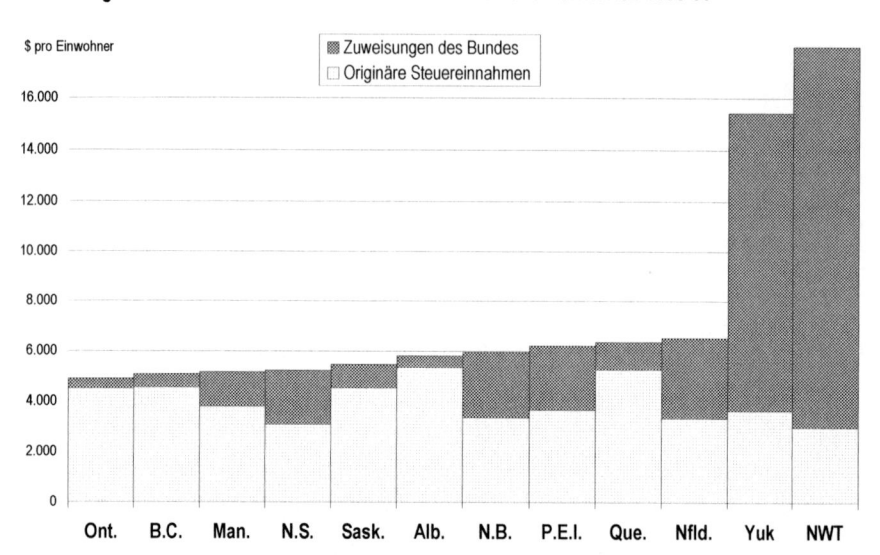

Abbildung 105: Einnahmen der kanadischen Provinzen und Territorien 1998-99*

* Reihenfolge nach Höhe der originären Steuereinnahmen einschließlich Zuweisungen.
Quelle der Daten: Department of Finance Canada (Hrsg.): Fiscal Reference Tables, S. 29ff.; eigene Berechnungen.

3.4.6 Bewertung des kanadischen Steuersystems

3.4.6.1 Finanzpolitische Unabhängigkeit aller föderalen Ebenen

Die finanzpolitische Unabhängigkeit von Entscheidungen anderer föderaler Ebenen läßt sich uneingeschränkt für den Bund konstatieren: Dieser unterliegt in seinen finanzpolitischen Entscheidungen keinerlei Einfluß anderer Kompetenzträger. Weil der Senat mehr symbolische als praktische politische Bedeutung hat, gibt es nicht einmal eine handlungsfähige Vertretung der Gliedstaaten auf Bundesebene, die bei der Bundesgesetzgebung die Interessen der Provinzen zur Geltung bringen könnte.

Grundsätzlich ist auch eine weitgehende finanzielle Unabhängigkeit der Provinzen vom Bund festzustellen. Diese wird jedoch durch die freiwillig mit dem Bund abgeschlossenen Tax Collection Agreements (TCAs) z.T. eingeschränkt. Zwar erlauben die TCAs den Provinzen seit jeher ein gewisses Maß an flexibler regionaler Steuerpolitik.[144] Für die Provinzen können sich aber aus dem Umstand, daß die TCAs die Einkommen- und Körperschaftsteuer der Provinzen mit der des Bundes verknüpfen, fiskalische und finanzpolitische Probleme ergeben, insbesondere dadurch, daß der Bund einseitig Entscheidungen treffen kann, die sich unmittelbar auf die Höhe des Steueraufkommens der Provinzen und die Modalitäten ihrer Steuerpolitik auswirken.

Der Bund wird auch zukünftig die faktische Definitionsmacht über die Bemessungsgrundlagen haben, deren Konzeption von den Provinzen nicht autonom beeinflußt werden kann. Den Provinzen fehlt damit ein wichtiger steuerpolitischer Handlungsparameter. Die Reduzierung der steuerlichen Bemessungsgrundlagen läßt genauso wie die Veränderung der Tarifstruktur mit steuersenkendem Effekt das Steueraufkommen von Bund und Provinzen gleichzeitig sinken. Der Bund kann somit auf die Ausschöpfung der Besteuerungspotentiale der Provinzen Einfluß nehmen.[145] An diesem Umstand wird sich auch in der neuen Ära der kooperativen Verwaltung regionaler Steuern, die den Provinzen mehr Flexibilität bzgl. der Tarifstruktur bietet, nicht viel ändern.

Zum Ausgleich für von der Bundesregierung verursachte Steuerausfälle in denjenigen Provinzen, die eine Vereinbarung bezüglich der Einziehung der Einkommensteuer mit dem Bund abgeschlossen haben, existiert das 'Provincial Personal Income Tax Revenue Guarantee Program'. Provinzen erhalten daraus Kompensationszahlungen vom Bund, wenn ihr Steueraufkommen aufgrund Steuerrechtsänderungen des Bundes zurückgeht, jedoch nur, wenn die Einnahmen einer Provinz aus der Einkommensteuer im Jahresvergleich um mehr als 1% der regionalen Besteuerungsgrundlage (d.h. der in der Provinz erhobenen Bundeseinkommensteuer) sinken. Zahlungen aus diesem Programm wurden bisher nur selten geleistet.[146]

Darüber hinaus war es den Provinzen unter den TCAs bislang auch nur eingeschränkt möglich, die Progressivität ihrer Einkommensteuer zu bestimmen, weil der Bund die Tarifstruktur festgelegt und die Höhe der subnationalen Einkommensteuer lediglich als Anteil der Bundessteuer festgesetzt hat. Den Provinzen verblieb nur die Möglichkeit, Steuervergünstigungen,

---

144 Vgl. *Department of Finance Canada/Canada Customs and Revenue Agency* (Hrsg.), S. 1.
145 Vgl. *Robin W. Boadway*, S. 33f.
146 Vgl. *Douglas H. Clark*, S. 92; *Department of Finance Canada* (Hrsg.): Federal Financial Support ..., S. 22.

-ermäßigungen und -zuschläge einzuführen und sie vom Bund bei der Berechnung der individuellen Steuerschuld anwenden zu lassen.[147] Die Steuervergünstigungen mußten jedoch einfach zu verwalten sein und durften weder in irgendeiner Weise diskriminierend noch auf die horizontale Allokation des Steueraufkommens unter den Provinzen verzerrend wirken.[148]

Die finanzpolitische Unabhängigkeit der Provinzen wird dagegen nicht durch zweckgebundene Zuweisungen des Bundes tangiert. Vertikale Zweckzuweisungen an die Provinzen haben nur eine untergeordnete Bedeutung, auch die Health Care Transfers beeinflussen als Lastenausgleich nicht die Entscheidungen der Provinzregierungen.

Anders stellt sich die Situation im Finanzausgleich zwischen den Provinzen und den Kommunen dar: Dort spielen zweckgebundene Zuweisungen eine größere Rolle, haben sie doch einen Anteil von ca. 90% an den gesamten Zuweisungen. Die meisten Zuweisungsprogramme der Provinzen sind nicht nur zweckgebunden, sondern auch der Höhe nach beschränkt und mit Gegenfinanzierungsauflagen versehen (Conditional Matching Grants).[149] Sie erscheinen demzufolge wenig geeignet, eine allokativ effiziente Ressourcenverteilung oder eine sachgerechte Finanzausgleichswirkung zu erreichen.[150] Die Zuweisungsprogramme sind vielmehr so konzipiert, daß sie den Provinzregierungen einen weitreichenden Einfluß auf die kommunalen Aktivitäten, speziell die Ausgaben- und Einnahmenpolitik, sichern. Obwohl es so erscheint, als ob die Gemeinden ihre Leistungen eigenständig bereitstellen, handeln sie doch nur als eine Art 'Erfüllungsgehilfe' der Provinzen, weil diese die Modalitäten der Aufgabenerfüllung bestimmen und auch einen wesentlichen Finanzierungsbeitrag leisten.[151] Die finanzpolitische Unabhängigkeit der Gemeinden ist mithin nicht gegeben.

3.4.6.2 Hinreichende und aufgabengerechte Finanzausstattung aller Gebietskörperschaften

Die eigenen Steuer- und sonstigen Abgabenquellen des Bundes und der Gesamtheit der Provinzen reichen annähernd zur Deckung des jeweiligen Ausgabenbedarfs aus. Wegen der weitreichenden Steuerautonomie der Gliedstaaten besteht zwar kein starkes vertikales fiskalisches

---

147 Vgl. *Robin W. Boadway*, S. 34; *Robin W. Boadway/Paul A. R. Hobson*, S. 49.
148 Vgl. *Robin W. Boadway/Paul A. R. Hobson*, S. 49.
149 Vgl. *Richard M. Bird/Naomi Enid Slack*, S. 138.
150 Eine Vielzahl von Zuweisungsprogrammen verhindert ein den Präferenzen der Bevölkerung entsprechendes Angebot an öffentlichen Gütern, weil kein vollständiges Gleichgewicht zwischen der individuellen Nachfrage nach öffentlichen Gütern und der Zahlungsbereitschaft der Wähler entstehen kann, und bewirkt deshalb keine optimale Finanzausstattung (siehe Kap. 2).
151 Vgl. *Richard M. Bird/Naomi Enid Slack*, S. 138.

Ungleichgewicht zwischen beiden Ebenen, jedoch erhalten sieben der zehn Provinzen wegen ihrer unterdurchschnittlichen Fiscal Capacity Zuweisungen des Bundes. Eine deutliche Schieflage ist insofern bei der horizontalen Verteilung des Steueraufkommens unter den Provinzen zu erkennen. Zur ergänzenden Finanzausstattung einiger finanzschwacher Provinzen, vor allem auch der Bundesterritorien, ist demnach ein vertikaler Finanzausgleich mit horizontaler Wirkung erforderlich.

Die Haushaltslage aller kanadischen Gebietskörperschaftsebenen war bisher durch erhebliche Defizite gekennzeichnet, die schon über einen längeren Zeitraum bestanden, in den 90er Jahren aber abgebaut werden konnten. Der Bund wies im Haushaltsjahr 1998-99 erstmals seit langem einen Überschuß auf. In der Periode 1985-86 betrug das Defizit immerhin 29%, 1993-94 noch 24%. Die Provinzen mußten 1998-99 1% ihres Budgets durch Kreditaufnahme decken (gegenüber 11% zehn Jahre vorher).[152] Mit ca. 2,3% konnten die Kommunen den größten Überschuß verzeichnen. Da zumindest der Bund und die Provinzen aber über ausreichende Besteuerungsrechte verfügen und zudem auf aufgabenadäquate Steuerquellen zurückgreifen können, scheinen die Haushaltsdefizite weniger ein Problem der verfassungsrechtlichen Finanzausstattung als vielmehr der konkreten Ausgaben- oder auch der Steuerpolitik zu sein.

Mit Blick auf die langfristige Entwicklung des Steueraufkommens ist festzustellen, daß Bund und Provinzen im allgemeinen eine geradezu 'optimale' Finanzausstattung besitzen bzw. gemäß dem Verfassungstext besitzen könnten. Da beide Staatsebenen jeweils an fast allen Steuerquellen und -arten partizipieren dürfen, sind sie grundsätzlich auch in der Lage, Steuern, deren Aufkommen angemessen wächst, in einem nennenswerten Umfang zu erheben.

Die Qualität der eigenen Finanzausstattung der Provinzen zeigt sich vor allem am Bedeutungswandel der Bundeszuweisungen (im Sinne von Cash Transfers) als Finanzierungsquelle: Deren Anteil an den Einnahmen der Gesamtheit der Provinzen ist zwischen 1961 und 1999 von 24% auf 13% zurückgegangen (allerdings ist im gleichen Zeitraum der Anteil der vertikalen Tax Transfers, also die Übertragung von Besteuerungspotential vom Bund auf die Gliedstaaten, von 0% auf 6% gestiegen). Diese Entwicklung ist vor dem Hintergrund um so erstaunlicher, als daß sich gleichzeitig der originäre Anteil der Provinzen an den staatlichen Gesamteinnahmen von rund 22% auf ca. 42% fast verdoppelt hat.[153]

Diese enorme Ausweitung des Finanzrahmens der Provinzen erfolgte im wesentlichen durch autonome steuerpolitische Entscheidungen (indes mit Unterstützung des Bundes, der die Fis-

---

[152] Quelle der Daten: *Karin B. Treff/David B. Perry*: Finances of the Nation 1997, S. A:7ff.

[153] Vgl. auch *Harvey Lazar*, S. 12f.

cal Capacity der Gliedstaaten durch Senkung eigener Steuersätze erhöht hat) und ohne Änderung der Finanzverfassung, so daß die verfassungsrechtliche Finanzausstattung der Provinzen insgesamt zweifelsohne als hinreichend bezeichnet werden kann. Eine Einschränkung gilt jedoch für einige finanzschwache Provinzen, insbesondere an der Atlantikküste, sowie die Territorien, die im größeren Umfang auf vertikale Zuweisungen angewiesen sind.

Die Finanzausstattung der Gemeinden stützt sich im wesentlichen auf Zuweisungen und eigene Steuereinnahmen, die mit rund 41 bzw. 43% zu den Gesamteinnahmen beitragen. Hinsichtlich der Steuern spielt allerdings nur die Property Tax eine Rolle, deren Aufkommen fast 100% der Steuereinnahmen ausmacht. Insofern besteht eine starke Abhängigkeit von einer einzigen Steuerquelle und deren Aufkommensentwicklung. Da Steuerobjekt der Property Tax vor allem das Grundvermögen ist, sind konjunkturelle Schwankungen nicht zu erwarten, möglicherweise jedoch ein wachstumsproportionaler Anstieg des Aufkommens. Für ein stetiges und gleichmäßiges Wachstum sind ansonsten ggf. Anpassungen der Steuersätze notwendig.

Die kanadischen Kommunen sind entweder nicht in der Lage, mehr als gut die Hälfte ihrer Einnahmen aus eigenen Quellen zu bestreiten, oder sie sind aufgrund der zur Verfügung stehenden Zuweisungen nicht darauf angewiesen. Es ist davon auszugehen, daß beide aufgezeigten Fälle teilweise zutreffen: Die Kommunen erhalten durch die Zuweisungen der Provinzen ausreichend Mittel, um ihre Ausgaben sogar ausdehnen zu können.[154] Gleichzeitig beschränken die Provinzen die Ausschöpfung der Property Tax als einzige fiskalisch bedeutsame Steuerquelle der Gemeinden[155], so daß die eigenständige Erweiterung der Einnahmenbasis nur eingeschränkt möglich ist und die Abhängigkeit von Zuweisungen bestehen bleibt.

3.4.6.3 Ausreichende vertikale Flexibilität des Einnahmensystems

Die kanadische Finanzverfassung ist hinsichtlich der primären vertikalen Einnahmenverteilung sehr offen gestaltet, da keine eindeutige und trennscharfe Zuordnung der Steuerquellen normiert ist. Infolgedessen können und müssen Bund und Provinzen auf ihnen angemessen erscheinende Steuerquellen zugreifen, eigene Steuern erheben und bei Veränderungen ihres Finanzbedarfes ihre eigene Steuerpolitik entsprechend ausrichten. Da keine gemeinsamen Steuern existieren, ist das Phänomen einer bloßen vertikalen Umschichtung von Ertragsanteilen unbekannt.

---

[154] Vgl. *Richard M Bird/Duan-Jie Chen*, S. 58.
[155] Vgl. *Richard M Bird/Duan-Jie Chen*, S. 55f.

Dem Umfang nach angepaßt werden kann vielmehr nur der jeweilige Anteil, den eine Staatsebene an einer Steuerquelle beansprucht. Im Rahmen der Besteuerung des Einkommens wurde bereits mehrfach die Übertragung von 'Tax Room' an die Provinzen praktiziert, indem der Bund seine Steuersätze und gleichzeitig die Zuweisungen an die Provinzen reduziert. Damit entlastet der Bund eine Steuerquelle, um den Provinzen die Möglichkeit zu eröffnen, mittels ihrer eigenen Besteuerungsrechte ihre Einnahmenbasis autonom zu erweitern. Eine entscheidende Bedeutung nimmt im kanadischen Fiskalföderalismus daher die Verteilung der Anteile an der Steuerquelle 'Einkommen' zwischen Bund und Provinzen ein.[156] Es besteht mithin eine ausgeprägte vertikale Konkurrenz um die entsprechenden Bemessungsgrundlagen.[157]

Die Provinzen sind auch in ihrer Entscheidung frei, welche Steuerquellen und Besteuerungsrechte sie ihren Gemeinden übertragen. So wäre es ohne weiteres denkbar, die Kommunen etwa mittels eines Zuschlagrechtes an ihrer Einkommensteuer zu beteiligen. Demzufolge ermöglicht die Finanzverfassung eine sehr variable vertikale Zuordnung von Steuerquellen und Besteuerungskompetenzen.

3.4.6.4 Fiskalische Beweglichkeit aller Gebietskörperschaften

Sowohl der Bund als auch die Provinzen haben ausreichende steuerpolitische Instrumente, um die Höhe ihres Steueraufkommens autonom zu beeinflussen. Beide Staatsebenen können auf fast alle Steuerquellen unabhängig voneinander und konkurrierend zugreifen und besitzen jeweils sowohl die notwendigen Gestaltungs- wie auch die Ertragskompetenzen, um ihren Finanzrahmen eigenständig zu erweitern oder zu reduzieren. Insofern besteht fast ein reines Konkurrenzsystem. Folglich verfügen der Bund und die Provinzen über eine weitreichende Steuerautonomie und somit über eine hinreichende fiskalische Beweglichkeit.

Die kanadischen Provinzen erfuhren durch die Übertragung der Besteuerungskompetenz für die Einkommen- und Körperschaftsteuer im Jahr 1962 einen erheblichen Zuwachs an fiskalischer Autonomie und Verantwortlichkeit. Die Besteuerungsspielräume wurden allerdings nur nach und nach erweitert: Weil der Bund bis 1962 die Steuerquelle 'Einkommen' allein in Anspruch genommen hat, konnten die Provinzen nur in dem Ausmaß darauf zugreifen, wie der Bund ihnen entsprechenden Raum hierfür zur Verfügung gestellt hat. Solange der Bund den Grad seiner Steuerbelastung nicht senkt, ist es nicht nur politisch, sondern auch wegen volks-

---

[156] "[T]he whole history of federal-provincial fiscal arrangements revolves around the division of incom tax room between the federal government and the provinces." (*Paul A. R. Hobson/France St-Hilaire*: The Evolution of ..., S. 162).

[157] Vgl. auch *Paul A. R. Hobson/France St-Hilaire*: Reforming ..., S. 162.

wirtschaftlicher Konsequenzen äußerst schwierig, in diese Bereiche 'vorzustoßen', da die Provinzen immer 'einen Schritt später' auf eine Steuerquelle zugreifen, die der Bund schon 'besetzt' hält. Eine gleichberechtigte Konkurrenzsituation zwischen den beiden Staatsebenen um eine Steuerquelle kann so nicht entstehen, weil die Provinzen stets auf die bestehende Belastung durch die Bundessteuer 'treffen' und es deshalb besonders schwierig ist, eine zusätzliche Belastung zu rechtfertigen.

Die fiskalische Beweglichkeit der Provinzen (aber auch die vertikale Flexibilität des Einnahmensystems) zeigt sich daran, daß es ihnen gelungen ist, seit Mitte der 50er Jahre nicht nur ihren Anteil am Gesamtsteueraufkommen in Kanada erheblich zu steigern, sondern auch ihre Anteile am Aufkommen der wichtigsten mit dem Bund gemeinsam genutzten Steuerquellen deutlich zu erhöhen (s.o.): Dies gilt nicht nur für den Bereich der Steuern vom Einkommen, bezüglich derer der Bund den Provinzen erhebliche 'Besteuerungsfreiräume' eröffnet hat, sondern auch für die Steuern vom Umsatz und Verbrauch, bei denen sie ihren Anteil von 30% auf 59% fast verdoppelt haben. Selbst im Zeitraum zwischen 1975 und 1995 können die Provinzen noch größere Steigerungsraten verzeichnen.

Während die Provinzen einen recht großen Anteil ihrer Einnahmen selbst erheben, können die Kommunen nur zu einem relativ geringen Teil auf eigene Einnahmequellen zugreifen.[158] Wie die langfristige Entwicklung ihres Steueraufkommens zeigt, sind aber auch die Gemeinden in der Lage, ihren Finanzrahmen entsprechend der Ausgabenentwicklung eigenständig zu erweitern. Zwischen 1990 und 1998 konnten die Kommunen ihre Steuereinnahmen dem Wachstum der Ausgaben gemäß steigern und somit auch den relativen Rückgang der Zuweisungen kompensieren. Mit einem Zuwachs von über 80% zwischen Mitte der 80er und Mitte der 90er Jahre konnten die Gemeinden ihre Gesamteinnahmen sogar stärker erhöhen als Bund (+75%) und Provinzen (+65%), obwohl der Anteil der Zuweisungen an den gemeindlichen Gesamteinnahmen zugleich gesunken ist.[159]

3.4.6.5 Sachgerechte Auswahl und Zuordnung der Steuerquellen und Besteuerungsrechte

Eine Auswahl der subnationalen Steuerquellen und Besteuerungsrechte findet in Kanada nicht durch die Finanzverfassung, sondern die konkrete Steuerpolitik der einzelnen Gebietskörperschaften auf der Gliedstaatenebene statt. Dies führt dazu, daß von den Provinzen Steuerquellen ausgeschöpft werden, die sicherlich besser oder genauso gut von der entsprechenden Bundessteuer mit erfaßt werden könnten, was eine parallele Besteuerung vermeiden würde. Hin-

---

[158] Vgl. *Edward M. Gramlich*, S. 506f.
[159] Quelle der Daten: *Karin B. Treff/David B. Perry*: Finances of the Nation 1997, S. A:7ff.

sichtlich der vertikalen Zuordnung der einzelnen Steuerquellen und Besteuerungsrechte auf die föderativen Ebenen ist zu fragen, ob die Kriterien für den optimalen Zentralisierungsgrad der Besteuerungskompetenzen beachtet worden sind.

Sachgerecht ist, daß der Bund schwerpunktmäßig die Besteuerung des Einkommens nutzt, da er den horizontalen Finanzausgleich über vertikale Zuweisungen finanziert und somit eine landesweite, interregionale Umverteilungspolitik betreibt. Auf der Ebene der Provinzen wirkt sich die Besteuerung des Einkommens insofern problematisch aus, als daß die Höhe der Bemessungsgrundlagen regional nachhaltig streut.

Ungewöhnlich mutet die Besteuerung des Verbrauchs von Kraftstoffen, Alkohol und Tabak durch die Provinzen an. Die entsprechenden Steuern sind aber wohl eher als besondere Sales Taxes konzipiert, die vom Endverbraucher erhoben werden, so daß zwar das Problem einer allzu starken regionalen Differenzierung der Steuerkraft nicht auftritt, aber ein zusätzlicher Verwaltungs- und Entrichtungsaufwand entsteht.

Völlig unsachgemäß ist, daß die Provinzen die ausschließliche Kompetenz zur Besteuerung natürlicher Ressourcen besitzen (Sec. 92a Abs. 4 Constitution Act, 1867). Diese regional äußerst stark streuende Steuerquelle begünstigt allein die drei westlichen Provinzen, in denen die Fiscal Capacity weit über dem kanadischen Durchschnitt pro Einwohner liegt. Da z.B. Alberta[160] knapp 23% oder British Columbia über 12% ihrer originären Einnahmen allein aus dieser Steuerquelle beziehen (Quebec hingegen nur 0,5%), bewirkt die Besteuerung natürlicher Ressourcen durch die Provinzen eine erhebliche horizontal Schieflage in deren Finanzausstattung.[161] Um auf der Einnahmenseite vergleichbare Voraussetzungen für einen fairen innerstaatlichen Wettbewerb zu schaffen, wäre diese Einnahmequelle dem Bund zuzuordnen.

Provinzen und Gemeinden erzielen einen relativ hohen Anteil ihrer Einnahmen mit Steuern auf das Grundvermögen, die das Steuerobjekt Boden erheblich belasten.[162] Die Zuordnung dieser Steuerquelle auf die subnationalen Ebenen ist wegen der geringen Mobilität des Steuergegenstandes und der Äquivalenzbeziehung zur regionalen und lokalen Infrastruktur durchaus sachgerecht.

---

[160] Die Provinz Alberta profitiert mit Abstand am meisten von der Besteuerung natürlicher Ressourcen auf subnationaler Ebene. In den letzten Jahren konnte sie diese Position weiter ausbauen: Im Haushaltsjahr 1999-2000 entstammten dort 1.454 $ je Einwohner jener Steuerquelle, in der auch stark begünstigten Provinz British Columbia waren es 'nur' 600 $ (vgl. *Ministry of Finance and Corporate Relations* (Hrsg.), S. 136f.).

[161] Vgl. auch *Russel Krelove/Janet G. Stotsky/Charles L. Vehorn*, S. 210; *Wayne R. Thirsk*, S. 237.

[162] Die Bedeutung der Besteuerung des Grundvermögens (Property Tax; Business Tax) ist in Kanada im Vergleich zu anderen OECD-Ländern recht hoch. Vgl. *OECD* (Hrsg.): Canada 1996-1997, S. 77ff.

3.4.6.6 Weitere Voraussetzungen für einen fairen Steuerwettbewerb

Zu den weiteren Voraussetzungen für einen fairen Steuerwettbewerb auf regionaler bzw. lokaler Ebene gehört, daß das Steuersystem in einigen Bereichen harmonisiert ist und Steuerexport verhindert. Ziel ist es, eine ineffiziente Ressourcenallokation unter den Gliedstaaten, insbesondere aber die Gelegenheit zu einer absichtlichen 'beggar-the-neigbour'-Politik zu vermeiden.

Eine Harmonisierung bestimmter Steuern zwischen dem Bund und der Mehrzahl der Provinzen erfolgt durch Tax Collection Agreements (TCAs). Davon ist jedoch gerade bezüglich der Körperschaftsteuern nur ein geringer Teil der Steuerzahler betroffen. Eine faktische Harmonisierung der Körperschaftsteuern ist aber insofern gegeben, als daß alle Provinzen (auch diejenigen mit einer eigenständigen Körperschaftsteuer) im Prinzip die gleiche Bemessungsgrundlage benutzen.[163] Einige Provinzen haben ihre Steuerbemessungsgrundlagen aber nicht auf die der anderen Steuerträger abgestimmt.

Ein Umbruch vollzieht sich auch im Hinblick auf die TCAs zur Einkommensteuer: Die Provinz Alberta geht etwa mit der als 'Flat-Rate-Tax' gestalteten Personal Income Tax (mit einem einheitlichen Steuersatz von 10%) ab dem Jahr 2001 vollkommen eigene Wege und betreibt damit evtl. eine strategische Konzeption ihrer Einkommensteuer.[164] Auch andere Provinzen wollen die neue Tax-on-Income'-Option nutzen und eigenständige Elemente in ihr Einkommensteuerrecht integrieren.

Eine weitere explizite Harmonisierung oder Koordinierung von Steuern mit dem Bund wird ansonsten jedoch nur noch im Rahmen der Umsatzbesteuerung (gemeinsames Mehrwertsteuersystem HST bzw. QST) vorgenommen, allerdings nur in vier Provinzen.[165] Da sechs Provinzen, darunter die vier wirtschaftsstärksten, eine Harmonisierung der Umsatzsteuer verweigern, läßt sich der diesbezügliche Vorstoß der Bundesregierung nicht als erfolgreich bezeichnen. Harmonisierungs- oder Koordinierungsbestrebungen existieren somit nur für die Einkommen-, Körperschaft- und Umsatzsteuer, und dies auch nur in einigen, vor allem den wenig besiedelten Provinzen. Weitere Abkommen über die Harmonisierung einzelner Steuern sind nicht zu erwarten.[166]

---

[163] Vgl. *Richard M. Bird/Jack Mintz*, S. 276.
[164] Ziel dieser Steuerpolitik ist es möglicherweise, den Beziehern hoher Einkommen mit einem proportionalen Tarifverlauf einen Anreiz zu bieten, ihren Wohnsitz entsprechend dorthin zu verlegen.
[165] Vgl. *Department of Finance Canada/Canada Customs and Revenue Agency* (Hrsg.), S. 52.
[166] Vgl. *Richard M. Bird/Jack Mintz*, S. 276.

Der Steuerwettbewerb im Bereich der Steuern vom Einkommen war bis vor kurzem wohl wenig ausgeprägt. Vielmehr war eine relativ hohe Übereinstimmung der Steuersätze (bei bislang weitgehend ähnlichen Tarifen und Bemessungsgrundlagen) auf der Ebene der Gliedstaaten festzustellen.[167] Zu beachten ist allerdings, daß die Wirkung der parallelen Einkommensbesteuerung von Bund und Provinzen trotz der TCAs regional recht ungleich ist. Das Tax-on-Tax-System einschließlich der Möglichkeit bestimmter regionaler Steuervergünstigungen scheint vor allem im Bereich niedriger Einkommen verschieden hohe Grenzsteuersätze hervorzubringen, während die Spitzensteuersätze nicht sehr stark variieren. Insgesamt ließ sich bislang feststellen, daß durch die TCAs in Hinblick auf den Steuerwettbewerb recht faire Bemessungsgrundlagen und Tarifstrukturen im Bereich der Einkommen- und Körperschaftsteuer geschaffen wurden.[168] Es bleibt abzuwarten, ob die Reduktion des Umfangs an harmonisierten Regelungen in der Neufassung der TCAs negative Auswirkungen auf den Steuerwettbewerb entfalten wird. Die erweiterten Gestaltungsmöglichkeiten der Gliedstaaten können den im Rahmen des Steuerwettbewerbs äußerst sensiblen Bereich der Einkommens- und Kapitalbesteuerung jedenfalls erheblich beeinflussen.

Nachteilig auf den interregionalen Steuerwettbewerb wirkt sich zusätzlich der Umstand aus, daß möglicherweise Steuerexport durch die Besteuerung der regional sehr unterschiedlich vorkommenden natürlichen Ressourcen stattfindet. Die Verfassung erlaubt ausdrücklich die Besteuerung solcher Ressourcen sowie der Energiegewinnung durch die Provinzen auch dann, wenn jene Gegenstand des interregionalen Handels sind. Vor diesem Hintergrund ist zu bezweifeln, daß das kanadische Steuersystem einen fairen Steuerwettbewerb auf regionaler Ebene ermöglicht.

3.4.6.7 Konsistenz, Transparenz und Neutralität des Gesamtsystems

Im Hinblick auf die Konsistenz und Transparenz des Steuersystems bietet bereits sein Umfang Anlaß zur Kritik. Die parallele Ausschöpfung der meisten Steuerquellen durch Bund und Provinzen führt zu einer großen Zahl an Einzelsteuern. Die grundsätzliche Offenheit der Finanzverfassung führt mithin zu einer Überfrachtung des Steuersystems und somit zu einem hohen Grad an Intransparenz des Gesamtsystems wegen der Vielzahl der Steuergesetze. Es bedarf schon guter Beobachtung, die jeweilige Verantwortlichkeit für die Besteuerung zu erkennen (z.B. kommen beim Kauf von Kraftstoffen bis zu vier Einzelsteuern zur Anwendung). Von einem übersichtlichen Gesamtsystem kann demzufolge keinesfalls gesprochen werden.

---

167 Vgl. *Edward M. Gramlich*, S. 506.
168 Vgl. *OECD* (Hrsg.): Canada 1996-1997, S. 96.

Die Besteuerung knüpft zwar an alle wesentlichen Punkte im Wirtschaftskreislauf an. Außerdem ist keine übermäßig große Zahl an ausgeschöpften Steuerquellen festzustellen. Sehr fraglich ist jedoch, ob es sinnvoll ist, mehrere gemeinsam von Bund und Provinzen genutzte Steuerquellen jeweils mit eigenen Steuern zu belegen. Statt der vollständigen Gestaltungskompetenz wäre es sicherlich ausreichend, einzelne Besteuerungsrechte zu dezentralisieren und bestimmte Steuerquellen (wie z.b. den Kraftstoffverbrauch oder den Tabakkonsum) ansonsten auf der Grundlage eines einheitlichen Steuerrechts auszuschöpfen. Auf diese Weise würden die Autonomie beider Staatsebenen gewahrt und zugleich die Nachteile getrennter Steuererhebung vermieden.

Die gleichzeitige Zuordnung vieler Steuerquellen auf Bund und Provinzen erschwert ferner eine abgestimmte Besteuerung bzw. erfordert einen entsprechenden Koordinierungsaufwand. In gewissem Maße schaffen die TCAs hier Abhilfe: Sie tragen dazu bei, die Komplexität des Steuersystems und die Doppelbelastung einzelner Steuerquellen zu reduzieren, fördern die Harmonisierung einzelner Steuern und den freien Austausch von Waren, Dienstleistungen und Arbeitskräften.[169]

Möglicherweise findet durch die parallele Besteuerung in den Bereichen und Regionen, für die keine TCAs oder Comprehensive Integrated Tax Coordination Agreements o.ä. existieren, eine suboptimale Belastung einzelner Steuerquellen statt, da es nicht immer zu einer 'rationalen' Abgrenzung der steuerlichen 'Zugriffsfelder' zwischen den Staatsebenen kommen dürfte und daher einige Steuerobjekte übermäßig bzw. ggf. auch vergleichsweise gering in Anspruch genommen werden. Die zweifache Besteuerung kann auch Widersprüche zwischen der Konzeption der Steuern von Bund und Provinzen mit sich bringen. Es ist denkbar, daß bestimmte Lenkungseffekte der Bundessteuern durch eine gegenläufige Gestaltung der subnationalen Steuern teilweise wieder ausgeglichen werden. So mildert etwa die Regierung der Provinz Alberta mit ihrer als 'Flat-Rate-Tax' ausgestalteten Einkommensteuer die Progressionswirkung der Bundeseinkommensteuer wieder ab (in den meisten übrigen Provinzen ist die Progressivität der Einkommensteuer indessen in letzter Zeit erhöht worden[170]).

3.4.6.8 Gewährleistung allgemeiner und gleicher Besteuerung

Die Sicherung der Allgemeinheit und Gleichmäßigkeit der Besteuerung kann im Rahmen eines Steuersystems, in welchem sowohl Bund als auch Provinzen im Prinzip völlig frei über die wichtigsten Steuerquellen verfügen können, grundsätzlich ein Problem darstellen. Es wäre

---

169 Vgl. *Department of Finance Canada/Canada Customs and Revenue Agency* (Hrsg.), S. 1.
170 Vgl. *Geoffrey E. Hale*, S. 240, 260f.

denkbar, daß eine Provinz auf eine Steuerquelle völlig verzichtet oder eine Gruppe von Steuerzahlern in beträchtlichem Umfang von der Besteuerung ausnimmt und dadurch erhebliche Ungleichbehandlungen erzeugt werden. Allerdings dürfte es sich hierbei mit Blick auf die Lage in Kanada eher um ein rein theoretisches Problem handeln, da die Provinzen praktisch auf alle wesentlichen Steuerquellen und -arten angewiesen sind.

Allein aus dem Umstand, daß z.B. die Höhe der gesamten Steuerbelastung in den kanadischen Provinzen 1998 zwischen 30,5% und 41,1% des jeweiligen BIP oder auch die Höhe der Belastung durch die subnationale Einkommensteuern in den einzelnen Provinzen erheblich schwankte, kann weder ein Verstoß gegen den Grundsatz der Allgemeinheit noch gegen den der Gleichmäßigkeit der Besteuerung geschlossen werden.

Zudem erhebt der Bund mit Ausnahme der Property Tax und der Steuern auf natürliche Ressourcen die gleichen oder vergleichbare Steuerarten wie die Provinzen. Damit besteht eine landesweite Mindestbelastung zahlreicher Steuerobjekte. Darüber hinaus trägt auch die Steuerharmonisierung zur Gleichmäßigkeit der Besteuerung bei. Eine Koordination der Besteuerung des Einkommens erfolgt durch die Tax Collection Agreements. Wie sich die Harmonisierung der Besteuerung des Einkommens künftig unter dem neuverhandelten TCAs darstellen wird, bleibt abzuwarten. In den nicht an den TCAs beteiligten Provinzen waren die Einkommen- und Körperschaftsteuern bislang ähnlich wie die Bundessteuern konzipiert, so daß die Ausgestaltung der Einkommensbesteuerung landesweit prinzipiell recht einheitlich war.

Wie jedoch aus Tabelle 43 zu entnehmen ist, bringt die Verknüpfung der Einkommensteuer des Bundes mit den Steuersätzen und tariflichen Regelungen der Provinzen möglicherweise unerwünschte regionale Effekte in unterschiedlicher Höhe mit sich. Diese sind durch subnationale Steuergesetzgebung nur schwer auszugleichen, weil die regionale Einkommensverteilung sowie die Steuerpolitik der Provinzen unmittelbar von steuerpolitischen Maßnahmen des Bundes abhängig ist. Unterschiedliche regionale Wirkungen entfalten diesbezüglich der maßgebliche Grenzsteuersatz des Bundes sowie der Umfang und die Ausrichtung sozial- und wirtschaftspolitisch motivierter steuerlicher Absetzungsregelungen.[171]

3.4.6.9 Erhebungs- und Entrichtungsbilligkeit der Besteuerung

Grundsätzlich verursacht das kanadische Steuersystem zusätzliche Kosten auf Seiten der Steuerzahler oder der Verwaltung, weil mehrere Steuerquellen von Bund und Provinzen gemeinsam ausgeschöpft und hierfür jeweils eigene Steuern erhoben werden. Mit der Einkom-

---

[171] Vgl. *Munir A. Sheikh/Michel Carreau*, S. 21.

men- und Körperschaftsteuer betrifft dies zwei Steuerarten, die einen nicht unerheblichen Darlegungs- und Überprüfungsaufwand und prinzipiell je zwei gesonderte Steuererklärungen erfordern. Ähnliches gilt hinsichtlich der 'doppelten' Umsatzbesteuerung, die mindestens zwei Abrechnungen des Endverkäufers notwendig macht, nämlich eine für die GST des Bundes und eine für die Sales Tax der Provinzen (sowie evtl. ein bis zwei für die Verbrauchsbesteuerung durch Bund und Provinzen).

Insbesondere der Bund ist bestrebt, mittels Steuerharmonisierung die Erhebungs- und Entrichtungskosten der Besteuerung möglichst gering zu halten. Die mit den meisten Provinzen abgeschlossenen Tax Collection Agreements bezüglich der Einkommen- und Körperschaftsteuern bewirken dabei einen erhebungs- und entrichtungsbilligen Zugriff zweier Staatsebenen auf eine Steuerquelle mittels jeweils eigener Steuern.[172] Sie schaffen einen Ausgleich zwischen den Bestrebungen der Provinzen nach autonomer Gestaltung ihrer Einnahmenpolitik sowie den Forderungen nach möglichst weitgehender Einheitlichkeit des Steuerrechts und des Niveaus der Steuerbelastung. Die TCAs verbinden so die Vorzüge eines zentralisierten Steuersystems mit den Vorteilen eigenständiger subnationaler finanzpolitischer Entscheidungsfindung.[173] Allerdings haben einige Provinzen die TCAs nicht unterzeichnet bzw. gekündigt: In Alberta, Ontario[174] und Quebec wird eine eigene Einkommen- bzw. Körperschaftsteuer erhoben, was einen höheren Verwaltungs- und Entrichtungsaufwand mit sich bringt. Überdies wird die Neuordnung der TCAs einen höheren Verwaltungsaufwand verursachen.

Zur Verringerung der Erhebungs- und Entrichtungskosten aufgrund der doppelten Besteuerung des Umsatzes durch die GST des Bundes und die Sales Taxes der Provinzen, haben der Bund und einige Provinzen ferner jene Steuern im Rahmen von Harmonisierungsvereinbarungen zu einem gemeinsamen Mehrwertsteuersystem vereinigt.

Der Bund und zumindest einige der Provinzen sind mithin bestrebt, die Nachteile der umfangreichen Freiräume der Finanzverfassung und die dadurch ermöglichte getrennte Ausschöpfung gemeinsamer Steuerquellen zu minimieren, indem sie den Verwaltungs- und Entrichtungsaufwand mittels Harmonisierung der Besteuerungsgrundlagen und eine einheitliche Administration gering zu halten versuchen.

---

172 Vgl. *Robin W. Boadway/Paul A. R. Hobson*, S. 49; *Edward M. Gramlich*, S. 506.

173 Vgl. *Robin W. Boadway*, S. 33; *Department of Finance Canada/Canada Customs and Revenue Agency* (Hrsg.), S. 1. Die OECD bezeichnet die TCAs sogar als "success story in the case of income taxes in Canada" (vgl. *OECD* (Hrsg.): Canada 1996-1997, S. 96).

174 Die geplante eigene Einkommensteuer in Ontario ab 2001 soll nach Vorstellung der Provinzregierung vom Bund mit verwaltet werden. Falls eine entsprechende Verständigung nicht zustande kommt, wird eine eigenständige Steuerverwaltung eingerichtet. Vgl. *Minister of Finance* (Hrsg.): 2000 Ontario Budget, S. 70.

3.4.6.10 Durchführung eines sachgerechten Finanzausgleichs

Der allgemeine Finanzausgleich ist als System übersichtlich und leicht nachvollziehbar. Die Mechanismen sind stark auf die umfassende Steuerautonomie der Gliedstaaten zugeschnitten, welche über ergiebige eigene Steuerquellen verfügen. Der Finanzausgleich bietet Einnahmegarantien für die finanzschwachen Provinzen, die auf ein einheitliches Finanzkraftniveau angehoben werden, läßt aber gleichzeitig die z.T. weit überdurchschnittliche Fiscal Capacity und somit den fiskalischen Vorsprung der finanzstarken Provinzen unangetastet. Dies wahrt zwar die Einnahmenautonomie der Provinzen, führt aber zu einer 'Zwei-Klassen-Gesellschaft' und schafft ein gewisses Maß an fiskalischer Gleichheit nur unter den finanzschwachen Provinzen.

Die Stärken des kanadischen Finanzausgleichssystems sind seine Transparenz und Einfachheit, es erzielt jedoch keine vollständige Ausgleichsgerechtigkeit, weil das politische Ziel der Annäherung der Lebensbedingungen durch die Ausgestaltung des Finanzausgleichs nur als Garantie eines Mindeststandards interpretiert wird. Insofern wird ein interregionales ökonomisches Ungleichgewicht in Kauf genommen (manifestiert durch den deutlichen fiskalischen Wettbewerbsvorteil der finanzstarken Provinzen, insbesondere von Alberta), dessen Folgen infolge der Größe und Weitläufigkeit des Gesamtstaates aber möglicherweise nicht allzu gravierend sind.

Auch wenn sich der große Vorsprung der Provinz Alberta gegenüber den übrigen Provinzen hinsichtlich der Fiscal Capacity im Rahmen des *landesweiten* innerstaatlichen Wettbewerbs nicht sehr schwerwiegend auswirken sollte, kann er die Wettbewerbssituation zu den unmittelbar benachbarten Provinzen doch erheblich beeinflussen. Insbesondere in Hinblick auf diejenigen Steuern, die sich dazu eignen, Unternehmen und Einwohner zu attrahieren, besitzt Alberta einen erheblichen Wettbewerbsvorteil, weil die Nachbarprovinzen aufgrund einer wesentlich geringeren Fiscal Capacity nicht in der Lage sind, ihre Steuersätze auf das Niveau Albertas abzusenken.[175] Ein Finanzausgleichssystem, das einer Provinz eine Fiscal Capacity beläßt, welche einerseits weit überdurchschnittlich ist und andererseits einen weit unterdurchschnittlichen Grad der Ausschöpfung des Besteuerungspotentials ermöglicht, verzerrt den innerstaatlichen Wettbewerb erheblich und ist daher äußerst problematisch konzipiert.

---

[175] Vgl. *Ministry of Finance and Corporate Relations* (Hrsg.), S. 136f.

Eine weitere Schattenseite des Finanzausgleichssystems ist die Nichtberücksichtigung individueller regionaler Ausgabenbedarfe.[176] Interessant ist in diesem Zusammenhang, daß in den finanzschwachen Provinzen tendenziell eine überdurchschnittliche Ausschöpfung der Einnahmequellen festzustellen ist. Dies könnte ein Indiz dafür sein, daß jene Provinzen einen überdurchschnittlichen Finanzbedarf haben, der über den Finanzausgleich nicht gedeckt wird.

Allein die Garantie einer einheitlichen Fiscal Capacity je Einwohner hat demnach wohl keine horizontale Ausgleichsgerechtigkeit zur Folge. Die vergleichsweise eher hohe Anspannung der Steuersätze gerade in den ökonomisch rückständigen Landesteilen verschärft die unfairen Ausgangspositionen im föderativen Wettbewerb zwischen den Gliedstaaten weiter.

Ein möglicher Hinweis auf eine *positive* Wirkung des Finanzausgleichs ist, daß im Zeitraum zwischen 1961 und 1999 gerade in denjenigen Provinzen ein überdurchschnittliches Wirtschaftswachstum zu verzeichnen ist, die regelmäßig zu den Empfängern von umfangreicheren Leistungen im Rahmen des Finanzausgleichs gehören: Die Spitzengruppe bzgl. der wirtschaftlichen Steigerungsraten nehmen drei der Atlantik-Provinzen ein, die originär finanzstarken Provinzen British Columbia und Ontario bilden hingegen die Schlußlichter.[177] Die horizontalen Disparitäten sind in den letzten 40 Jahren folglich vermindert worden.

Im Ergebnis kann dem Finanzausgleichssystem aber nicht attestiert werden, daß es die notwendigen Voraussetzungen für einen fairen Steuerwettbewerb schafft, auch wenn es die Wettbewerbsbedingungen durch eine teilweise Angleichung der Finanzkraft verbessert. Selbst ein vergleichbares Niveau an öffentlichen Gütern kann damit aber nicht garantiert werden, weil die regionalen Produktionskosten kein Ausgleichskriterium im Finanzausgleich darstellen. Die Anhebung der Finanzkraft der finanzschwachen Provinzen sichert mithin nur ein Mindestangebot öffentlicher Güter. Auch der Verzicht auf die Abschöpfung weit überdurchschnittlicher Finanzkraft verzerrt die Ausgangspositionen im föderativen Wettbewerb. Die horizontale Ausgleichswirkung des vertikalen Finanzausgleichs läßt sich im Hinblick auf die Herstellung fairer Teilnahmebedingungen im innerstaatlichen Wettbewerb folglich nicht als sachgerecht qualifizieren.

---

[176] Durch die im Jahr 2001 abgeschlossene Umstellung der zweckgebundenen CHST auf einen einheitlichen Betrag je Einwohner werden die letzten Bedarfselemente im kanadischen Finanzausgleich eliminiert. Ein Ausgleich für überdurchschnittliche soziale Lasten (wie im Rahmen des Canada Assistance Plan) erfolgt dann nicht mehr. "One would be hard-pressed to find the rationale for funding social assistance on such a basis." (*Paul A. R. Hobson/France St-Hilaire*: The Evolution of ..., S. 181).

[177] Vgl. zu den Daten *Harvey Lazar*, S. 18.

3.4.6.11 Zwischenergebnis

Aufgrund der umfangreichen Zugriffsmöglichkeiten auf verschiedene Steuerquellen, vor allem auf fast alle ergiebigen Besteuerungsgrundlagen, verfügen die Provinzen grundsätzlich über eine hinreichende originäre Finanzausstattung und ebenso über hinreichende Steuerautonomie. Einige finanzschwache Provinzen sind jedoch, bedingt durch die regional sehr ungleichmäßige Verteilung des Besteuerungspotentials[178], auf ausgedehnte vertikale Zuweisungen angewiesen.

Die Finanzausstattung und Steuerautonomie der Gemeinden ist insgesamt eher unzureichend. Grund hierfür ist die Beschränkung auf eine einzige fiskalisch relevante Steuerquelle, deren Ausschöpfung zudem eine regressive Wirkung auf die Zensiten entfaltet, sowie die Abhängigkeit von Zuweisungen. Weil diese oft mit Zweckbindungen versehen sind, ist eine von Einflüssen der vorgelagerten föderalen Ebenen unabhängige Aufgabenerfüllung nicht möglich.

Kehrseite der kaum beschränkten Steuerautonomie der Provinzen ist die weitgehende Parallelbesteuerung auf Bundes- und Gliedstaatenebene, die das Steuersystem intransparent und koordinierungsbedürftig macht. Hinsichtlich der Struktur der subnationalen Abgaben ist die Zuordnung der Natural Resources Revenues auf die Ebene der Provinzen zu bemängeln. Angezeigt wäre ferner eine Konzentration des gesamten Steuersystems auf eine überschaubare Zahl von Einzelsteuern.

Angesichts großer regionaler Unterschiede in der Steuerkraft wäre ferner die Herstellung 'fairer' Wettbewerbsbedingungen durch den Finanzausgleich wichtig. Dieses Ziel wird aber vom kanadischen Finanzausgleich nicht erreicht, weil er den fiskalischen Vorteil der finanzstarken Provinzen unangetastet läßt und keinen Ausgleich spezifischer regionaler Ausgabenlasten vorsieht. Die Ausgangsbedingungen der Provinzen im Steuerwettbewerb sind deshalb äußerst verschieden.

---

178 Möglicherweise beruht die Finanzschwäche z.T. auch darauf, daß diese Provinzen ihre Steuerkraft wegen des Steuerwettbewerbs nicht vollständig ausschöpfen können.

3.5 Ländervergleich

In diesem Abschnitt werden auf der Grundlage der empirischen Erhebungen die Finanzverfassungen, die jeweilige Einnahmensituation der föderativen Ebenen, die regionalen Wirkungen der Steuersysteme sowie die Finanzausgleichssysteme der untersuchten Bundesstaaten miteinander verglichen.

3.5.1 Vergleich der Finanzverfassungen

Aus den unterschiedlichen verfassungsrechtlichen Aufgaben-, Ausgaben- und Einnahmenverteilungen und Organisationsstrukturen ergeben sich verschieden geartete Kräfteverhältnisse im Sinne der vertikalen Teilung der politischen Gewalten im Gesamtstaat, gemessen am Grad der Selbständigkeit der einzelnen Staatsebenen. Im Vergleich zu den deutschen Ländern weisen die australischen Staaten und kanadischen Provinzen eine wesentlich größere Autonomie auf. Ähnliches gilt für die Bundesebene, deren Politik in Deutschland zum Teil von den Ländern mitgestaltet wird.

Die Staaten in Australien sind nach der Intention der Verfassung politisch und sachlich weitgehend autonom, sie unterliegen allerdings einer starken finanziellen Abhängigkeit vom Commonwealth. Ihre Machtposition ist daher entscheidend geschwächt. In Deutschland besteht eine starke funktionale[1] und auch finanzielle Verflechtung zwischen Bund und Ländern. Die Folge ist ein geringer Grad an Autonomie aufgrund gegenseitiger Beschränkung beider Staatsebenen, aber auch ein erheblicher Einfluß der Länder auf die Bundespolitik und somit auch auf die Gestaltung der Finanzverfassung. In Kanada ist indes eine weitgehende, vor allem auch finanzielle Unabhängigkeit der Provinzen vom Bund festzustellen. Aufgrund ihrer starken Stellung in der Verfassung bilden die Provinzen ein echtes Gegengewicht zum Bund. Die kanadische Finanzverfassung ist im Kreis der übrigen föderalen Finanzverfassungen insofern 'einzigartig'[2], als daß sie sowohl der Bundes- als auch der Gliedstaatenebene nicht nur umfangreiche autonome Besteuerungsrechte zuordnet, sondern beiden auch den Zugriff auf alle wesentlichen Steuerquellen gestattet.

Die Finanzverfassungen der untersuchten Länder weisen in den Detailregelungen deutliche Unterschiede auf: Hinsichtlich der Ertragshoheit wird in Kanada ein konsequentes Trennsystem angewandt. Dies galt bislang auch für Australien, das dortige Trennsystem hat aber durch

---

[1] Bedingt durch das Zusammenwirken bei Gesetzgebung und Verwaltung (s.o.).
[2] Vgl. auch *Harvey Lazar*, S. 8.

die Übertragung der Ertragshoheit an der GST auf die Staaten seit Juli 2000 eine Aufbrechung erfahren. Das deutsche Steuersystem wird von einem Verbundsystem, das die fiskalisch wichtigsten Steuern umfaßt, dominiert und kennt nur für die übrigen Steuern ein Trennsystem.

Übersicht 15: Finanzverfassungen in den betrachteten Ländern

	Australien	**Deutschland**	**Kanada**
Verteilung der Aufgaben	Aufgabenkatalog des Commonwealth in Section 51-52 Constitution Act; Staaten weitgehend frei	Art. 30, 70ff., 83ff. GG: Aufgabenkatalog des Bundes, z.T. Aufgabenzuweisung an die Länder	Aufgabenkatalog des Bundes (Sec. 91, 94A Constitution Act); Aufgabenkatalog der Provinzen (Sec. 92-93); konkurrierende Zuständigkeit (Sec. 92)
Verteilung der Ausgaben	nicht geregelt, damit ist jede Gebietskörperschaft selbst verantwortlich	Grundsätzlich Anknüpfung an Ausführungskompetenz (Art. 104a Abs. 1 GG)	nur indirekt geregelt, Eigenverantwortlichkeit jeder Staatsebene
Zuordnung der Kompetenzen für die Steuergesetzgebung	zentrale Kompetenz für Verbrauchsteuern (Sec. 90); sonst nach Ertragshoheit (Ausnahme seit 2000: GST)	Kompetenz für Steuergesetzgebung fast ausschließlich beim Bund; Art. 105 GG	parallele Zuständigkeit von Bund und Provinzen für Steuergesetzgebung (Sec. 91, 92, 92a)
Ertragshoheit	bislang reines *Trennsystem* (Ertragshoheit liegt beim Bund für Bundessteuern bzw. den Staaten und Territorien für deren Steuern sowie den Gemeinden für Gemeindesteuern) Ausnahme seit 2000: GST	Art. 106-107 GG: z.T. *Trennsystem* (Steueraufkommen fließt Bund oder Ländern getrennt zu), z.T. *Verbundsystem* (Aufkommen fließt in Steuerverbund, Verteilung nach Quoten)	konsequentes *Trennsystem* (Ertragshoheit liegt beim Bund für Bundessteuern bzw. den Provinzen, Territorien und Gemeinden für deren jeweilige Steuern)
Ergiebigkeit der Steuerquellen der Gliedstaaten	eigene Steuern der Gliedstaaten i.d.R. unergiebig, seit 2000 Ertragshoheit an ergiebiger Steuerquelle (GST)	Beteiligung an ergiebigen Steuern (ESt, KSt + USt) über Steuerverbund	ergiebige Steuern der Provinzen (Einkommen-, Umsatz- und Verbrauchsteuern)
Zuständigkeit für Steuerverwaltung	Commonwealth, Gliedstaaten (und Gemeinden) haben getrennte Finanzverwaltungen (jeweils für die eigenen Steuern)	z.T. Bund gem. Art. 108 Abs. 1 GG; überwiegend Länder (Art. 108 Abs. 2 und 3 GG); z.T. Gemeinden (Art. 108 Abs. 4 GG)	Bund, Gliedstaaten (und Gemeinden) haben eigene Finanzverwaltungen; z.T. Beauftragung des Bundes

Quelle: Eigene Darstellung.

Große Divergenzen bestehen auch in Hinblick auf die vertikale Zuordnung der Besteuerungsrechte: Der weitreichenden Steuerautonomie der kanadischen Provinzen (dort existiert fast ein reines Konkurrenzsystem) sowie (jedoch stärker eingeschränkt) auch der australischen Gliedstaaten steht die deutsche Finanzverfassung gegenüber, die einem einheitlichen Steuerrecht und der Vermeidung regionaler Steuerbelastungsdifferenzen verpflichtet ist. Demgemäß werden in Deutschland die Gemeinschaftssteuern, die das Verbundsystem bilden, vom Bund geregelt, und auch das Trennsystem bezieht sich lediglich auf die Ertragshoheit und überläßt die Gesetzgebungskompetenzen weitgehend dem Bund (eine Ausnahme gilt nur für einige örtliche Steuern).

Übersicht 16: Vertikale Zuordnung der Steuerquellen und Besteuerungsrechte

	Australien	Deutschland	Kanada
Besteuerung des Einkommens von Privatpersonen			
Gesetzgebung	Commonwealth	Bund	Bund und Provinzen
Ertragshoheit	Commonwealth (seit 1942)	Bund (42,5%, Solidaritätszuschlag 100%), Länder (42,5%), Gemeinden (15%)	Bund und Provinzen (Zuschlag zur Bundes-ESt, in Quebec eig. ESt)
Verwaltung	Commonwealth	Länder (Verwaltung im Auftrag des Bundes)	Bund für eigene ESt sowie im Auftrag der Provinzen deren ESt (außer Quebec)
Besteuerung von Erbschaften und Schenkungen			
Gesetzgebung	Staaten	Bund	Bund und Provinzen
Ertragshoheit	Staaten (Ende der 70er Jahre abgeschafft)	Länder	Bund im Rahmen der ESt, Erbschaftsteuer in Provinzen abgeschafft
Verwaltung		Länder	
Besteuerung des Einkommens von Körperschaften			
Gesetzgebung	Commonwealth	Bund	Bund und Provinzen
Ertragshoheit	Commonwealth	Bund (50%), Länder (50%)	Bund und Provinzen erheben getrennte Steuern
Verwaltung	Commonwealth	Länder (Verwaltung im Auftrag des Bundes)	Bund eigene KSt und im Auftrag der Provinzen deren KSt (Alb., Ont. und Que., haben eigene KSt-Gesetze)
Besteuerung des Umsatzes			
Gesetzgebung	Commonwealth	Bund	Bund und Provinzen
Ertragshoheit	bis 30.6.2000 Commonwealth (Sales Tax), seit 1.7.2000 Staaten (Einführung einer GST)	USt: GRV 1%-Punkt vorab, Gemeinden 2,2% vom Restaufkommen, Bund und Länder teilen Restbetrag (50,5:49,5)	Bund (GST, Goods and Services Tax) und Provinzen (Sales Tax)
Verwaltung	Commonwealth	Länder (im Auftrag)	nach Ertragshoheit
Spezielle Verbrauchsteuern			
Gesetzgebung	Commonwealth	Bund	Bund und Provinzen
Ertragshoheit	Commonwealth (Steuern auf Tabak, Alkohol und Mineralöl)	Bund (Kaffee,- Tabak-, Branntschaumwein-, Mineralölsteuer etc.); Länder (Biersteuer)	Bund und Provinzen (z.T. auch Gemeinden) erheben getrennte Steuern auf Tabak, Alkohol und Mineralöl
Verwaltung	Commonwealth	Bund	nach Ertragshoheit
Besteuerung des Vermögens			
Gesetzgebung	-	Bund	Provinzen
Ertragshoheit	-	Länder (Vermögensteuer wird nicht mehr erhoben)	Provinzen (im Rahmen der Property Tax)
Verwaltung	-	Länder	Provinzen
Besteuerung des Vermögensverkehrs			
Gesetzgebung	Staaten	Bund	Bund und Provinzen
Ertragshoheit	Staaten (Besteuerung von Grunderwerb, Versicherungen und and. Transaktionen)	Bund (Versicherungsteuer) bzw. Länder (Grunderwerbsteuer)	Bund (Versicherungsteuer) und Provinzen (Grunderwerb-, Versicherungsteuer)
Verwaltung	Staaten	Länder	nach Ertragshoheit

Fortsetzung nächste Seite.

Fortsetzung der Übersicht 16:

	Australien	Deutschland	Kanada
Besteuerung des Glücksspiels			
Gesetzgebung	Staaten	Bund	Provinzen
Ertragshoheit	Staaten	Länder (Rennwett- und Lotteriesteuer)	Provinzen, teilweise auf Gemeinden übertragen
Verwaltung	Staaten	Länder	nach Ertragshoheit
Kraftfahrzeugsteuer			
Gesetzgebung	Staaten	Bund	Provinzen
Ertragshoheit	Staaten	Länder	Provinzen
Verwaltung	Staaten	Länder	Provinzen
Gewerbesteuer			
Gesetzgebung	-	Bund; Hebesatzrecht der Gemeinden	Bund und Provinzen
Ertragshoheit	-	Gemeinden (Gewerbeertragsteuer; Lohnsummensteuer 1979, Gewerbekapitalsteuer 1997 abgeschafft), Bund und Länder je 50% der Gewerbesteuer-Umlage*	Gewerbekapitalsteuern in Bund und Provinzen; in einigen Provinzen und Gemeinden werden der Gewerbesteuer vergleichbare Gebühren erhoben
Verwaltung	-	Länder / Gemeinden	nach Ertragshoheit
Besteuerung der Lohnsumme			
Gesetzgebung	Staaten	-	Provinzen
Ertragshoheit	Staaten (seit 1971)	-	Provinzen
Verwaltung	Staaten	-	Provinzen
Besteuerung des Grundvermögens			
Gesetzgebung	Staaten	Bund; Hebesatzrecht der Gemeinden	Provinzen
Ertragshoheit	Staaten (Land Tax) Gemeinden (Municipal Rates)	Gemeinden (Grundsteuer)	Gemeinden (Real Property Tax)
Verwaltung	Staaten bzw. Staaten und Gemeinden	Gemeinden oder Länder	Gemeinden
Sonstige Aufwand- und Verbrauchsteuern			
Gesetzgebung	Staaten	Länder; Steuerfindungsrecht der Gemeinden	alle Ebenen
Ertragshoheit	Staaten	Gemeinden	Bund (Luxusgüter), Provinzen und Gemeinden
Verwaltung	Staaten	Gemeinden	nach Ertragshoheit

* In den westdeutschen Ländern zusätzlicher Länderanteil zur Finanzierung der deutschen Einheit.
Quelle: Eigene Darstellung.

In allen drei Ländern ergibt sich ein recht ähnliches Bild für die Finanzausstattung der Gemeinden: Diese verfügen jeweils über eigene Besteuerungsrechte, die durch die übergeordnete Gesetzgebung begrenzt werden. Die Gemeinden können mit dem autonom bestimmten Steueraufkommen ihren Finanzbedarf aber nur teilweise decken, im übrigen sind sie auf Zuweisungen angewiesen. Diese werden zu einem nicht unwesentlichen Teil mit Zweckbindungen und Mitfinanzierungspflichten versehen, was die finanzpolitische Unabhängigkeit der Kommunen schmälert.

Die vertikale Zuweisung der Steuerquellen an die föderativen Ebenen stimmt in den drei untersuchten Ländern in weiten Teilen überein. Entsprechend der Kriterien für einen 'optimalen' Zentralisierungsgrad der Steuerquellen sind etwa die Steuern vom Einkommen und vom Umsatz sowie die Verbrauchsteuern immer (auch) auf der Bundesebene angesiedelt. In Deutschland und Kanada sind die Gliedstaaten neben dem Bund am Ertrag der Steuern vom Einkommen und vom Umsatz beteiligt oder können diese Steuern sogar autonom erheben. Für die kanadischen Provinzen gilt letzteres sogar hinsichtlich der wichtigsten Verbrauchsteuern.

Typische reine Steuern der Gliedstaaten sind in den drei Ländern etwa die Kraftfahrzeug- und die Grunderwerbsteuer sowie die Steuern auf Glücksspiel. In Australien und Kanada stehen darüber hinaus auch die Versicherung- und die Lohnsummensteuer den Gliedstaaten zu. Die Gemeinden verfügen jeweils über eine mit autonomen Hebe- oder Steuersatzrechten versehene Grundsteuer. Nur in Deutschland haben die Kommunen daneben mit der Gewerbesteuer eine zweite fiskalisch ergiebige Steuerquelle.

Bezogen auf die Beteiligung der Gliedstaaten an den ergiebigen und wachstumsstarken Steuerquellen begünstigen die Finanzverfassungen Kanadas und Deutschlands die Gliedstaaten, da sie entsprechende Steuern erheben bzw. daran partizipieren können. Die Steuerquellen der australischen Staaten hingegen sind überwiegend fiskalisch unergiebig und nur unter Inkaufnahme größerer Ineffizienzen zu nutzen.

In keinem Land sieht die Finanzverfassung ein Zuschlagsrecht einer dezentralen Gebietskörperschaften auf die Steuer eine übergeordneten Einheit vor, auch nicht kommunale Zuschlagsrechte auf Steuern der Gliedstaaten. Faktisch existierten bisher jedoch in Kanada Zuschläge der Provinzen auf Bundessteuern, da die Einkommensteuern der Provinzen weitgehend so ausgestaltet waren (sobald ein Tax Collection Agreement mit dem Bund geschlossen wurde).

Daß eine Steuer auf ein mobiles Besteuerungsobjekt auf dezentraler Ebene problematisch angesiedelt ist, zeigt das Beispiel der Erbschaft- oder Nachlaßsteuern, die sowohl in Australien als auch in Kanada 'Opfer' eines destruktiven Steuerwettbewerbs geworden sind. Vor diesem Hintergrund ist die Umsetzung der z.T. von politischer Seite unterbreiteten Vorschläge, die Erbschaft- und Schenkungsteuer in die Gesetzgebungskompetenz der Länder zu überführen[3], nicht ratsam. Wegen der äußerst starken regionalen Streuung der Steuerkraft (z.B. im

---

[3] Vgl. *Erwin Teufel/Edmund Stoiber/Roland Koch*, S. 16ff.

Vergleich zwischen den alten und den neuen Ländern) ist ohnehin schon fraglich, ob den Ländern überhaupt die Ertragshoheit an dieser Steuer zustehen sollte. Die Erfahrung der anderen Bundesstaaten lehrt zudem, daß solche Steuern (wenn auch in anderer Struktur) einem hohen Druck durch den Steuerwettbewerb ausgesetzt sind.[4]

Die deutsche Finanzverfassung bietet den Ländern eine sichere Beteiligung am Steueraufkommen und politische Bequemlichkeit, da die Landespolitiker sich ihren Wählern gegenüber nicht für die Steuererhebung rechtfertigen müssen. Ein Steuer-Ausgaben-Mechanismus könnte deshalb selbst dann nicht funktionieren, wenn die Länder ihre Aufgaben und Ausgaben unabhängig vom Bund an den Präferenzen ihrer Bevölkerung ausrichten könnten. In Australien ist die politische Verantwortlichkeit für Einnahmenentscheidungen der Staatsregierungen insofern eingeschränkt, als daß ein wichtiger Teil ihrer Einnahmen unmittelbar vom Commonwealth stammt (entweder wie bislang als Zuweisungen oder als zuweisungsartig überwiesener Anteil am Aufkommen der GST). Dagegen sind die kanadischen Provinzen voll für ihre Steuerpolitik verantwortlich, welche in den finanzstarken Einheiten fast die gesamte Einnahmenseite des Haushalts zu decken vermag.

3.5.2 Vergleich der Einnahmensituation der föderativen Ebenen

Den föderativen Steuersystemen der drei untersuchten Länder ist gemein, daß die Steuern vom Einkommen jeweils die bedeutendste Steuerquelle darstellen. Da die Sozialabgaben regelmäßig einkommensabhängig erhoben werden oder an die Wertschöpfung anknüpfen, belasten sie ebenso die Steuerquelle 'Einkommen' und können deshalb den Steuern vom Einkommen im weitesten Sinne zugerechnet werden. Die Summe von Sozialabgaben und Steuern vom Einkommen erreicht in Deutschland einen Anteil von knapp 70% am gesamten Abgabenaufkommen, während die Belastung durch die reinen Steuern vom Einkommen vergleichsweise niedrig ist. Die hohe Belastung durch Sozialabgaben, die von Versicherungsträgern auf Bundesebene verwaltet werden, führt dazu, daß der Ebene des Zentralstaates mehr als 2/3 aller staatlichen Abgaben zufließen, obwohl der Bund 'nur' rund 30% des gesamten Steueraufkommens vereinnahmt.

---

[4] Anders ist hingegen die Übertragung der Gestaltungskompetenzen auf die Länder hinsichtlich derjenigen Steuern zu bewerten, die an das Besteuerungsobjekt 'Boden' anknüpfen (Grundsteuer, Grunderwerbsteuer). Zwar wäre die Harmonisierung einiger grundlegender Strukturen (wie z.B. die Wertermittlung) sinnvoll, die Bestimmung von Steuertarif und Steuersätzen könnte aber ohne weiteres den Ländern obliegen.

Tabelle 57: Steueraufkommen und Sozialabgaben nach föderativen Ebenen 1980 und 1997 (als Anteil am Gesamtaufkommen an Steuern und Abgaben)

	Australien		Deutschland		Kanada	
	1980	1997	1980	1997	1980	1997
Gesamtaufkommen	100%	100%	100%	100%	100%	100%
Bund	81,8%	77,7%	33,9%*	29,6%*	43,3%	41,7%
Sozialversicherungsträger	–	–	34,3%	41,6%	10,5%	13,4%
Zentralebene gesamt	*81,8%*	*77,7%*	*68,2%*	*71,2%*	*53,8%*	*55,1%*
Gliedstaaten	14,4%	19,0%	22,6%	21,5%	36,4%	36,0%
Kommunen	3,8%	3,3%	9,1%	7,3%	9,8%	8,9%
Sozialabgaben	–	–	34,3%	41,6%	10,5%	13,4%
Steuern vom Einkommen	56,1%	56,6%	35,1%	27,9%	46,6%	49,0%
Bund	56,1%	56,6%	14,0%	12,1%	29,9%	30,9%
Gliedstaaten	–	–	14,0%	10,2%	16,7%	18,0%
Kommunen	–	–	7,1%	5,7%	–	–
Steuern vom Umsatz und Verbrauch	31,1%	27,5%	27,1%	27,7%	32,6%	24,4%
Bund	25,5%	19,2%	19,7%*	17,5%	13,5%	10,7%
Gliedstaaten	5,6%	8,3%	7,3%	10,2%	19,0%	13,5%
Kommunen	0,0%	–	0,1%	0,1%	0,2%	0,1%
Sonstige Steuern	12,8%	15,9%	3,5%	2,8%	10,3%	13,2%
Bund	0,2%	1,9%	0,2%	–	-0,1%	–
Gliedstaaten	8,8%	10,6%	1,3%	1,1%	0,7%	4,4%
Kommunen	3,8%	3,3%	2,0%	1,6%	9,7%	8,8%

* Einschließlich des EU-Anteils an der Umsatzsteuer.

Quelle der Daten: OECD (Hrsg.): Revenue Statistics 1965-1998; a.a.O.; eigene Berechnungen.

Obwohl die Einkommensteuer in Australien im Vergleich mit den übrigen Steuerquellen die mit weitem Abstand größte Bedeutung hat, sind die subnationalen Gebietskörperschaften an ihrem Aufkommen nicht unmittelbar beteiligt. In Kanada und Deutschland können dagegen zwei bzw. drei föderative Ebenen an den Steuern vom Einkommen teilhaben. Weil in jenen Ländern entsprechendes auch für die Steuern vom Umsatz gilt, ist die Struktur des Steueraufkommens der Gliedstaaten sehr ausgewogen. In Deutschland ist deshalb auch die qualitative (allerdings nicht die quantitative!) Beteiligung der Gemeinden an den verfügbaren Steuerquellen fast 'optimal'.

Die Bedeutung der Zuweisungen als Finanzierungsquelle der Gliedstaaten hat in Kanada seit 1980 leicht ab- und in Deutschland leicht zugenommen, in Australien hingegen ist sie stark zurückgegangen (vgl. Tab. 58). Die Einnahmenstruktur der deutschen Länder und kanadischen Provinzen ist inzwischen fast gleich (wichtigste Einnahmequelle sind die Steuern mit einem Anteil von rund 2/3), in Australien sind trotz eines starken relativen Anstiegs des Steueraufkommens weiterhin die Zuweisungen die bedeutendste Finanzierungsquelle der Staaten.

Tabelle 58: Struktur der Einnahmen der Gliedstaaten und Kommunen 1980 und 1998 (als Anteil an den gesamten Einnahmen ohne Kredite)

	Australien		Deutschland		Kanada	
	1980	1998	1980	1998	1980	1998
Eigene Steuereinnahmen						
Gliedstaaten	29,9%	41,8%	70,2%	67,0%	63,2%	66,5%
Kommunen	54,2%	57,9%	36,0%	32,0%	36,5%	42,7%
Zuweisungen						
Gliedstaaten	55,6%	43,9%	18,1%	18,9%	22,4%	13,7%
Kommunen	23,0%	27,5%	30,1%	33,3%	44,9%	40,8%
Sonstige Einnahmen						
Gliedstaaten	14,5%	14,3%	11,7%	14,1%	14,5%	19,8%
Kommunen	22,8%	19,6%	33,9%	34,7%	18,6%	16,5%

Quelle der Daten: OECD (Hrsg.): Revenue Statistics 1965-1998; a.a.O.; eigene Berechnungen.

Auf kommunaler Ebene in Australien und Deutschland ist der Anteil der Zuweisungen an den Gesamteinnahmen langfristig gestiegen, in Kanada hingegen gesunken. Die deutschen Gemeinden sind aber dennoch in erheblich geringerem Umfang als die kanadischen auf Zuweisungen angewiesen. Bemerkenswert ist der hohe Autonomiegrad der australischen Gemeinden, welche – freilich bei einem relativ geringen Aufgabenbestand – ihre Ausgaben zu weniger als 20% mit Zuweisungen finanzieren.

3.5.3 Vergleich der regionalen Wirkungen der Steuersysteme

In allen untersuchten Ländern streut das regionale Besteuerungspotential äußerst stark. Die größten Unterschiede zwischen dem finanzschwächsten und dem finanzstärksten Gliedstaat hinsichtlich der relativen Gesamtsteuerkraft sind in Deutschland festzustellen (34% bis 171% des Bundesdurchschnitts). Dies entspricht einer Schwankungsbreite von 137%-Punkten (zum Vergleich: Australien: 37%-Punkte, Kanada: 73%-Punkte). Dieses Ergebnis ist zum einen auf die Steuerschwäche der neuen Länder, zum anderen auf die hohe Steuerkraft im Stadtstaat Hamburg zurückzuführen.

Die regionalen Divergenzen bestehen fast hinsichtlich aller Steuerquellen (vgl. Tab. 59). Zwar streuen die Bemessungsgrundlagen der einkommensabhängigen Steuern tendenziell stärker, aber auch die meisten übrigen Steuerquellen sind regional sehr ungleichmäßig verteilt. Dies betrifft - eigentlich unerwartet - auch das Steuerobjekt 'Boden' (vgl. nur die Unterschiede in der Steuerkraft der Land Tax in Australien (25%-146%!), der Grundsteuer in Deutschland und der Property Tax in Kanada). Die Steuern auf den Gebrauch von Kraftfahrzeugen weisen die gleichmäßigste regionale Verteilung der Besteuerungsgrundlagen auf. Eine ebenfalls relativ geringe regionale Streuung des Besteuerungspotentials ist hinsichtlich der Lohnsummensteuer (Payroll Tax) in Australien und Kanada gegeben (72%-110% bzw. 63%-119%).

Tabelle 59: Vergleich der regionalen Unterschiede in der Steuerkraft nach Ländern*

Steuerart	Australien	Deutschland	Kanada
Steuern vom Einkommen	85%-150%**	28%-176%	
Einkommensteuer bzw. Lohnsteuer (D)		42%-147%	55%-120%
Körperschaftsteuer		25%-192%	37%-144%
Payroll Tax	73%-111%	-	63%-119%
Versicherungsteuer	65%-126%	-	69%-108%
Kraftfahrzeugsteuer	34%-147%(Lkw) 81%-112%(Pkw)	67%-111%	80%-138%
Steuern auf Glücksspiel	87%-119%	50%-197%	64%-147%
Grunderwerbsteuer	41%-120%	61%-167%	-
Grundsteuer (Land/Property Tax)	18%-138%	66%-135%	60%-117%
Bergbauabgaben u.ä.	0%-420%	-	0%-486%
Sonstiges Abgabenpotential	83%-154%	-	68%-122%
Steuerkraft bzw. gesamtes Abgabenpotential (Fiscal Capacity)	73%-114%	34%-171% (ohne Umsatzsteuer)	64%-137%

* Angegeben ist jeweils die Streuung der empirisch ermittelten regionalen Steuerkraft (maximale Schwankungsbreite im Jahr der Erhebung). Im einzelnen siehe dazu die Unterkapitel 3.2 bis 3.4.
** Regionale Divergenzen im Aufkommen der Bundessteuern vom Einkommen (vgl. Tab. 20).

Quelle der Daten: Eigene Berechnungen.

Tabelle 60 zeigt die Verteilung der Gliedstaaten auf vier Kategorien verschiedener relativer Steuerkraft in den einzelnen Ländern. Die jeweils erste Gruppe umfaßt diejenigen Regionen, deren Besteuerungspotential mehr als 20% unter dem Landesdurchschnitt liegt. Die letzte Gruppe enthält die Anzahl derjenigen Gliedstaaten mit einem Besteuerungspotential von mehr als 20% über dem Landesdurchschnitt.

Bezüglich der Einkommensteuer verfügen in Kanada die Hälfte aller Provinzen über eine Steuerkraft von weniger als 80% des Landesdurchschnitts, bei der Körperschaftsteuer betrifft dies sogar 7 von 10 Provinzen. Gemessen an der Bevölkerungszahl ist allerdings nur ein geringer Teil der Gesamtbevölkerung hiervon betroffen. In Deutschland sind es immerhin 6 von 16 Ländern, deren Aufkommen an Steuern vom Einkommen mehr als 20% unter dem Bundesdurchschnitt liegt.

Die Höhe der Fiscal Capacity eines Gliedstaates hängt i.d.R. auch mit der absoluten Bevölkerungszahl zusammen: Vor allem die kleineren Gliedstaaten (mit Ausnahme der meisten Stadtstaaten) haben oftmals eine unterdurchschnittliche Steuerkraft zu verzeichnen, während die bevölkerungsreichen Regionen meist ein überdurchschnittliches Besteuerungspotential aufweisen.

Tabelle 60: Vergleich der Anzahl der Gliedstaaten mit einer relativen Steuerkraft von unter 80%, 80-100%, 100-120% und über 120% des Landesdurchschnitts*

	Australien				Deutschland				Kanada			
	Steuerkraft											
	unter 80%	80-100%	100-120%	über 120%	unter 80%	80-100%	100-120%	über 120%	unter 80%	80-100%	100-120%	über 120%
	Anzahl der Gliedstaaten											
Steuern vom Einkommen**	-	4	3	1	6	4	3	3				
Einkommensteuer					5	5	4	2	5	3	1	1
Körperschaftsteuer					7	2	2	5	5	3	1	1
Payroll Tax	1	5	2	-					5	3	2	-
Versicherungsteuer	5	1	1	1					1	6	3	-
Kraftfahrzeugsteuer	-	3	5	-	1	8	7	-	1	5	3	1
Steuer auf Glücksspiel	-	5	3	-	5	2	7	2	3	2	4	1
Grunderwerbsteuer	4	1	3	-	3	6	4	3				
Grundsteuer	5	1	1	1	5	3	6	2	4	3	3	-
Bergbauabgaben	5	-	-	3					7	-	-	3
Sonstige Abgaben	-	5	2	1					3	5	1	1
Gesamtes Abgabenpotential	1	5	2	-	6	4	4	2	4	3	2	1

* Angegeben ist jeweils die absolute Zahl der Gliedstaaten, deren relative Steuerkraft im Jahr der Erhebung unter 80%, 80-100%, 100-120% und über 120% des Landesdurchschnitts beträgt (vgl. im einzelnen die Unterkapitel 3.2 bis 3.4).
** Für Australien sind die regionalen Divergenzen im Aufkommen der Bundessteuern vom Einkommen dargestellt (vgl. Tab. 20).

Quelle der Daten: Eigene Berechnungen.

Festzustellen ist weiterhin, daß die Steuerkraft eines Gliedstaates die regionale Wirtschaftsleistung (gemessen am BIP) oftmals nur unzureichend abbildet. Zwar korreliert die regionale Steuerkraft i.d.R. mit der Wirtschaftskraft. In vielen Fällen ist aber zu konstatieren, daß wirtschaftsstarke Gebietskörperschaften ein überproportionales Besteuerungspotential aufweisen.[5]

---

[5] Zu beachten ist allerdings, daß das Bruttoinlandsprodukt als Maßstab nicht immer sachgerecht ist. Um einen Vergleichsmaßstab etwa für die Steuern vom Einkommen zu erhalten, wären die (leider nicht verfügbaren) Daten für das regionale Bruttosozialprodukt erforderlich, welche die regionale Einkommensverteilung richtig abbilden. Dies ist vor allem für Regionen wichtig, in denen Wirtschaftsleistung und Einkommensverteilung auseinanderfallen, wie z.B. im australischen 'Rentnerparadies' Queensland mit einem hohen Anteil an nicht erwerbstätiger Bevölkerung oder in den deutschen Stadtstaaten und ihrem Umfeld, wo viele Arbeitnehmer aus dem sog. 'Speckgürtel' einpendeln und zur Wirtschaftsleistung in den Stadtstaaten beitragen, während das Einkommen in die Wohnsitzgemeinden in den angrenzenden Flächenstaat fließt.

Ein Ergebnis der empirischen Untersuchungen ist ferner, daß die Freiräume, die der jeweils bestehende Rahmen an Steuerautonomie bietet, von den Gliedstaaten und Gemeinden auch in Anspruch genommen werden. Dort, wo Steuerwettbewerb stattfindet, nutzen die Gebietskörperschaften ihre Gestaltungsmöglichkeiten zumeist aus, wie die horizontal regelmäßig unterschiedliche Steueranspannung beweist. Bestimmte, allgemeingültige Zusammenhänge etwa zwischen Steuerkraft bzw. Wirtschaftskraft und Steueranspannung sind ganz überwiegend nicht zu erkennen. Die Fiscal Capacity einer Provinz ist jedenfalls keine oder zumindest nicht die einzige ausschlaggebende Größe für den Grad der Ausschöpfung des Besteuerungspotentials. Unterschiede in der Belastung der Steuerquellen können ebenso aus divergierenden regionalen Ausgabenlasten, Produktionskosten oder Wählerpräferenzen resultieren.[6]

3.5.4 Vergleich der Finanzausgleichssysteme

Die betrachteten Bundesstaaten verfügen jeweils über eigene Mechanismen, welche die unterschiedliche Finanzkraft der Gliedstaaten zumindest teilweise angleichen. Australien und Kanada stützen die Verteilung vertikaler Zuweisungen auf Kriterien, die eine horizontale Ausgleichswirkung entfalten. Dabei kommen zwar ganz unterschiedliche Modelle zur Anwendung. Die Finanzausgleichssysteme sind aber hinsichtlich ihrer bundesstaatlichen Zielsetzung, konkreten Ausgestaltung und fiskalischen Wirkung durchaus miteinander vergleichbar.

Ob überhaupt und in welchem Umfang ein Finanzausgleich mit horizontaler Wirkung durchgeführt wird, welche gesellschaftlichen und ökonomischen Ziele damit verfolgt werden und inwieweit die Lebensverhältnisse einander angeglichen werden sollen, ist abhängig vom gesellschaftlichen und politischen Konsens über das notwendige Mindestmaß an Homogenität in einem Bundesstaat.

In einer zentrifugal ausgerichteten Föderation wird die Bereitschaft, zum Ausgleich der Finanzschwäche anderer Gliedstaaten stärker nivellierende Verteilungsmuster für vertikale Transfers zu akzeptieren oder gar eigene horizontale Zahlungen vorzunehmen, geringer sein als in zentripetal orientierten Bundesstaaten, in denen das Ziel der Einheitlichkeit der Lebensbedingungen einen höheren Stellenwert hat. So entspricht es z.B. dem zentrifugalen Charakter des kanadischen Föderalismus und dem Selbstverständnis der Provinzen, daß keine horizontalen Zahlungsströme zwischen den Gliedstaaten fließen. Horizontale Zahlungen zwischen den Gliedstaaten erfolgen auch nur in Deutschland (der Finanzausgleich verbindet horizontale und vertikale Elemente miteinander). In Australien und Kanada wird die horizontale Ausgleichs-

---

[6] Vgl. auch *Ministry of Finance and Corporate Relations* (Hrsg.), S. 136.

wirkung durch die Anwendung entsprechender Verteilungsschlüssel bei der Gewährung von Bundeszuweisungen mit der Konsequenz unterschiedlich hoher vertikaler Transfers erreicht.

Übersicht 17: Finanzausgleichssysteme in den betrachteten Ländern

	Australien	Deutschland	Kanada
(Verfassungs-) rechtliche Verankerung	bislang keine Regelbindung; seit dem Jahr 2000 gesetzliche Fixierung der GST-Verteilung	Art. 106 GG (vertikale Steuerverteilung); Art. 107 GG (horizontaler (Länder-) Finanzausgleich); Finanzausgleichsgesetz (FAG)	sec. 36.2 of the Constitution Act 1982; daneben einfaches Bundesgesetz mit jeweils fünfjähriger Festlegung
Zielsetzung des Finanzausgleichs	"*Equality in Diversity*" (gleiche Finanzkraft bei mittlerer Steueranspannung sowie Ausgaben- und Steuerautonomie)	"*Einheitlichkeit der Lebensverhältnisse*" (gleiches Leistungsniveau bei der Bereitstellung öffentlicher Güter)	"*reasonably comparable levels of public services*" (Finanzbasis für vergleichbares Angebot staatliches Güter)
Konzeption der Ausgleichszahlungen	bedarfsorientierter Ausgleich geringerer *fiscal capacity* (normiertes Besteuerungspotential)	Angleichung der Finanzkraft durch horizontale und vertikale Zahlungen; Berücksichtigung bestimmter Sonderbedarfe	Ausgleich geringerer *fiscal capacity* gemessen am mittleren Standard
Festlegung der Verteilungsregeln	Commonwealth (nach Vorschlag der Commonwealth Grants Commission)	Bundestag mit Zustimmung des Bundesrates (faktisch Bund und Länder gemeinsam)	Bund
Festlegung der Transfersumme	i.d.R. Commonwealth allein; teilweise Verhandlungen zwischen Commonwealth und Gliedstaaten; seit Juli 2000 Verteilung des gesamten GST-Aufkommens	Höhe der Zahlungen im Länderfinanzausgleich folgt aus den Verteilungsregeln; Höhe der Bundesergänzungszuweisungen (BEZ) bundesgesetzlich geregelt (mit Zustimmung des Bundesrates)	Bund: Höhe der vertikalen *Equalization payments* ergibt sich aus dem Verteilungsschlüssel; Höhe der übrigen Zahlungen werden in Bundesgesetzen festgelegt
Konstruktion des Finanzausgleichs	umfangreiche ungebundene *vertikale Transferzahlungen* des Commonwealth mit horizontaler Ausgleichswirkung an alle Staaten und Territorien; zusätzlich Zweckzuweisungen	finanzkraftorientierte Verteilung von 25% der Umsatzsteuer; *horizontaler Finanzausgleich* unter den Ländern; Fehl- und Sonderbedarfs-Bundesergänzungszuweisungen für einzelne Länder	*vertikaler Finanzausgleich* mit horizontaler Ausgleichswirkung (Anhebung der finanzschwachen Provinzen auf ein mittleres Niveau); zusätzlich zweckgebundene Zuweisungen
Fiskalische Auswirkung des Finanzausgleichs	Abbau des vertikalen fiskalischen Ungleichgewichts; Bundeszuweisungen bilden zwischen 36% und 55% der Einnahmen der Staaten sowie bis zu 75% der Territorien; überproportionale Zahlungen an finanzschwache Staaten	teilweise Abschöpfung überdurchschnittlicher Einnahmen finanzstarker Länder; Transfers vor allem in ostdeutsche Länder und zwei Stadtstaaten; Veränderungen der Finanzkraftreihenfolge durch Bundesergänzungszuweisungen	Ergänzung (<10%) der Finanzkraft finanzstarker Provinzen; vertikale Zuweisungen machen bis zu 40% der Einnahmen der finanzschwachen Provinzen und 80% der Territorien aus

Quelle: Eigene Darstellung.

Ein rein horizontaler Ausgleich hat den 'psychologischen' Nachteil, daß einige Gebietskörperschaften Einnahmen wieder 'verlieren' und bei zunehmenden Zahlungsverpflichtungen die Bereitschaft abnimmt, finanzschwächere Einheiten zu unterstützen. Das Beispiel Australien zeigt jedoch, daß es auch zu einem erheblichen Verteilungsstreit zwischen den Gliedstaaten um die Anteile an vertikalen Zuweisungen kommen kann, wenn die Einnahmenbasis insgesamt zu knapp bemessen ist. Gegen die rein vertikale Ausgestaltung des Finanzausgleichs spricht die stärkere Abhängigkeit von der zahlenden Körperschaft und deren Möglichkeit der Einflußnahme auf die Ausgabenentscheidungen der Empfänger.

Der Finanzausgleich dient in allen drei Staaten der bundesstaatlichen Homogenität und verfolgt das Ziel einer ökonomischen Annäherung der Lebensbedingungen durch die Schaffung vergleichbarer öffentlicher Leistungsstandards in allen Regionen. Insofern gleichen sich die politischen Zielvorstellungen der verschiedenen Länder. Daraus resultieren hohe Transfers in Regionen, die ökonomisch schwächer sind, einen Nachholbedarf im Bereich der Infrastruktur haben und/oder höhere Kosten für die Produktion staatlicher Leistungen aufwenden müssen.

Erstaunlich ist, daß selbst in föderativen Staaten mit ausgeprägt zentrifugalem Charakter (wie Kanada) und nicht nur bei starken unitarischen Tendenzen (wie in Deutschland) der Finanzausgleich einen hohen Ausgleichsgrad, ja teilweise sogar eine nivellierende Wirkung aufweist. Dies zeigt, daß föderaler Wettbewerb im Fiskalbereich trotz Steuerautonomie der Gliedstaaten auch langfristig auf korrigierende Eingriffe (z.B. durch Finanzhilfen des Bundes) angewiesen zu sein scheint, um zumindest annähernd faire Wettbewerbsbedingungen zu schaffen.

Trotz ähnlicher Zielsetzung sind die Verteilungskriterien und -verfahren der Finanzausgleichssysteme ganz verschieden ausgestaltet: Neben dem normierten Besteuerungspotential (Fiscal Capacity) werden im australischen Finanzausgleich auch die regionalen Unterschiede bei den Kosten für die Erstellung notwendiger öffentlicher Leistungen sowie deren Strukturen berücksichtigt.[7] In Deutschland hingegen stellt der horizontale Länderfinanzausgleich auf die absolute Finanzkraft pro Einwohner ab. Die besonderen Ausgabenbedarfe der Länder finden keine Beachtung[8], obwohl gerade die bundeseinheitliche Regelung vieler Aufgaben regional unterschiedliche Belastungen verursacht. In Kanada bildet allein die unterdurchschnittliche Fiscal Capacity einer Provinz gemessen an einem mittleren Standard die Bemessungsgrundla-

---

[7] Die fiskalische Gleichheit wird also nicht über eine absolut gleiche Finanzkraft je Einwohner, sondern durch Ausgleich der regionalen Einnahmen- und Ausgabenbedarfe einschließlich der Produktionskosten hergestellt.

[8] Für die Finanzierung einiger Sonderbedarfe existiert das Instrument der Bundesergänzungszuweisungen.

ge für Ausgleichszahlungen. Die wesentlich höheren Stückkosten für öffentliche Güter in kaum besiedelten Gebieten finden nur bei den Zuweisungen für die Territorien Beachtung, die konsequenterweise nicht an dem 'normalen' Finanzausgleichsprogramm beteiligt werden.

Daß der Finanzausgleich die Voraussetzungen für einen 'fairen' Steuerwettbewerb schafft, läßt sich nur für das australische System sagen, bei dem die regionalen Unterschiede in Finanzkraft und Finanzbedarf sehr detailliert berücksichtigt werden. Der deutsche Länderfinanzausgleich reduziert zwar die divergierende Finanzkraft der Länder, vernachlässigt aber überwiegend die spezifischen regionalen Ausgabenbedarfe. In Kanada schließlich greift das Finanzausgleichssystem am wenigsten in den föderativen Wettbewerb ein: Weil die weit überdurchschnittliche Finanzkraft der finanzstarken Provinzen (die zudem größtenteils auf einer unsachgemäßen Zuordnung der Steuerquellen beruht) unangetastet bleibt, sind die Wettbewerbsbedingungen verzerrt.

Gewisse Differenzen gibt auch es bei der fiskalischen Bedeutung des Finanzausgleichs und seinen Auswirkungen auf die Einnahmensituation der Gliedstaaten. In Australien dient der Finanzausgleich zum einen dem Abbau eines erheblichen vertikalen fiskalischen Ungleichgewichts und ist daher für die Gliedstaaten unverzichtbare Einnahmequelle, zum anderen ergänzt er ausgabenbedarfsorientiert die jeweilige Fiscal Capacity der Gliedstaaten. In Deutschland werden Steuereinnahmen, die nach der primären Aufkommensverteilung bestimmten Ländern zugeordnet sind, horizontal umverteilt. Diese Mittel fließen vor allem in die finanzschwachen ostdeutschen Länder und tragen dort nicht unerheblich zur Stabilisierung der Einnahmenbasis bei. Zusätzlich existieren verschiedene Typen vertikaler Zahlungen an finanzschwache Länder. Der allgemeine Finanzausgleich in Kanada hat keine Auswirkung auf die Finanzausstattung der drei finanzstarken Provinzen, aber große Bedeutung für die sieben finanzschwachen Provinzen sowie die Bundesterritorien, in denen die Transfers bis zu 40% bzw. bis zu 80% der Einnahmen ausmachen. Anders als in Australien ist der Finanzausgleich demnach nur zur ergänzenden Finanzausstattung einiger finanzschwacher Provinzen, vor allem aber der Territorien erforderlich.[9]

---

[9] Um den tatsächlichen Umfang der bundesstaatlichen Umverteilung öffentlicher Mittel zu ermitteln, wäre zu erfassen, welche Gliedstaaten überdurchschnittlich zum Steueraufkommen des Bundes beitragen und welche regionalen Unterschiede bzgl. der direkten und indirekten Zahlungsströme aus dem Bundeshaushalt existieren.

4 Zusammenfassung und Fazit

Die Ausgestaltung eines föderativen Steuersystems sollte dazu beitragen, die Vorzüge einer Dezentralisierung von Entscheidungskompetenzen und eines horizontalen Wettbewerbs im föderativen Staat zu nutzen, eine effiziente Bewirtschaftung der öffentlichen Ressourcen zu ermöglichen und die umfassende demokratische Verantwortlichkeit aller haushaltspolitischen Entscheidungsträger sicherzustellen. Um dieser Bedingung zu genügen, hat eine bundesstaatliche Finanzverfassung bezüglich der Einnahmenverteilung insgesamt vier wesentliche Funktionen zu erfüllen: Die vertikale Zuordnung der Steuerquellen und Besteuerungsrechte sollte allen Gebietskörperschaften eine aufgabenadäquate Finanzausstattung und hinreichende Steuerautonomie garantieren, die Voraussetzungen für einen fairen Steuerwettbewerb schaffen sowie die Anforderungen an ein rationales Steuersystem umsetzen.

Der Leitgedanke des Autonomieprinzips erfordert allerdings nicht, daß jeder Gebietskörperschaft die Möglichkeit eröffnet ist, eine unbeschränkte Zahl völlig autonom gestalteter Steuern zu erheben, zumal dies erhebliche Konflikte mit den Anforderungen an eine 'optimale' Ausgestaltung des föderativen Steuersystems mit sich bringen würde. Um die fiskalische Beweglichkeit einer Entscheidungseinheit zu gewährleisten, reicht es vielmehr aus, daß diese die Steuersätze einer oder mehrerer Steuern mit breiter Bemessungsgrundlage eigenständig festlegen kann. Wegen der Gefahr, daß die Bemessungsgrundlage strategisch ausgerichtet und damit ggf. zum Instrument eines 'unfairen' Steuerwettbewerbs wird bzw. den Grundsatz der Allgemeinheit und Gleichmäßigkeit der Besteuerung unterläuft, sollte jene entweder einheitlich geregelt oder aber zumindest koordiniert werden.

Auch die Steuertarife sollten weitgehend vereinheitlicht sein. Dies gilt jedoch nicht, wenn und soweit es notwendig sein könnte, regionale oder lokale Besonderheiten angemessen erfassen und berücksichtigen zu können, indem etwa 'vor Ort' für bestimmte Sachverhalte Steuervergünstigungen oder Lenkungswirkungen beschlossen werden.

Hinzutreten muß ein Finanzausgleichssystem, das die Ineffizienzen des Steuerwettbewerbs mindert. Hierzu gehört ein horizontaler Finanzausgleich, der die Unterschiede in Finanzkraft und Finanzbedarf einschließlich besonderer regionaler Lasten angemessen ausgleicht und so 'faire' Startbedingungen im innerstaatlichen Wettbewerb schafft.

Die Bewertung der untersuchten Finanzverfassungen hat ergeben, daß keine von ihnen die dargelegten Anforderungen vollständig erfüllt.

- Die deutsche Finanzverfassung ist auf der Ertragsseite wegen der Beteiligung aller innerstaatlichen Ebenen an den mit Abstand ergiebigsten Steuern (Einkommensteuer und Umsatzsteuer) hinsichtlich der qualitativen Finanzausstattung vorbildlich. Ferner sorgt ein umfangreicher horizontaler Finanzausgleich für eine interregionale Verteilung des Steueraufkommens. Das Steuersystem wird zudem wegen seines größtenteils einheitlichen Steuerrechts sowie der Zahl und Art der Einzelsteuern den Erfordernissen eines 'rationalen' Steuersystems grundsätzlich am ehesten gerecht. Dieser Befund gilt jedoch nicht für das hier zu bewertende *föderative* Steuersystem: Nachteilig wirkt sich in diesem Kontext insbesondere aus, daß die Besteuerungsrechte fast ausschließlich zentralisiert sind und nur auf kommunaler Ebene ein Rest an dezentraler Steuerautonomie verblieben ist.

- In Australien ist zwar der am weitesten durchdachte Finanzausgleich und somit auch eine wichtige Grundlage für einen 'fairen' innerstaatlichen Wettbewerb vorzufinden. Allerdings verwirklichen die vertikale Zuordnung von Steuerquellen und Besteuerungsrechten sowie das subnationale Steuersystem bei weitem nicht diejenigen Anforderungen, die an eine föderative Finanzverfassung zu stellen sind.

- Die kanadische Finanzverfassung ist insofern "bemerkenswert", als daß sie "eine ausgeprägte Dezentralisierung der Kompetenzen und einen hohen Grad an politischer Autonomie der Provinzen mit einem intensiven interregionalen und sozialstaatlichen Ausgleich verbindet."[1] Dieser sorgt aber nicht für 'faire' Bedingungen im föderativen Wettbewerb, weil er die finanzstarken Provinzen zu sehr begünstigt, obwohl deren Finanzstärke z.T. ohnehin nur auf einer unsachgemäßen Zuordnung von Steuerquellen beruht. Außerdem ist das Steuersystem wegen seiner Zersplitterung weit vom Ideal eines 'rationalen' Steuersystems entfernt.

Die Ausgestaltung der föderativen Steuersysteme in den untersuchten Ländern folgt nur in Deutschland in weiten Teilen einer ausgearbeiteten Konzeption, die - den damaligen Vorstellungen von einer modernen Finanzverfassung entsprechend – im Rahmen der Finanzreform von 1969 umgesetzt wurde. Allerdings erfüllt diese Konzeption einer Finanzverfassung nicht die Erfordernisse, die an ein bundesstaatliches Steuersystem zu stellen sind. Weil den subnationalen Gebietskörperschaften die steuerlichen Gestaltungsmöglichkeiten fehlen, genügt die Steuererhebung im Bundesstaat nicht den theoretisch einleuchtend begründeten Anforderungen an Effizienz und Rationalität.

---

[1] *Wolfgang Renzsch:* Föderale Finanzverfassungen ..., S. 48.

In Australien und Kanada entwickelte sich das föderative Steuersystem vornehmlich aufgrund historischer Umstände: Die einzelnen föderalen Ebenen haben aus einem beständig zunehmenden Finanzbedarf heraus neue Steuern eingeführt oder an sich gezogen. Damit sind auch die Abweichungen von den theoretischen Anforderungen an ein 'rationales' Steuersystem zu erklären. Wegen ihrer unzureichenden Finanzausstattung erhalten einige Gebietskörperschaften (vgl. nur die vielen kleinen Steuern der australischen Staaten) unmoderne und verzerrende Steuern aufrecht, obwohl diese aus sachlichen Erwägungen heraus längst abgeschafft worden sein müßten.

Beim Anblick der großen Unterschiede in der regionalen Verteilung der steuerlichen Bemessungsgrundlagen mutet es schwierig an, einer Steuerquelle zu attestieren, sie sei für die Gliedstaaten oder Gemeinden besonders geeignet. Insbesondere die Steuern vom Einkommen (speziell der Körperschaften) weisen erhebliche regionale Aufkommensunterschiede auf. Es erscheint mithin problematisch, Steuerwettbewerb auf regionaler oder lokaler Ebene auf der Grundlage der Einkommensteuer zuzulassen, wenn nicht ein horizontal wirkender Finanzausgleich die Steuerkraft angemessen ausgleicht.

Eine mehr oder minder starke regionale Streuung der Besteuerungspotentiale ist aber für fast alle Steuerquellen festzustellen. Eine relativ ausgeglichene Verteilung der Steuerkraft ist für diejenigen Steuern gegeben, die an den Betrieb von Kraftfahrzeugen oder an die Lohnsumme anknüpfen, nicht aber für die Steuern auf Grundvermögen.

Die Einführung oder Ausdehnung von Steuerautonomie kann deshalb nur in dem Bewußtsein erfolgen, daß wegen der starken Streuung der Bemessungsgrundlagen Korrekturinstrumente notwendig sind, um die Position der finanzschwachen Gebietskörperschaften abzusichern und einen 'fairen' Steuerwettbewerb zu generieren. Einige Abgabenquellen sind vor diesem Hintergrund aber als subnationale Steuern völlig ungeeignet. Hierzu gehören vor allem die Steuern auf die Nutzung natürlicher Ressourcen, die sowohl in Australien als auch in Kanada jeweils wenigen Gliedstaaten eine nicht unerhebliche Einnahmenbasis bieten und dadurch einen Vorteil im interregionalen Steuerwettbewerb verschaffen.

Hinsichtlich der praktischen Nutzung von Steuerautonomie ist festzuhalten, daß die regionalen und lokalen Gebietskörperschaften von ihren steuerlichen Gestaltungsmöglichkeiten durchweg intensiven Gebrauch machen. Dies geschieht in dem Bewußtsein der Verantwortlichkeit gegenüber den Steuerzahlern für die eigene Steuerpolitik. Insgesamt kann die Steuerautonomie in beiden Ländern im Sinne eines Steuer-Ausgaben-Mechanismus' als funktionsfähig bezeichnet werden.

Die Gliedstaaten greifen i.d.R. auf alle ihnen zur Verfügung stehenden Steuerquellen zu und konzentrieren sich nicht auf die Ausschöpfung der besonders ergiebigen Steuerquelle(n). Zu konstatieren ist jedoch, daß verschiedene Gebietskörperschaften - wahrscheinlich gezielt - auf die Erhebung einzelner Steuern verzichten (wie etwa Alberta auf die Sales Tax). Dies dürfte dazu dienen, die regionale Wirtschaftskraft zu steigern und somit mittelbar die Steuerkraft hinsichtlich anderer Steuerquellen zu erhöhen.

Aus Sicht des Zentralstaates sowie der finanzstarken Gliedstaaten scheint es attraktiv zu sein, über Steuerquellen möglichst selbständig verfügen zu können. Finanzschwache Gebietskörperschaften tendieren eher zu Harmonisierung und geringerer Steuerautonomie. In den untersuchten Ländern wurden die Besteuerungsrechte subnationaler Gebietskörperschaften über lange Sicht meist reduziert[2]; in Kanada allerdings gehen einige finanzstarke Provinzen verstärkt eigene Wege und koppeln ihre Körperschaftsteuer sowie neuerdings auch die Einkommensteuer von der Bundessteuer ab.

Die Frage, ob das Verhältnis der subnationalen Gebietskörperschaften untereinander mehr von Kooperation oder eher von Konkurrenz bestimmt wird, läßt sich nur schwer eindeutig beantworten. Sowohl in Australien als auch in Kanada sind einerseits kooperative Elemente in der Steuerpolitik als auch Anzeichen von Steuerwettbewerb ersichtlich. In beiden Ländern gibt es Gliedstaaten, welche - sogar bei unterschiedlichen Voraussetzungen (vgl. nur den als eher finanzschwach zu qualifizierenden Bundesstaat Queensland in Australien und die finanzstarke Provinz Alberta in Kanada) - die Möglichkeiten des Steuerwettbewerbs für sich ausnutzen und versuchen, ihre Attraktivität durch eine niedrige Steuerbelastung zu steigern. Konsequenzen des Steuerwettbewerbs sind - was die Gewerbesteuer anbelangt -, auch auf kommunaler Ebene in Deutschland zu spüren.

Die steuerpolitische Kooperation betrifft in Kanada vor allem den Bereich der Steuern vom Einkommen und vom Umsatz. Sie geht dabei von der Bundesregierung aus, der - ähnlich wie den finanzschwachen Provinzen – an einer Steuerharmonisierung und erhebungsbilligen Steuerverwaltung besonders gelegen scheint. Belege für eine horizontal initiierte steuerpolitische Kooperation der Provinzen sind nicht vorhanden.[3] Die Provinzen betonen vielmehr ihre Eigenständigkeit und das Konkurrenzverhältnis. Eine Vorreiterrolle nehmen hierbei die

---

[2] Vgl. die Abschaffung der mit autonomen Hebesatzrechten versehenen gemeindlichen Lohnsummen- (1979) und Gewerbekapitalsteuer (1997), die Übertragung der Gesetzgebungskompetenz für die Grunderwerbsteuer auf den Bund (1983) in Deutschland sowie die Ersetzung der zentralen Sales Tax und kleiner Steuern der Gliedstaaten durch eine zentral geregelte Umsatzsteuer in Australien.

[3] Die australischen Staaten koordinieren ihre Steuerpolitik dagegen auch untereinander. Ziel dabei ist aber vornehmlich, die Erhebungs- und Entrichtungskosten der Besteuerung zu senken.

finanzstarken Provinzen ein, die sicherlich auch am stärksten von dem in Gang gekommenen Steuersenkungswettlauf hinsichtlich der Einkommensteuer profitieren können (und wie z.B. Alberta aufgrund der guten Einnahmensituation über die besten Voraussetzungen dafür verfügen).

Eine strategische Gestaltung der Steuersätze im Bereich der Unternehmensbesteuerung in einigen Gebietskörperschaften ist in allen Vergleichsländern zu beobachten. Es liegt nahe, anzunehmen, daß die Unternehmensteuern als Instrument im Ansiedlungswettbewerb genutzt werden. Ein regelrechtes 'Race to the Bottom' bezüglich der Steuersätze ist aber trotz der interregionalen Konkurrenzsituation nirgendwo zu erkennen. Einzige Ausnahme ist die Nachlaßbesteuerung, die sowohl in Australien als auch in Kanada ein Opfer des Steuerwettbewerbs wurde.

Vor diesem Hintergrund ist es nicht einfach, Reformoptionen für Deutschland zu entwickeln. Eindimensional auf innerstaatliche Konkurrenz und Wettbewerbsföderalismus zu setzen, wird der Problematik und Notwendigkeit der Einführung autonomer Besteuerungsrechte auf der Ebene der Länder sowie der Ausweitung von Steuerautonomie auf kommunaler Ebene nicht gerecht. Alle Vorschläge dürfen vielmehr das Ziel der Gleichwertigkeit der Lebensbedingungen im Bundesstaat und die fiskalischen Bedürfnisse der finanzschwachen Gebietskörperschaften nicht aus den Augen verlieren.

Um die einzelnen Funktionen einer bundesstaatlichen Finanzverfassung bezüglich der Einnahmenverteilung miteinander in Einklang zu bringen, bietet es sich an, alle föderalen Ebenen am Aufkommen der Steuern vom Einkommen und Umsatz partizipieren zu lassen, um somit eine solide Finanzbasis für jede Gebietskörperschaft zu schaffen. Da ein umfassender Steuerverbund[4] wegen fehlender eigenständiger Zugriffsrechte sicherlich nur eine 'third-best'-Lösung darstellt, rückt hinsichtlich der Einkommensteuer das Ordnungsprinzip des gebundenen Trennsystems mit beschränkter Gestaltungskompetenz in den Mittelpunkt. Dabei wären den subnationalen Gebietskörperschaften sinnvollerweise Zuschlagsrechte auf die Bemes-

---

[4] Ein Tax-Sharing-System schützt die Gliedstaaten vor Unsicherheiten in der Einnahmenentwicklung, wie sie in Australien z.B. durch einseitige Entscheidungen des Commonwealth verursacht wurden. Weiterhin bietet es die Möglichkeit, auf relative Änderungen des Finanzbedarfs im Verhältnis der einzelnen Staatsebenen untereinander durch flexible Anpassungen des Verteilungsschlüssels zu reagieren. Vgl. *Peter Groenewegen:* Some Basic Requirements of National Tax Reform (www.impactservices.com.au/acci/speech/petergro.html [Stand: 20.06.1998]).

sungsgrundlage der Bundeseinkommensteuer zuzuordnen.[5] Eine derartige gemeinsame, über bundesrechtliche Regelungen koordinierte Ausschöpfung der wichtigsten Steuerquelle könnte ein sinnvoller Kompromiß zwischen den widerstreitenden Erfordernissen föderativer Autonomie und denen eines rationalen Steuersystems sein.

Die Übertragung eines autonomen Zuschlagsrechtes zur Einkommensteuer auf die deutschen Länder oder auch Gemeinden würde aber zu erheblichen Aufkommensunterschieden führen. Um einen 'unfairen' Steuerwettbewerb, der vermutlich einseitig die finanzschwachen Länder und Gemeinden träfe, zu vermeiden, ist ein Finanzausgleich erforderlich, der nicht nur die Differenzen in der Steuerkraft vermindert, sondern auch die in Deutschland bestehenden regional divergierenden Ausgabenlasten (insbesondere die aufgrund bundeseinheitlicher Regelung) kompensiert. Steuerautonomie ohne einen angemessenen Finanzausgleich ist nicht vorstellbar.[6]

Daneben sollten die Gliedstaaten und Gemeinden aber auch über weitere Steuerarten autonom verfügen können. Auch hierfür reicht es i.d.R. aus, wenn Bemessungsgrundlagen und Steuertarife weitgehend einheitlich gestaltet werden und die Steuerträger das Recht besitzen, die Steuersätze eigenständig festzusetzen. Mit diesen Besteuerungsrechten würden die dezentralen Gebietskörperschaften in die Lage versetzt, über ihre Steuerquellen autonom zu disponieren und das eigene Steueraufkommen ihrem Finanzbedarf anzupassen. Hinsichtlich der Einnahmenbeschaffung wären mit diesem Grad an Steuerautonomie die Voraussetzungen für das Funktionieren eines Steuer-Ausgaben-Mechanismus' auf subnationaler Ebene geschaffen worden.

Jeder Reformvorschlag für die deutsche Finanzverfassung muß sich daran messen lassen, ob er überhaupt die Chance auf Verwirklichung besitzt und ob die Widerstände im politischen Bereich nicht zu groß sein werden. Dies begrenzt den Kreis möglicher Reformoptionen erheblich. Die historische Entwicklung der deutschen Finanzverfassung seit 1871 zeigt laut *Lehmbruch*, "daß für einen Systemwechsel hin zu einem Trennsystem alle Voraussetzungen fehlen.

---

[5] Als Basissteuer, auf die der subnationale Zuschlag erhoben wird, kommt im Rahmen eines Zuschlagsystems entweder die festgestellte Steuerschuld oder die Bemessungsgrundlage der Einkommensteuer des Bundes in Betracht. Das Beispiel Kanadas zeigt, daß die Festlegung eines Steuersatzes auf die für die Bundeseinkommensteuer ermittelte Steuerschuld unpraktikabel zu sein scheint, weil dies den Gliedstaaten zu wenig steuerpolitische Flexibilität bietet. Wegen der hohen Progressivität der deutschen Einkommensteuer würde ein Zuschlag auf die Steuerschuld gegenüber dem Bund außerdem die finanzstarken Länder und Gemeinden übermäßig begünstigen. Wegen der regionalen Verteilungsgerechtigkeit wäre deshalb ein proportionaler Tarifverlauf auf subnationaler Ebene sicherzustellen. Vgl. dazu *Gisela Färber*: Regionen ..., S. 391.

[6] Siehe auch *Thiess Büttner/Robert Schwager*: Länderautonomie in der Einkommensteuer: Konsequenzen eines Zuschlagmodells (ZEW Discussion Paper No. 00-50); Mannheim 2000.

Die theoretischen Gründe für eine radikale Dezentralisierung der Finanzverfassung mögen noch so bestechend klingen, aber es gibt in Deutschland so gut wie keine Erfahrungen mit einer Kultur des finanzpolitischen Wettbewerbs, die den Akteuren dazu Mut machen könnte. Vor allem könnte ein Systemwechsel [...] nur im Konsens aller beteiligten Akteure geschehen, und der ist nur vorstellbar, wenn sich dabei niemand im Ergebnis schlechter stellen würde. Jede Systemveränderung müßte also mit Kompensationen für die eventuellen Verlierer erkauft werden [...]."[7]

Es ist demnach eher unwahrscheinlich, daß sich diejenigen politischen Akteure, die bei einer Veränderung der bundesstaatlichen Finanzverfassung potentiell Einnahmenverluste in Kauf nehmen müßten (also die finanzschwachen Gebietskörperschaften), ohne erhebliche Absicherung ihrer fiskalischen Risiken auf das Wagnis einer grundlegenden Systemveränderung einlassen werden. Eine realistische bzw. pragmatische Neuordnung der deutschen Finanzverfassung wird daher nur unter der Voraussetzung gelingen, daß ein hochausgleichender Finanzausgleich ein horizontal vergleichbares Angebot an öffentlichen Leistungen auf jeder föderativen Ebene sicherstellt. Wie die Beispiele Australiens und Kanadas zeigen, ist ein hohes Ausgleichsniveau im horizontalen Finanzausgleich mit umfangreichen autonomen Besteuerungsrechten von Gliedstaaten und Gemeinden aber durchaus nicht unvereinbar.[8]

Der deutsche Finanzausgleich ist indes noch verbesserungsbedürftig. Die trotz vielfältiger Finanzausgleichsmechanismen und eines recht hohen Ausgleichsniveaus verbleibende unterschiedliche Leistungskraft der Länder stellt immer noch eine "Schwachstelle des bundesdeutschen Föderalismus"[9] dar.[10] Zur Erhöhung der Verteilungsgerechtigkeit im Bundesstaat bietet sich die Übernahme einiger grundlegender Strukturen des australischen Finanzausgleichs an. Statt wie bislang den Finanzbedarf rein einwohner- und die Finanzkraft einnahmenorientiert zu bemessen, könnte angesichts der deutlichen Differenzen auf der Ausgabenseite die Integration eines Ausgleichselements, das den exogen determinierten Ausgabenbedarf eines Landes einbezieht, durchaus sinnvoll sein. Es ist nicht ersichtlich, warum die Berücksichtigung von genau definierten spezifischen Finanzbedarfen der Länder ein Tabu darstellen sollte.[11]

---

[7] *Gerhard Lehmbruch:* Bundesstaatsreform als Sozialtechnologie?, S. 88.
[8] Vgl. auch *Wolfgang Renzsch:* Föderale Finanzverfassungen ..., S. 54.
[9] *Wolfgang Renzsch:* Finanzverfassung und Finanzausgleich, S. 258.
[10] Ein erheblicher finanzieller Vorsprung eines deutschen Landes wäre bei Steuerautonomie der Länder wegen der Kleinräumigkeit des Gesamtstaates äußerst problematisch, weil die geringen interregionalen Transaktionskosten bei der dann entstehenden Konkurrenzsituation zu starken Wettbewerbsverzerrungen führen könnten und die heute schon ungleichen Startpositionen im föderalen Wettbewerb noch verstärken würden.
[11] So auch *Hans Peter Bull,* S. 277f.

Statt einer immer wieder geforderten[12] Absenkung des Ausgleichsgrades scheint vielmehr zumindest eine Neuinterpretation des Begriffs "Finanzkraft" im Sinne von Art. 107 Abs. 2 S. 1 GG notwendig, um im Rahmen des Länderfinanzausgleichs tatsächlich zu einem sachgerechten Ausgleich zu kommen.[13] Nur wenn alle Steuereinnahmen der Länder einschließlich ihrer Kommunen sowie die unterschiedlichen fiskalischen Folgen bundeseinheitlicher Regelungen beim Länderfinanzausgleich angemessen berücksichtigt werden, kann das Ziel eines vergleichbaren, effizienten und an den Präferenzen der Einwohner ausgerichteten staatlichen Leistungsangebotes verwirklicht werden. Damit wären dann auch die Voraussetzungen für die Dezentralisierung von Besteuerungsrechten geschaffen.

Der Bundesgesetzgeber sollte sich nicht scheuen, auf die Nutzung seiner konkurrierenden Gesetzgebungskompetenz hinsichtlich der Steuern, deren Ertrag ausschließlich den Ländern zusteht, zu verzichten und somit die aus vielfältigen theoretischen Erwägungen heraus unbedingt erforderliche Steuerautonomie der Länder einzuführen. Sinnvoll wäre es darüber hinaus, über ein Zuschlagsrecht der Länder und evtl. auch der Gemeinden zur Einkommensteuer nachzudenken. Wegen der regional äußerst ungleichmäßigen Verteilung der steuerlichen Bemessungsgrundlagen ist ein adäquater Finanzausgleich dann aber unverzichtbar, der 'faire' Bedingungen für den damit auf regionaler Ebene entstehenden und auf lokaler Ebene intensivierten Steuerwettbewerb herstellt.

Das kanadische Steuersystem kann im Hinblick auf eine Neuordnung der deutschen Finanzverfassung in Teilbereichen sowohl im positiven wie auch im negativen Sinne als Orientierungspunkt für die Zuordnung autonomer Besteuerungsrechte auf die Ebene der Gliedstaaten und Gemeinden dienen, während der australische Finanzausgleich eine Vorbildfunktion für die Gestaltung der horizontalen Ausgleichsparameter einnehmen sollte.

---

[12] Vgl. nur die Schriftsätze der Länder *Baden-Württemberg*, *Bayern* und *Hessen* im Rahmen der Normenkontrollanträge gegen das FAG aus dem Jahr 1998 sowie *Bernd Huber/Karl Lichtblau*: Systemschwächen des Finanzausgleichs – Eine Reformskizze; in: IW-Trends 1997, H. 4, S. 1ff.

[13] Vgl. dazu auch *Volker Kröning*: Reform des bundesstaatlichen Finanzausgleichs; in: Zeitschrift für Rechtspolitik 1997, S. 442ff.

ANHANG

Tabelle A1.1: Steuereinnahmen der australischen Staaten und Territorien 1998-99 (in Mio. $)

No.		NSW	VIC	QLD	WA	SA	TAS	ACT	NT
1	Payroll Tax	3.605	2.122	1.002	716	535	162	126	85
2	Land Tax	948	475	232	198	133	26	32	-
3	Conveyance Duty	1.802	1.006	653	439	227	41	54	33
4	Financial Transaction Taxes	1.152	740	331	325	194	53	39	30
5	Stamp Duties	395	184	23	25	15	1	20	0
6	Gambling Taxation	991	1.098	444	150	244	51	35	17
7	Insurance Taxation	341	281	160	112	90	19	16	8
8	Heavy Vehicle Registration Fees and Taxes	105	89	68	88	46	2	3	7
9	Other Vehicle Registration Fees and Taxes	1.239	429	576	166	190	39	50	10
10	Stamp Duties on Motor Vehicle Registrations	444	409	167	139	94	31	18	13
11	Driver Licence Fees	88	48	32	25	33	5	5	2
12	Other Taxes	271	24	191	32	10	4	1	3
	Total Taxes	11.380	6.905	3.879	2.415	1.809	433	398	208

Quelle: Commonwealth Grants Commission (Hrsg.): Report 2000.

Tabelle A1.2: Steuereinnahmen der australischen Staaten und Territorien 1998-99 (in $ je Einwohner)

No.		NSW	VIC	QLD	WA	SA	TAS	ACT	NT
1	Payroll Tax	565,4	453,0	287,6	387,9	358,9	343,9	406,6	441,5
2	Land Tax	148,7	101,3	66,7	107,2	89,4	54,7	104,3	-
3	Conveyance Duty	282,6	214,8	187,5	237,6	152,1	86,0	174,9	171,7
4	Financial Transaction Taxes	180,7	158,0	95,0	176,2	130,1	113,2	126,4	159,3
5	Stamp Duties	62,0	39,2	6,5	13,5	9,9	1,4	64,5	1,1
6	Gambling Taxation	155,4	234,5	127,5	81,4	163,5	108,5	114,6	91,4
7	Insurance Taxation	53,5	60,1	46,1	60,7	60,7	40,5	51,5	40,4
8	Heavy Vehicle Registration Fees and Taxes	16,5	19,0	19,4	47,8	30,6	4,0	8,5	34,4
9	Other Vehicle Registration Fees and Taxes	194,3	91,5	165,4	90,2	127,5	82,6	161,6	50,4
10	Stamp Duties on Motor Vehicle Registrations	69,6	87,2	48,0	75,0	63,0	65,9	59,2	65,8
11	Driver Licence Fees	13,8	10,3	9,2	13,3	22,1	10,1	14,8	12,7
12	Other Taxes	42,5	5,1	54,7	17,6	6,5	9,4	2,3	18,2
	Total Taxes	1.785,0	1.473,9	1.113,6	1.308,3	1.214,3	920,1	1.289,3	1.086,8

Quelle: Commonwealth Grants Commission (Hrsg.): Report 2000; eigene Berechnungen.

Tabelle A2.1: Steuereinnahmen der deutschen Länder und Gemeinden 1999 (in Mio. DM)

Nr.		NRW	Bay	BW	Nds	Hes	Sac
		\multicolumn{6}{c}{Steuereinnahmen der Länder}					
	Anteil an Gemeinschaftsteuern:						
1	Lohnsteuer	26.716	18.981	16.883	9.586	11.495	2.822
2	Einkommensteuer	4.069	2.008	1.945	705	574	-695
3	Kapitalertragsteuer	3.888	1.741	1.389	591	1.770	68
4	Zinsabschlagsteuer	1.175	971	761	444	458	139
5	Körperschaftsteuer	4.439	3.794	3.649	2.263	2.910	369
6	Umsatzsteuer	20.936	14.109	12.165	10.136	7.028	11.394
	Summe Gemeinschaftsteueranteile	*61.223*	*41.602*	*36.794*	*23.726*	*24.235*	*14.096*
	Landessteuern:						
7	Grunderwerbsteuer	2.557	2.086	1.648	976	927	644
8	Kraftfahrzeugsteuer	2.998	2.249	1.918	1.420	1.038	619
9	Erbschaftsteuer	1.486	1.370	909	404	436	30
10	Vermögensteuer	299	130	145	118	133	-
11	Biersteuer	472	332	125	78	77	129
12	Rennwett- und Lotteriesteuer	793	528	464	292	253	117
13	Feuerschutzsteuer	134	86	86	59	44	22
14	Sonstige Landessteuern	-	-	0	-	-	1
	Summe Landessteuern	*8.739*	*6.781*	*5.295*	*3.347*	*2.907*	*1.561*
	Steuereinnahmen der Länder	**69.962**	**48.383**	**42.089**	**27.073**	**27.142**	**15.657**

		\multicolumn{6}{c}{Steuereinnahmen der Gemeinden}					
	Anteil an Gemeinschaftsteuern:						
1	Einkommensteueranteil	10.964	7.492	6.861	3.797	4.259	852
2	Umsatzsteueranteil	1.351	889	761	443	556	283
	Summe Gemeinschaftsteueranteile	*12.315*	*8.381*	*7.622*	*4.240*	*4.815*	*1.135*
	Kommunale Steuern:						
3	Grundsteuer A	64	149	82	111	34	25
4	Grundsteuer B	4.005	2.226	2.178	1.648	1.175	666
5	Gewerbesteuer (netto)	10.669	6.900	6.248	3.633	4.835	1.027
	nachrichtlich: Gewerbesteuer (brutto)	*13.295*	*8.736*	*8.116*	*4.653*	*5.988*	*1.149*
6	Örtliche Steuern	309	31	140	133	101	31
	Summe kommunale Steuern	*15.047*	*9.306*	*8.648*	*5.525*	*6.145*	*1.749*
	Steuereinnahmen der Gemeinden	**27.362**	**17.687**	**16.270**	**9.765**	**10.959**	**2.885**

* nach Zerlegung/Erstattung/Verteilung.

Quelle: Statistisches Bundesamt (Hrsg.): Fachserie 14, Reihe 4 (1999); Bundesministerium der Finanzen (unveröffentlichte Dokumente).

Fortsetzung Tabelle A2.1:

RPL	SH	LSA	Bra	Thü	MV	Saar	Ber	Hbg	Bre	Nr.
\multicolumn{10}{c}{Steuereinnahmen der Länder}	

RPL	SH	LSA	Bra	Thü	MV	Saar	Ber	Hbg	Bre	Nr.
5.134	3.768	1.508	1.772	1.443	1.064	1.227	4.549	3.394	883	1
308	449	-380	-448	-421	-269	7	210	796	192	2
398	135	41	41	40	24	95	268	511	58	3
235	168	83	79	76	55	42	260	213	44	4
1.353	617	176	256	281	151	101	402	870	234	5
4.799	3.374	7.141	6.509	6.473	4.689	1.744	4.097	1.959	823	6
12.226	*8.512*	*8.569*	*8.209*	*7.892*	*5.713*	*3.214*	*9.786*	*7.743*	*2.234*	
500	471	243	327	231	227	119	844	322	122	7
736	503	368	403	361	253	184	383	240	94	8
305	160	8	13	11	5	55	329	395	61	9
65	47	-	-	-	-	18	36	50	7	10
87	26	45	34	44	34	45	37	51	39	11
234	110	67	65	58	36	45	141	138	28	12
26	22	15	14	12	9	3	45	17	7	13
-	-	6	2	1	1	-4	-12	-	-	14
1.954	*1.339*	*752*	*859*	*719*	*565*	*465*	*1.802*	*1.211*	*357*	
14.180	**9.851**	**9.321**	**9.068**	**8.611**	**6.278**	**3.679**	**11.588**	**8.954**	**2.592**	

				Steuereinnahmen der Gemeinden						
2.013	1.567	502	524	402	310	447	1.751	1.537	392	1
233	139	119	135	117	80	57	242	207	55	2
2.246	*1.706*	*621*	*659*	*519*	*390*	*504*	*1.993*	*1.744*	*447*	
35	34	40	21	17	25	3	0	2	0	3
667	494	356	351	296	218	182	931	607	249	4
1.618	1.064	505	516	419	306	372	1.481	2.342	391	5
2.085	*1.387*	*577*	*601*	*479*	*354*	*468*	*1.670*	*2.878*	*488*	
339	78	26	28	17	21	52	48	39	83	6
2.659	*1.669*	*927*	*916*	*750*	*570*	*608*	*2.460*	*2.990*	*724*	
4.905	**3.376**	**1.548**	**1.575**	**1.269**	**960**	**1.112**	**4.453**	**4.734**	**1.170**	

Tabelle A2.2: Steuereinnahmen der deutschen Länder und Gemeinden 1999 (in DM je Einwohner)

Nr.		NRW	Bay	BW	Nds	Hes	Sac
		Steuereinnahmen der Länder					
	Anteil an Gemeinschaftsteuern:						
1	Lohnsteuer	1.485,6	1.566,4	1.615,5	1.216,8	1.902,2	630,5
2	Einkommensteuer	226,3	165,7	186,1	89,5	94,9	-155,4
3	Kapitalertragsteuer	216,2	143,7	133,0	75,0	292,9	15,1
4	Zinsabschlagsteuer	65,4	80,1	72,8	56,4	75,9	31,0
5	Körperschaftsteuer	246,9	313,1	349,2	287,3	481,5	82,4
6	Umsatzsteuer	1.164,2	1.164,4	1.164,0	1.286,6	1.162,9	2.545,5
	Summe Gemeinschaftsteueranteile	*3.404,5*	*3.433,4*	*3.520,6*	*3.011,7*	*4.010,4*	*3.149,3*
	Landessteuern:						
7	Grunderwerbsteuer	142,2	172,1	157,7	123,9	153,4	143,8
8	Kraftfahrzeugsteuer	166,7	185,6	183,6	180,3	171,7	138,3
9	Erbschaftsteuer	82,6	113,1	87,0	51,2	72,1	6,6
10	Vermögensteuer	16,6	10,8	13,9	15,0	22,0	-
11	Biersteuer	26,2	27,4	12,0	9,9	12,7	28,8
12	Rennwett- und Lotteriesteuer	44,1	43,6	44,4	37,1	41,8	26,2
13	Feuerschutzsteuer	7,4	7,1	8,2	7,5	7,3	4,9
14	Sonstige Landessteuern	-	-	0,0	-	-	0,2
	Summe Landessteuern	*486,0*	*559,6*	*506,7*	*424,9*	*481,1*	*348,8*
	Steuereinnahmen der Länder	3.890,5	3.993,0	4.027,3	3.436,6	4.491,5	3.498,1

		Steuereinnahmen der Gemeinden					
	Anteil an Gemeinschaftsteuern:						
1	Einkommensteueranteil	609,7	618,3	656,5	482,0	704,8	190,4
2	Umsatzsteueranteil	75,1	73,4	72,8	56,2	92,0	63,2
	Summe Gemeinschaftsteueranteile	*684,8*	*691,7*	*729,3*	*538,2*	*796,8*	*253,7*
	Kommunale Steuern:						
3	Grundsteuer A	3,6	12,3	7,8	14,1	5,6	5,6
4	Grundsteuer B	222,7	183,7	208,4	209,2	194,4	148,8
5	Gewerbesteuer (netto)	593,3	569,4	597,8	461,2	800,1	229,4
	nachrichtlich: Gewerbesteuer (brutto)	*739,3*	*721,0*	*776,5*	*590,6*	*990,9*	*256,7*
6	Örtliche Steuern	17,2	2,6	13,4	16,9	16,7	6,9
	Summe kommunale Steuern	*836,7*	*768,0*	*827,4*	*701,3*	*1.016,8*	*390,8*
	Steuereinnahmen der Gemeinden	1.521,5	1.459,7	1.556,8	1.239,5	1.813,6	644,5

* nach Zerlegung/Erstattung/Verteilung.

Quelle: Statistisches Bundesamt (Hrsg.): Fachserie 14, Reihe 4 (1999); Bundesministerium der Finanzen (unveröffentlichte Dokumente); eigene Berechnungen.

Fortsetzung Tabelle A2.2:

RPL	SH	LSA	Bra	Thü	MV	Saar	Ber	Hbg	Bre	Nr.
				Steuereinnahmen der Länder						
1.274,5	1.360,3	566,2	683,5	587,7	592,6	1.144,3	1.340,8	1.994,0	1.326,4	1
76,6	162,1	-142,6	-172,9	-171,5	-150,0	6,5	61,9	467,6	288,5	2
98,8	48,7	15,5	15,9	16,4	13,1	88,3	79,0	300,4	87,5	3
58,4	60,7	31,0	30,5	30,8	30,7	38,9	76,5	125,0	65,6	4
335,8	222,8	65,9	98,9	114,5	84,4	94,1	118,5	511,1	351,2	5
1.191,3	1.218,2	2.680,6	2.511,3	2.635,4	2.612,0	1.626,5	1.207,5	1.151,0	1.235,8	6
3.035,4	*3.072,8*	*3.216,6*	*3.167,2*	*3.213,3*	*3.182,9*	*2.998,6*	*2.884,2*	*4.549,1*	*3.354,9*	
124,1	170,2	91,1	126,0	94,2	126,3	111,0	248,6	189,1	183,0	7
182,8	181,5	138,2	155,4	147,1	140,8	171,7	112,9	140,9	140,6	8
75,8	57,7	3,1	5,2	4,6	2,9	50,8	96,9	231,8	90,9	9
16,2	17,1	-	-	-	-	17,1	10,7	29,3	11,2	10
21,6	9,6	17,0	13,3	17,8	18,7	42,3	10,8	29,8	58,5	11
58,2	39,6	25,1	25,2	23,6	20,3	41,7	41,5	81,0	42,0	12
6,4	7,8	5,6	5,4	4,9	5,0	2,7	13,4	10,0	10,2	13
-	-	2,3	0,8	0,4	0,6	-3,7	-3,5	-	-	14
485,1	*483,4*	*282,3*	*331,3*	*292,6*	*314,7*	*433,7*	*531,2*	*711,7*	*536,3*	
3.520,4	**3.556,2**	**3.499,0**	**3.498,5**	**3.505,9**	**3.497,6**	**3.432,3**	**3.415,4**	**5.260,9**	**3.891,2**	
				Steuereinnahmen der Gemeinden						
499,9	565,8	188,4	202,1	163,6	172,9	416,6	515,9	902,9	588,1	1
57,8	50,2	44,7	52,1	47,6	44,6	53,2	71,3	121,6	82,6	2
557,7	*616,0*	*233,1*	*254,1*	*211,2*	*217,5*	*469,7*	*587,2*	*1.024,5*	*670,7*	
8,7	12,1	14,8	8,2	7,1	13,8	2,5	0,1	1,0	0,6	3
165,5	178,2	133,8	135,4	120,7	121,4	169,4	274,3	356,9	374,2	4
401,7	384,1	189,6	199,1	170,6	170,5	347,0	436,5	1.376,0	587,1	5
517,6	500,6	216,8	231,9	194,9	197,0	436,9	492,3	1.690,8	733,1	
84,2	28,2	9,8	10,8	6,9	11,7	48,5	14,1	22,9	124,6	6
660,1	*602,6*	*347,9*	*353,4*	*305,3*	*317,3*	*567,5*	*725,0*	*1.756,8*	*1.086,5*	
1.217,8	**1.218,6**	**581,0**	**607,6**	**516,5**	**534,9**	**1.037,2**	**1.312,3**	**2.781,3**	**1.757,2**	

Tabelle A3.1: Steueraufkommen der kanadischen Provinzen und Kommunen 1998-99 (in Mio. $)

No.		Ont.	Que.	B.C.	Alb.
1	Personal Income Tax	17.190	15.038	5.423	4.601
2	Corporate Income Tax	7.447	3.265	1.098	1.639
3	Capital Tax	-	-	455	31
4	Sales Taxes	11.651	6.231	3.209	-
5	Tobacco Taxes	447	490	505	345
6	Sale of Alcoholic Beverages	1.328	802	616	462
7	Gasoline Taxes	2.660	1.562	654	560
8	Insurance Taxes	-	-	195	101
9	Payroll Tax	-	-	-	-
10	Natural Resources Revenue	-	268	1.830	2.264
11	Lottery Revenues	1.764	1.110	369	768
12	Vehicle Licences	890	652	329	185
13	Property Taxes	17.933	8.671	4.497	3.154
	Total Taxes	61.310	38.089	19.179	14.110

Quelle: *Department of Finance Canada* (Hrsg.): Fiscal Reference Tables; *Harry Kitchen*, S. 309; *Statistics Canada* (http://www.StatCan.ca [Stand 30.09.2000]); eigene Berechnungen.

Tabelle A3.2: Steueraufkommen der kanadischen Provinzen und Kommunen 1998-99 (in $ je Einwohner)

No.		Ont.	Que.	B.C.	Alb.
1	Personal Income Tax	1.509,7	2.053,4	1.356,6	1.582,7
2	Corporate Income Tax	654,0	445,8	274,6	563,8
3	Capital Tax	-	-	113,9	10,7
4	Sales Taxes	1.023,3	850,8	802,8	-
5	Tobacco Taxes	39,3	66,9	126,4	118,7
6	Sale of Alcoholic Beverages	116,6	109,5	154,0	158,9
7	Gasoline Taxes	233,6	213,3	163,5	192,6
8	Insurance Taxes	-	-	48,8	34,7
9	Payroll Tax	-	-	-	-
10	Natural Resources Revenue	-	36,6	457,7	778,8
11	Lottery Revenues	154,9	151,6	92,4	264,2
12	Vehicle Licences	78,2	89,0	82,2	63,6
13	Property Taxes	1.575,0	1.184,0	1.125,0	1.085,0
	Total Taxes	5.384,6	5.200,9	4.797,8	4.853,8

Quelle: *Department of Finance Canada* (Hrsg.): Fiscal Reference Tables; *Harry Kitchen*, S. 309; *Statistics Canada* (http://www.StatCan.ca [Stand 30.09.2000]); eigene Berechnungen.

Fortsetzung Tabelle A3.1:

Man.	Sask.	N.S.	N.B.	Nfld.	P.E.I.	No.
1.480	1.398	992	833	545	137	1
228	188	119	200	83	25	2
114	220	59	39	7	2	3
846	769	723	596	457	123	4
110	123	75	43	64	14	5
150	-	129	5	-	19	6
221	368	22	169	122	30	7
39	-	37	26	22	4	8
-	-	-	-	69	-	9
-	612	9	-	30	-	10
227	-	144	84	87	15	11
63	99	24	70	50	10	12
1.322	1.280	692	583	202	76	13
4.801	**5.057**	**3.025**	**2.647**	**1.736**	**455**	

Fortsetzung Tabelle A3.2:

Man.	Sask.	N.S.	N.B.	Nfld.	P.E.I.	No.
1.300,8	1.364,1	1.059,9	1.105,7	999,2	1.002,1	1
200,5	183,8	127,5	265,5	151,6	185,6	2
100,4	214,7	63,5	51,1	12,1	11,7	3
743,6	749,9	772,8	790,8	837,8	901,8	4
96,7	120,3	79,7	57,1	117,3	101,2	5
131,8	-	138,0	7,2	-	138,6	6
194,5	359,3	23,1	224,3	222,7	218,3	7
34,0	-	39,3	34,0	39,9	30,3	8
-	-	-	-	125,6	-	9
-	596,6	9,2	-	54,7	-	10
199,5	-	154,3	111,5	159,5	106,3	11
55,7	96,1	25,7	92,6	90,7	70,5	12
1.162,0	1.249,0	739,0	774,0	371,0	558,0	13
4.219,5	**4.933,8**	**3.231,9**	**3.513,7**	**3.182,1**	**3.324,5**	

Tabelle A3.3: Fiscal Capacity der kanadischen Provinzen 1998-99 (in $ je Einwohner)

No.		Ont.	Que.	B.C.	Alb.	Man.
1	Personal Income Tax	1.840,9	1.273,8	1.467,4	1.855,6	1.262,2
2	Corporate Income Tax	460,5	409,1	227,3	562,1	234,6
3	Capital Tax	156,7	119,7	123,2	203,0	95,1
4	Sales Taxes	838,7	735,8	865,5	1.175,8	742,6
5	Tobacco Taxes	76,9	87,8	52,9	77,3	58,1
6	Gasoline Taxes	161,2	141,4	163,9	212,2	155,4
7	Diesel Fuel Taxes	57,6	42,2	46,0	95,6	54,6
8	Non-Commercial Vehicle Licences	71,7	68,4	63,0	87,5	58,4
9	Commercial Vehicle Licences	30,7	24,8	32,1	52,0	34,6
10	Sale of Alcoholic Beverages	121,5	109,7	131,1	136,3	119,0
11	Hospital & Medical Insurance Premiums	51,1	50,7	49,4	52,2	48,1
12	Race Track Taxes	1,4	0,4	0,8	0,7	0,4
13	Forestry Revenues	23,6	54,1	186,4	79,9	23,3
14	New Oil Revenues	0,1	0,0	7,0	114,9	2,8
15	Old Oil Revenues	0,0	0,0	1,5	42,9	1,2
16	Heavy Oil Revenues	0,0	0,0	0,0	11,6	0,0
17	Mined Oil Revenues	0,0	0,0	0,0	24,3	0,0
18	Domestically Sold Natural Gas Revenues	0,2	0,0	29,8	213,2	0,0
19	Exported Natural Gas Revenues	0,0	0,0	30,9	250,9	0,0
20	Sales of Crown Leases	0,1	0,0	16,3	142,5	0,7
21	Other Oil and Gas Revenues	0,0	0,0	5,5	68,5	0,5
22	Mineral Resources Revenues - Asbestos	0,0	0,0	0,0	0,0	0,0
23	Mineral Resources Revenues - Coal	0,0	0,0	5,8	4,5	0,0
24	Mineral Resources Revenues - Other	4,9	5,5	5,6	0,6	10,9
25	Potash Revenues	0,0	0,0	0,0	0,0	0,0
26	Water Power Rentals	5,3	41,6	25,9	1,2	46,0
27	Insurance Taxes	45,9	38,9	45,4	46,4	39,0
28	Payroll Tax	266,6	212,1	233,7	283,2	208,9
29	Property Taxes	1.142,7	947,1	1.213,5	1.252,3	888,6
30	Lottery Revenues	130,7	160,6	160,6	88,9	89,6
31	Other Taxes and Revenues	549,8	445,6	491,4	623,1	412,3
32	Offshore Activities Nfld.	0,0	0,0	0,0	0,0	0,0
33	Offshore Activities N.S.	0,0	0,0	0,0	0,0	0,0
34	Preferred Share Div.	2,9	1,5	1,9	4,5	4,1
	Total Revenue	6.041,7	4.970,7	5.683,9	7.763,8	4.590,9

Quelle: *Department of Finance Canada* (unveröffentlichte Dokumente).

Fortsetzung Tabelle A3.3:

Sask.	N.S.	N.B.	Nfld.	P.E.I.	All Provinces	Standard Provinces	Receiving Provinces	No.
1.100,8	1.138,2	1.020,5	841,6	958,9	**1.543,4**	1.556,8	1.207,4	1
282,0	194,2	170,6	197,0	145,7	**390,5**	390,1	336,5	2
96,1	81,4	81,3	54,0	40,1	**136,7**	135,1	105,9	3
771,9	762,8	720,1	649,3	660,6	**834,2**	805,5	735,9	4
65,8	81,3	74,1	49,3	75,8	**74,9**	75,0	79,8	5
179,8	173,3	179,3	138,9	188,5	**162,6**	156,3	151,4	6
117,5	40,4	60,4	27,2	29,3	**56,8**	53,5	50,0	7
71,4	58,2	68,1	61,2	63,7	**70,0**	68,7	66,5	8
36,1	22,7	34,2	20,1	18,8	**31,4**	29,6	26,9	9
108,5	115,4	102,3	115,3	107,6	**120,0**	118,9	110,7	10
45,8	48,4	48,6	44,9	49,3	**50,3**	50,4	49,4	11
0,2	0,2	0,1	0,0	0,7	**0,8**	0,9	0,3	12
47,7	8,3	79,7	22,7	0,4	**59,6**	59,7	46,5	13
114,9	0,0	0,0	0,0	0,0	**16,0**	6,0	10,2	14
11,0	0,0	0,0	0,0	0,0	**4,8**	0,8	1,1	15
45,1	0,0	0,0	0,0	0,0	**2,6**	1,9	3,9	16
0,0	0,0	0,0	0,0	0,0	**2,3**	0,0	0,0	17
57,4	0,0	0,0	0,0	0,0	**26,5**	7,2	5,0	18
1,4	0,0	0,0	0,0	0,0	**28,3**	5,0	0,1	19
52,8	0,0	0,0	0,0	0,0	**17,7**	4,9	4,6	20
24,7	0,0	0,0	0,0	0,0	**8,2**	1,9	2,2	21
0,0	0,0	0,0	0,0	0,0	**0,0**	0,0	0,0	22
11,2	2,1	0,3	0,0	0,0	**1,7**	1,4	1,2	23
8,6	2,1	13,1	25,3	0,2	**5,5**	5,6	7,3	24
135,6	0,0	10,1	0,0	0,0	**4,9**	5,6	12,4	25
5,7	1,6	6,5	38,5	0,0	**18,5**	21,2	32,9	26
40,8	34,9	40,2	29,7	35,3	**42,9**	43,2	38,4	27
185,6	186,4	187,1	151,3	164,8	**238,5**	239,3	202,6	28
949,9	794,4	729,8	636,0	814,1	**1.067,1**	1.076,9	900,0	29
87,4	141,4	112,4	200,4	141,8	**136,1**	140,6	144,5	30
417,2	390,6	365,6	324,1	352,8	**499,5**	498,0	423,9	31
0,0	0,0	0,0	4,2	0,0	**0,1**	0,0	0,2	32
0,0	1,9	0,0	0,0	0,0	**0,1**	0,0	0,2	33
2,1	3,5	0,6	0,7	7,0	**2,5**	2,3	1,9	34
5.075,1	4.283,7	4.105,1	3.631,7	3.855,3	**5.655,4**	5.562,4	4.759,6	

LITERATURVERZEICHNIS

Abromeit, Heidrun: Der verkappte Einheitsstaat; Opladen 1992

Abromeit, Heidrun/Wurm, Felix W.: Der bundesdeutsche Föderalismus – Entwicklung und neue Herausforderungen; in: Uwe Andersen (Hrsg.): Föderalismus in Deutschland: Neue Herausforderungen; Schwalbach/Ts. 1996, S. 10ff.

Advisory Commission on Intergovernmental Relations (Hrsg.): Studies in Comparative Federalism: Canada; Washington 1981

Advisory Commission on Intergovernmental Relations (Hrsg.): Studies in Comparative Federalism: Australia, Canada, the United States and West Germany; Washington 1981

Andel, Norbert: Finanzwissenschaft; 4. Aufl., Tübingen 1998

Alberta Treasury (Hrsg.): Budget, Edmonton (verschiedene Jahrgänge)

Arnim, Hans Herbert von: 50 Jahre Föderalismus in Deutschland: Perversion einer Idee; in: Konrad Morath (Hrsg.): Reform des Föderalismus; Bad Homburg 1998, S. 37ff.

Attorney-General's Department (Hrsg.): The Australian Constitution Annotated; Canberra 1980

Australian Bureau of Statistics (Hrsg.): Taxation Revenue (Cat. No. 5506.0); Canberra (verschiedene Jahrgänge)

Australian Bureau of Statistics (Hrsg.): Government Finance Statistics 1996-97 (Cat. No. 5512.0); Canberra 1998

Australian Bureau of Statistics (Hrsg.): Government Financial Estimates 1998-99 (Cat. No. 5501.0); Canberra 1998

Australian Labor Party (Hrsg.): A fairer Tax System with no GST; Canberra 1998

Australian Local Government Association (Hrsg.): Submission to The National Commission of Audit; Canberra 1996

Australian Local Government Association (Hrsg.): Submission to The Taxation Reform Task Force; Canberra 1998

Australian Local Government Association (Hrsg.): Supporting Communities: 1998 Budget Strategy Statement; Canberra 1998

Australian Local Government Association (Hrsg.): Submission to the inquiry of the Senate Select Committee on a New Tax System; Canberra 1999

Bailey, Brendan: Are State revenues safe or does the confusion remain?: The High Court Decision in the Capital Duplicators (No 2) Case (Australian Parliamentary Library (Hrsg.): Current Issues Brief 2 (1993)); Canberra 1993

Bains, Malcolm A./Miles, N. T. Graeme: New South Wales; in: John Power/Roger Wettenhall/John Halligan (Hrsg.): Local Government Systems of Australia (Advisory Council for Inter-government Relations: Information Paper No. 7); Canberra 1981, S. 123ff.

Baßeler, Ulrich/Heinrich, Jürgen/Koch, Walter A. S.: Grundlagen und Probleme der Volkswirtschaft; 15. Aufl., Köln 1999

Bauer, Hartmut: Die Bundestreue; Tübingen 1992

Bayer, Hermann-Wilfried: Die Bundestreue; Tübingen 1961

Beck, Ulrich: Risikogesellschaft: Auf dem Weg in eine andere Moderne; Frankfurt/M. 1986

Benz, Arthur: Föderalismus als dynamisches System; Opladen 1985

Benz, Arthur: Neue Formen der Zusammenarbeit zwischen den Ländern; in: Die Öffentliche Verwaltung 1993, S. 85ff.

Berg, Hartmut: Wettbewerbspolitik; in: Vahlens Kompendium der Wirtschaftstheorie und Wirtschaftspolitik, Band 2; 7. Aufl., München 1999, S. 299ff.

Berg-Schlosser, Dirk/Giegel, Hans-Joachim (Hrsg.): Perspektiven der Demokratie: Probleme und Chancen im Zeitalter der Globalisierug; Frankfurt, New York 1999

Bergmann, Eckhard/Eltges, Markus: Die Reform der Kommunalfinanzen; in: Informationen zur Raumentwicklung 1995, S. 533ff.

Bericht der Gemeinsamen Verfassungskommission; BT-Drs. 12/6000 vom 05.11.1993

Bicher-Otto, Ursula: Ansatzpunkte für eine Neuorientierung der Steuerkompetenzen für die Bundesländer in der Bundesrepublik Deutschland; Marburg 1997

Biehl, Dieter: Bundesrepublik Deutschland; in: Fritz Neumark/Norbert Andel/Heinz Haller (Hrsg.): Handbuch der Finanzwissenschaft, Band 4; 3. Aufl., Tübingen 1983, S. 69ff.

Bird, Richard M/Chen, Duan-Jie: Federal Finance and Fiscal Federalism: The two Worlds of Canadian Public Finance; in: Canadian Public Administrarion, Vol. 41 (1998), S. 51ff.

Bird, Richard M./Mintz, Jack: Tax Assignment in Canada: A Modest Proposal; in: Harvey Lazar (Hrsg.): Canada: The State of the Federation 1999/2000: Toward a New Mission Statement for Canadian Fiscal Federalism; Montreal u.a. 2000, S. 263ff.

Bird, Richard M./Slack, Naomi Enid: Urban public finance in Canada; 2. Aufl., Toronto u.a. 1993

Birk, Dieter: Kommentierung zu Art. 107 GG; in: Rudolf Wassermann (Hrsg.): Kommentar zum Grundgesetz für die Bundesrepublik Deutschland, Band 2: Art. 38-146; 2. Aufl., Neuwied u.a. 1989

Bischoff, Joachim/Haug-Adrion, Eberhard/Dehner, Klaus: Staatsrecht und Steuerrecht; 5. Aufl., Stuttgart 1998

Blankart, Charles B.: Öffentliche Finanzen in der Demokratie; 3. Aufl., München 1998

Blankart, Charles B.: Die schleichende Zentralisierung der Staatstätigkeit: Eine Fallstudie; Discussion Paper (Humboldt-Universität - Wirtschaftswissenschaftliche Fakultät), Berlin 1998

Boadway, Robin W.: Federal-Provincial Transfers in Canada: A Critical Review of the Existing Arrangements; in: Mark Krasnick (Hrsg.): Fiscal Federalism; Toronto, Buffalo, London 1986, S. 1ff.

Boadway, Robin W./Flatters, Frank: Equalization in a Federal State: An Economic Analysis; Ottawa 1982

Boadway, Robin W./Flatters, Frank: Efficiency, Equity, and the Allocation of Resource Rents; in: Charles E. McLure Jr./Peter Mieszkowski (Hrsg.): Fiscal Federalism and the Taxation of Natural Resources; Lexington, Mass. 1983, S. 99ff.

Boadway, Robin W./Hobson, Paul A. R.: Intergovernmental Fiscal Relations in Canada; Toronto 1993

Böckenförde, Ernst-Wolfgang: Demokratie als Verfassungsprinzip; in: Josef Isensee/Paul Kirchhof (Hrsg.): Handbuch des Staatsrechts der Bundesrepublik Deutschland, Band 1: Grundlagen von Staat und Verfassung; Heidelberg 1987, S. 887ff.

Bohley, Peter: Chancen und Gefährdungen des Föderalismus; in: Kurt Bohr (Hrsg.): Föderalismus – Demokratische Struktur für Deutschland und Europa; München 1992, S. 31ff.

Bohley, Peter: Über die Voraussetzungen von Föderalismus und die Bedeutung kollektiver Identität; in: Paul Kirchhof/Klaus Offerhaus/Horst Schöberle (Hrsg.): Steuerrecht, Verfassungsrecht, Finanzpolitik (Festschrift für Franz Klein); Köln 1994, S. 541ff.

Boldt, Hans: Die Weimarer Reichsverfassung; in: Karl Dietrich Bracher/Manfred Funke/ Hans-Adolf Jacobsen (Hrsg.): Die Weimarer Republik 1918-1933; 2. Aufl., Bonn 1988, S. 44ff.

Bolton, Geoffrey: The Oxford History of Australia, Vol. 5: 1942-1988; Oxford u.a. 1990

Boruttau, Ernst Paul/Klein, Otto/Egly, Hans/Sigloch, Heinrich: Grunderwerbsteuergesetz (Kommentar); 9. Aufl., München 1970

Bowman, Margaret: Victoria; in: John Power/Roger Wettenhall/John Halligan (Hrsg.): Local Government Systems of Australia (Advisory Council for Inter-government Relations: Information Paper No. 7); Canberra 1981, S. 229ff.

Brennan, Geoffrey: Constitutional Constraints; in: Richard B. McKenzie (Hrsg.): Constitutional Economics. Constraining the Economic Powers of Government; Lexington, Toronto 1984, S. 115ff.

Brennan, Geoffrey/Buchanan, James M.: The Power to Tax: Analytical Foundation of a Fiscal Constitution; Cambridge u.a. 1980

Breton, Albert: Competitive Government: An Economic Theory of Politics and Public Finance; Cambridge 1996

Brockmeyer, Hans Bernhard: Kommentierung zu Art. 23 GG; in: Bruno Schmidt-Bleibtreu/Franz Klein (Hrsg.): Kommentar zum Grundgesetz; 9. Aufl., Neuwied, Kriftel 1999

Brown-John, Lloyd: Tax-Autonomy and Federalism: From Autocracy to the Canadian Health and Social Transfer (unveröffentlichtes Arbeitspapier)

Brümmerhoff, Dieter: Finanzwissenschaft; 8. Aufl., München, Wien 2001

Buchanan, James M.: Markt, Freiheit und Demokratie; 2. Aufl., St. Augustin 1994

Buchanan, James M./Tullock, Gordon: The Calculus of Consent: The Logical Foundations of Constitutional Democracy; Ann Arbor 1962

Bühler, Ottmar: Die Zuständigkeitsverteilung auf dem Gebiete des Finanzwesens; in: Gerhard Anschütz/Richard Thoma (Hrsg.): Handbuch des Deutschen Staatsrechts, Band 1; Tübingen 1930, S. 321ff.

Büttner, Thiess: Nationaler und regionaler Steuerwettbewerb – Problematik und empirische Relevanz; in: Fiskalischer Föderalismus in Europa (Beihefte der Konjunkturpolitik 49); Berlin 1999, S. 111ff.

Büttner, Thiess: Steuerwettbewerb im Föderalstaat: Eine empirische Analyse der kommunalen Hebesatzpolitik; in: Ders. (Hrsg.): Finanzverfassung und Föderalismus in Deutschland und Europa; Baden-Baden 2000, S. 61ff.

Büttner, Thiess/Schwager, Robert: Länderautonomie in der Einkommensteuer: Konsequenzen eines Zuschlagmodells (ZEW Discussion Paper No. 00-50); Mannheim 2000

Bull, Hans Peter: Finanzausgleich im "Wettbewerbsstaat"; in: Die Öffentliche Verwaltung 1999, S. 269ff.

Bundesministerium der Finanzen (Hrsg.): Finanzbericht; Bonn / Berlin (verschiedene Jahrgänge)

Bundesministerium der Finanzen (Hrsg.): Bund-Länder-Finanzbeziehungen auf der Grundlage der geltenden Finanzverfassungsordnung; 1. Aufl., Bonn 1999 und 2. Aufl., Berlin 2000

Caesar, Rolf: Zur Reform des Einnahmensystems der Europäischen Union; in: Gerhard Aschinger/Werner Zolnhöfer (Hrsg.): Europa auf dem Weg zur Politischen Union? Probleme und Perspektiven der europäischen Integration vor "Maastricht II"; Berlin 1996, S. 145ff.

Carl, Dieter: Bund-Länder-Finanzausgleich im Verfassungsstaat; Baden-Baden 1995

Chapman, Ralph: Tasmania; in: John Power/Roger Wettenhall/John Halligan (Hrsg.): Local Government Systems of Australia (Advisory Council for Inter-government Relations: Information Paper No. 7); Canberra 1981, S. 705ff.

Cheffins, Ronald I./Johnson, Patricia A.: The Revised Canadian Constitution: Politics as Law; Toronto u.a. 1986

Clark, Douglas H.: The Fiscal Transfer System in Canada; in: Ehtisham Ahmad (Hrsg.): Financing Decentralized Expenditures: An International Comparison of Grants; Cheltenham, Brookfield 1997, S. 70ff.

Commonwealth Grants Commission (Hrsg.): Equality in Diversity - History of the Commonwealth Grants Commission; 2. Aufl., Canberra 1995

Commonwealth Grants Commission (Hrsg.): Report on General Revenue Grant Relativities 1999; Vol. I: Main Report; Vol. II: Methods, Assesments and Analysis; Vol. III: Appendixes and Consultants' Reports; Canberra 1999

Commonwealth Grants Commission (Hrsg.): Report on General Revenue Grant Relativities 2000; Canberra 2000

Commonwealth Grants Commission (Hrsg.): Proposals for the Treatment of New Developments in State and Teritory Finances, and Data Changes relevant to the 2000 Update of Relativities (Discussion Paper CGC 99/2); Canberra 1999

Courchene, Thomas J.: Equalization Payments: Past, Present, and Future; Ottawa 1984

Dahlby, B./Wilson, L. S.: Fiscal capacity, Tax Effort and Optimal Equalization Grants; in: Canadian Journal of Economics, Vol. XXVII (1994), S. 657ff.

Department of Finance Canada (Hrsg.): Fiscal Reference Tables; Ottawa 2000

Department of Finance Canada (Hrsg.): Budget 1999: Federal Financial Support for the Provinces and Territories; Ottawa 1999

Department of Finance Canada/Canada Customs and Revenue Agency (Hrsg.): Federal Administration of Provincial Taxes: New Directions; Ottawa 2000

Department of Finance Canada (Hrsg.): The Fiscal Balance in Canada; Ottawa 2000

Denninger, Erhard: 50 Jahre Grundgesetz; in: Frankfurter Rundschau vom 22. Mai 1999, Sonderbeilage, S. B1

Deuerlein, Ernst: Föderalismus: Die historischen und philosophischen Grundlagen des föderativen Prinzips; Bonn 1972

Doeker, Günther: Parlamentarische Bundesstaaten im Commonwealth of Nations: Kanada, Australien, Indien; Tübingen 1980

Döhler, Elmar/Esser, Clemens (Hrsg.): Die Reform des Finanzausgleichs – Neue Maßstäbe im deutschen Föderalismus?; Berlin, 2001

Döring, Thomas/Stahl, Dieter: Räumliche Aspekte der föderalen Aufgabenverteilung, der Finanzverfassung und der Subventionspolitik in der Bundesrepublik Deutschland; Marburg 1999 (Gutachten)

Dolzer, Rudolf: Das parlamentarische Regierungssystem und der Bundesrat – Entwicklungsstand und Reformbedarf; in: Veröffentlichungen der Vereinigung der Deutschen Staatsrechtslehrer 58; Berlin u.a. 1999; S. 7ff.

Donner, Hartwig: Aktuelle Probleme des Finanzausgleichs im sozialen Bundesstaat; in: Zeitschrift für Rechtspolitik 1985, S. 327ff.

Downs, Anthony: Ökonomische Theorie der Demokratie; Tübingen 1968

Dunn, Christopher: Provinces: Canadian Provincial Politics; Peterborough 1996

Egly, Hans/Sigloch, Heinrich/Fischer, Peter/Schwakenberg, Friedrich-K.: Grunderwerbsteuergesetz (Kommentar); 12. Aufl., München 1986

Eichenberger, Reiner: Föderalismus: Eine politisch-ökonomische Ananlyse der Vorteile, Widerstände und Erfolgsbedingungen; in: Verwaltung und Management 2000, S. 18ff.

Else-Mitchell, R.: Fiscal Equality between the States: The New Role of the Commonwealth Grants Commission; in: Australian Journal of Public Administration, Vol. XXXVIII (1979), S. 157ff.

Esser, Clemens: Strukturprobleme des bundesstaatlichen Finanzausgleichs in der Bundesrepublik Deutschland; Bonn 1992

Färber, Gisela: Länderfinanzausgleich und Gemeindefinanzen – Anmerkungen zu einigen häufig übersehenen Tatsachen; in: Kurt Bohr (Hrsg.): Föderalismus – Demokratische Struktur für Deutschland und Europa; München 1992, S. 85ff.

Färber, Gisela: Reform des Länderfinanzausgleichs; in: Wirtschaftsdienst 1993, S. 305ff.

Färber, Gisela: Regionen in der Finanzverfassung der Europäischen Union – Probleme und Reformvorschläge; in Steuer und Wirtschaft 1996, S. 379ff.

Färber, Gisela: Finanzverflechtungen von Bund, Ländern und Gemeinden; in: Bundestagsfraktion Bündnis 90/Die Grünen (Hrsg.): Umsteuern! Wege aus der Finanzkrise; Bonn 1998, S. 36ff.

Färber, Gisela: Finanzverfassung; in: Bundesrat (Hrsg.): 50 Jahre Herrenchiemseer Verfassungskonvent – Zur Struktur des deutschen Föderalismus; Bonn 1999, S. 89ff.

Färber, Gisela: Reform der Finanzverfassung; in: Demokratische Gemeinde 1999; Heft 11, S. 17f.

Färber, Gisela: Finanzverfassung, Besteuerungsrechte und Finanzausgleich; in: Hans Herbert von Arnim/Gisela Färber/Stefan Fisch (Hrsg.): Föderalismus: Hält er noch, was er verspricht? Berlin 2000, S. 125ff.

Färber, Gisela/Sauckel, Marika/Döhler, Elmar: Probleme der regionalen Steuerverteilung im bundesstaatlichen Finanzausgleich; Baden-Baden 2000

Federal-Provincial Committee on Taxation: Tax on Income: Report prepared by the Federal-Provincial Committee on Taxation for presentation to Ministers of Finance (1998); in: Department of Finance Canada/Canada Customs and Revenue Agency (Hrsg.): Federal Administration of Provincial Taxes: New Directions; Ottawa 2000, S. 29ff.

Feld, Lars P.: Steuerwettbewerb und seine Auswirkungen auf Allokation und Distribution: Eine empirische Analyse für die Schweiz; Diss., St. Gallen 1999

Fischer, Helmut: Finanzzuweisungen: Theoretische Grundlegung und praktische Ausgestaltung im bundesstaatlichen Finanzausgleich Australiens und der Bundesrepublik Deutschland, Berlin 1988

Fischer-Menshausen, Herbert: Unbestimmte Rechtsbegriffe in der bundesstaatlichen Finanzverfassung; in: Wilhelmine Dreißig (Hrsg.): Probleme des Finanzausgleichs I; Berlin 1978, S. 136ff.

Fischer-Menshausen, Herbert: Finanzausgleich II: Grundzüge des Finanzausgleichsrechts; in: Willi Albers u.a. (Hrsg.): Handwörterbuch der Wirtschaftswissenschaft, Band 2; Stuttgart u.a. 1980, S. 636ff.

Fischer-Menshausen, Herbert: Vorbemerkungen zu den Art. 104a-109 GG; in: Ingo von Münch (Hrsg.): Grundgesetz-Kommentar, Band 3: Art. 70-146; 2. Aufl., München 1983

Fischer-Menshausen, Herbert: Kommentierung zu Art. 105 GG; in: Ingo von Münch (Hrsg.): Grundgesetzkommentar, Band 3: Art. 70-146; 2. Aufl., München 1983

Fisher, Ronald C.: Interjurisdictional Competition: A Summary Perspective and Agenda for Research; in: Daphne A. Kenyon/John Kincaid (Hrsg.): Competition among States and Local Governments: Efficiency and Equity in American Federalism; Washington 1991, S. 261ff.

Folkers, Cay: Begrenzungen von Steuern und Staatsausgaben in den USA; Baden-Baden 1983

Fraenkel, Ernst: Die repräsentative und plebiszitäre Komponente im demokratischen Verfassungsstaat; in: Ders.: Deutschland und die westlichen Demokratien (hrsg. von Alexander von Brünneck); Frankfurt/M. 1991, S. 153ff.

Frenkel, Max: Föderalismus und Bundesstaat, Band 1: Föderalismus; Bern u.a. 1984

Frenkel, Max: Föderalismus und Bundesstaat, Band 2: Bundesstaat; Bern u.a. 1986

Frey, Bruno S./Kirchgässner, Gebhard: Demokratische Wirtschaftspolitik; 2. Aufl., München 1994

Frey, René L.: Zwischen Föderalismus und Zentralismus; Bern, Frankfurt 1977

Fries, Wolf von: Finanzielle Wechselbeziehungen zwischen Unterstaaten und oberstaatlichem Verband in Staatenverbindungen; Langensalza 1910

Gabbitas, Owen/Eldridge, Damien: Directions for State Tax Reform; Productivity Commission Staff Research Paper, Canberra 1998

Gates, Ronald C.: Staatshaushalt und Finanzsystem Australiens und Neuseelands; in: Wilhelm Gerloff/Fritz Neumark (Hrsg.): Handbuch der Finanzwissenschaft, Band 3, 2. Aufl., Tübingen 1958, S. 453ff.

Gerloff, Wilhelm: Steuerwirtschaftslehre; in: Wilhelm Gerloff/Franz Meisel (Hrsg.): Handbuch der Finanzwissenschaft, Band 1; 1. Aufl., Tübingen 1926, S. 436ff.

Gerloff, Wilhelm: Die Finanzgewalt im Bundesstaat; Frankfurt/M. 1948

Gerloff, Wilhelm: Steuerwirtschaftslehre; in: Wilhelm Gerloff/Fritz Neumark (Hrsg.): Handbuch der Finanzwissenschaft, Band 2; 2. Aufl., Tübingen 1956, S. 239ff.

Gemeinsames Positionspapier der Länder Berlin, Brandenburg, Bremen, Mecklenburg-Vorpommern, Niedersachsen, Rheinland-Pfalz, Saarland, Sachsen-Anhalt und Schleswig-Holstein: Wer stark ist, würde noch stärker werden; in: Frankfurter Rundschau vom 24. August 1999, S. 7

Görtemaker, Manfred: Geschichte der Bundesrepublik Deutschland: Von der Gründung bis zur Gegenwart; München 1999

Gramlich, Edward M.: Canadian Fiscal Federalism: An Outsider's View; in: Ders.: Financing Federal Systems; Cheltenham, Northampton 1997, S. 500ff.

Gramm, Christof: Gewaltenverschiebungen im Bundesstaat. Zu Möglichkeiten und Grenzen der Verfassungsrechtsdogmatik; in: Archiv des öffentlichen Rechts 124 (1999), S. 212ff.

Groenewegen, Peter: Public Finance in Australia: Theory and Practice; 3. Aufl., New York u.a. 1990

Groenewegen, Peter: Some Basic Requirements of National Tax Reform; Paper presented on the National Tax Reform Summit 1996 (http://www.impactservices.com.au/acci/speech/petergro.html [Stand 20.06.1998])

Grossekettler, Heinz: Die deutsche Finanzverfassung nach der Finanzausgleichsreform: Eine ökonomische Analyse des ab 1995 geltenden Rechts; in: Hamburger Jahrbuch für Wirtschafts- und Gesellschaftspolitik 39; Tübingen 1994, S. 83ff.

Grossman, Philipp J.: Fiscal Competition among States in Australia: The Demise of Death Duties; Perth 1989

Günther, Albert: Probleme des Kreisfinanzsystems; Berlin 1980

Habermas, Jürgen: Strukturwandel der Öffentlichkeit. Untersuchungen zu einer Kategorie der bürgerlichen Gesellschaft; Frankfurt 1990 (unveränderter Nachdruck von 1962)

Häde, Ulrich: Finanzausgleich; Tübingen 1996

Hahn, Hugo J.: Gewaltenteilung in der Wertwelt des Grundgesetzes; in: Heinz Rausch (Hrsg.): Zur heutigen Problematik der Gewaltentrennung; Darmstadt 1969, S. 438ff.

Hale, Geoffrey E.: The Tax on Income and the Growing Decentralization of Canada's Personal Income Tax System; in: Harvey Lazar (Hrsg.): Canada: The State of the Federation 1999/2000: Toward a New Mission Statement for Canadian Fiscal Federalism; Montreal u.a. 2000, S. 235ff.

Haller, Heinz: Finanzpolitik: Grundlagen und Hauptprobleme; 5. Aufl., Tübingen, Zürich 1972

Haller, Heinz: Rationale Steuersysteme und Bestimmungsgründe empirischer Steuerverfassungen; in: Fritz Neumark/Norbert Andel/Heinz Haller (Hrsg.): Handbuch der Finanzwissenschaft, Band 2; 3. Aufl., Tübingen 1980, S. 173ff.

Haller, Heinz: Die Steuern: Grundlinien eines rationalen Systems öffentlicher Abgaben; 3. Aufl., Tübingen 1981

Haller, Heinz: Zur Frage der zweckmäßigen Gestalt gemeindlicher Steuern; Frankfurt/M. 1987

Hansmeyer, Karl-Heinrich: Die Entwicklung von Finanzverfassung und Finanzausgleich in der Bundesrepublik Deutschland bis zum Jahre 1990 aus finanzwissenschaftlicher Sicht; in: Jochen Huhn/Peter-Christian Witt (Hrsg.): Föderalismus in Deutschland; Baden-Baden 1992, S. 165ff.

Hansmeyer, Karl-Heinrich/Manfred Kops: Die wechselnde Bedeutung der Länder in der deutschen Finanzverfassung seit 1871; in: Blätter für deutsche Landesgeschichte 1989, S. 63ff.

Hansmeyer, Karl-Heinrich/Zimmermann, Horst: Bewegliche Einkommensbesteuerung durch die Gemeinden; in: Wirtschaftsdienst 1991, S. 639ff.

Head, John G.: Financial Equality in a Federation: A Study of the Commonwealth Grants Commission in Australia; in: Finanzarchiv N.F. Band 26 (1967); S. 472ff.

Head, John G.: Intergovernmental Fiscal Relations in Australia, Canada and the United States since World War II; in: Fritz Neumark/Norbert Andel/Heinz Haller (Hrsg.): Handbuch der Finanzwissenschaft, Band 4; 3. Aufl., Tübingen 1983, S. 187ff.

Heckel, Katharina: Der Föderalismus als Prinzip überstaatlicher Gemeinschaftsbildung; Berlin 1998

Heckt, Wilhelm: Die Neuordnung der verfassungsrechtlichen Grundlagen der gemeindlichen Selbstverwaltung; in: Die Öffentliche Verwaltung 1957, S. 164ff.

Heckt, Wilhelm: Die Entwicklung des bundesstaatlichen Finanzausgleichs in der Bundesrepublik Deutschland; Bonn 1973

Heilmann, Martin: Krise des Fiskalföderalismus in der Bundesrepublik Deutschland? Zum Verfassungsstreit der Länder über das Einnahmenverteilungssystem (Diskussionsbeiträge aus dem Institut für Finanzwissenschaft der Universität Kiel Nr. 17); Kiel 1987

Heilmann, Martin: Vorschläge zur Neuordnung des Bund-Länder-Finanzausgleichs im vereinten Deutschland - eine kritische Bestandsaufnahme; in: Eckhard Wegner (Hrsg.): Finanzausgleich im vereinten Deutschland (Probleme der Einheit, Band 9); Marburg 1992, S. 45ff.

Heller, Hermann: Staatslehre (hrsg. von Gerhart Niemeyer); Leiden 1934

Heller, Hermann: Politische Demokratie und soziale Homogenität; in: Herfried Münckler (Hrsg.): Politisches Denken im 20. Jahrhundert; 2. Aufl., München 1997, S. 196ff.

Henneke, Hans-Günter: Finanzierungsverantwortung im Bundesstaat; in: Die Öffentliche Verwaltung 1996, S. 713ff.

Henneke, Hans-Günter: Öffentliches Finanzwesen, Finanzverfassung; 2. Aufl., Heidelberg 2000

Hensel, Albert: Der Finanzausgleich im Bundesstaat in seiner staatsrechtlichen Bedeutung; Berlin 1922

Herdzina, Klaus: Wettbewerbspolitik; 5. Aufl., Stuttgart 1999

Herzog, Dietrich: Was heißt und zu welchem Ende studiert man Repräsentation?; in: Dietrich Herzog/Bernhard Weßels (Hrsg.): Konfliktpotentiale und Konsensstrategien: Beiträge zur politischen Soziologie der Bundesrepublik; Opladen 1989, S. 306ff.

Herzog, Roman: Kommentierung zu Art. 20 GG; in: Theodor Maunz/Günter Dürig u.a.: Grundgesetz (Kommentar), Band 2: Art. 12a-37; 35. Ergänzungslieferung, München 1999

Hesse, Joachim Jens: Politikverflechtung im föderativen Staat: Studien zum Planungs- und Finanzierungsverbund zwischen Bund, Ländern und Gemeinden; Baden-Baden 1978

Hesse, Konrad: Der unitarische Bundesstaat; Karlsruhe 1962

Hesse, Konrad: Grundzüge des Verfassungsrechts der Bundesrepublik Deutschland; 20. Auflage, Heidelberg 1995

Hettlage, Karl M.: Die Neuordnung der deutschen Finanzverfassung; in: Finanzarchiv N.F. Band 14 (1953/54), S. 405ff.

Hettlage, Karl M.: Die Finanzverfassung im Rahmen der Staatsverfassung; in: Veröffentlichungen der Vereinigung der Deutschen Staatsrechtslehrer 14; Berlin 1956, S. 2ff.

Heun, Werner: Die Zusammenführung der Aufgaben- und Ausgabenverantwortung von Bund, Ländern und Gemeinden als Aufgabe einer Reform der Finanzverfassung – Probleme und Risiken; in: Deutsches Verwaltungsblatt 1996, S. 1020ff.

Hidien, Jürgen W.: Der bundesstaatliche Finanzausgleich in Deutschland: Geschichtliche und Staatsrechtliche Grundlagen; Baden-Baden 1999

Hirschman, Albert O.: Exit, Choice and Loyality: Responses to Decline in Firms, Organizations and States; Cambridge 1970

Hobson, Paul A. R./St-Hilaire, France: Reforming Federal-Provincial Fiscal Arrangements: Toward Sustainable Federalism; Montreal 1994

Hobson, Paul A. R./St-Hilaire, France: The Evolution of Federal-Provincial Fiscal Relations: Putting Humpty Togehter Again; in: Harvey Lazar (Hrsg.): Canada: The State of the Federation 1999/2000: Toward a New Mission Statement for Canadian Fiscal Federalism; Montreal u.a. 2000, S. 159ff.

Höpker-Aschoff, Hermann: Das Finanz- und Steuersystem des Bonner Grundgesetzes; in: Archiv des öffentlichen Rechts 75 (1949), S. 306ff.

Homburg, Stefan: Eine Theorie des Länderfinanzausgleichs: Finanzausgleich und Produktionseffizienz; in: Finanzarchiv N.F. Band 50 (1993), S. 458ff.

Horn, Karen Ilse: La réforme de la péréquation financierè en Allemagne réunifiere en 1993, Lausanne 1995

Huber, Bernd /Lichtblau, Karl: Systemschwächen des Finanzausgleichs – Eine Reformskizze; in: IW-Trends 1997, H. 4, S. 1ff.

Huber, Ernst Rudolf: Deutsche Verfassungsgeschichte seit 1789, Band III (Bismarck und das Reich); 2. Aufl., Stuttgart u.a. 1978

Huber, Ernst Rudolf: Deutsche Verfassungsgeschichte seit 1789, Band VI (Die Weimarer Reichsverfassung); 2. Aufl., Stuttgart u.a. 1981

Huhn, Jochen: Die Aktualität der Geschichte. Die westdeutsche Föderalismusdiskussion 1945-1949; in: Jochen Huhn/Peter-Christian Witt (Hrsg.): Föderalismus in Deutschland; Baden-Baden 1992, S. 31ff.

Hunter, James S. H.: Federalism and fiscal balance; Canberra 1977

Industry Commission (Hrsg.): Performance Measures for Councils; Melbourne 1997

Institut Finanzen und Steuern (Hrsg.): Die wichtigsten Vorschläge zur Finanzreform: Eine vergleichende Übersicht; Brief 107, Bonn 1968

Ipsen, Jörn: Staatsrecht, Band 1: Staatsorganisationsrecht; 10. Aufl., Neuwied, Kriftel 1998

Isensee, Josef: Steuerstaat als Staatsform; in: Festschrift für Hans Peter Ipsen; Tübingen 1977, S. 409ff.

Isensee, Josef: Idee und Gestalt des Föderalismus im Grundgesetz; in: Josef Isensee/Paul Kirchhof (Hrsg.): Handbuch des Staatsrechts der Bundesrepublik Deutschland, Band 4: Finanzverfassung – Bundesstaatliche Ordnung; 2. Aufl., Heidelberg 1999, S. 517ff.

Jakob, Wolfgang: Zwischen Ertragsrelevanz und Lenkung – die Zukunft des Steuerinterventionismus; in: Paul Kirchhof/Wolfgang Jakob/Albert Beermann (Hrsg.): Steuerrechtsprechung – Steuergesetz – Steuerreform (Festschrift für Klaus Offerhaus); Köln 1999, S. 65ff.

James, Denis W.: Intergovernmental Financial Relations in Australia; Sydney 1992

James, Denis W.: 'Beer and Cigs Up!': A Recent History of Excise in Australia (Australian Parliamentary Library (Hrsg.): Background Paper 5 (1995-96)); Canberra 1996

James, Denis W.: Federalism up to smoke? The High Court Decision on State Tobacco Tax (Australian Parliamentary Library (Hrsg.): Current Issues Brief 1 (1997-98)); Canberra 1997

James, Denis W.: Federal and State Taxation: A Comparison of the Australian, German and Canadian Systems (Australian Parliamentary Library (Hrsg.): Current Issues Brief 5 (1997-98)); Canberra 1997

James, Denis W.: Commonwealth Assistance to the States since 1976 (Australian Parliamentary Library (Hrsg.): Background Paper 5 (1997-98)); Canberra 1997

James, Denis W.: Federal-State Financial Relations: The Deakin Prophesy (Australian Parliamentary Library (Hrsg.): Research Paper 17 (1999-2000)); Canberra 2000

Janeba, Eckhard/Peters, Wolfgang: Implikationen des kommunalen Finanzausgleichs auf den Standort- und Steuerwettbewerb; in: Michael C. Burda/Helmut Seitz/Gert Wagner (Hrsg.): Europäischer und nationaler Fiskalföderalismus (Beihefte der Konjunkturpolitik 50); Berlin 2000, S. 35ff.

Jellinek, Georg: Allgemeine Staatslehre; 3. Aufl., Berlin 1914

Justi, J. H. G. von: Ausführliche Abhandlung von denen Steuern und Abgaben nach aechten, aus dem Endzweck der buergerlichen Gesellschaften abfließenden Grundsaetzen, und zur Wohlfahrt der Voelker dienlichen Maßregeln abgefasset; Königsberg, Leipzig 1762.

Kaltefleiter, Werner: Die Bedeutung der föderativen Ordnung für das Parteiensystem der Bundesrepublik Deutschland: in: Jürgen Jekewitz/Michael Melzer/Wolfgang Zeh (Hrsg.): Politik als gelebte Verfassung: Aktuelle Probleme des modernen Verfassungsstaates (Festschrift für Friedrich Schäfer); Opladen 1980, S. 210ff.

Karrenberg, Hanns/Münstermann, Engelbert: Gemeindefinanzbericht 2000; in: Der Städtetag 2000, H. 4, S. 4ff.

Kesper, Irene: Bundesstaatliche Finanzordnung; Baden-Baden 1998

Kimminich, Otto: Der Bundesstaat; in: Josef Isensee/Paul Kirchhof (Hrsg.): Handbuch des Staatsrechts der Bundesrepublik Deutschland, Band 1: Grundlagen von Staat und Verfassung; Heidelberg 1987, S. 1113ff.

Kincaid, John: The Competetive Challenge to Cooperative Federalism: A Theory of Federal Democracy; in: Daphne A. Kenyon/John Kincaid (Hrsg.): Competition among States and Local Governments: Efficiency and Equity in American Federalism; Washington 1991, S. 87ff.

King, David N.: Fiscal Tiers: The Economics of Multi-Level Government; London u.a. 1984

Kingdom, John: Canada; in: J. A. Chandler (Hrsg.): Local Government in Liberal Democracies; London, New York 1993, S. 159ff.

Kirchgässner, Gebhard/Pommerehne, Werner W.: Die Entwicklung der öffentlichen Finanzen in föderativen Staaten: Die Beispiele der Bundesrepublik Deutschland und der Schweiz; in: Dieter Grimm (Hrsg.): Staatsaufgaben; Baden-Baden 1994, S. 149ff.

Kirchhof, Ferdinand: Grundsätze der Finanzverfassung des vereinten Deutschlands; in: Veröffentlichungen der Vereinigung der Deutschen Staatsrechtslehrer 52; Berlin u.a. 1993, S. 71ff.

Kirchhof, Ferdinand: Gemeinden und Kreise in der bundesstaatlichen Finanzverfassung; in: Jörn Ipsen (Hrsg.): Kommunale Aufgabenverteilung im Zeichen der Finanzkrise; Baden-Baden 1995, S. 53ff.

Kirchhof, Ferdinand: Empfehlen sich Maßnahmen, um in der Finanzverfassung Aufgaben- und Ausgabenverantwortung von Bund, Ländern und Gemeinden stärker zusammenzuführen? Gutachten D für den 61. Deutschen Juristentag; München 1996

Kirchhof, Paul: Die kommunale Finanzhoheit; in: Günter Püttner (Hrsg.): Handbuch der kommunalen Wissenschaft und Praxis, Band 6: Kommunale Finanzen; 2. Aufl., Berlin u.a. 1985, S. 3ff.

Kirsch, Guy: Über zentrifugale und zentripetale Kräfte im Föderalismus; in: Kurt Schmidt (Hrsg.): Beiträge zu ökonomischen Problemen des Föderalismus; Berlin 1987, S. 13ff.

Kisker, Gunter: Kooperation im Bundesstaat. Eine Untersuchung zum kooperativen Föderalismus in der Bundesrepublik Deutschland; Tübingen 1971

Kisker, Gunter: Ideologische und theoretische Grundlagen der bundesstaatlichen Ordnung in der Bundesrepublik Deutschland – Zur Rechtfertigung des Föderalismus; in: Ders. (Hrsg.): Probleme des Föderalismus; Tübingen 1985, S. 23ff.

Kitchen, Harry: Provinces and Municipalities, Universities, Schools and Hospitals: Recent Trends and Funding Issues; in: Harvey Lazar (Hrsg.): Canada: The State of the Federation 1999/2000: Toward a New Mission Statement for Canadian Fiscal Federalism; Montreal u.a. 2000, S. 295ff.

Kitterer, Wolfgang: Finanzwissenschaftliche Aspekte einer Neugestaltung des kommunalen Finanzausgleichs; in: Niedersächsischer Landkreistag 1999, S. 14ff.

Klatt, Hartmut: Interföderale Beziehungen im kooperativen Bundesstaat: Kooperation und Koordination auf der politischen Leitungsebene; in: Verwaltungsarchiv 78 (1987), S. 186ff.

Klatt, Hartmut: Plädoyer für einen Wettbewerbsföderalismus; in: Reinhard C. Meier Walser/ Gerhard Hirschler (Hrsg.): Krise und Reform des Föderalismus; München 1999, S. 64ff.

Klein, Franz: Gleichheitssatz und Steuerrecht; Köln 1966

Klein, Franz: Bund und Länder nach der Finanzverfassung des Grundgesetzes; in: Ernst Benda/Hans Jochen Vogel/Werner Maihofer (Hrsg.): Handbuch des Verfassungsrechts; 2. Aufl., Berlin, New York 1994, S. 1103ff.

Klein, Friedrich: Gleichheitssatz und föderative Struktur der Bundesrepublik Deutschland; in: Norbert Achternberg (Hrsg.): Öffentliches Recht und Politik (Festschrift für Hans Ulrich Scupin); Berlin 1973, S. 165ff.

Kleßmann, Christoph: Die doppelte Staatsgründung: Deutsche Geschichte 1945-1955; 5. Aufl., Bonn 1991

Körner, Josef: Probleme der Steuerschätzung; in: Karl-Heinrich Hansmeyer (Hrsg.): Staatsfinanzierung im Wandel; Berlin 1983, S. 215ff.

Kolms, Heinz: Steuern II: Geschichte; in: Willi Albers u.a. (Hrsg.): Handwörterbuch der Wirtschaftswissenschaft, Band 7; Stuttgart u.a. 1977, S. 310ff.

Kommission für die Finanzreform (Hrsg.): Gutachten über die Finanzreform in der Bundesrepublik Deutschland; Stuttgart u.a. 1966

Korioth, Stefan: Der Finanzausgleich zwischen Bund und Ländern; Tübingen 1997

Kraff, Manfred: Der Finanzausgleich in der Europäischen Union- Theorie, Praxis und Perspektiven; Bonn 1997

Krause-Junk, Gerold: Steuerwettbewerb: Auf der Suche nach dem Offensichtlichen; in: Fiskalischer Föderalismus in Europa (Beihefte der Konjunkturpolitik 49); Berlin 1999, S. 143ff.

Krause-Junk, Gerold/Oelsen, Johann Hermann von: Besteuerung, optimale; in: Willi Albers u.a. (Hrsg.): Handwörterbuch der Wirtschaftswissenschaft, Band 9; Stuttgart u.a. 1982, S. 706ff.

Krelove, Russel/Stotsky, Janet G./Vehorn, Charles L.: Canada; in: Teresa Ter-Minassian (Hrsg.): Fiscal Federalism in Theory and Practise; Washington 1997, S. 201ff.

Kröning, Volker: Reform des bundesstaatlichen Finanzausgleichs; in: Zeitschrift für Rechtspolitik 1997, S. 442ff.

Laband, Paul: Direkte Reichssteuern: Ein Beitrag zum Staatsrecht des Deutschen Reiches; Berlin 1908

Laband, Paul: Das Staatsrecht des Deutschen Reiches, Band 4; 5. Aufl., Tübingen 1914

Lampe, Adolf: Reine Theorie der Finanzreform; in: Finanzarchiv N.F. Band 2 (1934), S. 222ff.

Lane, Patrick H.: Lane's Commentary on The Australian Constitution; 2. Aufl., Sydney 1997

Langguth, Gerd: Machtteilung und Machtverschränkung in Deutschland; in: Aus Politik und Zeitgeschichte, B6/2000, S. 3ff.

Lassar, Gerhard: Gegenwärtiger Stand der Ausgabenverteilung zwischen Reich und Ländern; in: Gerhard Anschütz/Richard Thoma (Hrsg.): Handbuch des Deutschen Staatsrechts, Band 1; Tübingen 1930, S. 312ff.

Laufer, Heinz/Münch, Ursula: Das föderative System der Bundesrepublik Deutschland; Bonn 1997

Lazar, Harvey: In Search of a New Mission Statement for Canadian Fiscal Federalism; in: Ders. (Hrsg.): Canada: The State of the Federation 1999/2000: Toward a New Mission Statement for Canadian Fiscal Federalism; Montreal u.a. 2000, S. 3ff.

Lehmbruch, Gerhard: Parteienwettbewerb im Bundesstaat: Regelsysteme und Spannungslagen im Institutionengefüge der Bundesrepublik Deutschland; 2. Aufl., Opladen 1998

Lehmbruch, Gerhard: Bundesstaatsreform als Sozialtechnologie? Pfadabhängigkeit und Veränderungsspielräume im deutschen Föderalismus; in: Europäisches Zentrum für Föderalismus-Forschung Tübingen (Hrsg.): Jahrbuch des Föderalismus 2000; Baden-Baden 2000, S. 71ff.

Leidinger, Adalbert: Das Finanzsystem der Gemeindeverbände; in: Günter Püttner (Hrsg.): Handbuch der kommunalen Wissenschaft und Praxis; Band 6: Kommunale Finanzen, 2. Aufl., Berlin u.a. 1985, S. 331ff.

Lenk, Thomas: Reformbedarf und Reformmöglichkeiten des deutschen Finanzausgleichs; Baden-Baden 1993

Lenk, Thomas/Schneider, Friedrich: Zurück zu mehr Föderalismus: Ein Vorschlag zur Neugestaltung des Finanzausgleichs in der Bundesrepublik Deutschland unter besonderer Berücksichtigung der neuen Bundesländer (Diskussionsbeiträge der Wirtschaftswissenschaftlichen Fakultät der Universität Leipzig 98-06); Leipzig 1998

Leonardy, Uwe: Gegenwart und Zukunft der Arbeitsstrukturen des Föderalismus – Status quo, "Europa der Regionen" und staatliche Einheit Deutschlands; in: Zeitschrift für Parlamentsfragen 1990, S. 180ff.

Leonardy, Uwe: Deutscher Föderalismus jenseits 2000: Reformiert oder deformiert; in: Zeitschrift für Parlamentsfragen 1999, S. 135ff.

Lerche, Peter: Finanzausgleich und Einheitlichkeit der Lebensverhältnisse; in: Dieter Blumenwitz/Albrecht Randelzhofer (Hrsg.): Festschrift für Friedrich Berber; München 1973, S. 299ff.

Lindahl, Erik: Die Gerechtigkeit der Besteuerung: Eine Analyse der Steuerprinzipien auf Grundlage der Grenznutzentheorie; Lund 1919

Littmann, Konrad: Ein Valet dem Leistungsfähigkeitsprinzip; in: Heinz Haller u.a. (Hrsg.): Theorie und Praxis des finanzpolitischen Interventionismus: Fritz Neumark zum 70. Geburtstag; Tübingen 1970, S. 113ff.

Littmann, Konrad: Über einige Untiefen der Finanzverfassung; in: Staatswissenschaften und Staatspraxis 1991, S. 31ff.

Littmann, Konrad: Ärgernisse der Kommunalfinanzen; in: Manfred Rose (Hrsg.): Standpunkte zur aktuellen Steuerreform; Heidelberg 1997, S. 65ff.

Local Government and Shires Associations of New South Wales (Hrsg.): 1999/2000 NSW State Budget: Submission to the NSW State Government on behalf of NSW Local Government; Sydney 1999

Local Government and Shires Associations of New South Wales (Hrsg.): 2000/2001 NSW State Budget: Submission to the NSW State Government on behalf of NSW Local Government; Sydney 2000

Local Government Grants Commission South Australia (Hrsg.): Annual Report 1997-1998; Adelaide 1998

Locke, John: Zwei Abhandlungen über die Regierung (hrsg. von Walter Euchner); Frankfurt/M. 1967

Luhmann, Niklas: Legitimation durch Verfahren; 3. Aufl., Darmstadt 1978

Lutz, Georg/Strohmann, Dirk: Wahl- und Abstimmungsrecht in den Kantonen; Bern, Stuttgart, Wien 1998

Maihofer, Werner: Prinzipien freiheitlicher Demokratie; in: Ernst Benda/Hans Jochen Vogel/ Werner Maihofer (Hrsg.): Handbuch des Verfassungsrechts; 2. Aufl., Berlin, New York 1994, S. 427ff.

Mandt, Hella: Legitimität; in: Dieter Nohlen (Hrsg.): Lexikon der Politik, Band 1: Politische Theorien (hrsg. von Dieter Nohlen/Rainer-Olaf Schultze); München 1995, S. 284ff.

Marcus, Paul: Das kommunale Finanzsystem der Bundesrepublik Deutschland; Darmstadt 1987

Mathews, Russel Lloyd: Fiscal Equalisation in Australia: The Methodology of the Grants Commission; in: Finanzarchiv N.F. Band 34 (1975/76); S. 66ff.

Mathews, Russell Lloyd/Jay, Robert C.: Federal Finance - Intergovernmental Financial Relations in Australia since Federation, Melbourne u.a. 1972

Maurer, Hartmut: Allgemeines Verwaltungsrecht; 12. Aufl., München 1999

Maurer, Hartmut: Staatsrecht; München 1999

Mayntz, Renate: Soziologie der öffentlichen Verwaltung; 3. Aufl., Heidelberg 1985

Mayntz, Renate: Föderalismus und die Gesellschaft der Gegenwart; in: Archiv des öffentlichen Rechts 115 (1990), S. 232ff.

McKenzie, Richard B. (Hrsg.): Constitutional Economics. Constraining the Economic Powers of Government; Lexington, Toronto 1984

McLure, Charles E.: The Interstate Exporting of State and Local Taxes: Estimates for 1962; in: National Tax Journal 1967, S. 49ff.

McLure, Charles E.: Tax Competition: Is What's good for the Private Goose also good for the Public Gander?; in: National Tax Journal 1986, S. 341ff.

Meßerschmidt, Klaus: Der Grundsatz der Bundestreue und die Gemeinden – untersucht am Beispiel der kommunalen Außenpolitik; in: Die Verwaltung 1990, S. 425ff.

Mill, John Stuart: Grundsätze der politischen Ökonomie mit einigen Anwendungen auf die Sozialphilosophie; 3. Band, Jena 1921

Milne, David: The New Canadian Constitution; Toronto 1982

Minister of Finance (Hrsg.): Ontario Budget; Toronto (verschiedene Jahrgänge)

Minister of Finance (Hrsg.): o.T. (Backgrounder vom 16. November 2000; http://www.gov.on.ca/FIN/english/bke-proptax.htm [Stand 20.11.2000])

Minister of Finance (Hrsg.): Tax Fairness Measures für Municipalities (Backgrounder vom 05.02.1998; http://www.gov.on.ca/FIN/english/fairness.pdf [Stand 20.11.2000])

Minister of Finance (Hrsg.): Province Stabilizes Taxes on Business (News Release vom 05.02.1998; http://www.gov.on.ca/FIN/english/newrange.pdf; http://www.gov.on.ca/FIN/english/educ.tax.pdf [Stand 20.11.2000])

Ministry of Finance and Corporate Relations (Hrsg.): Province of British Columbia: Budget 2000: Reports; Victoria 2000

Montesquieu, Charles-Louis de: Vom Geist der Gesetze (hrsg. von Ernst Forsthoff); Band 1, Tübingen 1951

Müller, Walter: Was ist fairer Steuerwettbewerb und welche Regeln braucht er?; in: Konjunkturpolitik 1998, S. 313ff.

Münch, Ingo von: Staatsrecht; Band 1; 5. Aufl., Stuttgart 1993

Münch, Peter Ludwig: Die Entwicklung des Australischen Föderalismus: Vom "unechten Staatenbund" zum "unechten Bundesstaat"; in: Der Staat 35 (1996), S. 284ff.

Münch-Heubner, Peter Ludwig: Dezentralisierung und Verfassungsreform in Kanada und Australien; in: Reinhard C. Meier Walser/Gerhard Hirschler (Hrsg.): Krise und Reform des Föderalismus; München 1999, S. 183ff.

Müssener, Ingo: Kanada; in: Annemarie Mennel/Jutta Förster (Hrsg.): Steuern in Europa, Amerika und Asien; Herne u.a. 1980, 37. Ergänzungslieferung, Stand April 1999

Musgrave, Peggy B.: Merits and Demerits of Fiscal Competition; in: Rémy Prud'homme (Hrsg.): Public Finance with several Levels of Government – Les Finances Publiques avec plusieurs Niveaux de Gouvernement; Den Haag, Königstein 1991, S. 281ff.

Musgrave, Richard A.: A Theory of Public Finance; New York u.a. 1959

Musgrave, Richard A.: Who Should Tax, Where and What?; in: Charles E. McLure (Hrsg.): Tax Assignment in Federal Countries; Canberra 1983, S. 2ff.

Musgrave, Richard A./Musgrave, Peggy B.: Public Finance in Theory and Practice; New York u.a. 1973

Musgrave, Richard A./Musgrave, Peggy B./Kullmer, Lore: Die öffentlichen Finanzen in Theorie und Praxis, 1. Band; 5. Aufl., Tübingen 1990

Musgrave, Richard A./Musgrave, Peggy B./Kullmer, Lore: Die öffentlichen Finanzen in Theorie und Praxis, 3. Band; 4. Aufl., Tübingen 1992

National Office of Local Government (Hrsg.): Local Government National Report: 1997-98 Report on the operation of the Local Government (Financial Assistance) Act 1995; Canberra 1998

National Office of Local Government (Hrsg.): Local Government National Report: 1998-99 Report on the operation of the Local Government (Financial Assistance) Act 1995; Canberra 1999

Nemitz, Carsten: Erfolgsfaktoren für eine Reform politischer Systeme; Speyerer Forschungsberichte 208, Speyer 2000

Neumärker, Karl Justus Bernhard: Finanzverfassung und Staatsgewalt in der Demokratie. Ein Beitrag zur konstitutionellen Finanztheorie; Frankfurt/M. u.a. 1995

Neumark, Fritz: Grundsätze und Arten der Haushaltsführung und Finanzbedarfsdeckung; in: Wilhelm Gerloff/Fritz Neumark (Hrsg.): Handbuch der Finanzwissenschaft, Band 1; 2. Aufl., Tübingen 1952, S. 606ff.

Neumark, Fritz: Grundsätze gerechter und ökonomisch rationaler Steuerpolitik; Tübingen 1970

Neumark, Fritz: Steuern I: Grundlagen; in: Willi Albers u.a. (Hrsg.): Handwörterbuch der Wirtschaftswissenschaft, Band 7; Stuttgart u.a. 1977, S. 295ff.

Neumark, Fritz: Bemerkungen zu einigen ökonomischen Aspekten grundgesetzlicher Vorschriften über die Einheitlichkeit der Lebensverhältnisse; in: Wilhelmine Dreißig (Hrsg.): Probleme des Finanzausgleichs I; Berlin 1978, S. 165ff.

New South Wales Treasury (Hrsg.): Interstate Comparison of Taxes 1999-2000; Sydney 1999

New South Wales Treasury (Hrsg.): Budget; Sydney (verschiedene Jahrgänge)

Niskanen, William A.: Bureaucracy and Representative Government; Chicago, New York 1971

Nohlen, Dieter: Repräsentation; in: Ders. (Hrsg.): Lexikon der Politik, Band 7: Politische Begriffe (hrsg. von Dieter Nohlen); München 1998, S. 556

Normenkontrollanträge der Länder Baden-Württemberg, Bayern und Hessen: Anträge im Rahmen des Normenkontrollverfahrens vor dem Bundesverfassungsgericht gegen einzelne Bestimmungen des Finanzausgleichsgesetzes vom 23. Juni 1993, Az. 2 BvF 2/98, 3/98 und 1/99

Norregaard, John: Tax Assignment; in: Teresa Ter-Minassian (Hrsg.): Fiscal Federalism in Theory and Practise; Washington 1997, S. 49ff.

Northern Territory Treasury Department (Hrsg.): Budget; Darwin (verschiedene Jahrgänge)

Nowotny, Ewald: Der öffentliche Sektor; 4. Aufl., Berlin u.a. 1999

Nova Scotia Department of Finance (Hrsg.): Comparative Tax Rates (http://www.gov.ns.ca/fina/fedprov/infob.htm [Stand: 15.01.2001])

Oates, Wallace E.: Fiscal Federalism; New York 1972

Oates, Wallace E.: The Political Economy of Fiscal Federalism; Lexington, Toronto 1977

Oates, Wallace E.: Ein ökonomischer Ansatz zum Föderalismusproblem; in: Guy Kirsch (Hrsg.): Föderalismus; Stuttgart, New York 1977, S. 15ff.

Oates, Wallace E.: Fiscal Federalism: An Overview; in: Rémy Prud'homme (Hrsg.): Public Finance with several Levels of Government – Les Finances Publiques avec plusieurs Niveaux de Gouvernement; Den Haag, Königstein 1991, S. 1ff.

Oberreuter, Heinrich: Gewaltenteilung, in: Dieter Nohlen (Hrsg.): Wörterbuch Staat und Politik; München 1991, S. 193ff

OECD (Hrsg.): OECD Economic Surveys 1996-1997: Canada; Paris 199X

OECD (Hrsg.): Harmful Tax Competition: An Emerging Global Issue; Paris 1998

Olson, Mancur: The Principle of "Fiscal Equivalence": The Division of Responsibilities among different Levels of Government; in: The American Economic Review, Vol. LIX (1969), S. 479ff.

Ossenbühl, Fritz: Verfassungsrechtliche Grundfragen des Länderfinanzausgleichs gem. Art. 107 II GG; Baden-Baden 1984

Ossenbühl, Fritz: Föderalismus nach 40 Jahren Grundgesetz; in: Deutsches Verwaltungsblatt 1989, S. 1230ff.

Ottnad, Adrian/Linnartz, Edith: Föderaler Wettbewerb statt Verteilungsstreit: Vorschläge zur Neugliederung der Bundesländer und zur Reform des Finanzausgleichs; Frankfurt, New York 1997

Pagenkopf, Hans: Der Finanzausgleich im Bundesstaat: Theorie und Praxis; Stuttgart u.a. 1981

Pahlke, Jürgen: Die Nettoumsatzsteuer als Zentralsteuer; in: Finanzarchiv N.F. Band 26 (1967), S. 215ff.

Papier, Hans-Jürgen: Grundgesetz und Wirtschaftsordnung; in: Ernst Benda/Hans Jochen Vogel/Werner Maihofer (Hrsg.): Handbuch des Verfassungsrechts; 2. Aufl., Berlin, New York 1994, S. 799ff.

Peffekoven, Rolf: Zur Theorie des Steuerexports; Tübingen 1975

Peffekoven, Rolf: Finanzausgleich I: Wirtschaftstheoretische Grundlagen; in: Willi Albers u.a. (Hrsg.): Handwörterbuch der Wirtschaftswissenschaft, Band 2; Stuttgart u.a. 1980, S. 608ff.

Peffekoven, Rolf: Berücksichtigung der Seehafenlasten im Länderfinanzausgleich; in: Finanzarchiv N.F. Band 46 (1988), S. 397ff.

Peffekoven, Rolf: Deutsche Einheit und Finanzausgleich, in: Staatswissenschaften und Staatspraxis 1990, S. 485ff.

Peffekoven, Rolf: Finanzausgleich im Spannungsfeld zwischen allokativen und distributiven Zielsetzungen; in: Probleme des Finanzausgleichs in nationaler und internationaler Sicht (Beihefte der Konjunkturpolitik 41); Berlin 1993, S. 11ff.

Perry, David B.: Alberta's Single-Rate Tax; in: Canadian Tax Highlights, Vol. 8 (2000), No. 10, S. 75.

Perry, J. Harvey: Staatshaushalt und Finanzsystem Kanadas; in: Wilhelm Gerloff/Fritz Neumark (Hrsg.): Handbuch der Finanzwissenschaft, Band 3; 2. Aufl., Tübingen 1958, S. 476ff.

Perschau, Oliver D.: Die Schwächen der deutschen Finanzverfassung; in: Uwe Mummert/ Michael Wohlgemuth (Hrsg.): Aufschwung Ost im Reformstau West; Baden-Baden 1998, S. 47ff.

Petchey, Jeffrey/Shapiro, Perry: An Economist's View of Section 90 of the Australian Constitution; in: Neil A. Warren (Hrsg.): Reshaping Fiscal Federalism in Australia; Sydney 1997, S. 41ff.

Petchey, Jeffrey/Rutherford, Tony/Nahan, Michael D.: Restoring the Balance: Tax Reform for the Australian Federation; Perth 1996

Pieroth, Bodo: Kommentierung zu Art. 107 GG; in: Bodo Pieroth /Hans D. Jarass: Grundgesetz für die Bundesrepublik Deutschland (Kommentar); 5. Aufl., München 1999

Pitkin, Hanna F.: The Concept of Representation; Berkeley, Los Angeles 1967

Polaschek, Martin F.: Föderalismus als Wert?; Graz 1999

Pollack, Helga: Der Tarifaufbau der deutschen Einkommensteuer; in: Das Wirtschaftsstudium 1976, S. 73ff.

Pommerehne, Werner W./Schneider, Friedrich: Unbalanced Growth between Public and Private Sector – An Empirical Examination; in: Robert H. Haveman (Hrsg.): Public Finance and Public Employment; Detroit 1982, S. 309ff.

Popitz, Johannes: Der Finanzausgleich; in: Wilhelm Gerloff/Franz Meisel (Hrsg.): Handbuch der Finanzwissenschaft, Band 2; 1. Aufl., Tübingen 1927, S. 338ff.

Popitz, Johannes: Der zukünftige Finanzausgleich zwischen Reich, Ländern und Gemeinden; Berlin 1932

Power, John/Wettenhall, Roger/Halligan, John (Hrsg.): Local Government Systems of Australia (Advisory Council for Inter-government Relations: Information Paper No. 7); Canberra 1981

Power, John/Wettenhall, Roger/Halligan, John: Overview of local government in Australia; in: Dies. (Hrsg.): Local Government Systems of Australia (Advisory Council for Inter-government Relations: Information Paper No. 7); Canberra 1981, S. 1ff.

Preuß, Hugo: Reichs- und Landesfinanzen; Berlin 1894

Queensland Treasury (Hrsg.): State Budget; Brisbane (verschiedene Jahrgänge)

Rawlinson, Francis: Kommentierung zu Art. 87 EGV; in: Carl Otto Lenz (Hrsg.): EG-Vertrag (Kommentar); 2. Aufl., Köln u.a. 1999

Recker, Engelbert: Kreissteuer im historischen Vergleich: Kreise bedeutende Leistungsträger der kommunalen Ebene; in: Der Landkreis 1984, S. 320ff.

Recktenwald, Horst Claus: Finanzföderalismus; in: Die Verwaltung 1983, S. 1ff.

Recktenwald, Horst Claus: Kritisches zur Theorie der optimalen Besteuerung. Über Sinn und Widersinn des "excess burden"-Prinzips; in: Hamburger Jahrbuch für Wirtschafts- und Gesellschaftspolitik 31, Tübingen 1986, S. 155ff.

Reding, Kurt/Müller, Walter: Einführung in die Allgemeine Steuerlehre; München 1999

Reformkommission Soziale Marktwirtschaft (der Bertelsmann-, Heinz Nixdorf- und Ludwig-Erhard-Stiftung): Reform der Finanzverfassung; Gütersloh 1998

Rehm, Franz-Karl: Finanzverfassung und Finanzhoheit der Kreise; in: Der Kreis: Ein Handbuch, 2. Band; Köln, Berlin 1976, S. 269ff.

Reichardt, Wolfgang: Föderalismus; in: Dieter Nohlen (Hrsg.): Lexikon der Politik, Band 1: Politische Theorien (hrsg. von Dieter Nohlen/Rainer-Olaf Schultze); München 1995, S. 102ff.

Rennert, Klaus: Der deutsche Föderalismus in der gegenwärtigen Debatte um eine Verfassungsreform; in: Der Staat 32 (1993), S. 269ff.

Renzsch, Wolfgang: Finanzverfassung und Finanzausgleich: Die Auseinandersetzungen um ihre politische Gestaltung in der Bundesrepublik Deutschland zwischen Währungsreform und deutscher Vereinigung (1948 bis 1990); Bonn 1991

Renzsch, Wolfgang: Historische Grundlagen deutscher Bundesstaatlichkeit: Föderalismus als Ersatz eines einheitlichen Nationalstaates; in: Arthur B. Gunlicks/Rüdiger Voigt (Hrsg.): Föderalismus in der Bewährungsprobe: die Bundesrepublik Deutschland in den 90er Jahren; Bochum 1991, S. 27ff.

Renzsch, Wolfgang: Föderale Finanzverfassungen: Ein Vergleich Australiens, Deutschlands, Kanadas, der Schweiz und der USA aus institutioneller Perspektive; in: Europäisches Zentrum für Föderalismus-Forschung Tübingen (Hrsg.): Jahrbuch des Föderalismus 2000; Baden-Baden 2000, S. 42ff.

Rhein, Kay-Uwe: Die kleinen kommunalen Steuern; Stuttgart u.a. 1997

Robbins, John: South Australia; in: John Power/Roger Wettenhall/John Halligan (Hrsg.): Local Government Systems of Australia (Advisory Council for Inter-government Relations: Information Paper No. 7); Canberra 1981, S. 571ff.

Rose, Gerd: Die Verkehrsteuern; 10. Aufl., Wiesbaden 1991

Rosen, Harvey S./Windisch, Rupert: Finanzwissenschaft I; München, Wien 1992

Rosenfeld, Martin T.: Wo stehen wir mit dem kooperativen Föderalismus in Deutschland?; in: Fiskalischer Föderalismus in Europa (Beihefte der Konjunkturpolitik 49); Berlin 1999, S. 55ff.

Rudzio, Wolfgang: Das politische System der Bundesrepublik Deutschland; 3. Aufl., Opladen 1991

Sachs, Michael: Kommentierung zu Art. 20 GG; in: Ders. (Hrsg.): Grundgesetz; 2. Aufl., München 1999

Samuelson, Paul A.: The Pure Theory of Public Expenditures; in: The Review of Economics and Statistics, Vol. 36 (1954), S. 387ff.

Samuelson, Paul A.: Diagrammatic Exposition of a Theory of Public Expenditure; in: The Review of Economics and Statistics, Vol. 37 (1955), S. 350ff.

Saunders, Cheryl: Section 96 Grants: The Problem of Enforcement (Centre for Comparative Constitutional Studies (Hrsg.): Papers on Federalism No. 12); Melbourne 1989

Saunders, Cheryl: A General and Unholy Scramble: Fiscal Federalism in Australia (Centre for Comparative Constitutional Studies (Hrsg.): Papers on Federalism No. 17); Melbourne 1991

Saunders, Cheryl: The High Court, Section 90 and the Australian Federation; in: Neil A. Warren (Hrsg.): Reshaping Fiscal Federalism in Australia; Sydney 1997, S. 21ff.

Scharpf, Fritz W.: Demokratietheorie zwischen Utopie und Anpassung; Kronberg 1975

Scharpf, Fritz W./Reissert, Bernd/Schnabel, Fritz: Politikverflechtung, Band 1: Theorie und Empirie des kooperativen Föderalismus in der Bundesrepublik Deutschland; Kronberg 1976

Schenke, Wolf-Rüdiger: Föderalismus als Form der Gewaltenteilung; in: Juristische Schulung 1989, S. 698ff.

Schiller, Theo: Sozialpolitik in Kanada in den 80er Jahren; Baden-Baden 1994

Schiller, Theo: Einleitung; in: Ders. (Hrsg.): Direkte Demokratie in Theorie und kommunaler Praxis; Frankfurt, New York 1999, S. 7ff.

Schmidt, Ingo: Wettbewerbsfunktionen; in: Gabler Wirtschaftslexikon, Band 4; 14. Aufl., Wiesbaden 1997, S. 4361

Schmidt, Ingo: Wettbewerbstheorie; in: Gabler Wirtschaftslexikon, Band 4; 14. Aufl., Wiesbaden 1997, S. 4369ff.

Schmidt, Kurt: Finanzausgleich: Überblick; in: Willi Albers u.a. (Hrsg.): Handwörterbuch der Wirtschaftswissenschaft, Band 2; Stuttgart u.a. 1980, S. 607

Schmidt, Kurt: Grundprobleme der Besteuerung; in: Fritz Neumark/Norbert Andel/Heinz Haller (Hrsg.): Handbuch der Finanzwissenschaft, Band 2; 3. Aufl., Tübingen 1980, S. 119ff.

Schmidt-Aßmann, Eberhard: Thesen zum föderativen System der Bundesrepublik Deutschland; in: Juristische Ausbildung 1987, S. 449ff.

Schmidt-Jortzig, Edzard: Herausforderungen für den Föderalismus in Deutschland. Plädoyer für einen neuen Wettbewerbsföderalismus; in: Die Öffentliche Verwaltung 1998, S. 746ff.

Schmölders, Günther: Um ein rationales Steuersystem; in: Finanzarchiv N.F. Band 11 (1949), S. 479ff.

Schmölders, Günther: Steuersystem und Steuersystematik; in: Wilhelm Gerloff/Fritz Neumark (Hrsg.): Handbuch der Finanzwissenschaft, Band 2; 2. Aufl., Tübingen 1956, S. 326ff.

Schmölders, Günther: Finanzpolitik; 3. Aufl., Berlin, Heidelberg, New York 1970

Schmölders, Günther: Steuersysteme; in: Willi Albers u.a. (Hrsg.): Handwörterbuch der Wirtschaftswissenschaft, Band 7; Stuttgart u.a. 1977, S. 405ff.

Schmölders, Günther/Hansmeyer, Karl-Heinrich: Allgemeine Steuerlehre; 5. Aufl., Berlin 1980

Schneider, Hans-Peter: Die bundesstaatliche Ordnung im vereinigten Deutschland; in: Jochen Huhn/Peter-Christian Witt (Hrsg.): Föderalismus in Deutschland; Baden-Baden 1992, S. 239ff.

Schneider, Hans-Peter (Hrsg.): Das Grundgesetz: Dokumentation seiner Entstehung, Band 25: Art. 105 bis 107 (bearbeitet von Reinhard Lensch); Frankfurt/M. 1997

Schoch, Friedrich: Der Gleichheitssatz; in: Deutsches Verwaltungsblatt 1988, S. 866ff.

Schoch, Friedrich: Die Reformbedürftigkeit des Art. 104a GG; in: Zeitschrift für Rechtspolitik 1995, S. 387ff.

Schoch, Friedrich/Wieland, Joachim: Finanzierungsverantwortung für gesetzgeberisch veranlaßte kommunale Aufgaben; Baden-Baden 1995

Schodder, Thomas F. W.: Föderative Gewaltenteilung in der Bundesrepublik Deutschland. Eine Untersuchung ihrer gegenwärtigen Wirkungen und Probleme; Frankfurt u.a. 1989

Schüttemeyer, Suzanne S.: Repräsentation; in: Dieter Nohlen (Hrsg.): Lexikon der Politik, Band 1: Politische Theorien (hrsg. von Dieter Nohlen/Rainer-Olaf Schultze); München 1995, S. 543ff.

Schultze, Rainer-Olaf: Das politische System Kanadas im Strukturvergleich; Bochum 1985

Schultze, Rainer-Olaf: Föderalismus; in: Dieter Nohlen (Hrsg.): Lexikon der Politik, Band 3: Die westlichen Länder (hrsg. von Manfred G. Schmidt); München 1992, S. 95ff.

Schumpeter, Joseph A.: Kapitalismus, Sozialismus und Demokratie; 2. Aufl., Bern 1950

Schumpeter, Joseph A.: Die Krise des Steuerstaates; in: Rudolf Hickel (Hrsg.): Die Finanzkrise des Steuerstaats: Beiträge zur politischen Ökonomie der Staatsfinanzen; Frankfurt/M. 1976, S. 329ff.

Schuppert, Gunnar Folke: Die Steuerung des Verwaltungshandelns durch Haushaltsrecht und Haushaltskontrolle; in: Veröffentlichungen der Vereinigung der Deutschen Staatsrechtslehrer 42; Berlin u.a. 1984, S. 216ff.

Schuppert, Gunnar Folke: Finanzbeziehungen im Föderalismus als Problem des Regierens; in: Hans-Hermann Hartwich/Göttrik Wewer (Hrsg.): Regieren in der Bundesrepublik, Band 5: Souveränität, Integration, Interdependenz – Staatliches Handeln in der Außen- und Europapolitik; Opladen 1993, S. 263ff.

Schwan, Alexander: Politische Theorien des Rationalismus und der Aufklärung; in: Hans-Joachim Lieber (Hrsg.): Politische Theorien von der Antike bis zur Gegenwart; Bonn 1991, S. 157ff.

Schwarting, Gunnar: Kommunale Steuern; Berlin 1999

Selmer, Peter: Grundsätze der Finanzverfassung des vereinten Deutschlands; in: Veröffentlichungen der Vereinigung der Deutschen Staatsrechtslehrer 52; Berlin u.a. 1993, S. 11ff.

Sheikh, Munir A./Carreau, Michel: A Federal Perspective on the Role and Operation of the Tax Collection Agreeements (Paper presented on the 1999 Tax Policy Conference of the Canadian Tax Foundation in Ottawa); abgedruckt in: Department of Finance Canada/Canada Customs and Revenue Agency (Hrsg.); Federal Administration of Provincial Taxes: New Directions; Ottawa 2000, S. 9ff.

Siekmann, Helmut: Kommentierung zu Art. 104a GG; in: Michael Sachs (Hrsg.): Grundgesetz; 2. Aufl., München 1999

Siekmann, Helmut: Kommentierung zu Art. 107 GG; in: Michael Sachs (Hrsg.): Grundgesetz, 2. Aufl., München 1999

Smith, Adam: Der Wohlstand der Nationen: Eine Untersuchung seiner Natur und Ursachen (Original: An Inquiry into the Nature and the Causes of the Wealth of Nations; London 1776); deutsche Übersetzung von Horst Claus Recktenwald, München 1974

Smith, Julie: Fiscal Federalism in Australia: A Twentieth Century Chronology; Federalism Research Centre: Discussion Paper No. 23, Canberra 1992

Sommermann, Karl-Peter: Staatsziele und Staatszielbestimmungen; Tübingen 1997

Sommermann, Karl-Peter: Kommentierung zu Art. 20 GG; in: Hermann von Mangoldt/ Friedrich Klein: Das Bonner Grundgesetz: Kommentar (hrsg. von Christian Starck), Band 2: Art. 20 bis 78; 4. Aufl., München 2000

South Australian Department of Treasury and Finance (Hrsg.): Budget 2000-2001; Adelaide 2000

Spahn, Paul Bernd: Switzerland; in: Teresa Ter-Minassian (Hrsg.): Fiscal Federalism in Theory and Practise; Washington 1997, S. 324ff.

Spry, Max: What is an Excise Duty? Ha and Hammond v NSW (Australian Parliamentary Library (Hrsg.): Research Note 1 (1997-98)); Canberra 1997

Statistisches Bundesamt (Hrsg.): Statistisches Jahrbuch für die Bundesrepublik Deutschland; Stuttgart (verschiedene Jahrgänge)

Statistisches Bundesamt (Hrsg.): Fachserie 14: Finanzen und Steuern, Reihe 2: Vierteljährliche Kassenergebnisse der öffentlichen Haushalte: 4. Vierteljahr und Jahr 1999; Stuttgart 2000

Statistisches Bundesamt (Hrsg.): Fachserie 14: Finanzen und Steuern, Reihe 4: Steuerhaushalt 4. Vierteljahr und Jahr 1999; Stuttgart 2000 sowie ältere Jahrgänge

Statistisches Bundesamt (Hrsg.): Fachserie 14: Finanzen und Steuern, Reihe 10.1: Realsteuervergleich: Realsteuern und kommunale Einkommensteuerbeteiligung 1999; Stuttgart 2000

Steffani, Winfried: Gewaltenteilung im demokratisch-pluralistitschen Rechtsstaat; in: Heinz Rausch (Hrsg.): Zur heutigen Problematik der Gewaltentrennung; Darmstadt 1969, S. 313ff.

Stein, Ekkehart: Staatsrecht; 16. Aufl., Tübingen 1998

Stern, Klaus: Das Staatsrecht der Bundesrepublik Deutschland, Band I: Grundbegriffe und Grundlagen des Staatsrechts, Strukturprinzipien der Verfassung; 2. Aufl., München 1984

Stern, Klaus: Das Staatsrecht der Bundesrepublik Deutschland, Band II: Staatsorgane, Staatsfunktionen, Finanz- und Haushaltsverfassung, Notstandsverfassung; München 1980

Stiglitz, Joseph E./Schönfelder, Bruno: Finanzwissenschaft; München, Wien 1989

Strickrodt, Georg: Finanzverfassung als selbständiges Normensystem; in: Juristenzeitung 1955, S. 129ff.

Streinz, Rudolf: Kommentierung zu Art. 23 GG; in: Michael Sachs (Hrsg.): Grundgesetz; 2. Aufl., München 1999

Terhalle, Fritz: Geschichte der deutschen öffentlichen Finanzwirtschaft vom Beginn des 19. Jahrhunderts bis zum Schlusse des Zweiten Weltkrieges; in: Wilhelm Gerloff/Fritz Neumark (Hrsg.): Handbuch der Finanzwissenschaft, Band 1; 2. Aufl., Tübingen 1952, S. 273ff.

Terhalle, Fritz: Das Finanz- und Steuersystem der Bundesrepublik Deutschland; in: Wilhelm Gerloff/Fritz Neumark (Hrsg.): Handbuch der Finanzwissenschaft, Band 3; 2. Aufl., Tübingen 1958, S. 138ff.

Teufel, Erwin/Stoiber, Edmund/Koch, Roland: "Modernisierung des Föderalismus – Stärkung der Eigenverantwortung der Länder": Gemeinsame Positionen der Ministerpräsidenten der Länder Baden-Württemberg, Bayern und Hessen zur Notwendigkeit einer leistungs- und wettbewerbsorientierten Reform des Föderalismus; Bonn 1999

Thirsk, Wayne R.: Tax Assignment and Revenue Sharing in Canada; in: Charles E. McLure (Hrsg.): Tax Assignment in Federal Countries; Canberra 1983, S. 234ff.

Thoma, Richard: Das Reich als Bundesstaat; in: Gerhard Anschütz/Richard Thoma (Hrsg.): Handbuch des Deutschen Staatsrechts, Band 1; Tübingen 1930, S. 169ff.

Thöni, Erich: Politökonomische Theorie des Föderalismus; Baden-Baden 1986

Tiebout, Charles M.: A Pure Theory of Local Expenditures; in: Journal of Political Economy 1956, S. 416ff.

Tiebout, Charles M.: Eine ökonomische Theorie fiskalischer Dezentralisierung; in: Guy Kirsch (Hrsg.): Föderalismus; Stuttgart, New York 1977, S. 36ff.

Tiepelmann, Klaus/Dick, Günther: Grundkurs Finanzwissenschaft; 3. Aufl., Hamburg 1995

Tindal, C. Richard/Tindal, Susan Nobes: Local Government in Canada; 4. Aufl., Toronto 1995

Tipke, Klaus: Die Steuerrechtsordnung, Band I: Wissenschaftsorganisatorische, systematische und grundrechtlich-rechtsstaatliche Grundlagen; Köln 1993

Tipke, Klaus/Lang, Joachim: Steuerrecht; 16. Aufl., Köln 1998

Toqueville, Alexis de: Über die Demokratie in Amerika (hrsg. von Jakob P. Mayer/Theodor Eschenburg/Hans Zbinden), Band 1; München 1959

Treasurer of the Commonwealth of Australia (Hrsg.): Tax Reform: Not a new Tax, a new Tax System; Canberra 1998

Treasurer of the Commonwealth of Australia/Minister for Finance and Administration (Hrsg.): Commonwealth of Australia: Budget; Canberra (verschiedene Jahrgänge)

Treff, Karin B./Perry, David B.: Finances of the Nation: A Review of Expenditures and Revenues of the Federal, Provincial, and Local Governments of Canada, Ausgabe 1997; Toronto 1997

Treff, Karin B./Perry, David B.: Finances of the Nation, Ausgabe 1999; Toronto 2000

Treff, Karin B./Perry, David B.: Finances of the Nation, Ausgabe 2000; Toronto 2000

Tucker, Douglas: Queensland; in: John Power/Roger Wettenhall/John Halligan (Hrsg.): Local Government Systems of Australia (Advisory Council for Inter-government Relations: Information Paper No. 7); Canberra 1981, S. 373ff.

Tucker, Douglas: Local Government; in: John Henningham (Hrsg.): Institutions in Australian Society; Oxford u.a. 1995, S. 52ff.

Ulsenheimer, Klaus: Untersuchungen zum Begriff "Finanzverfassung"; Bonn 1967

Vesper, Dieter: Länderfinanzausgleich – besteht Reformbedarf? (DIW-Diskussionspapier Nr. 170); Berlin 1998

Vesper, Dieter: Die Region Berlin-Brandenburg im Länderfinanzausgleich – Welche Auswirkungen hätte eine Reform?; in: Michael C. Burda/Helmut Seitz/Gert Wagner (Hrsg.): Europäischer und nationaler Fiskalföderalismus (Beihefte der Konjunkturpolitik 50); Berlin 2000, S. 9ff.

Victorian Department of Treasury and Finance (Hrsg.): Commonwealth Grants Commission General Revenue Grant Relativities 1999 Review: Major Submission Vol. 1-3; Melbourne 1997

Victorian Department of Treasury and Finance (Hrsg.): Commonwealth Grants Commission Revenue Grant Relativities 1999 Review: Final Submission; Melbourne 1998

Victorian Department of Treasury and Finance (Hrsg.): Budget; Melbourne (verschiedene Jahrgänge)

Vogel, Hans Jochen: Die bundesstaatliche Ordnung des Grundgesetzes; in: Ernst Benda/Hans Jochen Vogel/Werner Maihofer (Hrsg.): Handbuch des Verfassungsrechts; 2. Aufl., Berlin, New York 1994, S. 1041ff.

Vogel, Klaus: Der Finanz- und Steuerstaat; in: Josef Isensee/Paul Kirchhof (Hrsg.): Handbuch des Staatsrechts der Bundesrepublik Deutschland, Band 1: Grundlagen von Staat und Verfassung; Heidelberg 1987, S. 1151ff.

Vogel, Klaus/Waldhoff, Christian: Vorbemerkungen zu Art. 104a-115 GG; in: Rudolf Dolzer (Hrsg.): Bonner Kommentar zum Grundgesetz, Band 9: Art. 104a-115 GG; 81. Ergänzungslieferung, Heidelberg 1997

Volkmann, Uwe: Bundesstaat in der Krise?; in: Die Öffentliche Verwaltung 1998, S. 613ff.

Wachendorfer-Schmidt, Ute: Gewinner oder Verlierer? Der Föderalismus im vereinten Deutschland; in: Roland Czada/Hellmut Wollmann (Hrsg.): Von der Bonner zur Berliner Republik: 10 Jahre Deutsche Einheit; Wiesbaden 2000, S. 113ff.

Wachendorfer-Schmidt, Ute: Der Preis des Föderalismus in Deutschland; in: Politische Vierteljahresschrift 1999, Heft 1, S. 3ff.

Wagener, Friedo/Blümel, Willi: Staatsaufbau und Verwaltungsterritorien; in: Klaus König/ Heinrich Siedentopf (Hrsg.): Öffentliche Verwaltung in Deutschland, 2. Aufl., Baden-Baden 1997, S. 109ff.

Wagner, Adolph: Finanzwissenschaft, Zweiter Teil: Theorie der Besteuerung. Gebührenlehre und allgemeine Steuerlehre; 2. Aufl., Leipzig 1890

Walsh, Cliff: State Taxation and Vertical Fiscal Imbalance: The Radical Reform Options; in: Ders. (Hrsg.): Issues in State Taxation, Canberra 1990, S. 53ff.

Walsh, Cliff: Reform of Commonwealth-State Relations: 'No Representation without Taxation'; Canberra 1991

Walsh, Cliff: Federal Reform and the Politics of Vertical Fiscal Imbalance; in: Australian Journal of Political Science, Vol. 27 (1992), S. 19ff.

Walsh, Cliff: Making a Mess of Tax Assignment: Australia as a Case Study; in: Paul Boothe (Hrsg.): Reforming Fiscal Federalism for Global Competition; Edmonton 1996, S. 117ff

Watts, Ronald L.: The Relevance of the German Federal System for Other Constitutions; in: Mitteilungen des Deutschen Instituts für Föderalismusforschung 1994, Heft 4, S. 53ff.

Weber, Karl: Kriterien des Bundesstaates: Eine systematische, historische und rechtsvergleichende Untersuchung der Bundesstaatlichkeit der Schweiz, der Bundesrepublik Deutschland und Österreichs; Wien 1980

Weber, Max: Deutschlands künftige Staatsform; Frankfurt/M. 1919

Wellisch, Dietmar: Dezentrale Finanzpolitik bei hoher Mobilität; Tübingen 1995

Wendt, Rudolf: Finanzverfassung und Art. 7 Einigungsvertrag; in: Klaus Stern (Hrsg.): Deutsche Wiedervereinigung: Die Rechtseinheit, Band I: Eigentum – neue Verfassung – Finanzverfassung; Köln u.a. 1991, S. 213ff.

Wendt, Rudolf: Finanzhoheit und Finanzausgleich; in: Josef Isensee/Paul Kirchhof (Hrsg.): Handbuch des Staatsrechts der Bundesrepublik Deutschland, Band 4: Finanzverfassung – Bundesstaatliche Ordnung; 2. Aufl., Heidelberg 1999, S. 1021ff.

Western Australia Treasury Department (Hrsg.): Overview of State Taxes 1998/99; Perth 1998

Western Australia Treasury Department (Hrsg.): Fiscal Subsidies within the Australian Federation: Western Australia's Net Subsidies to Other States; Perth 1999

Western Australia Treasury Department (Hrsg.): Budget 2000-2001; Perth 2000

Wicksell, Knut: Finanztheoretische Untersuchungen nebst Darstellung und Kritik des Steuerwesens Schwedens; Jena 1896.

Widmer, Peter: Normkonkurrenz und Kompetenzkonkurrenz im schweizerischen Bundesstaatsrecht (Die Bundestreue als Schranke der kantonalen Kompetenzausübung); Zürich 1966

Wiegard, Wolfgang: Was brachte – oder bringt – die Optimalsteuertheorie?; in: Bernd Rahmann/Otto Roloff (Hrsg.): Beschäftigungspolitik zwischen Abgabenwiderstand und Ausgabenwachstum; Regensburg 1987, S. 99ff.

Willeke, Franz-Ulrich: Wettbewerbspolitik; Tübingen 1980

Wilson, John Douglas: Theories of Tax Competition; in: National Tax Journal 1999, S. 269ff.

Wiltshire, Kenneth: Federal State/Provincial Financial Relations; in: Bruce W. Hodgins u.a. (Hrsg.): Federalism in Canada and Australia: Historical Perspectives, 1920-1988; Peterborough 1989, S. 181ff.

Wissenschaftlicher Beirat beim Bundesministerium der Finanzen: Gutachten zum Länderfinanzausgleich in der Bundesrepublik Deutschland; Bonn 1992

Wissenschaftlicher Beirat beim Bundesministerium der Finanzen: Stellungnahme zur Diskussion über die Steuervereinfachung vom 29.11.1979; in: Bundesministerium der Finanzen (Hrsg.): Der Wissenschaftliche Beirat beim Bundesministerium der Finanzen – Gutachten und Stellungnahmen 1974-1987; Tübingen 1988, S. 303ff.

Witt, Peter-Christian: Finanzen und Politik im Bundesstaat –Deutschland 1871-1933; in: Jochen Huhn/Peter-Christian Witt (Hrsg.): Föderalismus in Deutschland; Baden-Baden 1992, S. 75ff.

Wohltmann, Matthias: Fiskalische Entwicklungen und Trends der Kreisfinanzen 1999/2000; in: Der Landkreis 2000, S. 139ff.

Wood, Michael: Western Australia; in: John Power/Roger Wettenhall/John Halligan (Hrsg.): Local Government Systems of Australia (Advisory Council for Inter-government Relations: Information Paper No. 7); Canberra 1981, S. 645ff.

Woyke, Wichard: Die Politische Union der Europäischen Gemeinschaft; in: Cord Jakobeit/Alparslan Yenal (Hrsg.): Gesamteuropa: Analysen, Problem und Entwicklungsperspektiven; Opladen 1993, S. 362ff.

Wust, Herbert F.: Föderalismus: Grundlage für Effizienz in der Staatswirtschaft; Göttingen 1981

Zenthöfer, Wolfgang/Leben, Gerd: Körperschaftsteuer, Gewerbesteuer; 8. Aufl., Stuttgart 1996

Zimmermann, Bettina: Kanadische Verfassungsinstitutionen im Wandel: Unitarisierung durch Grundrechtsschutz; Berlin 1992

Zimmermann, Horst: Allgemeine Probleme und Methoden des Finanzausgleichs; in: Fritz Neumark/Norbert Andel/Heinz Haller (Hrsg.): Handbuch der Finanzwissenschaft, Band 4; 3. Aufl., Tübingen 1983, S. 3ff.

Zimmermann, Horst: Föderalismus und "Einheitlichkeit der Lebensverhältnisse": Das Verhältnis regionaler Ausgleichsziele zu den Zielen des föderativen Staatsaufbaus; in: Kurt Schmidt (Hrsg.): Beiträge zu ökonomischen Problemen des Föderalismus; Berlin 1987, S. 35ff.

Zimmermann, Horst/Henke, Klaus-Dirk: Finanzwissenschaft; 7. Aufl., München 1994

Zimmermann, Horst/Postlep, Rolf-Dieter: Beurteilungsmaßstäbe für Gemeindesteuern; in: Wirtschaftsdienst 1980, S. 248ff.

Zippelius, Reinhold: Allgemeine Staatslehre; 13. Aufl., München 1999

International Network for Economic Research
INFER

INFER fördert den wissenschaftlichen Diskurs zwischen Ökonomen/-innen aus verschiedenen Institutionen und Forschungsgebieten im In- und Ausland und macht die Ergebnisse der interessierten Öffentlichkeit bekannt. Zur Zielgruppe von **INFER** zählen Mitarbeiter/-innen an Forschungsinstituten und Hochschulen ebenso wie in staatlichen Institutionen und privaten Unternehmen.

INFER steht ausdrücklich auch Personen offen, die in Bereichen der praktischen Anwendung der Volkswirtschaftslehre stehen, um so den Austausch zwischen Wissenschaft und Praxis zu fördern. Dies soll zum einen den Praktikern/-innen den Zugang zu neuen Erkenntnissen der Wissenschaft erleichtern, zum anderen den Wissenschaftlern/-innen eine Rückkopplung mit der Praxis und damit der Anwendbarkeit ihrer Theorien ermöglichen.

INFER trägt durch die Herausgabe von vier Veröffentlichungsreihen dazu bei, daß neue wissenschaftliche Erkenntnisse ohne längeren Vorlauf publiziert werden können. Aufgrund eines Rahmenvertrages mit dem Verlag für Wissenschaft und Forschung können wir unseren Autoren/-innen sehr günstige Konditionen bieten und die Publikationen dennoch zu einem ansprechenden Preis über den Buchhandel vertreiben.

INFER gibt im Rahmen von Jahrestagungen und Workshops sowie speziell für INFER-Mitglieder einer eigenen Newsgroup und themenbezogenen Working Groups die Möglichkeit zu wissenschaftlichen Diskussionen. In diesem Rahmen können ausgewählte Referenten/-innen ihre derzeitigen Forschungsschwerpunkte einem fachkundigen Publikum präsentieren und zur Diskussion stellen. Auf den Jahrestagungen und Workshops sowie Jahresversammlungen der Mitglieder sollen auch die persönlichen Kontakte ausgebaut und Möglichkeiten zu wissenschaftlichen Fachgesprächen und zum Austausch zwischen den verschiedenen Spezialgebieten gegeben werden.

INFER ist entsprechend dieser Aufgabenstellung inhaltlich nicht auf bestimmte volkswirtschaftliche Themen festgelegt. Die Auswahl der Forschungsgebiete wird vielmehr durch die Interessen und Spezialkenntnisse der Mitglieder geprägt. Aktuelle wirtschaftspolitische Themen werden dabei ebenso berücksichtigt wie grundlegende Fragen der Wirtschaftstheorie. Die Vielfalt der Themen spiegelt sich auch darin wider, daß die Mitglieder bei inhaltlich unterschiedlich ausgerichteten Institutionen beschäftigt sind. Durch diese breite Ausrichtung können sich Synergieeffekte in der Forschung ergeben sowie die Möglichkeit der Reflektion von einzelnen Themen in einem größeren Zusammenhang.

Publikationen von INFER

INFER Discussion Papers

No. 1 Michael H. Stierle:
Globalisierung und Globalität: Schrittmacher, Merkmale und Reversibilität
ISBN: 3-89700-150-0; 23 Seiten; 7,90 EUR; 1999

No. 2 Marc S. Resinek:
Die geldpolitischen Instrumente der Europäischen Zentralbank: Theorie und Praxis
ISBN: 3-89700-171-3; 34 Seiten; 7,90 EUR; 2. überarbeitete und aktualisierte Auflage; 2002

No. 3 Henrik Egbert:
Volkswirtschaftliche Entwicklungsbeiträge asiatischer Immigranten im heutigen Tansania unter besonderer Berücksichtigung der schiitischen Teilgruppen
ISBN: 3-89700-156-X; 41 Seiten; 7,90 EUR; 2000

No. 4 Hermann Knödler:
Does Industrialised Countries' Employment Suffer From Foreign Direct Investment?
Empirical Evidence for West-German Manufacturing 1986 to 1996
ISBN: 3-89700-157-8; 26 Seiten; 7,90 EUR; 2000

No. 5 Roland Füss:
Der Entwicklungsstand von 'Emerging Equity Markets' gegenüber Aktienmärkten in Industrieländern
ISBN: 3-89700-170-5; 42 Seiten; 7,90 EUR; 2002

INFER Research Reports

No. 1 Hermann Knödler:
Die Struktur deutscher Direktinvestitionen des Verarbeitenden Gewerbes 1986 bis 1996: Darstellung und Auswertung der Unternehmensdatenbank INDAT
ISBN: 3-89700-154-3; 64 Seiten; 12,90 EUR; 1999

No. 2 Ming-Yee Hsu:
The puzzle of the American personal savings rate: The saving theories revisited
ISBN: 3-89700-163-2; 84 Seiten; 12,90 EUR; 2001

No. 3 Michael Böhmer:
Migrationseffekte der Osterweiterung auf die EU-Arbeitsmärkte
ISBN: 3-89700-166-7; 88 Seiten; 12,90 EUR; 2001

INFER Studies

Vol. 1   Lothar Funk (Hrsg.):
Contemporary Aspects of the Third Way in the New Economy:
Proceedings of the First INFER Workshop at the University of Trier held on 3 June 2000
ISBN: 3-89700-159-4; 130 Seiten; 24,90 EUR; 2000

Vol. 2   Michael H. Stierle (Hrsg.):
Wirtschaftsdaten, Konjunkturprognosen und ihre Auswirkungen auf die Finanzmärkte:
Tagungsband zum 2. INFER-Workshop 2000
ISBN: 3-89700-161-6; 105 Seiten; 24,90 EUR; 2000

Vol. 3   Marc S. Resinek:
Internationale Finanzmarktkrisen: Ursachen, Ablauf, Prävention
ISBN: 3-89700-162-4; 105 Seiten; 24,90 EUR; 2001

Vol. 4   Michael H. Stierle und Marc S. Resinek (Hrsg.):
Challenges for Monetary Policy in a Global Financial Market Environment,
2nd INFER Workshop on Financial Markets, May 2001
ISBN: 3-89700-164-0; 128 Seiten; 24,90 EUR; 2001

Vol. 5   Elmar Döhler und Clemens Esser (Hrsg.):
Die Reform des Finanzausgleichs: Neue Maßstäbe im deutschen Föderalismus?
Tagungsband zum 2. INFER-Workshop zur Wirtschaftspolitik 2001
ISBN: 3-89700-165-9; 154 Seiten; 24,90 EUR; 2001

Vol. 6   Lothar Funk und Simon Green (Hrsg.):
New Aspects of Labour Market Policy;
Conference Volume of the Third INFER Workshop on Economic Policy
ISBN: 3-89700-167-5; demnächst erscheinend

Vol. 7   Michael H. Stierle (Hrsg.):
Stock Markets: Impact of Macroeconomic Developments,
3rd INFER Workshop on Financial Markets, March 2002
ISBN: 3-89700-169-1; 98 Seiten; 19,90 EUR; 2002

INFER Research Edition

Vol. 1   Michael H. Stierle (Hrsg.):
Globalisation: Effects on Enterprises, Employment and Government:
Tagungsband der INFER-Jahrestagung 1999
ISBN: 3-89700-153-5; 406 Seiten; 34,90 EUR; 1999

Vol. 2 Michael H. Stierle:
Globalisierungsdefizite Deutschlands in den Wirtschaftsbeziehungen mit Südostasien:
Ein internationaler Vergleich
ISBN: 3-89700-152-7; 244 Seiten; 39,90 EUR; 2000

Vol. 3 Hermann Knödler:
Industrielle Kostenstrukturen im Wandel: Eine empirische Untersuchung langfristiger
Kostenstrukturänderungen im Produzierenden Gewerbe der Bundesrepublik Deutschland
1950 bis 1994
ISBN: 3-89700-158-6; 251 Seiten; 39,90 EUR; 2000

Vol. 4 Mark Nicklas:
Wettbewerb, Standardisierung und Regulierung beim digitalen Fernsehen
ISBN: 3-89700-160-8; 360 Seiten; 44,90 EUR; 2000

Vol. 5 Ulrich Albertshauser und Hermann Knödler (Hrsg.):
Ökonomie und Politikberatung im Spannungsfeld von Theorie und Praxis:
Tagungsband der INFER-Jahrestagung 2000
ISBN: 3-89700-155-1; 255 Seiten; 34,90 EUR; 2000

Vol. 6 Michael H. Stierle und Thomas Birringer (Hrsg.):
Economics of Transition: Theory, Experiences and EU Enlargement:
Tagungsband der INFER-Jahrestagung 2001
ISBN: 3-89700-168-3; 510 Seiten; 39,90 EUR; 2001

Publikationen von *INFER e. V.*
können entweder über den Buchhandel bezogen oder direkt bestellt werden bei:
Verlag für Wissenschaft und Forschung, Postfach 30 40 51, D-10725 Berlin
oder im Internet unter www.vwf.de.

Stets aktuelle Informationen zu Workshops und Jahrestagungen sowie Mitgliedschaftsanträge
und Anmeldungsformulare zu unseren Veranstaltungen finden Sie unter:
www.infer-research.net oder www.infer.info